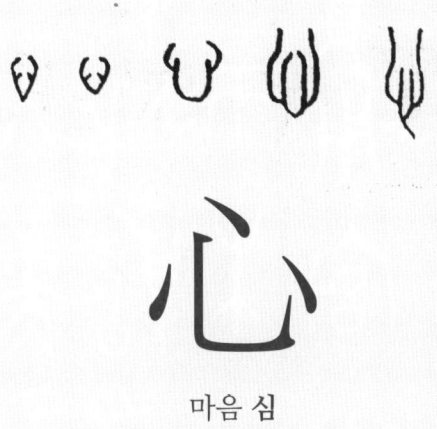

心

마음 심

심장의 형상이다.
심장 안에 심실과 심방이 있는 모양이다

民

백성 민

눈을 칼로 그은 형상이다.
옛날에 '민(民)'의 신분은 노예였다
당시에 노예는 항상 한쪽 눈을 칼로 그어
생채기를 내어 신분을 표시하였다.
따라서 '눈이 망가지다'라는 뜻이 있는
'민(民)'과 '맹(盲)'은 그 연원이 같다.

聞

들을 문

사람이 입과 귀를 내민 모습이다.
귀를 쫑긋 세워 입에서 나오는 소리를 듣는 모습을 강조하였다.

化

될 화

한 사람은 거꾸로, 또 한 사람은 똑바로 서 있는 형상이다.
이는 아이가 태어날 때는 거꾸로 태어나지만,
살아갈 때는 똑바로 서서 굳세게 생활해야 한다는 것을 상징한다.
즉 사람이 태어나서 죽을 때까지의 과정을 드러낸 글자다.

알아두면 잘난 척하기 딱 좋은
우리 한자어사전

일러두기

1. 이 책에는 모두 2000여 개의 표제어를 수록하였다.
2. 비슷하면서도 다른 한자 두 개가 모여 만든 어휘를 중심으로 모았다. 한자 뜻만 알면 그대로 해석되는 단순한 어휘는 싣지 않았다. 이를테면 청산(靑山)은 '푸른 산'이므로 달리 해석될 내용이 없는 어휘여서 표제어로 삼지 않았다. 그런 한자 어휘는 상용한자만 알아도 뜻을 새길 수 있기 때문이다.
3. 한 단어의 어원이 두 가지 이상 전해지는 경우는 그 내용을 다 실었다.
4. **1장** '뜻도 모르고 자주 쓰는 우리 한자어 1021가지'의 기본 구성은 표제어, 본뜻, 자구 해석, 바뀐 뜻, 보기글 순으로 했으며, 서로 관련이 있는 표제어에는 →로 연관 표제어를 달아 참고하도록 했다. 또한 전체 표제어를 가나다순으로 정리하여 차례로 사전 형식의 찾아보기가 가능하도록 했다. 다만 원래 한자의 뜻이 크게 변하지 않은 한자어는 책의 부피를 줄이기 위해 한자 뜻만 간단히 실었다.
5. '자구 해석'은 표제어를 원래 한자 뜻대로 푼 것이니, 그 어휘의 가장 소박(素朴: 물들이기 전의 비단실과 정치기 전의 나뭇조각)하고 순수(純粹: 누이지 않은 비단실과 껍질을 벗기고 깎은 쌀)한 뜻이다. 바뀐 뜻이 별로 없을 때는 따로 적지 않았다.
6. **2장** '알쏭달쏭 주제별 한자어 1233가지'에는 모두 46개의 주제를 설정하여 주제별로 관련 한자를 찾아볼 수 있도록 구성했다.
7. **부록1** '한자가 만들어진 재미있는 원리'는 모양, 동작, 상황, 부호를 나타내는 411개의 한자로 구성해 상형문자가 생성된 원리를 보여주고 있다.
8. **부록2** '우리나라에서만 쓰는 한자 233가지'는 한반도에서 만들어진 한자(漢字) 형태의 글자를 실었다.
9. 이 사전의 표제어로 오른 한자어는 대개 '~하다' 등의 동사나 형용사이지만 독자들의 가독성을 위해 명사형으로 표기했다.

알아두면 잘난 척하기 딱 좋은
우리 한자어사전

Chinese character dictionary that enriches the Korean language
A Perfect Book For Humblebrag

이재운 · 박소연 외 엮음

머리말

딸이 자라면서 이 말은 무슨 뜻이냐, 저 말은 무슨 뜻이냐 자꾸 물어와, 귀찮으니 먼저 한자를 공부하라고 이른 적이 있다.

그러다가 한자를 공부한다고 해서 한자어를 알 수 있는 것은 아니라는 사실을 깨닫고(가갸거겨 안다고 우리말 잘 안다고 할 수 없는 것처럼), 내 딸처럼 한자를 전혀 공부하지 않은 세대가 우리 한자어를 쉽게 이해하고 바르게 쓸 수 있는 방법이 없을까 궁리하다가 이 사전을 기획했다.

한자 자체는 단순한 뜻을 담고 있지만, 한자 두 개 세 개가 만나 한자어가 되면, 거기에는 옛날 동아시아인들의 삶과 역사와 철학과 사상이 담기기 때문에 관용(慣用)이나 고사(故事), 즉 사연을 담은 한자가 몇 개씩 만나고 어울려야 새 뜻이 만들어진다. 이런 과정을 모르고는 단순히 한자 500자 배운다, 1000자 배운다 한들 눈 가리고 코끼리 더듬는 식이다. 이 사전 본문의 몇 가지 어휘만 봐도 이 말이 무슨 뜻인지 이해가 갈 것이다.

내가 이 사전을 만든 데는 또 다른 뜻도 있다.

대학원에 다니던 스물여섯 살 무렵, 문예창작과 연구조교로 있으면서 스승인 서정주 시인을 자주 모셨다. 그때 마침 서정주 시론을 한 편 써서 보여드리며 "선생님 시는 어쩌면 이렇게 깊은 맛이 날까요? 비결 좀 가르쳐주세요." 하고 여쭈니 뜻밖의 말씀을 해주셨다.

"다른 거 애쓰지 말고 일단 한문 공부부터 해. 한문 공부 안 하면 글 못 써. 한문으로 글을 쓰지 않더라도 공부는 해놔야 우리글에 깊은 맛을 낼 수 있어."

서정주 시에는 우리말이 매우 풍부하게 나오는데 이따금 등장하는 한자어가 감칠맛을 더했다. 하지만 그런 사실만으로는 스승의 말씀이 귀에 와 닿지 않았다.

다시 여쭈니 우리말 그릇이 본디 한자어고, 한자어는 한문으로 길들여진 말이니 그 그릇이 튼튼해야 서양 공부든 동양 공부든 제대로 담을 수 있다는 말씀을 하셨다.

나는 어려서 서당 다니던 형 따라 천자문이며 통감을 웅얼거리고, 고등학교 때부터 한문 서적을 읽어왔지만, 이때 한문을 더 공부하기로 결심하였다.

이런 마음을 갖고 살다 보니 친한 친구가 《사고전서四庫全書》와 《고금도서집성古今圖書集成》을 구해다 주고, 후배가 약 8년간 수천만 원 들여 사들인 한문 고서적 1만여 권을 내 서재로 보내 마음껏 읽을 수 있게 해주었다. 이 덕분에 우리말 한자어 사전까지 만들 수 있었다.

마지막으로 내가 이 한자어 사전을 만들어야만 할 이유가 한 가지 더 있다. 나는 우리 어휘를 써서 소설을 써온 작가로서 누구보다 우리말에 가까이가 있는 사람이다. 그래서 1994년부터 우리말 사전 시리즈를 편찬해오고 있다. 그중에서도 《뜻도 모르고 자주 쓰는 우리 한자어 사전》은 2005년에야 초판이 나올 만큼 시간이 오래 걸렸다. 거의 10년간 한자어를 연구하고 수집하고 검증하여 겨우 초판을 만들어 세상에 선보였다.

3년만에 2판을 낼 때는 더 집중하여 관련 어휘를 1000개로 늘렸고, 이번 3판 《알아두면 잘난 척하기 딱 좋은 우리 한자어사전》에서는 생활 어휘를 더 추가하여 2000여 개 어휘로 확 늘렸다.

내가 다른 사전보다 우리말 한자어 사전에 더 많은 정성을 쏟는 이유가 있다. 우리 국어사전에 한자어가 70퍼센트라는 통계가 있다. 맞다. 하지만 거짓말이기도 하다. 70퍼센트의 한자어를 하나하나 들여다보면 대부분 일본 한자어다. 우리 조상들은 원래 쓰지 않던, 일제강점기의 친일파와 일본 유학생들이 쓰던 그들만의 한자어일 뿐이다.

우리말 사전이 없던 우리나라에 조선총독부는 일본어 사전을 들여와 번역해서 일본어로 우리말을 덮어쓰기로 작정했다.

조선총독부는 일본인 小倉進平·靑永三男·新庄順貞·小田幹治郎·新庄順貞을 동원하여 1917년에 표제어를 고르고, 조선인 현은(玄櫽)·어윤적(魚允迪)·이완응(李浣應)·한영원(韓永源)·정병조(鄭丙朝)·김한육(金漢陸)이 한글 토를 달아 1920년에 《조선어사전》을 발간했다. 표제어도 일본어, 설명도 일본어, 오직 한글 발음만 달아준 '가짜 우리말 사전'이다.

이들이 원본으로 삼은 일본어 사전은 1892년에 나온 것으로, 이때 미국과 유럽 등 여러 나라에서 들여온 신문물, 신문명, 신기술, 신문화에 대한 일본 한자어가 일본식으로 만들어져 이 사전에 꾸준히 올라갔다.

1938년 문세영의 《조선어사전》이 나올 때 10만 개 어휘가 들어갔는데, 이미 조선총독부에서 발간한 사전에는 40만 개 어휘가 들어가 있었다. 아무리 적게 잡아도 30만 개가량의 어휘는 일본 한자어였을 것으로 추정할 수 있다.

지금 유명한 사전에서 '사전(辭典)'을 검색하면 석사서(釋辭書), 어전(語典),

사서(辭書)라는 해설이 나오는데, 그 흔적이라고 할 수 있다.

그러면서 막상 '음산하다' 같은 우리 한자어의 사전 해설은 '날씨가 흐리고 으스스하다' '분위기 따위가 을씨년스럽고 썰렁하다'로 나온다. '음산(陰散)'이 해가 질 때 그림자가 생기면서 퍼져나가는 것을 뜻하는 한자어라는 사실을 아예 모르고 엉뚱한 설명을 붙이는 것이다.

다시 말하지만 우리는 이제 조선총독부 사전에서 우리말을 독립시켜야 한다. 그래서 나는 《알아두면 잘난 척하기 딱 좋은 우리말 잡학사전》과 《알아두면 잘난 척하기 딱 좋은 우리말 어원사전》을 만들고, 우리 조상들이 쓰던 한자어를 제대로 뜻을 새겨 더 또렷하게 드러내자는 뜻으로 이 사전을 만든 것이다.

한자는 우리 역사 중 1500여 년을 기록한 매우 중요한 기본 문자다. 그러면서 중국, 베트남, 티베트, 일본, 몽골, 싱가포르, 타이완 등 아시아 공동체를 이루는 여러 나라에서 함께 써온 공통 문자이기도 하다. 이런 의미를 살필 때 한자는 모든 아시아인이 참여해 만든 '아시아 공영 문자'라고 정의할 수 있다.

우리말에 힘이 넘치고 찰지게 하려면 한글과 우리말을 더욱 발전시켜야 하는데, 조상들이 오래도록 써온 한자를 쉽게 버릴 수가 없다. 한자가 그냥 한자가 아니라 조상들이 숨결을 담고, 희로애락과 역사와 문화를 담아놓은 그릇이기 때문이다. 게다가 한자에는 동아시아 여러 민족의 역사와 문화가 수천 년 동안 발효된 채 가득 담겨 있다.

그래서 유럽에서 문화와 문명을 일으킨 사람들이 써온 영어, 프랑스어, 독일어 등이 우리말에 들어와 자연스럽게 쓰이는 것처럼 한자 역시 필요한 만큼 지혜롭게 쓰면 우리말이 더욱 풍부해진다고 믿는다. 다만 한자 표기를 하지 않는 현대 언어 생활에서 너무 어렵거나 잘 쓰지 않는 한자를 굳이 고집해서는 안 된다고 생각한다. 우리말을 쓰고, 한자어를 순우리말로 바꿔 쓰더라도 그 어원은 알아야만 한다.

한자는 저작권이나 소유권이나 국적이 따로 없는 문자다. 우리말을 보완할 수 있는 중요한 문자이기도 하다. 우리나라를 비롯해 중국, 일본, 베트남, 싱가포르, 타이완까지 소통하고 공감할 수 있는 문자이기도 하다.

그래서 한자의 기본을 이해하는 차원에서 우리가 즐겨 쓰는 한자어의 원래 의미를 되새기는 건 매우 중요한 일이다. 우리말을 더 또렷하고 힘 있게 하는 데 이 한자어 사전이 작은 역할을 할 수 있으리라고 믿는다.

우리 한자어는 조선총독부가 만든 《조선어사전》의 영향을 받은 많은 국어사전들 때문에 뜻이 바르지 않은 것이 많다. 지금도 국어사전에 나오는 우리 한자어 풀이를 보면 어설프고 엉뚱한 것이 많다.

한편 이 《알아두면 잘난 척하기 딱 좋은 우리 한자어사전》에는 국립국어원이 조사한 자주 쓰는 우리말 6000개 어휘 중에서 고유명사와 순우리말을 뺀 한자어를 거의 담았다. 이 사전만 공부하면 따로 한자를 배우지 않아도 우리말을 쓰고 말하는 데 큰 어려움이 없도록 하고자 애썼다.

대표저자 이재운

● 머리말_4

뜻도 모르고 자주 쓰는
우리 한자어 1021가지

ㄱ

가가호호(家家戶戶)/방방곡곡(坊坊曲曲)_20 가공(加工)·가공(架空)_21 가동(稼動)·가사(歌詞)/가곡(歌曲)/가사(歌辭)/가요(歌謠)_22 가정(家庭)_23 가차(假借)· 가책(苛責)_24 가치(價值)/액(額)·각광(脚光)_25 각색(脚色)·각오(覺悟)·각인(刻印)_26 각축(角逐)·간격(間隔)_27 간결(簡潔)·간단(簡單)_28 간도(間島)·간사(奸詐)_29 간섭(干涉)·간성(干城)/순(盾)→모순(矛盾)_30 간신(艱辛)·간절(懇切)·간접(間接)_31 간척(干拓)→개척(開拓)·간편(簡便)·간호(看護)_32 갈등(葛藤)·감각(感覺)_33 감독(監督)·감로수(甘露水)_34 감사(感謝)·감상(鑑賞)_35 감정(感情)·감주(甘酒)·감축(減縮)_36 강렬(强烈)·강장(强壯)·개가(改嫁)/재가(再嫁)_37 개시(開始)·개안(開眼)_38 개척(開拓)→간척(干拓)·개혁(改革)·거리(距離)_39 거마비(車馬費)·거역(拒逆)_40 거절(拒絶)·건강(健康)/건강(健剛)_41 건달(乾達)_42 건설(建設)·건조(乾燥)·건축(建築)_43 검색(檢索)·검토(檢討)·게시(揭示)·격납(格納)_44 격리(隔離)·격조(格調)·견(犬)/구(狗)_45 결렬(決裂)·겸손(謙遜)_46 경계(境界)·경고(警告)·경기(京畿)_47 경력(經歷)·경륜(經綸)_48 경상도(慶尙道)·경영(經營)_49 경위(經緯)→조직(組織)_50 경쟁(競爭)·경제(經濟)·경찰(警察)_51 경축(慶祝)·경향(傾向)_52 계곡(溪谷)·계급(繼及)_53 계단(階段)·계몽(啓蒙)·계산(計算)_54 계속(繼續)·계약(契約)_55 계율(戒律)·계절(季節)/절기(節氣)·기후(氣候)_56 계층(階層)_57 고독(孤獨)·고무(鼓舞)_58 고민(苦悶)·고장(故障)·고취(鼓吹)_59 고통(苦痛)·곡절(曲折)·곤란(困難)_60 곤장(棍杖)·공격(攻擊)_61 공급(供給)·공부(工夫)_62 공주(公主)/옹주(翁

主)_63 공포(恐怖)·공화국(共和國)_64 공황(恐慌)/공황(恐惶)·과거(過去)_65 과실(果實)·과잉(過剩)_66 과정(過程)·과학(科學)_67 관건(關鍵)·관계(關係)→관련(關聯)_68 관광(觀光)·관대(寬大)_69 관동(關東)/관서(關西)/관북(關北)→영남(嶺南)/영동(嶺東)/영서(嶺西)→호남(湖南)·관람(觀覽)·관련(關聯)→관계(關係)_70 관리(官吏)_71 관망(觀望)·관습(慣習)_72 관용(慣用)·관저(官邸)·관저(館邸)_73 관찰(觀察)·광경(光景)·광복(光復)_74 광채(光彩)·굉장(宏壯)_75 교대(交代)·교량(橋梁)_76 교육(敎育)·교정(校訂)/교정(校正)_77 교편(敎鞭)·교포(僑胞)·동포(同胞)·교활(狡猾)_78 구금(拘禁)_79 구랍(舊臘)·구매(購買)_80 구별(區別)/구분(區分)·구성(構成)_81 구속(拘束)·구역(區域)_82 구조(構造)·구축(驅逐)_83 구토(嘔吐)·국가(國家)·천하(天下)_84 국고(國庫)_85 국면(局面)·국수(國手)_86 국어(國語)·군(君)/대군(大君)_87 군주(君主)_88 굴곡(屈曲)·굴절(屈折)_89 굴지(屈指)·궁궐(宮闕)/궁전(宮殿)→전각(殿閣)/궁(宮)_90 궁형(宮刑)→유폐(幽閉)_91 권위(權威)·궤변(詭辯)_92 귀감(龜鑑)_93 귀순(歸順)·귀신(鬼神)/혼백(魂魄)→영혼(靈魂)_94 규모(規模)/규정(規定)·균열(龜裂)_95 균형(均衡)·극복(克服)_96 근간(根幹)·근거(根據)_97 근로(勤勞)·근무(勤務)·근면(勤勉)·근본(根本)·근원(根源)_98 근육(筋肉)·금(金)/김(金)_99 금고(禁錮)_100 금슬(琴瑟)·금일봉(金一封)·금자탑(金字塔)_101 금지(禁止)·긍휼(矜恤)·기각(棄却)_102 기강(紀綱)·기계(器械)/기계(機械)→기관(機關)_103 기관(機關)→기계(器械)/기계(機械)·기구(器具)/기구(機具)/기구(機構)_104 기구(崎嶇)·기근(饑饉)_105 기념(記念)/기념(紀念)·기능(技能)/기능(機能)_106 기대(期待)·기도(祈禱)_107 기록(記錄)·기린(麒麟)/기린아(麒麟兒)_108 기미(幾微)·기별(奇別/寄別)_109 기본(基本)·기분(氣分)_110 기여(寄與)·기우(杞憂)_111 기원(祈願)·기원(起源)·기준(基準)/표준(標準)_112 기초(基礎)·기치(旗幟)_113 기획(企劃)/계획(計劃)·긴급(緊急)·긴박(緊迫)_114 긴장(緊張)_115

ㄴ

나락(奈落/那落)·나전칠기(螺鈿漆器)_116 낙관(落款)·낙동강(洛東江)_117 낙서(落書)·낙점(落點)_118 난(亂)/구(寇)·난감(難堪)·난관(難關)_119 난리(亂離)·난마(亂麻)·남도(南道)_120 남발(濫發)·남방(南方)_121 납득(納得)·낭비(浪費)·낭자(狼藉)_122 낭패(狼狽)·내시(內侍)_123 냉동(冷凍)·노략질(擄掠-)_124 노비(奴婢)→신첩(臣妾)·노선(路線)_125 녹봉(祿俸)/요(料)/질(秩)_126 논의(論議)·농성(籠城)→시위(示威)_128 누적(累積)·능(陵)/분(墳)/묘(墓)/원(園)/총(塚)_129

ㄷ

다방(茶房)·단련(鍛鍊)_130 단말마(斷末魔)·단순(單純)_131 단아(端雅)·단절(斷切)/단절(斷折)/단절(斷絕)_132 단행(斷行)·담당(擔當)/담임(擔任)·답변(答辯)_133 답습(踏襲)·답장(答狀)_134 대감(大監)·대구(大邱)/대구(大丘)_135 대답(對答)·대사(大師)/선사(禪師)/수좌(首座)_136 대원군(大院君)·대응(對應)_139 대접(待接)·대책(對策)→책(册)/책(策)/서(書)/판(版)/전(典)_140 대통령(大統領)_141 도검(刀劍)_142 도구(道具)·도락(道樂)·도량(度量)→도량형(度量衡)_143 도량(道場)/도장(道場)·도량형(度量衡)→도량(度量)_144 도로(徒勞)_145 도로(道路)·도망(逃亡)_146 도발(挑發)·도살(屠殺)·도륙(屠戮)_147 도서(圖書)/서적(書籍)·도서(島嶼)_148 도시(都市)·도야(陶冶)_149 도약(跳躍)·도입(導入)·도자(陶磁)_150 도저히(到底-)_151 도적(盜賊)·도전(挑戰)_152 도착(到着)·도탄(塗炭)·도태(淘汰)_153 독특(獨特)·동경(憧憬)·동기간(同氣間)_154 동냥(動鈴)·동량(棟梁/棟樑)·동요(動搖)_155 두뇌(頭腦)·두절(杜絕)_156 등급(等級)·등록(登錄)·등신(等神)→팔등신(八等身)_157 등용문(登龍門)_158

ㅁ

마약(麻藥)·마찰(摩擦)·말세(末世)→종말(終末)_159 망라(網羅)·망명(亡命)_160 매매(賣買)·매춘(賣春)_161 면류관(冕旒冠)/익선관(翼善冠)_162 면목(面目)·면역(免疫)·면적(面積)_163 면접(面接)·면제(免除)·명당(明堂)_164 명랑(明朗)·명령(命令)_165 명분(名分)→분수(分數)_166 명상(瞑想)·명색(名色)·명예(名譽)_167 명함(名銜)_168 모범(模範)/모형(模型)/형용(型鎔)/모양(模樣)·모순(矛盾)→간성(干城)/순(盾)_169 모집(募集)·목록(目錄)_170 목적(目的)→목표(目標)·목차(目次)_171 목표(目標)→목적(目的)·몰입(沒入)·묘사(描寫)/모사(模寫)_172 무격(巫覡)·무색(無色)_173 무성(茂盛)·무역(貿易)_174 무용(舞踊)/무도(舞蹈)·문구(文句)·문외한(門外漢)_175 문자(文字)·문제(問題)_176 물건(物件)·물색(物色)_177 물질(物質)·물체(物體)·미(米)/도(稻)/화(禾)_178 미망인(未亡人)·미소(微笑)_179 미인계(美人計)·민주(民主)_180 민중(民衆)·민첩(敏捷)·밀월(蜜月)_181

ㅂ

박사(博士)·반찬(飯饌)_182 반추(反芻)·발달(發達)·발전(發展)_183 발효(醱酵)·방문(訪問)_184 방송(放送)·방위(方位)/방향(方向)_185 방위(防衛)·방자(放恣)·방지(防止)_186 방책(方策)·방해(妨害)·배달(配達)_187 배반(背叛)·배설(排泄)·배우(俳優)_188 배척(排斥)·배치(配置)_189 백병전(白兵戰)·백성(百姓)·백전백승(百戰百勝)_190 백정(白丁)·백중(伯仲)/숙계(叔季)_191 번역(飜譯)·번잡(煩雜)_192 번잡(繁雜)·번호(番號)_193 범위(範圍)·법률(法律)/법규(法規)·법칙(法則)/헌법(憲法)_194 변경(變更)·변동(變動)_195 변명(辨明)·변통(變通)·변호(辯護)_196 병사(兵士)/군사(軍士)·보고(報告)·보관(保管)_197 보루(堡壘)·보모(保姆)_198 보부상(褓負商)·보상(補償)·보수(保守)→진보(進步)_199 보수(補修)·보안(保安)·보완(補完)_200 보장(保障)·보전(保全)·보조(補助)/원조(援助)_201 보존(保存)·보충(補充)·보통(普通)_202 보편(普遍)·보필(輔弼)·보험(保險)_203 보호(保護)·복(福)_204 복마전(伏魔殿)_205 복사(複寫)·복종(服從)·봉→봉황(鳳凰)_206 봉건(封建)·봉사(奉事)_207 봉사(奉仕)·봉선(封禪)_208 봉수(烽燧)·봉인(封印)·봉투(封套)_209 봉황(鳳凰)→봉·부귀(富貴)_210 부근(附近)·부담(負擔)·부모(父母)·고비(考妣)_211 부서(部署)·부양(扶養)·부양(浮揚)_212 부유(富裕)·부의(賻儀)_213 부인(夫人)/부인(婦人)/처(妻)→비빈(妃嬪)/후(后)/희(姬)_214 부절(符節)/절월(節鉞)_216 부촉(咐囑)·부탁(付託)·분노(憤怒)_217 분별(分別)→차별(差別)/차이(差異)_218 분수(分數)→명분(名分)·분야(分野)_219 분위(雰圍)·분장(扮裝)·분주(奔走)_220 분할(分割)·붕괴(崩壞)·붕우(朋友)_221 비갈(碑碣)·비교(比較)·비난(非難)_222 비만(肥滿)·비명(悲鳴)·비밀(秘密)_223 비방(誹謗)·비빈(妃嬪)/후(后)/희(姬)→부인(夫人)/부인(婦人)/처(妻)·비상(飛翔)_224 비유(譬喩)_225 비취(翡翠)·비판(批判)·빈객(賓客)_226 빈모(牝牡)→자웅(雌雄)·빈번(頻繁)·빈축(嚬蹙)_227 빙자(憑藉)_228

ㅅ

사(士)/사(師)/사(事)·사(寺)/시(寺)/절_229 사(死)/망(亡)/졸(卒)/붕(崩)/불록(不祿)_230 사고(思考)·사대부(士大夫)/대부(大夫)_232 사돈(査頓)·사면(赦免)_233 사모(思慕)·사전(事典)/사전(辭典)/자전(字典)_234 사직(社稷)·사찰(寺刹)/사원(寺院)_235 산(山)/악(岳)/봉(峰)/영(嶺)/구(丘)→현(峴)/치(峙)_236 산전수전(山戰水戰)·산책(散策)·살육(殺戮)_237 삼림(森林)/산림

(山林)·삽입(揷入)_238 상대(相對)·상상(想像)·상징(象徵)_239 상쾌(爽快)·상태(狀態)·상황(狀況)·색채(色彩)_240 생신(生辰)·서거(逝去)_241 서민(庶民)·서얼(庶孽)_242 서열(序列)/순서(順序)·석방(釋放)_243 선거(選擧)→선량(選良)·선발(選拔)·선달(先達)_244 선량(選良)→선거(選擧)→선발(選拔)·선박(船舶)/함(艦)/척(隻)_245 선발(選拔)→선거(選擧)→선량(選良)·선봉(先鋒)·선영(先塋)/선산(先山)_246 선전(宣傳)·선택(選擇)_247 선호(選好)·설득(說得)·섬세(纖細)·섬유(纖維)_248 섭렵(涉獵)·성격(性格)·성곽(城郭)_249 성숙(成熟)·성신(星辰)/진수(辰宿)_250 성실(誠實)·성씨(姓氏)_251 세계(世界)/세상(世上)·세기(世紀)와 햇수를 가리키는 말→세대(世代)_253 세대(世代)→세기(世紀)와 햇수를 가리키는 말_254 세련(洗練)·세월(歲月)_255 세척(洗滌)·세탁(洗濯)·소개(紹介)·소극적(消極的)_256 소박(素朴)·소설(小說)/소설가(小說家)→작가(作家)_257 소식(消息)_258 소탕(掃蕩)·소홀(疎忽)_259 솔직(率直)·송구(悚懼)·쇠락(衰落)·수(首)와 머리를 가리키는 여러 가지 말_260 수렵(狩獵)·수면(睡眠)_261 수목(樹木)·수사(搜査)_262 수색(搜索)→압수(押收)·수습(收拾)_263 수염(鬚髥)/빈(鬢)·수요(需要)·수육(熟肉)/편육(片肉)_264 수입(收入)/수입(輸入)·수작(酬酌)→짐작(斟酌)_265 수청(守廳)·수출(輸出)_266 숙맥(菽麥)·숙박(宿泊)·숙제(宿題)_267 순(順)/충(忠)_268 순수(純粹)→순진(純眞)·순식간(瞬息間)·순진(純眞)→순수(純粹)_269 순차(順次)/절차(節次)·슬하(膝下)·전하(殿下)/폐하(陛下)/저하(邸下)→합하(閤下)_270 습관(習慣)·승강(乘降)·승강(昇降)·시각(時刻)/시간(時間)_271 시기(時機)·시기(猜忌)_272 시위(侍衛)·시위(示威)→농성(籠城)_273 시절(時節)·식구(食口)/생구(生口)·신경(神境)_274 신문(訊問)/고문(拷問)/심문(審問)·신사(紳士)_275 신산(辛酸)/신고(辛苦)·신속(迅速)·신음(呻吟)_276 신중(愼重)·신첩(臣妾)→노비(奴婢)_277 신체(身體)·심각(深刻)·심복(心腹)_278 심상(尋常)_279 십간(十干)·십이지(十二支)_280 십장(什長)·쌍벽(雙璧)_281

ㅇ

아녀자(兒女子)·아담(雅澹)_283 아동(兒童)·아미(蛾眉)_284 아삼륙(二三六)·아성(牙城)·아첨(阿諂)_285 알력(軋轢)·압권(壓卷)·압수(押收)→수색(搜索)_286 애도(哀悼)·애로(隘路)_287 야단(惹端)·야비(野鄙)/야비(野卑)·비루(鄙陋)_288 야합(野合)·약속(約束)·약탈(掠奪)_289 양반(兩班)·양식(樣式)_290 양식(養殖)·어사화(御賜花)·어용(御用)_291 어휘(語彙)/단어(單語)_292 언론(言論)·언어(言語)_293 여류(女流)·여사(女史)_294 역력(歷歷)·역

사(歷史)·연결(連結)/연대(連帶)/연락(連絡)/연속(連續)_295 연구(研究)_296 연극(演劇)·연령(年齡)→연세(年歲)·연륜(年輪)_297 연민(憐憫/憐憫)·연세(年歲)→연령(年齡)_298 연습(演習)·연습(練習)_299 연애(戀愛)·연역(演繹)_300 연원(淵源)/원류(源流)_301 연주(演奏)·열악(劣惡)·영가(靈駕)_302 영감(令監)·영남(嶺南)/영동(嶺東)/영서(嶺西)→관동(關東)/관서(關西)/관북(關北)→호남(湖南)_303 영부인(令夫人)·영수(領袖)_304 영웅(英雄)·영원(永遠)_305 영향(影響)·영혼(靈魂)→귀신(鬼神)/혼백(魂魄)_306 예민(銳敏)·예술(藝術)_307 예의(禮儀)·오류(誤謬)·오만(傲慢)_308 오묘(奧妙)·오염(汚染)·오장육부(五臟六腑)_309 오해(誤解)·옥편(玉篇)·온전(穩全)_310 옹고집(壅固執)·옹호(擁護)·와중(渦中)_311 와해(瓦解)·완료(完了)·완만(緩慢)_312 완벽(完璧)_313 외(外)·외입(外入)/오입(誤入)·요란(搖亂)_314 용감(勇敢)·용서(容恕)/포용(包容)_315 우울(憂鬱)·우주(宇宙)·우체(郵遞)_316 우편(郵便)·운명(運命)_317 운송(運送)/운전(運轉)/운반(運搬)/운수(運輸)·운율(韻律)/음률(音律)/음향(音響)→율려(律呂)→음악(音樂)_318 운치(韻致)_319 울창(鬱蒼) 원(員)/인(人)/명(名)/구(口)/두(頭)_320 원만(圓滿)·원망(怨望)·원예(園藝)_321 위급(危急)·위안(慰安)·위험(危險)·위협(威脅)_322 유괴(誘拐)·유린(蹂躪)·유치(幼稚)_323 유치(誘致)·유폐(幽閉)→궁형(宮刑)_324 유혹(誘惑)·율려(律呂)→운율(韻律)/음률(音律)/음향(音響)→음악(音樂)·은행(銀行)_325 음산(陰散)·음악(音樂)→율려(律呂)→운율(韻律)/음률(音律)/음향(音響)_326 음탕(淫蕩)·응징(膺懲)_327 의문(疑問)·의미(意味)·의복(衣服)_328 의상(衣裳)·의약(醫藥)·이(里)/향(鄕)_329 이사(移徙)·이산(離散)_330 이판사판(吏判事判)·인(人)/족(族)_331 인문(人文)·인색(吝嗇)_332 인쇄(印刷)·인연(因緣)·인장(印章)_333 임면(任免)→제수(除授)·임신(妊娠)_334

ㅈ

자극(刺戟)·자료(資料)·자린고비(玼吝考妣)_335 자문(諮問)·자세히(仔細-)_336 자식(子息)·자웅(雌雄)→빈모(牝牡)·자정(子正)_337 자태(姿態)·작가(作家)→소설(小說)/소설가(小說家)_338 작위(爵位)·잔인(殘忍)_339 잠복(潛伏)·잠식(蠶食)·장(匠)/공(工)_340 장(臟)/장(腸)·장롱(欌籠)_341 장본인(張本人)·장비(裝備)_342 장안(長安)·장애(障碍)·재상(宰相)_343 재야(在野)_344 재판(裁判)·저격(狙擊)·저렴(低廉)_345 저주(咀呪)·저항(抵抗)·적발(摘發)_346 적자(赤字)/흑자(黑字)·적출(摘出)_347 전가(轉嫁)·전각(殿閣)/궁(宮)→궁궐(宮闕)/궁전(宮殿)·전각(篆刻)_348 전도(顚倒)·전시(展示)/전람(展覽)/전망(展望)_349 전염(傳染)→질병(疾病)·병폐(病弊)_350 전율(戰慄)·전쟁(戰爭)/전투(戰鬪)/전란(戰亂)→정벌(征伐)→토벌

(討伐)_351 전통(傳統)·전포(田圃)·전하(殿下)·폐하(陛下)·저하(邸下)→슬하(膝下)→합하(閤下)_352 전환(轉換)·절단(切斷)/절단(截斷)/절단(絕斷)_353 절대(絕對)·절리(節理)_354 절삭(切削)·절제(節制)/절약(節約)·점복(占卜)·복서(卜筮)_355 점심(點心)·점포(店鋪)·접속(接續)_356 접촉(接觸)·정곡(正鵠)_357 정류(停留)·정벌(征伐)→전쟁(戰爭)/전투(戰鬪)/전란(戰亂)→토벌(討伐)·정숙(靜肅)_358 정신(精神)/기(氣)_359 정지(停止)·정치(政治)_360 제(劑)·제거(除去)·제목(題目)_361 제사(祭祀)→향사(享祀)_362 제수(除授)→임면(任免)·제자(弟子)/도제(徒弟)_363 제작(製作)_364 제한(制限)·조(祖)/종(宗)_365 조각(彫刻)·조리(條理)_366 조문(弔文)/뇌문(誄文)·찬(讚)→칭찬(稱讚)·조사(調査)·조세(租稅)_367 조율(調律)·조작(造作)·조장(助長)_368 조정(調整)·조직(組織)_369 조회(朝會)/조근(朝覲)/조빙(朝聘)·존대(尊待)_370 존재(存在)·존중(尊重)·존함(尊銜)_371 종류(種類)_372 종말(終末)→말세(末世)·종묘(宗廟)_373 종친(宗親)·종합(綜合)_374 좌절(挫折)·좌천(左遷)·좌향(坐向)_375 죄과(罪過)·죄송(罪悚)_376 주(酒)/주(酎)·주구(走狗)·주위(周圍)_377 준동(蠢動)·소동(騷動)·준비(準備)_378 준수(俊秀)·줄탁(啐啄)·중구난방(衆口難防)_379 중국(中國)·중심(中心)_380 중앙(中央)·중요(重要)_381 즐비(櫛比)·증거(證據)·증보(增補)_382 증상(症狀)·지갑(紙匣)·지급(支給)_383 지도(指導)·지방(地方)·지배(支配)_384 지적(指摘)·지척(咫尺)·지혜(智慧)/지혜(知慧)_385 직급(職級)·직분(職分)_386 진(津)/포(浦)·진단(震檀)·진동(振動)_387 진보(進步)→보수(保守)·진산(鎭山)·진압(鎭壓)_388 진액(津液)·진열(陳列)·진정(鎭靜)_389 진지(眞摯)·진통(陣痛)·질곡(桎梏)_390 질병(疾病)/병폐(病弊)·전염(傳染)·질서(秩序)_391 질투(嫉妬)·질풍(疾風)/강풍(強風)/폭풍(暴風)/태풍(颱風)_392 짐작(斟酌)→수작(酬酌)_393 집단(集團)·집을 나타내는 면(宀)/엄(广)_394 징계(懲戒)_395

ㅊ

차(車)/거(車)·차량(車輛)_396 차례(次例)·차별(差別)·차이(差異)→분별(分別)_397 차비(差備)·찬란(燦爛)_398 참작(參酌)·창고(倉庫)/창(廠)/관부(官府)_399 창피(猖披)·창호(窓戶)·채소(菜蔬)_400 채집(採集)·처량(凄凉)_401 처리(處理)·처분(處分)_402 처사(處士)/거사(居士)/선생(先生)·처참(悽慘)_403 척(隻)·척결(剔抉)_404 천진난만(天眞爛漫)·철옹성(鐵甕城)·철저(徹底)_405 첨단(尖端)·첨예(尖銳)·첩경(捷徑)_406 청렴(淸廉)·염치(廉恥)·청사(靑史)_407 청소(淸掃)·초대(招待)·초미(焦眉)_408 초상(肖像)·초월(超越)·초청(招請)_409 촬영(撮影)·추가(追加)·추억(追憶)_410 추장(酋長)·추진(推進)_411 추첨(抽籤)·추출(抽出)_412 추측(推

測)·추파(秋波)·축하(祝賀)_413 출몰(出沒)·출신(出身)·출현(出現)_414 충격(衝擊)·충고(忠告)_415 충돌(衝突)·취소(取消)·취재(取材)_416 측근(側近)·치료(治療)/의료(醫療)_417 치매(癡呆)·치아(齒牙)·친절(親切)_418 친척(親戚)·침략(侵略)·침묵(沈默)_419 침투(浸透)·칭찬(稱讚)_420

ㅌ

탄핵(彈劾)_421 탐닉(耽溺)·태동(胎動)·토론(討論)_422 토벌(討伐)→정벌(征伐)→전쟁(戰爭)/전투(戰鬪)/전란(戰亂)·통제(統制)·퇴고(推敲)_423 퇴짜(退字)·투기(妬忌)/시기(猜忌)/질투(嫉妬)_424 투기(投棄)/투기(投機)·투쟁(鬪爭)_425 투철(透徹)·특종(特種)_426

ㅍ

파경(破鏡)_427 파괴(破壞)·파국(破局)·파도(波濤)·풍랑(風浪)/너울/해일(海溢)_428 파악(把握)·파천황(破天荒)_429 파행(跛行)·판(版)/쇄(刷)_430 판결(判決)·판단(判斷)_431 판도(版圖)·판매(販賣)·팔등신(八等身)→등신(等身)_432 패설(稗說)·편의(便宜)_433 편집(偏執)·편집(編輯)·평등(平等)_434 평정(平定)_435 폐기(廢棄)·폐쇄(閉鎖)·폐지(廢止)_436 포기(抛棄)·포복(匍匐)·포옹(抱擁)_437 포장(包裝)·포장(布帳)·포착(捕捉)·포함(包含)_438 포획(捕獲)·폭로(暴露)·폭파(爆破)_439 표리(表裏)·표면(表面)·표방(標榜)_440 품격(品格)/품질(品質)/품위(品位)·풍부(豊富)·풍요(豊饒)_441 풍진(風塵)·피곤(疲困)·피력(披瀝)_442 피로(疲勞)·피로연(披露宴)·피부(皮膚)_443 피혁(皮革)_444

ㅎ

하야(下野)·학구(學究)_445 학살(虐殺)·학습(學習)·한량(閑良)_446 한양(漢陽)과 양(陽)/산음(山陰)과 음(陰)_447 할인(割引)·함정(陷穽)·합하(閤下)→슬하(膝下)→전하(殿下)/폐하(陛下)/저하(邸下)_448 항상(恒常)·항의(抗議)/항쟁(抗爭)_449 해석(解釋)·해설(解說)·해양(海洋)_450 해이(解弛)·해제(解除)_451 행각(行脚)·행복(幸福)·행운(幸運)_452 행위(行爲)·향사(享祀)→제사(祭祀)·허락(許諾)_453 허용(許容)·혁명(革命)_454 현(峴)/치(峙)→산(山)/악(岳)/봉(峰)/영(嶺)/구(丘)·혈액(血液)·형(兄)·효자(孝子)_455 형극(荊棘)_456 형벌(刑罰)_457 혜

택(惠澤)_459 호남(湖南)→관동(關東)/관서(關西)/관북(關北)→영남(嶺南)/영동(嶺東)/영서(嶺西)_460 호도(糊塗)·호로(胡虜)_461 호통(號筒)·호흡(呼吸)·혼돈(混沌)_462 혼인(婚姻)/결혼(結婚)_463 화사(華奢)/사치(奢侈)·화재(火災)_464 화폐(貨幣)·화훼(花卉)_465 확고(確固)·확보(確保)·확산(擴散)_466 확실(確實)·환경(環境)·환골탈태(換骨奪胎)_467 환영(歡迎)_468 환희(歡喜)·활동(活動)·황당(荒唐)_469 황제(皇帝)·회복(回復)·회의(懷疑)_470 회자(膾炙)·회전(回轉)_471 회피(回避)·회화(繪畵)/도화(圖畵)_472 횡단(橫斷)·횡설수설(橫說竪說)_473 효과(效果)·효시(嚆矢)·효율(效率)_474 효자(孝子)→형(兄)·후(后)/비(妃)/빈(嬪)_475 후보(候補)·훈련(訓練)_477 휘발(揮發)·휘하(麾下)·휘황(輝煌)_478 휴가(休暇)·휴식(休息)·흉금(胸襟)_479 흔적(痕跡)·흥분(興奮)·희망(希望)_480 희미(稀微)_481 희생(犧牲)·희한(稀罕)_482

2장 알쏭달쏭 주제별 한자어 1233가지

가게와 시장에 관련된 한자_484 공간과 도시에 관련된 한자_487 과실(果實)에 관련된 한자_489 글에 관련된 한자_492 길에 관련된 한자_493 나무나 수풀에 관련된 한자_496 나이를 뜻하는 한자_498 날씨에 관련된 한자_499 도장에 관련된 한자_502 돈에 관련된 한자_504 동물에 관련된 한자_508 둑이나 제방에 관련된 한자_513 모양에 관련된 한자_514 무덤에 관련된 한자_517 무리나 집단에 관련된 한자_519 물이나 강에 관련된 한자_521 민족에 관련된 한자_525 배에 관련된 한자_526 불에 관련된 한자_527 산, 언덕, 고개에 관련된 한자_528 색깔에 관련된 한자_531 속도에 관련된 한자_534 수레와 가마 등 탈것에 관련된 한자_537 술에 관련된 한자_544 시간에 관련된 한자_546 씨(알)에 관련된 한자_551 씨(氏)에 관련된 한자_553 신분과 호칭에 관련된 한자_555 신체에 관련된 한자_567 어린이에 관련된 한자_571 얼굴에 관련된 한자_573 옥(玉)에 관련된 한자_574 옷에 관련된 한자_579 옷감에 관련된 한자_582 웃음과 눈물에 관련된 한자_588 이름에 관련된 한자_590 입에 관련된 한자_592 종교와 제사와 점복(占卜)에 관련된 한자_594 죽음에 관련된 한자_598 질병에 관련된 한자_610 집에 관련된 한자_612 책에 관련된 한자_624 처음, 시작에 관련된 한자_627 천문에 관련된 한자_631 칼에 관련된 한자_633 하늘과 땅에 관련된 한자_634

부록 1　한자가 만들어진 재미있는 원리
　　　　　· 모양을 나타내는 한자_638
　　　　　· 동작을 나타내는 한자_670
　　　　　· 상황을 나타내는 한자_690
　　　　　· 부호를 나타내는 한자_698

부록 2　우리나라에서만 쓰는 한자 200가지
　　　　　· 글자 만드는 법칙에 따른 분류_702
　　　　　· 음역자의 구성 원리_708

● 찾아보기_710

● 참고문헌_727

뜻도 모르고 자주 쓰는 우리 한자어 1021가지

1장

ㄱ

※ **가가호호(家家戶戶)/방방곡곡(坊坊曲曲)**

본 뜻
가(家)_ 한집안 또는 한집. 그러나 가가호호의 가는 한집안을 의미하지 않는다. 여기서는 한 가족이 사는 집 정도의 뜻이다.
호(戶)_ 집, 집에 딸린 방(房). 기슭을 뜻하는 엄(厂)으로 보아 언덕에 기대어 지은 임시 거처나 움막, 천막도 호가 된다.
방(坊)_ 동네. 조선시대 서울의 5부를 다시 나눈 행정구역이다. 예) 종로방, 효자방.
곡(曲)_ 굴곡이 많은 산천이나 굽이굽이. 곡(谷)이 아니다.

자구 해석
가가호호(家家戶戶)_ 한 집 한 집, 방이나 천막마다.
방방곡곡(坊坊曲曲)_ 사람이 사는 곳이나 사람이 살지 않는 곳이나.

바뀐 뜻
가가호호(家家戶戶)_ 여기서 가(家)는 큰 단위이고, 한 집에 여러 호(戶)가 있을 수 있다. 예를 들어 다세대주택은 그 자체를 가라고 한다면, 한 집 한 집을 독립된 호라고 한다. 또 옛날처럼 방이 여러 개 딸린 셋집에 독립된 세대가 살 경우 그 하나하나를 호라고 한다.
방방곡곡(坊坊曲曲)_ 한 군데도 빠짐이 없는 모든 곳. 골골샅샅, 면면촌촌.

보기글
- 가가호호 방문하여 선거 유세를 했다.
- 지난 기미년에는 방방곡곡에 만세 소리가 울려퍼졌다.

※ **가공**(加工)

본 뜻　**가**(加)_ 본디 있는 위에다 더하거나 덧붙이다.
　　　공(工)_ 물건을 만드는 일을 업으로 하는 사람 또는 만드는 일 자체를 가리킨다. 《한서漢書》〈식화지食貨志〉에는 '기교(技巧)를 부려 기구(器具)를 만드는 것을 공(工)이라고 하였다. 즉 도기를 굽고 철을 다루는 대장장이를 직접 가리켰다. 그래서 도공(陶工)이라고 하지 도장이라고 하지 않고, 철공소라고 하지 철장소라고 하지 않는다.

자구 해석　덧붙여 만들다.

바 뀐 뜻　원자재나 반제품을 인공적으로 처리하여 새로운 제품을 만들거나 제품의 질을 높이는 일 또는 남의 소유물에 노력을 가하여 새로운 물건을 만들어내는 일을 가리킨다.

보 기 글　• 홍콩에서는 다이아몬드 원석을 가공하는 기술자들이 많다.

※ **가공**(架空)

본 뜻　**가**(架)_ 시렁. 물건을 걸어두는 기구이다.
　　　공(空)_ 비다, 근거가 없다.

자구 해석　시렁이 텅 비어 아무것도 없다.

바 뀐 뜻　어떤 시설물을 공중에 가설함. 이유나 근거가 없음. 또는 사실이 아니고 거짓이나 상상으로 꾸며내다.

보 기 글　• 용(龍)은 가공의 동물이다.
　　　　• 춘향전은 가공의 이야기다.

❈ 가동(稼動)

| 본 뜻 | 가(稼)_ (익은 벼를 베기 위해) 일을 하러 나서다.
동(動)_ (무거운 것을) 움직이다.
| 자구 해석 | 나서서 일하다.
| 바뀐 뜻 | 사람이나 기계 따위가 움직여 일하거나 기계 따위를 움직여 일하게 하는 것을 뜻한다. 가(稼)는 시동이 걸리는 것까지, 동(動)은 그 이후의 움직임이다.
| 보 기 글 |
• 공장을 가동하다.
• 이 기계를 가동하기 위해서는 고압 전류가 필요하다.

❈ 가사(歌詞)/가곡(歌曲)/가사(歌辭)/가요(歌謠)

| 본 뜻 | 가(歌)_ 노래, 소리를 내어 억양을 붙여 읊다.
사(詞)_ 노랫말. 당나라 중기에서 시작하여 송나라까지 성행한 운문의 한 체이다.
곡(曲)_ 노래. 원나라 때 유행한 운문체이다.
사(辭)_ 운문의 한 체인데, 소(騷; 굴원의 이소離騷)의 변체(變體)이다. 주역의 괘를 설명하는 것도 사(辭)라고 하여, 사(詞)보다 더 문학적이고 격조 있는 것으로 친다.
요(謠)_ 악기의 반주 없이 육성(肉聲)으로만 노래하는 것이다. 풍설(風說), 유언비어(流言蜚語)란 뜻도 있어 떠돌아다니는 노래란 뜻을 가지고 있다.
| 자구 해석 | 가사(歌詞)_ 노래(歌)와 노랫말(詞).
가곡(歌曲)_ 우리나라 전통 성악곡의 하나로 시조의 시를 5장 형식

으로, 피리·젓대·가야금·거문고·해금 따위의 관현악 반주에 맞추어 부른다. 평조와 계면조 두 음계에 남창과 여창의 구분이 있다.

가사(歌辭)_ 조선 초기에 나타난, 시가와 산문 중간 형태의 문학이다.

가요(歌謠)_ 악기의 반주 없이 육성으로만 노래하는 것이다. 풍설, 유언비어란 뜻도 있어 떠돌아다니는 노래란 뜻을 가지고 있다. 민란이나 난리 때 주로 생긴다.

바뀐 뜻

가사(歌詞)_ 가곡, 가요, 오페라 따위로 불려질 것을 전제로 하여 쓰인 글, 즉 노랫말이다.

가곡(歌曲)_ 서양음악에서, 시에 곡을 붙인 성악곡을 번역하면서 가곡이라고 하는데, 요즘에는 거의 이 뜻으로 쓰인다. 즉 앞에 나오는 가곡 설명대로는 잘 쓰이지 않는다.

가사(歌辭)_ 원뜻 그대로이나 현대에는 쓰이지 않는다.

가요(歌謠)_ 대중가요다. 민요, 동요, 유행가 따위의 노래를 통틀어 이르기도 한다. 또 악가(樂歌)와 속요(俗謠)를 아울러 이르는 말이기도 하다.

보기글

- 가곡이라고 하면 테너나 소프라노 가수가 생각나지 시조를 부르는 전통 가곡은 떠오르지 않는다.
- 진짜 가곡을 들어본 사람은 많지 않다.

❋ **가정(家庭)**

본 뜻

가(家)_ 집(건물).

정(庭)_ 마당, 뜰.

자구 해석 집과 뜰.

| 바 뀐 뜻 | 한 가족이 생활하는 집이다. 마당이란 의미는 거의 사라졌다. 그리고 가까운 혈연관계에 있는 사람들의 생활공동체를 가정이라고 하는 수도 있다.
| 보 기 글 | • 아파트는 원래 가정의 정의에 속하지 않는구나.
• 우리 가정은 언제나 행복하다.

❈ 가차(假借)

| 본 뜻 | 한자(漢字)에서, 적당한 글자가 없을 때 뜻은 다르나 음이 비슷한 것을(假) 갖다 쓰는(借) 것을 가리킨다. 이와 같이 한자를 만드는 방법에는 모두 6가지가 있는데, 이를 육서(六書)라고 한다.
우리가 흔히 쓰는 '가차 없다'는 말은, 가차하여 쓸 여지도 없다는 뜻이다.
| 바 뀐 뜻 | 한자어를 만드는 육서 중 가장 쉬운 것이 가차인데 그럴 가치가 없을 만큼 하찮으므로, 핑계를 들어주거나 사정을 보아주거나 용서할 수조차 없다는 뜻으로 쓰인다.
| 보 기 글 | • 진실을 다툴 때는 가차 없이 검증해야 한다.

❈ 가책(苛責)

| 본 뜻 | 가(苛)_ 맵다, 사납다.
책(責)_ (빌려준 돈[貝]을 제때 갚지 않아 가시나무 채찍[束]으로 때리면서 재촉하거나) 꾸짖다.
| 자구 해석 | 사납게 꾸짖다.

※ 가치(價値)/액(額)

| 본 뜻 | 가(價)_ 값어치.
치(値)_ 구체적인 값.
액(額)_ 일정한 액수. |
|---|---|
| 자구 해석 | 가치(價値)_ 값어치. 예) 국보 가치가 있다. 보물 가치가 있다.
가액(價額)_ 값어치를 돈의 수치로 나타낸 금액. 예) 1000만 원 짜리. |
| 바뀐 뜻 | 이중에서 수치로 나타내는 것은 액(額)으로, 가액(價額), 정액(定額) 등으로 쓰인다. 가치는 높다, 낮다, 있다, 없다 등으로 표현할 수 있지만 액(額)이 들어가면 구체적인 수치가 나와야 한다. |
| 보기 글 | • 이 보석은 금이 갔기 때문에 가치가 떨어진다.
• 내가 받은 액수(額數)는 500만 원이다. |

※ 각광(脚光)

본 뜻	영어 풋라이트(footlight)를 번역한 말이다. 무대의 전면 아래쪽, 즉 다리께(脚)에서 배우를 향해 비춰주는(光) 광선이다. 각광을 받은 배우는 다른 배우와 확연히 구별될 정도로 돋보이게 된다.
자구 해석	빛으로 다리를 비추다.
바뀐 뜻	사회적으로 주목의 대상이 되는 일이나 관심을 받게 되는 일 등을 뜻한다.
보기 글	• 축구응원단 '붉은악마'가 세계 언론의 각광을 받았다.
• 요즘에는 어려운 각광 대신 조명을 받는다고 쓰는 사람이 많다.

❈ 각색(脚色)

본 뜻	다리(脚)를 중심으로 모양을 내는(色) 것이다. 중국 연극에서 분장(扮裝) 등을 뜻하는 말이다.
자구 해석	분장하다.
바뀐 뜻	요즈음에는 소설 등의 문학작품을 연극이나 영화의 대본으로 고쳐 쓰는 것이다.
보기 글	• 내 소설을 각색한 드라마를 보니 화가 나서 볼 수가 없더라.

❈ 각오(覺悟)

본 뜻	각(覺)_ 꿈을 깨다, 깨닫다. 오(悟)_ 진리를 깨우치다, 실상(實相)의 이치를 깨닫다.
자구 해석	꿈에서 깨어나고, 진리를 깨우치다
바뀐 뜻	도리(道理)를 깨우쳐 아는 것을 각오라고 한다. 그렇지만 앞으로 해야 할 일이나 겪을 일에 대한 마음의 준비 역시 각오라고 한다.
보기 글	• 죽을 각오를 하고 적진을 향해 달렸다. • 싯다르타는 6년 고행 후 보리수 아래에서 각오했다.

❈ 각인(刻印)

본 뜻	각(刻)_ 칼로 나무나 돌에 깊이 새기다. 인(印)_ 도장을 눌러 찍다.
자구 해석	칼로 나무나 돌에 새기거나 도장을 눌러 찍다.

❄ 각축(角逐)

본 뜻 각(角)_ 서로 다투고 겨루다. 뿔 가진 짐승들이 뿔을 비벼대며 싸우다.
축(逐)_ 쫓다. 멧돼지나 산양 따위가 다투어 머리로 돌진하다.

자구 해석 뿔로 겨루거나 머리로 부딪혀가며 싸우다.

바뀐 뜻 승부를 가르는 경쟁 등을 가리키는 말이다.

보기 글
- 한국 자동차업계에서 각축을 벌이던 대우자동차가 결국 외국계 회사에 팔리고 말았다.

❄ 간격(間隔)

본 뜻 간(間)_ 틈이나 사이. 간(間)의 원자는 간(閒)이다. 즉 대문 사이로 달빛이 비쳐드는 것을 나타내는데, 대문짝 사이에 틈이 있기 때문에 달빛이 비치는 것이므로 이 글자는 틈을 나타낸다. 그러다가 나중에 달빛 대신 햇빛으로 바뀌면서 달이 아닌 해(日)로 바뀌어 간(間)이 되었다.
격(隔)_ 사이를 떼다. 틈이 벌어지다.

자구 해석 틈을 벌리거나 벌어지다.

바뀐 뜻 공간적으로 벌어진 사이, 시간적으로 벌어진 사이 또는 사람들의 관계가 벌어진 정도, 사물 사이의 관계에 생긴 틈, 어떤 일을 할 만한 기회나 일이 풀려나가는 정도를 나타낸다.

보기 글
- 남북은 조금씩 간격을 좁혀나가야 한다.

❄ 간결(簡潔)

본 뜻   간(簡)_ (글을 적기 위해 다듬어놓은) 대나무쪽, 검소하다, 단출하다.
결(潔)_ 깨끗하다.

자구 해석   단출하고 깨끗하다.

바뀐 뜻   간단하게 잘 정리되다. 깨끗하다는 것은 청결(淸潔)이 아니라 정리가 된 상태를 이른다.

보 기 글
- 그의 글은 매우 간결하다.
- 그의 말은 어찌나 간결한지 군더더기가 없다.

❄ 간단(簡單)

본 뜻   간(簡)_ 옛날에 글을 쓰던 대나무쪽. 종이가 없던 시절 대나무 조각을 다듬어 여기에 글을 썼다. 대나무쪽, 즉 죽간(竹簡)은 길이가 일정하지 않았는데 대개 한 개에 열 자 정도를 적는 게 보통이었다.
단(單)_ 하나, 한 개.

자구 해석   글이 많지 않고 대나무쪽 한 개뿐이다.

바뀐 뜻   간단에 적을 수 있는 글은 열 자에 불과했으므로 그만큼 짧다는 뜻에서 간략하다, 간편하고 단출하다는 의미로 발전했다.

보 기 글
- 시간 없으니 간단하게 말하라.
- 간단히 말하고 싶어도 열 자로는 못해.

❋ 간도(間島)

본 뜻 만주의 동남부 지역으로, 간도란 지명의 유래는 세 가지 설이 있다. 그중 가장 유력한 것이 병자호란 뒤에 청나라가 이 지역을 만주족(여진족)이나 조선족 모두 입주를 금하는 봉금지역(封禁地域)으로 정했는데, 그 뒤로 청나라와 조선 사이에(間) 놓인 섬(島) 같은 땅이라는 데서 유래했다는 것이다. 두 번째는 조선 후기에 이 지역으로 이주한 우리 동포들이 개간한 땅이라는 뜻에서 '간도(墾島)'라고 적었다는 것이다. 세 번째는 조선의 정북(正北)과 정동(正東) 사이에 위치한 방향인 간방(艮方)에 있는 땅이라고 하여 간도(艮島)라고 하였다는 주장이다. 한자 표기나 역사적 사실로 보나 첫 번째 설이 가장 유력하다.

자구 해석 사이섬, 조선과 청나라 사이에 섬처럼 고립된 땅.

바 뀐 뜻 간도는 현대 중국의 길림성 동남부 지역으로 용정시, 왕청현, 혼춘현, 화룡현, 안도현, 장백현, 무송현, 임강현 일대를 포괄하는 지역이다. 그중에서도 특히 두만강 북부 연안을 북간도라 하였으며, 우리가 보통 알고 있는 간도는 바로 이 지역이다. 지금은 간도라는 말 대신에 연변(중국 발음 '옌볜')이라는 지명을 쓴다.

보 기 글 • 간도뿐만 아니라 서쪽으로는 산해관, 북쪽으로는 흑룡강이 우리 고구려의 옛 영토이다.

❋ 간사(奸詐)

본 뜻 간(奸)_ 나쁜 마음으로 저지르다.
사(詐)_ 말로 속이다.

자구 해석 아주 나쁜 마음을 먹고 말로 속이다.

※ **간섭(干涉)**

| 본 뜻 | 간(干)_ 질서를 어지럽히다 넘어서는 안 될 경계선을 넘다. 인격·위신 등을 함부로 건드리다.
섭(涉)_ (물을) 건너 돌아다니다, 깊이 들어가다. |
자구 해석	함부로 깊이 들어가다.
바뀐 뜻	직접 관계가 없는 남의 일에 부당하게 참견함. 물리학에서, 두 개 이상의 파(波)가 한 점에서 만날 때 합쳐진 파의 진폭이 변하는 현상이다.
보 기 글	• 제발 내 일에 간섭하지 마.

※ **간성(干城)/순(盾)→모순(矛盾)**

| 본 뜻 | 간(干)_ 온몸을 방어할 수 있는 큰 방패. 화살 공격에 대비하는 무기다.
성(城)_ 나라를 지켜주는 방어 무기.
순(盾)_ 주로 눈이나 얼굴 같은 급소를 방어하는 작은 방패. 칼싸움할 때 쓴다.
간성은 처음에는 사냥꾼을 가리켰다. 《시경》에 토끼를 잡기 위해 덫을 놓는 사냥꾼을 간성(干城)이라고 하였다. |
| 자구 해석 | 간성(干城)_ 개인용 대형 방패와 성. 사냥꾼.
순(盾)_ 개인용 소형 방패. |
| 바뀐 뜻 | 오늘날에는 나라를 지키는 군인을 간성이라고 부른다. |
| 보 기 글 | • 우리 국군은 대한민국의 간성이다. |

※ 간신(艱辛)

본 뜻	간(艱)_ 어렵다.
	신(辛)_ 맵다, 고생스럽다.
자구 해석	어렵고 고생스럽다.
바뀐 뜻	가까스로, 겨우, 겨우겨우 등의 의미로 쓰인다.
보기글	• 그는 이번 단축 마라톤에서 간신히 완주했다.

※ 간절(懇切)

본 뜻	간(懇)_ 마음이 아주 정성스럽다.
	절(切)_ (칼로) 끊다, 나무를 위해 잘 다듬다, 바로잡다, 고치다.
자구 해석	마음이 매우 정성스럽고 지극하다.

※ 간접(間接)

본 뜻	간(間)_ 사이, 틈. 대문 사이로 햇빛이 비쳐드는 틈을 나타낸다.
	접(接)_ 닿다.
자구 해석	틈 사이로 만나다. 교도소에서 면회할 때 유리문을 사이에 두고 만나는 것처럼 직접 만나지 못하고 틈이나 매개(媒介)를 두어 만나는 것이다.
바뀐 뜻	중간에 매개가 되는 사람이나 사물 따위를 통하여 맺어지는 관계다.
보기글	• 음식물을 통해 간접 흡수하는 수분의 양도 적지 않다.

※ 간척(干拓)→개척(開拓)

본 뜻	간(干)_ 물을 막아 땅을 말리다. 척(拓)_ 돌을 골라내다. 그러면 쓸모 있는 땅이 된다.
자구 해석	호수나 바다를 막고 개펄 등 땅을 말린 다음 돌을 골라 밭이나 논으로 만들다.
바 뀐 뜻	육지에 닿은 좁은 바다나 호수의 일부를 둑으로 막고, 그 안의 물을 빼내어 말린 다음 땅으로 만들다. 호수를 메워 땅으로 만드는 일은 드물다.
보 기 글	• 정주영은 서해안을 간척하여 논과 목장용 풀밭을 만들었다.

※ 간편(簡便)

본 뜻	간(簡)_ 대나무쪽. 옛날에는 종이 대신 대나무쪽에 글을 적었다. 편(便)_ 편지. 글이나 소식을 전해 보내는 데 이용했다.
자구 해석	대나무에 쓴 편지. 대나무쪽에 글을 쓰려면 몇 자 들어가지 않으므로 짧게 써야 한다.
바 뀐 뜻	간단하고 편리하다.
보 기 글	• 세탁기 덕분에 세탁이 간편해졌다.

※ 간호(看護)

| 본 뜻 | 간(看)_ 손을 이마에 얹고 내려다보다.
호(護)_ 누군가의 공격에 대해 지키다. 보호하다. |

| 자구 해석 | 환자를 보살피면서 바이러스나 질병으로부터 환자를 지켜주다.
| 바뀐 뜻 | 다치거나 앓고 있는 환자나 노약자를 보살펴 돌보는 것을 가리킨다.
| 보 기 글 | • 어머니가 밤새 간호하여 독감이 다 나았다.

※ 갈등(葛藤)

| 본 뜻 | 갈(葛)_ 칡, 칡넝쿨.
등(藤)_ 등나무.
| 자구 해석 | 칡과 등나무처럼 뒤엉키다.
| 바뀐 뜻 | 일이나 인간관계가 까다롭게 뒤얽혀 풀기 어려운 상태다. 또는 두 가지 서로 다른 생각이 정리되지 않은 채 혼란을 일으키는 것을 가리키기도 한다.
| 보 기 글 | • 영남과 호남의 정치적 갈등이 20세기 후반의 한국사를 그르쳤다.

※ 감각(感覺)

| 본 뜻 | 감(感)_ 느끼다.
각(覺)_ 깨닫다.
| 자구 해석 | 느낌으로 무엇인지 깨닫다.
| 바뀐 뜻 | 눈, 코, 귀, 혀, 살갗을 통하여 바깥의 어떤 자극을 알아차리는 일. 또는 사물에서 받는 인상이나 느낌이다.
| 보 기 글 | • 나이가 들면 감각이 무디어진다.
• 노인들이 잃는 감각 중에 미각(味覺)이 가장 많다.

※ 감독(監督)

| 본 뜻 | 감(監)_ 살피다, 위에서 아래를 내려다보다, 거울을 내려다보다, 윗사람이 아랫사람을 살피다.
독(督)_ 바라보며 재촉하다, 꾸짖다, 우두머리. |
자구 해석	위에서 아래를 샅샅이 살피고 잘하도록 재촉하다. 그러는 사람.
바뀐 뜻	일이나 사람 따위가 잘못되지 않도록 살펴 단속하거나 그렇게 하는 사람을 가리킨다. 또 영화나 연극, 운동경기 따위에서 일의 전체를 지휘하며 실질적으로 책임을 맡은 사람도 감독이라고 한다. 가톨릭에서, 사도 시대 이후 교회에 봉사하던 최고의 성직 계급을 일컫는 말로, 지금의 주교에 해당한다. 또 감리교회에서, 교회를 관할하고 신도를 보호하며 의례와 교육을 맡는 가장 높은 교직자를 가리킨다. 법률적으로는 어떤 사람이나 기관이 다른 사람이나 기관의 행위가 잘못되지 않도록 감시하고, 필요한 경우에는 명령이나 제재를 가하는 일을 말한다. 대한제국 때에는 궁내부에 속한 칙임 벼슬 명칭이었다.
보 기 글	• 일꾼들 감독 좀 똑바로 해라.

※ 감로수(甘露水)

| 본 뜻 | 불교의 상징 세계인 육욕천(六慾天)의 둘째 하늘인 도리천에 있는 것으로 달콤하고(甘) 이슬(露) 같은 액체(水)다. 이 액체는 한 방울만 마셔도 온갖 번뇌와 괴로움이 사라지며, 살아 있는 사람은 장수하고, 죽은 이는 부활한다고 한다. 그래서 불사주(不死酒)로도 일컬어진다. |

자구 해석	불교에서 붓다의 가르침인 반야를 비유적으로 이르는 말이다.
바 뀐 뜻	목이 몹시 마를 때 마시는 물이다.
보 기 글	• 약수를 마셔보니 곧 감로수 같다.

❄ 감사(感謝)

본 뜻	감(感)_ 고맙게 여기다. 고마운 마음을 갖다. 사(謝)_ 사례하다, 고맙다는 뜻을 말로 나타내다.
자구 해석	고마운 마음을 갖고, 그 고마움을 직접 말로 표현하다.
바 뀐 뜻	고마움을 나타내는 인사 또는 고맙게 여기는 마음을 가리킨다. 말로 해야만 감사인데 그런 의미는 줄어들었다.
보 기 글	• 찾아주셔서 감사합니다.

❄ 감상(鑑賞)

본 뜻	감(鑑)_ 거울에 비추어 보다, 위에서 물그릇을 자세히 내려다보다. 상(賞)_ 음식을 맛보고 나서 기꺼이 돈을 주다.
자구 해석	자세히 살펴본 다음 마음에 들어 상을 주다.
바 뀐 뜻	주로 예술작품을 이해하여 즐기고 평가하는 것을 가리킨다. 원래 상을 줘야 감상인데, 그 의미는 사라졌다.
보 기 글	• 해가 지도록 저녁노을을 감상했다.

※ 감정(感情)

본 뜻 감(感)_ 느끼다, 마음을 움직이다.
정(情)_ 무엇을 하리라고 먹은 마음, 외물(外物)에 끌려 일어나는 마음.
자구 해석 느낀 뒤에 일어나는 마음.
바뀐 뜻 어떤 현상이나 일에 대하여 일어나는 마음이나 느끼는 기분이다.
보 기 글 • 감정을 절제할 줄 알아야 한다.

※ 감주(甘酒)

본 뜻 찹쌀과 누룩으로 빚은 음료를 단술이라는 뜻의 감주(甘酒)라고 불렀다. 이 술은 속성으로 만드는 것으로, 알코올은 적은 대신 단맛이 있어 누구나 즐길 수 있는 음료이다. 식혜가 바로 감주다.
바뀐 뜻 원래는 알코올이 약간 들어 있는 술이었는데, 지금은 흰밥에 엿기름가루를 우려낸 물을 부어서 따뜻한 방에 덮어두고 삭힌 전통 음료 식혜다.
보 기 글 • 1990년대에 감주가 식혜란 이름으로 음료 시장에 등장하자 큰 인기를 끌었다.

※ 감축(減縮)

본 뜻 감(減)_ 물이 빠지다, 물을 덜어내다.
축(縮)_ (실이나 옷이) 줄어들다.
자구 해석 빠지거나 줄어들다.

※ 강렬(强烈)

| 본 뜻 | 강(强)_ 힘차고 튼튼하다.
렬(烈)_ 불길이 세차게 일어나다. |
| 자구 해석 | 세차고 맹렬하다. |

※ 강장(强壯)

| 본 뜻 | 강(强)_ 껍데기가 두텁고 단단하다. 힘차고 튼튼하다. 사람 나이 40세를 나타낸다.
장(壯)_ 풀이 자라 씩씩하고 무성하다. 힘차고 튼튼하다. 사람 나이 30세를 나타낸다. |
자구 해석	단단하고 튼튼하다.
바 뀐 뜻	몸이 씩씩하고 튼튼한 것을 말한다. 그러면서 30~40대를 가리킨다.
보 기 글	• 그는 강장에 좋은 식품이라며 홍삼액을 즐겨 먹었다.

※ 개가(改嫁)/재가(再嫁)

| 본 뜻 | 개가(改嫁)_ 남편이 죽은 다음에 다른 남자에게 고쳐(改) 시집가다.
재가(再嫁)_ 남편이 살아 있을 때 다시(再) 다른 남자에게 시집가다. |
| 자구 해석 | 조선시대에는 개가와 재가를 엄격하게 구분하여 사용했다. |
| 바 뀐 뜻 | 오늘날 남편이 죽었거나 이혼했거나 상관없이 재가라는 의미의 재혼(再婚)을 주로 쓴다. 사별 뒤 불가피하게 결혼하는 것은 개혼(改婚)이라고 바꿔 쓸 수는 있다. |

| 보 기 글 | • 재혼전문 결혼회사는 있어도 개혼전문 결혼회사는 없다. |

※ **개시(開始)**

본 뜻	**개(開)**_ (문을) 열다. **시(始)**_ 시작하다.
자구 해석	문을 열어 시작하다.
바뀐 뜻	행동이나 일 따위를 시작하다.
보 기 글	• 즉각 행동을 개시했다.

※ **개안(開眼)**

본 뜻	절에서 불상을 만들거나 불화를 그린 뒤 봉불식을 하면서 눈동자를 그려 넣는 점안(點眼)을 하는데, 이것을 개안공양이라고 한다. 점안을 해야만 비로소 불상이나 불화에 눈이 생겨 이때부터 예배의 대상이 된다.
자구 해석	눈을 뜨다.
바뀐 뜻	안 보이던 눈이 보이게 되다. 그러나 이보다는 그동안 미처 몰랐던 사실이나 원리를 깨우쳐 비로소 사물이나 현상을 확연히 깨닫는 경지를 말하는 경우가 많다. 한글로 '눈을 떴다'고 표현하기도 한다.
보 기 글	• 저는 나이 오십이 되어서야 겨우 글에 눈을 떴습니다.

※ 개척(開拓)→간척(干拓)

본 뜻 개(開)_ 바꾸다, 새로 열다, 쓸모없는 것을 쓸모 있게 하다.
척(拓)_ 돌을 골라내다. 그러면 쓸모 있는 땅이 된다.

자구 해석 쓸모없는 것을 쓸모 있는 것으로 바꾸다.

바뀐 뜻 거친 땅을 일구어 논이나 밭과 같이 쓸모 있는 땅으로 만들다. 새로운 영역, 분야, 운명, 진로, 기술 따위를 새로 열어가는 것도 개척이라고 한다.

보기 글 • 아인슈타인의 일반상대성이론은 우주과학을 개척했다.

※ 개혁(改革)

본 뜻 개(改)_ 자기 자신(己)을 가볍게 톡톡 두드려(攵) 고치다.
혁(革)_ 가죽(皮)을 바꾸다.

자구 해석 가죽옷을 바꿔 입다. 고대에 가죽은 곧 그것을 입고 있는 사람의 계급과 신분을 나타냈다. 그러므로 그 가죽옷을 바꾸면 다른 계급과 다른 신분이 된다.

바뀐 뜻 낡은 제도나 기구 따위를 새로운 시대에 맞게 바꾸는 일이다.

보기 글 • 정권을 잡았다 하면 누구나 다 개혁을 소리 높여 외치지만 임기 뒤에는 줄줄이 교도소로 간다.

※ 거리(距離)

본 뜻 거(距)_ 사이가 뜨다.
리(離)_ 떼어놓다.

| 자구 해석 | 사이가 벌어지도록 떼어놓다.
| 바 뀐 뜻 | 두 개의 물건이나 장소 따위가 공간적으로 떨어진 길이, 시간 동안에 이동할 만한 공간적 간격, 사람과 사람 사이에 느껴지는 간격, 비교하는 두 대상 사이의 차이. 수학에서는 두 점 사이를 잇는 직선의 길이를 나타낸다.
| 보 기 글 | • 읍내에서 집까지는 걸어서 한 시간 거리이다.

❋ 거마비(車馬費)

| 본 뜻 | 자동차가 발명되기 이전의 교통수단은 수레와 말이 대부분이었다. 수레 거(車)와 말 마(馬)로 이루어진 거마(車馬)는 각종 교통수단을 가리키는 것이고, 거마비는 곧 교통수단을 이용하는 데 드는 돈(費)이다.
| 자구 해석 | 수레와 말을 이용하는 데 드는 비용.
| 바 뀐 뜻 | 단순한 교통비를 가리키는 말보다는 주로 강연이나 도움을 준 데 대한 수고비나 사례금을 가리키는 말로도 쓰인다.
| 보 기 글 | • 거마비라고 어물쩍 말하지 말고 떳떳하게 강연료라고 명목을 밝히는 게 좋다.

❋ 거역(拒逆)

| 본 뜻 | 거(拒)_ 손으로 막다.
역(逆)_ 어기고 거스르다.
| 자구 해석 | 막고 거스르다. 거절보다 더 강력한 행위다. 왕이나 공경대부의 지

시나 복종을 받고 도리어 더 높은 곳에 이르거나 직접 꾸짖거나 치는 것이다.

| 바뀐 뜻 | 윗사람의 뜻이나 지시 따위를 따르지 않고 거스르다. 본뜻보다는 가벼워졌다. 다만 거스르는 행위가 현대에는 고발이나 고소가 될 수 있다.

| 보기글 | • 잘못된 지시는 거절하고, 위력이나 강제로 지시할 때는 거역해야 한다.

※ **거절(拒絕)**

| 본 뜻 | 거(拒)_ 손으로 막다.
절(絕)_ (실 따위를) 끊다.

| 자구 해석 | 손으로 막고 끊다. 거역보다는 약하지만 요구와 제안을 넘어 지시와 복종까지 막고 끊는 것이다.

| 바뀐 뜻 | 상대편의 요구, 제안, 선물, 부탁 따위를 받아들이지 않고 물리치다. 끊는다는 뜻이 약해졌다.

| 보기글 | • 거절은 보복을 부르는 만큼 용기가 필요하다.

※ **건강(健康)/건강(健剛)**

| 본 뜻 | 건(健)_ 튼튼하다.
강(康)_ 몸과 마음이 편하고 걱정이 없다.
강(剛)_ 굳세다.

| 자구 해석 | 건강(健康)_ 몸이 튼튼하여 마음이 편하다.
건강(健剛)_ 튼튼하고 굳세다.

| 바 뀐 뜻 | **건강(健康)**_ 정신적으로나 육체적으로 아무 탈이 없고 튼튼하거나 그러한 상태. 정신적, 육체적인 이상이 없다는 뜻이다.
건강(健剛)_ 건강하고 의지가 강하다. |
| 보 기 글 | • 건강이 최고다. |

❈ 건달(乾達)

본 뜻	불교의 건달바(乾達婆)라는 말에서 유래되었다. 건달바는 수미산 남쪽 금강굴에 사는 천상의 신으로, 고기나 밥은 먹지 않고 향(香)만 냄새 맡으며 허공을 날아다니면서 노래를 하는 상상의 존재다. 이 밖에 중유 상태의 존재를 건달이라고 부르기도 한다. 불가에서는 사람의 생을 본유(本有), 사유(死有), 중유(中有), 생유(生有)의 네 단계로 나눈다. 그중 죽어서 다음 생을 받기까지를 중유라고 한다. 중유의 몸은 하늘을 날아다니며 살아생전에 지은 업에 따라서 새로운 생명을 받아 태어나게 되는데, 죽어서 다시 환생하기 전까지의 불안정하고 허공에 뜬 존재 상태를 중유라고 한다. 건달이란 말이 가지고 있는 두 가지의 뜻이 이러하므로 건달이란 한마디로 존재의 뿌리가 불확실한, 언제 어떻게 될지 모르는 불안한 존재를 가리키는 말이라고 할 수 있다.
자구 해석	불교에 나오는 상상의 존재.
바 뀐 뜻	아무 하는 일도 없이 빈둥거리며 놀거나 게으름을 부리는 사람. 또는 가진 밑천을 다 잃고 빈털터리가 된 사람을 가리키는 말이다.
보 기 글	• 자아를 깨닫지 못한 사람은 비록 사회적으로 성공했다고 해도 건달 신세를 면할 수 없다.

※ **건설(建設)**

| 본 뜻 | 건(建)_ 붓을 세워서 설계도를 그리다. (기둥 따위를) 바닥에서 위를 향하여 곧게 세우다.
설(設)_ 늘어놓다. (서까래, 지붕 따위를) 설치하다. |
| 자구 해석 | 바닥에서 위로 곧게 세우고 설치하다. 건축보다 낮은 개념이다. 교량 따위가 이에 해당한다. |

※ **건조(乾燥)**

| 본 뜻 | 건(乾)_ 나무가 늙거나 풀이 가을이 되어 마르듯 저절로 쇠하다. 생기가 끊어지다.
조(燥)_ (햇빛이나 열 따위에 의해) 마르다. |
| 자구 해석 | 쇠하고 마르다. |

※ **건축(建築)**

| 본 뜻 | 건(建)_ 붓을 세워서 설계도를 그리다. (기둥 따위를) 바닥에서 위를 향하여 곧게 세우다.
축(築)_ (성城 따위를) 쌓다. |
| 자구 해석 | 바닥에서 위로 곧게 세워 쌓다. 건설보다 큰 개념이다. 빌딩을 짓는 것이 이에 해당한다. |

※ **검색(檢索)**

본 뜻	검(檢)_ 나무상자에 든 문서를 잘 표시해두었는지 살피다. 색(索)_ 얽힌 실타래 같은 것에서 실마리를 당겨 찾아내다.
자구 해석	잘되었는지 살피고 실마리를 당겨 찾아내다.

※ **검토(檢討)**

본 뜻	검(檢)_ (나무상자에 넣어둔 문서를 꺼내 제대로 있는지) 살피고 조사하다. 토(討)_ 말로 따지고 찾아내며, 잘못이 있으면 꾸짖다.
자구 해석	따져서 찾아내다.

※ **게시(揭示)**

본 뜻	게(揭)_ 높이 들다. 시(示)_ 보이다.
자구 해석	높이 들어 보이다.

※ **격납(格納)**

본 뜻	격(格)_ 바로잡다, 이르다, 자리. 납(納)_ 받아들이다, 거두어들이다, 넣다.
자구 해석	거두어 넣다. 원래 송나라 때 선박(船舶)의 대소에 따라 부과하던 세금이다.

| 바 뀐 뜻 | 일정한 물건을 일정한 장소에 넣음. |
| 보 기 글 | • 비행기나 전동차를 두는 곳을 격납고라고 한다. |

❈ 격리(隔離)

| 본 뜻 | **격(隔)**_ 언덕으로 가로막히다, 사이를 떼어놓다, 틈을 벌리거나 벌어지다.
리(離)_ 그물에 걸린 새가 날아가버리다, 다시 만날 수 없게 헤어지다. |
| 자구 해석 | 가로막아 떼어놓다. |

❈ 격조(格調)

본 뜻	**격(格)**_ 바로잡다, 자리, 표준. **조(調)**_ (음률이나 호흡 따위를) 고르다, 조절하다, 균형이 잡히다.
자구 해석	바로잡아 고르다.
바 뀐 뜻	문예 작품 따위에서, 격식과 운치에 어울리는 가락 또는 사람의 품격과 취향.
보 기 글	• 옛 선비들은 격조를 갖추지 않은 글은 거들떠보지도 않았다.

❈ 견(犬)/구(狗)

| 본 뜻 | **견(犬)**_《예기禮記》에서 큰 개를 가리키는 말이다. 성견.
구(狗)_《예기》에서 작은 개를 가리키는 말이다. 강아지. |

바 뀐 뜻	요즘에는 식용견을 구(狗)라고 하고 애완견을 견(犬)이라고 한다. 하지만 이 구분도 명확하지 않다.
보 기 글	• 진돗개를 한자로 쓸 때는 진도견(犬)이라고 했다가 흰색은 백구(白狗), 황색은 황구(黃狗)라고 달리 부른다.

❄ 결렬(決裂)

본 뜻	결(決)_ 둑이 무너져 물이 넘쳐흐르다. 물꼬를 트다. 렬(裂)_ 옷이 갈가리 찢어지다.
자구 해석	둑이 무너져 물이 넘쳐흐르고, 옷이 갈가리 찢어지다.
바 뀐 뜻	교섭이나 회의 따위에서 서로의 의견이 합쳐지지 않아 각각 갈라서게 되다.
보 기 글	• 미국과 북한의 회담이 결렬되었다.

❄ 겸손(謙遜)

본 뜻	겸(謙)_ 말을 참고 삼가다. 손(遜)_ 자손들이 부모를 대하는 공손한 행동거지.
자구 해석	부모나 어른 앞에서 참고 삼가다.
바 뀐 뜻	남을 존중하고 자기를 내세우지 않다는 뜻으로만 쓰인다. 즉 겸(謙)만 남아 있고 행동거지가 바르다는 손(遜)의 뜻은 잘 살리지 못하고 있다.
보 기 글	• 회사에 들어가거든 윗사람에게 늘 겸손하거라.

※ 경계(境界)

본 뜻 경(境)_ 곳, 장소. 곧 내 땅이다.
계(界)_ 이웃과 만나는 지점이다.

자구 해석 내 땅과 이웃이 만나는 지점.

바뀐 뜻 사물이 어떠한 기준에 의하여 분간되는 한계, 지역이 구분되는 한계다. 불교에서는 인과(因果)의 이치에 따라 스스로 받는 과보(果報)를 말하기도 한다.

보기 글
- 경계에 서 있는 것은 언제나 불안하다. 그래서 붓다는 경계를 갖지 말라고 했다.
- 경계인을 자처하던 사회학자 송두율 교수가 끝내 검찰에 구속되었다.

※ 경고(警告)

본 뜻 경(警)_ 조심하도록 정중하게 말로 타이르다.
고(告)_ (제사를 지내면서 소를 제물로 바쳤다는) 사실을 말로 아뢰다. 알려주다.

자구 해석 조심하도록 타이르고, 죄와 벌에 대해 알려주다.

※ 경기(京畿)

본 뜻 경(京)_ 천자(天子)가 도읍한 경사(京師), 왕이 거주하는 도성을 일컫는다.
기(畿)_ 왕이 거주하는 도성으로부터 사방 500리까지의 지역이다.

자구 해석 서울과 도성 밖 500리까지의 지역이다.

경기(京畿)라는 말이 합성 단어로 등장한 것은 당나라 때에 왕도(王都)의 외곽 지역을 경현(京縣)과 기현(畿縣)으로 나누어 통치하였던 데서 기원한다. 왕도 외곽 지역을 '경기'라 한 것은 고려 현종 9년(1018)의 일이다. 경기를 기전(畿甸)이라고도 한다.

바뀐 뜻 서울 외곽에 있는 행정구역의 하나로, 오늘날 서울은 경기에 포함되지 않는다.

보기글 • 고려시대의 경기와 조선시대의 경기는 지역이 서로 다르다.

※ **경력(經歷)**

본 뜻 경(經)_ 베를 짜다, 실로 엮은 것.
력(歷)_ 곡식 농사를 몇 년째 지었는지 햇수를 헤아리다, 시간과 공간을 거쳐 넘어가다.

자구 해석 베를 짠 기간과 농사를 지은 햇수.

바뀐 뜻 여러 가지 일을 겪어 지내오거나 겪은 여러 가지 일을 말한다.

보기글 • 경력자 우대.

※ **경륜(經綸)**

본 뜻 경(經)_ 섬유를 짤 때 늘어뜨린 세로줄이다. 가로줄은 위(緯)이다.
륜(綸)_ 세로줄 중에서도 가장 중심이 되는 가장 굵거나 큰 줄이다.

자구 해석 베를 짤 때 잘 짜지도록 위에서 아래로 늘어뜨린 크고 작은 세로줄. 임금이 천하를 다스리는 능력이나 높은 지위에 있는 사람의 경험이나 포부. 베를 짤 때 경과 륜을 잘 늘어뜨려야 피륙이 곱고 촘촘해진다.

바 뀐 뜻   피륙을 짤 때는 가로줄 위(緯)와 세로줄 경(經)이 모두 있어야 한다. 그런데 가로줄보다 세로로 줄을 늘어뜨리는 경(經)은 기본, 근본이라는 의미가 있다. 이 세로줄 중에서도 기준이 되는 줄은 륜(綸)이라고 하여, 임금의 말이라는 뜻으로 쓰인다. 오늘날에는 경험이라는 말 대신 널리 쓰이는데, 경험보다는 훨씬 더 깊은 뜻이 있다.

보 기 글   • 통일 한국의 대통령은 경륜 있는 분이 되었으면 좋겠다.

❋ 경상도(慶尙道)

본 뜻   조령 이남에서 경주(慶州)가 가장 크고 상주(尙州)가 그다음인 데서 경주와 상주를 중심으로 한 지역을 경상도라 일컫게 되었다.

자구 해석   경주와 상주.

바 뀐 뜻   북쪽으로는 조령, 동쪽과 남쪽으로는 바다, 서쪽으로는 지리산을 경계로 한 우리나라의 동남 지역을 가리키는 행정지명이다. 한편 울산시와 부산시는 광역시로서 경상도와 대등한 행정단위이지만 개념상 경상도라는 지명에 포함되는 것으로 본다.

보 기 글   • 충청도의 경우에는 공주와 충주를 합쳐 공충도라고 했지만 발음 문제상 충청도로 계속 써왔다. 이때의 청은 청주다. 전라도는 전주와 나주, 강원도는 강릉과 원주이다.

❋ 경영(經營)

본 뜻   경(經)_ 짓다. 거시적인 국가 목표이다. 불교에서는 깨달음이나 진리를 나타낸다.

49

자구 해석	영(營)_ 만들다. 구체적으로 다스리다. 불교에서는 실천을 나타낸다. (국가 목표를) 짓고 만들다. 또는 진리를 깨닫기 위해 실천하다. 경영(經營)이란 말은 《시경》에서는 경지영지(經之營之)라고 하여, 짓고 만든다는 뜻으로 시작되었다. 하지만, 경(經)은 거시적인 국가 목표나 집단의 목표로 정리되고 영(營)은 구체적으로 다스린다는 말로 정리됐다. 이것이 불교에서는 깨달음이나 진리가 경(經)이 되고, 영(營)은 실천으로 바뀌었다.
바뀐 뜻	주로 기업이나 사업을 관리하고 운영한다는 뜻으로 쓰인다. 그러면서도 기초를 닦고 계획을 세워 어떤 일을 해나가거나, 계획을 세워 집을 짓는 것을 나타내기도 한다. 북한에서는 궁리하여 일을 마련하여 나간다는 뜻으로 쓰기도 한다.
보기글	• 재벌 2세들이 경영에 나설 경우 성공하기보다는 실패하는 경우가 더 많다.

※ 경위(經緯)→조직(組織)

본 뜻	경(經)_ 베틀로 베를 짤 때 쓰는 씨실. 위(緯)_ 베틀로 베를 짤 때 쓰는 날실.
자구 해석	직물을 짤 때 쓰는 날실과 씨실.
바뀐 뜻	1) 지구를 가로로 나타내는 선과 세로로 나타내는 선을 합쳐 경위(經緯)라고 한다. 2) 씨실과 날실의 움직임에 따라 직물이 짜지기 때문에 경위가 움직인 자리를 상세하게 알 수 있는 데서, 곧 일이나 사건의 자세한 과정을 뜻한다.
보기글	• 대통령은 이번 사태의 경위를 밝혔다.

※ 경쟁(競爭)

| 본 뜻 | 경(競)_ 겨루다.
쟁(爭)_ 다투다.
| --- | --- |
자구 해석	겨루고 다투다.
바뀐 뜻	같은 목적에 대하여 이기거나 앞서려고 서로 겨루다. 생물학에서, 여러 개체가 환경을 함께하기 위하여 벌이는 상호작용을 가리킨다.
보 기 글	• 국가 경쟁력.

※ 경제(經濟)

| 본 뜻 | 경(經)_ 씨줄처럼 도로를 잘 정비하여 소통이 잘되게 하는 것이다. 멀리 갈 수 있는 길이다.
제(濟)_ 물을 잘 건널 수 있게 나루를 만들어주는 것이다. 즉 물을 건널 수 있는 나루다. |
| --- | --- |
| 자구 해석 | 도로를 닦고 물을 건너는 나루를 만들다. |
| 바뀐 뜻 | 인간의 생활에 필요한 재화나 용역을 생산·분배·소비하는 모든 활동. 또는 그것을 통하여 이루어지는 사회적 관계. 돈이나 시간, 노력을 적게 들인다는 뜻도 있다.. |
| 보 기 글 | • 경제는 정치인이 가장 먼저 배워야 할 학문이다. |

※ 경찰(警察)

| 본 뜻 | 경(警)_ (겁을 주어) 타이르다.
찰(察)_ 살피다. |
| --- | --- |

자구 해석	(겁을 주어) 타이르고 살피다.
바 뀐 뜻	경계하여 살피는 것이다. 법적으로 국가 사회의 공공질서와 안녕을 보장하고 국민의 안전과 재산을 보호하는 일. 또는 그 일을 하는 조직을 말한다. 직접적으로 경찰관을 나타내기도 한다.
보 기 글	• 경찰의 음주단속에 걸렸다.

※ 경축(慶祝)

본 뜻	경(慶)_ 축하할 만한 일이다. '축하한다'는 뜻이다. 축(祝)_ (신명이나 하늘 등에게) 빌다. '앞으로 잘되기 바란다'는 뜻이다.
자구 해석	잘되기를 귀신에게 빌고 바라다.
바 뀐 뜻	경사스러운 일을 축하한다는 뜻으로 고정되었다. 오늘날 귀신에게 빈다는 의미는 퇴색했다. 다만 귀신에게 기도하지는 않더라도 성공하기를 바란다는 뜻의 의미는 살리는 게 좋겠다.
보 기 글	• 제17대 대통령 취임을 경축한다.

※ 경향(傾向)

본 뜻	경(傾)_ 기울다. 향(向)_ 향하다.
자구 해석	어느 한쪽으로 기울어 가다.
바 뀐 뜻	현상이나 사상, 행동 따위가 어떤 방향으로 기울어지는 것을 말한다. 심리학에서, 일정한 자극에 대하여 일정한 반응을 보이는 유기체의 소질(素質). 또는 어떤 방향을 향한 긴장 상태를 뜻하기도

한다.

보 기 글 • 요즘 젊은이들은 혼전 순결을 중시하지 않는 경향이 있다.

❋ 계곡(溪谷)

본 뜻 계(溪)_ 산골짜기에 흐르는 시내.
곡(谷)_ 골짜기. 시내를 포함하는 공간이다.

자구 해석 시내와 골짜기.

바뀐 뜻 물이 흐르는 골짜기다.

보 기 글 • 북한산 계곡으로 소풍을 갔다.

❋ 계급(繼及)

본 뜻 계(繼)_ 끊어지지 않게 묶어 잇다. 즉 아버지가 죽어 자식이 뒤를 잇는 것이다.
급(及)_ 뒷사람이 앞사람 손을 잡는다는 뜻이다. 즉 형이 죽어 동생이 뒤를 잇는 것이다.

자구 해석 아버지가 아들에게, 형이 동생에게 (권력과 재산 등을) 이어주다.

바뀐 뜻 현대에 이르러 계급에서 세습(世襲) 의미가 사라지거나 희박해졌다. 옛날에 아버지가 아들에게, 형이 동생에 물려주는 건 권력이나 재산이었다.

보 기 글 • 계급을 한 단어로 쓰는 일은 없고, 다른 단어에 섞여 의미를 나타낸다.
• 계(繼)_ 계부(繼父: 새아버지), 계사(繼嗣; 양자로서 대를 이음).
• 급(及)_ 급과(及瓜; 임기가 끝나 교대할 시기가 됨).

※ **계단(階段)**

| 본 뜻 | 계(階)_ 사다리나 섬돌의 한 칸 한 칸 단위나 그 전체.
단(段)_ 사다리나 섬돌이 한 번 꺾어지는 단위. |
자구 해석	사다리나 섬돌의 칸과 단.
바뀐 뜻	계와 단의 구분 없이 발을 딛고 올라가는 곳이란 뜻으로 쓰인다. 흔히 500계단 등으로 쓰는데, 이 말의 정확한 뜻은 500계이고, 단은 훨씬 더 적은 수로 표현해야 마땅하다. 예를 들어 10계 1단이라면 50단 500계라고 해야 한다.
보기글	• 폐하(陛下)의 폐는 계단 밑에 놓는 섬돌이란 뜻이다.

※ **계몽(啓蒙)**

| 본 뜻 | 계(啓)_ 일깨우다. 입(口)으로 가르치고 매로 때리면서(攵) 문(戶)을 열듯이 깨우쳐주다.
몽(蒙)_ 어리석다. |
| 자구 해석 | 어리석음을 일깨워주다. |

※ **계산(計算)**

| 본 뜻 | 계(計)_ 세다, 헤아리다.
산(算)_ 산가지로 수를 세다. |
| 자구 해석 | 헤아리며 주산(珠算)으로 계산하다. |
| 바뀐 뜻 | 수를 헤아리는 것을 말한다. 어떤 일을 예상하거나 고려하는 것도 계산이다. 또 값을 치르는 것도 계산한다고 한다. 어떤 일이 자기에 |

게 이해득실이 있는지 따지는 것도 계산이다. 수학적으로는 주어진 수나 식을 일정한 규칙에 따라 처리하여 수치를 구하는 일을 가리킨다.

| 보 기 글 | • 그 친구는 계산이 너무 빠르다. |

❊ 계속(繼續)

본 뜻	계(繼)_ 이어나가다, 이어 붙이다. 속(續)_ 뒤를 잇다.
자구 해석	(끊어지지 않게) 이어 붙이다.
바뀐 뜻	끊이지 않고 이어나가거나 끊어졌던 행위나 상태에서 다시 이어나가는 것을 말한다.
보 기 글	• 다음 회에 계속.

❊ 계약(契約)

본 뜻	계(契)_ (관계를) 맺다. 약(約)_ (다발을) 묶다.
자구 해석	(둘 이상이 서로 관계를) 맺어서 묶다.
바뀐 뜻	관련되는 사람이나 조직체 사이에서 서로 지켜야 할 의무에 대하여 글이나 말로 정하여두거나 또는 그런 약속이다. 기독교에서 하나님과 인간 사이에 맺은 약속을 말하기도 한다. 계약 중에 모세를 통하여 세운 것이 구약이고, 예수를 통하여 세운 것이 신약이다. 법률적으로는 일정한 법률 효과의 발생을 목적으로 두 사람의 의사를 표시하는 것이다.

| 보 기 글 | • 잘 맺고 잘 묶어야 계약이 깨지지 않는다.
• 계약은 믿음으로 묶어야 안 풀리고 안 끊긴다. |

※ 계율(戒律)

| 본 뜻 | 계(戒)_ (두 손으로 창을 들고) 지키다.
율(律)_ 널리 공표하기 위해 붓으로 쓴 법령. |
| 자구 해석 | 지켜야 할 법령.
불가에서는 비구 개인이 지켜야 할 계와 비구의 모임인 승가가 해야 할 율이 다르다. |

※ 계절(季節)/절기(節氣)/기후(氣候)

| 본 뜻 | 계(季)_ 봄 여름 가을 겨울로 1년을 나눈 단위이다. 1년은 4계다. 1계는 3개월인데 맨 앞달을 맹(孟), 그다음을 중(仲), 마지막 달을 계(季)라고 한다.
절(節)_ 입춘 춘분 입하 하지 등 24절기로 1년을 나눈 단위이다. 1계(季)에 6절(節)이 있다. 또는 절기(節氣)에서 매월 앞의 것이다.
기(氣)_ 매월 절기 중 중간에 드는 것이 기이다. 즉 태양력 1월에는 입춘(태양력 1일째, 양력으로는 4일)과 우수(태양력 16일째, 양력으로는 20일)가 있는데, 입춘이 절이고 우수가 기이다.
후(侯)_ 5일. 1절은 3후다. 1년에는 72후가 있고, 1계에는 18후가 있고, 한 달에는 6후가 있고, 1절이나 1기에는 3후가 있다. |
| 자구 해석 | 계절(季節)_ 4계와 12절. |

절기(節氣)_ 12절과 12기.

기후(氣候)_ 12기와 72후.

바뀐 뜻 계절(季節)_ 규칙적으로 되풀이되는 자연현상에 따라서 1년을 구분한 것으로, 일반적으로 온대 지방은 기온의 차이를 기준으로 하여 봄 여름 가을 겨울의 네 계절로 나누고, 열대 지방에서는 강우량을 기준으로 하여 건기와 우기로 나눈다. 천문학적으로는 춘분 하지 추분 동지로 나눈다. 원래 뜻에서 계(季)만 남고 절(節)은 사라진 것이다.

기후(氣候)_ 1년의 24절기와 72후를 통틀어 이르는 말이다. 또한 기온·비·눈·바람 따위의 대기(大氣) 상태, 또는 일정한 지역에서 여러 해에 걸쳐 나타난 기온·비·눈·바람 따위의 평균 상태를 말하기도 한다.

보기글 • 계절과 절기, 기후에 이런 뜻이 있는 줄 아는 사람은 드물다.

※ **계층(階層)**

본 뜻 계(階)_ 섬돌, 사닥다리.

층(層)_ 집 위에 얹어 지은 집.

자구 해석 섬돌에 칸이 있고 집에 층이 있다.

바뀐 뜻 사회적 지위가 비슷한 사람들의 층을 비유한다. 계층을 뒤집은 층계(層階)가 되면 원래 뜻을 나타낸다.

보기글 • 계층 간 차이가 크면 대화가 어렵다.

※ 고독(孤獨)

본 뜻 　고(孤)_ 어려서 부모를 잃은 사람.
　　　　　독(獨)_ 늙어서 자식이 없는 사람.
자구 해석 어려서 부모를 잃은 사람과 늙어서 자식이 없는 사람.
바뀐 뜻 홀로 외로이 지내는 사람을 통칭한다. 그러나 노인이 혼자 사는 경우에는 독거(獨居)라고 하고, 부모 없는 어린이는 고아(孤兒)라고 하여 엄격히 구분한다. 성인 남녀가 배우자 없이 혼자 살 때, 아내가 없는 남자는 환(鰥; 홀아비), 남편이 없는 여자는 과(寡; 홀어미)라고 한다. 현대에는 독거노인이라고 하지 따로 남녀를 구분하지 않는다.
보기 글 • 고독하다는 것은 결국 서로 이끌어주고 기댈 가족이 없다는 뜻이다.

※ 고무(鼓舞)

본 뜻 　고(鼓)_ (북을) 두드리다.
　　　　　무(舞)_ 춤을 추다.
자구 해석 북을 치며 춤을 추다.
　　　　　북을 치며 춤을 추면 어깨춤이 절로 나도록 흥겨워지고 신이 난다. 이처럼 남의 마음을 흔들어 신나게 하거나 북돋워주는 일을 '고무한다' '고무적이다' 등으로 표현했다.
바뀐 뜻 남을 격려하여 자신을 얻도록 용기를 북돋워주는 일이나, 마음을 흔들어 의연히 새로운 일을 할 만한 기운을 내게 하는 일 등이다.
보기 글 • 잘할 때는 고무해주고, 못할 때는 위로해주어야 한다.

❄ 고민(苦悶)

본 뜻   고(苦)_ 씀바귀처럼 맛이 쓰다.
민(悶)_ 집 안에 갇혀 있듯이 마음이 우울하다.
자구 해석   입맛이 쓰고 마음이 우울하다.
바 뀐 뜻   마음속으로 괴로워하고 애를 태우다.
보 기 글   • 취업 준비를 해야 할지 창업 준비를 해야 할지 심각하게 고민 중이다.

❄ 고장(故障)

본 뜻   고(故)_ 사건, 사고, 재앙이 되는 까닭.
장(障)_ 가로막힌 높은 언덕. 구멍이 막혀 통하지 못하다.
자구 해석   어떤 까닭이 생겨 서로 통하지 못하다.

❄ 고취(鼓吹)

본 뜻   고(鼓)_ (북을) 두드리다.
취(吹)_ (피리를) 불다.
자구 해석   북을 치고 피리를 불다.
바 뀐 뜻   북을 치고 피리를 불면 저절로 흥이 나는 것처럼 용기나 기운을 북돋워 일으키거나, 의견·사상 등을 강렬하게 주장하는 것을 가리키는 말이다.
보 기 글   • 자라나는 세대에게 통일 의식을 고취시키지 않으면 안 된다.

※ 고통(苦痛)

| 본 뜻 | 고(苦)_ (입맛이) 쓰다.
통(痛)_ (몸이) 아프다. |
자구 해석	입맛이 쓰고 몸이 아프다.
바뀐 뜻	오늘날에는 심리적인 아픔에 주로 쓰인다. 즉 몸이나 마음의 괴로움과 아픔을 이르는 말이다.
보 기 글	• 삶이 고통이다.

※ 곡절(曲折)

| 본 뜻 | 곡(曲)_ 그릇 안의 둥근 모양, 굽다.
절(折)_ (도끼로) 베다, 꺾다, 쪼개다. |
자구 해석	굽고 꺾이다.
바뀐 뜻	순조롭지 않게 얽힌 이런저런 복잡한 사정이나 까닭, 구불구불 꺾여 있는 상태, 글의 문맥 따위가 단조롭지 아니하고 변화가 많은 것을 말한다.
보 기 글	• 할머니 인생에는 참 곡절도 많았다.

※ 곤란(困難)

| 본 뜻 | 곤(困)_ 괴롭다. (울 안에 큰 고목이 자라도록 집이 오래 되어 고칠 일이) 아득하다.
란(難)_ 어렵다. |

| 자구 해석 | 괴롭고 어렵다. |

※ 곤장(棍杖)

| 본 뜻 | 곤(棍)_ 회초리. 버드나무 가지로 만든 형구(刑具)로, 원래는 길이 1미터 이내, 굵기 1센티미터 정도의 태(笞)와 같다.
장(杖)_ 형(荊)나무 가지로 만든 형구이다. 곤보다는 약간 크고 널찍하다. |

| 자구 해석 | 회초리와 장대.
고대 중국에서 쓰던 형구인데, 우리나라에서는 조선 영조 22년(1746)에 처음 사용되었다. |

| 바뀐 뜻 | 1746년 이후에는 곤과 장을 구분하지 않고 때리는 형구를 곤장이라 하였다. 곤에는 일반곤과 특별곤이 있는데, 특별곤 중에는 치도곤이 있다. 이 곤형(棍刑)은 중국에는 없었으며, 조선 영조 때 편찬한 《속대전續大典》에 규정되어 있는 것으로 보아 조선 고유의 형벌이었음 알 수 있다. 장형(杖刑)은 곤장형보다 더 일찍 실시되었는데, 처음 실시된 시기는 확실치 않으나 우리나라에서는 삼국시대에 이미 시행되었다고 한다. 조선시대의 곤장 형구는 버드나무로 만들었으며, 그 크기는 일반곤 중 중곤의 경우 길이 181센티미터, 너비 1센티미터, 두께 3센티미터가량이다. 가장 큰 치도곤은 이보다 더 크다. |

※ 공격(攻擊)

| 본 뜻 | 공(攻)_ (군사를 동원해 적을) 치다, 불까다, 거세하다.
격(擊)_ (포와 칼, 창 등으로) 쳐서 부딪치다, 배나 수레가 질서 있게 나 |

아가다.

자구 해석 세게 쳐서 질서를 잡다.

바뀐 뜻 나아가 적을 치거나 남을 비난하거나 반대하여 나서는 것이다. 또 운동경기나 오락 따위에서 상대편을 이기기 위한 적극적인 행동. 소송에서 원고(原告)가 자신의 신청을 이유 있는 것으로 하기 위하여 법률상·사실상의 진술 및 증거 신청을 하는 일을 뜻하기도 한다.

보 기 글 • 홍위병들은 사실상 모택동의 정적들만 골라서 공격했다.

❈ 공급(供給)

본 뜻 공(供)_ 함께 이바지하다.
급(給)_ 모자라는 실을 이어주다, 보태다.

자구 해석 함께 나서서 모자라는 것을 보태다.

❈ 공부(工夫)

본 뜻 불교에서 말하는 주공부(做工夫)에서 유래한 말이다. 주공부란 불도(佛道)를 열심히 닦는다는 뜻이다. 그중에서도 특히 공부는 참선(參禪)을 가리킨다.

자구 해석 참선하다, 명상하다.

바뀐 뜻 학문을 배워 익히다.

보 기 글 • 인간으로 태어난 이상 공부란 끝이 없는 것이다.

※ 공주(公主)/옹주(翁主)

본 뜻 　공주(公主)_ 원래 왕을 보좌하는 공경대부(公卿大夫)를 뜻한다. 왕이나 황제와 왕후 사이에 낳은 딸이다.

　옹주(翁主)_ 원래 왕을 보좌하다 물러난 공경대부를 뜻한다. 왕이나 황제의 비빈 사이에 낳은 딸이다.

자구 해석 　공주(公主)_ 왕을 모시는 공경대부가 주관하여 혼례를 치른 왕과 왕비 사이의 딸.

　옹주(翁主)_ 왕을 모시다 은퇴한 늙은 공경대부가 주관하여 혼례를 치른 왕과 후궁 사이의 딸.

　공주란 말은 주나라 선왕(宣王) 때 처음 쓰였다. 선왕은 딸을 시집 보내면서 이 혼례를 제후인 공(公)에게 맡겼는데, 이 혼례를 주관한 공을 주(主)라고 했다. 주는 왕의 신하인 공경대부라는 뜻이다. 이런 뜻에서 공경대부 중 공인 주가 받들어 모신 사람이란 뜻으로 변했다. 그러다가 공주가 혼례를 주관하는 사람이 아니라 시집을 가는 '왕이나 황제의 딸'을 가리키게 되고, 그것도 왕후가 낳은 딸과 비빈이 낳은 딸을 각각 공주와 옹주로 구분했다. 그러므로 옹주는 후궁이 낳은 딸이라는 뜻이다. 즉 옹(翁) 또한 공 벼슬을 가리키지만 늙어서 물러난 공경대부를 가리키는 말이므로 공주와 차별하기 위해 옹주라 한 것이다.

　한편 궁주(宮主)는 고려왕조에서만 쓰던 어휘로 공주, 옹주, 후궁을 통틀어 가리키는 말이다. 고려 충렬왕 때 원나라 공주인 쿠빌라이 칸의 딸이 고려의 왕에게 시집오면서 공주란 어휘가 널리 쓰이기 시작했다.

바뀐 뜻 　뜻은 변하지 않았다. 다만 조선시대에 종친의 아내나 딸, 문무관의 아내 중에서 공주의 봉작을 받은 사람도 더러 있었다. 현대에는 자신의 딸을 부르는 애칭으로 많이 쓰인다.

| 보 기 글 | • 우리나라 공주의 삶은 동화에 나오는 만큼 행복하지 못했다. |

※ 공포(恐怖)

| 본 뜻 | 공(恐)_ 두려워하다.
포(怖)_ 떨다, 마음(忄)이 조심스럽다(㠯). |
| 자구 해석 | 두려워 떨다. |

※ 공화국(共和國)

| 본 뜻 | 사마천의 《사기史記》에 처음 등장한 말이다. 중국 서주(西周)의 군주이던 여왕(厲王)이 방탕한 생활로 쫓겨나자 재상이던 주공(周公)과 중신인 소공(召公)이 공동으로 합의 원칙으로 정무를 본 데서 나온 말이다. 이처럼 공화국이란 입법, 사법, 행정의 삼권이 분립하여 공화로 다스려지는 나라이다. |
| 자구 해석 | 왕을 모시는 제후 중 가장 높은 공(公)들이 합의하여 정무를 결정하다. |
| 바뀐 뜻 | 어떤 한 사람의 독재가 아니라 국민들이 추대한 대표들이 공동으로 화합하여 행하는 정치체제를 채택한 나라. 우리나라의 정치체제는 헌법 제1조에 민주주의공화국이라고 명시되어 있다. 하지만 민주주의만 되고 공화국은 안 되고 있다.
공화의 모범은 흉노의 아흘타이(ahltaiy), 몽골의 쿠릴타이(quliltay), 신라의 화백(和白)이라고 할 수 있다. 쿠릴타이의 경우 모든 부족장들이 다 모인 가운데 만장일치가 될 때까지 한 달이고 두 달이고 계속 회의를 하여, 구성원 모두 합의해야만 끝날 수 있다. 다수결의 |

폭력으로 결정하는 것이 아니라 세력이 작은 집단의 이익도 고려하여 모든 구성원의 합의를 끌어낸다는 점에서 공화의 진정한 가치를 실현한다.

하지만 민주주의는 다수결로 모든 걸 결정하기 때문에, 소수의 이익은 무시되고 다수의 유권자가 포함된 집단의 이익은 쉽게 반영되는 단점이 있다.

보 기 글	• 북한이 공화국이라고 주장하는 것은 이 말의 어원과는 하등 관련이 없다.

❄ 공황(恐慌)/공황(恐惶)

본 뜻	공(恐)_ 두려워하다. 황(慌)_ 다급하고 절박하다. 황(惶)_ 당황하다, 황송(惶悚)해하다.
자구 해석	공황(恐慌)_ 두렵고 절박하다. 공황(恐惶)_ 두려워 어쩔 줄 모르다.
바 뀐 뜻	공황(恐慌)_ 근거 없는 두려움이나 공포로 갑자기 생기는 심리적 불안 상태. 이러한 현상이 경제에 나쁜 영향을 미치는 것 역시 공황이라고 한다. 공황(恐惶)_ 두려워서 어쩔 바를 모르다.
보 기 글	• 이러다가 경제공황(經濟恐慌)이 닥칠지도 모르겠다.

❄ 과거(過去)

본 뜻	과(過)_ (내 앞을) 지나다. 거(去)_ 떠나가다.

65

| 자구 해석 | (내 앞을) 지나 떠나가다.
| 바 뀐 뜻 | 이미 지나간 때, 지나간 일이나 생활을 말한다. 언어학에서 시제의 하나로 쓰이는데, 현재보다 앞선 시간 속의 사건임을 나타낸다.
| 보 기 글 | • 과거는 흘러갔고 미래는 아직 오지 않았다.

❄ 과실(果實)

| 본 뜻 | 과(果)_ 나무의 열매. 실(實)보다 크다.
실(實)_ 풀의 열매. 씨나 종자를 나타낸다. 또 과(果)에 비해 작은 것을 나타내므로 세밀하다는 뜻으로 쓰인다.
| 자구 해석 | 열매와 곡식.
| 바 뀐 뜻 | 과실은 오늘날 모든 열매를 가리키는 말로 쓰인다. 또한 과실의 음가(音價)가 변한 '과일'의 경우 대개 과(果)의 뜻으로 쓰인다. 곡식이란 의미는 빠진 것이다.
| 보 기 글 | • 과실과 과일은 어원이 같으면서도 다른 의미를 나타낸다.

❄ 과잉(過剩)

| 본 뜻 | 과(過)_ 길을 너무 지나가다.
잉(剩)_ 쓰고도 남다.
| 자구 해석 | 길을 너무 지나가고, 쓰고도 남다.
| 바 뀐 뜻 | 예정하거나 필요한 수량보다 많아 남다.
| 보 기 글 | • 과잉 충성하는 사람은 간신이나 종이 되기 쉽다.

❇ 과정(過程)

본 뜻	과(過)_ (내 앞을) 지나가다. 정(程)_ 길이의 단위, 도량형의 계량기.
자구 해석	지나온 여러 길.
바 뀐 뜻	일이 되어가는 순서나 진도를 말한다.
보 기 글	• 챔피언이 되는 과정은 매우 어렵다.

❇ 과학(科學)

본 뜻	과(科)_ 일본에서 영어 science를 과학(科學)이라고 번역했다. science를 직역하면 지식이라는 뜻인데, 굳이 한자 과(科)를 썼을까. 당시 너무 많은 서양 어휘가 밀물처럼 들어오자 일본의 사전 편찬자들은 고도의 집중력을 갖고 이에 대응하는 한자어를 찾았다. 일부 엉터리도 보이지만 이들은 당대 지식인으로서 최대한 가장 알맞은 한자어를 찾고자 노력했다. 그래서 찾아낸 것이 과(科)다. 과(科)는 벼를 비롯한 곡식(禾)의 양을 재는 도구인 말(斗)이다. 쌀 열 홉은 한 되, 열 되는 한 말이다. 이처럼 정확한 양을 재는 것을 과라고 하는데, 이후 무엇을 정확하게 따지고 가르고 나누는 것을 가리키게 되었고, 그렇게 하는 공부를 과학이라고 칭한 것이다. 학(學)_ 아이들이 집에 모여 앉아 산(算)가지를 쓰는 셈법을 배우는 것을 가리킨다.
자구 해석	곡식 등을 따지고 가르고 나누어 재는 공부.

❊ 관건(關鍵)

본 뜻	관(關)_ 문을 열지 못하도록 안에서 가로지르는 빗장이다. 건(鍵)_ 문을 열지 못하도록 밖에서 두 문짝을 거는 자물쇠이다.
자구 해석	빗장과 자물쇠. 빗장이나 자물쇠가 열려야만 관문을 드나들 수 있다.
바뀐 뜻	문제 해결의 가장 중요한 요인이나 핵심이 되는 고리를 가리키는 말로 쓰인다.
보 기 글	• 무슨 일이든 관건이 무엇인지 먼저 파악해야 한다. • 이번 작전의 관건은 적의 방공망이다. 얼마나 빨리 부수느냐에 승패가 달려 있다.

❊ 관계(關係)→관련(關聯)

본 뜻	관(關)_ 국경을 드나드는 전략 요충지의 출입용 통로이다. 계(係)_ 관과 관을 잇는 성(城)이다.
자구 해석	국경 출입용 관과 관끼리 잇는 성. 고대 중국에는 함곡관(函谷關), 산해관(山海關) 따위의 관(關)이 많았다. 전략 요충지마다 관을 만들고 관을 서로 연결하는 성을 쌓았다. 이처럼 관과 관을 서로 연결해주는 것을 가리켜 관계(關係)라고 하였다. 만리장성이 대표적인 관계이다. 관계가 되지 않으면 그 사이로 적이 쳐들어오기 때문에 방어적인 개념으로 쓰였다. 이 밖에도 관계를 통해 다른 나라와 왕래하거나 무역을 하기도 했다. 한편 계(係)는 관과 관을 잇는 연(聯)과 같은 뜻이다.
바뀐 뜻	사람과 사람이 혈연, 지연, 학연, 그 밖의 요소로 이어지는 것이다.

또한 남녀간의 성교를 가리키기도 한다. 지금도 중국에서는 일을 하는 데 가장 필수적인 요건이 관계(꽌시)라고 한다. 중국의 '꽌시'라는 말에는 혈연, 지연 등 뜻이 맞는 인간들이 사슬을 만들어 사회생활을 잘하자는 뜻이 포함되어 있다.

보기글
- 관계를 맺어야 성공한다고 믿는다면, 관계가 없는 사람은 적으로 규정한단 말인가.

❋ 관광(觀光)

본 뜻 관(觀)_ 황새가 공중을 날면서 세상을 내려다본다는 뜻이다.
광(光)_ 빛나다.

자구 해석 세상을 두루 보고 빛을 내다. 과거 시험을 보러 가다.
과거 시험에 합격하면 가문이나 개인에게 영광을 준다 하여 조금씩 뜻이 변하기 시작했다. 실제로 급제라도 하면 귀가하는 행차가 매우 거창했다.

바뀐 뜻 다른 지방이나 나라의 풍경이나 문물 따위를 유람하다.

보기글
- 노래하고 춤추는 것으로는 관광의 본래 의미를 살릴 수가 없다.

❋ 관대(寬大)

본 뜻 관(寬)_ 집이 넓다.
대(大)_ 크다.

자구 해석 집이 넓고 크다. 그래서 너그럽다.

※ 관동(關東)/관서(關西)/관북(關北)→영남(嶺南)/영동(嶺東)/영서(嶺西)→호남(湖南)

본 뜻 관동이라는 명칭은 고려 때부터 강원도 지방을 부르던 이름이다. 고려 때에 지금의 철령에 철령관이라는 관문(關門)을 두고 서울을 지키는 한편 변방을 단속하였다. 이곳을 중심으로 그 동쪽을 관동(關東), 서쪽은 관서(關西), 북쪽은 관북(關北)이라고 하였다.

바뀐 뜻 관동은 지금의 강원도, 관서는 평안도, 관북은 함경도를 가리키는 지명이다.

보기글 • 강원도의 절경인 금강산과 동해안의 풍광을 읊은 문학작품으로는 정철의 〈관동별곡〉이 유명하지 않은가.

※ 관람(觀覽)

본 뜻 관(觀)_ (보이지 않는 것까지) 살펴보다.
람(覽)_ 비교하여 보다. 예) 박람회(博覽會).

자구 해석 잘 살펴가며 여러 가지를 비교하다.

바뀐 뜻 연극, 영화, 운동경기, 미술품 따위를 구경하는 것을 말한다. 비교한다는 뜻이 없다.

보기글 • 미술관을 연 지 한 달이 돼가는데 유료 관람객이 열 명도 안 된다.

※ 관련(關聯)→관계(關係)

본 뜻 관(關)_ 국경이나 방어 요새에 만들어놓은 출입문 겸 군사용 검문소. 또는 이런 검문소나 대문을 잠글 때 거는 빗장.

련(聯)_ 물건 끝을 실로 잇다. 잇닿다. 관과 관을 잇는 계(係)와 같은 뜻이다.

자구 해석   국경 출입문이나 검문소끼리 잇다.

바뀐 뜻   둘 이상의 사람, 사물, 현상 따위가 서로 관계를 맺어 매여 있거나 그러한 관계를 말한다.

보 기 글
- 그는 현재 살인범과 어떤 관련이 있는지 조사받고 있다.

❋ 관리(官吏)

본   뜻   관(官)_ 수령 이상의 관직을 가진 사람이다.
리(吏)_ 중인 중에서 행정 실무를 담당하는 서리(胥吏), 향리(鄕吏) 등이다.

자구 해석   왕명을 받들어 관직을 맡는 수령, 서리, 향리다. 조선시대까지는 종9품직이라도 중앙직이면 관(官)이고, 군현(郡縣)에 딸린 품계 없는 사람은 이(吏)였다. 비유하자면 당시 중앙정부 공무원은 관, 지방자치 공무원은 이다.
고려 때까지는 중앙 각 관아에 있는 9품직 이하 벼슬아치만을 가리켜 서리(胥吏)라고 했고, 지방 관아에 딸린 수령 이하 모든 9품직 이하 관리는 향리(鄕吏)라고 했다. 조선시대에는 이 둘을 합쳐서 아전(衙前)이라고 했다.

바뀐 뜻   직급에 관계없이 관직에 있는 사람을 뜻한다. 요즈음에는 5급 이상이어야 관(官)을 붙여 사무관, 서기관 등으로 불린다. 6급부터는 모두 이(吏)인 셈이다.

보 기 글
- 요즘에는 관리 대신 공무원이라고 부른다. 하지만 관리(官吏)를 구분하는 문화가 아직도 남아 있어 행정부와 군대(장교)에서 사용된다.

※ 관망(觀望)

| 본 뜻 | 관(觀)_ 궁궐의 높은 곳에 세운 초소.
망(望)_ 적의 침입을 감시하다.

| 자구 해석 | 궁궐 초소에서 적이 쳐들어오나 살피다.
옛날의 궁궐은 임금이 거주하는 집의 성격보다는 적의 공격을 막아내기 위해 방어용으로 세운 초소 성격이 컸다. 그래서 궁궐의 앞쪽에 대를 높이 쌓고 그 위에 높은 망루를 세운 관(觀)을 설치하였다. 궁궐의 양쪽에 세워진 이 관은 군사용 전망대 구실을 했는데, 여기서 멀리 바라보면서 살피는 것을 '관망(觀望)한다'고 하였다.

| 바뀐 뜻 | 본래는 직접 어떤 사물을 바라보는 것을 가리키는 말이었는데, 오늘날에는 어느 정도 떨어진 거리에서 일이 되어가는 형세를 지켜보는 것을 뜻하는 말로 쓰인다.

| 보기 글 | • 등소평 사망 이후 중국에서 벌어지는 사태를 잠시 관망한 다음 투자 결정을 내리셔도 늦진 않을 겁니다.

※ 관습(慣習)

| 본 뜻 | 관(慣)_ 씨족이나 부족의 정체성을 익히다, 알아야 할 상식과 요령을 꿰다.
습(習)_ 어린 새가 둥지를 떠나기 위해 자꾸 날갯짓을 하다. 익히다.

| 자구 해석 | 씨족이나 민족이나 종족이 해온 대로 똑같이 따라서 익히다.

※ 관용(慣用)

본 뜻 관(慣)_ 잘 꿰어놓은 돈꾸러미를 보니 흐뭇하다. 여기서 돈을 많이 꿰어야 재물이 커진다는 뜻이 변해 무엇을 꿰어두면 좋다, 버릇처럼 으레 그렇게 하는 것이란 뜻이 되었다. 익숙하다.
용(用)_ 물건을 담는 통. 통이 워낙 이곳저곳에 두루 쓰이다 보니 '쓰다'는 뜻이 나왔다.

자구 해석 익숙하게 쓰다. 관용구(慣用句)는 '떨어지면 말이 안 되지만 꿰면 익숙하게 쓸 수 있는 글귀'가 된다.

※ 관저(官邸)

본 뜻 관(官)_ 관리, 공무원.
저(邸)_ 집.

자구 해석 나라에서 제공하는, 장관급 이상의 고관이 사는 집. 관저에 비해 사저(私邸)는 개인이 사는 큰 집이다.

보 기 글 • 외교부 장관 관저(官邸)는 한남동에 있다.

※ 관저(舘邸)

본 뜻 관(舘)_ 다른 지방에서 온 벼슬아치에게 음식과 침실을 제공하는 집. 다만 도서관, 박물관, 체육관은 이런 목적이 아니므로 관(館)이라고 한다.
저(邸)_ 전(殿)이 왕이 사는 집인 데 비해 저(邸)는 세자가 사는 집이다.

| 자구 해석 | 장관급 이하로서 다른 지방에서 온 관리나 다른 나라에서 온 관리가 사는 집이다. |
| 보 기 글 | • 미국 대사의 관저(館邸)는 정동에 있다. |

❋ 관찰(觀察)

본 뜻	관(觀)_ 눈으로 보이지 않는 것까지 미루어보다. 찰(察)_ 제사를 지내기 위해 집 안이 깨끗한지 잘 살피다.
자구 해석	미루어보며 잘 살피다.
바 뀐 뜻	사물이나 현상을 주의하여 자세히 살펴보다.
보 기 글	• 관찰하는 눈을 길러야 세상의 이치를 볼 수 있다.

❋ 광경(光景)

| 본 뜻 | 광(光)_ 태양이 아닌 모든 불에서 나오는 빛. 또는 그 빛에 드러난 모습.
경(景)_ 태양의 빛. 또는 그 빛으로 드러난 모습이나 경치. |
| 자구 해석 | 빛이 비치면서 드러난 세상의 풍경. |

❋ 광복(光復)

본 뜻	빛(光)이 돌아오다(復).
자구 해석	어둠이 걷히고 빛이 나다, 잃었던 왕권이나 군권(君權)을 회복하다.
바 뀐 뜻	8·15광복 때 이 말을 쓰면서 빼앗긴 주권을 도로 찾았다는 뜻으로

| 보 기 글 | • 1948년의 광복은 왕권 회복은커녕 우리나라에서 왕실이 완전히 없어지는 계기가 되었다. |

❄ **광채(光彩)**

본 뜻	광(光)_ 태양에서 나온 빛. 그 외에도 광원에서 나온 빛이다. 색깔이 없는 무색(無色)이다. 채(彩)_ 광(光)이 프리즘 등에 의해 나뉘어져 각각의 색깔이 나타나 비친 빛깔이다.
자구 해석	빛과 빛깔.
바뀐 뜻	오늘날 광(光)은 주로 빛으로 쓰고, 채(彩)는 주로 색으로 나타낸다. 광도(光度)라고 하면 '빛의 세기'를 말하고, 채도(彩度)라고 하면 빛에서 갈라져나온 빛깔의 엷고 짙은 선명도를 가리킨다. 채도가 낮으면 빛깔이 엷고, 채도가 높으면 빛깔이 진하다. 한편 눈에 보이는 것을 광과 채라고 한다면, 이 채가 물질로 나타난 것은 색이라고 한다. 주로 물감 형태로 존재한다. 즉 빛을 반사하는 물질이다. 따라서 하늘에 뜬 무지개는 빛이고, 그림으로 그려진 무지개는 색이다. 광채는 또한 아름답고 찬란한 빛, 정기 있는 밝은 빛, 섬뜩할 정도로 날카로운 빛을 뜻한다.
보 기 글	• 그의 두 눈에서 광채가 번득였다.

❄ **굉장(宏壯)**

| 본 뜻 | 굉(宏)_ 크다, 넓다. |

장(壯)_ 씩씩하고 강인하다. 또는 그런 남성.
자구 해석	크고 넓고 씩씩하고 강하다.

❉ **교대(交代)**

본 뜻	교(交)_ 주고받다, 서로 바꾸다.
	대(代)_ 대신하다.
자구 해석	서로 바꾸어 대신하다.
	보초의 경우 시간을 정해 서로 바꾸어 경계 임무를 대신한다.

❉ **교량(橋梁)**

본 뜻	교(橋)_ 세로로 세운 다리다.
	량(梁)_ 세로로 세운 다리인 교(橋)를 가로로 잇는 대들보 형식의 판이다.
자구 해석	교각(橋脚)과 상판(上板).
바뀐 뜻	구분하지 않고 물이나 어떤 공간 위로 사람이나 차량이 건너다닐 수 있도록 만든 시설물이다. 구분할 때 교(橋)는 교각이라고 적어 뜻을 더 분명히 하고, 량(梁)은 대들보 또는 들보보다는 상판이라고 부른다.
보기 글	• 한강의 교량은 모두 31개(월드컵대교 포함)다. 남한강과 북한강, 임진강은 포함하지 않은 것이다.

※ 교육(敎育)

본 뜻 교(敎)_ (지식을) 가르치다.
육(育)_ (몸을) 기르다.

자구 해석 가르치고 기르다.

바 뀐 뜻 지식과 기술 따위를 가르치며 인격을 기르다. 육(育)은 체육, 양육(養育) 등으로 남아 있다. 지금은 따로 구분하지 않는다.

보 기 글 • 교육은 백년지대계라고 말들 하지만 관계 국민의 눈에는 여전히 복마전으로 보일 뿐이다.

※ 교정(敎正)/교정(校訂)

본 뜻 교(校)_ 책을 비교하고 대조하여 이동(異同)과 정오(正誤)를 조사하는 사람을 교서(校書)라고 했다. 즉 틀린 것을 찾아내는 것이다.
정(正)_ (형식이나 문법 따위가 틀린 것을) 바로잡다.
정(訂)_ (내용이 틀린 것을) 바로잡다.

자구 해석 교정(敎正)_ 틀린 형식이나 문법을 찾아 바로잡다.
교정(校訂)_ 틀린 내용을 찾아 바로잡다.

바 뀐 뜻 교정(校正)_ 교정쇄와 원고를 대조하여 오자, 오식, 배열, 색 따위를 바르게 고치다.
교정(校訂)_ 문장 또는 출판물의 잘못된 글자나 글귀 따위를 바르게 고치다.

보 기 글 • 인쇄소에서 필름 교정(校正)을 보았다.
• 네 글을 교정(校訂)하느라고 밤을 새웠다.

※ 교편(敎鞭)

본 뜻	학생을 가르칠 때(敎), 사물을 지시하거나 훈계할 때 사용하는 채찍(鞭)이다.
자구 해석	(서당 등에서) 가르칠 때 쓰는 회초리다.
바뀐 뜻	서당 훈장이 쓰던 회초리가 오늘날 교직 생활을 상징하는 말이 되었다.
보기글	• 교편이 채찍이라고 생각하는 교사가 있다면 학부모한테 당장 고발당할걸?

※ 교포(僑胞)/동포(同胞)

본 뜻	교(僑)_ 타관살이. 포(胞)_ 같은 어머니에게서 난 친형제.
자구 해석	교포(僑胞)_ 타관살이를 하는 친형제. 동포(同胞)_ 친형제.
바뀐 뜻	교포는 다른 나라에 가서 살고 있는 한민족이다. 법적으로 현재 한국인이어야 하므로 일제강점기에 중국에 건너가 사는 사람들은 교포라고 하지 않고 동포라고 부른다. 동포는 어디에 살든 한민족을 가리키는 말이다.
보기글	• 교포라고 부르는 것보다는 동포라고 하는 게 더 정다운 표현이다.

※ 교활(狡猾)

| 본 뜻 | 교(狡)_ 중국 선진(先秦) 시대의 《서산경西山經》에, 개를 닮고 표범 무늬에 소뿔처럼 생긴 뿔을 가진 짐승이라고 나온다. 마치 개처럼 |

짖었는데, 한번 나와 짖어대면 그 나라에 큰 풍년이 든다고 한다. 하지만 워낙 간사하여 나올 듯 말 듯 애만 태우다가 끝내 나타나지 않는다고 한다.

활(猾)_ 《서산경》과 같은 《남산경南山經》에, 사람처럼 생겼으나 돼지 갈기처럼 몸에 털이 있고 동굴에 사는 동물이 나온다. 활이 한번 출현하면 그 지역이나 나라에 큰 우환이 생기고 난리가 일어난다고 한다.

교활이란 단어가 하나로 쓰이게 된 것은, 교와 활은 길을 가다가 호랑이라도 만나면 몸을 똘똘 뭉쳐 조그만 공처럼 변신하여 제 발로 호랑이 입속으로 뛰어들어 내장을 마구 파먹는데, 호랑이가 그 아픔을 참지 못해 뒹굴다가 죽으면 그제야 유유히 걸어나와 미소를 짓는다는 데서 교활한 미소라는 관용구가 생겨났다.

바뀐 뜻 몹시 간사하고 능청스러운 꾀가 많은 것을 가리키는 말이다. 한자로 교활(巧猾)이라고도 쓴다. 처음에는 교활이라고 하면 대길(大吉)하거나 대흉(大凶)한 것을 나타냈는데, 실제 생활에서는 간사한 꾀가 많은 것을 가리키는 말로 바뀌었다.

보기글 • 현대 정치인 중 가장 교활한 사람을 들라면 누굴 들 수 있을까.

※ 구금(拘禁)

본 뜻 **구(拘)_** (움직이지 못하도록) 붙잡다.
금(禁)_ (하지 못하게) 막다. 숲(林)에는 산신이 사는 곳이라서 함부로 접근할 수 없다.

자구 해석 움직이지 못하게 붙잡거나 가로막다.

| 바뀐 뜻 | 법률 어휘로 쓸 때는 자구 해석대로 한다. 일반 어휘로는 잘 쓰지 않는다.

❄ **구랍(舊臘)**

| 본 뜻 | 음력 섣달(12월)을 납월(臘月)이라고 한 데서 온 말로, 곧 지난해 섣달이란 뜻이다. 객랍(客臘)으로도 쓴다. 음력 11월은 동짓달이라고 한다.
| 바뀐 뜻 | 뜻이 바뀐 것은 아니다. 구랍이라는 어려운 말 대신에 '지난해 섣달'이라는 순우리말을 쓰는 편이 좋겠다.
| 보기글 | • 전국보건의료산업노동조합은 구랍 30일 오후부터 31일 새벽까지 교섭을 진행해 임금 및 단체협약 체결을 위한 큰 틀의 원칙을 마련했다.

❄ **구매(購買)**

| 본 뜻 | 구(購)_ 값을 치르고 뭔가를 바꾸거나 얻다. 현상금을 걸고 범인을 잡다. (용역 등의) 값을 물어주거나 치르다.
매(買)_ 돈을 주고 물건을 사들이다.
| 자구 해석 | (용역 등의) 값을 치르거나 물건을 사들이다. 정부나 회사 차원의 공모(公募)도 돈을 치르면 구매에 속한다.
| 바뀐 뜻 | 물건 따위를 사들이다.
| 보기글 | • 김 양은 물품을 구매하는 부서로 자리를 옮겼다.

❄ 구별(區別)/구분(區分)

본 뜻   **구(區)_** 여러 가지 물건을 일정한 자리에 감추다, 일정한 지역을 나누다.
별(別)_ 살과 뼈를 갈라내다.
분(分)_ (칼로) 몇 개의 부분으로 가르다.

자구 해석   **구별(區別)_** 일정한 지역을 나누어 어떤 기준을 갖고 가르다.
구분(區分)_ 일정한 지역을 몇 개로 나누다.

바뀐 뜻   **구별(區別)_** 성질이나 종류에 따라 나타나는 차이. 또는 그것을 갈라놓는 것을 말한다.
구분(區分)_ 일정한 기준에 따라 전체를 몇 개로 갈라 나누는 것을 말한다.

보기글
- 우리 농산물은 중국산과 섞여 있어도 구별이 된다.
- 서울은 4대 지역으로 구분할 수 있다.

❄ 구성(構成)

본 뜻   **구(構)_** 얽다. 집을 지을 때 대들보와 기둥과 서까래 따위로 뼈대를 세우는 것이다.
성(成)_ 만들다. 벽을 잇고 지붕을 얹어 마지막으로 완성하는 것이다.

자구 해석   뼈대를 세우고 벽을 잇고 지붕을 얹다.

바뀐 뜻   몇 가지 부분이나 요소들을 모아서 일정한 전체를 짜 이루거나 또는 그렇게 하여 이룬 결과다. 문학작품에서 형상화를 위한 여러 요소들을 유기적으로 배열하거나 서술하는 일이나 미술에서 색채와 형태 따위의 요소를 조화롭게 조합하는 일을 가리키기도 한다.

| 보 기 글 | • 같은 이야기라도 구성이 잘돼야 감동을 준다. |

※ 구속(拘束)

본 뜻	구(拘)_ (손을) 잡다. 속(束)_ (자루를 끈으로) 묶다.
자구 해석	손을 잡아서 묶다.
바뀐 뜻	행동이나 의사의 자유를 제한하거나 속박하는 것을 말한다. 공업에서는 고체의 가로 수축을 제한하면서 세로로 장력을 가하는 일을 말하고, 물리학에서는 물체의 운동이 다른 물체나 전자기 마당에 제한을 받아 어떤 공간에 갇히는 현상을 가리킨다. 법률적으로는 법원이나 판사가 피의자나 피고인을 강제로 일정한 장소에 잡아 가두는 일을 가리킨다.
보 기 글	• 그는 국가보안법 위반 혐의로 구속되었다.

※ 구역(區域)

본 뜻	구(區)_ 어떤 조건으로 나눈 지역. 역(域)_ 창을 들고 지키는 땅의 경계. 즉 주권이나 힘이 미치는 땅의 경계.
자구 해석	정해진 어떤 힘이 미치는 지역.
바뀐 뜻	갈라놓은 지역이다. 기독교에서는 한 교회의 신자들을 지역에 따라 일정 수로 나누어놓은 단위를 말한다.
보 기 글	• 군사보호구역.

❄ 구조(構造)

본 뜻
구(構)_ (기둥, 서까래 따위로 집 내부를) 얽다.
조(造)_ (안이나 밖을) 꾸미다, 짓다.

자구 해석
기둥과 서까래 등을 얽어 집을 짓다. 또는 집을 짓기 위한 기둥, 서까래 따위의 얼개.

바뀐 뜻
부분이나 요소가 어떤 전체를 짜 이루거나 또는 그렇게 이루어진 얼개를 말한다. 광업에서 탁상·섬유상 따위와 같은 광물의 형태를 가리키고, 수학에서 집합과 거기에서 정해진 연산이나 집합과 거기에서 정해진 관계 등 집합과 그것이 가지고 있는 집합론적 대상으로써 얽은 것을 말한다. 철학에서는 구조주의에서, 어떤 일을 성립시키는 것 사이의 상호 기능적 연관을 가리킨다.

보기글
• 아파트 구조.

❄ 구축(驅逐)

본 뜻
구(驅)_ 몰다, 말(馬) 떼를 일정한 구역(區)으로 몰아넣다.
축(逐)_ 돼지(豕)를 몰거나 쫓아내다.

자구 해석
몰아서 쫓아내다.

바뀐 뜻
구축한다는 표현을 찾아보기가 거의 어려운데, 해군에서 아직 쓰고 있다. 해군에서 쓰는 구축함이란 곧 구축용 배다. 적선을 몰아 쫓아내는 배라는 뜻이다. 주로 속력이 빠르고 공격용 어뢰를 장착한 군함으로 적의 순양함이나 잠수함 등을 공격한다.

보기글
• 구축함은 흔히 잠수함 킬러로 알려져 있다.

※ 구토(嘔吐)

| 본 뜻 | 구(嘔)_ 먹은 것을 게우다.
토(吐)_ 입에 물고 있는 것을 뱉다. |
| --- | --- |
| 자구 해석 | 게우고 뱉다. |
| 바뀐 뜻 | 구분하지 않고 먹은 음식물을 토한다는 뜻으로 쓰인다. 입에 물고 있는 음식을 뱉는다는 뜻은 빠졌다. |
| 보 기 글 | • 구역질과 욕지기질을 하면 반드시 구토한다. |

※ 국가(國家)/천하(天下)

| 본 뜻 | 국(國)_ 제후가 다스리는 나라. 예) 초국(楚國), 위국(衛國).
가(家)_ 대부가 다스리는 나라. 예) 조가(趙家), 한가(韓家).
천하(天下)_ 왕이 다스리는 나라. 단 하(夏), 상(商), 주(周) 세 나라의 왕만 가리킨다. 그 이후의 왕은 말의 가치가 떨어져, 왕이라도 제후 자격에 불과하므로 국(國)을 쓴다. 천자라는 뜻의 왕은 국이나 가(家)를 표시하지 않고 명칭만 쓴다. 왜냐하면 천하, 즉 하늘 아래 땅은 다 그 나라의 영토라는 믿음 때문에 굳이 표시하지 않는다. 국에는 경(境)이 있고 가에는 담장이 있지만 천하에는 경계가 없다. 그래서 중국의 황제들은 조선·일본·베트남 등 자기들이 아는 모든 나라는 천하, 곧 황제의 영토라는 사상을 갖고 있었다.
이후 황제의 나라는 국(國)을 붙이지 않다가 청나라에 이르러 청국(淸國)이란 명칭이 쓰이기 시작하여, 오늘날 중국(中國)처럼 사용되고 있다. 청나라 때가 되어서야 천하라는 개념을 포기한 것이다.
하(夏), 상(商), 주(周), 진(秦), 한(漢), 당(唐), 송(宋), 원(元), 명(明) 같 |
| --- | --- |

은 천자의 나라는 국이나 가와 같은 명칭을 굳이 붙인다면 천하(天下)를 붙인다. 예) 주천하(周天下).

국가는 봉건시대의 기본 단위였다. 즉 왕은 천하의 주인으로서 제후국인 국(國)과 가(家)를 다스린다고 하였다. 즉 국은 제왕을 보좌하는 제후들의 나라이고, 가는 제후를 보좌하는 경(卿) 등의 나라다. 주로 국(國) 내의 호족(豪族)을 가리킨다.

이처럼 천하는 국(國)을 기본으로 구성되고, 국은 가(家)를 그 기본으로 구성되었다. 고대에는 집안 단위로 전쟁을 하고 행정을 했기 때문에 한 가문을 운영하는 것도 마치 나라를 운영하는 것과 같았다.

춘추전국시대의 진(晋)나라가 조(趙)·한(韓)·위(魏) 세 나라로 분가(分家)된 것도 실은 3가(家)가 발전하다가 나중에 저마다 나라, 즉 국(國) 형태를 갖춘 것이다.

또 하(夏)나라에서 상(商), 주(周)를 거치면서 모든 제후국은 처음에는 가(家)의 형태로 발달하다가 왕권을 차지했기 때문에 가(家)도 국(國) 못지 않은 개념으로 여겨졌다. 상(商)·주(周)·진(秦)은 가(家)가 국(國)으로 발전하고, 이어 천하(天下)로 일어선 나라들이다.

바뀐 뜻 오늘날에는 크든 작든, 독립을 하든 못했든 구분 없이 한 나라를 가리키는 말이 되었다. 사실상 가(家)의 개념이 탈락한 것이다.

보기글 • 국가란 의미에 봉건사상이 들어 있었구나.

※ **국고(國庫)**

본 뜻 조선시대에 군량(軍糧)과 세곡(稅穀)을 보관하던 창고다. 창(倉)이라는 이름으로 여러 곳에 있었다.

바뀐 뜻	오늘날은 세금 등을 거두어 국가의 자금을 관리하는 중앙금고다. 따라서 국영은행인 한국은행이 국고 역할을 한다.
보 기 글	• 전두환과 노태우 두 대통령은 국고를 개인 금고처럼 썼다.

❄ **국면(局面)**

본　　뜻	국(局)_ (장기나 바둑의) 판. 면(面)_ 코를 중심으로 한 뺨이 있는 얼굴이다. 머리카락이 포함된다. 넓이다.
자구 해석	(바둑이나 장기에서 판에 깔린 돌이나 알에 나타난) 승부의 형세다.
바 뀐 뜻	바둑이나 장기만이 아니라 당면 형세나 일이 되어가는 모양을 넓게 가리킨다.
보 기 글	• 노사분규가 마침내 국론 분열의 국면에 이르렀다.

❄ **국수(國手)**

본　　뜻	왕이나 황제의 병을 고치던 의사를 의국수(醫國手)라고 했다. 줄여서 국수다.
자구 해석	왕실 주치의 중 명의(名醫)다.
바 뀐 뜻	바둑, 장기 따위가 그 나라에서 으뜸인 사람이다. 물론 자의적인 칭호이지 국가에서 공인하는 건 아니다.
보 기 글	• 조훈현과 이창호 중 누굴 국수라고 해야 하는 거야?

※ **국어(國語)**

본 뜻 중국 춘추시대 학자 좌구명(左丘明)이 쓴 역사책 제목이다. 그는 원래 《좌전左傳》을 먼저 썼는데, 나중에 개정판으로 낸 것이 《국어》다. 그는 춘추시대의 종주국인 주(周)나라를 비롯하여 노(魯)·제(齊)·진(秦)·정(鄭)·초(楚)·오(吳)·월(越) 등의 450년의 역사를 쓰고 '국어'라고 제호를 붙였다. 춘추시대 제후들의 말(語)을 중심으로 만들었기 때문에 그렇게 지었다고 한다. 제후들의 영토는 국(國)이고 황제나 왕의 영토는 천하(天下)이므로, 곧 국어란 '제후들의 말'이란 뜻이다.

자구 해석 춘추시대 제후들의 나라에 대한 역사.
이 국(國)에 주(周)는 포함되지 않는다. 주나라의 국경은 개념적으로는 천하(天下)이므로 경계가 한이 없다. 이에 비해 제후들의 나라는 경계가 뚜렷한 국(國)이다.

바뀐 뜻 탁발선비족(타브가츠)이 북위(北魏)를 세운 뒤, 남조의 한족과 언어 소통에 어려움을 겪으면서 선비족 말을 표준어로 정해 '국어'라고 하였다. 이후 그 나라의 말을 국어라고 하여 '우리말'이라는 뜻으로 바뀌었다.

보기글
- 국어와 국사 교육을 소홀히 하는 위정자들이 득세하면서 학생들의 민족관이 거의 없어졌다.

※ **군(君)/대군(大君)**

본 뜻 군(君)_ 후궁이 낳은 왕자나 가까운 종친, 공로가 있는 신하에게 주는 작위이다. 고려시대에는 종1품, 조선시대에는 정1품에서 종2품까지였다.

|자구 해석| **대군(大君)**_ 왕후가 낳은 적자 출신의 왕자이다. 또 왕위에 있다가도 쫓겨나게 되면 군(君)으로 강칭되었는데 연산군(燕山君), 광해군(光海君) 등이 그 예이다.
원래 고대에 군주(君主)는 왕을 가리킨 말이었다. 조선시대에도 그렇게 쓰였다. 그러다 군(君)은 왕이라는 명칭으로 올라가고, 주(主)는 공경대부를 가리키는 말로 내려갔다. 그러면서 군(君)은 왕의 아들을 가리키는 말로 내려와 적자가 대군, 서자가 군이 된 것이다.

|자구 해석| **대군(大君)**_ 왕과 왕후 사이에 낳은 아들.
군(君)_ 왕과 왕후를 제외한 여성 사이에 낳은 아들. 서자(庶子), 얼자(孼子)는 구분하지 않는다.

|바뀐 뜻| 옛날 작위의 호칭으로 쓰였던 군(君)은 두 번에 걸쳐 뜻이 바뀌었다.
1) 아버지를 높여 군(君)이라고 호칭했다. 서산대사 휴정이 '완산노부윤에게 보내는 편지에서 "아버지 최군(崔君)의 휘는 세창(世昌)이니……《청허집》 제2권" 하고 호칭한 것이다. 또한 남 앞에서 자기 아버지를 가리킬 때 가군(家君)이라고 하여 여기에도 군 칭호를 쓰고, 여성이 남 앞에서 자기 남편을 가리킬 때 역시 가군이라고 불렀다. 죽은 남편은 고군(故君)이라고 했다.
2) 오늘날에는 손아랫사람을 친근하게 부를 때 그 성(姓) 아래 붙여 부르는 말로 널리 쓰인다. 친구를 부를 때도 썼으나 현대에는 사용하지 않는다.

|보기글| • 요즈음은 김 군, 박 군 하는 말조차 들어보기가 어렵다.

❆ 군주(君主)

|본 뜻| **군(君)**_ 임금, 세자.

주(主)_ 임금을 보좌하는 공경대부.
세자와 왕의 적자는 대군이 되고, 서자는 군이 되었다.

자구 해석 임금과 임금을 보좌하는 공경대부.

바 뀐 뜻 춘추전국시대의 혼란 속에서 공경대부 신분에서, 즉 제후 중에서 왕이 되고 패권을 차지하는 일이 생기면서 주(主)이면서 군(君)의 지위까지 차지하는 사례가 나타나기 시작했다. 이후 군주(君主)란 호칭이 널리 쓰였다. 이후 군주는 왕이란 뜻으로 쓰였다. 특히 조선에서 이 어휘가 많이 쓰였다.

보 기 글
- 춘추전국시대에 공자와 맹자가 군주의 도를 이야기했지만 군주에게 가장 필요한 것은 군사력이었다.

※ 굴곡(屈曲)

본 뜻 굴(屈)_ (좁은 문을 나오면서) 머리를 낮추고 몸을 구부리다, 굽히다.
곡(曲)_ (광주리를 엮은 대나무나 버드나무처럼) 휘다, 굽다, 꼬불꼬불하다.

자구 해석 굽히거나 휘어지다.

바 뀐 뜻 사람이 살아가면서 잘되거나 잘 안되거나 하는 일이 번갈아 나타나다.

보 기 글
- 굴곡 없는 삶이란 없다.

※ 굴절(屈折)

본 뜻 굴(屈)_ (좁은 문을 나오면서) 머리를 낮추고 몸을 구부리다, 굽히다.
절(折)_ 도끼로 자르거나 쪼개다, 꺾이다.

| 자구 해석 | (빛이나 생각이나 말이나 뜻이) 굽히거나 꺾이다.
| 바뀐 뜻 | 휘어서 꺾이다. 물리학 용어로 가장 많이 쓰인다. 생각이나 말 따위가 휘거나 꺾이는 경우에도 쓰인다.
| 보 기 글 | • 정치 신념은 굴절의 연속이다.

❈ 굴지(屈指)

| 본 뜻 | 무엇을 셀 때 손가락을 꼽다. 손가락은 다 합쳐 열 개이다. 등수를 가릴 때 손가락 열 개 안에 들어야 굴지하여 표현할 수 있다.
| 자구 해석 | 손가락을 꼽아 셀 만큼 뛰어나다.
| 바뀐 뜻 | 10등까지 포함하지 않고 일이등 정도는 돼야 이런 표현이 가능해졌다. 심지어 제일이라는 뜻으로 쓰이는 경우가 많다.
| 보 기 글 | • 삼성전자는 세계 굴지의 전자 기업이다.

❈ 궁궐(宮闕)/궁전(宮殿)→전각(殿閣)/궁(宮)

| 본 뜻 | **궁(宮)_** 처음에는 빈천한 사람이 사는 곳을 뜻했으나 진한 시대 이후에는 왕과 신하가 정무를 보고 거처하는 곳을 의미하게 되었다. 구체적으로 방이 많고 규모가 큰 건물이다. 예) 경복궁, 창덕궁.
궐(闕)_ 궁(宮) 위에 우뚝 솟아 주위를 감시하는 망대를 가리키는 말이다. 즉 궁을 지키는 궁성과 성루와 성문을 의미한다. 경복궁의 광화문, 동십자각, 돌담 등이 궐이다.
전(殿)_ 구체적으로 왕이 거처하는 집이다.
전(殿)은 가장 깊은 곳으로 절대 출입이 불가능하고, 궁(宮)은 인가

받은 관리만 출입이 가능하고, 궐(闕)은 용무만 있으면 일반 백성도 출입이 가능했다. 신문고 등의 시설은 주로 궐에 설치하여 백성의 접근이 가능하게 했다.

자구 해석 궁궐(宮闕)_ 임금이 정무를 보는 궁과 궁을 지키는 망대.
궁전(宮殿)_ 임금이 정무를 보는 궁과 임금이 거처하는 집.

바뀐 뜻 궁궐이나 궁전 모두 임금이 집무하고 생활하던 곳과 이에 부속된 건물을 총칭하는 말로 쓰인다.

보기글 • 궁궐과 궁전은 조금씩 다른 의미를 가지고 있다.

※ **궁형(宮刑)→유폐(幽閉)**

본 뜻 고대 중국에서 시행되던 가장 독한 5가지 형벌 가운데 하나이다. 사형(死刑)보다 더 치욕스런 것으로 최고의 형벌이었다.
남자는 생식기를 없애거나 썩혔으며, 여자는 질을 폐쇄시켜 생식을 불가능하게 했다. 가장 대표적인 궁형 방법은 고환을 실이나 줄로 묶어 그것이 썩게 만드는 것이었다. 여성의 경우에는 유폐(幽閉)라는 형벌이 있다.

바뀐 뜻 궁형은 남녀를 불문하고 행해지는 형벌임에도 많은 사람들이 남자에게만 시행되는 형벌로 잘못 알고 있다. 또한 그 방법이 대개는 음경(陰莖)을 잘라낸다고 알고 있는데, 정확히 말하면 궁형은 음경을 없애는 형벌이 아니라 고환을 없애는 형벌이다.

보기글 • 옛날에는 사형수가 궁형을 원하면 목숨을 살려주었다.

❈ 권위(權威)

본 뜻   **권(權)**_ (나무로 만든 저울로) 무게를 달다. 경중(輕重) 대소(大小)를 구분하다. 여기서 권력이란 뜻이 나왔다. 저울을 쥐고 있는 사람이니 힘이 있다.
위(威)_ 으르고 협박하다. 도끼날 달린 창으로 (여자를) 위협하다.

자구 해석   (도량형을 마음대로 주관하며 남을) 으르고 협박하다.

바 뀐 뜻   남을 지휘하거나 통솔하여 따르게 하는 힘을 말한다. 또 일정한 분야에서 사회적으로 인정을 받고 영향력을 끼칠 수 있는 위신을 가리키기도 한다.

보 기 글   • 대통령의 권위가 추락했다.

❈ 궤변(詭辯)

본 뜻   **궤(詭)**_ 속이다, 거짓말하다.
변(辯)_ 둘러대다.
"네가 살 운명이면 약 안 먹어도 살고, 죽을 운명이라면 약 먹어도 죽는다. 그러므로 살려고 애쓸 것도 없고 굳이 약을 먹을 필요도 없다." "자유를 보장해야 한다면, 자유를 억압할 자유도 보장해야 한다." 이와 같은 주장을 궤(詭)라고 한다.
이에 비해 변(辯)은 논리적이고 합리적으로 둘러대는 것으로, 법정에서 통할 수 있는 변명(辨明) 정도에 속한다. 등소평이 "흰 고양이든 검은 고양이든 쥐만 잘 잡으면 된다."고 말하면서, 공산주의든 자본주의든 인민을 잘살게 하면 된다고 말한 것이 변이다. 또 등소평이 말한 "능력이 있는 사람이 먼저 부자가 되어라. 그런 다음 부자가 되지 못한 사람들을 도와라."와 같은 선부론(先富論) 역시 변에 속한다.

궤변의 원어는 그리스어인 Sophistik이다. 원래는 지혜로운 사람이란 뜻이다. 하지만 이들이 논리를 비틀거나 교묘한 방법으로 거짓말을 늘어놓고 둘러대기를 잘하면서 나쁜 뜻으로 변했다.

자구 해석 속이고 둘러대다.

바뀐 뜻 뜻이 변하지는 않았으며, 주로 억지 주장을 가리키는 말로 많이 쓰인다. 변이 심하면 궤가 되고, 궤가 약하면 변이 될 수 있다.

보기글
- 1992년 서울지검 공안부는 12·12쿠데타 주범 전두환의 처벌을 구하는 고소에 대해 "성공한 쿠데타는 처벌할 수 없다."며 기소하지 않았다. 변(辯)이다. 하지만 그 뒤 김영삼 대통령 지시로 수사가 이뤄져 전두환은 무기징역형을 선고받았다. 이로써 서울지검의 변(辯)은 궤(詭)임이 드러났다.

※ **귀감(龜鑑)**

본 뜻 귀(龜)_ 거북의 등을 위에서 본 모습이다. 옛날에는 거북의 등딱지를 불에 구워서 그것이 갈라지는 균열(龜裂) 상태를 보고 사람의 장래나 길흉을 점쳤다. 이것이 육효(六爻) 또는 주역(周易)이다. 옛사람들은 이때 나온 괘사를 보고 매사 조심하고 마음을 추슬렀다. 이때 점칠 때 쓰는 거북의 등딱지는 갑(甲)이라고 따로 부른다.

감(鑑)_ 거울을 보고 얼굴을 비쳐보다. 그래서 판단에 관련된 행위에 감(鑑)이 쓰이기 시작했다. 감상(鑑賞), 감별(鑑別), 감정(鑑定) 등이 그 예이다.

자구 해석 거북의 등딱지와 거울. 곧 길흉이나 아름답고 추함을 판단해주는 도구.

바뀐 뜻 겸손하게 자신을 추스르는 본보기다. 점이나 거울에 한정하지 않고 책, 어른들의 말씀 등이 다 포함된다.

보기글 • 현대에는 귀감이 될 만한 정치인이 드물다.

※ 귀순(歸順)

본 뜻 귀(歸)_ 아내가 남편을 따라 시집으로 들어온다는 의미인데, 여기에서 원래 가야 할 자리로 돌아가 순종한다, 시집살이를 잘한다는 뜻을 갖게 되었다.
순(順)_ 동생이 형을 잘 따르는 것이다.

자구 해석 아내가 남편을 잘 따르고, 동생이 형을 잘 따르다.

바뀐 뜻 적이 반항심을 버리고 스스로 돌아와 순종하는 것으로 바뀌었다. 귀순은 적대적인 대상에게만 쓰며, 귀화는 단순히 외국인이 절차를 거쳐 우리 국민이 되는 것이다.

보기글 • 여자는 남자에게 귀순해야 된다는 것이 봉건시대 발상이었다.

※ 귀신(鬼神)/혼백(魂魄)→영혼(靈魂)

본 뜻 귀(鬼)_ 음(陰)의 정기를 가지고 있는 영(靈).
신(神)_ 양(陽)의 정기를 가지고 있는 영(靈).
혼(魂)_ 정신을 가리키는 양(陽)의 넋. 죽은 뒤 승천하여 신(神)이 된다.
백(魄)_ 육체를 가리키는 음(陰)의 넋이다. 죽은 뒤 땅속으로 들어가 귀(鬼)가 된다.

자구 해석 귀신(鬼神)_ 죽은 뒤의 양의 영(靈)과 음의 영(靈)이다.
혼백(魂魄)_ 살아 있을 때 양의 넋과 음의 넋이다. 혼이 나가다, 백을 건지다라고 표현한다.

| 바 뀐 뜻 | 일반적으로 죽은 사람의 혼령을 가리켜 귀신이라고 한다. 비유적으로 쓰일 때는 어떤 일에 대하여 뛰어난 재주를 가진 사람을 가리킨다.

| 보 기 글 | • 사람들은 여름만 되면 귀신 이야기를 즐긴다.

※ 규모(規模)/규정(規定)

| 본 뜻 | 규(規)_ 원을 그리는 그림쇠. 여기에서 규칙이란 개념이 나왔다.
모(模)_ 본보기.
정(定)_ 정하다, 정해지다. 집 안에서 해야 할 바른 행동, 규칙.

| 자구 해석 | 규모(規模)_ 정해진 본보기.
규정(規定)_ 정해놓은 약속이나 규칙. 법 개념까지는 이르지 못한다.

| 바 뀐 뜻 | 규모(規模)_ 본보기가 될 만한 틀이나 제도 또는 사물이나 현상의 크기나 범위, 씀씀이의 계획성이나 일정한 한도를 가리킨다.
규정(規定)_ 규칙으로 정하거나 그 정해놓은 것을 말한다. 내용이나 성격, 의미 따위를 밝혀 정하거나 정해놓은 것을 가리키기도 한다. 법률적으로는 양이나 범위 따위를 제한하여 정하는 낮은 단계를 말한다.

| 보 기 글 | • 운동장이 월드컵경기장 규모에 미치지 못한다.
• 당신들의 주장은 우리 학교 규정에 없는 것이다.

※ 균열(龜裂)

| 본 뜻 | 균(龜)_ 터지다, 갈라지다. 점을 치기 위해 거북의 등딱지를 불에 태웠을 때 갈라지는 모습이다.

자구 해석	열(裂)_ 찢어지다. 옷 따위가 찢어진 것이다.
자구 해석	터지고 갈라지고 찢어지다.
바 뀐 뜻	친하게 지내는 사이에 틈이 나다.
보 기 글	• 가뭄에 논바닥이 갈라진 것은 균이고, 보수파들이 인공기를 찢는 것은 열이다.

❈ 균형(均衡)

본 뜻	균(均)_ 땅은 높고 낮음이 없이 고르다. 나중에 무게를 달다라는 뜻으로 발전했다. 균(鈞)은 30근이다. 형(衡)_ 저울질하다. 저울은 물건과 추의 무게를 맞춰 저울대가 바르게 선 눈금을 본다.
자구 해석	땅의 높낮이를 고르게 하고, 저울의 추와 물건을 기울지 않게 똑바로 달다.
바 뀐 뜻	어느 한쪽으로 기울거나 치우치지 아니하고 고르게 하다. 땅고르기나 저울을 다는 의미는 사라졌다.
보 기 글	• 체조선수는 균형을 잘 잡아야 한다.

❈ 극복(克服)

본 뜻	극(克)_ 이기다. 복(服)_ 사람을 꿇어앉혀 일을 시키다, 바르게 처리하다, 익숙하다.
자구 해석	싸워서 이긴 다음에 복장을 바로 입다. 즉 원하는 위치나 지위에 이르러 안정된 것을 나타낸다. 시키는 걸 이겨내다.

바 뀐 뜻	악조건이나 고생 따위를 이겨내거나 적을 이겨 굴복시키는 것을 말한다.
보 기 글	• 그는 자신의 어려운 환경을 극복해냈다.

※ 근간(根幹)

본 뜻	근(根)_ 뿌리. 간(幹)_ 줄기.
자구 해석	뿌리와 줄기. 즉 완전한 나무를 가리킨다. 뿌리 없는 나무나 줄기 없는 뿌리는 부족하다. 어떤 조직이나 전문 분야에서 뿌리와 줄기처럼 중심이 되고, 잘 갖추었다는 뜻이다.
바 뀐 뜻	사물의 바탕이나 중심이 되는 중요한 것이다.
보 기 글	• 가상화폐의 근간은 블록체인 기술이다.

※ 근거(根據)

본 뜻	근(根)_ 나무의 핵심인 뿌리. 거(據)_ 증거로 삼다.
자구 해석	뿌리와 증거.
바 뀐 뜻	근본이 되는 거점 또는 어떤 일이나 의논, 의견에 그 근본이 되거나 그런 까닭을 말한다. 철학에서는 이유(理由)라는 뜻으로 쓰인다.
보 기 글	• 김 의원은 근거 없는 주장을 한다.

❋ 근로(勤勞)/근무(勤務)

본 뜻   근(勤)_ 부지런하다.
로(勞)_ 일하다.
무(務)_ 맡은 일, 힘쓰게 하다.

바뀐 뜻   근로(勤勞)_ 부지런히 일하다.
근무(勤務)_ 직장에 적을 두고 직무에 종사하는 것을 말한다. 일직, 숙직, 당번 따위를 맡아서 하는 것도 근무라고 한다.

보 기 글
- 근로기준법.
- 잠복 근무.

❋ 근면(勤勉)

본 뜻   근(勤)_ 부지런하다.
면(勉)_ (아이를 낳으려고) 힘을 쓰다.

자구 해석   부지런히 힘쓰다.

❋ 근본(根本)/근원(根源)

본 뜻   근(根)_ 나무 밑동, 즉 굵은 뿌리.
본(本)_ 깊은 뿌리.
원(源)_ 샘이 흘러나오는 맨 처음 자리.

자구 해석   근본(根本)_ 나무의 밑동과 뿌리.
근원(根源)_ 나무가 올라온 뿌리와 강이나 내가 처음 흘러온 샘.

바뀐 뜻   물줄기가 나오기 시작하는 곳을 직접 가리킨다. 또는 사물이 비롯

| 보 기 글 | 되는 근본이나 원인을 말하기도 한다.
• 우리가 연패하는 근원을 찾아야 한다. |

❈ 근육(筋肉)

본 뜻	근(筋)_ 힘줄. 육(肉)_ 살.
자구 해석	힘줄과 살.
바뀐 뜻	살 개념을 빠뜨리고 사용하는 경우가 많다. 근육의 살은 지방질보다 단백질이 많은 살을 가리킨다.

❈ 금(金)/김(金)

| 본 뜻 | 금(金)_ 쇠, 황금. 특수한 지명을 가리킬 때 쓴다.
김(金)_ 성(姓)과 특수한 지명에 쓰인다.
'金'의 발음은 고대 중국에서는 'kim'이었다. 이것이 중고(中古)시대에 'kĭĕm'이 되고, 현대 중국에 이르러 'jīn'이 되었다. 우리나라에 전래되던 당시에는 'kim' 또는 'kĭĕm'으로 불렸던 듯하다. 그래서 황금이나 쇠붙이를 가리킬 때는 '금'으로 발음하고, 성(姓)으로 쓸 때는 '김'으로 읽었던 듯하다.
금(金) 말고도 성으로 읽을 때 발음이 달라지는 한자가 매우 많다. 전주이씨로서 조선을 창업한 이성계가 오행(五行)의 금극목(金克木), 즉 쇠가 나무를 친다는 미신에 따라 금(金)을 김으로 부르게 했다는 설은 근거가 없다. |

또한 우리나라에서 지명으로 쓰일 때는 독특한 법칙이 있는 듯하다. 강의 남쪽은 음(陰), 북쪽은 양(陽; 漢陽, 咸陽 등)이라고 하는데 아마도 금(金)은 강의 북쪽 지명에, 김(金)은 남쪽 지명에 쓴 듯하다. 오행의 원리상 금생수(金生水)를 하면 강 아래 지역이 불리하기 때문에 일부러 '금' 발음을 피한 듯하나 꼭 그런 원칙이 지켜진 것도 아니다. 예) 한강 아래에 있는 김포, 낙동강 아래에 있는 김해, 전북 김제의 금구, 경북 김천시 금산군, 강원도 김화군 금성면, 황해도 금천군 등.

| 바뀐 뜻 | 지금도 구분해서 사용하는 것은 변하지 않았다. |
| 보 기 글 | • 김해를 금해라고 부른다면 이상하겠지? |

※ 금고(禁錮)

본 뜻	금(禁)_ (가까이 오지 못하게) 막다. 숲(林)은 산신이 사는 곳이라서 함부로 접근할 수 없다. 고(錮)_ 가두다, (나오거나 들어갈 수 없게) 땜질하다.
자구 해석	조선시대에, 죄가 있거나 신분의 허물이 있는 사람을 벼슬에 올리지 못하도록 막고 가두다.
바뀐 뜻	자유형의 하나로, 교도소에 가두어두기만 하고 노역은 시키지 않는 것을 금고형이라고 한다.
보 기 글	• 피고를 금고형에 처한다. • 국회의원 입후보자 전과 기록을 금고 이상으로 정했다.

❄ **금슬(琴瑟)**

본 뜻 금(琴)_ 거문고. 거문고는 원래 중국의 일곱 줄 악기를 고구려의 왕산악이 여섯 줄로 변형해 만든 것이다.
슬(瑟)_ 거문고의 뜻이나 왕산악의 거문고보다 크기가 크다. 열다섯, 열아홉, 스물다섯, 스물일곱 줄 등 여러 종류가 있다.

자구 해석 거문고와 큰 거문고가 조화를 이루어 좋은 소리를 내다.

바 뀐 뜻 금과 슬의 소리가 화음을 이루듯이 부부 사이가 매우 좋다.

보 기 글 • 금슬 좋은 것보다 상대를 인정하고 배려하는 마음이 더 중요하다.

❄ **금일봉(金一封)**

본 뜻 금액을 밝히지 않고 종이에 싸서 주는 돈이다. 상금, 기부금, 조위금 따위에 쓰인다.

자구 해석 액수를 밝히지 않은 돈.

바 뀐 뜻 오늘날에는 윗사람이 아랫사람에게 내리는 하사금의 의미로 쓰인다.

보 기 글 • 대통령이 쓰는 돈은 껌을 사도 금일봉이라고 생각하는 어리석은 사람이 있다.

❄ **금자탑(金字塔)**

본 뜻 '金'이라는 글자처럼 생긴 탑이다. 여기서 금(金)은 황금을 가리키기 때문에 황금으로 쌓은 '금(金)'자 모양의 탑이란 뜻이 된다. '金子塔'이라고 쓰면 틀린다. 금자(金字)는 황금으로 쓴 글자란 뜻이기도 하다. 원래 '금(金)'자와 모양이 비슷한 삼각형의 피라미드를 가리키는 말이기도 했다.

바뀐 뜻 길이 후세에 남을 뛰어난 업적을 비유적으로 가리키는 말이다.
보기글 • 금속활자의 발명이야말로 우리 민족이 자랑할 만한 금자탑이다.

❈ 금지(禁止)

본 뜻 금(禁)_ (가까이 오지 못하게) 막다. 숲(林)은 산신이 사는 곳이라서 함부로 접근할 수 없다.
지(止)_ 그치다, 멈추다.
자구 해석 막고 멈추게 하다.
바뀐 뜻 하지 못하도록 멈추게 하거나 막다.
보기글 • 출입 금지!

❈ 긍휼(矜恤)

본 뜻 긍(矜)_ 불쌍하게 여기다.
휼(恤)_ 사랑하고 돌보다.
자구 해석 불쌍하게 여기어 사랑하고 돌보다.

❈ 기각(棄却)

본 뜻 기(棄)_ (죽은 아이를 키에 담아) 내다버리다.
각(却)_ (높은 사람 앞에서) 뒷걸음질로 물러나오다, 물리치다.
자구 해석 내다버리거나 물러나오다.

바뀐 뜻	현대 법률 어휘다. 소송을 수리한 법원이, 소나 상소가 형식적인 요건은 갖추었으나 그 내용이 실체적으로 이유가 없다고 판단하여 소송을 종료하다.
보기글	• 대법원은 고등법원의 사형 판결에 대해 조봉암이 낸 상소를 기각하였다.

❄ 기강(紀綱)

본 뜻	기(紀)_ 그물코를 꿰는 작은 벼릿줄. 강(綱)_ 그물코를 꿰는 큰 벼릿줄.
자구 해석	그물코를 꿰는 큰 벼릿줄과 작은 벼릿줄을 꽉 묶다.
바뀐 뜻	요즘은 규율과 법도를 이르는 말로 쓰인다.
보기글	• 대통령은 취임하자마자 공무원의 기강을 바로잡겠다고 선언했다.

❄ 기계(器械)/기계(機械)→기관(機關)

본 뜻	기(器)_ 그릇. 계(械)_ 도구(수갑, 차꼬 등과 같은 단순 기능). 기(機)_ 틀(베틀과 같은 기계적 특성이 있는 것).
자구 해석	기계(器械)_ 그릇과 도구. 기계(機械)_ 움직이는 틀과 도구.
바뀐 뜻	기계(器械)_ 연장, 연모, 그릇, 기구 따위를 통틀어 이르는 말이다. 또는 구조가 간단하며 제조나 생산을 목적으로 하지 않고 사용하는 도구를 통틀어 이르는 말이다. 기계(機械)보다 단순하다. 기계(機械)_ 옛날에는 병기(兵機)를 통틀어 말했다. 교묘한 구조의

기구나 갖가지 장치로, 동력을 내고 작업을 하도록 만든 기구다.

보 기 글
- 펜치는 기계(器械)이고 자동차는 기계(機械)이다.

❈ **기관(機關)→기계(器械)/기계(機械)**

본 뜻
기(機)_ 기계, 틀.
관(關)_ 빗장, (기계를) 움직이는 자동장치.

자구 해석
움직이는 기계의 몸과 틀.

바뀐 뜻
화력·수력·전력 따위의 에너지를 기계적 에너지로 바꾸는 기계장치. 또는 사회생활의 영역에서 일정한 역할과 목적을 위하여 설치한 기구나 조직을 말한다. 또 상하 복종 관계가 분명하여 마치 기계처럼 일을 하는 정보기관을 뜻하는 말이기도 하다.

보 기 글
- 기관에서 나왔다 하여 무슨 공장에서 온 줄 알았더니 기껏 기무사 요원이라더라.

❈ **기구(器具)/기구(機具)/기구(機構)**

본 뜻
기(器)_ 그릇.
구(具)_ 갖추다.
구(機)_ (움직이는) 틀, 기계.
구(構)_ 얽다.

자구 해석
기구(器具)_ 그릇을 갖추다. 갖추어진 그릇.
기구(機具)_ 움직이는 기계와 기계에 딸린 물건.
기구(機構)_ 움직이는 기계처럼 얽은 것.

바 뀐 뜻	**기구(器具)**_ 세간, 도구, 기계 따위를 통틀어 이르는 말이다. 예법에 필요한 것이 골고루 갖추어져 있는 형세도 기구라고 한다. 어떤 일을 해결하는 데 수단이 되는 세력을 나타내기도 한다.
	기구(機具)_ 기계와 기구.
	기구(機構)_ 많은 사람이 모여 어떤 목적을 위하여 구성한 조직이나 기관의 구성 체계를 말한다. 또 기계적으로 구성되어 있는 조직이나 공식 따위의 내부 구성 또는 역학적인 운동이나 작용을 하도록 구성되어 있는 기계나 도구 따위의 내부 구성을 가리킨다.
보 기 글	• 부엌에서 쓰는 열기구(熱器具)와 풍선인 열기구(熱氣球) 차이를 모르는 사람이 많다. 열기구(熱氣球)는 열풍선이라고 하는 게 좋다.

※ **기구(崎嶇)**

본 뜻	**기(崎)**_ 산길이 험하다.
	구(嶇)_ 산길이 가파르다.
자구 해석	산길이 험하고 가파르다. 주로 인생살이가 험한 것을 비유한다.

※ **기근(饑饉)**

본 뜻	**기(饑)**_ 굶주리다. 먹을 양식이 떨어져 먹지 못하는 상태를 기(饑)라고 한다.
	근(饉)_ 흉년 들다. 자연재해 따위로 농사가 잘되지 않은 상태를 근(饉)이라고 한다.
자구 해석	양식이 떨어져 굶주리고 흉년까지 들다.

| 바 뀐 뜻 | 농경사회에서는 흉년이 들면 곧 굶주리는 것을 의미하기 때문에 기근을 한 단어로 쓰게 되었다. 현대에 이르러서는 '최소한의 수요도 채우지 못할 만큼 많이 모자라는 상태'를 비유적으로 나타내기도 하는데, 굶주린다는 뜻의 '기(饑)'를 살려 쓴 뜻이다. |
| 보 기 글 | • 연일 폭설이 내리자 도시민들은 생필품 기근에 시달렸다. |

❋ 기념(記念)/기념(紀念)

본 뜻	기(記)_ 기록하다, 적다. 기(紀)_ 정해진 때가 되다. 생일, 제사일 등. 념(念)_ 생각하다.
자구 해석	기념(記念)_ (특정한 때가 아니라 아무 때나) 기록을 들추어 생각하다. 기념(紀念)_ (생일, 제사일, 기념일 등에) 추모(追慕; 죽은 사람을 그리며 생각함), 추도(追悼; 죽은 사람을 생각하며 그리워함) 등을 하다.
바 뀐 뜻	어떤 뜻깊은 일이나 훌륭한 인물 등을 오래도록 잊지 않고 마음에 간직하다. 記念과 紀念을 구별하지 않고 같은 뜻으로 쓰는데, 이는 잘못이다.
보 기 글	• 기념할 만한 대통령이 없다는 건 우리나라의 비극이다.

❋ 기능(技能)/기능(機能)

| 본 뜻 | 기(技)_ (특별한) 재주.
능(能)_ 보통 이상으로 잘하다.
기(機)_ (움직이는) 기계. |
| 자구 해석 | 기능(技能)_ 아주 잘하는 재주. |

106

	기능(機能)_ 기계가 잘하거나 해야 할 일.
바뀐 뜻	기능(技能)_ 육체적, 정신적 작업을 정확하고 손쉽게 해주는 기술상의 재능을 가리킨다. 기능(機能)_ 하는 구실이나 작용을 말한다. 권한이나 직책, 능력 따위에 따라 일정한 분야에서 하는 역할과 작용을 가리키기도 한다.
보 기 글	• 세계기능(技能)선수권대회. • 외교부가 제 기능(機能)을 못하고 있다.

※ **기대(期待)**

본 뜻	기(期)_ 달(月)이 차고 지는 한 달이다. 보름이나 그믐은 고대인들의 주요 시간 단위다. 특정한 시기를 목표나 목적으로 삼다. 약속에 따라 만나다. 대(待)_ 길에 서서 찾아오는 사람을 모시기(寺) 위해 준비하고 기다리다.
자구 해석	(특정한 때가 되면 온다는 손님을 기다리며 그들을 모실) 준비를 하다.
바뀐 뜻	어떤 일이 이루어지기를 바라고 기다리는 것을 말한다. 준비 개념이 약해졌다.
보 기 글	• 그는 우리들의 기대를 저버렸다.

※ **기도(祈禱)**

본 뜻	기(祈)_ 제단(示)에 도끼(斤)를 놓고 비는 글자다. 도끼의 상징 코드는 수렵물과 회임(懷妊; 임신)이다. 이것을 놓고 간절히 바라는 게 기(祈)다.

|자구 해석| 도(禱)_ 제단(示) 앞에서 오래 살기(壽)를 비는 행위다.
제단을 차려 사냥이 성공하고, 아내가 임신하고, 오래 살기를 빌다.
|바뀐 뜻| 인간보다 능력이 뛰어나다고 생각하는 어떠한 절대적 존재나 신명 등에게 비는 행위 또는 그런 의식이다.
|보 기 글| • 종교의 생명은 기도라고 한다.

❋ 기록(記錄)

|본 뜻| 기(記)_ 글을 적다.
록(錄)_ 없어지지 않도록 종이나 대나무나 돌 등에 글을 새겨 남기다.
|자구 해석| (주로 후일에 남길 목적으로) 어떤 사실을 적은 글. 운동경기 따위에서 세운 성적이나 결과를 수치로 나타내어 적다.

❋ 기린(麒麟)/기린아(麒麟兒)

|본 뜻| 기(麒)_ 수컷 기린. 기린은 목이 긴 아프리카의 동물이 아니라 상서로운 시대에 나타난다는 상상의 동물이다.
린(麟)_ 암컷 기린.
|자구 해석| 기린은 성인(聖人)이 이 세상에 태어나면 나타난다는 상상의 동물이다. 몸은 사슴 같고 꼬리는 소 같고 발굽과 갈기는 말과 같으며 빛깔은 오색이라고 한다. 기린은 살아 있는 풀은 밟지 않고 살아 있는 생물을 먹지 않는 어진 짐승으로 매우 상서로운 짐승으로 알려져 있다.

| 바뀐 뜻 | 오늘날 기린은 기린과의 포유동물이다. 기린아는 슬기와 재주가 남달리 뛰어난 젊은 사람을 가리키는 말이다. 유망주, 기대주 등의 뜻으로 쓴다. |
| 보기글 | • 이 젊은이는 우리나라 기초과학의 기린아입니다. |

❄ 기미(幾微)

본 뜻	**기(幾)**_ 베틀. 베틀은 매우 섬세하고 복잡한 기계라서 어디 한 군데만 이상해도 실을 짜기 어렵다. 여기서 (위태로운) 낌새, (불안한) 조짐이란 뜻이 나왔다. **미(微)**_ 길을 가는 힘없는 노인. 여기서 매우 작다는 뜻이 나왔다. 노자(老子)는 만지려 해도 만져지지 않는 것이라고 했다.
자구 해석	베틀을 짤 때 들리는 아주 작은 소리나 보이는 작은 변화(를 보고 어디가 고장 났는지 알아내다). 베틀을 안 써본 사람은 들어도 무슨 소린지 모르고, 봐도 무슨 일인지 모르지만 베틀을 오래 사용한 사람은 아주 작은 낌새만 보고도 고장 난 곳이 어딘지 안다. 그래서 기미는 아주 뛰어난 장인이나 전문가만이 볼 수 있는 감각이라고 할 수 있다.
바뀐 뜻	낌새를 말한다. 뭔가 나쁜 일이 일어나기 직전의 낌새를 가리킨다.
보기글	• 그는 좋지 않은 기미를 느끼고 재빨리 몸을 숨겼다.

❄ 기별(奇別/寄別)

| 본 뜻 | 조선시대에 임금의 명령을 대신 내는 승정원에서 전날에 처리한 일을 적어 매일 아침마다 돌렸는데, 이것을 기별이라고 했다. 일종의 |

관보(官報)로서, 이 기별을 적은 종이를 기별지라고 불렀다. 신문의 원형이다.

조선시대에는 어떤 일이 확실히 결정된 것을 확인하려면 기별지를 받아야 알 수 있었다. 애타게 기다리던 결정이 기별지에 반포되면 일의 성사 여부를 알 수 있었으므로 그때서야 사람들은 안도의 숨을 쉴 수 있었다. "기별이 왔는가?" 하는 말이 일의 성사 여부를 묻는 말이 된 이유가 여기에 있다.

바뀐 뜻 소식을 전하다. 또는 소식을 전하는 통지나 전화 등을 가리키는 말로 전이되었다.

보기글
- 한번 떠나더니 통 기별이 없다.

❄ 기본(基本)

본 뜻 기(基)_ (집이나 건물의) 터.
본(本)_ (나무나 탑 등 높은 것의) 밑. 원래 나무뿌리다.

자구 해석 집터와 집을 앉힐 자리.

바뀐 뜻 사물이나 현상, 이론, 시설 따위의 기초와 근본을 말한다.

보기글
- 무슨 일을 하든 기본에 충실해야 한다.

❄ 기분(氣分)

본 뜻 기(氣)_ (아지랑이나 안개처럼 있기는 있으나 뭔지 모르는 약한) 힘. 기운.
분(分)_ (여럿으로) 나누다, (몇 개의 부분으로) 가르다.

자구 해석 약한 기운이 나뉘다, 나뉘어진 약한 기운.

| 바 뀐 뜻 | 대상이나 환경 따위에 따라 달라지는 감정을 가리킨다. 주위를 둘러싸고 있는 상황이나 분위기를 나타내기도 한다. feeling, mood를 뜻하는 일본식 어휘다. |
| 보 기 글 | • 오늘은 기분이 좋지 않아 집에서 쉬어야겠다. |

❄ 기여(寄與)

본 뜻	기(寄)_ (다른 집에 붙여서) 살게 하다. (다른 곳에) 맡기다. 여(與)_ (무거운 물건을) 맞들어주다.
자구 해석	다른 집에 붙여 살게 해주거나 무거운 물건을 맞들어주다.
바 뀐 뜻	도움이 되도록 이바지하거나 무슨 물건이나 공간을 주거나 빌려주는 것을 말한다.
보 기 글	• 인류 평화에 기여하다.

❄ 기우(杞憂)

본 뜻	기(杞)나라의 어떤 사람이 하늘이 무너지고 땅이 꺼질까 봐 걱정을 하다가 급기야는 식음을 전폐하고 드러누웠다는 고사에서 유래한다. 기나라는 춘추시대에 주나라 무왕(武王)이 망한 하(夏)나라 왕실 제사를 받들라고 하나라 왕족에게 분봉해준 나라로, 하남성 기현에 있었다.
바 뀐 뜻	지나친 걱정이나 쓸데없는 걱정.
보 기 글	• 김대중 정권 이후 북한이 남한을 적화통일할지 모른다는 걱정을 단지 기우라고 말하는 사람들이 늘어나고 있다.

※ 기원(祈願)

| 본 뜻 | 기(祈)_ 신에게 빌다.
원(願)_ (머릿속으로 뭔가를) 바라다, 마음에 품다. |
| 자구 해석 | 바라는 일이 이루어지기를 빌다. |

※ 기원(起源)

| 본 뜻 | 기(起)_ (앉아 있다가) 일어나다.
원(源)_ 샘이 처음 흘러나오는 자리. |
| 자구 해석 | 처음 물줄기가 흘러나온 샘. |

※ 기준(基準)/표준(標準)

| 본 뜻 | 기(基)_ 터. 건물 등이 들어설 자리.
준(準)_ 수준기(水準器). 면이 평평한가 아닌가를 재거나 기울기를 조사하는 데 쓰는 기구이다.
표(標)_ 나무의 꼭대기를 가리키는 우듬지. 높이를 잴 수 있다. |
| 자구 해석 | 기준(基準)_ (집을 앉히기 위해) 평평하게 다진 터.
표준(標準)_ 높이를 정하여 평평하게 하다. 또는 정해놓은 평평한 높이. |
| 바뀐 뜻 | 기준은 기본이 되는 표준이다. 표준과 비슷한 말이다. |
| 보기 글 | • 시청을 기준으로 도로의 거리를 표시한다.
• 독립국가는 도량형의 표준을 정해 실시한다. |

❋ 기초(基礎)

본 뜻   기(基)_ 터를 가리킨다.
초(礎)_ 터를 잡은 다음 기둥을 놓을 자리에 놓는 큰 돌.

자구 해석   집을 앉힐 자리에 놓는 주춧돌.

바뀐 뜻   건물, 다리 따위와 같은 구조물의 무게를 받치기 위하여 만든 밑받침. 이 설명에는 기초의 뜻이 충분하지 않다. 사물이나 일 따위의 기본이 되는 토대.

보기글
- 우리말 사전에 나오는 한자어는 기초(基礎) 설명이 매우 부족하다.

❋ 기치(旗幟)

본 뜻   기(旗)_ 깃발. 부대를 상징하거나 장수를 상징하는 깃발이다.
치(幟)_ 표지. 표를 하기 위해 세워 보이는 것이다. 사격장에서 흰색과 붉은색의 백기와 적기를 올려 사격 시작과 끝을 알리는 것과 같은 것이다. 고대 전쟁터에서 진격과 후퇴를 알리는 용도로도 쓰인다.

자구 해석   깃발과 표지.

바뀐 뜻   현대에 이르러 일정한 목적을 위하여 내세우는 태도나 주장을 뜻하기도 한다.

보기글
- 자주독립의 기치 아래 독립군이 조직되었다.
- 조조의 백만대군은 기치창검을 내세워 유비군을 위협했다.
- 누르하치와 아들 홍타시가 명나라를 정복한 것은 여덟 개 깃발을 내세운 팔기군(八旗軍) 덕분이었다.

※ 기획(企劃)/계획(計劃)

본 뜻   기(企)_ 발돋움하다, 꾀하다.
획(劃)_ (선을) 긋다.
계(計)_ (사람들이 일할 때 시간마다 말로써) 헤아리다, 비교 조사하다. 기(企)보다 구체적인 행동이다.

바뀐 뜻   기획(企劃)_ 일을 꾀하여 계획하는 것을 말한다.
계획(計劃)_ 앞으로 할 일의 절차, 방법, 규모 따위를 미리 헤아려 작정함. 또는 그 내용.

보기글   • 기획 회의.
• 행사 계획.

※ 긴급(緊急)

본 뜻   긴(緊)_ (줄 따위를) 굳게 얽다, 감다, 팽팽하다.
급(急)_ 서두르다. 바쁘다, 사정이나 형편이 지체할 겨를이 없다.

자구 해석   활의 시위를 서둘러 팽팽하게 매다.

바뀐 뜻   일이나 사정이 급하다.

보기글   • 긴급 속보!

※ 긴박(緊迫)

본 뜻   긴(緊)_ (줄 따위를) 굳게 얽다, 감다, (줄 따위를 당기거나 감아) 팽팽하다.

	박(迫)_ 가까이 다가오다, 닥쳐오다.
자구 해석	줄이 감기듯 팽팽하게 다가오고 있다.

※ **긴장(緊張)**

본 뜻	긴(緊)_ (줄 따위를) 굳게 얽다, 감다, 팽팽하다. 장(張)_ 활을 잡아 시위를 길게 끌어당기다.
자구 해석	활을 잡아 시위를 길게 끌어당겨 팽팽해지다.

ㄴ

❈ 나락(奈落/那落)

본 뜻	산스크리트어 '나라카(naraka)'를 한자로 옮긴 불교용어다. 지옥이란 뜻이다.
바뀐 뜻	지옥뿐만 아니라 구원할 수 없는 상황에 떨어진 것을 상징하는 말로도 쓰인다.
보기글	• 선거에서 진 그는 나락으로 떨어지는 기분이었다.

❈ 나전칠기(螺鈿漆器)

본 뜻	나무에 나(螺)와 전(鈿)과 칠(漆)을 한 공예품이다. 나(螺)_ 소라. 빛이 나는 조개껍데기를 다 포함한다. 전(鈿)_ 금은보석을 박아 넣다. 칠(漆)_ 옻칠. 더러 잿물을 써서 검게 칠하기도 한다.
자구 해석	검게 옻칠한 나무에 빛이 나는 소라껍데기와 보석을 박은 그릇.
바뀐 뜻	한국에서는 주로 나와 칠만 하고 나전칠기라고 쓰는 경우가 많다. 전이 빠진 상태에서 나전이라고들 한다.
보기글	• 나전칠기 제품을 청와대에 독점 공급하였다.

※ **낙관(落款)**

본 뜻	관(款)은 원래 종(鐘)이나 정(鼎), 금석(金石)에 음각한 글자다.
자구 해석	음각 도장인 관(款)을 내리찍다.

차츰 관(款)은 서화가의 도장을 가리키기 시작했다. 글씨나 그림을 완성한 뒤에 저자의 이름, 그린 장소, 제작 연월일 등을 적어넣고 도장을 찍는 것을 낙성관지(落成款識)라고 한다. 줄여서 낙관이라고 한다. 서명과 제작일시만 기록하는 경우를 단관(單款), 누구를 위해 그렸다는 등 내용에 대한 언급을 하는 경우는 쌍관(雙款)이라고 한다. 낙관에 쓰이는 도장은 두 가지인데 성명인은 음각으로 새기고 호는 양각으로 새긴다. 이 두 개를 한 쌍으로 하여 '한 방'이라고 한다.

바뀐 뜻	그림이나 글을 짓고 난 뒤에 여백이나 귀퉁이에 쓰는 글씨와 도장을 총칭하는 말이다. 도장 자체를 가리키기도 한다.
보기글	• 자네 그림은 그림보다 낙관이 더 좋군.

※ **낙동강(洛東江)**

본 뜻	낙(洛)의 동쪽을 흐르는 강이다. 낙(洛)은 삼국시대에 가락국의 땅이었던 상주다. 조선시대에 이긍익(李肯翊)이 지은 《연려실기술》〈지리전고〉에 "낙동(洛東)은 상주의 동쪽을 말한다."고 나와 있다.
자구 해석	상주의 동쪽을 흐르는 강.
바뀐 뜻	강원도 함백산에서 시작하여 경상북도와 경상남도를 거쳐 남해로 흐르는 강으로 길이는 525.15킬로미터이다.
보기글	• 중국에 낙수라는 황하 지류가 있는데, 낙동강이 그것하고는 아무 상관이 없는 거겠지?

※ **낙서(落書)**

본 뜻   일본 에도(江戶)시대에 힘없는 백성들의 항거수단으로 사용되었다. 불만을 적은 쪽지를 길거리에 슬쩍 떨어뜨려놓은 것을 '오토미 부시(落文)'라고 한 데서 유래한다.
조선시대에도 낙서는 백성들의 불평불만을 해소하는 방편으로 쓰였는데, 돌이나 바위에 당시의 사회상을 새기기도 했다. 그러면 그곳을 지나다니는 보부상들이 그런 돌을 사람이 잘 다니는 산길에 다 슬쩍 놓아두었고, 다른 보부상들은 그 내용을 읽고 다른 마을에 전파하거나 자기가 알고 있는 새로운 사실을 덧붙여 새겨넣기도 했다고 한다.

자구 해석   길거리에 슬쩍 떨어뜨려놓은 쪽지.

바 뀐 뜻   장난으로 아무 데나 함부로 쓰는 글이다. 요즘에는 쪽지를 길에 떨어뜨리지 않고 인쇄를 하여 뿌리거나 벽에 써 붙인다.

보 기 글   • 대학가 술집의 낙서는 젊은이들의 자화상이다.

※ **낙점(落點)**

본 뜻   조선시대에 2품 이상의 대관(大官)을 선임할 때 후보자 세 사람을 적어서 왕에게 추천하면, 왕이 그중 적임자라고 생각하는 사람의 이름 위에 점을 찍었다. 여기서 낙점이 선발이란 뜻으로 쓰이게 되었다.

바 뀐 뜻   경쟁 상대가 여럿 있는 중에 어떤 직책에 임명되다.

보 기 글   • 김심이니 노심이니 하는 정치 속어야말로 봉건시대의 낙점이란 말과 다름 없다.

※ 난(亂)/구(寇)

본 뜻   난(亂)_ 나라 안에서 일어나는 변고.
구(寇)_ 나라 바깥에서 쳐들어오는 변고.
그러므로 난(亂)은 국내에서 일어나고, 구(寇)는 외국에서 쳐들어오는 것이다. 대표적인 것이 왜구(倭寇)다.

바뀐 뜻   오늘날 난(亂)은 쿠데타, 혁명, 내란 등으로 어휘가 복잡하게 변했다. 구(寇)는 전쟁 외에는 거의 사용하지 않는다.

보기글   • 주로 해안가를 노략질하던 왜구가 1592년에는 우리나라 땅으로 들어와 난(亂)을 일으켰다. 그것이 임진왜란이다.

※ 난감(難堪)

본 뜻   난(難)_ 어렵다.
감(堪)_ 견디다.

자구 해석   견디기 어렵다.

※ 난관(難關)

본 뜻   난(難)_ 상상의 '목마른 새'다. 이 새는 용의 허파와 봉황의 피만 먹어야 사는데 늘 배고픔에 지쳐 결국 일찍 죽으므로 먹이를 구하기가 불가능하고, 또 이렇게 드문 난을 잡기가 하늘의 별따기만큼이나 어렵다는 뜻으로 쓰이기 시작했다. 어렵다, 불가능하다는 뜻이다.
관(關)_ 빗장을 건 관문이다.

자구 해석	공격해도 함락시키기 어려운 국경의 관문.
바 뀐 뜻	일을 해나가기가 어려운 지경에 놓였다는 뜻으로 쓰인다.
보 기 글	• 국군은 두만강까지 진격했으나 중공군이라는 난관에 봉착했다.

※ 난리(亂離)

본 뜻	난(亂)_ 어지럽다. 리(離)_ (그물에 걸린 새가) 도망가다, 떼놓다, 갈라서다.
자구 해석	어지럽고 갈라지다.
바 뀐 뜻	전쟁이나 병란(兵亂)을 뜻한다. 분쟁, 재해 따위로 세상이 소란하고 질서가 어지러워진 상태 또는 작은 소동을 비유적으로 이르기도 한다.
보 기 글	• 막내가 와서 난리를 쳐놓고 갔다.

※ 난마(亂麻)

본 뜻	어지럽게 뒤얽힌(亂) 삼(麻) 가닥이다.
바 뀐 뜻	어떤 일이나 상황이 갈피를 잡을 수 없을 정도로 뒤얽혀서 실마리를 잡기 어려운 상황이다.
보 기 글	• 요즈음의 국론은 마치 난마처럼 뒤얽혀 있다.

※ 남도(南道)

| 본 뜻 | 남도는 경기도 이남의 땅, 곧 충청도·경상도·전라도다. 이 세 지방 |

을 통틀어 삼남 지방이라고도 한다. 남도는 북도에 대응하는 말로 경기도 이북, 즉 평안도·황해도·함경도다.

바뀐 뜻   오늘날 '남도'라고 하면 대개는 전라도를 가리키는 것인 줄로 아는 사람이 많다.

보기글
- 이러다가 남도가 전라도 중에서도 전라남도를 가리키는 말로 변용될지 모르겠다.

❊ 남발(濫發)

본 뜻   **남(濫)_** 흘러넘치다.
발(發)_ 두 발을 딛고 서서 활을 쏘고 창을 던지다.

자구 해석   넘치도록 (필요 없이) 쏘고 던지다.

바뀐 뜻   법령이나 지폐, 증서 따위를 마구 공포하거나 발행함. 어떤 말이나 행동 따위를 자꾸 함부로 함.

보기글
- 그 은행은 신용카드를 남발하더니, 결국 문제가 생겼구나.

❊ 남방(南方)

본 뜻   동남아시아다. 이 지역은 날씨가 덥기 때문에 소매가 짧고 통풍이 잘 되는 헐렁한 옷을 입는다. 그 때문에 남방에 사는 사람들이 주로 입는 옷이라는 뜻으로 쓰였다.

바뀐 뜻   남자들이 여름에 양복 저고리 대신에 입는 남방풍의 윗옷으로 넥타이를 매지 않는 편한 셔츠이다.

보기글
- 여름엔 남방 하나만 걸치고 지내는 게 시원하다.

※ 납득(納得)

| 본 뜻 | 납(納)_ (실을 염색하기 위해 물감을 탄 물에) 넣다.
득(得)_ (길에서 돈을) 줍다. 얻다. |
자구 해석	(실을 염색 물에 넣으면 물이 들고 길에서 돈을 주우면 내 것이니, 이미) 어쩔 수 없다는 사실을 받아들이다.
바 뀐 뜻	다른 사람의 말이나 행동, 형편 따위를 잘 알다. 이해한다는 뜻은 아니라 그런 정황이나 사정을 받아들인다는 뜻이다.
보 기 글	• 납득하다보다는 이해한다는 말이 더 부드럽다.

※ 낭비(浪費)

| 본 뜻 | 낭(浪)_ 물결이나 파도가 일듯이 자주, 마구.
비(費)_ (돈이 없어지도록) 쓰다. |
| 자구 해석 | 파도가 아무 때나 치다, 마구 돈을 쓰다. |

※ 낭자(狼藉)

| 본 뜻 | 낭(狼)_ 이리, 어지럽다, 흩어지다.
자(藉)_ 깔개, 자리. |
자구 해석	이리가 자고 일어난 자리.
바 뀐 뜻	이리가 잠을 자고 일어난 자리는 풀 따위가 어지럽게 널려 있기 마련이다. 어지럽고 지저분하다는 뜻으로 쓰인다.
보 기 글	• 사건 현장은 붉은 피가 낭자했다.

※ **낭패(狼狽)**

본 뜻   낭(狼)_ 전설 속의 동물로 뒷다리 두 개가 아주 없거나 아주 짧은 동물이다. 꾀가 부족한 대신 용맹하다.
패(狽)_ 역시 전설 속의 동물로 앞다리 두 개가 아예 없거나 짧은 동물이다. 꾀가 있는 대신 겁이 많다.
그래서 낭(狼)과 패(狽)는 호흡이 잘 맞을 때는 괜찮다가도 서로 다투기라도 하는 날에는 이만저만 문제가 큰 것이 아니다. 이같이 낭과 패가 서로 떨어져서 아무 일도 못하게 되는 경우를 낭패라고 한다.

자구 해석   꾀가 있으나 용맹이 부족하고, 용맹하나 꾀가 부족하다.

바뀐 뜻   계획한 일이 실패로 돌아가거나 어그러진 상황을 가리키는 말이다.

보기글
- 대북 사업을 김대중 대통령의 치적으로 여겼는데 파트너인 현대그룹 정몽헌 회장은 비자금이니 뭐니 하여 끝내 자결하다니, 이거 정말 낭패로군.

※ **내시(內侍)**

본 뜻   고려시대에 국왕을 측근에서 시중하는 문관으로서, 권문세가의 자제나 유생(儒生)들이 등용되었다. 그러다가 고려 후기부터 천민이나 군사 공로자들도 내시에 오르게 되면서 그 직제의 의미가 변질되기 시작하였다. 조선시대에 와서는 궐내의 잡무를 맡아보는 내시부(內侍府)의 관직으로 자리하게 되었다. 종2품의 품계까지 올라갈 수 있는 내시의 일은 그 품계의 고하를 막론하고 궐내의 음식물 감독, 왕명 전달, 궐문 수직, 청소 등의 잡무에 국한되어 있었다.

자구 해석   왕명을 기다리는 사람.

바 뀐 뜻	내시는 궐내에 상주하여야 하는 특수성 때문에 거세자만을 임명했다. 이 때문에 '내시는 곧 환자(宦者)'라는 등식이 통용되었으나, 내시는 본래 정식 관원에서 유래한 용어로서 관직의 의미가 더 큰 말이다. 오늘날에는 거세자를 가리키는 용어로만 한정되어 쓰인다.
보 기 글	• 내시는 왕과 가까운 거리에 있다 보니 힘깨나 쓰는 경우가 빈번했다.

❄ 냉동(冷凍)

본 뜻	냉(冷)_ (온도가) 차다. 동(凍)_ (얼음이) 얼다.
자구 해석	차게 하거나 얼음을 얼리다.

❄ 노략질(擄掠-)

본 뜻	노(擄)_ 다른 씨족이나 부족, 다른 나라에 쳐들어가 사람을 잡아들이다. 략(掠)_ 남의 나라나 도시를 쳐들어가 큰 물건을 빼앗다. 유목민들이 중국에 쳐들어가 빼앗는 방식이다. 질_ '그 도구를 가지고 하는 일'의 뜻을 더하는 접미사.
자구 해석	(유목민들이 농경 국가로 쳐들어가) 사람을 포로로 잡거나 재물 등을 빼앗아가다.
바 뀐 뜻	떼를 지어 돌아다니며 사람을 해치거나 재물을 강제로 빼앗다. 유목 문화에서 나온 말이라는 흔적이 없다.
보 기 글	• 역사에 나오는 노략질은 늘 오랑캐의 몫이었다.

※ 노비(奴婢)→신첩(臣妾)

본 뜻 노(奴)_ 사내 종.
비(婢)_ 계집 종.

자구 해석 사내종과 계집종.
사내는 결혼하지 않은 남자, 계집은 결혼하지 않은 여자. 다만 결혼해도 노비란 명칭은 거둬지지 않는다.

바뀐 뜻 남녀 종을 통틀어 일컫는다. 또한 노예 상태에 있는 하층 천민 계급을 일컫는 말로 널리 쓰이게 되었다.

보기글 • 일부 고용주들이 동남아에서 물밀듯이 밀려 들어오는 외국인 불법취업자들을 노비 대하듯 해서 문제가 되고 있다.

※ 노선(路線)

본 뜻 노(路)_ 길.
선(線)_ (샘에서 물줄기가 끊임없이 흘러나오는) 줄.

자구 해석 길과 줄.

바뀐 뜻 자동차 선로, 철도 선로 따위처럼 일정한 두 지점을 정기적으로 오가는 교통선을 가리킨다. 또는 개인이나 조직 따위가 일정한 목표를 실현하기 위해 지향해나가는 견해의 방향이나 행동방침을 가리키기도 한다. 올림픽대로(路), 경부선(線)처럼 노와 선은 구분해서 쓰인다.

보기글 • 이 버스 노선은 매우 길다.

※ 녹봉(祿俸)/요(料)/질(秩)

본 뜻 **녹(祿)_** 상급 관리가 조정으로부터 받는 쌀과 그 밖의 곡식을 뜻한다. 예를 들어 녹으로 쌀 300석을 주었다는 것은, 쌀 300석이 나는 과전(科田)을 하사하였다는 뜻이다. 그래서 양반 관리들은 '녹을 먹다' '녹을 먹은 사람' 등으로 쓴다.
봉(俸)_ 일반 관리가 조정으로부터 받는 베와 비단을 뜻한다.
요(料)_ 하급 관리들에게 주는 것이다.
질(秩)_ 녹봉의 높고 낮음을 가리킨다. 관리의 위계를 나타낸다.

녹은 3개월에 1회 지급하고 봉은 매달, 요는 그때그때 지급한다. 명종 11년(1556)부터 땅을 주는 과전(科田)과 직전(職田)이 사라지고 녹봉으로는 오직 베, 비단, 무명, 쌀로 지급하게 되었다. 정1품에서 정3품 당상관에게는 음력으로 매달 25일에 지급하고, 종3품에서 5품에게는 26일, 6품에서 7품에게는 27일, 8품에게는 28일, 9품에게는 29일에 한강변 광흥창(廣興倉; 마포구 창전동)에서 지급했다. 주로 대리인이 수령했는데, 이들을 단골리(丹骨理)라고 하였다.

조선시대 품계별 월별 녹봉표

품계	경국대전	경종 1년(1721) 실제 지급 기록
정1품	쌀 1섬2말5되, 현미 4섬, 좁쌀 2말5되, 콩 1섬13말7되5홉, 밀 12말5되, 명주 6필, 면포 15필, 저화 10장	쌀 2섬8말, 콩 1섬5말
종1품	쌀 1섬(평석 15말), 현미 3섬8말7되5홉, 좁쌀 2말5되, 콩 1섬11말2되5홉, 밀 11말2되5홉, 명주 5필, 면포 15필, 저화 10장	쌀 2섬2말, 콩 1섬5말
정2품	쌀 1섬, 현미 3섬5말, 좁쌀 2말5되, 콩 1섬7말5되, 밀 11말2되5홉, 명주 5필, 면포 14필, 저화 8장	쌀 2섬2말, 콩 1섬5말
종2품	쌀 1섬, 현미 3섬1말2되5홉, 좁쌀 2말5되, 콩 1섬5말, 밀 10말, 명주 5필, 면포 14필, 저화 8장	쌀 1섬11말, 콩 1섬5말

품계	봉급	급료
정3품	당상관_ 쌀 13말7되5홉, 현미 2섬10말, 좁쌀 2말5되, 콩 1섬3말7되5홉, 밀 8말7되5홉, 명주 4필, 면포 13필, 저화 8장	쌀 1섬9말, 콩 1섬5말
정3품	당하관_ 쌀 12말5되, 현미 2섬7말5되, 좁쌀 2말5되, 콩 1섬3말7되5홉, 밀 8말7되5홉, 명주 4필, 면포 13필, 저화 8장	쌀 1섬5말, 콩 1섬5말
종3품	쌀 12말5되, 현미 2섬3말7되5홉, 좁쌀 2말5되, 콩 1섬2말5되, 밀 8말7되5홉, 명주 3필, 면포 13필, 저화 6장	쌀 1섬5말, 콩 1섬2말
정4품	쌀 10말, 현미 2섬1말2되5홉, 좁쌀 2말5되, 콩 1섬1말2되5홉, 밀 7말5되, 명주 2필, 면포 12필, 저화 6장	쌀 1섬2말, 콩 13말
종4품	쌀 10말, 현미 1섬13말7되5홉, 좁쌀 2말5되, 콩 1섬, 밀 7말5되, 명주 2필, 면포 11필, 저화 6장	쌀 1섬2말, 콩 13말
정5품	쌀 7말5되, 현미 1섬11말2되5홉, 좁쌀 2말5되, 콩 13말7되5홉, 밀 6말2되5홉, 명주 1필, 면포 11필, 저화 4장	쌀 1섬1말, 콩 10말
종5품	쌀 7말5되, 현미 1섬10말, 좁쌀 2말5되, 콩 12말5되, 밀 6말2되5홉, 명주 1필, 면포 10필, 저화 4장	쌀 1섬말, 콩 10말
정6품	쌀 6말2되5홉, 현미 1섬7말5되, 좁쌀 2말5되, 콩 11말2되5홉, 밀 5말, 명주 1필, 면포 10필, 저화 4장	쌀 1섬1말, 콩 10말
종6품	쌀 6말2되5홉, 현미 1섬6말2되5홉, 좁쌀 2말5되, 콩 10말, 밀 5말, 명주 1필, 면포 9필, 저화 4장	쌀 1섬말, 콩 10말
정7품	쌀 3말7되5홉, 현미 1섬3말7되5홉, 좁쌀 2말5되, 콩 6말2되5홉, 밀 3말7되5홉, 면포 7필, 저화 2장	쌀 13말, 콩 6말
종7품	쌀 3말7되5홉, 현미 1섬2말5되, 좁쌀 2말5되, 콩 5말, 밀 3말7되5홉, 면포 6필, 저화 2장	쌀 13말, 콩 6말
정8품	쌀 2말5되, 현미 1섬, 좁쌀 1말2되5홉, 콩 5말, 밀 2말5되, 면포 4필, 저화 2장	쌀 12말, 콩 5말
종8품	쌀 2말5되, 현미 12말5되, 좁쌀 1말2되5홉, 콩 5말, 밀 2말5되, 면포 4필, 저화 2장	쌀 12말, 콩 5말
정9품	현미 10말, 좁쌀 1말2되5홉, 콩 3말7되5홉, 밀 1말2되5홉, 면포 3필, 저화 1장	쌀 10말, 콩 5말
종9품	현미 10말, 좁쌀 1말2되5홉, 콩 2말5되, 밀 1말2되5홉, 면포 2필, 저화 1장	쌀 10말, 콩 5말

바 뀐 뜻   현대에도 봉급과 급료는 약간 달리 쓰인다. 일용직 등이 받는 돈은 급료가 되고, 정식 직원이 받는 돈은 봉급이라고 한다. 관공서에서는 주로 급여라고 쓴다. 그러나 확실히 구분하지는 않는다.

| 보기글 | • 현금을 봉투에 넣어주던 봉급이 그립다. |

※ 논의(論議)

본 뜻	논(論)_ (주장을) 말하다. 의(議)_ (다른 사람들과) 옳은지 의논하다, 왈가왈부하다.
자구 해석	주장을 말하며 옳은지 서로 의논하다.
바뀐 뜻	어떤 문제에 대하여 서로 의견을 내어 토의함. 또는 그런 토의. 아직도 본뜻은 변한 게 아니다. 예를 들어 논설은 언론사가 주장하는 말이고, 의원은 토론하는 사람이라는 뜻이다.
보기글	• 이 법안은 아직 논의를 거치지 않았다.

※ 농성(籠城)→시위(示威)

본 뜻	성문을 굳게 잠그고 전투를 하지 않는 것을 농성이라고 한다. 고대 전투에서는 성문이 열리지 않으면 실질적인 전투가 어려웠다.
바뀐 뜻	어떠한 목적을 위해 집이나 방 또는 자기가 있는 자리를 떠나지 않고 붙박이로 있는 것을 뜻한다. 국가적인 시험을 관리하는 교수와 교사들이 집에 가지 않고 특정 지역에 머무는 것도 농성이라고 한다. 농성은 한 군데에 모여 꼼짝하지 않는 것이고, 시위는 함성이나 구호로 자신들의 세를 과시하는 것이다.
보기글	• 농성이나 시위를 할 때 가장 많이 나오는 구호가 '결사반대'이지만 실제로 '결사'하는 경우는 거의 없다.

※ 누적(累積)

본 뜻 누(累)_ (여러 개의 물건을 실로) 묶다.
적(積)_ (거둔 벼를) 쌓다.

자구 해석 묶어 쌓아두다.

※ 능(陵)/분(墳)/묘(墓)/원(園)/총(塚)

본 뜻 능(陵)_ 임금이나 왕후의 무덤이다.
분(墳)_ 흙을 쌓아 장식한 무덤이다. 옛날에 서민이 죽으면 시신에 옷을 입혀 풀숲에 그냥 두는 조장(鳥葬)을 했는데, 이에 비해 귀족들은 분(墳)에 시신을 묻었다.
묘(墓)_ 분(墳)과 달리 나무를 심지 않고 흙을 쌓지 않은 무덤이다.
원(園)_ 왕세자, 왕세자빈, 왕의 부모이지만 왕위에 오른 적이 없는 이의 무덤이다.
총(塚)_ 옛 무덤 중 규모가 크지만 주인을 알 수 없는 무덤이다. 예) 천마총, 무용총.

바뀐 뜻 뜻이 변한 것은 없으나 요즘에는 대부분 묘(墓)라고 한다.

보 기 글 • 이승만, 박정희 전 대통령의 무덤은 능이 아니라 묘라고 한다.

❄ 다방(茶房)

본 뜻   다방(茶房)은 고려 말 조선 초에 왕을 가까이에서 모시거나 궁궐을 지키는 관원인 성중관(成衆官)의 하나였다. 주로 궁중에서 소용되는 약을 조제하여 바치거나 궁중의 다례(茶禮)에 해당하는 일을 맡아보았다. 조선시대에는 차(茶) 재료를 공급하고 외국 사신들을 접대하는 일을 맡아 하였다. 이 밖에도 꽃, 과일, 술, 약 등의 공급과 관리도 맡아 하였다. 발음은 다방, 차방 모두 허용된다. '茶' 발음은 중국에서도 두 가지다.

바뀐 뜻   커피, 홍차 등 각종 차를 파는 가게다. 60~70년대에 대중 사교 문화의 장(場)으로 번성하다가 80~90년대에 들어와서는 카페와 커피 전문점이 등장하면서 점차 사용이 줄어들고 있다.

보 기 글   • 요즈음에는 시골이나 가야 다방이란 명칭을 볼 수 있다.

❄ 단련(鍛鍊)

본 뜻   **단(鍛)_** 쇠를 불에 달구어 불리다.
련(鍊)_ 불에 달군 물렁한 쇠를 망치로 단단하게 두드리다.
사물을 정밀하게 다듬다, 익숙하게 하다는 뜻으로 쓰인다.

| 자구 해석 | 쇠를 불에 달구어 불리고, 불린 쇠를 단단하게 두드리다.
일본의 유명한 무사 미야모토 무사시는 "승리에 우연이란 없다. 천 번의 연습이 단, 만 번의 연습이 련이듯 단련(鍛鍊)이 있어야 승리할 수 있다."고 하여 단과 련을 구분했다. 물론 상징적인 구분이다. |
| 바 뀐 뜻 | 어떤 일을 반복하여 익숙하게 되는 것 또는 그렇게 하는 것이다. 귀찮고 어려운 일에 시달리는 것에도 비유된다. |
| 보 기 글 | • 정치인들은 욕으로 단련을 많이 받아 웬만한 욕을 듣고는 끄떡하지 않는다. |

❋ 단말마(斷末魔)

본 뜻	말마(末魔)는 산스크리트어 '마르만(marman)'의 음역으로 사혈(死穴)을 가리키는 말이다. 여기에 끊을 '단(斷)'자를 붙이면 목숨을 끊는다는 뜻이 된다. 즉 죽음 또는 죽을 때를 가리킨다.
바 뀐 뜻	숨이 끊어질 때 마지막으로 지르는 비명을 표현하기 위해 '단말마의 비명을 지르다' 따위로 쓴다.
보 기 글	• 단말마의 비명이라면, 명절 때면 한두 마리씩 꼭 죽어가던 돼지의 비명이 생각난다.

❋ 단순(單純)

| 본 뜻 | 단(單)_ 양 끝에 돌을 매어 던지는 올가미로, 짐승을 산 채로 잡는다. 간단한 무기지만 발을 걸어버리면 짐승을 쉽게 잡을 수 있다. 모든 무기의 원형 글자다. 하나.
순(純)_ 누이지 않은 비단실. 누에에서 뽑은 명주실은 잿물에 삶아 희고 부드럽게 하는데, 그러기 전의 생사를 가리킨다. 섞임이 없다. |

	이 순(純)을 잿물에 한 번 삶아 말린 것이 소(素)다.
자구 해석	던지는 올가미와 누이지 않은 비단실.
바뀐 뜻	복잡하지 않고 꾸미지 않은 간단한 것을 말한다.
보 기 글	• 이번 작전은 매우 단순하다.

❄ 단아(端雅)

본 뜻	단(端)_ 봄이 되어 솟아오르는 풀의 새싹. 아(雅)_ 꽁지가 짧은 작은 새, 특히 까마귀의 부리. 작지만 날카롭고 또렷하다.
자구 해석	새싹 같고 부리 같다.
바뀐 뜻	바르고 아리땁다. 새싹이 티없이 맑은 초록빛으로 올라온 모습과, 작은 새의 또렷한 부리가 아름다운 두 가지 의미를 담았다.
보 기 글	• 이번 작전은 매우 단순하다.

❄ 단절(斷切)/단절(斷折)/단절(斷絶)

본 뜻	단(斷)_ (칼 등으로) 베다. 절(切)_ (닳거나 잡아당겨서) 끊다. 절(折)_ (나뭇가지 따위를) 꺾다. 절(絶)_ (실 따위가) 끊어지다. 잘리다.
바뀐 뜻	단절(斷切)_ 자르거나 베어서 끊다. 절단(切斷)으로도 쓴다. 단절(斷折)_ 꺾거나 부러뜨리다. 단절(斷絶)_ 유대나 연관 관계를 끊다. 어떤 흐름이 연속되지 않다.

절단(絶斷)으로도 쓴다.

보 기 글
- 전깃줄을 단절(斷切)하고, 마른 대나무를 단절(斷折)하고, 친구와 단절(斷絶)했다.

❋ **단행(斷行)**

본 뜻
단(斷)_ 칼로 베다.
행(行)_ (사람과 수레가 바쁘게 돌아다니는 사거리에서) 길을 가다, 일을 하다.

자구 해석
칼로 베듯이 하다.

❋ **담당(擔當)/담임(擔任)**

본 뜻
담(擔)_ (손으로) 짊어지다.
당(當)_ (건물을 짓기 좋은) 밑바탕.
임(任)_ (일을) 맡다, 공식적으로 일을 맡은 사람.

바뀐 뜻
담당(擔當)_ 어떤 일을 맡다.
담임(擔任)_ 어떤 일을 책임지고 맡다.

보 기 글
- 담당과 담임은 일본 한자어이지만 뜻의 기본은 다르지 않다.

❋ **답변(答辯)**

본 뜻
답(答)_ 다른 이의 질문을 글로 받고, 대나무쪽인 죽간에 적은 내 편지.

	변(辯)_ 두 사람이 서로 따질 때(辛) 말로써 다투다.
자구 해석	글로 적거나 말로 다투는 것이다. 답은 옳고 그름이 분명하지만 변은 말을 잘해야 한다.
바뀐 뜻	물음에 대해 밝혀 대답하다.
보 기 글	• 월요일까지 답변서를 제출하라는 요구를 받았다.

❈ 답습(踏襲)

본 뜻	답(踏)_ 밟다. 습(襲)_ 이어받다.
자구 해석	앞 사람이 간 길을 그대로 따라 밟고(踏), 앞사람이 한 대로 따라하다(襲).
바뀐 뜻	전부터 내려온 정책이나 방식이나 수법 따위를 그대로 따라 행하는 것을 포괄적으로 가리키는 말로 쓰인다.
보 기 글	• 정권을 잡았다 하면 누구나 다 개혁이란 구호를 답습한다.

❈ 답장(答狀)

본 뜻	답(答)_ 다른 이의 질문을 글로 받고, 대나무쪽인 죽간에 적은 내 편지. 장(狀)_ 어떤 물음에 대한 자세한 행실을 적은 문서.
자구 해석	질문에 대해 자세히 적거나 행실에 대해 자세히 적은 문서.

❋ **대감(大監)**

본 뜻	신라시대의 관직. 병부(兵部)·시위부(侍衛部)·패강진전(浿江鎭典)에 두었던 무관직을 일컫는 말이다.
바뀐 뜻	조선시대에 들어와서는 정2품 이상의 문무 관직에 있는 관원들을 부르는 존칭으로 쓰였다.
보기 글	• 조선시대에 양반집 주인들까지 대감이라고 불리길 좋아했다.

❋ **대구(大邱)/대구(大丘)**

| 본 뜻 | 대구의 원래 이름은 달구벌이라고 했다. 다벌(多伐), 달벌(達伐), 달불성(達弗城), 달구벌(達句伐), 달구불(達句火)이라고 적었다고 한다. '달'은 넓다는 뜻이고, '불'과 '벌'은 평야를 나타낸다고 한다.
경덕왕 16년(757)에 통일신라는 당나라 제도를 본떠 주(州)·군(郡)·현(縣)을 설치한다면서 고유 지명을 모조리 없애버리고 중국식 지명을 갖다 붙였다. 이때 대부분 중국의 지명을 그대로 갖다 썼고, 경우에 따라 한자로 옮긴 경우도 있는데 대구가 그 예다.
대구는 처음에는 '大丘'라고 표기했다. 그러다가 조선 영조 26년(1750)에 '丘'자를 다른 글자로 고치자는 유림들의 상소가 있었다. 이유는 '丘'자가 유교의 시조인 공자(孔子)의 이름이므로 존경하는 의미로 이 글자를 피하자(避諱)는 뜻에서였다. 그러나 영조는 경망한 풍조의 소산이라며 이러한 유림들의 상소를 신랄하게 비판했다.
하지만 공자를 신처럼 떠받들던 유림들은 거듭하여 이런 요구를 했고, 《정조실록》 정조 2년(1778) 5월 기사에 처음으로 대구(大丘)가 대구(大邱)로 표기되었다. 하지만 이후로도 대구(大邱)와 대구(大丘)는 혼용되다가 철종 1년(1850)부터 모든 기록문에서 대구(大丘)는 사라 |
| --- | --- |

지고 대구(大邱)만 남게 되었다.

한편 중국에서도 공자의 이름 '구(丘)'자를 피휘하는 풍속이 있었다. 금나라 때 주공(周公)의 이름인 단(旦)과 공자의 이름인 구(丘)를 피하도록 규정하였다. 그래서 공자의 이름과 같은 '구(丘)'자를 써야 할 때는 오른쪽 기둥을 일부러 빼서 '㐀'로 적었다.

그다음 공자의 이름을 피휘한 것은 청나라 옹정제(雍正帝) 때였는데, 이때는 '구(丘)'자의 기둥을 빼거나 쓰지 않는 대신 아예 다른 글자를 만들어냈다. 이때 만들어낸 글자가 '구(邱)'자다.

바 뀐 뜻 대구(大丘)가 대구(大邱)로 바뀐 것은 불과 150여 년밖에 안 되고, 그나마 '구(邱)'자는 생긴 지 300년이 안 되는 젊은 한자다.

보 기 글 • 그렇다면 대구(大邱)를 대구(大丘)라고 쓰는 사람도 생기겠구나.

※ **대답(對答)**

본　　뜻 대(對)_ (누구와 얼굴을) 마주하다.
답(答)_ 다른 이의 질문을 글로 받고, 대나무쪽인 죽간에 적은 내 편지.

자구 해석 말로 물으면 말로 하고 글로 물으면 글로 하다.

바 뀐 뜻 부르는 말에 응하여 어떤 말을 하다.

보 기 글 • 대답할 때는 묻는 이를 똑바로 바라보아야 한다.

※ **대사(大師)/선사(禪師)/수좌(首座)**

본　　뜻 승려를 부르는 말은 매우 다양하다. 최근에는 '큰스님'이란 호칭이 생기면서 호칭이 비교적 단순해진 편인데, 조선시대나 고려시대 기록을 보면 승려를 부르는 말로 대사(大師), 선사(禪師), 수좌(首座), 대선사(大禪師) 등 매우 다양했다. 또한 요즘에도 승려들이 입적하면 대부분 '대선사'라는 호칭을 붙여준다. 대선사라는 호칭을 승려들이 가장 좋아하기 때문이다. 이런 호칭이 아직 남아 있는 것은 선(禪)을 수행하는 뛰어난 승려라는 뜻보다는 조선시대 승직(僧職)의 유습 때문이다.

고려시대와 조선시대에는 승려들을 대상으로 과거시험을 치르게 하여 성적에 따라 다른 직급을 내렸다. 이 직급은 선종(禪宗)과 교종(敎宗)이 달랐다. 선종의 직급은 가장 낮은 대선(大選)부터 시작하여 대덕(大德), 대사(大師), 중대사(重大師), 삼중대사(三重大師), 선사(禪師)로 올라가 맨위에 대선사(大禪師)가 있다. 이 중에서 대사는 비교적 괜찮은 직급에 속하고, 대덕은 흔해서 불교 관련 책에는 승려들을 대덕이라고 부르는 사례를 많이 볼 수 있다. 고승대덕(高僧大德)이란 말도 여기서 나온 유습이다.

교종의 직급은 선종과 조금 달랐다. 가장 낮은 직급인 대선에 이어 대덕, 대사, 중대사, 삼중대사까지는 같으나 그 위로 수좌(首座)가 있고 맨위에 승통(僧統)이 있다. 즉 선종의 최고 승직은 대선사이고 교종의 최고 승직은 승통인 것이다.

승과(僧科)에는 예비시험과 본시험의 구별이 있다. 예비시험은 각 산문(山門)이나 종파에서 실시하는 것으로, 이 시험에 합격하면 본시험인 대선(大選; 일반 과거의 대과에 해당)에 응시할 수 있다. 대선은 조정에서 왕명으로 시행하는데 선종선(禪宗選)과 교종선(敎宗選)이 있었다. 선종 대선은 주로 광명사(廣明寺)에서 선종에 속한 승려들에게 실시했고, 교종 대선은 왕륜사(王輪寺)에서 각 교종의 승려들에게 실시했다.

선사, 대선사 또는 수좌, 승통의 법계에 오르더라도 모두 왕사(王師)

나 국사(國師)의 칭호를 받는 것은 아니었다. 최고 직급에 오른 승려 중에서 따로 왕사와 국사를 모셨던 것이다. 왕사와 국사는 왕의 정치, 학문, 인격도야를 위한 스승이었으며 최고의 고문이었다.

이러한 승과제도는 조선 중기까지 계속되어 세종 때에는 선과(禪科)에 《전등록(傳燈錄)》과 《염송집(拈頌集)》을, 교과(敎科)에는 《화엄경》과 《십지론(十地論)》을 시험 과목으로 두었다. 그 뒤 연산군 때 모두 폐지되었고, 명종 초에 다시 두었다가 얼마 지나지 않아 폐지되었다.

우리나라에는 국가에서 부여하는 승직(僧職)이 없지만 최대 종단인 조계종에서는 종법에 정한 대로 대종사〉종사〉대덕〉종덕〉중덕〉견덕으로 비구의 품계를 구분하고 있으나, 사실상 출가 연한에 따라 품계를 구분할 뿐 자격 여부에 대한 명확한 근거가 없다고 한다.

이에 비해 북한에는 아직도 국가에서 부여하는 제도가 남아 있다. 25세 이상이면서 대학을 졸업해야만 승려가 될 수 있고, 그리고도 승려 교육기관인 불학원을 수료하고 구족계를 받으면 대선의 품계를 받고 이후에 중덕-대덕-선사-대선사의 품계를 차례로 받는다고 한다.

북한 불교의 품계는 1960년대 법계자격고시가 처음으로 시행되면서 나뉘기 시작했다. 조불련 중앙위원회가 주관하는 법계자격고시는 처음 시행 이후로는 제대로 시행되지 않다가 80년대 중반부터 2~3년에 1회씩 부정기적으로 시행되고 있다. 자격심사와 염불습의, 경전 해석을 고시과목으로 두고 있다. 현재까지 북한에는 비구니승은 없는 것으로 알려져 있다

바뀐 뜻 요즘에는 승직의 품계도 없거니와 그런 식으로 부르는 경우는 거의 없다. 다만 맡고 있는 소임에 따라 부르는 경우가 많다. 즉 주지스님, 조실스님, 방장스님, 종정스님 등으로 불리거나 입적 후 대선사 등으로 불리는 경우가 있다.

| 보 기 글 | • 천주교의 추기경에 해당하는 호칭으로 불교에서는 과거에 대선사와 승통이 있었는데, 현재는 종정(宗正)이라고 불린다. 대사와 선사, 수좌 등은 막연한 존칭으로 쓰인다. |

❄ 대원군(大院君)

본 뜻	왕의 대를 이을 적자손이 없어 방계 왕족이 대를 이어받을 때, 그 왕의 친아버지에게 준 벼슬이 대원군이다. 조선시대에는 선조의 아버지 덕흥대원군, 인조의 아버지 정원대원군, 철종의 아버지 전계대원군, 고종의 아버지 흥선대원군이 있었다. 이들 중 생전에 이 작위를 받은 사람은 고종의 아버지 흥선대원군뿐이다.
자구 해석	왕자가 아니면서 왕이 된 사람의 아버지.
바 뀐 뜻	고종의 아버지인 흥선대원군 이하응이 너무나 유명해서 대원군이라는 보통명사가 마치 흥선대원군 한 사람을 가리키는 고유명사처럼 잘못 쓰이고 있다.
보 기 글	• 조선시대의 대원군은 모두 네 명이었다.

❄ 대응(對應)

본 뜻	대(對)_ (누구와 얼굴을) 마주하다. 응(應)_ (사냥하는 매가 주인의 마음을 잘 알고) 따르다.
자구 해석	마주한 누군가와 서로 마음으로 잘 따르다. 사냥꾼과 길들여진 매가 서로 잘 소통하는 것을 가리킨다.
바 뀐 뜻	어떤 일이나 사태에 맞추어 태도나 행동을 취하다. 어떤 두 대상이 주어진 관계에 의해 서로 짝이 되다.

| 보 기 글 | • 사기꾼이 뭐라고 유혹을 하든 절대 대응하지 말아야 한다. |

❋ 대접(待接)

| 본 뜻 | 대(待)_ 길에 서서 찾아오는 사람을 모시기(寺) 위해 준비하고 기다리다.
접(接)_ 손을 잡아 가까이 이끌다. |
| 자구 해석 | 기다렸다가 잘 이끌고 시중을 들다. 접대(接待)로도 쓴다. |

❋ 대책(對策)→책(册)/책(策)/서(書)/판(版)/전(典)

| 본 뜻 | 과거 응시자가 왕이나 황제의 물음에 대답한 치국(治國)에 관한 책략을 대책이라고 한다.
옛날에 종이가 없었을 때는 글씨를 비단이나 대나무쪽에 썼다. 그러나 비단은 너무 비쌌기 때문에 서민들은 주로 대나무를 쪼개어 썼다. 책(册)이라는 글자도 글씨를 쓴 대나무쪽을 모아 대나무 위쪽에 구멍을 뚫고 끈으로 묶은 것을 형상화한 글자이다. 이처럼 대나무를 가느다랗게 쪼개어 사용한 것을 책(策)이라고 했다. 중국 한나라 때의 시험 방식이 아주 특이했는데, 수험생들이 같은 문제를 놓고 푸는 것이 아니라 각자의 앞에 문제가 적힌 책(策)을 놓고 답을 써야만 했다. 그들은 책을 마주 대하고 정답을 궁리해낼 수밖에 없었던 것이다. 이렇게 보는 시험을 대책(對策)이라고 했다. |
| 바뀐 뜻 | 상대편의 공격이나 어떤 상황에 대응하여 내세우는 계획이나 수단, 방책이다. |
| 보 기 글 | • 북핵 문제를 푸는 대책을 마련하느라 정부가 고민하고 있다. |

※ 대통령(大統領)

본 뜻 대(大)_ 크다.
통(統)_ 큰 줄기, 본 가닥의 실, 다스리다.
령(領)_ 옷깃, 우두머리.

자구 해석 왕위를 계승하거나 정통성을 이어받은 지도자.
대통(大統)은 왕위를 계승하는 계통이다. 왕위를 잇는 것이 마치 베를 짤 때 본 가닥의 큰 실 같다는 데서 나온 말이다. 대통을 기준으로 보면, 대통령이란 대통을 잡은 우두머리란 뜻으로 매우 봉건적인 말이 된다. 또 통령(統領)을 기준으로 보면, 일체를 통할하여 거느리는 사람이란 뜻이니, 여기에 대(大)자가 붙어 중요도를 더한 정도이다. 그런데 실제로 대통령이라는 단어는 중국에서는 쓰지 않는다. 즉 대통과 통령이란 말은 있어도 대통령이란 말은 없다. 대신 총통(總統)이라고 쓴다.
대통령이란 표현은 미국식 대통령제의 'president'를 번역한 것으로 일본에서 만든 조어(造語)다. 1881년 신사유람단의 일원으로 일본에 다녀온 이헌영이 여행보고서로 작성한 《일사집략日槎集略》에 이런 기록이 나온다. "신문을 보니 미국 대통령, 즉 국왕이 총에 맞아 해를 입었다고 한다(新聞紙見 米國大統領 卽國王之稱 被銃見害云)." 1881년 7월 2일 미국의 20대 대통령 가필드(James A. Garfield)가 총격을 당한 사건을 일본 신문이 보도한 내용이다. 하지만 우리나라에서 실제로 사용되지는 않았다.
1883년에 체결된 한미조약에는 '대조선국군주 대미국백리새천덕 병기상민(大朝鮮國君主 大美國伯理璽天德 並其商民)'이라고 하여 'president'의 중국식 표기인 '伯理璽天德'을 사용했다. 1892년에 이르러서야 '대통령'이라는 단어가 공식적으로 쓰이기 시작했다. 대통령이란 단어를 최초로 등재한 사전은 문세영(文世榮)이 1938년에 발간한 《조선어사전》이다.

바뀐 뜻 영어 'president'를 번역한 본뜻에는 변함이 없다. 다만 법률적으로는 외국에 대하여 국가를 대표하며, 행정부의 실질적인 권한을 갖는 국가의 원수다.

보기글
- 대통령이란 말은 지나치게 권위적이므로 큰 대(大)자라도 빼서 통령(統領)이라고 부르는 게 어떨까.

※ 도검(刀劍)

본 뜻 도(刀)_ 작은 칼로 한쪽으로만 날이 선 것이다. 등이 굽은 칼이다.
검(劍)_ 큰 칼이며 양쪽으로 날이 선 것이다. 등이 곧다.

자구 해석 등이 굽은 칼과 등이 곧은 칼.
찌르고 베는 무기를 통칭하여 도검이라고 하지만 용도는 달리 쓴다. 불교 벽화에 나오는 신장(神將)처럼 유명한 장수를 그릴 때는 위엄을 높이기 위해 검(劍)을 그린다.

바뀐 뜻 도와 검을 혼동해서 쓰거나 같은 것으로 알고 있는 경우가 많아 여기에 실었다. 도검이라고 하면 특별한 구분 없이 모든 칼 종류를 총칭한다.

보기글
- 한산섬 달 밝은 밤에 이순신 장군이 차고 있던 것은 일직선으로 곧게 뻗은 장검이요, 관운장이 비껴 들고 있는 것은 칼등이 약간 휘어진 청룡언월도이다.

※ 도구(道具)

| 본 뜻 | 도(道)를 닦기 위해 사용하는 기구(具)다.
| 자구 해석 | 불교에서 쓰는 도구, 즉 불구(佛具)이다. 목탁, 법고(法鼓), 범종(梵鍾), 염주(念珠), 발우(鉢盂), 죽비(竹篦) 등이 있다.
| 바뀐 뜻 | 어떤 일을 할 때 쓰이는 여러 가지 연장. 또는 어떤 목적을 이루기 위해 이용하는 수단이나 방법.
| 보기글 | • 그러고 보니 도구 없이는 도를 닦을 수도 없구나.

※ 도락(道樂)

| 본 뜻 | 원래는 최고의 진리를 닦아 깨달음(道)을 얻은 뒤 생기는 기쁨(樂)이다. 법열(法悅)을 말하는 불교용어이다.
| 바뀐 뜻 | 오늘날에는 '식도락' 등의 단어에 쓰이면서 재미나 취미로 하는 일 등을 가리키게 되었다. 그냥 '도락에 빠졌다'로 쓸 경우에는 주색이나 도박 따위의 못된 일에 흥미를 느껴 푹 빠지는 일을 가리킨다.
| 보기글 | • 이 친구, 도락에 빠져서 헤어나질 못하니 큰일이군.

※ 도량(度量)→도량형(度量衡)

| 본 뜻 | 도(度)_ 눈금(길이)을 재는 단위.
량(量)_ 부피를 재는 단위.
| 자구 해석 | 길이와 부피를 재는 단위.
| 바뀐 뜻 | 도량(度量)은 길이가 길고 부피가 많다는 뜻에서 사람의 마음이 넓

다는 뜻으로 옮겨왔다. 다른 사람의 의견도 잘 수용한다는 의미다.

보기글
• 도량이 넓어야 큰 지도자가 될 수 있다.

※ 도량(道場)/도장(道場)

본 뜻
도량(道場)_ 마음을 수련하는 장소나 집. 원래는 '석가모니가 도(道)를 이룬 땅'을 가리키는 말이다.
도장(道場)_ 태권도나 검도 등 신체를 단련하거나 가르치거나 연습하는 장소나 집.

바뀐 뜻
도량이라고 하면 사찰을 가리키고, 도장은 체육관 등을 지칭하는 말로 나뉘어 쓰인다. 도량 중에서 불교 외의 수련 장소는 대개 수련원이라고 한다.

보기글
• 마음을 단련하는 곳은 도량이라고 구분하는구나.

※ 도량형(度量衡)→도량(度量)

본 뜻
도(度)_ 길이를 재는 단위.
량(量)_ 부피를 재는 단위.
형(衡)_ 무게를 재는 단위.

자구 해석
길이와 부피와 무게를 재는 단위.

알아두면 유익한 각종 도량형

1심(尋)	8자	1척(尺)	8촌(寸; 손가락 하나 굵기)
1상(常)	16자	1보(保)	10호(戶)
1궁(弓)	6척(尺) 또는 8척(尺)	1구(됴)	4읍(邑)

1고(鼓)	10말	1읍(邑)	4정(井)
1균(均)	30근(斤; 도끼 한 개의 무게)	1정(井)	900묘(畝), 약 9호(戶)
1려(旅)	군사 500명을 가리키는 주나라 군사제도의 단위	1묘(畝)	100보(步)
1기(紀)	12년(십이지지가 한 차례 돌아가는 동안)	1보(步)	6척 4방(方)
1사(舍)	30리(하루 행군 거리), 별자리 중 한 구역	1세(世)	30년 또는 세 개
1성(成)	300호쯤 되는 땅	1정(丁)	21~59세(唐), 16~56세(漢)
1승(乘)	말 네 마리가 끄는 수레 또는 화살 네 개	삼사(三赦)	죄를 용서받을 수 있는 세 가지 조건(즉 80세 이상의 노인, 정신이상 및 박약자, 지체부자유자) 유약(幼弱)_ 7세 이하 노모(老耄)_ 80세 이상 용우(偶愚)_ 어리석고 미련한 사람
1원(元)	한 임금의 첫 연호, 즉 원년(元年)	1습(襲)	벌. 갖추어진 옷을 세는 단위
1금(金)	6두(斗; 말) 4승(升; 되)	1종(終)	12년. 세성(歲星)인 목성(木星)이 하늘을 일주하는 햇수
1장(丈)	10척(尺; 주나라 제도)	1기(基)	탑, 비석, 무덤 등을 세는 단위

바뀐 뜻 실생활에서 많이 쓰이기도 하고, 고전을 읽을 때 꼭 알아두면 좋다.

보기글 • 도량형을 잡는 나라가 세계 패권도 잡는다.
• 우리나라는 미국식 도량형과 우리식 도량형, 국제 표준 도량형이 뒤섞인 채 사용되고 있다. 특히 거리를 나타낼 때 몇 리, 몇 킬로미터, 몇 마일 등으로 쓰는 경우가 많아 매우 혼란스럽다.

❄ **도로(徒勞)**

본 뜻 도(徒)_ 길을 걷다.

	로(勞)_ 힘을 쓰다.
자구 해석	열심히 걷고 힘을 쓰다.
바뀐 뜻	일이 어긋나 그동안 들인 공이나 노력이 수포로 돌아가다.
보 기 글	• 그 녀석. 공부 열심히 하겠다고 큰소리치더니 도로 꼴찌 했다는군.

❄ 도로(道路)

본 뜻	도(道)_ 수레가 두 대 다닐 수 있는 2차로 길. 로(路)_ 수레가 세 대 다닐 수 있는 3차로 길.
자구 해석	수레 두 대 또는 세 대가 다닐 수 있는 길. 즉 로(路)가 도(道)보다 넓은 길이다.
바뀐 뜻	도로는 요즈음 모든 종류의 길을 다 가리키는 말로 쓰인다. 다만 현대에는 도(道)는 큰길, 로(路)는 작은 길의 뜻으로 쓰인다. 고속도로의 경우 공식 명칭은 국도, 즉 도(道)다. 지방도에서 뻗어나간 길은 로(路)가 되어, 오늘날 도로명 주소의 기본이 되었다. 도로명주소법에는 대로, 로, 길 세 가지를 구분한다. 너비가 40미터 이상이며 왕복 8차로 이상이면 '대로'다. 너비가 12~40미터이면서 왕복 2~7차로이면 '로'다. 너비가 12미터 미만이고 왕복 2차로 미만이면 '길'이다.
보 기 글	• 요즘에는 국도, 지방도, 고속국도 등으로 도로를 구분한다.

❄ 도망(逃亡)

본 뜻	도(逃)_ 달아나다.

	망(亡)_ 사라지다.
자구 해석	달아나 사라지다. 자취를 감춰야 도망이란 뜻이 완성된다. 단지 달아난 것만으로는 도망이 되지 않는다.
바 뀐 뜻	피하거나 쫓기어 달아나다. '종적을 감춘다'는 망(亡)은 잘 표현이 되지 않는다.
보 기 글	• 도둑이 도망치다가 곧 잡혔다고 한다면, 여기서 망(亡)은 들어갈 필요가 없는 말이다.

❋ 도발(挑發)

본 뜻	도(挑)_ (손을 뻗어 싸움을) 돋우다, 덤비다. 발(發)_ 저지르다. 싸우지 않을 수 없는 상태로 만들다. 총이나 화살을 쏘다.
자구 해석	싸움을 돋우거나 덤비어 기어이 싸우다.
바 뀐 뜻	남을 집적거려 싸움이 일어나게 하다.
보 기 글	• 청나라 군대와 일본 군대는 서로 도발하여 청일전쟁을 치렀다.

❋ 도살(屠殺)/도륙(屠戮)

본 뜻	도(屠)_ 짐승을 잡아 삶다. 살(殺)_ 쇠창으로 찔러 죽이다. 륙(戮)_ 죄인을 목 베어 죽이다.
자구 해석	도살(屠殺)_ 무기를 써서 짐승을 잡아 죽이다.

| 바 뀐 뜻 | **도륙(屠戮)**_ 짐승을 죽여 삶고, 죄인을 목 베어 죽이다.
도살(屠殺)_ 짐승을 잡아 죽이다.
도륙(屠戮)_ 짐승이나 사람을 함부로 마구 죽이다.

| 보 기 글 | • 도살은 주로 짐승에, 도륙은 주로 전쟁 등에서 사람을 죽일 때 쓴다.

※ **도서(圖書)/서적(書籍)**

| 본 뜻 | **도(圖)**_ 그림.
서(書)_ 글이 적힌 책.
적(籍)_ 관공서 등에서 쓰는 문서나 장부.

| 바 뀐 뜻 | **도서(圖書)**_ 그림, 글씨, 책 따위를 통틀어 이르는 말이다. 그러나 그림이나 글씨가 없는 책도 도서로 부르는 경우가 많다.
서적(書籍)_ 원래는 공식 기록 문서나 장부를 말했는데, 현대에는 도서와 같은 뜻으로 쓰인다.

| 보 기 글 | • 도서박람회에는 그림책도 있어야 한다.

※ **도서(島嶼)**

| 본 뜻 | **도(島)**_ 큰 섬.
서(嶼)_ 작은 섬. 무인도다.

| 자구 해석 | 사람이 사는 큰 섬과 사람이 살지 않는 작은 섬.
조선시대까지 도서는 철저히 구분되었다. 《매천야록》에 "완도(莞島)는 소속 도(島)가 48개, 소속 서(嶼)는 52개이며, 돌산(突山)의 소속 도는 52개, 소속 서는 17개이고, 지도(智島)의 소속 도는 98개, 소속

서는 19개이다."라고 나온다. 이때의 서(嶼)는 너무 작아서 사람이 살 수 없는 무인도를 가리켰다.

바 뀐 뜻 모든 섬.

보 기 글 • 도서라고 하면 제주도도 포함된다.

❄ 도시(都市)

본 뜻 도(都)_ 임금이 정사를 펴는 지역으로 주로 도성(都城) 등으로 불린다. 즉 황제, 국왕, 관료, 장수 등이 거주하는 정치 중심지다.
시(市)_ 상품이 거래되는 시장과 거리. 도(都)가 아니면서 사람이 많이 모여 사는 경제 중심지다. 도가 정치의 중심이라면 시는 경제의 중심이고, 도가 왕이 사는 곳이라면 시는 백성이 사는 곳이다.

자구 해석 왕이 사는 도성(都城)과 백성이 사는 시정(市井).

바 뀐 뜻 오늘날에는 단순히 사람이 밀집하여 사는 곳을 가리킨다. 왕이나 대통령이 없어도 도시라고 부를 수 있다.

보 기 글 • 순수한 의미의 도시는 서울밖에 없는 셈이다.

❄ 도야(陶冶)

본 뜻 도(陶)_ 질그릇을 굽다. 가마에서 굽는 온도는 1300도 미만이다. 영어로 'earthenware' 또는 'pottery'라고 한다.
야(冶)_ 쇠붙이를 녹이거나 진흙을 구워 그릇으로 만들다.

자구 해석 질그릇을 굽고 쇠붙이를 녹이거나 진흙을 구워 그릇을 만들다.

바 뀐 뜻 철광석이나 진흙은 보잘것없지만 녹이거나 구우면 질 좋은 그릇을 만들 수 있다. 훌륭한 사람이 되도록 몸과 마음을 닦아 기르다.

보기글
- 쇠붙이에서 불순물을 빼려고 쇠를 달궈 두드리고, 진흙에서 불순물을 빼려고 불로 오랜 시간 굽듯이 사람도 인격을 도야해야 한다.

※ 도약(跳躍)

본 뜻
도(跳)_ 달리다.
약(躍)_ 뛰어넘다.

자구 해석
달려서 뛰어넘다.
몸을 위로 솟구쳐 뛰는 일. 또는 더 높은 단계로 발전하는 것을 비유적으로 이르는 말이다.

※ 도입(導入)

본 뜻
도(導)_ 앞서간 이가 있는 좋은 길을 가도록 사람들을 잡아 이끌다.
입(入)_ (머리를 숙여 안으로) 들여오다.

자구 해석
(기술, 방법, 물자 따위를) 끌어들이다.

※ 도자(陶磁)

본 뜻
원래는 도기(陶器)밖에 없었는데 나중에 가마 온도를 높여 때는 기술이 나오면서 자기(磁器)가 나왔다. 도기와 자기는 가마 온도로 구분한다.

	도(陶)_ 가마에서 굽는 온도는 1300도 미만이다. 영어로 'earthenware' 또는 'pottery'라고 한다. 질그릇이다. **자(磁)_** 가마의 온도가 도(陶)보다 더 높은 1300~1500도를 유지하면서 굽는다. 영어로 'porcelain'이라고 한다. 청자, 백자, 분청사기 등이 여기에 속한다.
자구 해석	(섭씨 800도 미만으로 굽는) 질그릇과 (섭씨 1300도 이상으로 굽는) 자기(磁器). 농경시대에 출현한 토기(土器)는 섭씨 800도 미만에서 굽는다. 약 9000년 전부터 인류가 그릇을 만들던 방식으로 현대에는 기와, 화분, 토관 따위를 만든다. 일본에서 만든 용어로, 우리나라에서는 도(陶)에 포함되기는 하지만 별도로 토기 또는 옹기나 질그릇이라고 부른다. '질'은 진흙이란 뜻이다.
바 뀐 뜻	도자의 자는 질을 빚어 만드는 청자, 백자, 분청사기 등이다. 800도 이하로 굽는 도는 질그릇이라고 하며 도자라고는 이르지 않는다.
보 기 글	• 우리나라 최초의 도자기인 고려백자는 용인 서리에서 9세기부터 굽기 시작했다.

※ 도저히(到底-)

본 뜻	**도(到)_** (칼끝이) 이르다. **저(底)_** 집 안에서 매우 낮은 곳, 즉 바닥이다. (사람과 사람 사이에서) 매우 낮다.
자구 해석	칼끝이 목에 이르거나 사람 중 가장 낮은 지위에 있다. 밑바닥에 이르러 아무것도 할 수 없다.
바 뀐 뜻	마침내, 결국, 아무리 하여도. 가장 밑바닥에 이른 상태를 비유하

는 말이다. '도저하다'로 쓰이면 학식이나 생각, 기술 따위가 바닥까지 파고들어 아주 깊다는 뜻이다. 뜻이 완전히 달라지므로 주의해서 써야 하는 어휘다.

| 보 기 글 | • 박근혜는 헌법재판소 탄핵이 인용되자 도저히 어쩔 수 없는 지경에 이르렀다. |

❄ 도적(盜賊)

본 뜻	도(盜)_ 제 것 아닌 것을 취하는 것을 도라고 한다. 적(賊)_ 남을 못살게 굴고 그 생명을 빼앗는 것을 적이라고 한다.
자구 해석	남의 것을 갖거나, 남에게 행패를 부리며 목숨을 빼앗다.
바 뀐 뜻	오늘날은 도와 적을 구분하는 일은 거의 없다. 도(盜)는 절도, 적(賊)은 강도·폭도라고 쓰는 경우가 많다.
보 기 글	• 단순절도범이 도라면, 조폭은 적군이나 반란군이 아닐까.

❄ 도전(挑戰)

본 뜻	도(挑)_ (싸움을) 돋우다, 덤비다. 전(戰)_ 싸우다.
자구 해석	싸우자고 덤비어 기어이 싸우다.
바 뀐 뜻	맞서 싸움을 걸다.
보 기 글	• 역사적으로 전술과 전략도 없이 도전하였다가 패배한 사례가 많다.

※ **도착**(到着)

| 본 뜻 | 도(到)_ 이르다.
착(着)_ 착 붙다, (몸에 딱 붙여) 입다. |
| 자구 해석 | 목적지에 정확하게 닿다. |

※ **도탄**(塗炭)

| 본 뜻 | 도(塗)_ 진흙, 진흙탕 물, 진흙 구덩이.
탄(炭)_ 숯, 불붙은 숯불. |
| 자구 해석 | 진흙탕이나 숯불 구덩이에 빠지다.
은나라 탕왕이 하나라 걸왕을 토벌하면서 '도탄지고(塗炭之苦)'라고 한 데서 유래한 말이다. |
| 바뀐 뜻 | 백성들이 폭정으로 신음하는 상황을 가리키는 말로 즐겨 쓰였다. 하지만 도탄이란 말에서 진흙탕에 빠지는 건 상상하지만 뜨거운 숯불 구덩이에 빠지는 건 잘 떠올리지 못하는 경우가 많다. |
| 보기글 | • 북녘 동포들은 반세기가 지나도록 도탄에서 헤어나오질 못하고 있다. |

※ **도태**(淘汰)

| 본 뜻 | 도(淘)_ 질그릇에 물과 곡식을 넣어 못 쓸 것을 일어내다. 예) 쌀을 일다.
(汰)_ 큰 물이 나서 지저분한 것을 싹 쓸어가다. |
| 자구 해석 | 쓸 것과 못 쓸 것을 가리고, 큰 물이 지저분한 것을 쓸어버리듯 없애다. |

❈ 독특(獨特)

본 뜻   독(獨)_ (고양잇과 야생동물처럼 더불어 살지 못하고) 홀로 지내다.
특(特)_ 소 중에서도 제사 때 희생(犧牲)으로 쓸 세 살이나 네 살짜리 수소다.

자구 해석   하늘에 제사 지낼 때 희생으로 바치는 젊은 황소 한 마리.
곧 죽을 소지만 불쌍하다는 뜻은 전혀 없고, 오로지 하늘에 바칠 수 있는 아주 좋은 소라는 의미가 더 강조된다.

바뀐 뜻   특별하게 다르다. 다른 것과 견줄 수 없을 정도로 뛰어나다.

보기글   • 소는 독특하면 일찍 죽는다.

❈ 동경(憧憬)

본 뜻   동(憧)_ (아이가 부모를 생각하듯) 그리워하다.
경(憬)_ (소중함을 깨닫고 나니 너무 멀리 있어) 그리워하다.

자구 해석   아이가 부모를 그리워하고, 멀리 있는 소중한 것을 그리워하다.

바뀐 뜻   어떤 것을 간절히 그리워하여 그것만 생각하거나, 마음이 스스로 들떠서 안정되지 않는 것을 나타낸다.

보기글   • 20세기 초 일본에서 교육받은 시인들이 동경이라는 시어를 많이 사용했다.

❈ 동기간(同氣間)

본 뜻   같은 아버지 어머니 사이에서 태어난 형제자매.

바뀐 뜻   형제자매 사이를 가리키는 말이다. 바뀐 뜻은 없다.

보기글   • 동기간에 싸움질만 한다.

❖ **동냥(動鈴)**

본 뜻	동냥은 원래 금강령(金剛鈴)을 가리키는 말이다. 금강령이란 불교의식에서 쓰는 도구로, 번뇌를 깨뜨리고 신심을 일으키기 위해서 흔드는 방울이다. 오늘날에도 불교의식에서 자주 사용된다.
바뀐 뜻	조선시대의 승려들이 탁발에 나설 때 동령, 즉 요령을 흔들고 다니면서부터 동령을 '구걸'과 같은 뜻으로 쓰게 되었다. 이 동령이 동냥으로 변음되면서 돈이나 물건을 구걸하러 다니는 일을 가리키게 되었다.
보기 글	• 이 전쟁통에 동냥이라도 해서 먹고살아야지. 이러다간 다 굶어죽겠다.

❖ **동량(棟梁/棟樑)**

본 뜻	동(棟)_ (지붕 위에 가로 걸치는) 용마루. 량(梁)_ (기둥을 가로 걸쳐 있는) 대들보.
자구 해석	용마루와 대들보. 량(梁)과 량(樑)은 같은 뜻, 같은 글자다.
바뀐 뜻	용마루와 들보가 있어야 집을 지을 수 있듯이 큰일을 해낼 인물이란 뜻으로도 쓰인다. 동량지재(棟梁之材/棟樑之材)라고 한다.
보기 글	• 어서 자라 이 나라의 동량이 되어라.

❖ **동요(動搖)**

| 본 뜻 | 동(動)_ (무거운 것이) 움직이다.
요(搖)_ (왔다 갔다) 흔들리다. |
| 자구 해석 | 움직이고 흔들리다. |

| 바 뀐 뜻 | 물체 따위가 흔들리고 움직이거나 생각이나 처지가 확고하지 못하고 흔들리는 것. 또는 어떤 체제나 상황 따위가 혼란스럽고 술렁거리는 것을 나타낸다. |
| 보 기 글 | • 적이 쳐들어온다는 소문에 민심이 동요했다. |

❄ 두뇌(頭腦)

본 뜻	두(頭)_ 인체 중 목 위의 부분. 머리칼, 눈, 코, 귀 등이 다 포함된다. 머리를 잘라 제사 받침대에 올린 형상이다. head. 뇌(腦)_ 머리 중 신경세포 조직을 가리킨다. brain.
자구 해석	머리와 뇌.
바 뀐 뜻	두뇌(頭腦)는 분리해서 바라봐야 하는데 합쳐서 쓰다 보니 과학적 혼란이 많이 일어난다. 두(頭)는 머리, 뇌(腦)는 뇌라고 따로 부르는 것이 좋다.
보 기 글	• 두뇌가 좋다는 것은 결국 뇌가 좋다는 말이다.

❄ 두절(杜絶)

본 뜻	두(杜)_ 막다, 닫다. 절(絶)_ 자르다, 끊다.
자구 해석	막고 자르다.
바 뀐 뜻	교통이나 통신 따위가 막히거나 끊어지다.
보 기 글	• 폭설이 내려 17번 국도가 두절되었다.

※ 등급(等級)

| 본 뜻 | 등(等)_ 풀이나 나무의 높고 낮음.
급(級)_ 실의 길고 짧은 차이.
| 자구 해석 | 등(等)과 급(級). 등(等)이 더 앞의 개념이고, 급(級)은 등(等)을 다시 나눈 개념이다.
| 바뀐 뜻 | 높고 낮음이나 좋고 나쁨 따위의 차이를 여러 층으로 구분한 단계.
| 보기 글 | • 수능에서 좋은 등급을 받아야 수시 입학을 할 수 있다.

※ 등록(登錄)

| 본 뜻 | 등(登)_ (두 발로 걸어서) 올라가다.
록(錄)_ 없어지지 않도록 종이나 대나무 돌 등에 글을 새겨 남기다.
| 자구 해석 | 직접 찾아가서 기록하다.
| 바뀐 뜻 | 일정한 자격 조건을 갖추기 위하여 단체나 학교 따위에 문서를 올리다.
| 보기 글 | • 무엇이든지 등록을 하려면 정해진 자격을 갖춰야만 한다.

※ 등신(等神)→팔등신(八等身)

| 본 뜻 | 나무나 돌, 쇠, 흙 등으로 사람의 크기와 비슷하게 만들어놓은 신상(神像). 주로 무당들이 저주를 하거나 기원을 할 때 그 사람을 대신하여 만든 물건이다. 실종자를 찾을 때도 등신을 만들어 신에게 빈다.

| 본 뜻 | 등신은 비록 특정한 사람을 상징하기는 하나 실제로는 지푸라기나 흙에 불과하기 때문에 아무 일도 할 수 없는 것처럼, 어리석거나 바보 같은 사람을 비하하는 욕으로 바뀌었다. |

| 보 기 글 |
- 이 등신아, 할 줄 아는 게 그것밖에 없어?
- 팔등신(八等身)은 칭찬이 되고, 등신(等神)이라고 하면 욕이 된다.

❉ 등용문(登龍門)

| 본 뜻 | 용문(龍門)은 중국 황하 상류에 있는 급류(急流)이다.

| 바뀐 뜻 | 중국 전설에 따르면, 잉어가 용문이라는 급류에 많이 모이는데, 이 급류를 거슬러 오르는 잉어는 거의 없다고 한다. 그래서 만약 이 급류를 거슬러 오르기만 하면 용(龍)이 된다는 전설이 생겨났다. 이로부터 입신출세나 벼슬길에 오르는 관문 등을 통과한 것을 상징하는 말이 되었다. 오늘날에는 대학 입학시험을 통과한 것 등을 말하기도 한다. '인재를 뽑아 쓴다'는 뜻으로 쓰이는 등용(登用, 登庸)과는 다른 말이다.

| 보 기 글 |
- 한때 텔레비전 프로그램 '전국노래자랑'은 가수들의 등용문이었다.

❋ 마약(麻藥)

본 뜻   대마의 이삭이나 잎을 말려 담배처럼 피우는 대마초이다. 마리화나라고도 한다.

바뀐 뜻   대마초뿐만 아니라 아편, 필로폰 등 모든 향정신성의약품을 가리킨다.

보기글   • 마약은 정신까지 죽이는 독극물이다.

❋ 마찰(摩擦)

본 뜻   마(摩)_ 손으로 문지르다.
  찰(擦)_ 손으로 비비다.

자구 해석   문지르고 비비다.

바뀐 뜻   이해나 의견이 서로 다른 사람이나 집단이 충돌하다.

보기글   • 귀를 마찰하면 얼굴색이 좋아진다.

❋ 말세(末世)→종말(終末)

본 뜻   붓다의 정법이 쇠퇴해진 시기를 가리키는 말이다.

불법(佛法)이 펴지는 시기를 세 시기로 구분하는데, 붓다의 가르침과 수행과 깨달음이 골고루 이루어지는 시기를 정법시(正法時), 가르침과 수행은 있으나 깨달음이 없는 시기를 상법시(像法時), 수행도 깨달음도 없고 교만만 있는 말법시(末法時)가 그것이다. 말법시의 세상, 즉 말세가 되면 불법이 땅에 떨어지면서 악독하고 어지러운 세상이 된다고 한다.

바 뀐 뜻 정치나 도덕이나 풍속 따위가 매우 쇠퇴한 시기다. 완전히 끝나는 시기를 말하는 종말(終末)과는 다르다.

보 기 글 • 지금으로부터 2000년 전인 춘추시대에도 말세라는 말이 있었다.

❉ 망라(網羅)

본 뜻 망(網)_ 물고기를 잡는 그물.
라(羅)_ 새를 잡는 그물.

자구 해석 물고기를 잡는 그물과 새를 잡는 그물.

바 뀐 뜻 그물로 덮어버리듯 널리 받아들여 모두 포함한다는 뜻으로 쓰인다.

보 기 글 • 노벨문학상 수상작을 망라한 전집이 출간되었다.

❉ 망명(亡命)

본 뜻 옛날에 사람이 외국으로 도망치면 명적(名籍; 호적)에서 그 사람의 이름을 삭제했는데 이것을 망명(亡命)이라고 한다.

자구 해석 호적에서 지우다.

| 바뀐 뜻 | 독재국가에서 독재자의 보복과 탄압에 생명의 위협을 느껴 개인 또는 가족과 함께 다른 나라로 피신하는 행위를 가리키는 말로 바뀌었다. |
| 보기글 | • 북한을 탈출한 동포들이 망명하고 싶어하는 나라는 남한이 아니라 미국이라고 한다. |

※ 매매(賣買)

본 뜻	매(賣)_ 팔다. 매(買)_ 사다.
바뀐 뜻	물건 따위를 사고팔다. 바뀐 뜻은 없다.
보기글	• 시장에서 매매가 이루어진다.

※ 매춘(賣春)

| 본 뜻 | 춘(春)은 원래 중국 당나라에서 쓰이던 말로 좋은 술을 뜻했다. 봄을 가리키는 춘(春)이 술을 뜻하게 된 것은, 대개 술이 정월에 빚어 봄이 가기 전에 완성되기 때문이라고 한다. 흔히 춘주(春酒)는 세 번 빚기로 이뤄지며, 이를 삼양주(三釀酒)라고 한다. |
| 자구 해석 | 좋은 술을 사다. 여기에서 '여자가 남자를 그리워하는 정'을 춘(春)이라 일컫게 되었다.
춘(春)이란 글자에는 이 밖에도 여러 가지 뜻이 있다.
춘관(春官)_ 주나라 때 예법과 제사를 드리던 벼슬.
춘궁(春宮), 춘저(春邸)_ 황태자나 왕세자를 가리키는 말.
춘규(春閨)_ 부인의 침실. |

161

춘방(春坊)_ 조선시대의 세자 시강원(侍講院).

춘부장(春府丈)_ 남의 아버지를 높여 부르는 말.

춘원(春院)_ 감옥.

춘조(春曹)_ 예조(禮曹).

바뀐 뜻 당나라 때 춘(春)은 매우 비싸기 때문에 이를 구매하면 성(性)까지 제공한 데서 오늘날의 매춘이란 의미로 바뀌었다. 오늘날 매춘은 술과 상관없이 돈을 받고 남에게 성을 파는 일을 가리킨다. 다만 춘(春)을 술이란 의미로 쓰는 전통은 아직 남아 있다. 서울의 약산춘(藥山春), 충청도의 노산춘(魯山春)·한산춘(韓山春), 전라도의 호산춘(壺山春), 그리고 연래춘(蓮來春)과 집성춘(集聖春) 등이 그것으로 그 지방의 이름을 붙인 고급술이다.

보기글 • 매춘은 법으로 금지돼 있다.

❄ 면류관(冕旒冠)/익선관(翼善冠)

본 뜻 면류관(冕旒冠)_ 왕이 의식을 치를 때 쓰는 관이다. 중국 송나라의 사마광이 펴낸 《자치통감資治通鑑》에 따르면, 옆으로 드리운 면(冕)은 귀를 막고 앞에 드리운 유(旒)는 눈을 가리는 것으로서, 왕은 이목(耳目)을 가까운 데 쓰지 않고 들리지 않는 먼 소리에 귀를 기울이고, 보이지 않는 먼 곳을 본다는 것을 상징한다.

익선관(翼善冠)_ 왕이 평상시에 쓰는 관이다. 매미 두 마리의 날개가 달린 관으로, 매미가 이슬만 먹고 살듯이 욕심을 억제하고 하늘의 뜻을 받든다는 것을 상징한다.

바뀐 뜻 바뀐 뜻은 없다.

보기글 • 면류관과 익선관에 깊은 뜻이 있었구나.

❋ **면목**(面目)

본 뜻	**면**(面)_ 얼굴. **목**(目)_ 눈.
자구 해석	얼굴과 눈. 본래의 참모습을 가리키는 불교용어. 본래면목(本來面目)은 사람마다 다른 게 아니다. 즉 면목이란 누구나 지니고 있는 불성(佛性)과 같은 말이다.
바 뀐 뜻	낯, 체면, 남에게 드러낼 얼굴 등이다.
보 기 글	• 자식을 돌보지 못해 면목이 없습니다. • 네 면목을 제대로 세워라.

❋ **면역**(免疫)

본 뜻	**면**(免)_ 벗다. **역**(疫)_ 장티푸스, 감염병.
자구 해석	감염병에 걸릴 위험에서 벗어나다.

❋ **면적**(面積)

본 뜻	**면**(面)_ 코를 중심으로 한 뺨이 있는 얼굴. 머리카락이 포함된다. 넓이다. **적**(積)_ 거둔 벼를 쌓다.
자구 해석	평면과 높이가 있는 3차원 공간.
바 뀐 뜻	면(面)이 2차원의 공간을 차지하는 넓이의 크기. '넓이'로 순화. 면적

에 담긴 높이가 사라지고 넓이만 남았다.

보기글 • 이 아파트는 공유 면적이 너무 좁다.

※ 면접(面接)

본 뜻　면(面)_ 코를 중심으로 한 뺨이 있는 얼굴. 머리카락이 포함된다.
접(接)_ 손을 잡아 가까이 이끌다.

자구 해석　코가 닿을 만큼 서로 가까이하다.

바뀐 뜻　서로 얼굴을 마주 보며 만나다. 직접 만나서 인품이나 언행 따위를 평가하는 시험을 가리킨다.

보기글 • 면접 없이 건강진단서를 떼어주는 의사는 없다.

※ 면제(免除)

본 뜻　면(免)_ 벗다.
제(除)_ 없애버리다, 쓸어서 깨끗이 하다.

자구 해석　(혐의나 책임이나 의무를) 벗고 없애다.

바뀐 뜻　책임이나 의무 따위를 면해주거나 채권자가 일방적인 의사 표시로써 대가 없이 채무자의 채무를 면해주는 일이다.

보기글 • 카드사들은 불량채무자들의 빚을 면제해주었다.

※ 명당(明堂)

본 뜻　고대 중국에서 왕이 정령을 펴던 집이다. 이곳에서 상제(上帝)를 제사하고, 제후들의 조회를 받으며, 국가의 큰 의식을 치렀다. 하나라에서는 세실(世室)이라고 했고, 은나라에서는 중옥(重屋), 주나라에서 명당이라고 했다.

자구 해석 햇빛이 밝게 비치는 집.

바 뀐 뜻 세월이 흐르면서 청룡 백호로 둘러싸인 좋은 땅을 가리키는 풍수 용어로 전이되어 쓰이고 있다. 명당이라는 풍수 용어에 이러한 봉건 유습이 그대로 남아 있는 것이다.

보 기 글
- 왕이 머무는 곳이 명당이니, 명당이란 헛간이 될 수도 있다.

※ **명랑(明朗)**

본 뜻 명(明)_ 밝다.
랑(朗)_ 유쾌하고 환하다.

자구 해석 밝고 환하다.

바 뀐 뜻 흐린 데 없이 밝고 환하거나 유쾌하고 활발한 것을 나타낸다.

보 기 글
- 명랑한 사회.
- 우리 딸은 언제나 명랑하다.

※ **명령(命令)**

본 뜻 명(命)_ 명은 하늘로부터 타고난 천명(天命), 운명(運命)이다. 천자(天子)만이 받을 수 있다. 영(令)을 입(口)으로 내린다는 뜻에서 두 자를 합쳐 '명(命)하다'는 뜻이 되었다.
령(令)_ 왕이나 국가에서 내려오는 법령이다.

자구 해석	높은 사람이 낮은 사람에게 말로써 일을 시키다.
바 뀐 뜻	황제나 왕이 지배하는 봉건시대가 끝나면서 명령은 '윗사람이나 상위 조직이 아랫사람이나 하위 조직에 무엇을 하게 하다'로 바뀌었다. 군대에서 상급자가 하급자에게 군사적 행위를 하게 함. 또는 컴퓨터에 시동, 정지, 계속 따위의 동작을 지정함. 명령은 말로써 하는 거지만 요즘에는 증거를 남기기 위해 문서로 하는 걸 좋아한다.
보 기 글	• 나 주원장은 하늘의 명을 받아 그대들에게 몽골 오랑캐를 몰아내라는 영을 내리노라.

※ 명분(名分)→분수(分數)

본 뜻	명(名)_ 야간에 자신이 누구인지 밝히기 위한 것으로, 곧 이름이다. 처음에는 마치 군대의 수하(誰何)처럼 사용되었다.
	분(分)_ 직책이나 직분.
자구 해석	이름과 직분. 예) 우의정 채제공, 한성부윤 권남.
	또한 신분상에서 부자(父子)와 군신(君臣), 존비(尊卑), 귀천(貴賤)을 가리킨다. 즉 명분이란 각각의 명의(名義)나 신분에 따라 마땅히 지켜야 할 도리다. 군신 간에, 부자 간에, 부부 간에, 귀천 간에 서로 지켜야 할 도덕상의 일을 이른다.
	여기에서 명분이 있다, 없다는 말이 나왔다. 명분이 없다면 이름과 직책이 없으므로 간첩이거나 적으로 간주된다. 그러므로 명분이 없는 사람은 관(關)으로 들일 수도 없고, 영(營) 출입도 거절된다.
	분수(分數)란 바로 군신을 군과 신으로 나누고, 부자를 부와 자로 나누어 서로 지켜야 할 도리를 구체적으로 가리킨다.
바 뀐 뜻	일을 꾀하는 데에 있어 내세우는 구실이나 이유 따위를 가리킨다.

| 보 기 글 | • 외교에서는 명분이 가장 중요하다. |

❋ 명상(瞑想)

| 본 뜻 | 명(瞑)_ 눈을 감다. 명(冥)과 같다.
상(想)_ 생각하다. |
| 자구 해석 | 눈을 지긋이 감고 생각하다. |

❋ 명색(名色)

본 뜻	산스크리트어 나마루파(namarupa)에서 온 말로, 불가(佛家)의 12인연(因緣) 중 하나를 가리키는 말이다. 명(名)_ 형체는 없고 단지 이름만 있는 것이다. 색(色)_ 형체는 있으나 아직 육근(六根)이 갖추어지지 않아서 단지 몸만 있는 것이다. 그러므로 명색은 아직 완성되지 않은 상태를 말하는 것이다.
바뀐 뜻	겉으로 내세우는 이름을 가리키는 말이다. 대개는 실제와 이름의 내용이 합치하지 않을 때 쓴다.
보 기 글	• 명색이 선생이라면서 아이들을 때리고만 있는가? • 명색이 대통령인데 임기 내내 언론사를 상대로 소송만 하고 있다.

❋ 명예(名譽)

| 본 뜻 | 명(名)_ 태어나서 부모가 지어주는 이름이다. 비난할 때 주로 쓴다. |

조선시대에는, 보통 때에는 명을 부르지 않는 것이 예의였다.

예(譽)_ 이름을 기리다. 칭찬하다.

자구 해석 (어떤 사람의) 이름을 기리다.

바뀐 뜻 세상에서 훌륭하다고 인정되는 이름이나 자랑. 또는 그런 존엄이나 품위. 어떤 사람의 공로나 권위를 높이 기리어 특별히 수여하는 칭호. 하지만 현대에는 정치적, 종교적으로 기리는 명예가 더 많다.

보기글
- 오늘날 명예는 실질이 아니라 예의 차원에서 기려주는 척한다는 의미로 진행 중이다.

❋ 명함(名銜)

본 뜻 **명(名)_** (얼굴이 보이지 않는 밤에 서로 누군지 확인하기 위해 부르는) 이름. 높은 사람이 낮은 사람의 이름은 부를 수 있으나 낮은 사람은 높은 사람의 이름을 부를 수 없다.

함(銜)_ 본디 행군 중에 입에 무는 재갈을 뜻하는 글자로, 감히 입을 열지 못한다는 의미를 담고 있다. 하도 높은 분의 이름이라서 입 밖으로 낼 수 없어 머금고만 있어야 할 존귀한 이름이라는 뜻이다. 그래서 직책(官職)을 적은 '직함(職銜)'이란 뜻으로 변했다.

곧 이름과 직책이다. 옛날에도 이름과 직책을 써넣은 쪽지를 주고받았다. 말로는 "명함이 어떻게 되십니까?"로 물을 수 있다.

바뀐 뜻 현대에는 이름, 주소, 전화번호, 이메일 계정 등 많은 정보를 적은 쪽지를 가리킨다.

보기글
- 정치인들은 명함 쪽지에 자신의 하찮은 이력까지 가득 적는다.

※ **모범(模範)/모형(模型)/형용(型鎔)/모양(模樣)**

본 뜻
모(模)_ 무엇을 똑같이 찍어내는 나무틀.
범(範)_ 무엇을 똑같이 찍어내는 대나무틀.
형(型)_ 무엇을 똑같이 찍어내는 흙틀.
용(鎔)_ 무엇을 똑같이 찍어내는 쇠틀.
양(樣)_ 무엇을 똑같이 찍어내는 무늬틀.
이러한 각종 틀에다 재료를 넣고 찍어내면 판에 박은 듯한 물건이 나온다. 형용(型鎔)에서 재질을 가리키는 土와 金을 빼면 사물의 생긴 모양을 뜻하는 형용(形容)이 된다. 모양(模樣)은 다식판처럼 무늬가 있는 틀에서 찍어낸 것을 가리킨다.

바뀐 뜻
어떤 물건을 만들 때 그 틀이나 본보기가 되는 것. 그중에서도 나무로 만든 틀을 주로 모범이라고 했다. 요즘에는 본받을 수 있는 본보기가 되는 언행을 일컫는다.

보기글
- 네가 나이가 많으니 모범을 보여라.

※ **모순(矛盾)→간성(干城)/순(盾)**

본 뜻
모(矛)_ 창.
순(盾)_ 방패. 얼굴과 가슴 정도만 가리는 작은 방패다.

자구 해석
창과 방패.

옛날 초나라에 창(矛)과 방패(盾)를 파는 장사꾼이 있었다. 그는 "내 창은 어떤 방패라도 다 뚫을 수 있다. 그리고 내 방패는 어떤 창이라도 다 막아낼 수 있다."고 했다. 그러자 구경꾼이 "그렇다면 그 창으로 그 방패를 뚫으면 어떻게 되나요?" 하고 물었다. 그 물음에 장사꾼은 할 말을 잃었다. 이때부터 말의 앞뒤가 안 맞는 것을 이 고사에 빗대어 말하기 시작했다.

바뀐 뜻	말이나 행동의 앞뒤가 서로 맞지 않는 상황을 가리키는 말이다.
보 기 글	• 우리 정치지도자들의 가장 큰 단점은 자신의 행동이나 언행에 모순이 많다는 것이다.

❈ 모집(募集)

본 뜻	모(募)_ (나에게 없는 것을 힘으로) 모으다. 집(集)_ 나무에 새들이 모여 있다.
자구 해석	불러 모으거나 저절로 모이다. 강제성과 자율성 두 가지가 다 포함되어 있다.
바뀐 뜻	사람이나 작품, 물품 따위를 일정한 조건 아래 널리 알려 뽑아 모으다.
보 기 글	• 모집에 따르는 것을 응모라고 말한다.

❈ 목록(目錄)

본 뜻	목(目)_ 큰 제목. 전체를 몇 가지로 나눈 장(章)이나 부(部) 정도를 가리킨다. 록(錄)_ 목(目) 아래에 그 목의 내용을 간략하게 설명해놓은 글이다. 전체 내용이 들어가면 안 된다. 다만 여러 가지 목(目)을 차례로 적은 것도 목록에 포함된다. 원래 록(錄)은 없어지지 않도록 종이나 대나무나 돌 등에 글을 새겨 남긴다는 뜻이다.
자구 해석	큰 제목과 작은 제목.

목록은 목차보다 간략하고, 목차는 목록보다 자세하며, 큰 제목이든 작은 제목이든 실제 제목을 적는다.

바뀐 뜻 어떤 물품의 이름이나 책 제목 따위를 일정한 순서로 적은 것.

보기글 • 목록을 잘 작성해놓으면 책을 찾기가 매우 쉽다.

※ 목적(目的)→목표(目標)

본 뜻 눈(目) 모양의 과녁(的)이다.
옛날 어떤 사람이 사위를 얻으려고 했다. 그는 공작의 깃털에 있는 눈 모양의 무늬 한가운데를 맞히는 사람을 사위로 삼겠다고 했다. 이에 그의 딸을 탐내는 궁사들이 그 과녁을 맞히려고 했지만 번번이 실패했는데, 한 젊은이가 이 목적(目的)의 한가운데를 꿰뚫어 사위 자리를 차지했다.

바뀐 뜻 이루고자 하는 목표나 방향이다.

보기글
• 목적을 세웠다면 꾸준히 실천하라.
• 목적 없이 사는 사람은 길을 잃기 쉽다.

※ 목차(目次)

본 뜻 목(目)_ 큰 제목. 전체를 몇 가지로 나눈 장(章)이나 부(部) 정도를 가리킨다.
차(次)_ 목(目) 아래의 차례.

자구 해석 (책을 서술할 때 주제를) 크게 나눈 가지와 작게 나눈 가지.
목(目)은 한눈에 다 보일 수 있는 정도여야 하지만, 차(次)는 차례로 적기만 하면 되므로 길이나 분량에 상관이 없다.

| 바 뀐 뜻 | 달라진 건 없는데 구분하는 경우가 거의 없다. |
| 보 기 글 | • 목차는 너무 길어서도 안 되고 너무 짧아서도 안 된다. |

❊ 목표(目標)→목적(目的)

본 뜻	목(目)_ 큰 제목. 전체를 몇 가지로 나눈 장(章)이나 부(部) 정도를 가리킨다. 표(標)_ 나무를 세워놓고 칼로 새겨 정한 높이.
자구 해석	눈으로 바라보는 높이.
바 뀐 뜻	도달해야 할 곳을 목적으로 삼음. 또는 목적으로 삼아 도달해야 할 곳.
보 기 글	• 선거의 목표는 오직 당선이다.

❊ 몰입(沒入)

본 뜻	몰(沒)_ (물에 빠져 손만 남기고 몸이) 가라앉다, 잠기다. 입(入)_ (물 등 어떤 대상에 온몸이 빠져) 들어가다.
자구 해석	물에 빠져 완전히 잠기다.
바 뀐 뜻	어떤 일이나 취미 등에 완전히 빠져버리다.
보 기 글	• 집중과 몰입은 창의력의 기본 조건이다.

❊ 묘사(描寫)/모사(模寫)

| 본 뜻 | 묘(描)_ (자연이나 모양을 보고 느낌대로) 그대로 그리다. |

자구 해석	사(寫)_ (그림이나 글 따위를) 그대로 똑같이 베끼다. 모(模)_ 본보기. 묘사(描寫)_ 풍경의 특징이나 느낌을 그리다. 모사(模寫)_ 똑같이 베끼다. 묘사와 모사는 틀리기 쉽다. 묘사는 풍경과 똑같이 그리는 것으로 꼭 닮지 않아도 된다. 하지만 모사는 꼭 닮게 똑같이 베끼는 것이다.
바뀐 뜻	묘사(描寫)_ 똑같이 그리다. 그리는 사람의 정서가 깃든다. 모사(模寫)_ 똑같이 베끼다. 그리는 사람의 정서가 무시된다.
보기글	• 탤런트나 배우들이 남의 목소리와 말투를 흉내내는 것은 묘사가 아니라 모사다. • 김 선생은 인물 묘사에 뛰어나다.

❋ 무격(巫覡)

본 뜻	무(巫)_ 무당. 여자다. 격(覡)_ 박수. 남자다. 《국어國語》의 초어(楚語)에 나온다.
자구 해석	무당과 박수.
바뀐 뜻	오늘날도 여전히 같은 의미로 쓰인다.
보기글	• 무당과 박수는 굿을 할 때 협력하는 동지들이다.

❋ 무색(無色)

본 뜻	당나라의 시인 백낙천이 현종과 양귀비의 사랑을 노래한 서사시

〈장한가長恨歌〉 중에 "얼굴을 돌려 한번 웃으면 백 가지 미태가 생긴다. 육궁(六宮)의 분 바른 여자들이 얼굴에 빛이 없다(無顏色)."라는 표현이 나온다. 양귀비의 아름다움에 눌려 다른 미인들이 빛바랜 존재가 되었다는 뜻이다.

바뀐 뜻 다른 일 때문에 가치나 효용이 떨어지다.

보기글 • 만루홈런이 무색하도록 크게 패했다.

※ **무성**(茂盛)

본 뜻 무(茂)_ (잎과 가지가) 우거지다.
성(盛)_ (산이나 정원 등에) 가득 차다.

자구 해석 (잎과 가지가) 우거지고 (산이나 정원에) 가득 차다.

바뀐 뜻 초목(草木)이 많이 나서 우거지다.

보기글 • 사람이 살지 않는 집은 잡초만 무성해진다.

※ **무역**(貿易)

본 뜻 무(貿)_ 돈을 주고 물건을 나누다.
역(易)_ 바꾸다.

자구 해석 돈을 주고 물건을 바꾸다.

바뀐 뜻 지방과 지방 사이에 또는 나라와 나라 사이에 서로 물품을 사고파는 일.

보기글 • 무역은 경제를 살찌우고, 교류는 지혜를 살찌운다.

※ 무용(舞踊)/무도(舞蹈)

| 본 뜻 | 무(舞)_ 팔을 젓는 춤. 예) 처용무, 승무.
용(踊)_ 발로 뛰는 춤.
도(蹈)_ 발로 디디다, 밟다.
| 바뀐 뜻 | 무용(舞踊)_ 팔과 다리를 모두 이용한 춤이다.
무도(舞蹈)_ 팔을 쓰는 것은 같은데 발을 가볍게 밟고 디디는 춤이다.
| 보기글 | • 우리 무용단은 해마다 세계 축제에 참가한다.

※ 문구(文句)

| 본 뜻 | 문(文)_ 몸에 문신을 새긴 사람. 뜻을 알 수 있는 글자이다.
구(句)_ 홀로 뜻을 만들 수 없는 글의 조각이다.
| 자구 해석 | 글자(文)와 글의 조각(句).

※ 문외한(門外漢)

| 본 뜻 | 문의 바깥, 성 바깥에 있는 사람이다.
| 자구 해석 | 문에 들어오지 못한 사람.
자격이 없어 들어올 수 없는 사람이다.
| 바뀐 뜻 | 어떤 일에 대한 지식이나 조예가 없는 사람, 어떤 일과 전혀 관계가 없거나 익숙하지 않은 사람이다.
| 보기글 | • 정치 문외한들이 집권하면서 국기(國基)가 흔들리기 시작했다.

※ **문자(文字)**

본 뜻   **문(文)**_ 육서(六書) 중 상형(象形)과 지사(指事)가 문(文)이다. 인(人)·시(矢)·조(爪)가 상형, 상(上)·하(下)가 지사로서 바로 문에 해당한다. 원래 무늬를 가리켰다. 나중에 문장이나 문학으로 발전했다.

자(字)_ 육서 중 회의(會意)와 전주(轉注)·가차(假借)·형성(形聲)은 자(字)에 속한다. 고(告)·품(品)이 회의, 악(樂)·악(惡)이 전주, 자(自)·장(長)이 가차, 전(戰)·성(成)이 형성으로 바로 자에 해당된다. 무늬를 뜻하던(부수) 한자 발생 초기의 문(文)이 합쳐진 글자이다.

바뀐 뜻   문자를 쪼개면, 자(字)는 한 자 한 자를 가리키고, 문(文)은 자가 여러 개 모여 구성한 문장을 나타낸다. 즉 有·朋·自·遠·方 등 낱자는 자이고, 이 자가 모인 有朋自遠方來不亦樂乎는 문이다.

다만 한자 같은 뜻글자는 소리글자와 다른 점이 많다. 소리글자인 ㄱㄴㄷㄹ 등은 한글문자이고, abcd는 알파벳문자다. 그런데 뜻글자인 한자는 비록 글자 한 개라도 스스로 뜻을 나타내기 때문에 전혀 뜻을 나타낼 수 없는 소리글자와는 다르다. 문자가 언어를 기록하기 위한 상징체계라지만, 한자인 천(天)은 문자에 속하지만 그 자체가 이미 하늘이라는 어휘가 되므로 한자(漢字)와 한문(漢文)의 경계는 매우 모호하다. 이런 점에서 한자 부수를 문자로 보려는 시각도 있다. 즉 宀·辶·攴 등을 문자로 봐야 한다는 것이다.

보기글
- 문자의 발명으로 인류는 비약적으로 발전했다.
- 우리 문자 한글이 널리 보급되면서 문맹률이 낮아졌다.

※ **문제(問題)**

본 뜻   **문(問)**_ 대문간에 서서 묻다, (단순히) 묻다.

	제(題)_ 머리 중에서도 이마. 책에서 가장 중요한 부분이니 제목이다.
자구 해석	가장 중요한 것을 묻다.
바 뀐 뜻	해답을 요구하는 물음. 논쟁, 논의, 연구 따위의 대상이 되는 것. 해결하기 어렵거나 난처한 대상 또는 그런 일.
보 기 글	• 한문 교육은 안 시키면서 한자어를 쓰게 하는 건 문제가 있다.

❄ 물건(物件)

본 뜻	물(物)_ 형체 있는 것이다. 건(件)_ 사물의 수효를 세는 단위이다.
자구 해석	각각의 사물이나 존재. 생명체는 제외한다.
바 뀐 뜻	일정한 형체를 갖춘 모든 물질적 대상. 어떠한 구실을 제법 해내는 존재를 비유적으로 이르는 말. 주로 특이한 존재를 이른다. 특별히 남자의 성기를 완곡하게 이르는 말이기도 하다. 법률적으로는 물품 따위의 동산과 토지나 건물 따위의 부동산을 통틀어 이르는 말이다.
보 기 글	• 이 물건은 다 몇 개인가?

❄ 물색(物色)

본 뜻	물(物)_ 힘 좋은 사람이나 동물. 색(色)_ 빛깔 좋은 사람이나 동물.
자구 해석	힘 좋고 빛깔 좋은 동물.
바 뀐 뜻	쓸 만한 대상을 어떤 기준을 가지고 찾거나 고르다.

보 기 글 • 네가 좋은 신부감 좀 물색해봐.

※ 물질(物質)

본 뜻 물(物)_ 형상을 가진 만물이다. 원래 물건의 빛깔을 가리킨다.
질(質)_ 바탕이 되는, 꾸미지 않은 원래 그대로의 성질이다. 즉 분자(分子) 또는 질료(質料)다.

바뀐 뜻 물체의 본바탕이다. 또는 뜻을 잘못 새겨서 오늘날에 재물 자체를 나타내기도 한다. 물질문명이라고 할 때는 화학과 물리로 이뤄진 힘이 이뤄낸 문명을 나타내야 한다. 물리에서 자연계의 구성 요소의 하나를 가리키기도 한다. 철학에서는 감각의 원천이 되는 것이다.

보 기 글 • 물질문명의 발달이 정신문명의 발달을 가져오지는 않는다.

※ 물체(物體)

본 뜻 물(物)_ 형상을 가진 만물이다. 원래 물건의 빛깔을 가리킨다.
체(體)_ 사지(四肢), 즉 뼈로 된 온몸이다.

자구 해석 구체적인 형태를 가지고 있는 것. 물건의 형체.

※ 미(米)/도(稻)/화(禾)

본 뜻 미(米)_ 껍질을 벗겨낸 곡물로 제사에 올리는 제물이다. 껍질을 벗겨내지 않은 곡물은 속(粟)이라고 했다. 여기서 보리쌀, 좁쌀 등의 말이 나왔다.

화(禾)_ 곧은 줄기에 이삭이 숙이고 있는 곡물이다. 요즘은 벼만 가리키지만, 원래는 곡물의 총칭이었다. 도정하지 않은 것이다.
도(稻)_ 중국의 남방에서 재배되던 쌀이다. 도정하지 않은 것이다.

바 뀐 뜻 세 가지 모두 쌀을 가리킨다.

보 기 글 • 쌀이 주식이 된 것은 현대의 일이고, 춘추시대만 해도 조가 주식이었다. 보리는 왕이나 제후가 먹는 고급 음식이었다.

※ 미망인(未亡人)

본 뜻 봉건시대 중국에서는 남편이 죽으면 아내는 남편을 따라 목숨을 끊었다. 이것이 청나라 초기까지 이어져온 순장(殉葬) 제도이다. 순장 제도가 없어지면서 죽어야 할 부인이 죽지 않고 살아 있다는 뜻으로 미망인이라는 말이 등장했다.

바 뀐 뜻 오늘날에는 남편을 여의고 혼자 된 여인들을 높여 부르거나 점잖게 부르는 호칭으로 사용되고 있다. 하지만 봉건시대의 잔재이므로 쓰지 않는 게 좋다.

보 기 글 • 미망인이라고 부르다니, 그럼 남편을 따라 죽기라도 하란 말인가?

※ 미소(微笑)

본 뜻 미(微)_ 만지려 해도 만져지지 않을 만큼 작다. (길 가는 힘없는 노인을 몽둥이로 마구 때리는 일은) 아주 드물다.
소(笑)_ 바람이 불 때 댓잎이 내는 소리. 또는 그만큼 작은 웃음.

자구 해석 있는 듯 없는 듯 소리 없이 웃는 작은 웃음.

※ **미인계**(美人計)

본 뜻 《손자병법》에 나오는 병법 36계 중 31계에 해당하는 책략이다. 아름다운 여자를 보내 적장을 섬기면 적장의 마음이 해이해지고, 군대의 규율이 흩어져 전력이 약해진다. 월나라 왕 구천이 서시(西施)라는 미인을 오나라 왕 부차에게 보낸 뒤 전쟁에서 승리한 데서 나온 말이다.

바뀐 뜻 미인을 미끼로 남을 꾀는 계교다. 오늘날에도 공무원에게 뇌물 대신 쓰는 책략이기도 하다.

보기글 • 지금이 어느 시대인데 북한이 미인계를 쓰는 걸까?

※ **민주**(民主)

본 뜻 민(民)_ 전쟁 포로. 옛날에 포로는 노예가 되었으므로, 곧 노예라는 뜻으로 발전했다.
주(主)_ 주인.
민주(民主)라는 말은 3000년 전부터 사용한 말로 '민의 주인', 즉 제왕을 뜻했다. 나중에는 땅을 많이 가진 지주(地主)를 가리켰다. 농사를 많이 짓자면 노비가 많이 필요했으므로, 여기에서 노비를 많이 가진 사람이라는 뜻이 된 것이다.

바뀐 뜻 주권이 국민에게 있는 것을 뜻한다. 즉 민(民)이 주(主)라는 말로 바뀌었다. 일본 한자어다.

보기글 • 말만 민주이지 요즈음의 위정자들은 옛날처럼 민(民)의 주인으로 행세한다.

※ 민중(民衆)

본 뜻 민(民)_ 노예.
중(衆)_ 백성. 주로 벼슬하지 못한 서민(庶民)이다.

자구 해석 벼슬하지 못하거나 벼슬할 수 없는 하층민. 여기에는 상민, 중인, 천민이 포함된다. 이후 민중은 벼슬하지 않은 모든 백성을 가리키는 어휘로 변했다.

바뀐 뜻 한 나라를 구성하고 있는 사람들을 크게 지배층과 피지배층으로 나눈다면, 민중이란 피지배층이다.

보 기 글 • 민중이 눈을 뜨면서 민주주의가 비약적으로 발전했다.

※ 민첩(敏捷)

본 뜻 민(敏)_ 회초리로 때려서 다스리다. (그러니 매를 맞은 사람처럼) 재빠르다.
첩(捷)_ 발이 아주 날래다.

자구 해석 재빠르고 날래다.

※ 밀월(蜜月)

본 뜻 신혼여행을 나타내는 허니문(honeymoon)의 번역말이다. 신혼여행 기간이 꿀처럼 달콤한 밤의 연속이라는 뜻이다.

바뀐 뜻 신혼 기간을 나타내기도 하지만, 어떤 사업이나 일을 놓고 동업이나 부분 협력할 때 서로 사이가 좋은 관계를 나타내는 말로도 쓰인다.

보 기 글 • 현대그룹과 김대중 정권의 밀월 관계는 정몽헌 회장의 자살로 끝났다.

ㅂ

❋ 박사(博士)

본 뜻   옛날 관직의 하나로서 교수의 임무를 맡아보던 벼슬이다. 백제 때는 시(詩)·서(書)·역(易)·예기(禮記)·춘추(春秋)의 오경(五經)박사를 두고, 고구려 때는 태학에, 신라 때는 국학에, 고려 때는 국자감에, 조선 때는 성균관·홍문관·규장각·승문원에 각각 박사를 두었다. 경박사(經博士), 역박사(曆博士) 등으로 쓰였다.

자구 해석   (베짜기 같은) 전문 기술이나 학식을 두루 완성하여 갖춘 사람. 박(博)은 '베짜기 기술에 뛰어나다'는 뜻이다.

바뀐 뜻   대학원을 졸업한 한 가지 분야의 전문가로서 박사학위 논문을 내어 통과한 사람이다.

보기글   • 요즘에는 박사학위를 돈으로 사는 사람까지 생겼다고 한다.

❋ 반찬(飯饌)

본 뜻   **반(飯)**_ 쌀 등 오곡으로 지은 밥.
찬(饌)_ 밥을 먹을 때 곁들여 먹는 음식. 원래 제사상에 올리려고 골라 뽑은 좋은 음식이다.

자구 해석   밥과 찬.

※ **반추(反芻)**

본 뜻	반추위(反芻胃)를 가진 소나 염소 등이 한번 삼킨 먹이를 게워내어 되새기다.
바뀐 뜻	어떤 일을 되풀이하여 음미하고 생각하는 것을 일컫는다.
보기글	• 무슨 일이든 틈만 나면 반추해보는 습관을 지녀야 한다.

※ **발달(發達)**

본 뜻	발(發)_ (손에 화살을 들고 활을) 쏘다, 저지르다, 싸우지 않을 수 없는 상태로 만들다, 총이나 화살을 쏘다, 싸움을 돋구거나 덤비어 기어이 싸우다. 달(達)_ (아기 양이 어미 배 속에서 쑥 나오듯이) 이르다, 해내다.
자구 해석	일을 벌여 잘 해내다. 시작의 의미가 강하고, 결국 그 목표를 잘 이뤄냈다는 뜻이다.
바뀐 뜻	신체, 정서, 지능 따위가 성장하거나 성숙하다. 학문, 기술, 문명, 사회 따위의 현상이 더 높은 수준에 이르다. 시작의 의미는 보이지 않는다.
보기글	• 태풍이 발달하다.

※ **발전(發展)**

| 본 뜻 | 발(發)_ (손에 화살을 들고 활을) 쏘다, 저지르다, 싸우지 않을 수 없는 상태로 만들다, 총이나 화살을 쏘다, 싸움을 돋구거나 덤비어 기어이 싸우다. |

	전(展)_ (옷이) 펼쳐지다.
자구 해석	일을 벌여 잘 해가는 중이다. 아직 완성은 되지 않았지만 더 나아지는 중이다.
바 뀐 뜻	더 낫고 좋은 상태나 더 높은 단계로 나아가다. 또는 단순히 일이 어떤 방향으로 나아가다.
보 기 글	• 중국은 개혁 개방 이후 크게 발전하고 있다.

❄ 발효(醱酵)

본 뜻	발(醱)_ 뽀글뽀글 거품이 생기면서 술로 변하는 것이다. 효(酵)_ 알코올, 즉 술이 되는 것이다.
자구 해석	술로 변하거나 술이 되다.
바 뀐 뜻	오늘날에는 알코올 효소에 의해 탄수화물 분자가 화학적으로 변해 술이나 식초가 되는 것을 가리킨다. 다만 설탕물에 담그는 과일은 효소라고 할 수 없다. 단백질이나 지방 등의 고분자 구조를 작게 분해하거나 분자 고리를 변화시키는 효소 작용도 발효라고 한다.
보 기 글	• 잘 발효되려면 곰팡이나 효소가 좋아야 한다.

❄ 방문(訪問)

본 뜻	방(訪)_ (어떤 사람이나 지방, 장소의 사정을 알아보려고) 찾아가다. 문(問)_ (남의 집 대문에 서서) 묻다.
자구 해석	찾아가 묻다.

※ **방송(放送)**

| 본 뜻 | 방(放)_ (묶여 있던 것을) 놓아주다, 풀어주다.
송(送)_ (멀리) 보내다. |

자구 해석 죄인을 풀어주다. 죄수를 감옥에서 풀어주거나 유배에서 풀어주는 것을 가리킨다.

우리나라에 방송국이 생기기 전인 1920년대까지 방송이란 말은 석방(釋放)과 같은 뜻이었다. 죄수를 감옥에서 풀어주거나 유배에서 풀어주는 것을 '방송을 명한다'는 영을 내려 시행했던 것이다.

바 뀐 뜻 제1차 세계대전 당시 일본 장교가 처음으로 사용한 말이었는데, 후에 이것이 영어 브로드캐스팅(broadcasting)을 번역한 말로 채택되어 쓰이기 시작했다. 이후 한국이 일제에 강점되면서 죄수 방면을 뜻하던 방송은 일본어 방송과 같은 뜻으로 쓰이기 시작했다. 즉 죄수를 풀어준다는 의미를 가졌던 이 말이 전파를 송출해서 내보내는 통신용어로 바뀐 것은 일제강점기인 1927년 경성방송국이 개국되면서부터이다.

보 기 글 • 방송은 종종 어용으로 흐르기 쉽다. 전두환 정권 때는 '땡전' 뉴스라고 할 만큼 방송은 어용의 극치를 이루었다.

※ **방위(方位)/방향(方向)**

본 뜻 방(方)_ 평면적인 상태에서 가리키는 동서남북 등 일정한 방향이다.
위(位)_ 수평적인 상태에서 가리키는 높낮이다.
향(向)_ 나아가는 곳이다.

자구 해석 방위(方位)_ 동서남북과 높낮이.

| 바 뀐 뜻 | 방향(方向)_ 동서남북 중 바라보거나 나아가는 곳.
오늘날 큰 구분 없이 함께 쓰이고 있으나 좌표를 볼 때는 방위, 움직일 때는 방향이라고 한다. |
|---|---|
| 보 기 글 | • 월드컵경기장 방향으로 오세요. 시청에서 볼 때 방위는 북쪽입니다. |

❄ 방위(防衛)

본 뜻	방(防)_ (상대의 공격을) 막다. 위(衛)_ (땅과 재산 등을) 지키다.
자구 해석	막고 지키다.
바 뀐 뜻	적의 공격이나 침략을 막아서 지키다.
보 기 글	• 옛날에 동사무소에 근무하는 방위에게도 이런 큰 뜻이 있었구나.

❄ 방자(放恣)

본 뜻	방(放)_ 죄인을 때려서(攵) 먼 데(方)로 내쫓다. 무례하고 건방지다. 자(恣)_ 입을 크게 벌려(次) 제멋대로(心) 떠들다.
자구 해석	무례하고 건방지고 함부로 말하다.

❄ 방지(防止)

본 뜻	방(防)_ 물을 막는 둑, (물을) 막다. 지(止)_ (발걸음을) 멈추다, 그치다.
자구 해석	오지 못하게 막거나 발걸음을 멈추게 하다.

※ **방책(方策)**

본 뜻	**방(方)_** 나무에 글을 새긴 목판(木版). **책(策)_** 대나무 조각에 글을 새긴 죽간(竹簡).
자구 해석	글을 새긴 목책과 죽간.
바 뀐 뜻	방법과 꾀.
보 기 글	• 김영삼 정권은 외환위기의 파고가 아시아를 덮치고 있는데도 전혀 방책을 세우지 못했다.

※ **방해(妨害)**

본 뜻	**방(妨)_** 거리끼다, 걸리적거리다. **해(害)_** 해치다.
바 뀐 뜻	남의 일에 훼방을 놓아 해를 끼치다.
보 기 글	• 제발이지 내 앞길을 방해하지 말아다오.

※ **배달(配達)**

본 뜻	**배(配)_** (함께 술 마시는 사람의) 짝. **달(達)_** (아기 양이 어미 배 속에서 쑥 나오듯이) 이르다, 해내다.
자구 해석	짝을 지어 함께 술을 전하거나 나누다.
바 뀐 뜻	물건을 가져다가 몫에 따라 각각 나누어 돌리다. 일본 한자어다.
보 기 글	• 현대 물류 중 배달은 가장 중요한 기술이 되었다.

※ **배반(背叛)**

| 본 뜻 | 배(背)_ 등지다.
반(叛)_ 거꾸로 서다, 반역하다. |
| --- | --- |
| 자구 해석 | (반역할 마음으로) 등지고 서다. |
| 바 뀐 뜻 | 믿음과 의리를 저버리고 돌아서다. |
| 보 기 글 | • 정치에서는 배반이 거의 일상이다. |

※ **배설(排泄)**

| 본 뜻 | 배(排)_ (아니라고 손으로) 밀어내다.
설(泄)_ 흐리다, 싸다. |
| --- | --- |
| 자구 해석 | 밀어내 싸다. |

※ **배우(俳優)**

| 본 뜻 | 배(俳)_ 광대. 옛날에는 광대를 천시하여 사람(人)이 아닌(非) 동물 취급을 해서 이런 글자가 나왔다. 주로 웃고 노는 희극(戱劇)을 하는 사람이다.
우(優)_ 주로 비극을 연기하는 사람. |
| --- | --- |
| 자구 해석 | 희극 광대와 비극 연기자. |
| 바 뀐 뜻 | 그리 머지않은 옛날인 무성영화 시대만 하더라도 희극배우와 비극배우의 구분이 있었는데, 배우의 만능적 기질이 강조되는 오늘날에는 희극배우와 비극배우의 구분 없이 영화나 연극 속의 인물로 분장하여 연기하는 사람을 두루 가리키는 말로 쓰인다. 즉 연기자를 |

총칭한다.

보기글
- 대표적인 희극배우로 찰리 채플린을 꼽지만, 그의 연기는 웃음 속에 눈물을 담고 있어 어떻게 보면 정통 비극보다 훨씬 더 비극적인 인상을 주는 것 같아요.

※ 배척(排斥)

본뜻
배(排)_ 아니라고 손으로 밀어내다.
척(斥)_ 도끼 같은 무기로 막아서거나 물리치다.

자구 해석 밀어내고 물리치다.

바뀐 뜻 따돌리거나 거부하여 밀어내치다. 매우 강한 거부로, 타협의 여지가 없다.

보기글
- 여당과 야당은 사사건건 서로 배척한다.

※ 배치(配置)

본뜻
배(配)_ (함께 술 마시는 사람의) 짝.
치(置)_ (물고기나 짐승을 잡기 위해 그물을 곧게 세워) 두다.

자구 해석 각각 나누어 세우다.

바뀐 뜻 사람이나 물자 따위를 일정한 자리에 알맞게 나누어 두다.

보기글
- 피서철을 맞아 해수욕장에 안전요원을 배치했다.

※ **백병전(白兵戰)**

본 뜻 백병(白兵)_ 개인 무기만 소지한 병사. 여기서 개인 무기란 혼자 쓸 수 있는 창과 칼 따위를 가리킨다. 그러므로 백병전은 고대 전쟁에서 개인 무기만으로 싸우는 육박전이다.

바뀐 뜻 개인 화기만으로 싸우는 전투. 하지만 군대에서는 소총을 쏠 수 없을 만큼 가까이 접근하여 총검이나 개머리판, 칼 등으로 싸우는 것을 가리키기도 한다. 즉 소총을 쓰더라도 면전에 대고 쏘는 정도로 가까워야 한다.

보기글 • 피아(彼我)가 뒤섞이면서 백병전이 일어난다.

※ **백성(百姓)**

본 뜻 옛날에는 덕이 높고 큰 공을 세운 사람에게 왕이 성씨를 하사했다. 그래서 성을 가진 사람들을 가리켜 백성이라고 불렀다. 엄밀히 말해 백성이라는 말에는 성이 없는 노비와 천민은 포함되지 않았다.

자구 해석 성(姓)을 가진 사람.

바뀐 뜻 조선시대에는 관직이 없는 보통 사람을 가리키는 말로 변했다. 즉 왕과 관리들은 백성으로 간주되지 않았다. 요즈음 쓰인 국민이라는 말에는 대통령까지 다 포함된다.

보기글 • 오늘날에는 백성 대신 국민이라는 말이 쓰이고 있다.

※ **백전백승(百戰百勝)**

본 뜻 백전(百戰)은 백 가지 종류의 전투이다. 여기에는 수전(水戰), 산전(山

戰), 성전(城戰) 등의 갖가지 전투 방식이 포함된다.

자구 해석 어디서 어떤 식으로 싸워도 다 이기다.

바 뀐 뜻 백전백승을 백 번 싸워서 백 번 이긴다는 뜻으로 잘못 아는 사람들이 많다. 틀리기 쉬우므로 주의해서 사용해야 한다.

보 기 글 • 무슨 스포츠를 겨루든 난 자네를 백전백승할 수 있어.

❊ 백정(白丁)

본　　뜻 어떤 지위나 계급이 없는 평민을 가리키는 말이다. 백(白)은 지위나 계급이 없다는 뜻이다.

자구 해석 지위도 계급도 의무도 없는 사람. 주로 고려시대에 여진족, 몽골족이 집단 이주하거나 귀화한 사람들이다.

조선 초기에 천민 계층의 불평을 없애기 위해 그들을 병정(兵丁)에 편입시키면서 관에서 붙이는 호칭으로 쓰였다. 청소부를 환경미화원, 식모를 파출부, 간호원을 간호사 등으로 고쳐 부르는 것과 같은 식이었다. 하지만 평민을 가리키던 이 말은 곧 천민을 상징하는 말로 격이 떨어졌다.

바 뀐 뜻 조선 후기에 이르면서 백정은 각종 천민 중에서도 도살자들만 가리키는 말로 한정해 쓰이기 시작했다.

보 기 글 • 백정들은 대부분 만주나 함경도에서 내려온 사람들이었다고 한다.

❊ 백중(伯仲)/숙계(叔季)

본　　뜻 백(伯)_ 장자(長子)의 자(字)에 붙이는 호칭.

중(仲)_ 둘째의 자에 붙이는 호칭.
숙(叔)_ 셋째의 자에 붙이는 호칭.
계(季)_ 넷째의 자에 붙이는 호칭.

옛날에는 남자가 20세가 되면 관례(冠禮)를 치렀다. 이때 이름 대신 누구나 부를 수 있는 자(字)라는 이름을 새로 짓는데, 형제의 차례를 구분하기 위하여 백중숙계(伯仲叔季)의 순서로 정했다. 공자의 자는 중니(仲尼)인데, 둘째라는 뜻이다. 백이(伯夷)는 첫째, 숙제(叔齊)는 셋째라는 의미다.

바뀐 뜻 첫째와 둘째는 나이 차이도 많지 않고 우열을 가리기 힘들다고 하여, 비슷한 실력으로 맞서는 것을 뜻하는 말로 바뀌었다. 흔히 비슷한 실력으로 맞서는 것을 백중지세 또는 백중세라고 표현한다.

보 기 글 • 여당은 이번 국회의원 선거에서 야당과 백중지세를 이루는 선거구가 50여 개에 이른다고 발표했다.

❊ 번역(飜譯)

본 뜻 번(飜)_ (이민족의 말을) 풀어내다.
역(譯)_ (이민족의 말을) 우리말로 전하거나 글로 적다.

자구 해석 이민족의 언어를 우리말로 옮기거나 글로 적다.

❊ 번잡(煩雜)

본 뜻 번(煩)_ (스트레스로 머리에 열이 날 만큼) 괴롭고 답답하고 귀찮다.
잡(雜)_ (서로 다른 여러 가지 옷이) 뒤섞여 있다. 여기서 옷이란 신분에 따른 복식을 가리킨다.

| 자구 해석 | 머리가 뜨겁고 답답하여 여러 생각이 많다.

※ **번잡(繁雜)**

| 본 뜻 | **번(繁)**_ (말의 갈기에 붙이는 장식이) 너무 많다. 바쁘다. 번성하다.
잡(雜)_ (서로 다른 여러 가지 옷이) 뒤섞여 있다. 여기서 옷이란 신분에 따른 복식을 가리킨다.
| 자구 해석 | 너무 많고 거추장스러워 어수선하다.
일반 사전에 번잡하다를 '번거롭게 뒤섞여 어수선하다'로 새기는데, 이 경우 한자가 번잡(煩雜)이 아니라 번잡(繁雜)이 맞다. 번(煩)은 스트레스로 머리가 뜨거워진 상황에 한해 써야 한다.

※ **번호(番號)**

| 본 뜻 | **번(番)**_ (발에 찍혀 있는 걸 보고 무슨 짐승인지 대번에 알 수 있는) 발자국, 차례.
호(號)_ 누군가를 입으로 부르짖다. 이름은 아니다. 높은 사람은 아랫사람의 이름을 부를 수 있으나 아랫사람은 높은 사람의 이름을 부를 수 없으므로 호(號)를 지어 대신 부른다.
| 자구 해석 | 차례를 나타내는 숫자와 부르기 위한 이름. 호는 부를 수 없는 이름인 명(名)을 대신하는, '불리는 이름'이다.
| 바뀐 뜻 | 어떤 뜻을 나타내기 위해 쓰이는 부호, 문자, 표지 따위.
| 보기 글 | • 문재인 후보는 기호 1번을 받았다.

❄ 범위(範圍)

| 본 뜻 | 범(範)_ 옛날에 대나무 조각에 적은 법, 본보기.
위(圍)_ (두루마리를 싼) 둘레. |
| 자구 해석 | 어떤 법이나 힘이 미치는 테두리. |

❄ 법률(法律)/법규(法規)/법칙(法則)/헌법(憲法)

| 본 뜻 | 법(法)_ 灋의 약자. 사람의 몸에 닿으면 죄가 있는지 없는지 금세 안다는 상상의 동물 해태이다. 법은 형벌의 의미가 강하다. 가장 포괄적인 개념이다.
율(律)_ 법, 등급, 가락.
규(規)_ 장부(丈夫)의 식견(識見)이다. 대체로 상식적인 규칙 따위를 가리킨다. 법보다는 구체적이다.
칙(則)_ 사람이라면 따라야 할 규칙 따위다. 규보다 더 구체적이다.
헌(憲)_ 가르침, 깨우침, 명령. 헌병(憲兵)이란 말이 이 뜻에서 나왔다. |
| 바 뀐 뜻 | 법률(法律)_ 일반적인 법이다. 그러나 법률의 정의는 국회의 의결을 거쳐 대통령이 서명하고 공포함으로써 성립하는 국법(國法)이란 뜻이다. 헌법의 다음 단계에 놓이며, 행정부의 명령이나 입법부와 사법부의 규칙 따위와 구별되어 명령·규칙이 법률에 위반되면 법원에서 그 규칙이나 명령의 적용은 거부되고, 법률이 헌법에 위반되면 법원 그 법률의 적용을 거부한다. 또 불교에서 붓다가 설법한 가르침과 신자가 지켜야 할 규율을 가리킨다.
법규(法規)_ 일반 국민의 권리와 의무에 관계 있는 법, 규범. 또는 추상적 의미를 가지는 법, 규범.
법칙(法則)_ 반드시 지켜야만 하는 규범이다. 수학에서는 연산(演算) |

의 규칙을 말하고, 철학에서는 모든 사물과 현상의 원인과 결과 사이에 내재하는 보편적·필연적인 불변의 관계를 나타낸다.

헌법(憲法)_ 국가 통치체제의 기초에 관한 각종 근본 법규의 총체다. 모든 국가의 법의 기초로서 국가의 조직, 구성 및 작용에 관한 근본법이며 다른 법률이나 명령으로 변경될 수 없는 한 국가의 최고 법규이다. 또 자유주의 원리에 입각하여 국민의 기본적인 인권을 보장하고 국가의 정치기구, 특히 입법 조직에 대한 참가의 형식 또는 기준을 규정한 근대국가의 근본법이다.

보 기 글
- 헌법이든 법률이든 법규든 어원대로만 된다면 얼마나 좋겠는가.
- 소크라테스는 악법도 법이라고 했지만, 잘못된 법은 지키지 않아도 된다고 말하는 사람도 있다.

※ **변경(變更)**

본 뜻　**변(變)**_ 겉모습이나 내용이 바뀌다. 원래는 '때려서 사람을 변하게 하다'는 뜻이었다.
　　　　　경(更)_ (시각이 바뀔 때마다) 두드리다, (시각이) 바뀌다.

자구 해석　변하고 바뀌다.

※ **변동(變動)**

본 뜻　**변(變)**_ 겉모습이나 내용이 바뀌다. 원래는 '때려서 사람을 변하게 하다'는 뜻이었다.
　　　　　동(動)_ 무거운 것을 힘들여 움직이다.

자구 해석　변하여 움직이다, 변화시켜 움직이게 하다, 바뀌어 달라지다.

※ 변명(辨明)

| 본 뜻 | 변(辨)_ (두 명의 죄인이 서루 싸우는 걸 보고) 칼로 베듯 분명히 가르다.
명(明)_ (어둠이 물러가고 찾아오는) 새벽, 밝다. |
| 자구 해석 | 실수나 잘못의 까닭을 자세히 밝히다. |

※ 변통(變通)

| 본 뜻 | 변(變)_ 한 번 닫히고 한 번은 열리는 것이다. 모습이나 내용이 바뀌다.
통(通)_ 끝없이 가고 오고, 오고 가는 것이다. |
| 자구 해석 | 변화와 소통. 변(變)은 주로 변화, 통(通)은 주로 소통으로 쓰인다. 변화와 소통을 합쳐 변통이라고 할 수 있으나 요즘에는 나눠 쓰인다. |

※ 변호(辯護)

본 뜻	변(辯)_ (혐의에 대해서) 말로 둘러대다. 호(護)_ (원고나 피고의 공격에 대해서) 말로 지키다.
자구 해석	혐의는 둘러대고 공격은 막다.
바뀐 뜻	변호사가 검사의 공격에 대해 피고인의 이익을 변호하는 일을 가리킨다.
보기 글	• 변호사는 누군가를 변(辯)하고 호(護)해주는 사람이다.

※ 병사(兵士)/군사(軍士)

본 뜻
병(兵)_ 실제 무기를 휴대하고 전투를 하는 사람(일반병)이다.
사(士)_ 장수 밑에서 군대를 지휘하는 사람이다.
군(軍)_ 군대. 1군은 주나라의 경우 1만 2500명, 제나라는 1만 명이었다.

바뀐 뜻
병사(兵士)_ 군사와 같은 말로 쓰인다. 지휘관은 포함되지 않는다.
군사(軍士)_ 예전에, 군인이나 군대를 이르던 말로서 지휘관이 포함된다. 현대에는 하사관 이하의 군인이다.

보기글
• 병사나 군사에 위관장교나 영관장교는 포함되지 않는다.

※ 보고(報告)

본 뜻
보(報)_ (은혜, 도움, 원한 등에) 알맞은 행동을 하다, 판가름하다, 있는 그대로 알리다. 예) 일보(日報), 주보(週報) 등.
고(告)_ (일정한 일에 대해) 알리다, 가르치다, 깨우쳐주다, 어떤 목적으로 알리다. 예) 보고서, 밀고 등.

바뀐 뜻
일에 관한 내용이나 결과를 말이나 글로 알리다.

보기글
• 보고는 높은 사람에게만 하는 게 아니다.

※ 보관(保管)

본 뜻
보(保)_ (아이를) 지키다, 감싸다.
관(管)_ 대나무로 만든 통, 대롱.

자구 해석
(아이를 대롱 속에 넣듯이) 안전하게 감싸다.

| 바 뀐 뜻 | 물건을 맡아서 간직하고 관리하다. 일본 한자어다. |
| 보 기 글 | • 물품보관소. |

❊ 보루(堡壘)

본 뜻	보(堡)_ 작은 성. 예) 강화도 광성보. 루(壘)_ 흙으로 쌓은 진지(陣地).
자구 해석	작은 성과 흙으로 쌓은 진지. 보루는 적군을 막거나 공격하기 위해 흙이나 돌로 튼튼하게 쌓아 놓은 진지를 가리키는 군사용어다. 100~200평 규모의 군사용 성으로 약 100명이 주둔하는 규모다.
바 뀐 뜻	본뜻에서 유추해서 나온 것으로, 가장 튼튼한 발판을 일컫는 말로 널리 쓰인다. 하지만 작은 성을 너무 큰 뜻으로 확대하여 쓰는 경향이 있다. 한편 루(壘)는 야구 용어 말고는 쓰이는 데가 거의 없다.
보 기 글	• 대학교는 현대 민주주의를 지켜온 보루다.

❊ 보모(保姆)

본 뜻	보(保)_ (아이를 등에) 업다, 지키다. 모(姆)_ (여자) 스승.
자구 해석	옛날 궁중에서 왕세자를 가르치고 보육하던 궁녀.
바 뀐 뜻	유치원 교사나 아동 복지시설 종사자를 가리켰으나 1990년대부터 교사라는 이름이 이를 대신하면서 쓰지 않는 말이 되었다. 좋은 말

임에도 여스승이란 뜻의 모(姆)가 식모(食母), 유모(乳母)와 같은 모(母)로 오해된 탓이다.

보 기 글
- 취학 전 아동을 지킨다는 뜻으로 보모란 호칭이 더 잘 어울리는데, 이 말이 사라져 아쉽군.

❆ 보부상(褓負商)

본 뜻 보(褓)_ 봇짐. 물건을 보자기에 싼 것이 봇짐이다.
부(負)_ 등짐. 원래는 '갚아야 할 빚'이라는 뜻이다. 그래서 부담(負擔)이란 어휘가 나왔다.
상(商)_ 상인.

자구 해석 봇짐이나 등짐을 갖고 다니며 장사하는 사람.

❆ 보상(補償)

본 뜻 보(補)_ (해진 옷을) 깁다.
상(償)_ (공을 세운 사람에게 주는 돈, 즉 상을 받은 은혜를) 갚다.

자구 해석 남의 어려운 점을 도와주면서 돈으로 갚다.

❆ 보수(保守)→진보(進步)

본 뜻 보(保)_ (아이를 등에) 업다, 돕다, 편안하게 하다.
수(守)_ 지키다.

자구 해석	등에 업어 지키다.
바 뀐 뜻	보전하여 지킴. 또는 새로운 것이나 변화를 반대하고 전통적인 것을 옹호하며 유지하려 하다.
보 기 글	• 역사와 전통을 보수하는 것은 매우 중요한 일이다. • 요즘 젊은이들은 보수주의자들에게 '수구꼴통'이라는 저급한 표현을 사용한다.

❄ 보수(補修)

| 본 뜻 | 보(補)_ (해진 옷을) 깁다.
수(修)_ (매를 맞고 땀을 흘려가며) 닦다, 수련하다. |
| 자구 해석 | 낡은 건물이나 시설을 손보아 고치다. |

❄ 보안(保安)

| 본 뜻 | 보(保)_ (아이를) 지키다, 감싸다.
안(安)_ (약한 여자가 집 안에 있으니) 안전하다. |
| 자구 해석 | 아이를 등에 업어 안전하게 지키다. |

❄ 보완(補完)

| 본 뜻 | 보(補)_ (해진 옷을) 깁다.
완(完)_ (사람이 집 안에 있으니) 부족함이 없다. |
| 자구 해석 | 모자라거나 부족한 것을 채워 가득 차다. |

※ 보장(保障)

| 본 뜻 | 보(保)_ (아이를) 지키다, 감싸다.
장(障)_ 가로막힌 높은 언덕, 구멍이 막혀 통하지 못하다. |
자구 해석	가로막힌 것을 뚫어가며 지켜주다.
바뀐 뜻	어떤 일이 어려움 없이 이루어지도록 지키다. 일본 한자어다.
보 기 글	• 우리나라는 여전히 외국인 노동자의 인권 보장이 제대로 이루어지지 않고 있다.

※ 보전(保全)

| 본 뜻 | 보(保)_ (아이를) 지키다, 감싸다.
전(全)_ (집 안에 들여놓은 옥玉이) 잘 있다. |
| 자구 해석 | 감싸서 온전히 잘 있다. |

※ 보조(補助)/원조(援助)

| 본 뜻 | 보(補)_ 깁다, 고이다.
조(助)_ 돕다.
원(援)_ 가까이 당기다. 그러면서 돕는다는 의미가 생겼다. |
| 바뀐 뜻 | 보조(補助)_ 노력이나 행동으로 남을 도와주는 일이다.
원조(援助)_ 물품이나 돈 따위로 도와주는 일이다. |
| 보 기 글 | • 저소득층에 대한 학비 보조.
• 육이오전쟁 직후 유엔은 우리나라에 식량을 원조했다. |

※ 보존(保存)

| 본 뜻 | 보(保)_ (아이를) 지키다, 감싸다.
존(存)_ (새싹이 흙을 뚫고) 올라오다, (아이가 살아서) 잘 자라고 있다.
| 자구 해석 | 잘 자라도록 지키다.
| 바 뀐 뜻 | 잘 보호하고 간수하여 후세에 남기다. 아이를 지킨다는 뜻은 빠졌다.
| 보 기 글 | • 이 고려백자는 9세기 작품이니 잘 보존해야 한다.

※ 보충(補充)

| 본 뜻 | 보(補)_ (해진 옷감 따위를) 깁다.
충(充)_ (모자란 것을) 채우다.
| 자구 해석 | 깁고 채우다.
| 바 뀐 뜻 | 부족한 것을 보태어 채우다. 보(補)의 의미는 많이 줄었다.
| 보 기 글 | • 연료를 보충하다.
• 매일 오후 보충 학습을 한다.

※ 보통(普通)

| 본 뜻 | 보(普)_ 햇빛이 안 닿는 데 없이 두루 넓게 퍼지다.
통(通)_ 길로 가다.
| 자구 해석 | 두루 퍼지고 널리 가다. 즉 흔히 볼 수 있는 것이다.

※ 보편(普遍)

본 뜻　　보(普)_ 햇빛이 안 닿는 데 없이 두루 넓게 퍼지다.
　　　　편(遍)_ 넓은 곳을 두루 다니다.
자구 해석　두루 미치다.

※ 보필(輔弼)

본 뜻　　보(輔)_ 왕의 왼쪽에 서는 신하.
　　　　필(弼)_ 왕의 오른쪽에 서는 신하.
자구 해석　왕의 오른쪽에 서는 신하와 왼쪽에 서는 신하.
　　　　고대에 왕을 모시는 신하에는 네 종류가 있다. 앞에서 모시는 신하는 의(疑), 뒤에서 모시는 신하는 승(丞), 왼쪽의 신하는 보(輔), 오른쪽 신하는 필(弼)이었다. 이중에서 좌우 양옆에서 모시는 신하가 직위가 높아 보필이란 말이 나왔으며, 곧 신하로서는 최고위직인 재상을 뜻했다.
바뀐 뜻　오늘날에는 자신의 윗사람을 잘 돕는다는 뜻으로 쓰고 있다. 비슷한 말에는 보좌(輔佐)가 있다.
보기글　• 누군가의 보필을 받을 만큼 중요한 인물이 되어라.

※ 보험(保險)

본 뜻　　보(保)_ (아이를) 지키다, 감싸다.
　　　　험(險)_ 언덕이 험하다.

| 자구 해석 | 험한 일에서 지키다.
| 바뀐 뜻 | 손해를 대신 물어 지켜주다. 또는 그런 일.

❊ 보호(保護)

| 본 뜻 | 보(保)_ (아이를) 지키다, 감싸다.
호(護)_ 주로 말로써 지키다.
| 자구 해석 | 말로써 지키고 감싸다.

❊ 복(福)

| 본 뜻 | 왕실 제사에 쓴 음식을 가리키는 말이다. 고대에 제사는 왕만이 지낼 수 있었다. 제사상에는 술, 고기, 떡 등이 푸짐하게 올라온다. 제사가 끝난 뒤 왕이 이 제사 음식을 신하들에게 나눠주는데 이를 복 받는다, 복 나눠준다 등으로 표현했다.
| 자구 해석 | 제사 지낸 뒤 나눠주는 고기와 떡과 음식.
| 바뀐 뜻 | 중국 전국시대에 편찬한 《한비자韓非子》에, 복(福)은 제사 음식의 범위를 넘어 오래 사는 수(壽), 관직이 높이 오르는 귀(貴), 돈이 많이 모이는 부(富) 세 가지가 포함되어 있다. 왕만이 지내던 제사가 공경대부 등 신하들에게도 허용되면서 복을 먹는 문화가 널리 퍼졌다. 이후 제사 음식인 복을 직접 만드는 여성들 사이에서는 복을 많이 가지라는 말이 중요한 덕담 또는 인사가 되었다. 그러다 보니 복 하나 가지고는 모자라 만복(萬福)이라는 말까지 생겨났다.
조선시대만 해도 복을 먹을 수 있는 양반은 전체 인구의 3퍼센트 미만이었지만 후기로 들어가면서 10퍼센트로 늘어나고, 일제강점

기에 민간 제사가 허용되면서 사실상 복은 큰 어휘 변화를 겪었다. 즉 노력하지 않고 저절로 생기는 행운 따위를 포함한 장수, 건강, 부유, 관직, 다산 등이 모두 포함된 것이다.

심지어 이원에서 왕실의 조상 귀신이 먹다 남은 음식이라는 어원이 흐려지면서 기독교의 하느님이나 불교의 부처님과 보살이 주는 것, 무당들의 귀신과 신장으로부터 받는 것도 복이라고 부르게 되었다.

보기글
- 새해 복 많이 받으세요.
- 복과 화(禍)는 비례한다. 복이 오면 화가 줄고, 복이 줄면 화가 는다.

❄ 복마전(伏魔殿)

본뜻 마귀가 숨어 있는 전각(殿閣)이다. 나쁜 일이나 음모가 끊임없이 행해지고 있는 악의 근거지라는 뜻이다.

출전은 《수호지水滸誌》다. 북송(北宋) 인종 때에 온 나라에 전염병이 돌았다. 그러자 왕은 전염병을 물리쳐달라는 기도를 부탁하러 신주(信州)의 용호산(龍虎山)에 은거하고 있는 장진인(張眞人)에게 홍신(洪信)을 보냈다. 용호산에 도착한 홍신은 장진인이 외출한 사이 이곳 저곳을 구경하다가 우연히 '복마지전(伏魔之殿)'이라는 간판이 걸려 있는 전각을 보았다. 호기심이 발동한 홍신이 주위의 만류를 뿌리치고 문을 열고 석비(石碑)를 들추자 안에 갇혀 있던 마왕 108명이 뛰쳐나왔다.

바뀐뜻 현대에는 사회용어로 널리 쓰이고 있다. 비밀리에 나쁜 일이나 음모를 꾸미는 곳 또는 그런 무리들이 모여 있는 악의 근원지를 일컫는다.

보기글
- 군사정권 시절 온갖 비리의 복마전은 바로 중앙정보부였다.

※ **복사(複寫)**

| 본 뜻 | 복(複)_ (옷을 여러 번) 겹치다, 접다.
사(寫)_ (까치가 먹이를 물어와 둥지에) 그대로 옮겨놓다. |
자구 해석	(그림이나 글 따위를) 똑같이 베끼다. 모사(模寫)보다 더 똑같이 베끼는 것이다.
바뀐 뜻	먹지가 생긴 이후로 '종이를 포개고 그 사이사이에 복사지를 받쳐 한번에 여러 장을 쓰다'는 뜻으로 쓰였다. 복사기가 나온 이후로는 원본을 확대하거나 축소하여 복제한다는 뜻으로 바뀌었다.
보기글	• 책을 복사해서 보는 건 저작권을 침해하는 것이다.

※ **복종(服從)**

| 본 뜻 | 복(服)_ 사람을 꿇어앉혀 일을 시키다.
종(從)_ (주인을) 따라가다. |
| 자구 해석 | 꿇어앉아 일을 하거나 주인을 따라다니다. |

※ **봉→봉황(鳳凰)**

| 본 뜻 | 봉황을 가리키는 봉(鳳)을 빗댄 말이다. 봉(鳳)을 파자(跛字; 한자의 자획을 풀어 나눔)하면 범조(凡鳥)가 되며, 이를 봉자(鳳字)라고 한다. |
| 바뀐 뜻 | 뜻이 바뀌지는 않고 잘못 쓰는 말이다. "내가 봉자(鳳字)인 줄 아느냐?" "저 친구는 봉자(鳳字)다." 하는 말을 잘못 듣고 봉 잡았다고 표현하는 것이다. 또한 봉황이 나타나거나 봉황을 잡으면 태평성세가 시작되고 하는 일이 대길하므로 파자하고는 달리 큰 기회나 행 |

운을 잡은 것으로 사용하는 사례도 있다.

보기글
- 김 과장. 알고 보니 봉자로군.

❉ 봉건(封建)

본 뜻 **봉(封)_** 일정한 지역의 땅을 떼어주어 제후를 삼다.
건(建)_ 제후에게 나라를 세우게 하다.

자구 해석 제후로 봉한 다음 땅을 주어 나라를 세우게 하다.
봉건은 중국 주(周)나라 때 실시된 제도로, 왕이 제후들에게 작위와 토지를 나누어주어 통치하게 하는 것이다. 유럽에서는 영주가 가신(家臣)들에게 땅을 나누어주는 대신 그들에게 군역의 의무를 지우는 것으로 주종관계를 이루는 제도이다.

바뀐 뜻 봉건제도의 특징 중 하나는, 전제군주 밑에서 철저하게 지켜지는 주종관계를 들 수 있다. 이처럼 어떤 일의 처리 방법이나, 사회나 개인이 가지고 있는 가치관에서 전제적·계급적·인습적인 특징이 나타날 때 그를 가리켜 '봉건적'이라고 한다.

보기글
- 봉건시대란 곧 왕도(王道) 시대를 가리키는 말이다.

❉ 봉사(奉事)

본 뜻 조선시대에 지금의 천문대에 해당하는 관상감(觀象監), 교도소인 전옥서(典獄署), 통역관인 사역원(司譯院) 등에 딸린 종8품의 낮은 벼슬 직책이다.

자구 해석 사역원 종8품 직책.

| 바 뀐 뜻 | 이 직책에 주로 소경(지금의 시각장애인)들을 기용했기 때문에 이후 벼슬의 한 직책이던 이 말이 시각장애인들을 높여 부르는 말로 바뀌었다. |
| 보 기 글 | • 눈치 없는 심 봉사가 배꾼들에게 심청이를 팔아먹었다. |

❊ 봉사(奉仕)

| 본 뜻 | **봉(奉)**_ (두 손으로) 받들다.
사(仕)_ (벼슬하여 임금을) 섬기다. |
| 자구 해석 | 받들어 섬기다. |

❊ 봉선(封禪)

본 뜻	**봉(封)**_ 하늘 제사다. 중국에서 태산에 지내는 제사를 봉(封)이라고 한다. 봉은 산에 흙을 쌓아 단을 세우고 금니(金泥)와 옥간(玉簡)을 차려 하늘에 제사를 지내는 것이다. 하늘의 공(功)에 감사하는 의식이다. **선(禪)**_ 땅 제사다. 태산 줄기 중에서 가장 작은 양보산(梁父山)에 제사 지내는 것을 선(禪)이라고 한다. 선은 땅바닥을 쓸고 제사를 지내는 것이다. 부들이란 풀로 수레를 만들고, 띠풀과 볏짚으로 자리를 만들어 제사를 지내고 그걸 땅에 묻는다. 땅에 감사하고 보답하는 의식이다.
자구 해석	왕이 지내는 하늘 제사와 땅 제사.
바 뀐 뜻	오늘날에는 봉선 자체가 없다. 그 대신 대통령이 취임할 때 헌법에 선서하고, 임기 중 종교단체와 함께 기도회 등을 갖는 경우가 있다.

| 보 기 글 | • 우리나라는 마니산에서 하늘 제사를 지내고, 사직단에서 땅 제사를 지냈다. 다만 황제국을 표방하지 못해 봉선이란 어휘를 쓴 적이 별로 없다. |

❄ 봉수(烽燧)

본 뜻	봉(烽)_ 낮에 올리는 연기. 수(燧)_ 밤에 올리는 불빛.
자구 해석	낮에 올리는 연기와 밤에 올리는 불빛.
바뀐 뜻	조선시대까지는 봉과 수를 올리는 봉수대가 있었다.
보 기 글	• 봉수는 옛날의 장거리 통신수단이었다. 전화와 전보가 등장하면서 사라졌다.

❄ 봉인(封印)

| 본 뜻 | 봉(封)_ (봉투나 주머니, 상자 등을) 막다.
인(印)_ 도장을 찍다. |
| 자구 해석 | (구멍이나 주머니 등을) 막고, 함부로 열지 못하도록 도장을 찍어 표시해두다. |

❄ 봉투(封套)

| 본 뜻 | 봉(封)_ (구멍이나 주머니 등을) 막다.
투(套)_ 덮다. 주머니를 막은 덮개. 겉옷은 외투(外套), 즉 겉을 덮는 옷이다. |

| 자구 해석 | 덮개를 씌운 주머니. 종이가 아니어도 천으로 만들든 가죽으로 만들든, 덮개를 씌운 주머니는 다 봉투다.

※ **봉황(鳳凰)→봉**

| 본 뜻 | 봉(鳳)_ 수컷 봉황.
황(凰)_ 암컷 봉황.
상상의 새인 봉황을 총칭하는 말이다. 봉황의 앞모습은 기러기, 뒷모습은 기린을 닮았다고 하며, 뱀의 목에 물고기의 꼬리, 황새의 이마, 원앙새의 깃, 용의 무늬, 호랑이의 등, 제비의 턱, 닭의 부리를 가진 것으로 묘사된다. 봉황이 나타나면 태평성대가 이어지거나 성인이 나타난다고 한다.
| 바뀐 뜻 | 뜻이 바뀌지는 않았으나 구분해 사용하지는 않고 봉황이라고 표현한다.
| 보기글 | • 봉황이 나타나면 성인이 출현한다는데, 현대에 이르러 봉황을 보았다는 사람이 없다.

※ **부귀(富貴)**

| 본 뜻 | 부(富)_ 농경지, 보물 등이 집에 많다.
귀(貴)_ 삼태기로 조개를 건져내다. 즉 돈이 많다. 나중에는 권세의 뜻이 되었다.
| 자구 해석 | 재산과 돈이 많다.
| 바뀐 뜻 | 부(富)는 돈과 재산으로 변하고, 귀(貴)는 신분이 높아 권력을 가졌다는 뜻이 되었다. 즉 재산이 많고 지위가 높다.

| 보 기 글 | • 부귀의 기준은 결국 돈이다. |

※ 부근(附近)

| 본 뜻 | 부(附)_ 언덕에 기대어 붙다.
근(近)_ (걸어서 가기에 매우) 가깝다. |
| 자구 해석 | 붙을 만큼 가까이. |

※ 부담(負擔)

| 본 뜻 | 부(負)_ 등짐. 원래는 '갚아야 할 빚'이라는 뜻이다.
담(擔)_ 짊어지다. |
| 자구 해석 | 등짐을 지다. 빚을 짊어지다. |

※ 부모(父母)/고비(考妣)

| 본 뜻 | 부(父)_ 살아 있는 아버지.
모(母)_ 살아 있는 어머니.
고(考)_ 죽은 아버지.
비(妣)_ 죽은 어머니. |
| 자구 해석 | 부모(父母)_ 살아 있는 아버지와 어머니.
고비(考妣)_ 돌아가신 아버지와 어머니. |
| 바뀐 뜻 | 오늘날 고비란 어휘는 제사를 지낼 때 지방(紙榜)이나 신주(神主)에만 쓰고 일상적으로는 생존 유무를 가리지 않고 부모라고 한다. |

| 보 기 글 | • 지방을 쓸 때 일반인들은 대개 '현고학생부군신위(顯考學生府君神位)'라고 적는데, 여기서 고(考)는 돌아가신 아버지다.

❊ 부서(部署)

| 본 뜻 | 부(部)_ 무리를 거느리는 관청.
서(署)_ (죄인에게 벌을 주는) 관청. 그물(罒)로 죄인(者)을 묶는 모습을 형상화한 글자다.
| 바뀐 뜻 | 일본 한자어로 부(部)는 일반 업무를 보는 자치단체, 서(署)는 사법 업무를 보는 경찰, 검찰, 법원이다. 하지만 요즘에는 뒤섞여 쓰인다.

❊ 부양(扶養)

| 본 뜻 | 부(扶)_ 쓰러지지 않게 잡아주다.
양(養)_ 먹여 기르거나 살리다.
| 자구 해석 | 혼자 살 수 없는 아이나 늙은 부모를 돌보고, 부인과 형제에게 먹을거리를 대주다. 그 대상은 주로 가족이 된다.
| 바뀐 뜻 | 생활 능력이 없는 사람을 돌보다. 현대에는 그 범위가 넓어져 가족은 물론 이웃, 국민까지 대상이 된다.
| 보 기 글 | • 국가는 국민을 부양할 의무가 있다.

❊ 부양(浮揚)

| 본 뜻 | 부(浮)_ 물에 뜨다, 물에 띄우다.

	양(揚)_ 바람에 날다, 바람에 날리다.
자구 해석	물에 띄우고 바람에 날리다.
바 뀐 뜻	주로 경기(景氣)를 부양한다는 의미로 쓰인다.
보 기 글	• 정부마다 경기를 부양한다고 세금을 풀지만 뜨거나 나는 종목이 없다.

❊ 부유(富裕)

본 뜻	부(富)_ 재물이 풍성하게 많다. 유(裕)_ (옷 따위가) 헐렁하여 푸짐하다. 넉넉하다. 여유 있다.
바 뀐 뜻	재물이 많아서 넉넉하고 여유 있다.
보 기 글	• 국민을 부유하게 하는 것이 왕의 소임이다.

❊ 부의(賻儀)

본 뜻	부(賻)_ 상갓집에 보내는 재화(財貨), 즉 돈이나 물품. 의(儀)_ 의례(儀禮).
자구 해석	조문하는 예의를 갖추어 전하는 돈이나 물품.
바 뀐 뜻	현대에 이르러 단순히 상갓집에 내는 돈을 의미하게 되었다. 경사가 있는 곳에 전하는 돈은 축의금(祝儀金)이라고 한다.
보 기 글	• 우체국에서 부의금을 부치는 사람들이 늘어나고 있지만, 조문하는 의(儀)는 우편으로 부칠 수 없다.

※ **부인(夫人)/부인(婦人)/처(妻)→비빈(妃嬪)/후(后)/희(姬)**

본 뜻

1) 부인을 한자로 적으라고 하면 곤란을 겪는 사람들이 많다. 부인(夫人)과 부인(婦人)을 구분하기 어렵기 때문이다. 사전을 찾아보면 夫人은 '남의 아내를 높여 부르는 말' '고대 중국에서 제후의 아내를 이르던 말'이라고 나오고, 婦人은 '결혼한 여자'라고만 나온다.

사전에 이처럼 나온 것은 부인에 대한 호칭이 어떻게 변해왔는지 모르기 때문이다. 사람에 대한 호칭은 주(周)나라의 관제를 기록한 책인 《주례(周禮)》에 대부분 규정되어 있다.

참고 1) 주(周)는 국(國)으로 표현할 수 없다. 천하(天下)이기 때문에 구역이 정해져 있는 국(國)이라면 천자 또는 제왕이 될 수 없다. 그래서 하늘 아래 모든 땅이 영토다. 따로 국경이 없다. 국경이 정해져 있는 땅을 제후가 다스리는 나라는 국(國)이 된다. 그 아래에 규모가 작으면 가(家)다. 몽골, 부여 같은 데서는 국의 규모이면 부(部), 가의 규모이면 족(族)이라고 했다. 하지만 주국(周國)이라고는 쓰지 않지만 대신 나라라고 하여 주나라라고 쓰는 것이다. 더러 원제국, 명제국처럼 제국(帝國)이라고 쓰면 가능하다.

참고 2) 주나라 때 남성은 성(姓)+씨(氏)+명(名)으로 불렀다. 다만 여성은 씨를 뺀 명+성만 적었다. 진시황의 전체 이름인 영조정(嬴趙政)은 영(嬴)은 성, 조(趙)는 씨, 정(政)은 명이라는 뜻이다. 흔해 강태공으로 불리는 강여상(姜呂尙)은 강(姜)이 성, 여(呂)가 씨, 상(尙)이 이름이다. 강여상의 후손인 제희공의 딸 문강(文姜)은 문은 명, 강은 성이다. 그러니까 문강의 동생인 선강(宣姜)과 애강(哀姜) 역시 같은 방법으로 지은 이름이다. 이후 남성은 땅으로 새로운 씨를 삼는 일이 많아지면서 성과 씨가 뒤섞이게 되어 구분이 사라지고, 여성 역시 남성처럼 성만으로 불리는 일이 많다 보니 남성처럼 성+명으로 바뀌게 되었다.

주나라 천자의 아내는 후(后)라고 했다. 천자가 임명한 제후의 아내는 부인(夫人), 제후가 임명한 대부의 아내는 유인(孺人), 그 아래 무사집단을 구성하는 사(士)의 아내는 부인(婦人)이다. 벼슬이 없는 서민의 아내는 처(妻)였다.

본 뜻

2) 진시황이 황제(皇帝)를 자칭한 이후 후(后)는 황후(皇后)가 되고, 후는 제후의 부인 호칭으로 내려갔다. 그래서 제후는 황제가 전에 쓰던 '왕'이라는 호칭을 물려받았고 부인도 왕후(王后)로 올라갔다. 그 아래 명칭도 자연스럽게 변했다.

조선시대 외명부 명칭을 기준으로 삼으면 다음과 같다. 정1품과 종1품 관리의 아내는 정경부인(貞敬夫人)이다. 그냥 부인이라고 하면 안 되고 반드시 '정경'을 붙여야 한다. 남편이 정1품이 된 다음에 정식으로 부인을 정경부인으로 봉하기 때문에 일종의 품계나 다름없다. 정2품과 종2품의 아내는 정부인(貞夫人)이다. 정경부인에서 '경'이 빠졌다. 현대에 이르러 여성의 이름자에 '경'을 많이 쓰는 것도 '경'이 외명부의 품계 중 가장 높았기 때문이다.

정3품까지가 당상관이기 때문에 정3품과 당하관인 종3품의 부인은 명칭이 다르다. 정3품 아내는 숙부인(淑夫人)이고, 종3품 아내는 숙인(淑人)이다. 4품의 아내는 정과 종을 나누지 않고 영인(令人)이다. 5품의 아내는 공인(恭人)이다. 6품의 아내는 의인(宜人)이다. 7품의 아내는 안인(安人)이다. 8품의 아내는 단인(端人)이다. 9품의 아내는 유인(孺人)이다.

바뀐 뜻

이러다 보니 조선시대에는 고대에 사(士)의 아내를 가리키던 부인(婦人)과 서민의 아내를 가리키던 처(妻)가 사라져버렸다. 그래서 처는 자기 아내를 낮추어 겸손하게 말할 때 쓰는 호칭으로 내려오고, 부인은 결혼한 여자를 통칭하는 어휘로 자리잡은 것이다.

그러므로 사전적인 의미로 쓸 때 아내를 가리키는 한자어는 이 婦

人만 써야 하고, 夫人은 품계를 가리키므로 올리든 높이든 써서는 안 된다. 굳이 써야 한다면 남의 아내를 가리킬 때 쓰면 된다.

벼슬아치 아내의 품계 중 가장 낮은 유인(孺人)이 가장 널리 쓰였다. 대개 벼슬아치가 아닌 사람들의 아내가 죽으면 제사 지낼 때는 9품직으로 인정해주어 지방이나 명정(銘旌)에 이 호칭을 쓸 수 있게 해주다 보니, 거의 집집마다 쓰는 호칭이 되었다.

한편 여성 이름에 희(姬)가 많이 들어가는 것은, 왕후나 부인(夫人)을 가리킬 때 출신 나라 이름에 이 글자를 붙인 데서 온 풍속이다. 조희는 조나라 출신 부인, 제희는 제나라 출신 부인이 되는 것이다. 또 마누라는 왕비를 일컫는 몽골식 호칭이다.

보기글
- 당신의 아내는 부인(夫人)이고, 내 아내는 부인(婦人)이지만 한자 적지 말고 한글로 쓰는 게 좋겠다.

※ 부절(符節)/절월(節鉞)

본 뜻
부(符)_ 부적.
절(節)_ 8척 자루에 깃털이나 쇠꼬리를 단, 황제의 통수권을 상징하는 깃발.
월(鉞)_ 왕이나 황제가 장수에게 내리는 생살권(生殺權)의 상징으로, 도끼 모양을 한 물건이다.

자구 해석
부절(符節)_ 돌이나 대나무, 옥 따위로 만들어 신표로 삼던 물건. 주로 사신들이 가지고 다녔으며 둘로 갈라서 하나는 조정에 보관하고 하나는 본인이 가지고 다니면서 신분의 증거로 사용하였다.
절월(節鉞)_ 주로 군사용으로 이용되었다. 장수의 신분을 나타내는 중요한 물건이며 지휘권의 상징이었다.

바뀐 뜻
오늘날은 사용되지 않는 말이다.

| 보 기 글 | • 세종대왕은 김조성 장군에게 부절을 내렸다. |

❊ 부촉(附囑)

본 뜻	부(附)_ (숨을 내쉬며 누군가를) 붙이다.
	촉(囑)_ (잘 되거나 잘 해달라고 말하며) 맡기다.
자구 해석	누군가를 붙여주며 애틋하게 맡기다.
바 뀐 뜻	주로 왕이 죽으면서 어린 세자를 신하들에게 맡기는 것을 뜻한다.
보 기 글	• 문종은 어린 단종을 수양대군에게 부촉했다.

❊ 부탁(付託)

바 뀐 뜻	부(付)_ (손으로 뭔가를) 주다.
	탁(託)_ 붙어살다, 붙이다.
자구 해석	(대가를) 주면서 붙어살도록 하다.

❊ 분노(憤怒)

바 뀐 뜻	분(憤)_ 욱하고 화가 치솟다, 분출(噴出).
	노(怒)_ (잡혀온 종들이 고된 노동을 하며 늘) 성을 내다.
자구 해석	아랫사람들이 욱하여 화를 내고 성을 내다. 화를 내고 성질을 부리다.

❈ **분별(分別)→차별(差別)/차이(差異)**

본 뜻 분(分)_ 칼로 나누다.
별(別)_ 같은 것끼리 모으고 다른 것끼리 가르다. 另(영)은 다르다는 뜻이다.

자구 해석 같고 다른 것을 나누고 가르다.
몫을 나누는 것은 분이다. 양(量)의 문제다. 크고 작은 것을 나누고, 잘 여문 것과 덜 여문 것을 나누고, 콩은 콩끼리 팥은 팥끼리 나누는 것이 별이다. 질(質)의 문제다.

바뀐 뜻 '서로 다른 일이나 사물을 구별하여 가르다'로 쓰인다. 주로 학습 관련하여 많이 쓰고, 곡물을 관리하는 농부들도 많이 쓴다.

일본인들은 영어 Liberal Arts를 교양이라고 번역하였는데, 학문과 지식을 분별하는 것을 가리키는 영어 뜻과 전혀 상관없는 한자를 가져다가 번역했다. 하버드대학교는 2007년 학부 교육과정을 개편하면서 낸 보고서에서 '하버드 교육의 목적은 Liberal Arts(분별) 교육을 실시하는 데 있다.'고 선언하였다. 하버드 보고서가 밝힌 '리버럴 교육'의 특성과 목표는 이렇다.

'Liberal Arts 교육의 목표는 추정된 사실들을 동요시키고, 익숙한 것을 낯설게 만들며, 현상들 배후에서 일어나는 것들을 폭로하고, 젊은이들의 방향감각을 혼란시켜 그들이 다시 방향을 잡을 수 있는 길을 발견하도록 도와주는 것이다.'

이런 Liberal Arts 교육은 자유로운 비판 정신을 길러준다. 말하자면 새로운 지식을 머릿속에 더 집어넣는 것이 아니고, 알고 있는 지식을 꺼내 잡동사니 청소하듯 먼지 털고 다시 닦아 넣든지 버리든지 하는 것이 '분별'이 되는 것이다.

| 보 기 글 | • 넌 좀 분별력이 있어야 해. 왜 만나는 사람마다 그 모양이니? |

※ **분수**(分數)→**명분**(名分)

| 본 뜻 | **분**(分)_ 직책이나 직분.
수(數)_ 등급이나 품계. |
| 자구 해석 | 직책과 등급, 직분과 품계. 예) 영의정 정1품.
즉 분수란 부자(父子), 군신(君臣), 존비(尊卑), 귀천(貴賤) 등 자신의 직책이나 직분이다. 나아가 군신을 군과 신으로 나누고, 부자를 부와 자로 나누어 서로 지켜야 할 도리를 구체적으로 가리킨다. 명분은 각각의 명의(名義)나 신분이다. |
| 바 뀐 뜻 | 사람으로서 일정하게 이를 수 있는 한계, 신분에 맞는 한도, 사물을 분별하는 지혜를 나타낸다. |
| 보 기 글 | • 분수를 잊고 마주 대해야 역사가 바뀐다. |

※ **분야**(分野)

본 뜻	고대에는 별자리를 특정 지역과 연결하여 생각했다. 중국 황하 유역을 중심으로 한반도는 천구의 동쪽, 양자강 등 중국의 남부는 천구의 남쪽 등으로 배속시켜 별자리와 지명을 일치시켰다. 이렇게 해서 별을 관측하고 해당 별자리에 속하는 국가나 지방의 흥망과 길흉을 점쳤다. 지역별로 나눈 별자리를 28분야(分野)라고 하였다.
바 뀐 뜻	별자리를 가리키는 분야(分野)가 특정 지역이나 전문 분야 등을 가리키는 말로 쓰임새가 넓어졌다.
보 기 글	• 〈천상열차분야지도〉의 '분야'가 곧 별자리다.

※ 분위(雰圍)

| 본 뜻 | 분(雰)_ (비가 잘게 부서진) 안개.
위(圍)_ 둘러싸인 지역.
| 자구 해석 | 안개로 둘러싸인 지역, 지구를 둘러싸고 있는 대기. 일본 한자어다.
| 바뀐 뜻 | 주로 '분위기'라는 어휘로 쓰이며, 그 자리나 장면의 느낌이나 환경을 가리킨다. 한자와 아무 상관이 없다.
| 보기글 | • 북한에서는 분위기를 '가스의 성질을 통틀어 이르는 말'로 쓰인다.

※ 분장(扮裝)

| 본 뜻 | 분(扮)_ 꾸미다.
장(裝)_ (침대에서 막 일어난 여자가) 얼굴 등을 꾸미다. 화장을 하고 비녀·귀걸이 등의 장신구, 옷 등을 차려 입다.
| 자구 해석 | (여자가) 화장하고 장신구를 두르고 옷을 입다.
| 바뀐 뜻 | 연극·영화·드라마 등에서, 등장인물의 성격·나이·특징 따위에 맞게 배우를 꾸미다. (비유적으로) 사실이 아닌 것을 마치 사실인 것처럼 꾸미다.
| 보기글 | • 배우의 분장 능력은 연기력만큼이나 중요하다.

※ 분주(奔走)

| 본 뜻 | 분(奔)_ (사람이 풀밭을) 이리저리 달리다.
주(走)_ (빠른 발로) 달리다.
| 자구 해석 | 이리저리 빨리 달리다.

❄ 분할(分割)

본 뜻	분(分)_ (칼로) 몇 개의 부분으로 가르다. 할(割)_ 나누다.
자구 해석	가르고 나누다.

❄ 붕괴(崩壞)

본 뜻	붕(崩)_ (산이나 언덕 따위가) 무너지다. 괴(壞)_ 땅이 꺼지다, (집이나 건물이) 허물어져 내려앉다, 제도·사상·질서 등이 무너지다.
자구 해석	산이 무너지고 땅이 꺼지다.
바 뀐 뜻	무너지거나 꺼지다. 제도, 사상, 질서 따위가 무너지다. 붕(崩)은 무너지다, 괴(壞)는 꺼지다로 바꿔 쓰는 게 좋다.
보 기 글	• 문민정부의 출현으로 군사정권이 붕괴되었다.

❄ 붕우(朋友)

본 뜻	붕(朋)_ 같은 스승에게 배운 동학(同學)끼리 부르는 말이다. 여기서 붕당(朋黨)이라는 말이 나왔다. 요즈음의 동창(同窓) 개념이다. 우(友)_ 뜻을 같이하는 사람을 가리키는 말이다. 동지(同志) 개념이다.
자구 해석	함께 배운 사람과 뜻이 같은 사람.
바 뀐 뜻	요즘에는 붕(朋)은 동창, 우(友)는 친구·동지라는 말로 대신 쓰인다.
보 기 글	• 붕당이 조선을 망쳤다니 우당(友黨)이라고 했다면 괜찮았을까?

※ **비갈(碑碣)**

본 뜻	비(碑)_ 빗돌의 머리 부분에 지붕 모양을 만들어 얹은 비석. 정3품 이상에게만 쓰인다. 갈(碣)_ 빗돌의 머리 부분을 둥그스름하게 만든 작은 비석. 정3품 이하에게만 쓰인다.
자구 해석	정3품 이상 비석 비(碑)와 정3품 이하 비석 갈(碣).
바뀐 뜻	비(碑)는 비석이라고 하여 지금도 쓰이는데 갈(碣)은 거의 쓰이지 않는다. 문화재 분야에서는 아직도 비와 갈을 구분한다.
보기글	• 비석은 봉건시대의 문화지만 아직도 살아남아 있다.

※ **비교(比較)**

본 뜻	비(比)_ (내 어깨와 남의 어깨를) 겨루다. 교(較)_ (수레의 크기를) 견주다.
자구 해석	내 어깨와 남의 어깨를 겨루고, 다른 수레와 내 수레의 크기를 견주다.
바뀐 뜻	두 개 이상의 사물을 견주다. 둘 이상의 사물을 견주어 서로 간의 유사점, 차이점, 일반 법칙 따위를 고찰하다. 둘 또는 그 이상의 현상을 견주어 서로 간의 유사점과 공통점, 차이점 따위를 밝히다.
보기글	• 인간의 불행은 남과 자신을 비교하는 마음에서 비롯된다.

※ **비난(非難)**

본 뜻	비(非)_ 진실이 아니거나 나쁘거나 옳지 않은 것을 손사래 치거나

	손으로 막다.
	난(難)_ 나무라다.
자구 해석	손사래 치며 나무라다.
바 뀐 뜻	남의 잘못이나 결점을 책잡아서 나쁘게 말하다. 북한에서는, 터무니없이 사실과 전혀 맞지 아니하게 헐뜯는다는 뜻이다.
보 기 글	• 비난은 범죄이므로 반드시 비판을 해야 한다.

❄ 비만(肥滿)

본 뜻	비(肥)_ 살찌다.
	만(滿)_ (밀물이 들어와 물이) 가득 차다.
자구 해석	살이 몹시 찌다.

❄ 비명(悲鳴)

본 뜻	비(悲)_ (마음이 좋지 않으니) 슬프다.
	명(鳴)_ 새가 울다, (새처럼) 소리 내다.
자구 해석	슬피 우는 소리.

❄ 비밀(秘密)

본 뜻	비(秘)_ 숨기다. 원래 귀신도 못 보게 숨긴다는 뜻이었으나 후에 벼 따위의 곡식을 숨긴다는 뜻으로 바뀌었다.
	밀(密)_ 산에 나무가 빽빽하여 아무것도 보이지 않다.

| 자구 해석 | 숨겨서 보이지 않다.

❈ 비방(誹謗)

| 본 뜻 | 비(誹)_ 사실이 아닌(非) 말(言)로 헐뜯다. 한두 사람에게 속삭이는 것이다.
방(謗)_ 큰 소리로 헐뜯다. 여러 사람이 다 들을 수 있도록(旁) 크게 떠드는 것이다.
| 자구 해석 | 남을 헐뜯다.

❈ 비빈(妃嬪)/후(后)/희(姬)→부인(夫人)/부인(婦人)/처(妻)

| 본 뜻 | 비(妃)_ 황제나 왕, 태자나 세자의 정실(正室)이다.
빈(嬪)_ 황제나 왕, 태자나 세자의 소실(小室)이다.
후(后)_ 황제나 왕의 정실이다.
희(姬)_ 황제나 왕의 정실이다. 춘추전국시대까지 쓰였다.
| 바뀐 뜻 | 지금은 쓰이지 않는다. 오늘날 대통령의 부인에게조차 봉건시대 벼슬에 해당하는 직급이 따로 부여되지 않는다. 이 중에서 희(姬)는 여성의 이름자로 많이 쓰인다.
| 보기글 | • 숙종의 계비 인현왕후는 장희빈의 농간으로 폐위되었다가 다시 복위되었다.

❈ 비상(飛翔)

| 본 뜻 | 비(飛)_ (새가 하늘을) 날다.

|자구 해석| 상(翔)_ (깃털처럼) 빙빙 돌아서 날다.
하늘을 날다. 발음이 같은 비상(飛上)은 하늘을 높이 난다는 뜻이다.

❋ 비유(譬喻)

|본 뜻| 비(譬)_ 비슷한 다른 사물에 견주어 설명하다.
유(喻)_ 다른 사례로써 깨우쳐주다.

|자구 해석| 비교하여 설명하거나 다른 사례로 깨우쳐주다.
원래 비유(譬喻)는 엄격하게 구분되는 개념이다. 《법화문구法華文句》에 따르면, 천태종의 개종조인 지의(智顗, 538~597)는 "비(譬)는 비교해 가르쳐주는 것이며, 유(喻)는 깨우쳐 가르쳐주는 것."이라고 정의하였다.
불교에서는 비유법이 굉장히 발달하였다. 호수같이 맑은 하늘, 달덩이처럼 고운 얼굴 등의 표현은 비(譬)다. 빵만 먹고 살 수 없다, 세 사람이 가면 그중에 스승이 있다 등의 표현은 유(喻)다. 불교 경전 중 이런 사례를 든 경전으로는 《백유경百喻經》이 있다.

|바 뀐 뜻| 오늘날에는 문학에서 언어의 장식을 넘어 언어를 넘어선 표현법으로 인정받고 있다. 다만 한자어의 비유(譬喻)는 본뜻을 쓰지 않고 metaphor를 단순 번역한 어휘로 사용된다. 즉 metaphor의 대응어로 쓰인다.

|보 기 글| • 비유법은 문학의 꽃이지만 잘못 비유하면 글의 주제를 망친다.

❄ 비취(翡翠)

본 뜻	비(翡)_ 물총새 수컷. 취(翠)_ 물총새 암컷.
자구 해석	물총새의 암컷과 수컷을 아울러 이르는 말이다.
바뀐 뜻	옥(玉) 중에서 매우 단단한 옥을 비취라고 한다. 물총새 날개의 색깔과 옥의 빛깔이 같아서 붙여진 이름이다.
보기 글	• 비취는 한국의 여름새로, 가을에 남쪽으로 내려간다. • 비취는 미얀마에서 가장 많이 생산되는 보석이다.

❄ 비판(批判)

본 뜻	비(批)_ (상소를 받아보고 임금이) 대답하다. 판(判)_ (칼로 쪼개고 갈라 그 이유를) 밝히다.
자구 해석	어떤 글에 대해 칼로 쪼개고 가르듯이 보고 그에 대해 의견을 밝히다.
바뀐 뜻	현상이나 사물의 옳고 그름을 판단하여 밝히거나 잘못된 점을 지적하다.
보기 글	• 스승의 비판을 받지 않으면 무엇이 잘못되었는지 알 수가 없다.

❄ 빈객(賓客)

본 뜻	빈(賓)_ 집에 찾아온 귀한 손님. 국빈(國賓), 내빈(來賓)처럼 쓰인다. 객(客)_ 잠시 머물다 가는 손님. 과객(過客), 승객(乘客)처럼 쓰인다. 중요도가 빈에 비해 현저히 떨어진다.

자구 해석	멀리서 찾아온 귀한 손님과 잠시 들른 손님.
바 뀐 뜻	요즘에도 각종 어휘에서 다른 뜻으로 쓰이고 있다. 예) 승객, 여객, 귀빈, 내빈.
보 기 글	• 빈(賓)이 될지언정 객(客)이 되지 마라.

※ **빈모(牝牡)→자웅(雌雄)**

본 뜻	빈(牝)_ 암컷 길짐승. 암컷의 성기를 나타낸다. 모(牡)_ 수컷 길짐승. 수컷의 성기를 나타낸다.
자구 해석	암컷 길짐승과 수컷 길짐승. 날짐승 수컷은 자(雌), 날짐승 암컷은 웅(雄)이라고 한다.
바 뀐 뜻	실제로 쓰이는 경우는 없다.
보 기 글	• 빈모와 자웅은 뜻이 비슷한 말이다.

※ **빈번(頻繁)**

본 뜻	빈(頻)_ (물을 건너지 못해 물가를) 왔다 갔다 하다, 마음이 급하다. 번(繁)_ (말의 갈기에 붙이는 장식이) 매우 많다, 바쁘다, 번성하다.
자구 해석	자주 왔다 갔다 하며 바쁘다.

※ **빈축(嚬蹙)**

본 뜻	빈(嚬)_ 눈을 찡그리다. 축(蹙)_ 얼굴을 찌푸리다.

못마땅하여 눈을 찡그리는 것이 빈(嚬)이고, 몸을 움츠리거나 얼굴을 찌푸리는 것은 축(蹙)이다.

자구 해석 눈을 찡그리고 얼굴을 찌푸리다.

바뀐 뜻 못마땅한 사람을 비난하거나 미워하는 표정을 가리키는데, 곧 누군가를 못마땅하게 생각한다는 뜻이다. 흔히 '빈축을 사다'라고 표현한다.

보 기 글 • 대통령은 월급을 전액 저축하여 재산이 몇 억이나 증가했다고 발표, 서민들의 빈축을 샀다.

※ 빙자(憑藉)

본 뜻 빙(憑)_ 의지하다.
자(藉)_ 빌다.

자구 해석 제사 지내려고 깔아놓은 깔개에 앉아버리다.
제사용 깔개에 앉으면 제주(祭主)가 되는데, 일단 이 깔개에 앉으면 함부로 대할 수가 없다. '빌다' '빌려 쓰다'로 뜻이 늘었다.

바뀐 뜻 남의 힘을 빌려서 의지하거나 남의 말을 막기 위해 핑계로 내세우는 것을 말한다.

보 기 글 • 군부는 간첩 소탕을 빙자하여 민주 인사들을 탄압했다.

❊ 사(士)/사(師)/사(事)

본 뜻 사(士)_ 회계사(會計士), 변호사(辯護士), 기능사(技能士), 변리사(辨理士).

사(師)_ 교사(教師), 목사(牧師), 미용사(美容師), 기사(技師), 의사(醫師).

사(事)_ 판사(判事), 검사(檢事).

사람이 아니라 직무에 초점을 맞춘 말이다.

바뀐 뜻 구분하기 위해 실었다.

보기글 • 간호원(看護員)이 간호사(看護師)가 된 것을 보면 우리 사회의 '사'자 병은 참 깊다.

❊ 사(寺)/시(寺)/절

본 뜻 한(漢)나라 때 장관들이 집무하던 관청을 시(寺)라고 했다. 대리시(大理寺)니 광록시(光祿寺)처럼 썼다. 조선시대에도 종부시(宗簿寺)나 내자시(內資寺) 등 많은 시가 있었다.

후한(後漢)의 명제(明帝, 57~75)는 꿈에서 붓다를 친견하고 채음과 진경이라는 특사를 인도에 보냈고, 이후 인도 고승 섭마등(攝摩騰,

Kasyapa Matainga)과 축법란(竺法蘭, Dharmaratna)이 백마(白馬)에 불경을 싣고 왔는데, 이때 두 승려는 조정의 영빈관 격인 홍려시(鴻廬寺)에 머물렀다. 이 관청이 너무 협소해 이듬해 하남성 낙양 교외에 새 건물을 짓고는 역시 황제가 하사한 관청이라는 뜻으로 백마시(白馬寺)라고 이름을 붙였다. 지금도 중국 발음이 다르지 않다.

이때부터 백마시를 근거지로 불법이 전파되고 우리나라에 전래되면서, 이후 관청을 뜻하는 '시'와 구분하기 위해 발음이 달라져 '샤'가 되었다. 그래서 백마사는 오늘날에도 중국 불교의 시원이요 최초의 사찰이라고 알려져 있다.

사를 절이라고 발음하게 된 것은 사의 고대 발음인 저(zi)가 절로 바뀐 것이라고 한다.

또 다른 어원이 있다. 신라에서는 19대 눌지왕 때에 묵호자(墨胡子)가 일선군(지금의 경북 구미 지역)의 모례의 집에 와 머물면서 몰래 불교의 가르침을 전하였다고 한다. 모례는 털례라고도 발음하는데, 이 털례의 집에 불상을 모셨기 때문에 털례의 집은 가람이 되었다고 한다. 그 후로 붓다를 모시고 불교를 행할 수 있는 집을 털례라고 부르게 되었고, 이 털례라는 발음이 '절로 변한 것이라고 한다. 이 어원설을 뒷받침하는 것으로 사(寺)의 일본어 발음인 데라(寺)도 털례에서 변한 것이라고 한다.

바뀐 뜻 절을 뜻하게 되면서 발음이 사가 되었다. 중국 발음은 아직도 시라고 한다.

보기글 • 관청이란 뜻의 '寺'자를 사로 읽으면 망신당하기 쉽다.

※ 사(死)/망(亡)/졸(卒)/붕(崩)/불록(不祿)

본 뜻 사(死)_ 죽은 직후부터 장례를 치르기 전까지 상태를 가리킨다. 이

때는 죽은 이를 사자(死者)라고 한다.

망(亡)_ 장례를 치른 이후를 가리킨다. 이때는 죽은 이를 망자(亡者)라고 한다.

사(死)_ 일반 사람의 죽음.

졸(卒)_ 대부(大夫)의 죽음.

붕(崩)_ 황제나 천자의 죽음.

훙(薨)_ 제후의 죽음.

불록(不祿)_ 선비의 죽음. 조정에서 주는 녹봉이 끊어졌다는 뜻이다.

바뀐 뜻 이제는 사망(死亡) 한 단어로 죽음을 나타낸다. 남의 죽음을 높일 때는 서거(逝去)라고 한다.

현대에 널리 쓰이는 사망 어휘는 다음과 같다.

사망(死亡)_ 생물학적인 죽음을 가리키며, 모든 죽음은 법률적으로 사망이라고 한다. 경찰과 검찰에서 다루는 법률적인 용어로 자살, 타살, 피살, 교살, 익사, 질식사 등이 있지만 결국 사망이란 어휘로 귀결된다.

서거(逝去)_ 국장·국민장에 관한 법률에는 '사회에 현저한 공훈을 남김으로써 국민의 추앙을 받는 사람의 죽음'을 서거라고 표현하고 있다. 우리나라에서는 전·현직 대통령, 김구 선생 같은 분의 사망을 서거라고 표현한다. 다만 현직일 경우에는, 생물학적으로 죽음에 이르렀을 때는 사망이라고 하지 않고 비공식 상황에서는 유고라고 한다. 이후 공식 확인이 되어 장례 절차에 들어가면 서거라고 한다. 서거라는 명칭을 쓸 것인지는 사회적 동의가 있어야 하며, 일단 서거라는 명칭이 부여되면 장례는 국장(國葬) 내지 국민장(國民葬)으로 치러진다. 반대로 말하면 국장과 국민장이 아니면 서거라는 명칭을 쓸 수 없다. 예를 들어 김일성의 죽음은 사망이라고 하지 서거라고 하지 않는다. 예) 노무현 전대통령 서거, 김구 선생 서거.

선종(善終)_ 가톨릭에서 사제의 죽음을 선종이라고 한다. 예) 김수환 추기경 선종.

입적(入寂)_ 불교에서 승려의 죽음을 입적이라고 한다. 이와 함께 열반(涅槃)이란 어휘도 쓴다. 예) 성철 스님 입적.

보 기 글
- 봉건시대에는 죽음을 표현하는 데도 차별을 두었다. 벼슬하지 않은 사람은 죽어도 학생(學生)을 면할 길이 없고, 벼슬한 사람은 똑같이 죽더라도 불록(不祿)의 명예를 누린다.

※ **사고(思考)**

본 뜻 사(思)_ (머리와 마음으로) 생각하다.
고(考)_ (경험이 많은 노인이) 깊이 살피다.

자구 해석 깊이 생각하고 살피다.

※ **사대부(士大夫)/대부(大夫)**

본 뜻 대부(大夫)라는 작호가 붙는 종4품 이상의 관리다. 예) 숭록대부(崇祿大夫), 정헌대부(正憲大夫).
주나라 때 지배계층이 왕·경(卿)·대부(大夫)·사(士)로 나뉘어 있었는데, 이 중 대부와 사를 합쳐 사대부라 하였다.

바 뀐 뜻 조선시대에는 문무 양반을 일컫는 일반적인 호칭으로 쓰였다. 벼슬을 받아 나가는 출사(出仕)와 관계가 없다.

보 기 글
- 사대부는 그 명예에 걸맞은 법도와 예의가 매우 복잡했다.

※ 사돈(査頓)

본 뜻   혼인한 두 집의 부모 또는 항렬이 같은 사람끼리 서로 부르는 호칭이다. 만주어는 '사둔', 몽골어는 '사든'이다. 이로 보아 고구려 때부터 써온 말인 듯하다.
또 다른 어원이 있다. 고려 예종 때 여진족을 물리친 원수(元首) 윤관(尹瓘)과 부원수 오연총(吳延寵)의 자녀가 혼인을 했다. 이때 두 사람은 서로 시내를 사이에 두고 살고 있었다. 어느 날 윤관은 집에서 빚은 술이 익자 오연총과 한잔하고 싶어 술병을 들고 시냇가에 당도했으나 간밤에 내린 비로 물이 불어서 내를 건널 수가 없었다. 그러다가 건너편 냇가를 보니 오연총 역시 하인에게 뭔가를 들려서 내를 건너올 작정인 듯했다. 그 또한 술을 가지고 윤관의 집으로 오는 중이었다. 이에 윤관이 "대감이 내게 한잔 들라고 하면 내가 가져온 술을 대감의 술로 알고 마시고, 내가 권하면 대감 또한 갖고 계신 술을 내 술로 알고 드시구려." 하였다. 그리하여 "잡수시오." 하면 돈수(頓首; 머리가 땅에 닿도록 절을 함)하고 자기의 술을 먹곤 하였다. 이 얘기가 항간에 돌아 서로 자녀를 혼인시키는 것을 "우리도 사돈(査頓; 나뭇등걸에서 절하기)을 해볼까?" 하는 말로 표현하였다는 것이다. 그러나 이 어원은 신빙성이 떨어진다.

바뀐 뜻   변한 뜻은 없다. 신랑 신부의 아버지를 바깥사돈, 어머니를 안사돈이라고 한다.

보기글   • 얘, 아가. 바깥사돈께서 올해 연세가 어떻게 되시냐?

※ 사면(赦免)

본 뜻   사(赦)_ (때리고 불로 지지고 피 흘리게 한 다음) 용서하다.

면(免)_ 아이를 낳으면서 힘을 쓰다, (힘들여 애쓴 다음에) 벗다, 벗겨 주다. 해산(解産)의 뜻은 '만(娩)'자로 옮겨갔다.

자구 해석 (벌 받던 사람을) 용서하고 벌을 벗겨주다.

❊ **사모(思慕)**

본 뜻 **사(思)_** (머리와 마음으로) 생각하다.

모(慕)_ (보고 싶은 사람이 가까이 없어) 몹시 그립다.

자구 해석 보고 싶어 그립고 자꾸 생각나다.

❊ **사전(事典)/사전(辭典)/자전(字典)**

본 뜻 **사(事)_** 일에 대한 정의를 적은 책이다. 손에 붓이나 먼지떨이 등의 도구를 들고 일한다는 뜻이다.

사(辭)_ 글자가 여러 개 모인 어휘의 뜻을 적은 책이다. 말이라고 새긴다.

자(字)_ 글자. 한자어의 경우 글자 한 개를 가리킨다.

전(典)_ 두 손으로 책을 공손하게 들고 있는 것으로 보아 법령이 적힌 죽간(竹簡)이다. 문자의 법령과 같아서 흔히 법과 규정으로 새긴다.

자구 해석 **사전(事典)_** 일과 사물에 대한 정의를 적은 책이다. 영화 사전, 과학 사전, 문학 사전, 동식물 사전, 백과사전은 모두 사전(事典)이다.

사전(辭典)_ 말(辭)을 풀어놓은 책이다. 즉 어휘의 정의를 적은 책이다.

자전(字典)_ 한자를 모아서 일정한 순서로 늘어놓고 글자 하나하나의 뜻과 음을 풀이한 책이다.

바 뀐 뜻 현재에도 백과사전(百科事典)과 국어사전(國語辭典)의 차이처럼 쓰인다.

보 기 글
- 사전(事典)과 사전(辭典)은 한자와 뜻이 다르지만 같은 한자, 같은 뜻으로 아는 사람이 많다.

※ **사직(社稷)**

본 뜻 **사(社)**_ 땅의 신령에게 제를 지내는 곳이나 그 행위를 뜻한다.
직(稷)_ 곡물의 신이다. 원래 직은 곡식의 일종이었다. 서직(黍稷)은 상(商)나라나 주(周)나라 사람들의 주식으로 이용되던 곡물이었다. 특히 주나라 사람들에게 직(稷)은 가장 중요한 곡물이었다. 그렇기 때문에 그들은 곡물의 신을 직(稷)이라고 불렀다.

자구 해석 토지신과 곡물신 또는 두 신을 제사하는 제단.

바 뀐 뜻 종묘(宗廟)와 함께 국가나 조정을 이르는 말로 쓰이고 있다.

보 기 글
- 사직을 잃어도 백성은 남는다.

※ **사찰(寺刹)/사원(寺院)**

본 뜻 **사(寺)**_ 절, 대웅전 등의 건물.
찰(刹)_ 사리를 담아두는 탑(塔).
원(院)_ 신도나 여행객이 머물 수 있는 숙소.

| 자구 해석 | **사찰**(寺刹)_ 불교를 신앙하고 수행하는 건물(寺)과 사리나 유골을 봉안한 탑(刹).
사원(寺院)_ 사찰과 사찰에 딸린 숙소.
| 바뀐 뜻 | **사찰**(寺刹)_ 절의 건축물과 탑을 합쳐서 사찰이라고 한다. 사리탑은 큰절에 있으므로 오늘날 사찰은 주로 큰절이라는 의미로 쓰인다.
사원(寺院)_ 사찰이란 말과 혼동되어 쓰이고 있다. 요즘에 유행하는 '템플스테이(승려가 아닌 일반인이 사찰 경내에서 먹고 자면서 수행하는 공간)' 시설이 있는 사찰만이 사원이라고 할 수 있다.
| 보 기 글 | • 사찰이라는 말보다는 절이라고 하는 게 좋다.

❅ 산(山)/악(岳)/봉(峰)/영(嶺)/구(丘)→현(峴)/치(峙)

| 본 뜻 | **산**(山)_ 돌이 없는 높은 언덕이다. 우리나라에서는 따로 기준이 없지만 영국은 305미터 이상을 산이라고 한다.
악(岳)_ 산보다 크고 높으면서 바위산을 포함한다.
봉(峰)_ 산봉우리가 솟은 곳을 말한다. 예) 무주의 삼도봉, 양주의 도봉.
영(嶺)_ 재를 말한다. 산굽이 중 낮은 곳으로, 주로 산을 넘어가는 길이거나 산의 중턱을 지나는 산길이다. 산의 어깨나 목 부분쯤에 나 있는 통로다. 예) 대관령, 철령, 조령, 박달재, 문경새재.
구(丘)_ 돌이 있는 언덕이다. 구(邱)는 대구 지명에 쓰는 특수 한자다. 조선시대 유림들이 대구의 '구(丘)'자가 공자의 본명인 공구(孔丘)의 '구'자와 같다며 피휘해야 한다고 주장하여, 정조 2년 5월에 처음으로 쓰였다. 이후 계속 구(邱)로 쓰인다.

| 바뀐 뜻 | 오늘날에도 이 뜻은 변함이 없다.

❈ 산전수전(山戰水戰)

| 본 뜻 | 산전과 수전은 전투 종류 중 하나다. 산전은 산에서 싸우는 전투고, 수전은 물에서 싸우는 전투다.
| 바뀐 뜻 | 흔히 '산전수전 다 겪었다'는 표현으로 널리 쓰이는 이 말은 세상의 온갖 고생과 어려움을 다 겪어 경험이 많음을 이르는 말이다.
| 보기글 | • 산전수전 다 겪어봐야 부모의 고마움을 안다.

❈ 산책(散策)

| 본 뜻 | 산(散)_ (삼 줄기를 나뭇가지로 두드려 패니 잎이) 마구 흩어지다.
책(策)_ 죄인들을 때리는 데 쓰는 채찍. 대나무(竹)나 가시나무(朿)로 만든다. 여기서는 지팡이란 뜻이다.
산책은 원래 관원이 나타나 채찍을 휘두르면 죄인들이 무서워 흩어지는 것을 가리킨다. 그런데 죄인들 입장에서 보면 관원이 채찍이나 들고 돌아다니는 짓이 한가로워 보이다 보니 현대적 의미의 산책으로 바뀌었다.
| 자구 해석 | 지팡이를 잡고 이리저리 거닐다.

❈ 살육(殺戮)

| 본 뜻 | 살(殺)_ (칼로 베거나 창으로 찍어서) 죽이다. 싸움이나 전투 중에 적을

죽이는 것 등이다.

육(戮)_ 법이나 군령에 따라 사형(死刑)을 가하거나 육시(戮屍)를 하거나 죽은 사람의 목을 베는 참시(斬屍)다. 주로 죄인을 죽이는 것이다.

자구 해석 전쟁에서 사람을 죽이거나 법이나 군령으로 사형을 집행하다.

바 뀐 뜻 무엇을 트집 잡아 사람을 마구 죽이다.

보 기 글
- 육이오전쟁을 다룬 영화를 보면, 국군이 양민이나 인민군 포로를 살육하는 장면이 적잖이 나온다.

※ **삼림(森林)/산림(山林)**

본 뜻 **삼(森)_** 나무가 빽빽하다.
림(林)_ 수풀.
산(山)_ 산.

바 뀐 뜻 **삼림(森林)_** 나무가 많이 우거진 숲이다.
산림(山林)_ 산과 숲 또는 산에 있는 숲이다. 학식과 덕이 높으나 벼슬을 하지 않고 숨어 지내는 선비를 가리키기도 하고, 불교에서는 절에서 일정한 기간을 정해놓고 많은 사람이 함께 모여서 불법을 공부하는 모임이다.

보 기 글
- 박정희 치세 중 산림 정책은 매우 잘되었다.
- 해인사에서 화엄산림을 열었다.

※ **삽입(揷入)**

본 뜻 **삽(揷)_** (삽이나 꼬챙이 따위를) 꽂다, 박아넣다, 끼워넣다. 삽은 깊이의 어느 지점이냐가 더 중요하다.

입(入)_ (머리를 숙여 안으로) 들어오다, 들어가다. 삽한 다음에 이뤄지는 행위다.

자구 해석 꽂아서 집어넣다.

❋ **상대(相對)**

본 뜻 **상(相)**_ 나무가 잘 자라는지 살피다. 곧 눈으로 바라보는 상대.
대(對)_ (누구와 얼굴을) 마주하다.

자구 해석 누군가와 얼굴을 마주하다.

❋ **상상(想像)**

본 뜻 **상(想)**_ 상대를 보며 속으로 생각하다.
상(像)_ (사람 모양을 한) 형상. 원래는 중국 남쪽에 살다 사라진 코끼리를 가리키다가 사람의 모양인 상(像)으로 발전했다.

자구 해석 속으로 어떤 형상을 떠올리다. 일본 한자어로, 원래 의미가 더 넓고 크다.

❋ **상징(象徵)**

본 뜻 **상(象)**_ (중국 남쪽의 미얀마와 인도에 사는 코끼리는 중국인들이 잘 보지 못하므로 그) 형상을 떠올리다.
징(徵)_ 부르다, 거두다.

| 자구 해석 | 어떤 형상을 떠올리다, 떠올린 형상.

❊ 상쾌(爽快)

| 본 뜻 | 상(爽)_ (키 큰 사람이 올이 성긴 옷을 입어) 시원하다.
쾌(快)_ 빠르고 날래어 산뜻하다.
| 자구 해석 | 시원하고 산뜻하다.

❊ 상태(狀態)

| 본 뜻 | 상(狀)_ (사나운 개의) 모양, 형상.
태(態)_ (얼굴이나 태도에) 나타난 모양.
| 자구 해석 | 무엇이 놓여 있는 모양이나 형편. 일본 한자어다.

❊ 상황(狀況)

| 본 뜻 | 상(狀)_ (사나운 개의) 모양, 형상.
황(況)_ (어떤 걸 보고) 비유하다, 예를 들다.
| 자구 해석 | 본 형상을 비유하다. 일이 되어가는 과정이나 형편. 일본 한자어다.

❊ 색채(色彩)

| 본 뜻 | 색(色)_ 빛이 물체에 닿은 뒤 '반사되는' 색깔이다. 빨강·노랑·파랑이

기본이며, 삼원색을 합치면 검정이다. 채(彩)와 반대다. 감산혼합, 2차색이라고 한다.

채(彩)_ 빛이다. 프리즘이나 물방울 등을 통과한 뒤 빛이 '갈라지는' 각 파장의 고유 빛깔이다. 빨강·초록·파랑이 기본이며, 이 삼원색을 다 합치면 하양이 된다. 채에는 검정이 없다. 가산혼합, 1차색이라고 한다.

| 바뀐 뜻 | 오늘날 일반인들은 색과 채를 잘 구분하지 못하지만, 미술이나 인쇄 분야에서는 엄격히 다르게 본다. 즉 색의 삼원색과 빛의 삼원색이 다르다. |

| 보기글 | • 회화(繪畫)를 하는 사람으로서 색채를 색으로만 보거나 채로만 보면 안 된다. |

❄ 생신(生辰)

| 본 뜻 | **생(生)**_ (싹이) 돋아나다, 태어나다.
신(辰)_ 날, 별자리. |
| 자구 해석 | 태어난 날과 태어난 날의 별자리. |

❄ 서거(逝去)

| 본 뜻 | **서(逝)**_ 죽다. 사(死)와 같다. 장례식을 치르기 전에는 서(逝)다.
거(去)_ 떠나다. 망(亡)과 같다. 즉 장례식을 치러 영혼이 아주 떠나간 것을 가리킨다. |
| 자구 해석 | 사망(死亡)의 높임말이다. 남의 죽음을 높이어 정중하게 이르는 말이다. |

바 뀐 뜻	대통령 등 사회적으로 신분이 높은 사람이 죽었을 때 쓴다. 서거와 사망 한자어의 뜻은 아무 차이가 없다.
보 기 글	• 서거한다고 천국에 나고, 사망한다고 지옥에 나는 게 아니다.

❄ 서민(庶民)

본 뜻	벼슬이 없는 몰락 양반이나 사회적인 특권을 갖고 있지 않은 보통 사람들을 가리키는 말이다. 벼슬한 양반을 일컫던 사대부(士大夫)의 반대말이다.
자구 해석	벼슬하지 않은 백성.
바 뀐 뜻	본래는 벼슬과 관계 있던 정치적인 말이었음에도, 오늘날에 이 말은 중산층 이하의 살림이 넉넉지 못한 사람들을 일컫는 경제적인 말로 바뀌었다.
보 기 글	• 서민이라고 자칭하면서 골프를 즐기고, 해외 여행을 자주 다니는 정치인이 많다. • 국회의원은 이미 서민이 아니다. 그런데도 서민을 자처하는 건 웃음거리다.

❄ 서얼(庶孼)

본 뜻	서(庶)_ 서자(庶子). 양반과 양민 여성 사이에서 낳은 아들이다. 얼(孼)_ 얼자(孼子). 양반과 천민 여성 사이에서 낳은 아들이다.
바 뀐 뜻	적자와 서얼 사이에 벼슬과 재산 상속에서 차별하기 위해 만들어진 말이다. 서(庶)는 본디 주(主)가 아니라는 의미일 뿐이었다. 황제와 성이 다른 경우에도 서성(庶姓)이라 하고, 일반 백성을 서민이라고 했다. 조선시대에 서자는 늘 정치 문제로 떠올랐으나 얼자는 거

론조차 되지 않았다.

| 보기글 | • 홍길동은 어머니가 천민 신분이므로 서자가 아닌 얼자가 된다.

※ 서열(序列)/순서(順序)

| 본 뜻 | 서(序)_ 대가족이 사는 집안에서 '나'의 위치다. 즉 등급(等級)의 '등'과 같다.
열(列)_ 점이 잘 쳐지도록 거북 등딱지나 소 어깨뼈 등에 칼집을 나란히 내놓다, 늘어놓다. 열(列)은 자식이냐, 손자냐 등 그 줄기를 가리키는 것이다. 등급의 '급'과 같다.
순(順)_ 물이 흐르는 대로. 즉 윗물이 있고 아랫물이 있는 것처럼 자연스러운 차례를 가리킨다. 나아가 형을 따르는 동생이란 뜻으로, 형제의 순서를 나타낸다.

| 자구 해석 | 서열(序列)_ 대가족 내의 등급. 인위적인 등급이다. 나이와 상관없이 항렬을 따른다. 따라서 대가족 행사, 문중 행사에서 여덟 살짜리 어린아이가 여든 살 노인보다 앞자리에 앉을 수 있다.
순서(順序)_ 자연스러운 차례. 먼저 온 사람이 앞에 서고 나중에 온 사람이 뒤에 서는 것 등이다.

| 바뀐 뜻 | 일정한 기준에 따라 순서대로 늘어섬. 또는 그 순서.
| 보기글 | • 서열 문화는 원시사회의 풍습이다.

※ 석방(釋放)

| 본 뜻 | 석(釋)_ 풀다, 풀리다.
방(放)_ (죄인을 때려서 지방으로) 놓아주다.

자구 해석 풀어서 놓아주다.

※ 선거(選擧)→선량(選良)→선발(選拔)

본 뜻 **선(選)_** 선발(選拔), 인물을 뽑다, 고르다.
거(擧)_ 천거(薦擧), 인물을 추천하다, 들다, 쳐들다.
한나라 때에 지방 군수가 현량방정(賢良方正; 어질고 착한 사람)하고 효렴(孝廉; 효심이 깊고 청렴한 사람)한 사람을 관리로 추천하는 법이 있어, 군수가 사람을 뽑는 것을 선발, 그다음에 조정에 올리는 것을 천거라고 했다. 그러면 조정에서는 선발천거, 즉 선거된 사람을 관리로 임명했다.

자구 해석 군수가 인재를 선발하여 조정에 추천하다.

바뀐 뜻 오늘날에는 뜻이 변해 유권자가 투표로 대표자를 뽑는 일을 선거라고 한다. 정당 또는 일정한 유권자가 추천하는 거(擧)와 유권자가 표를 찍는 선(選)이 합쳐진 뜻이다.

보기글 • 선거란 곧 인물의 됨됨이가 중요하다는 말이다.

※ 선달(先達)

본 뜻 과거에서 문무과(文武科)에 급제했으면서도 벼슬하지 않은 사람이다. 조선시대에는 주로 무과 급제자면서 벼슬을 받지 못한 사람을 가리켰다. 문과의 경우 진사나 생원으로 따로 불리기 때문에 굳이 선달이라는 명칭을 쓰지 않는다.

자구 해석 과거시험에 합격하고도 벼슬을 받지 못한 대기자. 특히 무과 급제자.

바뀐 뜻 후대로 내려오면서 급제 여부와 상관없이 벼슬을 하지 않은 성인 남자들을 가리키는 말로 쓰였다.

보기글
• 봉이 김 선달은 대동강 물을 팔아먹었다고 해서 유명하다.

※ 선량(選良)→선거(選擧)→선발(選拔)

본 뜻
한나라 때에 지방 군수가 관리를 선발하여 조정에 천거했는데, 이때 군수에 의해 선발된 현량방정(賢良方正)한 사람을 가리켜 선량(選良)이라고 했다.

자구 해석
군수가 조정에 추천하기 위해 미리 선발한 사람.

바뀐 뜻
조선시대에 과거시험에 합격한 사람을 가리키다가, 현대에 이르러 국회의원을 지칭하는 말로 굳어졌다.

보기글
• 국회의원이 선량이라면, 국회의원들은 효성이 지극하고 청렴하단 말인가?

※ 선박(船舶)/함(艦)/척(隻)

본 뜻
선(船)_ 작은 배.
박(舶)_ 큰 배.
함(艦)_ 전투에 쓰는 배.
척(隻)_ 배를 세는 단위.

바뀐 뜻
선박은 크고 작은 배를 총칭하는 말이다. 해군용 선박은 함이라고 한다.

보기글
• 선박이 드나들고 머무는 곳을 항구라고 한다.
• 우리나라는 세 척의 이지스 구축함을 보유하고 있다.

❄ 선발(選拔)→선거(選舉)→선량(選良)

| 본 뜻 | 선(選)_ 고르다.
발(拔)_ 뽑다. |
| --- | --- |
| 자구 해석 | 골라 뽑다. |
| 바뀐 뜻 | 많은 가운데서 가려 뽑다. |
| 보 기 글 | • 우수학생 선발대회.
• 국회의원 선거는 수십만 유권자의 대표를 선발하는 것이다. |

❄ 선봉(先鋒)

| 본 뜻 | 선(先)_ 먼저, 처음.
봉(鋒)_ 칼끝. |
| --- | --- |
| 자구 해석 | 칼끝 같은 맨앞. 앞선 봉우리로 오해하는 사람이 많다. |

❄ 선영(先塋)/선산(先山)

| 본 뜻 | 선영(先塋)_ 할아버지나 아버지가 묻혀 있는 무덤이다. 영(塋)은 무덤이다.
선산(先山)_ 선영과 그 선영에 딸린 모든 산야이다.
선영이 선산에 포함되는 것이긴 하나 같은 말은 아니다. |
| --- | --- |
| 바뀐 뜻 | '○○선영(先塋)'이라고 하면 조상의 무덤에 합장하겠다는 뜻이 되므로 주의해서 써야 한다. '장지는 ○○선산' 또는 '장지는 ○○선영 아래'라고 해야 한다. |
| 보 기 글 | • 뜻도 모르고 선영에 모신다고 말하는 상주가 많다. |

❖ 선전(宣傳)

본 뜻 선(宣)_ 임금이 이르는 말, 하교(下敎).
전(傳)_ (말을) 전하다.

자구 해석 임금의 말을 전하다. 전하는 사람을 선전관(宣傳官)이라고 한다.

바뀐 뜻 대통령 등 국가지도자의 말을 전하는 것을 선전이라고 하는데, 봉건시대를 지나면서 윗사람의 말을 전한다는 의미로 바뀌었다가, 현대에 이르러 그런 의미마저 사라졌다. 현대에는 주의나 주장, 사물의 존재, 효능 따위를 많은 사람이 알고 이해하도록 잘 설명하여 널리 알린다는 의미로 바뀌었다.

보기글 • 후보 연설에서 그는 자신이 서민임을 선전했다.

❖ 선택(選擇)

본 뜻 선(選)_ 가리다, 고르다.
택(擇)_ 뽑다, 집다.

자구 해석 골라서 잡다.

바뀐 뜻 여럿 가운데서 필요한 것을 골라 뽑거나, 적자생존의 원리에 따라 생물 가운데 환경이나 조건 따위에 맞는 것만이 살아남고 그렇지 않은 것은 죽어 없어지는 생물학적 현상. 또는 문제를 해결하기 위한 몇 가지 수단을 의식하고, 그 가운데서 어느 것을 골라내는 심리 작용 등을 나타낸다.

보기글 • 누굴 선택하느냐에 따라 5년이 행복할 수도, 불행할 수도 있다.

※ 선호(選好)

| 본 뜻 | 선(選)_ 고르다.
호(好)_ (여자가 아이를 안고 있으니) 좋다.
| 자구 해석 | 어떤 것을 골라 더 좋아하다. 일본 한자어인만큼 뜻이 흐릿하다.

※ 설득(說得)

| 본 뜻 | 설(說)_ 이야기를 늘어놓다, 이야기하다.
득(得)_ (길에서 손으로 돈을) 줍다, 얻다.
| 자구 해석 | 이야기를 잘 해서 그 사람의 뜻을 얻다.

※ 섬세(纖細)

| 본 뜻 | 섬(纖)_ (산부추 대처럼) 가늘다. 나중에 가는 실이나 줄을 가리켰다.
세(細)_ (실처럼) 가늘다. 가는 실이 끊어지지 않고 길게 이어지니 곱다.
| 자구 해석 | 곱고 가늘다.

※ 섬유(纖維)

| 본 뜻 | 섬(纖)_ 가는 실. (산부추 대처럼) 가늘다. 나중에 가는 실이나 줄을 가리켰다.
유(維)_ 굵은 실, 밧줄, 벼리, 단단히 묶는 끈.

자구 해석	가는 실과 굵은 실.
바 뀐 뜻	오늘날에는 구분하지 않고 '온갖 실'이란 뜻으로 쓰인다.
보 기 글	• 옛날에는 누에고치에서 뽑은 실이나 목화꽃으로 만든 실을 썼으나 지금은 대부분 합성섬유로 천을 짠다.

※ **섭렵**(涉獵)

본 뜻	섭(涉)_ 물을 건너다. 렵(獵)_ 사냥하다.
자구 해석	물을 건너 사냥하러 하다.
바 뀐 뜻	사냥 문화가 거의 사라진 요즘에는 많은 책을 널리 읽거나 여기저기 찾아다니며 경험하는 것을 가리킨다.
보 기 글	• 지난 여름방학 동안 할리우드 영화를 섭렵했다.

※ **성격**(性格)

| 본 뜻 | 성(性)_ 태어날 때부터 갖는 마음, 성품(性品).
격(格)_ 나무로 만든 시렁(선반), 모양을 잘 만들고 못 만드는 격식. |
| 자구 해석 | 사람이 가지고 있는 고유한 성질이나 품성. 일본 한자어다. |

※ **성곽**(城郭)

| 본 뜻 | 성(城)_ 내성(內城). 주로 왕이 거주하는 곳이다. 경복궁, 창덕궁, 덕수궁 등이다. |

곽(郭)_ 외성(外城). 관부와 백성이 거주하는 곳이다. 남대문, 서대문, 동대문 등을 잇는 큰 개념의 성이다. 한양성이라고 말할 때는 곽 이내다.

적의 침입이 빈번했던 옛날에는 성을 쌓아 방어했다. 그때 정치적·군사적으로 중요한 곳은 두 겹으로 성을 쌓았는데, 안쪽에 쌓은 것을 성(城)이라고 하고 바깥쪽에 쌓은 것을 곽(郭)이라고 했다. 그러므로 성곽이라고 하면 내성과 외성을 아울러 이르는 말이다.

| 자구 해석 | 내성과 외성. 조선시대에 경복궁, 창덕궁, 덕수궁 등의 궁성과 사대문을 서로 잇는 성.
| 바뀐 뜻 | 오늘날에는 그냥 단순하게 성(城)을 이르는 말로 널리 쓰인다.
| 보기글 | • 한양성은 대표적인 성곽도시다.

❀ 성숙(成熟)

| 본 뜻 | 성(成)_ 이루다, 만들다. 벽을 잇고 지붕을 얹어 마지막으로 완성하는 것이다.
숙(熟)_ 불로 음식을 익히다.
| 자구 해석 | 만들어 잘 익히다.
| 바뀐 뜻 | 생물의 발육이 완전히 이루어지다. 몸과 마음이 자라서 어른스럽게 되다. 경험이나 습관을 쌓아 익숙해지다. 일본 한자어다.
| 보기글 | • 조카가 대학을 가더니 꽤 성숙해졌다.

❀ 성신(星辰)/진수(辰宿)

| 본 뜻 | 성(星)_ 별. 구체적으로 오성(五星), 즉 화성·수성·목성·금성·토성

등 태양계의 행성이다.

신(辰)_ 별자리.

수(宿)_ 여러 별자리 중 황도를 28분한 각각의 별자리다.

별자리를 나누어 표기할 때도 있는데 수(宿)와 나란히 표기할 때 진(辰; 이때 발음은 '진'이 됨)은 북방 별자리를, 수(宿)는 남방 별자리다.

자구 해석 **성신(星辰)_** 별과 별자리.

진수(辰宿)_ 북방 별자리와 남방 별자리.

바뀐 뜻 우리말에는 항성(별)과 행성을 구분하는 말이 없다. 하지만 천문학에서는 스스로 빛을 내는 별을 별이라고 하고, 빛을 내지 않는 별을 행성이라고 엄밀히 구분한다. 하지만 고대에는 태양계 행성도 별이라고 불렀다.

보 기 글
- 성(星)과 신(辰)의 차이를 조선시대 사람들은 상식으로 알았다.

❄ 성실(誠實)

본　뜻 **성(誠)_** (하늘이나 조상에게 제사할 때 기도하는) 아주 지극한 말이다.

실(實)_ 신에게 바치는 좋은 반찬. 원래 고대에는 집 안에 있는 조개 꾸러미(돈)를 뜻했으나, 농경사회가 되면서 곡식이나 열매로 바뀌었다.

자구 해석 정성스럽고 참되다.

❄ 성씨(姓氏)

본　뜻 **성(姓)_** 아버지의 출신이다. 부계 혈통이다.

씨(氏)_ 어머니의 출신이다. 모계 혈통이다.

자구 해석 아버지의 성과 어머니의 씨. 예) 성씨가 무엇입니까? 저는 함평이성(또는 함평이가)에 탐진최씨입니다.

강태공의 원래 이름은 강여상(姜呂尙)인데, 성은 강, 씨는 여, 이름은 상이다. 나중에는 여를 빼고 강상이라고도 불렀다. 진시황의 이름은 영조정(嬴趙政)인데, 성은 영, 씨는 조, 이름은 정이다. 그러나 후대에 이르러 씨는 사라지고 성과 이름만 남아 성명(姓名)이 되어 두 자 이름이 많아지게 된다. 춘추전국시대에 여성의 이름은 앞에 나오고 성은 뒤에 붙었다. 예를 들어 춘추시대 미인으로 알려진 문강(文姜)은 이름은 문이고 성은 강이다.

한편 어원으로 살필 때는 씨(氏)를 뿌리 모양으로 보아 부계(父系)로 해석하고 성(姓)은 어떤 여자에서 태어났느냐를 살피므로 모계(母系)로 해석한다는 설도 있다. 한나라 이후 모계를 가리키는 씨(氏)가 사라지고 성(姓)만 남게 되었다. 이후 씨는 여성에게만 쓰였다.

우리나라의 경우, 성과 씨의 기준은 조선시대에 와서 달라졌다. 일단 여성도 성씨를 갖게 되었지만 이름을 부르지 못하기 때문에 이를 구분하는 호칭이 생겨났다. 사대부 가문의 여성은 이름 대신 씨(氏)가 붙고, 향리나 중인은 성(姓)이 붙고, 평민은 조이(召吏)를 붙였다. 따라서 여주 김씨라면 사대부 집안인 여주 김씨 집안의 여성이라는 뜻이고, 김성은 중인 집안의 김씨, 김조이라면 평민 집안의 김씨라는 뜻이다. 한편 양반가 남성의 이름을 생략할 때는 공(公)을 붙여 이공, 김공으로 호칭했다.

바뀐 뜻 20세기까지는 성씨(姓氏)의 의미가 부계 성만을 가리켰는데, 어머니 성을 갖자는 운동이 일어나면서 성씨의 전통적인 의미가 부활하는 중이다.

보기글 • 성씨를 다 넣어 이름을 부르는 여성들이 늘어나고 있다.

※ **세계(世界)/세상(世上)**

본 뜻
세(世)_ 옮겨 흐르는 것이다. 과거와 미래와 현재를 가리킨다. 이런 뜻에서 이어 내려오는 가계(家系)를 뜻한다. 곧 인간 사회를 나타낸다.
계(界)_ 동쪽·서쪽·남쪽·북쪽, 동남·서남, 동북·서북, 위와 아래다. 즉 방위다. 따라서 경계이다.
상(上)_ 위이다.

자구 해석
세계(世界)_ 과거와 현재와 미래의 땅과 하늘과 인간 사회.
세상(世上)_ 과거와 현재와 미래.

바뀐 뜻
세계(世界)_ 본디 방위와 시간을 가진 우주를 가리켰다. 계(界)를 가리키는 방위는 열 군데이고, 세(世)를 가리키는 흐르는 숫자는 과거·현재·미래 셋이다. 지금은 지구상의 모든 나라를 가리킨다. 또는 인류 사회 전체, 집단적 범위를 지닌 특정 사회나 영역이다.
세상(世上)_ 세계보다 단위가 좁다. 사람이 살고 있는 모든 사회를 통틀어 이르거나, 사람이 태어나서 죽을 때까지의 기간, 어떤 개인이나 단체가 마음대로 활동할 수 있는 시간이나 공간이다.

보기글
- 셰익스피어는 세계적인 극작가이다.
- 세상은 넓고 할 일은 많다던 김우중 씨가 세상을 떠났다.

※ **세기(世紀)와 햇수를 가리키는 말→세대(世代)**

본 뜻
세(世)_ 30년이다. 내려 세는 단위. 예) 7세손, 10세손.
기(紀)_ 12년(목성의 천구 1주 시간)이다. 세(世)와 기(紀)를 합친 세기(世紀)는 100년이다.
대(代)_ 30년이다. 올려 세는 단위. 예) 5대조, 10대조.

년(年)_ 주나라에서 1년을 가리키는 단위였다. 벼의 재배 단위이다.
재(載)_ 1년.
세(歲)_ 하나라에서 1년을 가리키는 단위였다.
령(齡)_ 소의 이빨이 1년에 하나씩 난다고 하여 짐승의 나이 단위이다.
사(祀)_ 1년. 상나라에서 1년을 가리키는 단위였다.
주(周)_ 특정 해가 돌아오는 단위이다. 돌이다.

세대(世代)가 합쳐져 30년을 가리키고, 나아가 인간의 대(代)를 나타내게 되었다. 진나라 때 연세(年歲)라는 어휘가 등장하여 나이를 뜻하는 말이 되었다. 연대(年代)가 합쳐져 10년 단위를 가리키는 말이 되었다. 세기(世紀)는 저술의 한 종류로, 제왕의 세계(世系)를 기록한 전적(典籍)을 뜻한다. 《상서세기尚書世紀》《제왕세기帝王世紀》《화랑세기花郎世紀》 따위의 책이 있다.

바뀐 뜻 세기는 서양에서 100년을 세는 단위 century를 번역하면서 등장한 말로, 이제는 100년을 나누는 시대 구분 단위가 되었다.

보기글 • 21세기가 시작되었다.

※ 세대(世代)→세기(世紀)와 햇수를 가리키는 말

본 뜻 **세(世)**_ 30년이다. 변하여 아버지와 아들을 구분하는 단위가 되었다. 할아버지에서 아버지로, 아버지에서 아들로 내려오는 것을 세(世)라고 한다. 옛날에는 평균수명이 짧아 대체로 30년 단위로 가장이 바뀌었으므로, 《예기禮記》에 30년을 1세라고 한다고 기록되어 있다. 이때부터 1세는 '한 마디'를 뜻하게 되었다. 또 왕조의 차례를 나타내기도 한다. 예) 조선 3세 임금 태종.
대(代)_ 30년이다. 변하여 아들과 아버지를 구분하는 단위가 되었다.

손자에서 나로, 나에서 아버지로, 아버지에서 할아버지로 올라가는 것을 대(代)라고 한다. 본디 세(世)로 쓰이던 게 대(代)로 바뀌게 된 것은 당나라 때부터이다.

당나라 태종의 이름인 이세민(李世民)에서 '세'자를 피휘하기 위해 문장, 이름, 단어에서 '세'자 대신 '대'자를 쓰게 되었다. 당나라가 망하자 피휘할 필요가 없어져 세와 대를 함께 써서 세대라고 하게 되었다.

바 뀐 뜻 요즘에는 노년, 장년, 청년 등을 구분하는 사회적 용어로 자주 쓰인다. 나로부터 조상을 말할 때는 몇 대조(代祖)라고 하고, 시조로부터 그 후손을 말할 때는 몇 세손(世孫)이라고 한다.

보 기 글 • 아버지와 나는 세대차를 느낀다.

※ **세련(洗練)**

본   뜻 세(洗)_ (물에 들어가 발을) 씻다.
련(練)_ (실을 만드는 과정을) 익히다.
자구 해석 발을 씻고 열심히 기술을 익히다. (그래서) 서툴지 않고 익숙하다.

※ **세월(歲月)**

본   뜻 세(歲)_ 1년이다.
월(月)_ 세(歲)를 12등분한 한 달이다.
자구 해석 연과 월. 시와 분을 주로 가리키는 시간보다 더 큰 단위다.

❀ **세척(洗滌)**

본 뜻	세(洗)_ 물로 씻다. 척(滌)_ 물로 빨다, 헹구다.
자구 해석	물로 씻거나 빨다.
바뀐 뜻	주로 빨거나 헹구는 행위를 가리킨다. 물로 씻는 것은 묵은 때를 벗겨낼 때만 가리킨다.

❀ **세탁(洗濯)**

본 뜻	세(洗)_ (물에 들어가 발을) 씻다. 탁(濯)_ (물찬 꿩의 깃털처럼 물에 담가) 깨끗하고 산뜻하게 씻다.
자구 해석	잘 씻다.

❀ **소개(紹介)**

본 뜻	소(紹)_ (노끈을) 잇다. 개(介)_ 가운데에 끼우다.
자구 해석	끼워서 잇다, 모르는 사람들 사이에 끼어 관계를 이어주다.

❀ **소극적(消極的)**

본 뜻	소(消)_ (불을) 끄다, 사라지다. 극(極)_ 끝나다, 막다른 곳.

자구 해석 (불이) 꺼지고 다 끝나다, 불이 꺼지고 모든 게 끝난 듯하다.

※ 소박(素朴)

본 뜻 **소(素)_** 염색 등 가공하지 않은 생 명주실처럼 빛깔이 투박하여 꾸밈이 없다.

박(朴)_ 점을 친 결과를 나타내는 '나무로 만든 괘'다. 점괘는 나온 그대로 봐야 한다는 뜻에서 '있는 그대로'라는 뜻으로 변했다.

자구 해석 있는 그대로 손대지 않은.

바 뀐 뜻 꾸밈이나 거짓이 없고 수수하다.

보 기 글 • 그이는 언제나 소박한 차림 그대로였다.

※ 소설(小說)/소설가(小說家)→작가(作家)

본 뜻 《장자》〈외물편外物篇〉에 처음 소설이란 글자가 보인다. "작은 이야기를 꾸며서 높은 칭찬이나 구하는 사람들은 큰 깨달음과는 거리가 멀다(飾小說以干縣令, 其於大達亦遠矣)."가 그것으로, 소설이 한 단어로 쓰인 것은 물론 아니다.

《순자》〈정명편正名篇〉에도 "그러므로 지혜로운 사람은 도리를 말할 뿐이니, 어설픈 학자들이 기괴한 이야기로 바라는 것들은 모두 그 앞에 사라져버리게 될 것이다(故智者論道而已矣, 小家珍說之所願皆衰矣)."라는 문장에 '소가진설(小家珍說; 어설픈 학자들의 기괴한 이야기)'이라는 말이 나온다. 대가(大家)가 아닌 소가(小家)들이 주로 지은 진기한 이야기라는 의미로 소설이라는 말이 생겨난 것이다.

춘추전국시대를 지나 한나라 때는 환담(桓譚)의 《신론新論》에 소설이란 말이 구체적으로 등장한다. "소설가와 같은 무리는 자잘한 이야깃거리를 모으고 가까운 곳에서 비유적인 이야기들을 취하여 짧은 책을 지었는데, 그 가운데는 몸가짐을 바로하고 가정을 다스리는 데에 볼 만한 말이 있다(小說家合殘叢小語, 近取譬喻, 以作短書, 治身理家, 有可觀之辭)."라는 문장이 그것이다. 소설가는 잔총소어(殘叢小語), 즉 흩어져 있는 자질구레한 말들을 모으고 이것을 책에 기록하는 사람들이라고 적시했다. 이야기 수집가들이 곧 소설가라는 뜻이다.

그 뒤 반고(班固)의 《한서》〈예문지藝文志〉 '제자략(諸子略)'에는 "소설가라는 사람들은 대개가 패관으로부터 나왔다. 거리의 이야기와 골목에 떠도는 이야기를 듣고 꾸며낸 것들이다(小說家者流, 蓋出于稗官, 街談巷語, 道聽塗說者之所造也)."라고 하여, 가담항어(街談巷語)가 도식(塗飾)된 것을 소설이라고 적고 있다. 또 반고는 이 책에서 유가(儒家), 도가(道家), 음가(陰家), 양가(陽家), 법가(法家), 명가(名家), 묵가(墨家), 종횡가(縱橫家), 잡가(雜家), 농가(農家), 소설가(小說家) 등 10가를 열거하면서 10가 중에서 볼만한 것은 9가뿐이다(諸子凡十家, 可觀者九家而已)."라고 하여, 소설가를 제외한 나머지 9가만 인정했다.

| 바뀐 뜻 | 오늘날에는 사실 또는 작가의 상상력에 바탕을 두고 허구적으로 이야기를 꾸며 쓴 산문체의 문학 양식이다. |

| 보기글 | • 소설(小說)이 아니라 대설(大說)이 되었으면 좋겠다. |

※ **소식(消息)**

| 본 뜻 | 소(消)_ 달이 컸다 작아졌다 하는 것, 즉 성쇠(盛衰)다. 아울러 사람이나 일이 잘되기도 하고 안 되기도 하는 기미다. |

	식(息)_ 들숨과 날숨을 가리키는 숨쉬기를 가리킨다. 곧 생사(生死) 여부를 뜻한다.
자구 해석	커지고 작아지는 일, 들어왔다 나갔다 하는 일. 곧 소식이란 삼라만상의 생성, 발전, 소멸 등을 가리키는 말로 일체의 변화나 일어나고 망하는 것을 일컫는다. 이런 것이 중요한 일이기 때문에 말뜻이 변한 것이다.
바 뀐 뜻	상황이나 동정이다. 안부 또는 기별이라고도 하였다. 지금은 사람의 동정에만 국한하여 사용한다.
보 기 글	• 한번 떠나더니 소식을 알 길이 없다.

❅ 소탕(掃蕩)

본 뜻	소(掃)_ 빗자루로 쓸다. 탕(蕩)_ 물로 씻어내다.
자구 해석	빗자루로 쓸고 물로 씻다.
바 뀐 뜻	주로 군대용어로 많이 쓰는데 포위되거나 잔존한 적을 완전히 제거해버리는 일을 가리킨다. 탕의 발음이 강해서 그런 듯하다.
보 기 글	• 마당을 소탕하라고 말하면 뜻이 맞는데도 어쩐지 어감이 이상하다.

❅ 소홀(疏忽)

본 뜻	소(疏)_ 멀리하다, 친하지 않다. 홀(忽)_ 마음(心)에 없다(勿).
자구 해석	친하지도 않고 마음도 없다.

❈ 솔직(率直)

| 본 뜻 | 솔(率)_ 동아줄. 실타래에 묶여 있는 줄이다. 실타래에서 실이 차례 차례 정확하게 풀린다는 의미에서 '거느리다'는 뜻이 나왔다.
직(直)_ 곧다, 바르다, 아첨하지 않다, 꾸미지 않다, 굽은 데가 없다. |
| 자구 해석 | 아첨하지 않고 꾸미지 않고 굽지 않다. 일본 한자어라 뜻이 또렷하지 않다. |

❈ 송구(悚懼)

| 본 뜻 | 송(悚)_ 몸이 묶여 두렵고 떨리다.
구(懼)_ 무서워 떠는 새처럼 마음이 두렵다. |
| 자구 해석 | 몸과 마음이 두렵고 떨리다. |

❈ 쇠락(衰落)

| 본 뜻 | 쇠(衰)_ (늙어서) 쇠하다.
락(落)_ (가을이 되어 낙엽이) 말라서 떨어지다. |
| 자구 해석 | 쇠하고 말라 떨어지다. |

❈ 수(首)와 머리를 가리키는 여러 가지 말

| 본 뜻 | 수(首)_ 머리.
면(面)_ 얼굴. |

안(顔)_ 머리칼을 포함한 얼굴.

혈(頁)_ 얼굴.

혈(頁)은 머리의 꼭대기인 정수리 정(頂), 수염 수(須·鬚), 머리 두(頭), 목 경(頸), 뺨 협(頰), 얼굴 안(顔), 머리꼭대기 전(顚), 목 항(項)을 다 합친 의미다.

바 뀐 뜻 바뀐 것은 없으나 큰 구분 없이 쓰는 경우가 많다.

보 기 글 • 수장(首長)처럼 '수(首)'자를 붙여 대표라는 뜻을 나타내는 경우가 많다.

❄ 수렵(狩獵)

본 뜻 **수(狩)**_ 집이나 가축을 지키기 위해 사나운 짐승을 막거나 잡다.

렵(獵)_ 털가죽을 구하기 위해 사냥하다. 엽(獵)은 황하 이북에 나는 큰 쥐의 털을 가리키는데, 모든 짐승의 털가죽이란 뜻이다. 대부분의 사냥은 결국 엽이 된다.

자구 해석 짐승이 몰려와 가축을 잡아먹지 못하게 막고, 털가죽을 구하기 위해 짐승을 사냥을 하다.

바 뀐 뜻 사냥한다는 말로 뜻이 줄어들었다.

보 기 글 • 수렵의 차이를 구분할 필요가 없게 되자 사냥이란 어휘가 더 많이 쓰인다.

❄ 수면(睡眠)

본 뜻 **수(睡)**_ 눈꺼풀이 내려와 눈이 감기다, 졸다. 꽃이 오므라지는 모양이다.

면(眠)_ 깊이 잠들다, 누에가 잠자다.

자구 해석	졸거나 자다.
바 뀐 뜻	지금은 잠을 잔다는 의미로만 쓰인다. 존다는 뜻이 없다.
보 기 글	• 수면이 부족하면 기억력이 떨어진다.

※ 수목(樹木)

본 뜻	수(樹)_ 자라고 있는 나무. 목(木)_ 목재(木材). 산 나무와 죽은 나무의 총칭이다. 주로 죽은 나무에 쓰인다.
자구 해석	산 나무와 베어낸 나무.
바 뀐 뜻	현대에는 살아 있는 나무만을 가리킨다. 대신 죽은 나무는 목재라고 한다.
보 기 글	• 수목이 많아 도시 공기가 맑아진다.

※ 수사(搜査)

본 뜻	수(搜)_ 손에 횃불을 들고 찾다. 증거를 모으는 것이 포함된다. 사(査)_ 사실인가 아닌가 알아내다. 조사하다.
자구 해석	샅샅이 증거를 모은 다음 그것이 사실인지 아닌지 조사하다.
바 뀐 뜻	찾아서 조사하다. 법률에서는 범죄가 있는지 없는지 범인과 증거를 찾아낸다는 뜻이다.
보 기 글	• 전문 지식이 없으면 수사를 잘 할 수가 없다.

※ 수색(搜索)→압수(押收)

| 본 뜻 | 수(搜)_ 손에 횃불을 들고 찾다.
색(索)_ 얽힌 실타래에서 실마리를 잡아 풀다. |
|---|---|
| 자구 해석 | 구석구석 횃불을 밝혀가며 숨어 있거나 감춰진 것을 찾고, 얽힌 실타래에서 실마리를 잡아 풀다. |
| 바 뀐 뜻 | 구석구석 뒤지며 찾다. |
| 보 기 글 | • 수색이란 한자어에는 일반적으로 쓰는 수색보다 더 깊은 의미가 있다. |

※ 수습(收拾)

| 본 뜻 | 수(收)_ 시체를 거두어들이다.
습(拾)_ (거두어들인 시체를) 널(棺)에 넣다.
수습은 본디 시체를 거두어들이고 줍는 것을 말한다. 옛날 전쟁터에서 여기저기 나뒹구는 시체를 조정에서 거두어들였던 것을 일컬었다. 지금도 죽은 사람을 거두는 것을 '시신을 수습한다'고 한다. |
|---|---|
| 자구 해석 | 시체를 거두어 염습하여 널에 넣다. |
| 바 뀐 뜻 | 오늘날에는 흩어진 물건을 주워 모으거나 경제적·정치적 큰 사건을 원만히 정리하는 것을 일컫는 말로 널리 쓰인다. 산란한 마음을 가라앉혀 바로잡는 것을 가리키기도 한다. 다른 말로는 수쇄(收刷)라고도 한다. |
| 보 기 글 | • 그는 정신을 수습하느라고 곁에 선 전봇대를 붙잡은 채 한참 동안이나 넋을 잃고 서 있었다. |

※ **수염(鬚髥)/빈(鬢)**

| 본 뜻 | 수(鬚)_ 입가에 난 털.
염(髥)_ 뺨에 난 털.
빈(鬢)_ 귀밑 쪽으로 난 털. |
자구 해석	수염(鬚髥)_ 입가와 뺨에 난 털.
바뀐 뜻	성숙한 남자의 입가나 턱이나 뺨에 나는 털을 총칭해서 수염이라고 일컫는다. 옥수수나 보리의 낟알 끝이나 사이사이에 난 긴 털도 수염이라고 부른다. 순우리말로 '나룻'이라고 한다.
보 기 글	• 우리 할아버지 수염은 꼭 그림 속에 나오는 신선의 수염 같아.

※ **수요(需要)**

| 본 뜻 | 수(需)_ 구하다.
요(要)_ 중요한 것을 바라다. |
자구 해석	구하고 바라다, 바라는 것을 구하다.
바뀐 뜻	어떤 재화(財貨)나 용역(用役)을 일정한 가격으로 사려고 하는 욕구다.
보 기 글	• 이번 주택 가격 폭등은 수요하고는 관련이 없다.

※ **수육(熟肉)/편육(片肉)**

| 본 뜻 | 본디 삶아 익힌 고기라는 뜻의 숙육(熟肉)이었는데, 이 발음의 편의상 'ㄱ'이 탈락해서 수육으로 되었다. 이 수육을 얇게 저민 것을 편육(片肉)이라고 한다. |

| 자구 해석 | 수육(熟肉)_ 삶아 익힌 고기.
편육(片肉)_ 수육을 얇게 저민 고기. |
| 바뀐 뜻 | 삶아 익힌 쇠고기나 삶아 익힌 살코기만을 일컫는 말로 알고 있는 사람이 많다. 그러나 돼지고기건 쇠고기건 삶아 익힌 고기는 모두 수육이라고 한다. 편육 또한 오직 삶은 돼지고기를 얇게 저민 것만을 이르는 줄 아는 사람이 많은데, 수육을 얇게 저민 것은 모두 편육이라고 한다. |
| 보기글 | • 수육 먹으러 가자는 말은 너무 애매하단 말이야. |

※ 수입(收入)/수입(輸入)

| 본 뜻 | 수(收)_ 거두다, 거두어들여 정리하다.
입(入)_ 들이다.
수(輸)_ 물건을 나르다. |
| 바뀐 뜻 | 수입(收入)_ 돈이나 물품 따위를 거두어들임. 또는 그 돈이나 물품. 경제학에서 개인, 국가, 단체 따위가 합법적으로 얻어 들이는 일정액의 금액을 나타내기도 한다.
수입(輸入)_ 다른 나라로부터 물품을 사들이다. 다른 나라의 사상, 문화, 제도 따위를 배워 들여오는 것을 가리키기도 한다. |
| 보기글 | • 내 수입이 너무 적어 수입 제품을 사기가 어렵다. |

※ 수작(酬酌)→짐작(斟酌)

| 본 뜻 | 수(酬)_ (격식 차리지 않는 사이에) 술을 받고 다시 주는 것이다.
작(酌)_ 술을 따르다. |

| 자구 해석 | 술잔을 주거니 받거니 하면서 술을 따르다.
| 바 뀐 뜻 | 술잔을 주고받는 것은 그대로이나, 여기서 '남의 말이나 행동, 계획을 낮잡아 이르는 말'로 변했다. 술을 마시는 자리에서 음모가 싹트고 비리가 생기면서 나쁜 뜻으로 변했다. 즉 남의 말이나 행동을 업신여기거나 비하하기 위해 쓰는 말로 굳어졌다.
| 보 기 글 | • 어디서 함부로 수작질이야?

❈ 수청(守廳)

| 본 뜻 | 높은 벼슬아치 밑에 있으면서 뒷바라지를 하다. 일종의 비서(秘書) 업무와 비슷한 개념이다.
| 자구 해석 | 벼슬아치를 뒷바라지하다.
| 바 뀐 뜻 | 수청의 여러 가지 업무 중 관기가 지방 수령의 시중을 드는 것만 부각되어, 결국 수청을 든다는 것은 곧 지방 수령과 동침(同寢)하는 것을 가리키는 말로 굳어졌다.
| 보 기 글 | • 오늘 밤은 성춘향이를 불러 수청을 들게 하라.

❈ 수출(輸出)

| 본 뜻 | 수(輸)_ 수레로 물건을 나르다, 이쪽 물건을 저쪽으로 옮기다.
출(出)_ 밖으로 내보내다.
| 자구 해석 | 물건을 수레에 실어 내보내다.
| 바 뀐 뜻 | 국내의 상품이나 기술을 외국으로 팔아 내보내다.
| 보 기 글 | • 우리 브랜드로 수출하기 시작했다.

❈ 숙맥(菽麥)

본 뜻 숙(菽)_ 콩.
맥(麥)_ 보리.

자구 해석 콩과 보리.
이 말이 숙어가 된 것은 사서오경의 하나인 《춘추》의 주석서인 《춘추좌씨전》에 나오는 숙맥불변(菽麥不辨), 즉 콩(菽)과 보리(麥)도 구분하지 못한다는 어휘 때문이다.

바뀐 뜻 '숙맥불변'을 다 쓰지 않고 숙맥으로 줄여 말해도 같은 뜻으로 통용되었다.

보기글
- 이 숙맥아, 그것도 모르니?
- 내가 정말 콩과 보리도 구분 못하는 바보인 줄 아니?

❈ 숙박(宿泊)

본 뜻 숙(宿)_ 집에서 이불 덮고 잠을 자다.
박(泊)_ (물가에 배를) 대다, 묵다.

자구 해석 배를 대놓고 잠을 자다.
오늘날 자동차를 세워놓고 호텔에서 잠을 자는 것처럼, 고대에는 배를 대놓고 나루의 여관에서 잠을 잤다.

❈ 숙제(宿題)

본 뜻 서당이나 서원 등에서 시회(詩會)를 열기 며칠 전에 미리 내주는 시제(詩題).

| 자구 해석 | 미리 알려주는 시제.
| 바뀐 뜻 | 갑오개혁 이후 학교가 생기면서 서당에서 내주는 숙제처럼 미리 공부하라는 과제물을 이르는 말로 바뀌었다.
| 보 기 글 | • 숙제는 미리 공부하라는 것이지 베껴 오라는 말이 아니다.

※ 순(順)/충(忠)

| 본 뜻 | 순(順)_ 동생으로서 형을 잘 따르는 것을 순(順), 거역하는 것을 불순(不順)이라고 했다. 잘 따르다. 뒷물이 앞물을 따라가듯 한다는 뜻이 있다.
충(忠)_ 신하로서 왕이나 제후를 잘 따르는 것을 충(忠), 거역하는 것을 불충(不忠)이라고 했다. 잘 섬기다.
봉건시대에는 국가(國家) 개념이 매우 강해서 국(國)은 왕이나 제후가 통치하고, 가(家)는 아버지 또는 형이 통치했다. 가가 커지면 국이 되었다. 따라서 집안에서는 형을 따르고, 나라에서는 임금을 섬기는 것이 매우 중요했다. 그래서 사람은 순하고 충해야 한다고 했다. 충의 경우 왕에 대한 것이다 보니 성(誠)까지 붙어 충성(忠誠)이란 말로 커졌다. 성은 (하늘이나 조상에게 제사할 때 기도하는) 아주 지극한 말이니, 그 말까지 고와야 한다고 강조한 것이다.
| 바뀐 뜻 | 오늘날 자유민주주의가 자리를 잡으면서 봉건시대 개념인 충이나 불충은 잘 쓰이지 않고, 그 대신 순(順)의 부정적인 의미인 불순(不順)으로 많이 쓰인다. 태도나 행동이 고분고분하지 않은 사람들을 가리켜 불순세력(不順勢力)이라고 표현한다. '순수하지 못하다'는 불순(不純)과는 다르다.
| 보 기 글 | • 용의자 김씨는 불순한 의도로 어린 학생을 꾀어냈다.

※ 순수(純粹)→순진(純眞)

본 뜻 순(純)_ 누이지 않은 비단실. 누에에서 뽑은 명주실은 잿물에 삶아 희고 부드럽게 하는데, 그러기 전의 생실을 가리킨다.
수(粹)_ 껍질을 잘 벗기고 깎은 쌀. 티 없이 맑고 깨끗한 쌀알처럼 가장 핵심적인 부분을 가리킨다.

자구 해석 다른 것이 전혀 섞이지 않고 원래 그대로이며, 티 없이 맑고 깨끗하다.

바 뀐 뜻 사사로운 욕심이나 나쁜 마음이 없다.

보 기 글
- 사람은 탐진치(貪瞋癡)를 갖고 있어서 누구도 순수할 수가 없지만 자기 스스로 순수하다고 말하는 사람은 많다.

※ 순식간(瞬息間)

본 뜻 순(瞬)_ 눈을 한 번 깜박거리다.
식(息)_ 숨을 한 번 쉬다.
간(間)_ 사이, 틈.

자구 해석 눈 한 번 깜박거리고 숨 한 번 쉬는 사이.

※ 순진(純眞)→순수(純粹)

본 뜻 순(純)_ 누이지 않은 비단실. 누에에서 뽑은 명주실은 잿물에 삶아 희고 부드럽게 하는데, 그러기 전의 생실을 가리킨다.
진(眞)_ 있는 그대로, 참. 신선이 하늘에 오르는 모습을 상형한 글자로 최상이란 뜻이다.

| 자구 해석 | 누이지 않은 비단실처럼 있는 그대로다.

❄ 순차(順次)/절차(節次)

| 본 뜻 | 순(順)_ 물이 흐르는 대로. 즉 윗물이 있고 아랫물이 있는 것처럼 자연스러운 차례를 가리킨다. 인위적이 아니다.
차(次)_ 다음 또는 버금. 앞에 무언가 있다고 할 때 그다음에 오는 것이 무엇인지를 밝히는 것이 차(次)다.
절(節)_ 마디가 이어져 있는 차례를 가리킨다.
| 자구 해석 | 순차(順次)_ 매우 자연스러운 차례.
절차(節次)_ 정해진 법도나 규칙에 따른 차례.
| 바뀐 뜻 | 일정한 기준에 따라 순서대로 늘어섬. 또는 그 순서.
| 보기글 | • 순차, 절차, 서열, 순서 등은 비슷비슷한 뜻이다.

❄ 슬하(膝下)→전하(殿下)/폐하(陛下)/저하(邸下)→합하(閤下)

| 본 뜻 | 아래 하(下)가 붙으면 으레 그렇듯이 폐하와 전하처럼 자식이 부모를 부를 때 자신을 낮추어 부르는 말이다.
| 자구 해석 | 부모의 무릎 아래.
| 바뀐 뜻 | 이 말은 폐하, 전하, 각하 등과 같은 원리로 생성된 말이지만 다른 경우처럼 부모를 부르는 말로 바뀌지는 않았다. 대신 부모의 보살핌을 받는 테두리를 가리키게 되었다.
| 보기글 | • 저는 부모님 슬하에서 유복하게 자랐습니다.

❋ 습관(習慣)

본 뜻	습(習)_ 되풀이하여 행하다. 관(慣)_ 버릇이 되다, 익숙해지다.
자구 해석	되풀이하는 버릇.
바뀐 뜻	어떤 행위를 오랫동안 되풀이하는 과정에서 저절로 익힌 행동 방식이다. 심리학에서 학습된 행위가 되풀이되어 생기는, 비교적 고정된 반응 양식을 나타내기도 한다.
보 기 글	• 김 의원은 긴장하면 머리를 흔드는 습관이 있다.

❋ 승강(乘降)/승강(昇降)

본 뜻	승(乘)_ 올라타다. 강(降)_ 내리다. 승(昇)_ 위로 오르다.
바뀐 뜻	승강(乘降)_ 차, 배, 비행기 따위를 타고 내림. 승강(昇降)과 같이 쓰인다. 승강(昇降)_ 오르고 내림. 승강이(를 벌이다). 승강(乘降)과 같이 쓰인다.
보 기 글	• 승강장(乘降場). • 승강기(昇降機).

❋ 시각(時刻)/시간(時間)

본 뜻	시(時)_ 때, 정해진 시각. 원래 태양(日)이 간다(之)는 뜻이었다.

	각(刻)_ 새기다.
	간(間)_ 사이.
자구 해석	시각(時刻)_ 시간의 눈금이다. 예) 오후 3시 13분.
	시간(時間)_ 시간의 양(量)이다. 예) 5시간 20분.
바 뀐 뜻	원래 뜻이 변한 것은 없지만 현대에 이르러 시각과 시간을 헷갈리는 사람이 매우 많다. 심지어 아나운서들도 자주 틀린다.
보 기 글	• 지금 시각은 오후 2시다.
	• 오늘 강연은 몇 시간이나 하지요?

❈ 시기(時機)

본 뜻	시(時)_ 때, 정해진 시각. 원래 태양(日)이 간다(之)는 뜻이었다.
	기(機)_ 기미, 정해지지 않은 시각. 베틀로 베를 짤 때 작은 소리나 실의 어긋남을 기미(機微)라고 했다.
자구 해석	때와 기미.

❈ 시기(猜忌)

본 뜻	시(猜)_ 야생 짐승이 서슬 퍼런 눈빛으로 쳐다보다. 즉 시샘하다, 샘내다.
	기(忌)_ 가까이 가기를 꺼리다.
자구 해석	샘내고 꺼리다.
바 뀐 뜻	남이 잘되는 것을 시샘하여 꺼리고 미워하여 멀리하다.
보 기 글	• 요즘의 정치 세력은 서로 시기와 질투로 날을 지샌다.

※ 시위(侍衛)

본 뜻 시(侍)_ 모시다, 업무적으로 돕다.
위(衛)_ 지키다, 직접적으로 신변을 경호하다.
왕을 일상적으로 모시던 사람으로 시종(侍從)하는 관리와 경호하는 관리가 있었는데, 이를 구분 없이 통칭할 때 시위(侍衛)라고 한다.

자구 해석 왕을 모시거나 지키다.

바뀐 뜻 요즘에는 시(侍)는 대통령 부속실이나 비서실의 업무를 가리키고, 위(衛)는 경호실 업무다.

보기 글
- 옛날 시위들의 힘이 막강하여 재상들도 이들에게 뇌물을 썼다.

※ 시위(示威)→농성(籠城)

본 뜻 시(示)_ 보이다, 알리다. 즉 플래카드, 피켓, 구호 따위로 자신의 주장을 내보이다.
위(威)_ 으르고 협박하다. 어깨동무를 하고 달려가거나 화염병을 투척하거나 각목을 휘두르는 등의 과격 행위다.

자구 해석 으르고 협박하며 주장하다.

바뀐 뜻 시(示)와 위(威)의 구분 없이 시위라는 말로 자신들의 주장과 권익을 쟁취하기 위해 투쟁하는 것을 아울러 표현한다.

보기 글
- 노사가 대립하다 보면 붉은 머리끈을 매고 늘 시위만 하는 직업도 나올지 모르겠다.

❄ **시절(時節)**

| 본 뜻 | 시(時)_ 태양(日)의 흐름, 즉 24시간이다.
절(節)_ 대나무(竹)의 마디, 즉 1년을 계절의 마디로 나눈 12절(節)이다. |
| 자구 해석 | 하루의 시간과 1년의 12절. |

❄ **식구(食口)/생구(生口)**

| 본 뜻 | 식구(食口)_ 가족. 한집에서 먹고 자는 사람이다.
생구(生口)_ 가축. 한집에서 먹고 자는 짐승이다. 노비와 종 등 천민도 생구에 속한다.
농경시대에는 가축과 노비 등의 노동력 비중과 재산 가치가 워낙 컸기 때문에 소나 말 등도 노비와 비슷한 취급을 받았다. |
| 바뀐 뜻 | 오늘날 노비제도가 없어지면서 생구란 어휘는 사라지고 대신 반려동물과 가축으로 나뉘게 되었다. 즉 생구이던 개와 고양이는 반려동물이, 소와 돼지 등은 가축이 된 것이다. |
| 보기 글 | • 반려동물은 이제 생구를 넘어 식구로 받아들여진다. |

❄ **신경(神境)**

| 본 뜻 | 신(神)_ 본디 사람의 마음 중 양(陽)의 정신이지만, 여기서는 하늘을 떠도는 귀신을 포함한다.
경(經)_ 길, 위아래로 다니는 길. |
| 자구 해석 | 귀신이 지나다니는 길. |

❃ 신문(訊問)/고문(拷問)/심문(審問)

본 뜻
신(訊)_ 따져 묻다, 하문(下問)하다, 캐묻다. 예) 오늘 왜 학교에 가지 않았니?
문(問)_ (단순히) 묻다. 예) 오늘 비가 오니?
고(拷)_ 자백을 받기 위해 세게 때리다.

자구 해석
신문(訊問)_ 이유를 따져 묻다.
고문(拷問)_ 때리며 묻다.
심문(審問)_ 사실을 살피려 이리저리 돌려 묻다.

바뀐 뜻
신문(訊問)_ 알고 있는 사실을 캐묻거나 법원 등 국가기관이 어떤 사건에 관하여 증인, 당사자, 피고인 등에게 말로 물어 조사하다.
고문(拷問)_ 신문의 한 가지로, 숨기고 있는 사실을 강제로 알아내기 위하여 육체적 고통을 주며 신문하다.
심문(審問)_ 자세히 따져 묻거나 법원이 당사자나 이해관계가 있는 사람에게 서면이나 구두로 개별적으로 진술할 기회를 주는 일이다.

보 기 글
- 국회에서 증인들을 신문했다.
- 국정원에서 피의자 송 씨를 심문했다.

❃ 신사(紳士)

본 뜻
영어 gentlemen을 번역하면서 신사라고 했다. 신(紳)은 벼슬아치의 상징으로 허리에 두르는 띠다. 신은 벼슬아치들만 하던 것이었으므로, 신사란 의관(衣冠)을 갖추고 속대(束帶)한 벼슬아치다.

바뀐 뜻 품위 있고 예의 바른 남자이다. 번역어하고는 큰 관련이 없다.

보 기 글
- 치마를 입으면 신사가 아니란 말이군.

※ 신산(辛酸)/신고(辛苦)

| 본 뜻 | 신(辛)_ 맵다.
산(酸)_ 시다.
고(苦)_ 쓰다. |
|---|---|
| 자구 해석 | 신산(辛酸)_ 맵고 시다.
신고(辛苦)_ 시고 쓰다. |
| 바뀐 뜻 | 인생살이가 고된 것을 맛에 비유하여 신산하다, 신고하다는 표현을 쓴다. |
| 보 기 글 | • 지나온 인생을 돌아다보니 신산하기 그지없다. |

※ 신속(迅速)

| 본 뜻 | 신(迅)_ 새가 빠르게 날다. 눈 깜짝할 새에 지나가다. 속(速)보다 빠르다.
속(速)_ 빨리 지나가다. 신(迅)보다 느리다. |
|---|---|
| 자구 해석 | 매우 빠르게 지나가다. |

※ 신음(呻吟)

| 본 뜻 | 신(呻)_ 아파서 끙끙거리다. 주로 비명(悲鳴)처럼 의미 없는 소리다.
음(吟)_ (말을) 읊다. |
|---|---|
| 자구 해석 | 아파서 소리를 내거나 말하다.
'으윽' '윽' '아이고' '헉' 등은 신(呻)에 속하고, '아파요' '살려주세요' '아이 죽겠네' 등은 음(吟)에 속한다. 비슷한 말로 비명이 있는데, 비 |

명은 울음소리나 외마디 소리를 가리킨다는 점에서 신과 같다.

바뀐 뜻 몸이 아플 때 내는 소리를 다 합쳐 신음이라고 한다. 흔히 신음소리라고 하는 경우가 많은데 '신음'에 이미 소리라는 뜻이 담겨 있다.

보기글
- 환자들이 신음하는 소리로 잠을 이룰 수가 없었다.

❊ 신중(愼重)

본 뜻 신(愼)_ 마음으로 삼가다.
중(重)_ (눈을 찔린 사내가 힘든 일을 해도 반항하지 않고) 묵묵히 일하다, 태도가 묵직하다.

자구 해석 마음으로 삼가고 태도가 묵직하다.

❊ 신첩(臣妾)→노비(奴婢)

본 뜻 신(臣)_ 남성 노예.
첩(妾)_ 여성 노예.

자구 해석 한 집안에 소속된 남성 노예와 여성 노예.

바뀐 뜻 한자 생성 초기에 신첩(臣妾)은 한 집안에 소속된 노예로서 집안일에 종사했지만, 이후 씨족이 부족이 되고 부족이 가(家)와 국(國)으로 커지는 과정에서 큰 변화를 겪었다. 남자 노예인 신(臣)은 전문적인 기술이나 업무를 가진 부하의 개념이 되고, 첩(妾)은 여성의 지위가 낮기 때문에 남성 주인인 족장이나 가장이나 국왕의 성적 노리개가 되었다. 그렇지만 이 첩의 지위도 노예의 수준을 넘어서서 후궁의 지위까지 올라갔으므로 일반 종의 의미는 떨어져나갔다. 이후 신첩의 원래 뜻은 노비로 바뀌었다. 또 신 중에서 특별히 남의 집으로 보내 일을 시키면 환(宦)이 되었다. 환은 같은 신이라도 공경대부보다 지위가 매우 낮다. 신에서는 공경대부가 나오고, 첩에서는 후궁과 후비가 나왔다.

보 기 글
- 왕조시대에 그 나라의 모든 여성은 왕의 첩이었다.

❈ **신체(身體)**

본 뜻 신(身)_ 몸통, 즉 살과 근육이다.
체(體)_ 두 팔과 두 다리인 사지(四肢), 즉 뼈로 된 온몸이다.
자구 해석 사람의 몸이나 갓 죽은 송장.

❈ **심각(深刻)**

본 뜻 심(深)_ 물속 깊은 곳(에 빠지다).
각(刻)_ 칼로 나무나 돌에 깊이 새기다.
자구 해석 물속 깊이 빠지거나 글씨 등을 깊이 파서 새기다. 상황을 되돌릴 수 없다는 뜻이다.

❈ **심복(心腹)**

본 뜻 심(心)_ 심장.
복(腹)_ 배.
자구 해석 심장과 배. 심장은 곧 가슴이다. 가슴과 배는 늘 붙어 있고 따로 떨어져서는 안 된다. 그래서 자신에게 없어서 안 되는 가장 중요한 사람을 가리켜 심복 관계와 같은 사람이라는 뜻으로 썼다.

바뀐 뜻 심복 자체가 사람을 가리키게 됐고, 나중에는 아랫사람만을 가리키게 되었다. 즉 의미가 틀리지는 않지만 윗사람을 가리켜 심복이라고 하지는 않는다.

보기글 • 심복 없이 정치를 할 수 없다.

❋ 심상(尋常)

본 뜻 심(尋)_ 길이를 나타내는 단위로 8자이다.
상(常)_ 길이를 나타내는 단위로 16자이다.

자구 해석 8자와 16자. 아주 작은 땅. 심(尋)은 8자(0.2평), 상(常)은 16자(0.4평). 한 평도 못 되는 땅이다. 즉 심상하다고 하면 대수롭지 않은 것이라는 뜻이다.

1895년부터 오늘날의 초등학교에 해당하는 관립 소학교가 설립되었다. 1905년 일제 통감부 설치 이후에 일본인 학생들이 다니는 초등학교는 일본식 명칭에 따라 심상소학교라고 하고, 조선인 소학교는 1906년 8월부터 보통학교로 바뀌었다. 1938년부터는 모든 초등학교 명칭이 심상소학교로 바뀌고, 1941년부터 국민학교로 다시 바뀌었다. 1996년 3월 1일부터 초등학교로 바뀌어 오늘에 이르고 있다.

바뀐 뜻 심상하다'보다는 주로 '심상치 않다'고 쓰여, 굉장히 중요하다는 뜻으로 쓰인다.

보기글 • 그가 아직 연락을 하지 않는 걸 보면 심상치 않은걸?

❋ 십간(十干)

본 뜻   날을 나타내는 단위이다.

한 달은 음력으로 29.5일, 즉 30일로 하여 열흘 단위로 끊어 초순(初旬)·중순(中旬)·하순(下旬)으로 나누고, 이 순(旬)을 갑(甲)·을(乙)·병(丙)·정(丁)·무(戊)·기(己)·경(庚)·신(申)·임(壬)·계(癸)로 각각 표기했다. 은나라 때부터 시작되었는데, 3순이면 한 달이 되듯 십간이 세 번 지나면 한 달이 된다. 이것을 미신에서는 자신이 태어난 날의 일진(日辰) 중 십간을 자기 자신과 동일시한다. 예를 들어 태어난 날이 갑신일(甲申日)이면, 갑(甲)을 자기 자신을 가리키는 아신(我神)이라고 한다.

은나라 때는 이름 대신 태어난 날의 십간으로 부르기도 했으며, 은나라 왕 이름에는 반드시 십간 중의 하나가 들어가 있다. 물론 죽은 뒤에 붙이는 것이다. 은나라를 건국한 성탕의 이름은 천을(天乙), 그의 아들은 태정(太丁), 두 아들은 외병(外丙)과 중임(仲壬), 손자인 태갑(太甲), 이어서 옥정(沃丁), 태경(太庚), 소갑(小甲), 옹기(雍己), 태무(太戊), 중정(仲丁) 등이 차례로 왕위에 오르는데, 은나라 왕 30명의 이름이 전부 십간으로 되어 있다. 하지만 같은 이름이 중복되면서 주나라 때부터는 시호(諡號)를 쓰게 되었다.

바뀐 뜻   십이지지와 결합하여 육십갑자를 이룬 이후로는 매일매일의 날짜를 순서대로 적어나가는 서수 단위가 되었다.

보기글   • 올해는 경자년이다.

❋ 십이지(十二支)

본 뜻   고대 천문학에서 1년의 열두 달을 표기하기 위해 만든 별자리 단위다. 천구(天球)상의 적도를 기준으로 12등분한 별자리로, 자(子)에서 시작하여 축(丑)·인(寅)·묘(卯)·진(辰)·사(巳)·오(午)·미(未)·신(申)·유(酉)·술(戌)·해(亥)로 끝난다.

바 뀐 뜻 십간과 더불어 날짜와 달과 해를 나타내는 단위로 쓰이며, 태어난 해에 따라 띠를 나타내기도 한다. 즉 목성(木星)이 천구상 자년(子年)의 자리에 있을 때 태어나면 쥐띠다. 이처럼 축은 소띠, 인은 호랑이띠, 묘는 토끼띠, 진은 용띠, 사는 뱀띠, 오는 말띠, 미는 양띠, 신은 원숭이띠, 유는 닭띠, 술은 개띠, 해는 돼지띠다.

보 기 글 • 십이지로 나이를 나타내기도 한다.

❋ 십장(什長)

본 뜻 옛날 군제(軍制)에서 열 집을 거느리는 우두머리다. 본디는 십호장(什戶長)이다. 거느리는 집이 백 집이면 백호장(百戶長), 천 집이면 천호장(千戶長), 만 집이면 만호장(萬戶長)이라고 한다. 조선 태조 이성계는 원나라의 만호장 출신이다.

자구 해석 10호(戶; 천막)의 대표.

바 뀐 뜻 십호장이 되면 열 집에서 각각 군사 한 명을 차출, 모두 십여 명의 군사를 거느리게 되는데, 여기에서 노동자 열 명을 부리는 우두머리를 가리키는 말로 전용되었다.

보 기 글 • 십장, 오늘은 몇 시까지 일하는가?

❋ 쌍벽(雙璧)

본 뜻 원래는 크기와 품질이 같은 구슬 두 개를 가리키는 말이다. 여기에서 여럿 중에서 특히 뛰어난 두 인물이나 물건을 가리키게 되었다. 한편 벽(璧)은 둥글면서 넓적하게 생긴 옥이다. 가운데에 둥근 구멍이 있다.

자구 해석   똑같은 구슬 두 개.

바뀐 뜻   여럿 가운데 우열의 차가 없이 특별히 뛰어난 두 사람이나 물건을 가리키는 말이다.

보 기 글
- 이황과 이이는 조선시대 성리학에서 쌍벽을 이룬다.

※ 아녀자(兒女子)

본 뜻   **아(兒)_** 사내아이.
           녀자(女子)_ 계집아이.

자구 해석   사내아이와 계집아이. 아직 공부를 하지 못해 식견이 어두운 사람이란 뜻이다. 남녀를 불문하고 소견이 좁은 사람을 가리키는 뜻으로 쓰였다.

바뀐 뜻   오늘날에는 원뜻과는 관계없이 여자를 비하하는 말로 잘못 쓰이는 경우가 많다. 사내아이 개념은 빠져버렸다.

보기글   • 선생의 말씀은 아녀자 소견이시군요.

※ 아담(雅澹)

본 뜻   **아(雅)_** 꽁지가 짧고 크기가 작은 새, 특히 까마귀의 부리. 작지만 날카롭고 또렷하다.
           담(澹)_ 맑은 물이 고요하다, 말없이 조용하다.

자구 해석   작은 새의 부리처럼 작고 맑은 물처럼 고요하다. 더러 淡이나 談을 쓰기도 하지만 澹이 맞다.

바뀐 뜻   작지만 날카롭고 또렷하고 맑고 조용하다. 일반적으로 '아담하다'고

보 기 글	

표현할 때 대상의 크기는 작으면서도 가지런하고 당당해야 한다.
- 여성을 가리켜 아담하다고 표현하려면 새싹이나 새끼 새처럼 키와 몸집이 작은 경우를 가리킨다.

※ **아동(兒童)**

본 뜻	아(兒)_ 아직 숨골이 닫히지 않은 사내아이다. 24개월령쯤에 닫힌다. 동(童)_ 머리를 묶은 아이, 머리가 아직 덜 굳은 아이. 해마가 완성되고 두뇌 신경세포가 다 자라는 나이는 만 5세다.
자구 해석	어린아이. 일본 한자어로, 일본에서는 소학교 학생이란 뜻이다. 우리나라에서는 법률로 정한다. '아동청소년의 성보호에 관한 법률'에서는 19세 미만, 아동복지법에서는 18세 미만을 아동으로 규정하고 있다.

※ **아미(蛾眉)**

본 뜻	누에나방(蛾)의 눈썹(眉)이다.
자구 해석	누에나방의 더듬이. 누에나방의 더듬이는 마치 쌍빗살 모양으로 예쁘게 생겼기 때문에 아름다운 눈썹을 가리키는 말로 쓰였다.
바 뀐 뜻	미인의 눈썹이다.
보 기 글	• 그 소녀의 얼굴에서 가장 아름다운 부분이 아미다.

❈ 아삼륙(二三六)

본 뜻 마작에서 쓰이는 골패의 쌍진아, 쌍장삼, 쌍준륙의 세 쌍을 가리킨다. 세 쌍이 한꺼번에 들어오면 쌍비연(雙飛燕)이라고 하여 끗수를 세 곱으로 친다. '아'는 이(二)의 중국식 발음 '얼'에서 왔다.

바뀐 뜻 서로 뜻이 맞아 꼭 붙어다니는 친구나 서로 꼭 맞는 짝을 비유적으로 이르는 말이다. 또는 상황이 딱 맞아떨어져 크게 성공하는 것을 가리키기도 한다.

보기글
- 모택동과 홍위병은 뭐든지 아삼륙이었다.

❈ 아성(牙城)

본 뜻 아기(牙旗)를 꽂아둔 성(城)이다. 아기는 옛날에 지휘관이 쓰던 깃발로 상아 조각을 깃대에 걸어 장식했다. 그러므로 아성은 지휘관이 머무는 성이라는 뜻으로, 방어가 삼엄하여 난공불락이라는 뜻을 나타낸다. 비슷한 말로 철옹성(鐵甕城)이 있다.

바뀐 뜻 아주 중요한 근거지나 주둔지다.

보기글
- 행주산성이 조선시대의 아성이다.

❈ 아첨(阿諂)

본 뜻 아(阿)_ 땅이 굽어서 생긴 언덕, 굽다, 굽히다.
첨(諂)_ 말로 파놓은 함정이다.

자구 해석 사실을 (굽혀서) 속이며 말로 함정을 파놓다.

285

※ 알력(軋轢)

| 본 뜻 | 알(軋)_ 삐걱거리다. 바퀴가 수레에 닿아 나는 소리다.
력(轢)_ 삐걱거리다. 바퀴가 땅에 쓸려서 나는 소리다. |
| --- | --- |
| 자구 해석 | 수레바퀴가 잘 맞지 않아 수레에 닿거나 바퀴가 땅에 쓸려 삐걱거리는 소리이다. 자동차 소음처럼 시끄럽다. |
| 바 뀐 뜻 | 서로 의견이 맞지 않아 자주 다투다. |
| 보 기 글 | • 정부와 국회의 알력이 점점 심해지고 있다. |

※ 압권(壓卷)

본 뜻	과거시험에서 시권(試券; 답안지)을 채점할 때 장원에 뽑힌 것은 맨 위에 올려놓는다. 여기서 맨 위에 놓인 시권이라는 뜻으로 압권(壓卷)이라는 말이 나왔다. 즉 장원 시권이란 뜻이다.
자구 해석	맨 위에 올려놓은 시험답안지.
바 뀐 뜻	가장 훌륭한 작품을 뜻하는 말로 바뀌었다. 요즘은 꼭 문학작품만을 가리키지 않고 영화나 영화의 한 장면, 그림, 사진 등 폭넓게 사용된다.
보 기 글	• 그의 저술은 최근 출판된 도서 중 압권이었다.

※ 압수(押收)→수색(搜索)

| 본 뜻 | 압(押)_ 꼼짝 못하게 잡아 누르다.
수(收)_ 물건 따위를 거두어들이다. |
| --- | --- |
| 자구 해석 | 꼼짝 못하게 사람을 잡아놓은 다음에 그가 가진 물건을 증거로 거 |

두어들이다.

바 뀐 뜻 물건 따위를 강제로 빼앗다. 다만 법률에 의해서만 이뤄지는 행동이다. 법에 의한 것이 아니면 강도나 약탈이다.

보 기 글 • 압수 수색은 사법부의 권한이자 수사의 기본이다.

※ **애도(哀悼)**

본　　뜻 애(哀)_ 고인의 친인척들이 상복을 입고 소리 내어 슬피 울다.
도(悼)_ 문상객이 슬퍼하는 마음을 갖다.

자구 해석 상주들이 슬피 울거나 문상객이 슬픈 마음을 갖다.

바 뀐 뜻 애도란 어휘에서 흔히 상주들이 소리내어 우는 애(哀)의 의미는 사라지다시피 했다. 그러므로 가족도 아니면서 "애도한다."고 말하면 틀린다. 한자를 쓸 때는 잘 구분해야 한다. 즉 추도식이라는 표현은 상주가 아닌 사람들 입장에서 쓰는 말이고, 상주에게 물을 때는 "얼마나 애통(哀痛)하냐?"고 해야 한다.

보 기 글 • 고인의 죽음을 애도합니다.

※ **애로(隘路)**

본　　뜻 애(隘)_ 좁고 험하다.
로(路)_ 길.

자구 해석 좁고 험한 길.

바 뀐 뜻 무슨 일을 하는 데 어렵고 곤란한 지경에 이르다.

보 기 글 • 일을 추진하는 데 애로가 많다.

※ **야단(惹端)**

본 뜻	야(惹)_ 끌어내다. 이끌다. 어지럽다. 단(端)_ (풀의 뾰족한) 끝.
자구 해석	끝까지 끌어내어 떠들썩하다.

※ **야비(野鄙)/야비(野卑)/비루(鄙陋)**

본 뜻	야(野)_ (마을 아닌 들에 살아) 촌스럽고 거칠다. 비(鄙)_ (변두리에 살아) 어리석고 천하다. 비(卑)_ (부리는 일꾼처럼) 저속하고 천하다. 루(陋)_ (언덕 아래 좁은 곳에 기대어 사니) 좁다, 낮다, 키가 작다, 부피가 작다, 천하다, 품격이 낮다, 보기 흉하다, 가볍다, 다랍다(인색하다).
자구 해석	야비(野鄙)_ 촌스럽고 천하다. 야비(野卑)_ 거칠고 저속하다. 비루(鄙陋)_ 천하고 흉하다. 세 어휘 모두 봉건시대에 벼슬아치들이 신분 낮은 천민을 보는 시각이 잘 나타나 있다.
바뀐 뜻	같은 뜻으로 쓰인다. 성질이나 행동이 교양이 없고 비루하다. 속되고 천하다. 술수를 잘 쓰는 경우에는 야비하다고 말하지 않는다. 봉건시대에 쓰던 말인 만큼 웬만하면 쓰지 말아야 한다.
보 기 글	• 그자는 어찌나 야비한지 상대하지 않는 게 좋겠더라.

※ **야합**(野合)

본 뜻	사마천의 《사기》에 처음 등장하는 말로 "숙량흘은 안씨 처녀와 야합하여 공자를 낳았다."는 내용이 있다. 정식 혼인을 통하지 않고 사사로이 아무 데서나(野) 교정(合)하여 공자를 낳았다는 말이다. 또는 짐승들의 교합을 가리키기도 한다.
바뀐 뜻	명분 없이 다른 목적을 가지고 만나다. 특히 정치적 목적으로 몰래 만나 비밀 약속이나 합의를 하는 것을 가리키는 경우가 많다.
보기글	• 민정당의 노태우, 민주당의 김영삼, 공화당의 김종필 세 사람이 몰래 만나 이념과 정치 지향이 다른데도 불구하고 합당한 것이 야합의 대표적인 사례다.

※ **약속**(約束)

| 본 뜻 | 약(約)_ 뭔가를 실로 묶어 매듭짓다.
속(束)_ 뭔가 들어 있는 자루 주둥이를 꼭 묶다. |
| 자구 해석 | 매듭지어 꼭 묶다. |

※ **약탈**(掠奪)

본 뜻	약(掠)_ 남의 나라나 도시를 쳐들어가 사람이나 큰 물건을 빼앗다. 유목민들이 중국에 쳐들어가 빼앗는 방식이다. 탈(奪)_ 남의 물건을 훔치다.
자구 해석	남의 나라로 쳐들어가 사람이나 물건을 빼앗거나 훔치다.
바뀐 뜻	폭력으로 남의 것을 억지로 빼앗다.

| 보기글 | • 현대 자본주의 국가는 경제 약탈을 합법적으로 보장한다. |

❋ 양반(兩班)

본 뜻	동반(東班)과 서반(西班)이다. 문반은 주로 도성의 동쪽에 살고 무반들은 서쪽에 살았다 하여 생겨난 말이다. 관직을 얻으면 문반이나 무반 둘 중 하나에 속하게 되므로, 벼슬아치라면 누구나 양반 중의 한 반이 된다. 그러므로 양반이란 벼슬아치를 나타내는 말이 되었다.
자구 해석	문신과 무신.
바뀐 뜻	사대부 계층을 모두 양반이라고 일컬었다. 중인, 상민, 천민의 맨 상층부 계급이다. 유교 잔재이기는 하나 한때 점잖고 예의 바른 사람을 일컫는 말로 쓰이다가, 나중에는 누구한테나 쓰는 일반 별칭으로 격하되었다.
보기글	• 이 양반아, 그걸 일이라고 하는 거야!

❋ 양식(樣式)

본 뜻	양(樣)_ 본보기가 되는 무늬다. 식(式)_ 규격, 격식. 원래 점치는 기구와 수레의 손잡이 나무였다.
자구 해석	글자의 서체나 크기.
바뀐 뜻	일정한 모양이나 형식을 갖춘 서식, 오랜 시간이 지나면서 자연히 정해진 방식, 시대나 부류에 따라 각기 독특하게 지니는 문학·예술 따위의 형식이다.

| 보 기 글 | • 추천 양식을 받아가세요. |

❈ 양식(養殖)

| 본 뜻 | 양(養)_ 기르다.
식(殖)_ 새끼 치다, 번식시키다. |
자구 해석	새끼 치고 기르다.
바 뀐 뜻	물고기, 해조, 버섯 따위를 인공적으로 길러서 번식하게 하다.
보 기 글	• 양식하는 굴이 다 폐사했다.

❈ 어사화(御賜花)

본 뜻	접시꽃이다. 아욱과의 여러해살이풀로 2미터 정도 길다랗게 자라는 대에 커다랗게 둥근 꽃이 줄줄이 핀다. 과거에 급제한 사람이 합격 증서인 홍패를 받을 때 왕이 하사하는 꽃이 바로 접시꽃이었는데 실제로는 접시꽃 모양의 종이꽃이다. 과거 급제자는 이 종이꽃을 가늘고 긴 참대오리 두 가닥에 꽂아 복두에 꽂고 다녔다.
바 뀐 뜻	뜻이 변한 것은 없다.
보 기 글	• 접시꽃이 어사화로 쓰였기 때문에 옛날에 자식이 급제하기를 바라는 집에서는 마당에 이 접시꽃을 많이 심었다고 한다.

❈ 어용(御用)

| 본 뜻 | 왕이나 황제가 쓰는 사람을 비롯하여 기물, 복식, 물건 등을 다 가

리킨다.

자구 해석 왕이나 황제가 쓰는 물건.

바뀐 뜻 자신의 이익을 위하여 권력자나 권력기관에 영합하여 줏대 없이 행동하는 것을 낮잡아 이르는 말이다.

보 기 글 • 비단 이번 정권만이 아니라 방송사, 신문사, 통신사를 장악하여 언론을 어용화하려는 시도가 줄기차게 있어왔다.

❄ 어휘(語彙)/단어(單語)

본 뜻 **어(語)_** 한 자 한 자를 가리키는 단위이다.
휘(彙)_ 단어를 가리키는 단위이다. 다만 복수다.
단(單)_ 휘와 같다. 다만 단어라고 쓸 때는 단수다.
어휘는 단어의 수효를 가리키는 말로서 영어의 vocabulary에 해당하는 말이다. 그러므로 어휘가 짧다는 것은 곧 알고 있는 단어의 수가 적다는 뜻이 된다. 어휘는 또 일정한 범위 안에서 쓰이는 낱말의 총체를 가리키기도 하며, '컴퓨터 관련 어휘' 등이 바로 그 예이다. 이에 반해 단어는 문법상의 뜻이나 기능을 가진 언어의 최소 단위를 일컫는 것으로, 곧 낱말 하나하나를 가리키는 말이다.

자구 해석 **어휘(語彙)_** 글자와 단어 꾸러미. 예) 동물을 가리키는 어휘에는 사자, 호랑이, 코끼리, 사슴, 얼룩말, 낙타, 기린 등이 있다.
단어(單語)_ 한 가지 말. 예) 코끼리.

바뀐 뜻 어휘는 총체적인 의미를, 단어는 개별적인 의미를 갖고 있는 말이다. 그러나 대부분의 사람들은 어휘가 단어보다 훨씬 크고 포괄적인 개념인데도 이 둘을 구분하지 않고 같은 뜻으로 혼용하고 있다. 그러므로 오직 한 단어에 대해서 얘기할 때는 어휘 대신 단어를 써야 한다.

보기글
- '까무잡잡하다' '희끄무레하다' '노리끼리하다' 등의 단어는 우리 조상들의 섬세한 어휘력을 보여주는 좋은 예이다.

❋ 언론(言論)

본뜻
언(言)_ 자신의 생각이나 의견을 발표하는 말이다.
론(論)_ 자신의 생각이나 의견을 발표하는 글이다.

자구 해석
말과 글. 또는 말이나 글로 자신의 생각이나 의견을 발표하다. 《회남자淮南子》에 나오는 단어다.

바뀐 뜻
오늘날 사용하는 '언어'라는 단어는 17세기 영국에서 시작된 speech를 번역한 것이다. 즉 신문과 방송이다.

보기글
- 인터넷이 발달하면서 언론의 권위가 사라졌다.

❋ 언어(言語)

본뜻
언(言)_ 말하는 사람 입장에서 본 말이다. 입과 혀로 내는 소리. 예) 직언(直言), 발언(發言).
어(語)_ 듣는 사람 입장에서 본 말이다. 예) 영어(英語), 소어(笑語).

자구 해석
내 말과 남의 말.

바뀐 뜻
말이라는 뜻으로 포괄적으로 쓰인다. 국어와 외국어를 모두 포함한다.

보기글
- 언어가 발라야 정신이 산다.

※ **여류(女流)**

본 뜻	기생이다. 옛날의 기생은 전문직 여성으로 시와 음악, 미술 등에 뛰어났다.
바뀐 뜻	여성 예술가나 어떤 분야의 전문 여성이다. 20세기에 많이 쓰였다가 21세기에 이르러 성차별 어휘 사용을 꺼리는 사회적 분위기에 따라 점차 사용이 줄어들고 있다. 더구나 일본 한자어이므로 쓰지 않는 게 좋다.
보기글	• 여류 시인이니 여류 작가라는 말은 20세기에 태어나 20세기에 사망한 단어로 기록될 것이다.

※ **여사(女史)**

본 뜻	고대 중국에서 왕후의 예지(禮脂)를 관장하는 여자 벼슬아치다. 이것이 나중에는 황제나 왕과 동침할 비빈들의 순서를 정해주는 일로 확대되었다. 여사(女史)는 비빈들에게 금·은·동 등으로 만든 반지를 끼게 하여 황제나 왕을 모실 순서를 정했고, 생리 중인 여성은 양볼에 붉은색을 칠하게 하는 등 비빈들의 건강 상태나 행동을 관찰하고 기록하여 실질적인 궁중 권력을 행사했다.
자구 해석	왕이 동침할 여자를 고르고 준비시키는 벼슬아치.
바뀐 뜻	후대로 내려오면서 고위관료의 부인을 가리키는 말이 되었다가, 요즘에는 흔히 남의 부인을 가리키는 말로 쓰인다.
보기글	• 김 여사님, 어서 오세요.

※ 역력(歷歷)

본 뜻   **역(歷)_** (물방울처럼) 뚝뚝 떨어지다. 두 자를 반복해 쓰는 것은 물방울이 여러 개 잇달아 떨어지는 걸 나타내기 위함이다.

자구 해석   물방울이 뚝뚝 떨어지는 듯하다.

바 뀐 뜻   자취나 기미, 기억 따위가 환히 알 수 있게 또렷하다.

보 기 글
- 사기꾼이 구속되자 그의 얼굴에는 기쁜 기색이 역력했다.

※ 역사(歷史)

본 뜻   **역(歷)_** 과거 시기를 차례로 지나다.
사(史)_ 과거 사실을 기록하다.

자구 해석   차례대로 기록한 과거.
중국의 삼국시대 오나라 사람인 위소(韋昭)가 저술한 《오서吳書》에 처음으로 역사라는 단어가 등장했다. 이때는 여러 가지 사서(史書)를 통칭하는 말이었다. 우리나라에서는 조선시대까지 역사를 표현할 때 사(史)라고만 하였다.

바 뀐 뜻   일본에서 영어 history를 '역사'로 번역하였고, 이어 한국과 중국에서 쓰였다.

보 기 글
- 역사를 무시하는 민족은 그 무시당한 역사와 같은 운명에 빠져든다.

※ 연결(連結)/연대(連帶)/연락(連絡)/연속(連續)

본 뜻   **연(連)_** 수레(車)가 지나간(辶) 자리에 바퀴자국이 이어져 있다. (두 가지 이상의 물건 등을) 잇대어 서로 닿게 놓다.

|자구 해석| 결(結)_ 묶다. 한번 묶은 것으로 끝난다.
대(帶)_ 두르다, 잡다.
락(絡)_ (실을) 잇거나 묶다.
속(續)_ 계속하여 이어나가다. 베를 짤 때 실을 계속 이어대는 것과 같다.

연결(連結)_ 서로 잇대어 묶다.
연대(連帶)_ 서로 잇대어 잡다.
연락(連絡)_ 서로 잇대어 잇고 묶어두다.
연속(連續)_ 끊이지 않고 계속 이어지다.

|바뀐 뜻| 연결(連結)_ 사물과 사물 또는 현상과 현상이 서로 이어지거나 관계를 맺다. 수학에서, 위상공간을 두 개의 공집합이 아닌 개집합으로 나눌 수 없는 일을 가리킨다. 결련(結連)으로 쓸 수 있다.
연대(連帶)_ 여럿이 함께 무슨 일을 하거나 함께 책임을 지다. 또는 한 덩어리로 서로 연결되다.
연락(連絡)_ 어떤 사실을 상대편에게 알리다. 서로 이어 대주면서 관련을 갖다.
연속(連續)_ 끊이지 아니하고 죽 이어지거나 지속하다. 변한 뜻이 없다.

|보 기 글|
- 전깃줄을 연결하다.
- 이번 일은 참여연대의 노력으로 결실을 맺은 것이다.
- 올해는 정말 놀랄 만한 일의 연속이었네.

※ **연구(研究)**

|본   뜻| 연(研)_ 돌을 갈아 판판하게 만들다.

구(究)_ 더 나아갈 수 없는 끝까지 굴을 파고들어 가다.

자구 해석   돌을 판판하게 갈고 굴을 끝까지 파고들어 가다.

※ 연극(演劇)

본 뜻   연(演)_ (강물이 흐르듯이) 긴 이야기를 펼치다.
극(劇)_ 호랑이 가면을 쓴 배우와 큰 산돼지 가면을 쓴 배우가 서로 칼을 들고 싸우다.

자구 해석   배우들이 극적인 이야기를 길게 펼치다.

※ 연령(年齡)→연세(年歲)

본 뜻   연(年)_ 가을걷이하다, 가을걷이를 한 횟수.
령(齡)_ 이(齒)의 나이. 이의 나이는 한자로 연치(年齒)라고 한다. 옛날에는 주민등록제도가 없어 치아 상태로 대략의 나이를 짐작했다.

자구 해석   농사를 지은 횟수와 이의 상태. 치아 나이를 묻는 건 실례이기 때문에 주로 연세(年歲)로 쓴다.

※ 연륜(年輪)

본 뜻   나이테. 나이테가 쌓인다는 것은 그만큼 햇수가 오래됐다는 뜻이고 오래 살았다는 증거다. 오래 산 사람은 세상 경험을 많이 쌓고, 그 경험에서 축적된 지혜를 갖게 된다는 의미에서 나이 든 사람을 존경하는 의미로 사용되었다.

바 뀐 뜻	연륜이라고 할 때는 나이테라는 본뜻으로는 거의 쓰이지 않고, 경험이 쌓이고 숙련된 경지에 다다른 상태를 가리키는 말로 쓰인다. 간혹 사람의 나이를 뜻하기도 한다.
보 기 글	• 정치는 젊은 혈기로만 되는 게 아니고 연륜이 쌓여야 할 수 있는 일이지.

※ **연민(憐憫/憐愍)**

본 뜻	연(憐)_ 불쌍하게 여기다. 민(憫)_ 걱정하고 괴로워하다. 민(愍)_ 걱정하고 괴로워하다.
바 뀐 뜻	불쌍하고 가련하게 여기다.
보 기 글	• 아무리 어려운 처지에 있는 사람을 보아도 결코 연민하지 않는 사람도 가끔은 있다.

※ **연세(年歲)→연령(年齡)**

본 뜻	연(年)_ 상나라 때 개념으로, 갑골문자에서 연(年)은 아주 묵직한 곡식을 등에 지고 절을 하는 사람을 나타냈다. 곧 가을걷이를 한 횟수다. 그래서 연은 오곡을 상징했다. 여기서 풍년이란 말이 나왔는데, 농사가 잘되어 평년보다 수확이 많은 해라는 뜻이 아니라 풍성한 오곡이란 뜻이었다. 다만 오곡을 거두는 게 1년에 한 번 이루어지다 보니 저절로 1년을 뜻하는 의미로 확대된 것이다. 즉 땅의 1년이다. 세(歲)_ 고대인들은 하늘을 12차로 나누었고, 목성은 1년에 한 차씩 이동한다. 이것을 1세라고 한다. 결국 1년과 같은 의미지만, 세는 하

늘의 시간 개념이고 연은 땅의 시간 개념이다. 이러한 이유로 중국에서 가장 오래된 자서(字書)인 《이아爾雅》에 "하나라 때는 세(歲)라 하고, 은나라 때는 사(祀), 주나라 때는 연(年)."이라고 기록되어 있다.

자구 해석 태어나 농사지은 햇수와 태어난 이래 목성이 돈 횟수.
바 뀐 뜻 오늘날 연과 세에 대한 구분은 없어졌고, 연세는 나이를 나타내는 의미로 확대되었다.
보 기 글 • 연세가 많이 들었다는 것은 하늘의 나이와 땅의 나이가 많이 들었다는 의미다.

※ 연습(演習)

본 뜻 연(演)_ (강물이 흐르듯이) 긴 이야기를 펼치다.
습(習)_ 알을 까고 나온 새끼 새가 날개(羽)를 퍼덕이며 나는 법을 익히고, 아기가 말(白)을 여러 번 반복하며 익히다.
자구 해석 긴 이야기를 펼치기 위해 반복하여 익히다.
바 뀐 뜻 실제로 하는 것처럼 하면서 익히다.
보 기 글 • 연극 연습(演習)을 하였다.

※ 연습(練習)

본 뜻 연(練)_ (명주실 따위를) 누이다.
습(習)_ 알을 까고 나온 새끼 새가 날개(羽)를 퍼덕이며 나는 법을 익히고, 아기가 말(白)을 여러 번 반복하며 익히다.

299

| 자구 해석 | 누이고 익히다.
| 바뀐 뜻 | 학문이나 기예 따위를 익숙하도록 되풀이하여 익히다.
| 보 기 글 | • 학문이나 기예는 연습(練習)을 많이 해야 한다.

❋ 연애(戀愛)

| 본 뜻 | 연(戀)_ 누군가를 그리워하여 마음이 어지럽다.
애(愛)_ (입을 벌리고 심장을 벌렁거리며 누군가를) 사랑하다.
| 자구 해석 | 누군가를 좋아하여 마음이 어지럽고 심장이 벌렁거리다.
연(戀)은 한쪽에서 일방적으로 그리워하는 것이다. 그러한 마음을 연정(戀情)이라고 한다. 이 연정이 장차 상호 교감하는 애정으로 자랄 수 있다. 애(愛)는 서로 마음이 오가는 상태의 친밀한 감정을 나타낸다. 그러한 마음은 애정(愛情)이라고 한다. 따라서 짝사랑의 감정은 연정이지 애정이 아니다.
| 바뀐 뜻 | 남녀가 서로 애틋하게 그리워하며 사랑하다. 그래서 연애한다고 할 때는 아직 연정과 애정의 사이에 있으므로 상징적으로는 결혼 약속을 하기 직전까지만 가리킨다. 결혼을 약속하게 되면 '연(戀)'을 빼고 '애(愛)'만을 하므로 연애한다고 하지 않고 '사랑한다'고 표현하는 것이다.
| 보 기 글 | • 우리 회사 김 군과 허 양은 6개월의 비밀 연애 끝에 결혼하기로 약속했다.

❋ 연역(演繹)

| 본 뜻 | 연(演)_ 물이 흐르듯 자연스럽다.
역(繹)_ 실마리를 잡아 풀어내다.

| 자구 해석 | 물 흐르듯 자연스럽게 실마리를 풀어내다.
| 바 뀐 뜻 | 어떤 명제로부터 추론 규칙에 따라 결론을 이끌어내다. 영어 deduction을 번역한 말이다.
| 보 기 글 | • 연역(演繹)과 귀납(歸納)을 알아야 논리를 세울 수 있다.

※ **연원(淵源)/원류(源流)**

| 본　　뜻 | **연(淵)_** 사물의 근원. 연은 못이나 호수를 가리킨다. 옛날에는 못이나 호수에서 물이 시작된다고 믿어 반드시 못이나 호수나 소(沼; 늪)라도 찾아 적었다.
원(源)_ 물이 끊이지 않고 흐르는 모양을 가리킨다. 다만 처음의 흐름을 가리킨다.
류(流)_ 물이 흐르는 모양이다. 다만 물의 처음이든 중간이든 끝이든 따지지 않는다.
| 자구 해석 | **연원(淵源)_** 물이 맨처음 흘러나온 연못. 낙동강의 연(淵)은 황지연못 또는 너덜샘이며, 원(源)은 거기서 흘러나온 물이라는 뜻이다.
원류(源流)_ 강의 연원과 물이 흘러 지나가는 지역. 낙동강의 원류는 황지연못 또는 너덜샘에서 시작하여 안동, 대구, 부산이다. 즉 유(流)는 안동, 대구, 밀양, 부산 등이다.
| 바 뀐 뜻 | 사전에는 연원이 사물의 근원이라고만 나온다. 원류는 강이나 내의 본줄기다. 사물이나 현상의 본래 바탕을 가리키기도 한다.
| 보 기 글 | • 학문이든 예술이든 연원과 원류를 알아야 전통을 계승하고 발전시킬 수 있다.

❉ **연주(演奏)**

본 뜻　　연(演)_ 물이 흐르듯 자연스럽다.
　　　　주(奏)_ 악기를 손에 잡고 연주하다.
자구 해석　악기를 자연스럽게 연주하다.

❉ **열악(劣惡)**

본 뜻　　열(劣)_ 모자라다, 적다.
　　　　악(惡)_ (마음이) 나쁘다, 추하다.
자구 해석　모자라면서도 나쁘다.
바 뀐 뜻　예산이나 장비 등이 턱없이 모자라고, 그나마도 조건 등 상황이 아주 나쁘다.
보 기 글　• 우리 부대 전투 장비가 너무 열악하다.

❉ **영가(靈駕)**

본 뜻　　영(靈)_ 8방, 하늘, 구름의 신, 천자(天子). 나중에는 사람이 죽었을 때 하늘로 올라가는 것이라고 여겼다.
　　　　가(駕)_ 천자, 즉 황제가 타는 수레.
자구 해석　영혼이 타는 수레.
바 뀐 뜻　귀신을 불러 앉히는 지방(紙榜) 같은 자리다. 그러면서 불교에서는 귀신 자체를 가리키는 말로 쓰인다.
보 기 글　• 영가를 천도해야 좋은 세상에 태어난다고 믿는 사람들이 많다.

※ **영감(令監)**

본 뜻 조선시대에 정3품과 종2품 당상관을 높여 부르던 말이다. 벼슬이 그 이상일 때는 대감(大監)이라고 불렀다. 그러던 것이 조선 중기에 80세 이상의 나이 많은 노인들에게 명예직으로 수직(壽職)이라는 벼슬을 주면서 그들까지도 영감이라고 높여 불렀다.

자구 해석 종2품 이상 당상관.

바뀐 뜻 일반 남성 노인들을 부르는 일반 호칭으로 낮아졌다. 오늘날에는 나이 많은 남편을 부르는 호칭으로도 쓰인다. 특수하게는 군수나 판검사 등 조금 높은 관직에 있는 사람들이 자기들끼리 서로 높여 부르는 말로 쓰기도 한다.

보 기 글
• 판검사를 영감이라고 부르다니, 시대를 착각한 사람들인가 보다.

※ **영남(嶺南)/영동(嶺東)/영서(嶺西)→관동(關東)/관서(關西)/관북(關北)→호남(湖南)**

본 뜻 영남은 조령(문경새재)의 남쪽이란 뜻이다. 영동과 영서는 대관령을 기점으로 가른 것으로 대관령의 동쪽을 영동, 서쪽을 영서라 한다. 영동은 다른 말로 관동(關東)이라고도 한다.

바뀐 뜻 현대 행정구역과는 관련이 없으나 영남의 경우 경상남북도를 일컫는 말로 쓰인다.

보 기 글
• 정철의 〈관동별곡〉은 영동 지방을 유람하면서 읊은 가사다.

※ **영부인(令夫人)**

본 뜻 　제후의 아내를 가리키는 벼슬 이름이다. 부인(夫人) 자체가 제후의 아내를 뜻한다.

자구 해석 　제후의 아내. 부인(夫人) 역시 제후의 아내를 가리키는 말이다. 후대로 내려오면서 남의 아내에 대한 일반적인 높임말로 쓰였다. 영부인(令夫人)을 살짝 바꾼 영부인(領夫人)이라는 말은 현대에 이르러 대통령제를 시행하면서 생겨난 억지 조어다.

바뀐 뜻 　제3공화국 시절에 고(故) 육영수 여사를 이름 없이 그냥 영부인이라고만 지칭했던 적이 있다. 이 때문에 누구에게나 쓸 수 있는 이 단어가 마치 대통령의 부인만을 특별하게 가리키는 것으로 잘못 알려지게 되었고, 아직까지도 많은 사람들이 그렇게 알고 있다. 대통령의 부인을 지칭할 때는 '대통령 영부인 아무개 여사'라고 하면 된다.

보기글 　· 선생님, 영부인께서는 요즘 건강이 어떠십니까?

※ **영수(領袖)**

본 뜻 　영(領)_ 옷깃.
　　　수(袖)_ 소매.

자구 해석 　옷깃과 소매. 옷을 집어들 때 먼저 옷깃과 소매를 잡는 것처럼 여러 사람 중에서 우두머리가 되는 사람을 가리키는 말이다. 또 서로 옷깃과 소매를 잡는다는 뜻도 있다.

바뀐 뜻 　어떤 집단의 대표가 되는 사람을 영수라고 한다. 그러므로 영수회담이란, 대통령과 정당 당수가 하는 회담을 뜻하는 게 아니라 중요한 정치지도자 간의 회담이다. 그러나 영수회담이 대부분 대통령과 회담하는 것으로 된 것은 대통령이 곧 여당의 실질적인 대표이기 때문이다.

보 기 글
- 한나라당에서 영수회담을 제의하자 노무현 대통령은 "나는 민주당의 영수가 아니니 민주당에 알아보라."고 말하여 화제가 되었다.

❈ 영웅(英雄)

본 뜻 《예기》의 주석서인 《변명기辨名記》에 능력이 뛰어난 사람을 가리키는 여러 가지 말이 설명되어 있다.
무(茂)_ 사람들보다 재주가 갑절인 사람이다.
선(選)_ 열 사람 중에 빼어난 사람이다.
준(俊)_ 선의 갑절인 사람이다.
영(英)_ 1000명 중에서 출중한 사람이다.
현(賢)_ 영의 갑절이 되는 사람이다. 즉 2000명 중에서 출중한 사람이다.
걸(傑)_ 1만 명 중에서 빼어난 사람이다.
성(聖)_ 걸의 갑절이 되는 사람이다.
웅(雄)_ 수컷, 우두머리 등을 뜻한다.

바뀐 뜻 본래 의미보다는 영어 hero를 번역한 의미로 쓰인다. 일본 한자어다.

보 기 글
- 현대는 영웅을 원하지 않는다.

❈ 영원(永遠)

본 뜻 영(永)_ 강처럼 끝없이 길게 이어지다. 황하나 장강 규모를 상상해야 한다.
원(遠)_ 길이 너무 멀다. 가도가도 아득한 먼 길. 이것도 거리가 매우 먼 중국의 땅 개념으로 상상해야 한다. 몇 달 또는 일이 년 걸리는 먼 길이다.

자구 해석 끝없이 멀다.

❈ 영향(影響)

본 뜻 **영(影)**_ 퍼져나가는 그림자.
향(響)_ 울려퍼지는 소리, 메아리.

자구 해석 퍼져나가는 그림자와 울려퍼지는 메아리.
그림자는 실제 사물이 움직이는 대로 따라 움직이고, 울림은 음원(音源)이 있어야 거기서부터 퍼져나가기 때문에 한 사물이 다른 사물에 미치는 현상을 나타내기 시작했다. 이런 뜻에서 영국(影國)이라고 하면 종주국을 따르는 속국을 뜻한다.

바 뀐 뜻 어떤 사물의 효과나 작용이 다른 것에 미치는 일이다.

보 기 글 • 줏대가 없으면 남의 그림자가 되거나 남이 하는 말의 메아리로 살아간다.

❈ 영혼(靈魂)→귀신(鬼神)/혼백(魂魄)

본 뜻 **영(靈)**_ 사람이 죽었을 때 하늘로 올라가는 것이라고 믿는 것이다.
혼(魂)_ 사람이 죽었을 때 땅으로 내려가는 것이라고 믿는 것이다. 살아 있을 때는 백(魄)이고 죽으면 혼(魂)이다. 다만 살아 있는 사람의 경우에는 혼백(魂魄)이라고 한다. '혼이 빠지다' '넋(백)을 놓다' 등으로 쓰인다. 백은 살아 있는 경우에만 쓰지만 혼은 생사 구분 없이 다 쓰인다. 죽은 사람의 넋을 건진다는 말이 있는데, 장례를 치르기 전까지는 대체 죽은 것으로 보지 않는 풍습 때문이다. 넋을 달래어 보내야만 혼이 된다.

자구 해석 사람이 죽어 하늘로 올라가는 것과 땅으로 내려가는 것.

바 뀐 뜻 현대에 이르러 영혼이란 육체에 대한 정신적인 것을 가리킬 뿐 영과 혼을 구분해 쓰는 경우는 없다. 또한 뇌과학이 발달하면서 영혼의 개념도 조금씩 바뀌어가고 있다.

보 기 글
• 과학자들은 영혼의 존재 자체를 부인하는 경우가 많다.

※ **예민(銳敏)**

본 뜻 예(銳)_ 날카롭다.
민(敏)_ (회초리를 쳐서) 재빠르다.

자구 해석 날카롭고 재빠르다.

바 뀐 뜻 상황이 날카롭고 재빠르게 변하고 있어 언제 큰일이 벌어질지 알 수 없다.

보 기 글
• 여야가 예민하게 대치 중이니 말을 조심하자.

※ **예술(藝術)**

본 뜻 예(藝)_ (밭작물을) 심어 기르는 재주. 모든 재주를 가리킨다.
술(術)_ 심어 기른 열매나 채소 따위를 네거리, 즉 장터에서 파는 기술이라는 뜻이다.

자구 해석 만드는 재주(藝)와 그것을 남들에게 전하거나 파는 재주(術).

| 바뀐 뜻 | 기예와 학술을 아울러 이르는 말이다. |
| 보 기 글 | • 예술의 범위가 미치지 않는 곳이 드물다. |

※ 예의(禮儀)

| 본 뜻 | 예(禮)_ 인간이 신에게 마땅히 지켜야 할 일, 아랫사람이 윗사람에게 마땅히 지켜야 할 일.
의(儀)_ 사람으로서 마땅히 지켜야 할 일. |
| 자구 해석 | 신이나 윗사람에게, 또는 사람끼리 서로 지켜야 할 일. |

※ 오류(誤謬)

| 본 뜻 | 오(誤)_ 말을 틀리게 하다.
류(謬)_ 잘못되다. 말(言)이 깃털처럼 날아다니는(羽) 것이니 가볍고 잘못되다. |
| 자구 해석 | 틀리거나 잘못된 말. |

※ 오만(傲慢)

| 본 뜻 | 오(傲)_ 남을 업신여기다.
만(慢)_ 마음(忄)이 끌어가는(曼) 대로만 하니 게으르다. |
| 자구 해석 | 남을 업신여기면서 정작 본인은 게으르다. |

※ **오묘**(奧妙)

본 뜻   오(奧)_ 매우 깊숙하다, 감추어지다.
묘(妙)_ 어리고 작은 젊은 여자. 20세가량.

자구 해석   매우 깊숙이 감추어진 어리고 작고 젊은 여자. 성적인 의미도 있다.

바뀐 뜻   매우 깊어서 그 속이나 원리를 알기가 어렵다.

보기 글   • 하늘의 섭리는 참으로 오묘하다.

※ **오염**(汚染)

본 뜻   오(汚)_ 더럽다. 흙탕물은 탁(濁)이다.
염(染)_ 물들다. 나무즙으로 만든 물감에 아홉 번 담근다는 뜻이 담겨 있다.

자구 해석   더러운 것에 물들어 얼룩지다.

※ **오장육부**(五臟六腑)

본 뜻   사람 배 속에 있는 간장(肝臟), 심장(心臟), 비장(脾臟), 폐장(肺臟), 신장(腎臟)의 다섯 가지 내장.
육부는 배 속에 있는 여섯 가지 기관으로 담(膽), 위(胃), 대장(大腸), 소장(小腸), 삼초(三焦), 방광(膀胱)이다.

바뀐 뜻   배 속 전체를 가리키는 말로 쓰인다.

보기 글   • 오장육부가 있는 놈이 그런 짓을 할 리가 있겠는가.

※ 오해(誤解)

본 뜻   오(誤)_ 말을 틀리게 하다.
해(解)_ (소 잡듯이 칼로) 끄르고 가르고 나누고 벗기다.
자구 해석   쇠뿔을 잘못 잘라내다, 틀리게 자르다.

※ 옥편(玉篇)

본 뜻   중국 양(梁)나라 사람 고야왕(顧野王)이 만든 자전(字典)의 이름으로, 고유명사이다. 이것이 당나라 때 우리나라 삼국에 수입되면서 흔히 자전을 가리켜 옥편이라고 부르게 되었다.
바뀐 뜻   한자를 자획에 따라 배열하고 음과 새김을 적어넣은 책이다. 즉 한자 자전이다. 중국, 한국, 일본에서 나온 모든 자전은 이 옥편의 증보개정판이라고 할 수 있다.
보 기 글   • 한글사전까지 옥편이라고 하는 것은 잘못이다.

※ 온전(穩全)

본 뜻   온(穩)_ 곡식을 거두어 모으다.
전(全)_ 무사하다, 손실이 없다. 큰 재산인 옥(玉)이 집 안에 들어와(入) 있다는 뜻이다.
자구 해석   곡식을 모두 거두어들이다.
바뀐 뜻   본바탕 그대로 고스란하다, 잘못된 것이 없이 바르거나 옳다.
보 기 글   • 아파트에 불이 나서 걱정했는데 우리집은 온전했다.

※ **옹고집(甕固執)**

| 본 뜻 | 옹(甕)_ 콕 막히다.
고(固)_ 딱딱하게 굳다.
집(執)_ 꽉 쥐다. |
자구 해석	콕 막히고 딱딱하게 굳고 꽉 쥐다. 우리나라의 고전소설《옹고집전》의 주인공 옹고집에서 나온 말이다. 저자는 주인공 이름에서 그 특징이 바로 나타나도록 했는데, 이 소설에서 옹고집은 한 승려의 도술로 잘못을 뉘우친다.
바뀐 뜻	옹고집과 같은 사람이라는 뜻으로 구두쇠, 놀부, 자린고비 등의 말과 함께 쓰인다.
보 기 글	• 이 옹고집아, 욕심만 부리다가는 득보다 실이 더 커.

※ **옹호(擁護)**

| 본 뜻 | 옹(擁)_ 아기를 안듯 몸 전체를 끌어안다.
호(護)_ 말로써 지키다. |
자구 해석	비난이나 욕설을 받는 사람이라도 온몸을 끌어안아 말로써 지키다.
바뀐 뜻	두둔하고 편들어 지키다.
보 기 글	• 선거에 지고 나니 나를 옹호해줄 사람이 없구나.

※ **와중(渦中)**

| 본 뜻 | 소용돌이치며 흐르는 물(渦)의 한가운데(中)다. |

자구 해석	소용돌이의 한가운데이니, 즉 가장 어지러운 부분이다.
바뀐 뜻	소용돌이치는 물의 한가운데처럼 번잡스럽고 떠들썩한 사건의 한가운데.
보기글	• 전쟁이 났는데 이 와중에 학교에 간단 말이냐?

❄ **와해(瓦解)**

본 뜻	지붕을 덮은 기와(瓦)가 깨진다(解)는 뜻이다. 즉 집이 무너지는 것을 표현한 말이다.
자구 해석	기와가 깨지다.
바뀐 뜻	목표했던 일이 이루어지지 않고, 어떤 조직이 급격히 흩어지다.
보기글	• 민주산악회는 김영삼 전 대통령의 외환위기 사태 이후 급격히 와해되었다.

❄ **완료(完了)**

본 뜻	완(完)_ 가족들이 일을 마치고 집 안으로 돌아와 있다, 잘 끝나다. 료(了)_ 마치다.
자구 해석	잘 끝나 마치다.

❄ **완만(緩慢)**

본 뜻	완(緩)_ 느리다. 만(慢)_ 게으르다.

| 자구 해석 | 느리고 게으르다.
| 바 뀐 뜻 | 움직임이 느릿느릿하다.
| 보 기 글 | • 2주 연속 급격한 하락세를 보였던 주가가 이번 주 들어 완만한 회복세를 이어가고 있다.

❋ 완벽(完璧)

| 본 뜻 | 춘추전국시대에 유명한 보석인 '화씨의 벽(璧)'을 일컫는다. 초나라 백성이 처음 발견한 이 '화씨의 벽'이 흘러흘러 조(趙)나라에 들어갔는데, 이를 탐낸 진(秦)나라 왕이 땅과 보석을 바꾸자고 꾀었다. 힘이 약한 조나라는 할 수 없이 인상여(藺相如)라는 사람에게 보석을 갖다 주고 땅을 받아오라고 했다. 하지만 진나라 왕은 보석만 받고 땅을 주지 않았다. 이에 인상여는 보석에 흠이 있다면서 달라고 하여 일단 받아든 다음, 진나라가 땅을 주지 않으면 보석을 땅에 던져 산산조각을 내겠다고 왕을 위협했다. 그러고는 왕이 며칠간 목욕재계를 한 다음 보석을 인수인계하자고 하여, 진나라 왕이 목욕재계를 하는 동안 진나라를 탈출하여 옥을 빼앗기지 않았다. 이때 보석을 하나도 손상시키지 않고 원래 그대로 완벽(完璧)을 가져왔다고 하여 이로부터 완벽이란 어휘가 쓰이기 시작했다.

| 자구 해석 | 흠이 없는 옥.
| 바 뀐 뜻 | 흠잡을 데 없이 완전한 물건, 일 등이다.
| 보 기 글 | • 우리 딸은 정말 완벽하게 생겼단 말이야.

※ 외(外)

본 뜻 　점(占)은 원래 낮에 치는 법인데, 전쟁 등 급한 일이 있을 때는 밤에도 점을 쳤다.

자구 해석 　밤(夕)에 치는 점(卜).

바뀐 뜻 　바깥, 변두리라는 뜻으로 변했다. 밤에 치는 점에서 시작된 한자인 만큼 불확실하다, 모호하다, 낯설다는 뜻으로 쓰인다.

보 기 글 　• 그 사람 외에는 아무도 믿을 수 없다.

※ 외입(外入)/오입(誤入)

본 뜻 　본업이 아닌 취미생활 전반을 가리키는 말이다. 그런 이유로 외입에도 순번이 있어서 첫째가 매를 길러서 매사냥을 즐기는 것이요, 둘째가 말타기요, 셋째가 활쏘기요, 넷째가 기생놀음이었다. 외입의 전부인 것처럼 잘못 알려진 기생놀음은 외입 중에서도 맨 마지막으로 치는 별 볼 일 없는 외입이었던 것이다. 아내가 아닌 여자와 갖는 성관계를 뜻하는 오입(誤入)과 혼동하는 경우가 많다.

자구 해석 　외입(外入)_ 본업이 아닌 취미생활.
오입(誤入)_ 불륜.

바뀐 뜻 　오늘날에는 아내 아닌 다른 여자와 정을 통하는 것을 주로 말한다.

보 기 글 　• 요즘에는 게임이나 도박을 하는 것도 외입이라고 할 수 있겠군.

※ 요란(搖亂)

본 뜻 　요(搖)_ 흔들다.

	란(亂)_ 어지럽다.
자구 해석	흔들어대서 어지럽다.

※ 용감(勇敢)

본 뜻	용(勇)_ 힘세고 날래고 씩씩하다. 감(敢)_ 칼 한 자루 들고 두려움을 무릅쓰다.
자구 해석	힘세고 날래고 씩씩하며 두려움을 무릅쓰다.

※ 용서(容恕)/포용(包容)

본 뜻	용(容)_ (물건 따위를 그릇 안에) 담다, 받아들이다, 포용하다, 마치 계곡처럼 집 안으로 뭐든지 크게 받아들이다. 서(恕)_ 마음 가는 대로 헤아려 동정하다. 순수한 마음이 시키는 대로 하다. 포(包)_ 감싸다.
바뀐 뜻	용서(容恕)_ 지은 죄나 잘못한 일에 대하여 꾸짖거나 벌하지 않고 덮어주고 끌어안다. 포용(包容)_ 남을 너그럽게 감싸주거나 받아들이다. 둘 다 일본 한자어라 어휘가 어설프다.
보 기 글	• 아들아, 어서 돌아와다오. 다 용서하마.

※ 우울(憂鬱)

본　뜻　　우(憂)_ 근심하다.
　　　　　울(鬱)_ (나무가 울창하여 빽빽한 것처럼) 막히다.
자구 해석　꽉 막힌 듯 근심스럽다.
바뀐 뜻　　근심스럽거나 답답하여 활기가 없다. 심리학에서, 반성과 공상이 따르는 가벼운 슬픔을 말하기도 한다.
보 기 글　• 우울한 마음이 오래도록 가시지 않으면 심리치료를 받는 게 좋다.

※ 우주(宇宙)

본　뜻　　천지사방(天地四方)과 고금왕래(古今往來)를 의미한다. 즉 세상(世上)을 나타낸다.
　　　　　우(宇)_ 공간, 천지사방.
　　　　　주(宙)_ 시간, 고금왕래.
자구 해석　하늘과 땅의 동서남북, 옛날과 현재, 오고 감.
바뀐 뜻　　지금은 철학적으로는 시간과 공간을 포함하여 우주라고 하지만, 일반적으로는 모든 천체(天體)를 포함하는 공간만 가리킨다. 시간 개념은 빠졌다.
보 기 글　• 물리학에서 우주는 물질과 복사가 존재하는 모든 공간이다.

※ 우체(郵遞)

본　뜻　　우(郵)_ 변방의 먼 고을.
　　　　　체(遞)_ (짐승이) 번갈아 들락거리다. 여기서 역(驛)과 역 사이에 말이

부지런히 오가다는 뜻으로 변했다.

자구 해석 먼 곳에 소식을 전하거나 받다.

❊ 우편(郵便)

본 뜻 우(郵)_ 변방의 먼 고을.
편(便)_ 편하다. '사람(亻)이 불편한 것을 고쳐 쓰다(更)'는 의미다. 여기서는 경(更)을 '매달아놓은 종(一+由)을 손으로 치다'는 뜻에서 '알리다'는 의미로 확대되어 쓰인다.

자구 해석 먼 고을의 소식을 쉽게 알다. 일본 한자어라 한자가 어색하다. 이대로 굳혀 쓸 수밖에 없다.

❊ 운명(運命)

본 뜻 운(運)_ (궤도를 갖거나 노선을 갖고) 움직이다, 군대를 움직이다.
명(命)_ (칼 찬 높은 사람이 앞에 꿇어앉은 사람에게) 말로써 부리는 일. (칼 찬 사람이 앉아 있는 사람의 목숨을 거둘 수 있으니 남에게 달린) 목숨이다. 예) 천명(天命); 하늘이 그 사람에게 시킨 일.

자구 해석 계속 움직이는 일과 목숨.

바 뀐 뜻 모든 것을 지배하는 초인간적인 힘. 또는 그것에 의하여 이미 정해져 있는 목숨이나 처지.

※ 운송(運送)/운전(運轉)/운반(運搬)/운수(運輸)

본 뜻   운(運)_ (궤도를 갖거나 노선을 갖고) 움직이다, 군대를 움직이다.
송(送)_ 보내다.
전(轉)_ 구르다, 굴러가다.
반(搬)_ (손으로) 나르다.
수(輸)_ (수레에 실어 물건을) 나르다.

바뀐 뜻   운송(運送)_ 출발지와 목적지를 정해 사람을 태워 보내거나 물건 따위를 실어 보내는 것이다. 사람이나 소화물(小貨物) 정도의 규모로 운수보다는 작다.
운전(運轉)_ 기계나 자동차 따위를 움직여 부리다. 또는 사업이나 자본 따위를 조절하여 움직이는 것을 나타내기도 한다.
운반(運搬)_ 물건 따위를 옮겨 나르다. 규모가 작다.
운수(運輸)_ 운송이나 운반보다 큰 규모로 사람을 태워 나르거나 물건을 실어 나르다.
일본 한자어들이다.

보기글
- 운수회사.
- 자동차 운전.
- 화물 운송.
- 내 트럭으로 코끼리를 서울로 운반했다.

※ 운율(韻律)/음률(音律)/음향(音響)→율려(律呂)→음악(音樂)

본 뜻   운(韻)_ (한자 등을) 소리의 성질에 따라 분류하는 것이다. 같은 소리의 반복을 뜻한다.
율(律)_ 음악적 가락. 피리의 음으로써 정한 음계이다. 즉 소리의 규칙적인 양식이다.

음(音)_ 물체가 진동하여 나는 소리. 귀로 들어 인식할 수 있는 자극이다.

향(響)_ 울림, 메아리.

바뀐 뜻 운율(韻律)_ 시문(詩文)의 음성적 형식.

음률(音律)_ 소리와 음악의 가락. 또 오음(五音)과 육률(六律)을 아울러 이르는 말이다. 오음은 궁(宮)·상(商)·각(角)·치(徵)·우(羽)의 다섯 음률, 육률은 십이율 가운데 양성(陽聲)에 속하는 여섯 가지 소리인 황종·태주·고선·유빈·이칙·무역을 이른다. 육률과 짝을 이루는 소리는 육려이다.

음향(音響)_ 물체에서 나는 소리와 그 울림이다.

보기글
- 이 시는 운율이 맞지 않는다.
- 이 피리는 음률이 매우 고르다.
- 이 스피커는 음향이 좋지 않다.

❈ **운치(韻致)**

본 뜻 운(韻)_ 시나 노래의 운이다.

치(致)_ 극치(極致). 시나 노래 등의 운이 아주 잘 맞다.

자구 해석 아주 잘 맞는 시나 노래의 운.

바뀐 뜻 고상하고 우아한 멋이다.

보기글
- 이 절은 운치가 있다.

※ 울창(鬱蒼)

본 뜻 울(鬱)_ (나무가 따위가) 빽빽하다.
       창(蒼)_ (나무 따위가) 푸르게 우거지다.
자구 해석 나무가 빽빽하게 우거지다.
보 기 글 • 화목(火木) 대신 석유 연료를 쓰기 시작하면서 숲이 울창해졌다.

※ 원(員)/인(人)/명(名)/구(口)/두(頭)

본 뜻 원(員)_ 관원, 관리 등을 헤아리는 말이다. 예) 사헌부 관직은 모두 10원이다.
       인(人)_ 관아 기준으로 현령이나 현감이 부리는 아전이나 아속을 헤아리는 말이다. 예) 우리 관아의 아전은 5인이다.
       명(名)_ 포졸, 역졸, 봉졸, 백정 등의 수를 헤아리는 말이다. 예) 우리 관아의 포졸은 10명이다.
       구(口)_ 서민을 헤아리는 말이다. 예) 우리 현의 양민은 3000구다.
       두(頭)_ 짐승의 수효를 헤아리는 말이다. 사람의 경우 적이나 반란군, 역적의 머리를 헤아릴 때 쓰기도 한다. 예) 우리 농장의 돼지는 1000두다.
       봉건시대에는 엄격히 구분하였다.
자구 해석 인원(人員)_ 아전과 관리의 수효. 예) 용인현의 인원은 몇 명인가? 1원 10인 5명입니다.
바 뀐 뜻 오늘날은 대부분 인(人)과 명(名)만 쓰는데, 인을 명보다 높이 쓰는 경향이 있다. 원(員)은 모집 정원(定員), 의원(議員) 등으로 남아 있지만 200인 등으로 말하지 200원으로 쓰지는 않는다.

| 보기글 | • 그래서 국회의인이 아니라 국회의원이구나. |

※ 원만(圓滿)

본 뜻	원(圓)_ 둥글다.
	만(滿)_ 가득 차다. 본디 밀물을 가리킨다. 썰물은 간(干)이다.
자구 해석	모나지 않고 둥글며, 모자라지 않고 가득 차다.

※ 원망(怨望)

본 뜻	원(怨)_ 마음으로 미워하다.
	망(望)_ 언덕에 서서 달을 바라보며 (보름달이 되기를) 기다리다.
자구 해석	미워하여 불평을 품고 기다리다. 미움을 갖고 있지만 잘되기를 바라는 마음이 깃들어 있다.

※ 원예(園藝)

본 뜻	원(園)_ 밭.
	예(藝)_ 심어 기르다, 심어 기르는 재주.
자구 해석	밭농사를 짓는 재주. 한편 술(術)은 심어 기른 열매나 채소 따위를 네거리, 즉 장터에서 파는 기술이라는 뜻이다.
바뀐 뜻	채소, 과일, 화초 등 밭농사를 짓는 법.
보기글	• 원예를 배우면 전원생활이 더 즐겁다.

※ **위급**(危急)

| 본 뜻 | 위(危)_ (절벽에서 떨어져) 위태롭다.
급(急)_ (도망치는 사람이나 잡으려는 사람이) 급하다. |
| 자구 해석 | 위태롭고 급하다. |
| 보 기 글 | • 전세가 몹시 위급하다. |

※ **위안**(慰安)

| 본 뜻 | 위(慰)_ 남의 종기를 불로 지져 치료해주는 사람(尉), (그렇게 남을 치료하고) 위로하다.
안(安)_ 편안하게 해주다. 여자가 집 안에 있으니 마음이 편안하다는 뜻이다. |
| 자구 해석 | 위로하고 편안하게 해주다. 이 좋은 말을 일본군들이 '성노예로서 위로하고 편안하게 해주다'는 뜻으로 썼다. |

※ **위험**(危險)

| 본 뜻 | 위(危)_ 절벽 위에 서 있다.
험(險)_ 언덕길이 거칠고 험하다. |
| 자구 해석 | 절벽에 서 있거나 험한 길을 가다. |

※ **위협**(威脅)

| 본 뜻 | 위(威)_ 으르고 협박하다, 도끼날 달린 창으로 (여자를) 으르다. |

협(脅)_ 옆구리를 툭툭 치면서 겁주다.

자구 해석 창을 겨누어 으르고 툭툭 치면서 겁을 주다.

❋ 유괴(誘拐)

본 뜻 **유(誘)**_ (빼어난 말솜씨로) 꾀다, 유혹하다.
괴(拐)_ (속임수를 써서 남을) 데려가다.

자구 해석 사람을 속여서 꾀어내 데려가다.

보 기 글 • 유괴는 매우 큰 범죄에 속한다.

❋ 유린(蹂躪)

본 뜻 **유(蹂)**_ (발로) 밟다, (벼나 곡식 따위를) 밟다.
린(躪)_ (발로) 짓뭉개다.

자구 해석 발로 밟고 짓뭉개다.

바 뀐 뜻 남의 권리나 인격을 짓밟다.

보 기 글 • 검찰의 인권유린에 대해 비판하는 기사는 찾아보기 어렵다.

❋ 유치(幼稚)

본 뜻 **유(幼)**_ 힘없는 어린이. 유약(幼弱)은 7세 이하를 가리킨다. 현대에는 학령기인 8세 이전 어린이를 가리킨다.
치(稚)_ 덜 자라 아직 어린 벼(禾). 젖먹이 수준을 가리킨다.

자구 해석 혼자 서지 못할 정도로 덜 자란 어린이. 물론 일본 한자어다. 초등학교 입학 연령이 안 되는 어린이다.

❈ 유치(誘致)

본 뜻	유(誘)_ (빼어난 말솜씨로) 꾀다, 유혹하다, 감동하게 하다, 미혹하게 하다. 치(致)_ 끌어오다.
자구 해석	감언이설로 꾀어 끌어들이다. 유괴(誘拐)는 사람의 신체를 데려가는 것, 유치는 어떤 목적으로 끌어들이는 나쁜 짓이다.
바뀐 뜻	오늘날에는 보험, 당원 모집, 회원 모집 등에 쓰이면서 크게 나쁘지는 않은 뜻으로 쓰인다.
보 기 글	• 올림픽 유치단이란 '감언이설로 IOC 위원들을 꾀는 사람들'이란 말인가?

❈ 유폐(幽閉)→궁형(宮刑)

본 뜻	유(幽)_ 깊이 숨기다. 폐(閉)_ 문을 막아서 나오지 못하게 하다.
자구 해석	죄를 지은 여성의 자궁을 들어내다. 또는 못쓰게 막아버리다. 남성의 경우에는 유폐라고 하지 않고, 생식기를 없애는 궁형(宮刑)이라고 한다.
바뀐 뜻	춘추전국시대 이후 유폐라는 어휘는 형벌을 직접 가리키지 않고, 진실이나 사람을 깊이 가둔다는 뜻으로 쓰인다. 유폐를 형벌로 집행하기가 기술적으로 어렵기 때문에 어휘 자체가 사라졌다.
보 기 글	• 진시황은 어머니 조희를 궁에 유폐시켰다.

※ **유혹(誘惑)**

본 뜻 　유(誘)_ 말을 잘해서 꾀어내다.
　　　　혹(惑)_ 혹시나 하는 마음을 일으키다.
자구 해석 　말을 잘하여 꾀어내려 하다.

※ **율려(律呂)→운율(韻律)/음률(音律)/음향(音響)→음악(音樂)**

본 뜻 　율(律)_ 동양의 십이음률 중 양(陽)의 소리이다.
　　　　려(呂)_ 동양의 십이음률 중 음(陰)의 소리이다.
자구 해석 　국악에서 음악이나 음성의 가락을 이르는 말로, 율(律)의 음과 여(呂)의 음이라는 뜻이다. 육률(六律)과 육려(六呂)를 아울러 이른다. 드물게 동양철학에서 전체 음악이나 음성의 가락을 뜻하기도 한다.
보 기 글 　• 오래전에 율려 운동을 펴겠다는 시인이 있었다.

※ **은행(銀行)**

본 뜻 　은(銀)_ 은본위제 시절의 화폐이다.
　　　　행(行)_ 길 양쪽을 따라 늘어서 있는 가게이다.
자구 해석 　은을 팔거나 사는 가게. 돈을 취급하는 주요 기관인 은행의 연원은 고대로 거슬러 올라간다. 철기 문화 이후 화폐의 대부분은 은(銀)이었다. 이 때문에 은본위제도가 널리 자리를 잡게 되었고 은 자체가 화폐와 동일시되었다. 그래서 돈을 다루는 기관을 돈(돈을 뜻하는 어떤 한자도 마찬가지)행이라고 하지 않고 은행이라고 부르는 것이다.

그렇다 하더라도 돈을 가리키는 말인 은(銀) 뒤에 왜 '갈 행(行)'자가 붙었는지 의문이 생긴다. 行은 예로부터 두 가지 뜻과 두 가지 발음으로 쓰였다. 직접 이리저리 다닌다는 뜻의 '다닐 행'과, 길 양쪽을 따라 쭉 늘어서 있는 가게들을 가리키는 '차례 항' '항렬 항'으로 쓰인 것이 그것이다. 중국에서도 표기는 銀行이라고 쓰고, 가게를 나타내는 뜻임을 강조하기 위해서 '은항(중국 발음 인항)'으로 읽는다. 청나라 말에 일어난 태평천국운동에서 재정개혁을 부르짖는 표어가 '은항(銀行)을 부흥시키자'였는데 이것이 바로 '은행'이란 단어가 처음 쓰이게 된 기원이다. 이 말이 그대로 일본에 흘러들어 갔다가 우리나라에 들어오는 과정에서 '행'으로 잘못 발음되었다.

바뀐 뜻 신용을 기초로 돈을 맡거나 빌려줘서 자본의 수요와 공급의 매개 구실을 하는 공식적이고 대표적인 금융기관이다.

보기글 • 은행을 돈에 이자를 붙여 파는 장사라고 하면 너무 심하겠지.

❄ **음산(陰散)**

본 뜻 음(陰)_ (구름이 끼어 언덕에) 그늘이 지다.
산(散)_ (잘 익은 곡식 이삭을 막대기로 쳐서 알곡들이) 흩어지다.

자구 해석 그늘이 흩어지다.

바뀐 뜻 분위기가 으스스하거나 을씨년스럽다.

보기글 • 그 여자는 늘 음산한 분위기를 자아내더니 기어이 자결하고 말았다.

❄ **음악(音樂)→율려(律呂)→운율(韻律)/음률(音律)/음향(音響)**

본 뜻 음(音)_ 듣기 좋은 소리이다.

악(樂)_ 노래가사와 악기의 연주 소리이다.

자구 해석 사람이 부르는 노래와 악기 연주 소리.

바 뀐 뜻 박자·가락·음성 따위를 갖가지 형식으로 조화하고 결합하여, 목소리나 악기를 통하여 사상 또는 감정을 나타내는 예술이다.

보 기 글 • 나는 때때로 한밤중에 음악을 즐긴다.

❄ **음탕(淫蕩)**

본　　뜻 **음(淫)_** 물에 젖어 축축하다.
탕(蕩)_ 풀잎처럼 마구 물에 떠다니다.

자구 해석 물에 젖어 축축할 뿐만 아니라 풀잎처럼 물에 떠다니다.

바 뀐 뜻 물에 젖어 축축하다는 것은 남녀가 정사(情事)에 빠져 있음을 나타내고, 풀잎처럼 물에 떠다니는 것은 주색잡기에 빠져 있음을 나타낸다. 주로 남녀가 지나치게 정사에 빠진 것을 이른다. 비슷한 말인 방탕(放蕩)은 정사의 대상이 자주 바뀔 때 쓴다.

보 기 글 • 음탕하다는 말의 정의는 매우 주관적이므로, 남들에게 그 사실이 드러났을 때에만 적용되는 말이다.

❄ **응징(膺懲)**

본　　뜻 **응(膺)_** (이민족이 가슴으로 느끼도록 뼈저리게) 치다.
징(懲)_ (매를 쳐서 잘못을 뉘우치도록) 혼내주다, 벌을 주다.

자구 해석 이민족을 쳐서 뼈저리게 잘못을 뉘우치도록 혼내다. 반드시 이민족을 칠 경우에 한한 군사행동을 뜻했다.

바뀐 뜻	잘못을 깨우쳐 뉘우치도록 징계하다. 적국을 정복하는 것도 의미한다.
보기글	• 그 야비한 놈을 반드시 응징하고야 말겠다.

❈ 의문(疑問)

본 뜻	의(疑)_ 주저하며 망설이며 결정을 하지 못하다. 이게 심하여 병이 되면 어리석을 치(癡)가 된다. 문(問)_ 남의 집 대문에 다가가 묻다.
자구 해석	주저하고 망설이며 결정하지 못하다가 겨우 찾아가 묻다. 질문까지 해야 '의문'이 완성되지만 대개 묻는 사실을 빠뜨리고 주저하며 망설이는 것만 생각한다.

❈ 의미(意味)

본 뜻	의(意)_ 말소리로 느껴지는 그 사람의 마음. 미(味)_ (입으로 들어간 음식의) 맛.
자구 해석	말소리를 듣고 느끼는 그 사람의 마음과 입으로 느끼는 맛. 풀이가 억지스럽고 뜻이 모호하다. 일본 한자어라서 그렇다.

❈ 의복(衣服)

본 뜻	의(衣)_ 상의(上衣), 즉 윗도리이다. 복(服)_ 바깥에 입는 겉옷.

| 자구 해석 | 윗도리와 겉옷. 어휘가 어색하게 느껴지는 건 일본 한자어이기 때문이다. 윗도리와 아랫도리를 뜻하는 우리 한자어는 의상(衣裳)이다.

※ **의상(衣裳)**

| 본 뜻 | 의(衣)_ 상의(上衣), 즉 윗도리이다.
상(裳)_ 하의(下衣), 즉 아랫도리이다. 특히 남자도 입을 수 있는 주름 없는 치마와 비슷하다.
| 자구 해석 | 윗도리와 아랫도리.
| 바뀐 뜻 | 옷 전체를 가리키는 말로 쓰인다.
| 보기 글 | • 내가 가수로 성공한 이후 의상을 맡는 언니가 있다.

※ **의약(醫藥)**

| 본 뜻 | 의(醫)_ 의술(醫術). 독한 술로 소독과 마취를 하는 치료 행위다.
약(藥)_ 약초(藥草), 즉 약이다.
| 자구 해석 | 술과 약으로 하는 치료.
| 바뀐 뜻 | 병을 고치는 데 쓰는 처방과 약이다.
| 보기 글 | • 경상남도 산청 주민 3000명은 의약 분업에 반대하는 서명을 했다.

※ **이(里)/향(鄕)**

| 본 뜻 | 이(里)_ 다섯 집(五家)을 1궤(軌)라고 한다. 1궤마다 장(長)을 두고 10궤를 1리(里)로 하여 유사(有司)를 둔다.

향(鄕)_ 4리를 1련(連)으로 하여 또 장(長)을 두고, 10련을 향(鄕)으로 묶는다. 향마다 양인(良人)을 둔다. 이 향이 다섯이면 1군(軍), 즉 1만 명이 된다.

이(里)나 향(鄕)은 옛날에 군대를 징발하는 기준으로 쓰인 어휘다. 한 집에 한 명씩 군사를 징발하는 기준으로 보면 가는 1명, 궤는 5명, 이는 50명이다. 또 연은 200명, 향은 2000명, 군은 1만 명이다.

바 뀐 뜻 요즘은 이런 기준은 무시되어 쓰인다.

보 기 글 • 이장(里長)이란 말에도 이런 깊은 뜻이 있었구나.

※ **이사(移徙)**

본　뜻 **이(移)_** 볍씨를 뿌린 모종이 빽빽하게 자라면 다른 곳으로 (모내기하여) 옮기다. 그대로 살 수가 없어 옮기는 것이다.

사(徙)_ 있는 곳을 옮기다. 개인 의지로 옮기는 것이다.

자구 해석 사는 곳을 옮기다.

※ **이산(離散)**

본　뜻 **이(離)_** (그물에 걸린 새가) 떠나다. 한번 날아간 새는 다시 돌아오지 않는다는 데서 영원한 이별이다.

산(散)_ (삼 줄기를 나뭇가지로 두드려 패니 잎이) 마구 흩어지다.

자구 해석 떠나고 흩어지다.

보 기 글 • 옆 집 김 노인은 육이오전쟁으로 이산의 아픔을 겪었다.

※ **이판사판(吏判事判)**

본 뜻 **이판(吏判)_** 참선, 경전 공부, 포교 등 불교의 교리를 연구하는 승려다.
사판(事判)_ 절의 산림(山林)을 맡아 일하는 승려다. 산림은 절의 재산 관리를 뜻하는 말인데 産林이라고도 쓴다. '살림을 하다'의 '살림'이 여기서 유래되었다.

자구 해석 공부하는 승려와 살림하는 스려.

바뀐 뜻 조선시대에 승려가 천민으로 신분이 격하되면서 이판승이든 사판승이든 천민이기는 마찬가지라는 뜻으로 변하고, 나아가 마지막에 몰린 상황을 가리키는 뜻으로 쓰이기 시작했다.

보 기 글 • 망하는 건 이판사판 똑같잖은가?

※ **인(人)/족(族)**

본 뜻 **인(人)_** 인종을 가리키는 말로, 인류를 지역과 신체적 특성에 따라 구분하는 말이다. 따라서 단위는 국가 이상이다. 한국인, 일본인, 황인, 백인 등으로 쓸 수 있다.
족(族)_ 인종 중에서 조상이 같고 같은 계통의 언어와 문화를 가지고 있는 사회집단이다. 따라서 인(人)보다 더 세부적이다. 예를 들어 귀화 외국인은 한국인일 수는 있어도 한족(韓族)일 수는 없다. 조선족, 강족, 만족, 아리안족, 체로키족, 아이누족 등으로 쓴다.

보 기 글 • 아이누족은 일본인이다. 중국인들 중 상당수는 자신들이 화족(華族)임을 자랑한다.

※ 인문(人文)

본 뜻 하늘의 변화는 천문(天文)이고, 땅의 변화는 지문(地文), 인간의 변화는 인문(人文)이다.

자구 해석 인간의 변화.

바뀐 뜻 인간다움이란 뜻의 라틴어 후마니타스(Humanitas)를 번역하면서 인문이라고 썼다. 일본 한자어다. 이후로 인간의 문화와 문명을 가리키는 말로 변했다. 오히려 인문이라는 동양의 뜻이 더 의미가 깊다고 할 수 있다.

보기글
- 인문학이 아무리 발달해도 인간의 심성은 나아지지 않는다.
- 대부분의 종교가 신문(神文)에 빠지는데 유교만은 철저히 인문(人文)을 고집했다.

※ 인색(吝嗇)

본 뜻 **인(吝)_** 아끼다.
색(嗇)_ 쌀광에 넣을 줄만 알고 낼 줄은 모르는 걸 나타낸다. 적은 듯이 하다, 거두어들이다. 한나라 때 고을에서 소송과 조세를 담당하던 하급 관리다.

자구 해석 몹시 아끼고 넣어두기만 하다.

바뀐 뜻 재물을 아끼는 태도가 몹시 지나치다. 또는 어떤 일을 하는 데 대하여 지나치게 박한 것을 나타내기도 한다.

보기글
- 우리 국민은 문화비 지출에 매우 인색한 편이다.

❃ 인쇄(印刷)

본 뜻	인(印)_ 도장을 눌러 찍다.
	쇄(刷)_ 수건으로 (목활자판이나 금속활자판을) 깨끗이 씻다.
자구 해석	도장을 솔로 털거나 수건으로 닦은 다음 눌러 찍다.
바뀐 뜻	잉크를 사용하여 판면(版面)에 그려져 있는 글이나 그림 따위를 종이, 천 따위에 박아내다. 우리 한자어다.
보기글	• 종이에 인쇄하는 출판산업이 기울고 반도체에 기록하는 전자책이 뜨고 있다.

❃ 인연(因緣)

본 뜻	인(因)_ 무엇이 되는 씨앗.
	연(緣)_ 옷의 가장자리를 따라가는 바느질 선. 즉 이어가는 줄이다. 씨앗이 싹이 트고 잎이 나고 줄기가 자라는 것을 나타낸다.
자구 해석	씨앗으로부터 따라가며 이어지는 줄.
바뀐 뜻	사람들 사이에 맺어지는 관계. 또는 어떤 사물과 관계되는 연줄.
보기글	• 인연을 잘 만나야 한다고 말하지만 사람들은 인과 연을 구분하지 못한다.

❃ 인장(印章)

본 뜻	인(印)_ 문관이 쓰는 도장.
	장(章)_ 장군 등 무관이 쓰는 도장.
	본디 노예 이마에 눌러 찍던 낙인(烙印)에서 인(印)이 처음 나왔다. 오늘날에도 몽골에서는 말마다 낙인을 찍어 주인이 누군지 표시한

다. 한무제가 도장 관련 규정을 손질하여 인(印)은 문관이 쓰고, 장(章)은 장군 등 무관이 쓰라고 명령했다.

| 자구 해석 | 문관이 쓰는 도장과 무관이 쓰는 도장.

❊ 임면(任免)→제수(除授)

| 본 뜻 | 임(任)_ 임명권자가 관직에 어떤 사람을 임명하는 것이다.
면(免)_ 임명권자가 관직에 있는 사람을 면직하는 것이다.
| 자구 해석 | (관리 따위에 대한) 임명과 면직.
| 바 뀐 뜻 | 임면에 면직을 시키는 권한이 들어 있다는 것을 흔히 잊기 쉬울 뿐 뜻이 변한 것은 없다.
| 보 기 글 | • 대통령에 대한 임면권은 국민에게 있다.

❊ 임신(妊娠)

| 본 뜻 | 임(妊)_ 아기를 배다. 아기가 자궁에 착상한 것을 가리킨다.
신(娠)_ 배 속의 아기가 자라 움직이다. 수정란이 세포분열을 마치고 오장육부가 생기고 얼굴과 손발이 뚜렷해져 형상을 가진 이후로부터 출산 때까지를 가리킨다. 과학적으로는 8주 이후의 태아를 배 속에서 기른다는 뜻이다.
| 자구 해석 | 아기를 배어 배 속에서 잘 자라다.

※ **자극(刺戟)**

본 뜻   자(刺)_ 칼이나 가시로 찌르다.
극(戟)_ 창이나 꼬챙이로 쑤시다.
자구 해석   칼이나 가시로 찌르고 창으로 쑤시다.

※ **자료(資料)**

본 뜻   자(資)_ 밑천, 비용.
료(料)_ (쌀을 말로 되어 양을) 헤아리다.
자구 해석   필요한 만큼 헤아려 마련한 밑천.

※ **자린고비(玼吝考妣)**

본 뜻   자린(玼吝)_ '절인'이라는 발음의 우리말을 음만 따서 한자로 적었다.
고비(考妣)_ 지방(紙榜)에 쓰는 용어로, 돌아가신 부모다.
자구 해석   (기름에) 절인 지방. 또는 이 지방으로 해마다 제사하는 사람. 지방

335

은 원래 한번 제사를 지내면 불에 태워 없애는 것이다. 그런데 이 지방 한 장을 아끼기 위해 기름에 절여 두고두고 부모 제사를 지내는 사람이 있어 그를 자린고비라 부르게 되었다. 충주 지역에 전해 오는 전설에 등장하는 인물이다.

| 바뀐 뜻 | 꼭 써야 할 돈조차 쓰지 않는 구두쇠다. 그러므로 절약하고 아낀다는 의미가 아니다.
| 보기글 | • 자린고비도 제 목숨은 아끼지 않는다.

❋ 자문(諮問)

| 본 뜻 | 아랫사람에게 묻다. 또는 하급 관청에 묻다. 이 말과 짝을 이루는 말이 답신(答申)이다.
| 자구 해석 | 아랫사람에게 묻다.
| 바뀐 뜻 | 오늘날에는 전문가나 또는 그런 사람들로 구성된 권위 있는 기관이나 상급 단체에 의견을 묻는 것으로 알려져 있다. 그러나 자문은 아랫사람이나 하급 행정기관에 물을 때 쓰는 말이다. 굳이 윗사람을 공대하는 뜻으로 자문이란 말을 쓰고 싶으면 고문(顧問)이란 말을 쓰면 된다.
| 보기글 | • 대통령은 전직 대통령들에게 통일정책에 관한 자문을 했다.

❋ 자세히(仔細-)

| 본 뜻 | 자(仔)_ (부모가) 아기를 꼼꼼하게 들여다보다.
세(細)_ 실처럼 가늘다.
| 자구 해석 | 사소한 부분까지 꼼꼼하고 구체적으로.

❋ **자식(子息)**

본 뜻	자(子)_ 아들. 식(息)_ (나로부터) 생긴 아이, 딸린 아이.
자구 해석	내 아들. 내 딸은 여식(女息)이다.

❋ **자웅(雌雄)→빈모(牝牡)**

본 뜻	자(雌)_ 역(曆)에서 나온 말로 밤이다. 나중에 날짐승 암컷을 가리키는 말이 되었다. 웅(雄)_ 역(曆)에서 나온 말로 낮이다. 나중에 날짐승 수컷을 가리키는 말이 되었다.
자구 해석	낮과 밤. 자웅(雌雄)은 원래 암컷과 수컷이 싸우는 것이 아니라 낮과 밤이 일진일퇴하는 것을 가리키는 말이다. 짐승의 암컷과 수컷은 사실상 수컷이 이기는 게 대부분이므로 자웅을 겨룬다는 말과는 거리가 있다. 길짐승의 암컷과 수컷은 빈모(牝牡)라고 한다. 빈은 암컷, 모는 수컷이다.
바뀐 뜻	비슷한 힘을 가진 상대끼리 승부를 겨루다.
보기글	• 이번 한국시리즈에서는 한화이글스와 삼성라이온스가 자웅을 겨룬다.

❋ **자정(子正)**

본 뜻	자(子)_ 자시(子時). 오후 11시 30분부터 오전 1시 30분까지다. 정(正)_ 가장 바르다. 즉 가운데다.

| 자구 해석 | 자시의 가운데, 즉 12시 30분이다. |
| 바 뀐 뜻 | 동경(東經) 표준시를 쓰는 오늘날에는 12시 정각을 가리킨다. |

❈ **자태(姿態)**

| 본 뜻 | 자(姿)_ 맵시.
태(態)_ 몸짓. |
| 자구 해석 | 맵시와 몸짓. |

❈ **작가(作家)→소설(小說)/소설가(小說家)**

본 뜻	집안을 부유하게 하다. 이처럼 가문을 빛내는 것을 제가(齊家)라고 한다. 당나라 때 유명한 시인이자 문인화에 뛰어난 왕유(王維)가 있었는데, 마침 같은 동네에 남의 비문(碑文)이나 써주며 생활하는 왕여(王璵)가 있었다. 어느 날 왕여가 비문을 썼는데, 비문의 주인은 종에게 수고비를 들려 왕여에게 갖다주라고 시켰다. 이 종은 왕여를 발음이 같은 왕유로 착각하고 왕유에게 돈을 갖다주었다. 그러자 유가 이렇게 말했다. "작가(作家)의 집은 저기라네." 이 뒤로 작가는 '전문가'라는 뜻으로 바뀌어 쓰였다.
자구 해석	의례적인 글을 써주는 사람.
바 뀐 뜻	예술을 직업으로 삼은 전문가다. 특히 방송 산업이 발달하면서 방송용 원고를 쓰는 사람을 특정하여 작가라고 하는 경우가 많다. 드라마 작가, 구성 작가 등이라고 하며 이런 작가에 대해서는 성 뒤에

붙여 권 작가, 한 작가 등으로 부른다.

| 보 기 글 | • 소설가나 시인을 김 작가, 홍 작가 등으로 부르지는 않는다. |

❈ 작위(爵位)

본 뜻	제후가 조정에 나가 천자를 뵐 때 천자가 제후들의 직급에 따라 내린 술잔이다. 이 술잔은 옥(玉), 각(角), 금(金), 은(銀), 동(銅)으로 만들었는데 그것이 곧 직급을 가리키게 되었다. 서양의 작(爵)은 중세 및 근대에 귀족의 서열을 나타내던 칭호로서 공작, 후작, 백작, 자작, 남작이 그것이다. 중세 초기 서유럽의 대국이었던 프랑크왕국에서 관직으로 존재했던 것이 세습적 봉건귀족제의 발달과 함께 귀족의 계층과 서열을 나타내게 되었다.
자구 해석	5등작 중 한 계급.
바 뀐 뜻	술잔에 따라 그 직급을 가리키게 되었으며, 후대에 올수록 명예직급이 되었다.
보 기 글	• 나라를 팔아먹은 이완용이 일제로부터 백작 작위를 받았다지?

❈ 잔인(殘忍)

본 뜻	잔(殘)_ 죽여서 뼈만 남기다, 숨다. 인(忍)_ 심장(心)에 칼(刃)을 꽂다.
자구 해석	죽여서 뼈만 남기거나 심장에 칼을 꽂다.
바 뀐 뜻	인정이 없고 아주 모질다.
보 기 글	• 연쇄살인범의 살해수법은 잔인하기 그지없었다.

※ 잠복(潛伏)

본 뜻	잠(潛)_ 물에 잠기다, 숨다. 복(伏)_ (개가 사람 앞에) 엎드리다.
자구 해석	숨거나 엎드리다.

※ 잠식(蠶食)

본 뜻	잠(蠶)은 비단을 뽑아내는 누에다. 잠식이란 누에가 뽕잎을 갉아먹는(食) 것이다. 누에가 뽕잎을 갉아먹는 것이 처음엔 대수롭지 않게 느껴지나 잠깐 사이에 큰 나뭇잎 하나를 갉아먹는다. 즉 어느 틈에 야금야금 다 먹어치운다는 뜻이다.
자구 해석	누에가 먹어치우다.
바뀐 뜻	이익이나 영역을 한꺼번에 차지하지 않고 상대방 모르게 조금씩 침범해 나중에 다 차지하다.
보기글	• 영어가 우리말을 잠식하고 있다.

※ 장(匠)/공(工)

본 뜻	장(匠)_ 한자 발생 초기에는 도끼나 손도끼, 자귀 등으로 나무를 다루는 사람을 가리켰다. 즉 오늘날의 목수다. 철이나 도자기를 다루는 공(工)의 하위 개념이었으나 집짓기 등 범위가 넓어지고 철기구와 도자기가 집의 부속물로 들어오면서 공이란 개념을 흡수해버렸다. 공(工)_《한서》〈식화지食貨志〉에는 '기교(技巧)를 부려 기구(器具)를 만드는 것을 공(工)이라고 하였다. 즉 도기를 굽고 철을 다루는 대

장장이를 직접 가리켰다. 그래서 도공(陶工)이라고 하지 도장이라고 하지 않고, 철공소라고 하지 철장소라고 하지 않는다.

바뀐 뜻 오늘날에는 크게 구분하지 않고 그 분야의 최고 수준에 이른 사람을 장(匠)이라고 부른다. 그러다 보니 최고의 공예 예술인을 가리키는 artisan이 장인(匠人)으로 번역된다.

보기글 • 장(匠)과 공(工)처럼 말에도 계급이 있고, 서로 뒤바뀌기도 한다.

❄ 장(臟)/장(腸)

본 뜻 장(臟)_ 인간의 장기로서 간(肝), 심(心), 비(脾), 폐(肺), 신(腎)의 다섯 가지만 장(臟)이다.
장(腸)_ 육부(六腑)에 속하는 담낭, 소장, 위장, 대장, 방광, 삼초 중에서 소장과 위장과 대장이다.
따라서 장기(臟器)라고 할 때 소장, 위장, 대장 등 6부는 포함되지 않는다.

바뀐 뜻 달리 쓰이지는 않지만 잘 구분하지 못하는 경우가 많아 실었다.

보기글 • 장기 매매를 하는 사람들은 위장을 거래하지 않는다.

❄ 장롱(欌籠)

본 뜻 장(欌)_ 구조물이 하나로 이루어졌다.
롱(籠)_ 두 개로 나뉘었다. 주로 상하로 나뉜다. 따라서 버드나무로 짠 버들고리도 농이다.

자구 해석 통으로 짠 장(欌)과 두 개로 나눠 짠 농(欌). 농장이라고도 썼다.

바뀐 뜻	지금은 구분하지 않고 옷 따위를 넣어두는 것은 모두 장이라고 쓴다. 상하로 나뉜 농은 사실상 없어진 셈이다. 그러나 골동품을 취급할 때는 엄격히 구분한다.
보기글	• 면허를 따고도 오래도록 운전 경력이 없는 사람의 면허를 장롱면허라고 한다.

※ 장본인(張本人)

본 뜻	사건의 발단 원인 또는 사건을 일으킨 사람을 뜻하는 일본어 장본(張本; ちょうほん)에서 온 말이다. 여기에 사람 인(人)이 붙은 말이 장본인이다.
자구 해석	일을 저지른 사람.
바뀐 뜻	나쁜 일을 만들어낸 주동자나 그 일의 배후에 있는 우두머리를 가리킨다. 주로 부정적인 일의 중심인물을 일컬을 때 쓰는 말이므로 미담이나 좋은 화제의 중심인물에게 써서는 안 되는 말이다. 이런 때에는 주인공이라고 해야 한다. 일본 한자어이므로 장본인 대신 주모자(主謀者) 또는 주동자(主動者)라고 쓰는 게 좋다.
보기글	• 부산에서 일어난 어린이 유괴사건의 주모자는 다름 아닌 그의 삼촌이었다고 한다.

※ 장비(裝備)

본 뜻	장(裝)_ 몸에 두른 것. 비(備)_ 화살통과 화살. 손에 쥐거나 수레 등에 실어 갖고 다니는 것.
자구 해석	몸에 두른 것(갑옷, 혁대 등)이나 손에 쥔 것(칼, 횔 등).

❊ **장안**(長安)

본 뜻	중국 한나라와 수나라, 당나라 때의 도읍지였다.
바뀐 뜻	조선시대 때 중국을 섬기는 모화사상(慕華思想)에 물든 사대부 일부가 서울을 장안이라고 부르기 시작한 데서부터 한 나라의 수도라는 뜻으로 쓰였다.
보기글	• 장안에서 제일이니 뭐니, 이런 말 쓰는 사람은 사대주의자인가?

❊ **장애**(障碍)

본 뜻	장(障)_ 가로막힌 높은 언덕, 구멍이 막혀 통하지 못하다. 애(碍)_ 막히다, 꺼리다, 바위가 가로막거나 돌에 걸려서 나아가지 못하다.
자구 해석	가로막혀 가지 못하고, 가로막히거나 걸려서 나아가지 못하다.

❊ **재상**(宰相)

| 본 뜻 | 재(宰)_ 본디 요리를 담당하던 관리이다. 중국 은나라 때의 태재(太宰)는 요리사이면서 종교의식이나 제사전례(祭祀典禮)를 맡았다. 그 뒤 주나라 때는 관직을 논한 《주례(周禮)》에 보면 총재(冢宰)가 나타나는데, 지금의 총리 기능을 담당했다.
상(相)_ 본디 빈찬(賓贊; 조회 때 의식을 관장하는 일)을 담당하던 관리이다. 요즘으로 치면 의전 관리다. 주나라에서는 제후들이 회합할 때 상(相)이 의식을 관장하는 행례관(行禮官)을 맡았다. 당시만 해도 예절을 중시했으므로 상은 매우 중요한 직책이었다. 춘추전국시대 |

에는 상이 국정까지 간여하면서부터 예관(禮官)에서 정관(政官)으로 성격이 바뀌었고, 명칭도 상국(相國), 승상(丞相; 진秦나라가 가장 먼저 씀)으로 바뀌었다.

자구 해석 요리를 하고 반찬을 만드는 사람.

바 뀐 뜻 재(宰)와 상(相)이 재상(宰相)이란 말로 합쳐졌다. 당나라 때는 중서(中書)·상서(尙書)·문하(門下)의 삼성(三省)의 장(長)을 가리켰다. 고려는 당송(唐宋)의 관제를 받아들여 건국 초부터 재상이라는 호칭을 사용했는데, 중국과 달리 종2품 이상의 고관을 모두 재상으로 통칭했다.
조선은 고려의 관제를 답습하여 아래로는 관찰사·병마절도사, 위로는 영의정·좌의정·우의정에 이르기까지 재상이 무려 60명이나 되었다.

바 뀐 뜻 오늘날에는 국무총리를 상징하는 말로 한정되어 사용된다. 자주 쓰지는 않는 말이다.

보 기 글 • 국무총리가 옛날 말로 재상이라면 음식 솜씨가 좋을지도 모르겠군.

❋ 재야(在野)

본   뜻 본디 관직에 임명을 받기 위해 임금의 하명을 기다리는 사람들을 가리키는 말이다. 이 말이 후대로 오면서 초야에 파묻혀 있는 사람이나 관직에 나아가지 않고 민간에 있는 사람을 가리키는 말로 바뀌었다.

자구 해석 관직 임명을 대기하는 사람.

바 뀐 뜻 오늘날에는 제도 정치권 내로 들어오지 않고 반정부적 입장에서 정치활동을 하는 사람을 가리키는 말로 쓴다. 벼슬이나 관직을 기다린다는 뜻은 사라졌다.

보 기 글 • 재야인사는 정치는 하고 싶은데 줄을 못 잡은 사람들을 가리키는 말인가요?

❄ 재판(裁判)

본 뜻 재(裁)_ 마름질하다.
판(判)_ (칼로 쪼개고 갈라 그 이유를) 밝히다.
자구 해석 잘 마름질하고 그 이유를 밝히다.

❄ 저격(狙擊)

본 뜻 저(狙)_ (교활한 원숭이처럼) 틈을 노리다.
격(擊)_ (손으로) 냅다 치다.
자구 해석 틈을 노리다가 냅다 치다.

❄ 저렴(低廉)

본 뜻 저(低)_ 밑바닥. 뿌리보다 낮은 곳이나 그와 같은 사람이란 뜻도 있다.
렴(廉)_ 값싸다. 두 벽을 지탱하는 모서리다.
자구 해석 매우 값이 싸다.

※ 저주(咀呪)

본 뜻	저(咀)_ 남에게 재앙이 내리길 조상신에게 빌다. '입으로 계속하여 씹는다'는 뜻도 있다. 주(呪)_ 주로 상대에게 불행이 내리길 욕을 해가며 귀신에게 빌다. 주문을 외운다는 뜻도 있다. '咒'자의 같은 뜻이다.
자구 해석	말로 씹고 욕하며 남에게 재앙이 내리기를 조상신과 귀신에게 빌다.
바 뀐 뜻	남에게 불행이나 재앙이 내리기를 빌고 바라다.
보 기 글	• 누군가를 오래도록 저주하면 반드시 화가 미친다.

※ 저항(抵抗)

본 뜻	저(抵)_ 손으로 막아서다. 항(抗)_ 덤비어 겨루다.
자구 해석	적의 공격에 맞서 막고 겨루다.
바 뀐 뜻	어떤 힘이나 조건에 굽히지 아니하고 거역하거나 버티다.
보 기 글	• 종의 근성이 남아 있는 사람에게는 저항 정신이 없다.

※ 적발(摘發)

본 뜻	적(摘)_ 손으로 열매의 꼭지를 따다. 발(發)_ (손에 화살을 들고 활을) 쏘다, 저지르다, 싸우지 않을 수 없는 상태로 만들다, 총이나 화살을 쏘다, 싸움을 돋구거나 덤비어 기어이 싸우다.

자구 해석	꼭지를 따서 속을 훤히 드러내다, 벗겨내다.
바 뀐 뜻	잘못을 나무라다.
보 기 글	• 기무사는 수도경비사령부의 쿠데타 음모를 적발해냈다.

❈ 적자(赤字)/흑자(黑字)

본 뜻	적자(赤字)_ 회계장부를 기록할 때 지출이 수입보다 많아서 생기는 결손을 가리키는 말로, 모자라는 금액을 나타내는 숫자를 붉게 쓴 데서 비롯되었다. 즉 붉은 글씨라는 뜻이다. 흑자(黑字)_ 적자의 반대말인 흑자도 같은 방법으로 이루어진 단어이다. 즉 검은 글씨라는 뜻이다.
바 뀐 뜻	적자는 손해, 흑자는 이익이라는 뜻으로 통용된다.
보 기 글	• 그의 인생 자체가 적자였다.

❈ 적출(摘出)

본 뜻	적(摘)_ (열매나 어떤 목표를) 잡거나 따다. 출(出)_ 밖으로 내오다, 꺼내다.
자구 해석	잡아서 쥐거나 따낸 다음 밖으로 끌어내다.
바 뀐 뜻	끄집어내거나 솎아내다. 또는 감추어져 있던 것을 들춰내다.
보 기 글	• 청와대는 기어이 내부고발자를 적출하였다.

※ 전가(轉嫁)

| 본 뜻 | 전(轉)_ 굴리다.
가(嫁)_ 시집가다, 떠넘기다.
| 자구 해석 | 시집을 두 번 가다. 여자의 재혼을 낮춰 이르는 말이다.
| 바뀐 뜻 | 잘못이나 책임을 다른 사람에게 넘겨씌우거나 어떤 감정이 다른 대상에까지 미친다는 뜻의 심리 용어다.
| 보기글 | • 자신의 잘못을 상대방에게 전가시키는 기술이 있어야 정치를 한다.

※ 전각(殿閣)/궁(宮)→궁궐(宮闕)/궁전(宮殿)

| 본 뜻 | 전(殿)_ 붓다나 보살을 모신 건물.
각(閣)_ 붓다와 보살 외의 다른 분을 모신 건물.
궁(宮)_ 붓다의 진신사리를 모신 건물만 이르는 말이다.
| 바뀐 뜻 | 대웅전은 석가모니, 대적광전은 비로자나불, 적멸보궁은 석가모니의 진신사리를 모신 건물이다. 산신각은 산신, 삼성각은 북두칠성·독성(獨聖; 홀로 깨우친 분)·산신 등 세 분을 한꺼번에 모신 건물이다. 이처럼 사찰에서는 전(殿)·각(閣)·궁(宮)이 엄격히 구분된다.
| 보기글 | • 절에도 궁이 있으니 바로 적멸보궁이다.

※ 전각(篆刻)

| 본 뜻 | 전(篆)_ 주나라가 개발하고 진(秦)나라에서 완성한 고대 문자. 춘추전국시대의 문자는 나라마다 표기와 뜻이 조금씩 달랐는데 진나라가 중국을 통일한 뒤 전자(篆字)로 동일되고, 이후 서체가 조금씩

발전해 한나라 때 한자(漢字)란 이름을 갖게 되었다. 글씨체는 위진 남북조시대에 오늘날에도 쓰는 해서(楷書)로 정리된다. 물론 중국공산당이 간체자(簡體字)를 쓰면서 이마저도 한국과 타이완, 일본에서만 통한다.

각(刻)_ 새기다, 파다.

자구 해석 전자(篆字)로 도장을 새기다.

바뀐 뜻 나무, 돌, 금옥 따위에 인장을 새기다. 흔히 전자로 글을 새긴 데서 유래한다. 북한에서는 꾸밈이 많고 실속이 없는 문장을 이르는 말이다.

보기글
- 사인(sign)이 널리 쓰이면서 전각은 도장을 파는 것에서 나아가 전각 예술로 발전하고 있다.

※ **전도**(顚倒)

본 뜻 전(顚)_ (머리를 땅에 박고) 구르다, 뒤집히다.
도(倒)_ (머리가 아래로 하여) 넘어지다.

자구 해석 구르거나 뒤집히거나 넘어지다.

바뀐 뜻 사람보다는 주로 장비나 자동차 등이 뒤집히는 것을 가리킨다.

※ **전시**(展示)/**전람**(展覽)/**전망**(展望)

본 뜻 전(展)_ 펴다, 펼치다.
시(示)_ 보이다.
람(覽)_ 살펴보다, 비교해보다.

망(望)_ 멀리 내다보다.

바뀐 뜻 전시(展示)_ 여러 가지 물품을 한곳에 벌여놓고 보이거나 책, 편지 따위를 펴서 보거나 보이다. 소개, 교육, 선전 따위를 목적으로 필요한 물품을 일정한 장소에 모아 진열하여 여러 사람에게 보이는 뜻도 있다.

전람(展覽)_ 소개·교육·선전을 위해 여러 가지 물품을 모아 진열하여 여러 사람에게 보이는 것으로, 물품을 비교할 수 있게 하는 것이다.

전망(展望)_ 넓고 먼 곳을 멀리 바라보거나 멀리 내다보이는 경치. 또는 앞날을 헤아려 내다보거나 그렇게 내다보이는 장래의 상황이다.

보기글
- 어울림미술관에서 '우리 가족 행복한 시간' 전시회가 열렸다.
- 올해 금리는 연중 하향 안정세를 유지할 전망이다.

※ 전염(傳染)→질병(疾病)/병폐(病弊)

본 뜻 전(傳)_ 옮기다, 전하다, 보내다.
염(染)_ 물들이다, 적시다.

자구 해석 옮기고 물들이다.

바뀐 뜻 병이 남에게 옮다. 버릇이나 태도, 풍속(風俗) 따위가 옮아 물이 드는 것도 의미한다.

보기글
- 전염력이 강하고 사망률이 높은 전염병은 법정전염병으로 정하여 관리하고 있다.

※ **전율**(戰慄)

본 뜻 **전**(戰)_ 오랑캐와 싸우다. 오랑캐는 흉노를 가리키는 것으로, 이민족과 싸운다는 뜻이다. 중국인들은 흉노 존재 자체가 공포의 대상이었다.
율(慄)_ (밤송이 가시에 찔릴까) 두려워하다.
자구 해석 오랑캐와 생사를 다투는 듯 무서워 떨다.
바뀐 뜻 목숨을 잃을 것처럼 두려워 떨다.

※ **전쟁**(戰爭)/**전투**(戰鬪)/**전란**(戰亂)→**정벌**(征伐)→**토벌**(討伐)

본 뜻 **전**(戰)_ 무기를 들고 목숨을 겨루다.
쟁(爭)_ 물건을 두고 서로 빼앗으려고 다투다. 특히 말로 다투면 쟁(諍)이 된다.
투(鬪)_ (주먹으로) 싸우다.
난(亂)_ (엉킨 실처럼) 어지럽고 혼란스럽다.
바뀐 뜻 **전쟁**(戰爭)_ 오늘날에는 국가와 국가 또는 교전(交戰) 단체 사이에 무력을 사용하여 싸우는 것을 가리킨다.
전투(戰鬪)_ 두 편의 군대가 조직적으로 무장하여 싸우다. 전쟁보다 규모가 작다.
전란(戰亂)_ 전쟁으로 인한 난리 또는 혼란이다.
보 기 글 • 전투에서 이기고도 전쟁에서 질 수 있다.

※ **전통(傳統)**

|본 뜻| 전(傳)_ 사람이 사람에게 (뭔가를) 전하다.
통(統)_ 실을 가득 움켜쥐다.
|자구 해석| 사람이 사람에게 전해져온 것을 가득 움켜쥐다.

※ **전포(田圃)**

|본 뜻| 전(田)_ 곡식을 기르는 밭.
포(圃)_ 채소와 과실을 기르는 밭.
|자구 해석| 곡식을 기르는 밭과 채소와 과실을 기르는 밭.
|바뀐 뜻| 요즘에는 구분하지 않고 통틀어 밭이라고 한다.
|보기글|
• 경작하는 땅은 주로 전답(田畓: 밭과 논)으로 구분한다.

※ **전하(殿下)/폐하(陛下)/저하(邸下)→슬하(膝下)→합하(閤下)**

|본 뜻| 전하(殿下)_ 왕이 정사를 보는 전각 아래다. 즉 왕을 만나는 사람이 서 있는 자리를 가리키는 말이다. 자신을 낮춤으로써 상대방을 높이는 방식의 존칭이다. 중국 송나라 때 편찬한 《사물기원事物起源》에, 황태자를 부르는 호칭으로 쓰였다는 기록이 있다.
폐하(陛下)_ 궁전으로 오르는 섬돌 층계의 아래라는 뜻이다. 현대의 호칭들이 대부분 상대방을 높여 부르는 방식으로 만들어진 것인 데 반해, 옛날의 호칭들은 부르는 사람 자신을 낮추어서 만들어진 것이 대부분이다.
저하(邸下)_ 왕의 아들인 왕세자에 대하여 신하들이 자신을 낮추어

부르는 말이다.

이처럼 전하, 폐하, 저하는 말하고 있는 사람 자신을 가리키는 말이지 왕이나 황제를 가리키는 말이 아니다. 즉 말하는 사람을 낮추어 부르는 것으로, 낮은 자리를 바라봐달라는 뜻이다. 이와 같은 방식으로 합하(閤下), 각하(閣下), 슬하(膝下) 등의 말이 생겨났다.

바뀐 뜻 뜻이 바뀌지는 않았으나 그 뜻을 모르는 사람이 많아 실었다.

보기글 • '미천한 저를 보세요'라는 말이 어떻게 하다가 상대에 대한 존칭이 됐을까?

❄ 전환(轉換)

본 뜻 전(轉)_ 수레가 구르다, 굴러가다.
환(換)_ 손으로 (뭔가를) 바꾸다.

자구 해석 (뭔가를) 굴리거나 바꾸다.

❄ 절단(切斷)/절단(截斷)/절단(絶斷)

본 뜻 절(切)_ (칼로) 끊다.
단(斷)_ (도끼로) 쪼개다.
절(截)_ (칼 따위로) 베어내다.
절(絶)_ (실 따위를) 끊거나 (물건의 사이를) 떼어놓다.

자구 해석 절단(切斷)_ 끊고 쪼개다.
절단(截斷)_ 베고 쪼개다.
절단(絶斷)_ (실 따위를) 끊고 쪼개다.

바뀐 뜻 절단(切斷)_ 자르거나 베어서 끊거나 입체 도형을 평면으로 잘라서 그 단면의 도형을 구하다. 또 수학에서 원소 사이에 대소 또는 전후와 같은 순서 관계가 있는 집합을 어떤 조건 아래에서 두 부분으로 나누는 일을 가리킨다. 단절(斷切)이라고도 쓴다.
절단(截斷)_ 절단(切斷)과 똑같이 쓰인다.
절단(絶斷)_ 관계 따위를 끊다. 단절(斷絶)이라고도 쓴다.

보기글
- 통신선이 절단(切斷)되었다.
- 남북 교류가 절단(絶斷)되었다.

※ 절대(絶對)

본 뜻   절(絶)_ (실이) 끊어지다.
대(對)_ 앞에 마주한 상대.
자구 해석   상대가 끊어져 없다.
바뀐 뜻   아무런 조건이나 제약이 붙지 아니함. 또는 비교되거나 맞설 만한 것이 없음.

※ 절리(節理)

본 뜻   절(節)_ 대나무 마디처럼 바위와 바위가 갈라진 마디.
리(理)_ 겉에 드러난 무늬.
자구 해석   암석의 마디(節)와 무늬결(理). 흔히 '주상절리(柱狀節理)'로 묶여 쓰이는데, 이는 나무 기둥처럼 늘어선 암석의 마디와 무늬결이란 뜻이다. 일본 한자어다.

※ 절삭(切削)

| 본 뜻 | 절(切)_ (줄 따위를) 끊다.
삭(削)_ (돌이나 나무 따위를) 깎다. |
| 자구 해석 | 줄이나 돌 따위를 끊거나 깎다. 건축 용어로 주로 쓰인다. |

※ 절제(節制)/절약(節約)

| 본 뜻 | 절(節)_ 사물의 한 단락이나 소리의 곡조, 나무 등의 마디이다.
제(制)_ 필요한 규격대로 베거나 자르다, 마름질하다.
약(約)_ 묶다, 다발 짓다. |
| 바뀐 뜻 | 절제(節制)_ 정도에 넘지 않도록 알맞게 조절하여 제한하다.
절약(節約)_ 함부로 쓰지 않고 꼭 필요한 데만 써서 아끼다. |
| 보기글 | • 감정을 절제해야 한다.
• 노후를 생각해 절약하는 습관을 들여라. |

※ 점복(占卜)/복서(卜筮)

| 본 뜻 | 점(占)_ 시초(蓍草) 가닥이나 서죽(筮竹; 점치는 데 쓰는 댓개비)으로 점을 치는 행위이다.
복(卜)_ 거북의 등딱지 또는 소나 말의 어깨뼈를 태워 금을 보고 점을 치는 행위이다. 이 금을 조(兆)라고 한다. 길조(吉兆), 징조(徵兆) 등의 어휘는 복에서 나온 말이다.
서(筮)_ 시초나 서죽 따위로 주역(周易)의 괘를 뽑아 점사를 보다. |
| 바뀐 뜻 | 점복과 복서는 각기 합성어로 미래를 예측하는 행위를 통칭한다. |

| 보 기 글 | • 21세기 과학 문명을 맞아 점복이 사라지리라고 예상했지만, 전혀 반대 현상이 일어나고 있다. |

※ 점심(點心)

본 뜻	불가(佛家)에서 선승들이 수도를 하다가 시장기가 돌 때 마음에 점을 찍듯 간식 삼아 먹는 음식. 이처럼 점심은 간단하게 먹는 중간 식사를 가리키는 말이다. 점심과 같은 뜻으로 쓰이는 중식(中食)은 일본 한자어다.
자구 해석	(배고픈) 마음에 점을 찍다.
바뀐 뜻	낮에 먹는 끼니다.
보 기 글	• 오늘 구내식당 점심 메뉴는 뭘까?

※ 점포(店鋪)

| 본 뜻 | 점(店)_ (여인숙이 변해) 물건을 사고파는 가게. 규모가 있는 가게이다. 예) 백화점.
포(鋪)_ 작은 가게이다. 예) 전당포. |
| 자구 해석 | 크고 작은 가게. |

※ 접속(接續)

| 본 뜻 | 접(接)_ 맞대다.
속(續)_ (실을) 잇다. |

자구 해석	두 개의 실을 잇듯이 사람이나 물건 등을 잇다.
바뀐 뜻	서로 맞대어 잇다.
보기글	• 현대 인류는 주로 인터넷으로 접속한다.

❄ 접촉(接觸)

본 뜻	접(接)_ 맞대다. 촉(觸)_ 잡거나 스치다. 그런 느낌이 있어야 한다.
자구 해석	(몸을) 맞대어 (손을) 잡다.
바뀐 뜻	서로 맞닿다.
보기글	• 전철에서 뜻하지 않은 신체 접촉을 하게 되면 매우 불쾌하다.

❄ 정곡(正鵠)

본 뜻	정(正)_ 과녁에서 곡(鵠)의 중심점이다. 곡(鵠)_ 본디 오릿과의 물새 고니를 뜻한다. 과녁에서 이 새를 쏘아 맞힐 수 있는 넓이에 해당하는 부분이다. 과녁은 사방 열 자 넓이의 무명으로 만들며, 그중 곡은 사방 네 자 넓이다. 과녁 중 곡을 제외한 나머지 자리는 후(侯)다. 화살이 후에 꽂히면 점수를 얻지 못한다.
자구 해석	화살을 쏘아 과녁의 곡(鵠) 중에서도 중심을 맞히다.
바뀐 뜻	사물이나 문제의 핵심이다.
보기글	• 그의 말은 늘 정곡을 찌른다.

❋ 정류(停留)

본 뜻   정(停)_ 사람이 정자에 머물다, 오랫동안 머물다.
류(留)_ 밭에 들르다, 머물다, 짧게 머물다.

자구 해석   오랫동안 머물거나 또는 사람을 태우기 위해 잠시 서다. 정류장(停留場)은 그러한 곳을 가리킨다.

❋ 정벌(征伐)→전쟁(戰爭)/전투(戰鬪)/전란(戰亂)→토벌(討伐)

본 뜻   정(征)_ 천자가 제후를 치는 전쟁.
벌(伐)_ 제후가 다른 적을 치는 전쟁.

자구 해석   천자가 벌로써 제후를 치고, 제후가 벌로써 가(家)를 치는 전투 행위. 가는 제후의 나라인 국(國)을 이루는 유력 가문을 가리킨다. 정벌은 결코 맞서 싸우는 전쟁이 아니다.

바뀐 뜻   전쟁을 통칭해 쓴다.

보기글   • 여진족을 치는 것은 북벌(北伐)이고, 왜적을 치는 것은 남벌(南伐)이다.

❋ 정숙(靜肅)

본 뜻   정(靜)_ (여자가 자연 염료로) 점잖게 화장하다.
숙(肅)_ (자수를 놓을 때처럼) 마음을 가라앉히다.

자구 해석   점잖게 화장하여 마음을 가라앉히다. 본디 여자에 대한 표현이었다.

바뀐 뜻   조용하고 엄숙하다. 현재는 떠들지 말고 조용하라는 뜻으로만 쓰인다. 숙(肅)이 갖는 '자수를 놓을 때의 집중된 마음'의 본디 의미는 그대로다. 숙을 강조하면 엄숙(嚴肅)이다.

보 기 글   • 유신시대에는 교실마다 '정숙'이라는 급훈이 걸려 있었다.

❊ 정신(精神)/기(氣)

본 뜻   **정(精)**_ 《동의보감》에서는 정액을 뜻한다. 넓게는 생식 활동과 생명 활동을 가능하게 하는 기본 물질을 뜻한다. 《동의보감》에서는 정이 몸의 뿌리라고 정의했다. 정이 몸보다 먼저 생기며, 오곡을 먹어 생긴 영양분이 정을 만든다고 보았다.

신(神)_ 인간이 인간으로서 가지는 밝음을 뜻하며, 그것은 인간의 정신적 활동을 제어하는 원리가 된다. 그런 의미에서 신은 인간을 구성하는 여러 요소 중 가장 높은 위치를 차지한다. 《동의보감》에는 신의 중요성을 가리켜 "신이 편안하면 오래 살고 신이 없어지면 육체도 없어진다."고 적혀 있다.

기(氣)_ 생명의 근본이자 호흡의 문호(門戶)로서 오장육부의 근본이 된다. 《동의보감》에서는 기가 몸의 구성과 활동의 가장 근본이며 목숨을 늘려주는 약이라고 강조했다.

하지만 도가(道家)에서는 기(氣)를 기(炁)라고 부른다. 일반적으로는 기(炁)를 기(氣)의 이체자(異體字)로 인식하고 있지만 도가에서는 두 글자를 분명히 구분해 쓴다. 기(炁)란 본래 기(氣) 중에서 순양진기(純陽眞氣)와 도교 또는 신선들이 서로 결합시킨 기(氣)를 복용한 것을 가리킨다. 기(炁)는 종종 원초적 생명과 선천적 또는 천제나 신선 등의 신비적 색채를 띠는 반면, 기(氣)는 이에 상응해서 후천적 또는 자연계나 인간 등의 비신비적 색채를 표현한다고 생각했다.

만약 '기(炁)'자에 '선풍도골(仙風道骨)'이란 말이 숨겨져 있다고 한다면 '기(氣)'자에는 '범부속미(凡夫俗味)'란 말이 포함돼 있는 것이다. 즉 기(炁)는 종교적 글자이고 기(氣)는 세속적 글자이다.

| 바 뀐 뜻 | 원래 정기신(精氣神)이 한 단어인데, 여기서 정신만 떼어내 사람의 마음을 뜻하게 되었다. |
| 보 기 글 | • 스트레스는 정신 건강에 해롭다.
• 우리나라에 출신이 불분명한 기공사들이 갑자기 늘어났다. |

※ 정지(停止)

| 본 뜻 | 정(停)_ 사람이 정자에 머물다, 오랫동안 머물다.
지(止)_ 발걸음을 멈추어 서다. |
| 자구 해석 | 머물거나 서다. |

※ 정치(政治)

본 뜻	정(政)_ 바르지 않은 것을 쳐서 바르게 하다. 攵(복)은 채찍질로 때린다는 뜻이니, 옛날에는 정을 위해서는 백성을 때려도 된다고 생각한 모양이다. 그래서 정자정야(政者正也; 천하를 바로잡는 것이 정치라는 뜻)다. 치(治)_ 氵(수)와 台(이)로 만들어진 한자다. 물이 잘 흘러 만물을 기르고 양육한다는 뜻이다. 물길이 막히면 뚫어주고, 괴어 있으면 둑을 터서 흐르도록 해주어야 작물과 수목이 잘 자란다. 이렇듯이 법과 제도와 도량형 따위를 치(治)하는 것이니, 사람에게 이익이 되는 구체적인 정책을 가리킨다.
자구 해석	바르지 않으면 쳐서 바르게 하고, 막힌 곳은 뚫고 터서 흐르게 하다.
바 뀐 뜻	나라를 다스리는 일. 국가권력을 얻고 유지하며 행사하는 활동으로, 국민들이 인간다운 삶을 영위하게 하고 서로의 이해를 조정하

며 사회질서를 바로잡는 따위의 역할을 한다.

보기글
- 인간은 정치적인 동물이다.

❆ 제(劑)

본 뜻 탕약 스무 첩을 일컫는 말이다.

자구 해석 탕약 스무 첩.

바뀐 뜻 뜻이 바뀐 것은 아니다. 첩약을 세는 단위를 '재'로 잘못 알고 있는 경우가 많아 실었다.

보기글
- 요즘은 십전대보탕 한 제에 얼마나 해요?

❆ 제거(除去)

본 뜻 제(除)_ 쓸어서 깨끗이 하다.
 거(去)_ 없애버리다, 줄이다.

자구 해석 깨끗이 없애버리다.

보기글
- 홍 검사는 재직 중에 이 지역의 조직폭력단을 제거했다.

❆ 제목(題目)

본 뜻 제(題)_ 책이나 논문, 기사, 강연 따위를 대표하는 이름이다.
 목(目)_ 큰 제목. 전체를 몇 가지로 나눈 장(章)이나 부(部) 정도를 가리킨다.

바뀐 뜻 오늘날 '제목'은 영어의 title이나 headline에 대응하는 어휘라서 목(目)

의 기능은 없어졌다. 일본 한자어다.

보기글
- 영화든 드라마든 제목을 잘 지어야 한다.

※ 제사(祭祀)→향사(享祀)

본 뜻
제(祭)_ 돌아가신 천자의 조부와 부친에 대한 예. 고대에는 하늘에 지내는 것으로 향을 태웠다.
사(祀)_ 돌아가신 천자의 고조와 증조에 대한 예. 고대에는 땅에 지내는 것으로 술을 부었다.

자구 해석
(천자 입장에서) 조부와 부친에 대한 제(祭)와 고조와 증조에 대한 사(祀). 조선시대 제사의 규범서인 《주자가례朱子家禮》에는 사시제(四時祭), 초조제(初祖祭), 선조제(先祖祭), 예제(禰祭), 기일제(忌日祭), 묘제(墓祭)의 여섯 가지 제사가 있다.

봄 여름 가을 겨울에 한 차례씩 4대친(고조, 증조, 조, 고)을 모시는 사시제는 사계절이라는 자연의 운행을 따른다. 동지에 양(陽)의 시작임을 상징하여 시조를 모시는 초조제를 지낸다. 입춘에는 생물이 시작하는 봄을 상징하여 시조 이하 고조 이상의 조상을 모시는 선조제를 지낸다. 중추에 사물이 익는 가을을 상징하여 어버이를 모시는 예제를 지내고, 조상이 돌아가신 날에는 기일제를, 초목이 처음 자라는 3월과 초목이 죽는 10월에는 묘제를 지낸다.

한편 유교식 제사는 고려 말 성리학과 함께 도입되었는데, 성리학자들이 건국한 조선시대에는 제사 풍속이 엄격했으며, 세월이 흐르면서 제사 풍습은 궁중에서 사대부 계층으로 내려왔다. 《경국대전》에는 3품관 이상은 4대 봉사(奉祀)를 하고, 문무관 6품 이상은 3대 봉사, 7품 이하는 2대 봉사, 일반 서인은 부모만 제사하도록 규정하고 있다.

그러나 조선 중기에 이르러 품계에 상관없이 모두가 다 왕실처럼 4대 봉사를 하는 것으로 자리잡았다. 4대 봉사는 고조부모가 맨 위이며, 그 윗대부터는 시제로 모아 지낸다. 다만 나라에 큰 공을 세워 불천지위(不遷之位)를 얻은 조상은 포함하여 영구적으로 지낸다. 왕으로부터 시호를 받은 2품 이상의 관리를 불천지위라고 한다. 물론 왕과 왕자, 부마는 무조건 불천지위다.

바뀐 뜻 요즈음에는 죽은 이에 대한 예를 통칭하여 제사라고 한다.

보기글
- 제사를 지내면서 신앙을 이유로 갈등을 겪는 사람이 많다.

❈ 제수(除授)→임면(任免)

본 뜻 **제(除)_** 관직의 상징인 인수(印綬)를 거두어들이는 것, 즉 관직에서 해임시키는 것을 말한다.
수(授)_ 관직의 상징인 인수(印綬)를 내리는 것, 즉 관직에 임명하는 것을 말한다.

자구 해석 관직을 내리거나 거두어들이다.

바뀐 뜻 천거하는 절차를 따르지 않고 임금이 직접 벼슬을 내리는 일이나, 구관직을 없애고 신관직을 내리는 일을 가리킨다. 현대에 이르러 '해임'의 의미는 없어졌다.

보기글
- 칠천량해전에서 원균이 죽은 후 선조 임금은 병졸로 강등되었던 이순신을 다시 삼도수군통제사에 제수하였다.

❈ 제자(弟子)/도제(徒弟)

본 뜻 **제(弟)_** 동생.

|자구 해석| 자(子)_ 아들.
도(徒)_ 함께 같은 길을 가는 사람.
제자(弟子)_ 동생과 아들. 여기서 학문과 기술을 배우는 사람들이란 뜻이 나왔는데, 제(弟)는 등급이란 뜻도 있으므로 학문과 기술이 일정 수준에 이른 사람, 자(子)는 막 배우기 시작한 사람을 가리킨다.
도제(徒弟)_ 제자와 같은 말이다. 제(弟)는 많이 익혀서 실력이 높은 사람을 가리키지만 도(徒)는 같은 길을 가는 사람이란 뜻으로, 주로 기술을 가르칠 때 쓰는 어휘다. 그러므로 학문 등을 가르칠 때는 제자가 되고, 기술 등을 가르칠 때는 도제가 된다.

|바 뀐 뜻| 제자(弟子)_ 구분하지 않고 스승에게 가르침을 받는 사람을 두루 일컫는다.
도제(徒弟)_ 직업에 필요한 지식과 기능을 배우기 위하여 스승의 밑에서 일하는 직공을 뜻한다. 일본 한자어다.

|보 기 글| • 제자와 도제는 우리나라 전통적인 교육 풍습에서 나온 어휘다.

❋ 제작(製作)

|본 뜻| 제(製)_ (옷을) 지어 만들다. 제(制)는 가죽이나 베를 칼로 자르는 것이며, 여기에 옷을 짓는다는 사실을 나타내기 위해 의(衣)가 붙었다. 비슷한 글자 재(裁)는 옷을 만들기 위해 칼과 가위로 마름질한다는 뜻이다.
작(作)_ (옷깃이나 옷에 달린 작은 장식 따위를) 만들다, (나무 따위를 칼로 파서) 모양을 내다.

|자구 해석| 옷을 짓거나 옷에 붙일 장식을 만들다.

바 뀐 뜻	재료를 가지고 기능과 내용을 가진 새로운 물건이나 예술작품을 만들다.
보 기 글	• 영화에는 감독과 제작자가 필요하다.

❊ 제한(制限)

본 뜻	제(制)_ (가죽이나 베를 칼로) 자르다. 한(限)_ 언덕으로 막혀 더 갈 수 없다. 즉 길을 막아 가지 못하게 한다는 뜻이다.
자구 해석	(대상을) 자르거나 막다.

❊ 조(祖)/종(宗)

본 뜻	조(祖)_ 뿌리가 되는 할아버지, 곧 시조(始祖)를 뜻한다. 고려 때부터 할아버지로 새겼다. 왕의 경우에는 나라를 창업하거나, 아버지로부터 왕위를 물려받지 않고 왕이 되거나, 아버지가 왕이라도 정실이 아닌 후궁 등에게서 난 서자(庶子)로서 왕이 된 사람을 가리킨다. 즉 새 종파나 새 집안을 세운 종조(宗祖)에게 붙인다. 종(宗)_ 조상의 제사를 받드는(宗) 맏아들이나 아들 등 정실의 아들로서 왕이 된 사람을 가리킨다.
바 뀐 뜻	왕실에서 왕의 적자로서 왕이 된 사람은 죽어서 종(宗)이 들어간 묘호(廟號)를 받고, 왕의 서자로서 왕위를 물려받거나 자기가 직접 나라를 창업하거나 왕위를 찬탈한 친척은 죽어서 조(祖)가 들어간 묘호를 받는다. 조선의 경우, 태조는 고려 왕실을 엎고 조선을 창업한 이성계, 세조

는 조카를 죽이고 왕위를 빼앗은 단종의 삼촌 이유, 선조는 명종의 이복조카로서 왕이 된 이균, 인조는 광해군의 이복조카로서 왕위를 빼앗은 이종, 영조는 이복형 경종이 죽은 뒤 동생으로서 왕위를 이은 이금, 정조는 할아버지 영조의 왕위를 이은 이산, 순조는 정조의 후궁에게서 난 이공이다.

불교에서는 석가모니를 교조(敎祖)라 하고, 석가모니의 장자가 아니면서 조계종이니 태고종 등의 새로운 파(派)를 만든 사람을 종조(宗祖)라고 한다.

보기글
- 묘호에 조종(祖宗)을 붙이는 문제는 적자와 서자를 따지는 문제가 있어, 종(宗)으로 붙였다가도 나중에 고치는 사례가 있다.

❋ 조각(彫刻)

본 뜻 조(彫)_ (붓으로) 밑그림을 그리다.
각(刻)_ 칼로 나무나 돌에 깊이 새기거나 빚다.
자구 해석 나무나 돌에 붓으로 밑그림을 그려 칼로 새기거나 빚는 예술.

❋ 조리(條理)

본 뜻 조(條)_ (한 그루의) 나뭇가지(처럼 가지런하다).
리(理)_ 옥을 색깔이나 무늬에 맞춰 잘 다듬다.
자구 해석 나뭇가지가 가지런하고, 무늬와 색깔이 잘 맞다.

※ 조문(弔文)/뇌문(誄文)/찬(讚)→칭찬(稱讚)

본 뜻 　조문(弔文)_ 일반인이 죽은 사람을 기리기 위해 쓴 글.
　뇌문(誄文)_ 왕이 죽은 사람을 기리기 위해 쓴 글.
　찬(讚)_ 살아 있는 사람의 행적이나 미덕을 찬양한 글. 여기서 칭찬이라는 말이 나왔다.

바뀐 뜻 　오늘날 찬은 공적서로 바뀌고, 뇌문은 조문이나 조사(弔辭) 정도로 대신 쓰인다.

보기글 　• 정조 이산은 채제공이 죽자 친히 뇌문을 써서 내렸다.

※ 조사(調査)

본 뜻 　조(調)_ (음률이나 호흡 따위를) 고르다, 조절하다, 균형이 잡히다.
　사(査)_ 사실인지 아닌지 알아내다.

자구 해석 　치우치지 않게 사실 여부를 알아내다.

※ 조세(租稅)

본 뜻 　조(租)_ 땅에 대한 임대료. 농민이나 소작인이 땅주인에게 내며 국가가 관여하지 않는다.
　세(稅)_ 땅주인이 나라에 내는 세금.

자구 해석 　땅주인이 소작농으로부터 받는 조(租)와, 땅주인이 나라에 내는 세(稅).

바뀐 뜻 　기독교인들이 교회에 내는 십일조의 조(租)는 그 의미에 걸맞은 표현이지만 사글세, 월세, 전기세 등은 의미를 따져볼 때 틀린 용어다. 물론 오늘날에는 조와 세를 구분하지 않고 국가에 내는 세금을 통칭하여 조세라고 한다.

보기글 • 조세 저항은 국민이 정부에 대항하는 방법 중 하나다.

❋ 조율(調律)

본 뜻   조(調)_ (음률이나 호흡 따위를) 고르다, 조절하다, 균형이 잡히다.
율(律)_ 음악적 가락. 피리의 음으로써 정한 음계, 즉 소리의 규칙적인 양식이다.

자구 해석   소리를 고르고 음계를 맞추다.

❋ 조작(造作)

본 뜻   조(造)_ (선박이나 청동기 기물, 화폐 등을) 만들다. 작(作)보다 규모가 크다.
작(作)_ (옷깃이나 옷에 달린 작은 장식 따위를) 만들다, (나무 따위를 칼로 파서) 모양을 내다.

자구 해석   크고 작은 것을 만들다.
바뀐 뜻   어떤 일을 사실인 듯이 꾸며 만들다, 진짜를 본떠서 가짜를 만들다.
보기글 • 드루킹은 킹크랩이라는 프로그램으로 댓글을 조작하였다.

❋ 조장(助長)

본 뜻   송나라의 고사에서 유래한 말이다. 어떤 농부가 곡식의 싹이 더디

자라자, 어떻게 하면 빨리 자랄까 궁리하다가 급기야는 싹의 목을 뽑아주었다. 그러고는 집에 돌아와 아내에게 이렇게 말했다. "내가 싹이 자라는 걸 도와주고(助長) 왔소이다." 이 말을 들은 아내가 아무래도 미심쩍어 나가보니 싹이 모두 위로 뽑혀 있어 물을 제대로 빨아들이지 못해 시들시들하게 말라 있었다.

바뀐 뜻 도와서 힘을 북돋워주는 것을 이르는 말이었는데 요즘 와서는 옳지 못한 것을 도와준다는 부정적인 의미로 널리 쓰이고 있다.

보기글 • 로또복권이 사행심만 조장한다고 비판하기도 한다.

❄ 조정(調整)

본 뜻 조(調)_ (음률이나 호흡 따위를) 고르다, 조절하다, 균형이 잡히다.
정(整)_ 묶고 쳐서 가지런하게 하다.

자구 해석 고르거나 묶고 쳐서 가지런하게 하다.

❄ 조직(組織)

본 뜻 조(組)_ 베를 짜기 위해 베틀에 묶어 세로로 늘어놓은 실. 즉 경(經)을 여러 가닥 세로로 늘어놓은 것을 뜻한다.
직(織)_ (베틀에 차려놓은) 맨실. 또는 베를 짜다. 즉 위(緯)가 가로로 하나씩 짜여나가는 것을 뜻한다.

자구 해석 씨실(經)과 날실(緯)로 베를 짜다.

바뀐 뜻 짜서 이루거나 얽어서 만드는 일. 특정한 목적을 달성하기 위하여 여러 개체나 요소를 모아서 체계 있는 집단을 이루는 일이나 그 집단. 또는 구성 광물의 크기나 모양, 배열 방법 따위에 따른 암석의 내부 구조, 동일한 기능과 구조를 가진 세포의 집단을 뜻한다.

보기글 • 선거철을 앞두고 그는 친위 조직을 급조했다.

❈ 조회(朝會)/조근(朝覲)/조빙(朝聘)

본 뜻 조(朝)_ 제후가 봄에 왕을 배알하다. 또는 제후가 왕을 찾아가 알현하다.
회(會)_ 모이다.
근(覲)_ 제후가 가을에 왕을 배알하다.
빙(聘)_ 제후를 대리해서 대부(大夫)가 왕을 알현하다.

자구 해석 관원들이 아침 일찍 정전이나 편전에 모여 임금에게 문안하고 정사(政事)를 아뢰던 일을 일컫는다.

바뀐 뜻 학교나 관청, 회사 등에서 업무를 시작하기 전에 학생과 선생 또는 평직원과 간부직원이 모두 모여 일과나 목표에 대해 얘기하는 아침 모임을 뜻한다.

보기글 • 옛날 궁궐에서 행하던 조회가 요즘에는 학교에서도 이루어지는구나.

❈ 존대(尊待)

본 뜻 존(尊)_ 본디 술잔을 의미했다. 옛날에는 술잔은 하늘이나 조상에게 올리는 성스러운 제물이었으며, 그래서 이 술잔을 받는 사람도 높은 사람으로 여겼다. 여기서 높은 어른이라는 의미가 나왔다.
대(待)_ 길에 서서 찾아오는 사람을 모시기(寺) 위해 준비하고 기다리다.

자구 해석　높은 어른을 기다려 잘 모실 준비를 하다.

❋ 존재(存在)

본　뜻　존(存)_ 어린이(子)가 집 안에 잘 있는지 어떤지 묻는 글자다. 어린이는 씨의 개념이다.
　　　재(在)_ 일정한 땅(土)을 차지하고 있다는 뜻이다.
자구 해석　아이가 집에 잘 있고, 농사지을 땅이 있다.
바 뀐 뜻　현실에 실재하거나 또는 그런 대상.
보 기 글　• 땅 한 평 없는 사람은 존재 가치가 없다는 뜻인가.

❋ 존중(尊重)

본　뜻　존(尊)_ 본디 술잔을 의미했다. 옛날에는 술잔은 하늘이나 조상에게 올리는 성스러운 제물이었으며, 그래서 이 술잔을 받는 사람도 높은 사람으로 여겼다. 여기서 높은 어른이라는 의미가 나왔다.
　　　중(重)_ (눈을 찔린 사내, 즉 노예가) 힘든 일을 하다, 반항하지 않고 묵묵히 일하다, 태도가 묵직하다.
자구 해석　높은 어른을 묵직하게 대하다.

❋ 존함(尊銜)

본　뜻　존(尊)_ 본디 술잔을 의미했다. 옛날에는 술잔은 하늘이나 조상에게 올리는 성스러운 제물이었으며, 그래서 이 술잔을 받는 사람도 높은 사람으로 여겼다. 여기서 높은 어른이라는 의미가 나왔다.
함(銜)_ 본디 행군 중에 입에 무는 재갈을 뜻하는 글자로, 감히 입을 열지 못한다는 의미를 담고 있다. 하도 높은 분의 이름이라서 입 밖으로 낼 수 없어 머금고만 있어야 할 존귀한 이름이라는 뜻이다. 이런 의미에서 조선시대까지만 해도 높은 사람의 이름인 명(名)을 부르지 못하고 자(字)나 호(號)로 불렀다. 예) 아버지의 함자는(제가 말해서는 결코 안 되는 이름의 글자는) 홍자 길자 동자입니다.

자구 해석	술잔과 재갈, 즉 절대로 부를 수 없는 이름을 뜻한다. 일상에서는 아버지와 할아버지 이름을 가리킨다.
바뀐 뜻	어른이나 직급이 높은 사람의 이름을 가리키는 말이었으나 요즘에는 예의를 갖춰 상대의 이름을 물을 때 '존함'이라는 말을 쓴다.
보 기 글	• 선생님, 존함을 여쭤도 되겠습니까? • 선생님 존함이 이자 승자 만자가 맞습니까?

❋ 종류(種類)

본 뜻	**종(種)_** 식물에서 특이한 것, 즉 종자다. 새로 심을 볍씨(禾)는 무거운(重) 것으로 쓴다는 데서 나온 말이다. 좋은 씨앗이다. **류(類)_** 비슷비슷한 개의 무리, 비슷비슷한 쌀알들, 비슷한 무리.
자구 해석	좋은 씨앗이나 비슷한 무리.
바뀐 뜻	사물의 부문을 나누는 갈래. 또는 갈래의 수를 세는 단위.
보 기 글	• 우리나라에는 소나무 종류가 매우 많다.

❋ 종말(終末)→말세(末世)

| 본 뜻 | 종(終)_ 그치다, 완료되다, 끝나다.
말(末)_ 나무의 끝 부분, 즉 물건의 꼭대기이다. |
자구 해석	일이 끝남. 또는 물건의 끝 부분.
바뀐 뜻	일이나 현상이 끝나거나 막바지에 있다는 뜻이다. 그러나 종교적으로 쓰이면서 지구나 우주 또는 인류 문명의 붕괴라는 뜻으로 쓰이는 경우도 있다. 일본 한자어다.
보 기 글	• 세기말이 되면 늘 종말론이 등장하곤 한다.

❋ 종묘(宗廟)

| 본 뜻 | 중국 제왕들이 조상의 위패를 두어 제사하던 묘. 주나라 이후 천자(天子)는 3소(三昭), 3목(三穆), 태조(太祖)의 묘를 합해 7묘(七廟)를 조성하여 제사 지냈다. 제후는 2소(二昭), 2목(二穆), 태조의 묘를 합해서 5묘에 제사 지냈다. 대부(大夫)는 1소, 1목, 태조의 묘를 합해 3묘에, 사(士)는 1묘에, 서인(庶人)은 침(寢)에서 제사 지냈다. 여기서 소(昭)와 목(穆)은 2세·4세·6세를 왼쪽에 두고 소라 하고, 3세·5세·7세를 오른쪽에 두고 목이라 한 데서 온 말이다. 조선은 제후국으로서 5묘의 예법을 따랐다.
묘에 '종(宗)'자를 붙여 종묘(宗廟)라고 하는 것은, 왕위가 적자에서 적자로 이어졌다는 상징 때문이다. 서자·얼자·조카 등이 왕통을 잇기도 하지만, 그때에는 반드시 선왕의 아들로 입적시켜 종(宗), 즉 장자 상속을 인위적으로 만든다.
강화도령 이원범은 선왕인 헌종보다 항렬이 높아 할 수 없이 순조의 아들로 입적시켜 왕위(철종)를 이었고, 이하응의 아들 이재황 |

은 순조 이공의 아들인 익종 이영의 아들로 입적시켜 왕위(고종)를 이었다.

바뀐 뜻 사직(社稷)과 함께 나라 또는 왕조라는 뜻으로 확대되었다.

보 기 글
- 실제로 왕을 지냈지만 종묘에 없는 사람도 있고, 왕세자 시절에 죽었지만 종묘에 들어간 사람도 있다.

❊ **종친(宗親)**

본 뜻 종(宗)_ 왕의 동성(同姓)을 일컫는 말이다. 친(親)보다 넓은 개념이다.
친(親)_ 왕의 부계(父系)를 일컫는 말이다. 종(宗)보다 좁은 개념이다.

자구 해석 왕의 친족. 조선 왕실에서는, 대군(大君)의 자손은 4대손까지, 군(君)의 자손은 3대손까지 종친으로 예우했다.

바뀐 뜻 오늘날에는 왕가뿐 아니라 한 일가로서 촌수가 가까운 관계를 말하는데 흔히 10촌 이내다.

보 기 글
- 그 집안은 종친회의만 열리면 늘 싸운다.

❊ **종합(綜合)**

본 뜻 종(綜)_ 잉아, 즉 베틀의 날실을 한 칸씩 걸러서 끌어올리도록 맨 굵은 실. 이 실이 중심이 되어 모든 날실을 엮는다.
합(合)_ 항아리에 알맞은 뚜껑을 잘 덮다.

자구 해석 모든 날실을 잡고, 뚜껑을 잘 덮다. 여러 가지를 한데 모아서 합하다.

※ **좌절(挫折)**

본 뜻	좌(挫)_ 무릎을 꿇다, 몸이 묶이다, 주저앉히다, 주저앉다. 절(折)_ 부러지다, 부서지다. 의지와 희망이 모두 꺾이는 것을 가리킨다.
자구 해석	부러져 무릎을 꿇다.
바뀐 뜻	마음이나 기운이 꺾이다. 어떠한 계획이나 일 따위가 도중에 실패로 돌아가다.
보기글	• 좌절하느냐, 좌절당하느냐에 따라 다시 일어설 수도 있고 영원히 실패할 수도 있다.

※ **좌천(左遷)**

본 뜻	고대 중국에서 오른쪽에 고관들이, 왼쪽에 낮은 관리들이 앉은 데서 유래한 말이다. 그러나 우리나라에서는 전통적으로 왼쪽을 오른쪽보다 훨씬 고상하고 높은 것으로 여겼다. 조선시대 정1품 벼슬인 좌의정은 품계가 같은 우의정보다 높이 여겼다.
자구 해석	왼쪽 자리에 앉게 되다.
바뀐 뜻	낮은 관직이나 지위로 떨어지거나 외직(外職)으로 전근되는 것을 일컫는다.
보기글	• 날 좌천시켜도 사표를 내지 않고 끝까지 버틸 테다.

※ **좌향(坐向)**

본 뜻	좌(坐)_ 집터나 묏자리를 잡을 때 앉은 자리 기준으로 등진 방위.

자구 해석	**향(向)**_ 앉은 자리 기준으로 앞의 방위. 등뒤(坐)와 눈앞(向). 좌와 향을 표기할 때는 10간12지가 그려진 패철을 이용한다. 예를 들어 자좌오향(子坐午向)이라 함은 등쪽은 정북(正北), 앞쪽은 정남(正南)이라는 뜻이다.
바뀐 뜻	묏자리나 집터의 방위를 가리키는 말인데, 국어사전에서는 등진 방위와 앞 방위를 구분하지 않고 향(向)의 뜻으로만 쓴다. 이것은 잘못이다.
보기글	• 지관이 와서 집을 앉힐 좌향을 잡아주고 갔다.

※ **죄과(罪過)**

본 뜻	**죄(罪)**_ 법을 어김. **과(過)**_ (범법이 아닌 일상의) 허물. 과실(過失)이라고도 한다.
자구 해석	어긴 법과 지은 허물.
바뀐 뜻	원래 과는 처벌대상이 아니지만 오늘날에는 일반적인 범죄를 가리키는 말로 쓰인다. 굳이 따지면 친고죄에 해당하는 명예훼손이나 모독 정도를 가리킨다.
보기글	• 그는 결코 죄과를 뉘우치지 않는다.

※ **죄송(罪悚)**

본 뜻	**죄(罪)**_ 허물을 지어 손이 그물이나 줄에 묶이다. **송(悚)**_ 몸이 묶여 두렵고 떨리다.

| 자구 해석 | 허물을 지어 두렵고 떨리다. 죄스러워 두렵고 떨리다. |

❖ 주(酒)/주(酎)

본 뜻	주(酒)_ 한 번 발효시킨 일반 술. 주(酎)_ 일반 발효술보다 더 진한 술로 세 번 거듭 빚은 술. 이 고급 술은 주로 중요한 제사 때 쓴다.
바뀐 뜻	맥주(麥酒), 양주(洋酒), 청주(淸酒), 약주(藥酒) 등에는 주(酒)를 쓰지만 소주(燒酎)만 달리 표기한다. 본뜻과는 상관이 없다.
보기글	• 발효지도 않고 세 번 빚지도 않은 소주를 한자로 주(酎)라고 표기하는 건 일종의 사기다.

❖ 주구(走狗)

본 뜻	달리는 개, 즉 사냥개를 일컫는다.
바뀐 뜻	사냥개는 주인을 앞질러 다니며 사냥감을 찾아낸다. 이처럼 권력자를 등에 업고 권세를 부리는 사람을 이르는 말이다. 주인 앞에서 "아무개 나가신다."며 소리치는 '거덜'보다 더 나쁜 뜻으로 쓰인다.
보기글	• 우리 아버지를 잡아간 거복이는 일제의 주구였다.

❖ 주위(周圍)

| 본 뜻 | 주(周)_ 곡식이 빼곡하게 들어차 자라는 논이나 밭.
위(圍)_ 아래위로 둘러싼 자기의 지역. |

| 자구 해석 | 곡식이 잘 자라고 둘레가 쳐진 밭.
| 바 뀐 뜻 | 어떤 곳의 바깥 둘레. 어떤 사물이나 사람을 둘러싸고 있는 것. 또는 그 환경. 어떤 사람의 가까이에 있는 사람들.
| 보 기 글 | • 대통령님, 드릴 말씀이 있으니 잠깐 주위를 물려주십시오.

※ 준동(蠢動)/소동(騷動)

| 본 뜻 | 준동(蠢動)_ 봄이 되어 벌레(蠢) 따위가 꿈적거려서 움직이다.
소동(騷動)_ 말벼룩(騷) 따위가 톡톡 튀어오르다.
| 바 뀐 뜻 | 사회에 해악을 끼칠 만한 불순한 세력이나 보잘것없는 무리가 일어나 날뛰는 것을 준동, 시끄럽게 떠들거나 사람들이 모여 웅성거리는 것을 소동이라고 한다.
| 보 기 글 | • 10층 빌딩에서 돈을 날려 잠시 소동이 벌어졌다.
• 조직폭력배가 준동한다.

※ 준비(準備)

| 본 뜻 | 준(準)_ 물결이 잔잔하다.
비(備)_ 화살통과 화살. 손에 쥐거나 수레 등에 실어 갖고다니는 것을 뜻한다.
| 자구 해석 | 물결이 잔잔하듯 모든 물품을 충분히 마련하다.

※ 준수(俊秀)

본 뜻 준(俊)_ 능력과 재주가 뛰어나다.
수(秀)_ (열매 맺기 전의 꽃처럼) 잘생기다.

자구 해석 재주 있고 잘생기다.
명나라와 청나라에서 과거제도에 준수과(俊秀科)를 두었고, 당나라 때는 수재과(秀才科)를 두었다. 송나라 때는 과거에 응시하는 선비를 모두 수재(秀才)라고 하였고, 그 후로는 대학에 입학하는 생원까지 모두 수재라고 불렀다.

바뀐 뜻 용모가 빼어난 것을 가리키는 말이다.

보기글 • 준수하려면 얼굴만 잘생겨서는 안 되고 공부도 잘해야겠구나.

※ 줄탁(啐啄)

본 뜻 줄(啐)_ 알껍데기 속에서 병아리가 우는 소리. 또는 쪼는 소리.
탁(啄)_ 알껍데기 바깥에서 어미 닭이 쪼는 소리.

자구 해석 달걀 안에서 병아리가 쪼고, 밖에서 어미 닭이 쪼다.

바뀐 뜻 닭이 알을 깔 때 알껍데기 속에서 병아리가 쪼고, 밖에서 어미 닭이 쪼아야 하듯이 두 가지 일이 동시에 진행되어야 한다는 뜻이다. 현재는 줄탁동시(啐啄同時)라는 숙어로만 쓰인다.

보기글 • 교사와 학생이 줄탁동시를 해야 배움이 는다.

※ 중구난방(衆口難防)

본 뜻 진(秦)나라 소양왕 때 조(趙)나라 서울 한단을 치러 온 장수 왕계가 병사들의 마음을 얻지 못했다. 그때 장모(莊某)라는 사람이 병사들의 마음을 얻으라고 권하면서 한 말이다.

"세 사람이 합치면 호랑이가 나타난다는 헛소문도 참말이 될 수 있고, 열 사람이 합치면 단단한 쇠방망이도 녹이고, 많은 입이 모이면 날개 없는 소문을 날려보낼 수 있다. 여러 말(衆口)이 나오기 시작하면 막기가 어렵다(難防)."

자구 해석 여러 입에서 같은 말이 나오면 막을 수 없다.

바뀐 뜻 의견이 제각각이라는 뜻으로 쓰이는데, 이는 잘못된 것이다.

보 기 글
- 대통령이 불안하다는 말이 자꾸 도는데, 아마도 중구난방할 것이다.

❈ 중국(中國)

본 뜻 1911년 손문(孫文)의 신해혁명 후 탄생한 중화민국(中華民國)의 약칭으로 처음 쓰였다. 이후 1949년에 건국한 중화인민공화국(中華人民共和國)을 가리키는 말이 되었다.

바뀐 뜻 오늘날에는 하(夏)·은(殷)·주(周) 시대부터 중화인민공화국에 이르는 모든 중원의 나라를 통칭하는 말이 되었다.

보 기 글
- 중국은 허풍이 심한 나라다.

❈ 중심(中心)

본 뜻 중(中)_ 가운데, 군사들이 모여 있는 군영에 큰 북을 장대에 달아 세워놓은 곳.
심(心)_ 심장, 인체에서 가장 중요한 곳.

| 자구 해석 | 군영에서 가장 중요한 곳과 인체에서 가장 중요한 곳.
| 바뀐 뜻 | 사물의 한가운데, 사물이나 행동에서 매우 중요하고 기본이 되는 부분, 확고한 주관이나 줏대.
| 보 기 글 | • 서울은 우리나라 정치, 경제, 문화의 중심이다.

❄ 중앙(中央)

| 본 뜻 | 중(中)_ 가운데, 군사들이 모여 있는 군영에 큰 북을 장대에 달아 세워놓은 곳.
앙(央)_ 가운데, 목에 칼을 쓴 사람, 베개를 베고 누운 사람의 목.
| 자구 해석 | 일과 사물의 가운데.
| 바뀐 뜻 | 사방의 중심이 되는 한가운데, 양쪽 끝에서 같은 거리에 있는 지점, 중심이 되는 중요한 곳.
| 보 기 글 | • 중앙에서 아직 연락이 내려오지 않았다.

❄ 중요(重要)

| 본 뜻 | 중(重)_ 눈을 찔린 사내가 힘든 일을 해도 반항하지 않고 묵묵히 일하다, 태도가 묵직하다.
요(要)_ 허리에 두 손을 올리고 있는 여자. 허리는 인체 중 매우 요긴하다.
| 자구 해석 | 매우 묵직하고 요긴하다.
| 바뀐 뜻 | 매우 요긴하다.
| 보 기 글 | • 이 서류는 매우 중요하니 조심해서 전해주기 바란다.

❈ 즐비(櫛比)

| 본 뜻 | 즐(櫛)_ 살이 빽빽하지만 가지런한 (머리) 빗.
비(比)_ (내 어깨와 남의 어깨를) 겨루다. |
|---|---|
| 자구 해석 | 빗살이나 잇댄 어깨처럼 빽빽하게 늘어서다. |

❈ 증거(證據)

| 본 뜻 | 증(證)_ 재판정에서 믿을 만한 증거가 되는 말이나 물건(정황).
거(據)_ 손으로 큰 돼지를 막아 지키다. |
|---|---|
| 자구 해석 | 재판정이 믿을 만하고, 의심을 막을 수 있는 말이나 물건(정황). |
| 바뀐 뜻 | 어떤 사실을 믿을 수 있는 근거. |
| 보기 글 | • 그 살인용의자는 결정적인 증거가 없어서 무죄를 선고받았다. |

❈ 증보(增補)

| 본 뜻 | 증(增)_ 늘리다.
보(補)_ 깁다, 더하다, 채우다. |
|---|---|
| 자구 해석 | 늘리고 깁고 채우다. |
| 바뀐 뜻 | 이미 출판된 책이나 글 따위에서 모자란 내용을 더 보태고 다듬다. |
| 보기 글 | • 사전은 증보판을 사는 게 좋다. |

※ 증상(症狀)

| 본 뜻 | 증(症)_ 몸이 바르지 않을 때, 즉 병이 있을 때 생기는 생물학적인 현상.
상(狀)_ (사나운 개의) 모양이나 상태·형상, 소리나 표정이나 피부 등의 변화. |
| --- | --- |
| 자구 해석 | 아플 때 보이는 표정이나 소리, 색깔 등의 변화. |
| 바뀐 뜻 | 병을 앓을 때 나타나는 여러 가지 상태나 모양. |
| 보기글 | • 증상을 보아 병을 진단하고 약을 처방한다. |

※ 지갑(紙匣)

| 본 뜻 | 지(紙)_ 실로 만든 종이.
갑(匣)_ 작은 상자. |
| --- | --- |
| 자구 해석 | 실로 만든 종이상자. |
| 바뀐 뜻 | 돈, 증명서 따위를 넣을 수 있도록 가죽이나 헝겊 따위로 쌈지처럼 만든 자그마한 물건. |
| 보기글 | • 지갑을 선물할 때는 돈을 조금 넣어서 줘야 한다. |

※ 지급(支給)

| 본 뜻 | 지(支)_ 손에 든 나뭇가지.
급(給)_ 모자라는 실을 이어주다, 보태다. |
| --- | --- |
| 자구 해석 | 손에 든 것으로 모자라는 것을 보태주다. |

※ **지도(指導)**

본 뜻	지(指)_ 손가락으로 가리키다. 도(導)_ (길을 잘 가도록 사람들을) 이끌다.
자구 해석	사람들에게 길을 가리키며 이끌다.

※ **지방(地方)**

본 뜻	지(地)_ 땅. 방(方)_ 변두리, 구석진 곳.
자구 해석	구석진 땅.

※ **지배(支配)**

본 뜻	지(支)_ 손에 든 나뭇가지. 배(配)_ 신랑이나 신부. 특히 신부다.
자구 해석	손에 든 나뭇가지로 다스리는 신부. 곧 아랫사람을 감독하고 사무를 정리한다는 뜻이다. 봉건시대의 관념이다.
바 뀐 뜻	사람이나 집단, 조직, 사물 등을 자기의 의사대로 복종하게 하여 다스리다. 외부의 요인이 사람의 생각이나 행동에 적극적으로 영향을 미치다.
보 기 글	• 군대나 기업을 지배하는 대신 자기 부인이나 지배하려는 못난 사내들이 많다.

※ 지적(指摘)

| 본 뜻 | 지(指)_ 손가락으로 가리키다.
적(摘)_ 손으로 열매의 꼭지를 따다. |
| --- | --- |
| 자구 해석 | 손가락으로 가리켜 꼭지를 따내다. |
| 바뀐 뜻 | 꼭 집어서 가리키다, 허물 따위를 드러내어 폭로하다. 북한에서는 '어떤 내용을 말함'을 높여 이르는 말이다. |
| 보기글 | • 저의 허물을 지적해주셔서 대단히 감사합니다. |

※ 지척(咫尺)

| 본 뜻 | 지(咫)_ 8치이다. 24센티미터.
척(尺)_ 1자이다. 30센티미터. |
| --- | --- |
| 자구 해석 | 24센티미터에서 30센티미터 거리다. |
| 바뀐 뜻 | 아주 가까운 거리를 상징적으로 나타내는 말이다. |
| 보기글 | • 고향이 지척이건만 가본 지 3년이 넘었다. |

※ 지혜(智慧)/지혜(知慧)

| 본 뜻 | 지(智)_ 어떤 사실을 알다, 지식(知識).
혜(慧)_ 사리에 밝다.
지(知)_ (보거나 들어서) 알다. |
| --- | --- |
| 바뀐 뜻 | 지혜(智慧)와 지혜(知慧)는 같은 뜻으로 쓰인다. 사물의 이치를 빨리 깨닫고 사물을 정확하게 처리하는 정신적 능력이다. 불교에서는 육 |

바라밀의 하나를 가리키는데, 제법(諸法)에 환하여 잃고 얻음과 옳고 그름을 가려내는 마음의 작용으로서, 미혹을 소멸하고 보리(菩提)를 성취하는 힘이다.

보기글 • 지혜롭기 위해서는 부단히 공부하고 생각하는 수밖에 없다.

❈ 직급(職級)

본 뜻 직(職)_ 구실. 벼슬의 이름이다.
급(級)_ 실(糸)의 길고 짧은 차이다. 직(職)을 더 자세히 나눈 차이다. 같은 직이라도 급이 다를 수 있다.

자구 해석 직책과 급수. 공무원의 경우 '행정직(職), 7급(級)' 등을 가리킨다.

바뀐 뜻 공무원의 직계제(職階制)에서 관직을 직무와 책임에 따라 분류한 최소의 단위.

보기글 • 공무원은 직급에 따른 서열이 분명하다.

❈ 직분(職分)

본 뜻 직(職)_ 직업의 종류다. 군인, 교사, 정치인, 화가 등 큰 범위.
분(分)_ 직 내에서 구분하는 더 자세한 분류다.
예를 들어 화가〉동양화가, 특전사령관〉중장, 서기관〉4급 등으로 직과 분을 구분할 수 있다.

바뀐 뜻 오늘날에는 마땅히 해야 할 본분이란 뜻으로 쓴다.

보기글 • 대통령의 직분이란 무엇인가?

❋ 진(津)/포(浦)

본 뜻 진(津)_ 민물에서 나룻배를 대는 나루다. 예) 노량진, 양화진.
포(浦)_ 바닷물인 조수가 드나드는 곳의 나루다. 예) 영등포, 김포, 제물포, 마포.
이런 기준과는 달리 〈대동여지도〉 표기법에서 포(浦)는 동네 규모의 나루를 나타내고, 진(津)은 적어도 기초 행정단위의 큰 나루를 나타낸다.

바뀐 뜻 오늘날의 구분은 과거에 정한 지명에 따를 뿐 달리 구분하는 기준은 없다.

보기글 • 진(津)도 나루, 포(浦)도 나루라고 하니 우리말은 너무 어려워.

❋ 진단(震檀)

본 뜻 역괘(易卦)로 볼 때 정동(正東)을 중심으로 한 45도 각도 안의 방향이다.

바뀐 뜻 중국에서 볼 때 우리나라가 진방에 있다 하여 예로부터 불러온 별칭이다. 우리나라를 가리키는 동국(東國), 해동(海東) 등과 같은 의미다.

보기글 • 진단학회.

❋ 진동(振動)

본 뜻 진(振)_ (손을) 떨다.
동(動)_ (무거운 것이) 움직이다.

| 자구 해석 | 떨고 움직이다. |

❋ 진보(進步)→보수(保守)

본 뜻	진(進)_ (새가 앞으로만) 나아가다. 보(步)_ 걷다.
자구 해석	앞으로 걸어나가다.
바 뀐 뜻	정도나 수준이 나아지거나 높아짐. 또는 역사 발전의 합법칙성에 따라 사회의 변화나 발전을 추구함.
보 기 글	• 진보 세력을 욕할 때는 '급진 세력'이라고 한다.

❋ 진산(鎭山)

본 뜻	지덕(地德)으로 '묵직하게 눌러앉아(鎭)' 그 지방을 편안하게 하는 산.
바 뀐 뜻	한 지방의 대표적인 산. 진산은 그 고을을 진호(鎭護)하는 주산(主山)이 되므로 옛날에는 제사를 했다.
보 기 글	• 조선시대에는 동쪽의 금강산, 남쪽의 지리산, 서쪽의 묘향산, 북쪽의 백두산, 중앙의 삼각산을 그 지역의 진산으로 삼았다.

❋ 진압(鎭壓)

| 본 뜻 | 진(鎭)_ (무거운 물건으로) 누르다. 적을 억눌러서 조용하게 하거나 어루만져 눌러서 편안하게 하다. 영구적이다. |

	압(壓)_ (힘으로) 누르다. 일시적이다.
자구 해석	꽉 눌러놓거나 힘으로 누르다.
바 뀐 뜻	강압적인 힘으로 억눌러 진정시키다.
보 기 글	• 이번 데모는 경찰만으로는 진압하기가 어렵다.

❈ 진액(津液)

본 뜻	진(津)_ 인체나 나무 등에서 분비되는 액체. 예) 송진(松津). 액(液)_ 물이나 기름처럼 흘러 움직이는 물질. 인체나 나무 등에서 분비되는 액체는 진(津)이다. 호르몬, 정액, 임파선을 흐르는 노폐물 등이 액에 해당한다.
자구 해석	생물체에서 생기는 액체. 예) 옻의 진액.

❈ 진열(陳列)

본 뜻	진(陳)_ 넓게 벌려놓다. 열(列)_ 가지런하게 늘어놓다.
자구 해석	넓게 벌리어 가지런하게 놓다.
바 뀐 뜻	여러 사람에게 보이기 위하여 물건을 죽 벌여놓다.
보 기 글	• 가게에서는 제품을 어떻게 진열하느냐에 따라 매출이 달라진다.

❈ 진정(鎭靜)

본 뜻	진(鎭)_ 무거운 쇠(金)로 누르다.

	정(靜)_ 다투지(爭) 않으니 고요하다.
자구 해석	무거운 쇠로 누르니 다투지 않아 고요하다.

❄ 진지(眞摯)

본 뜻	진(眞)_ 있는 그대로, 참. 지(摯)_ 손으로 지극하게 거머쥐다.
자구 해석	있는 그대로 지극하게 거머쥐다.
바뀐 뜻	마음 쓰는 태도나 행동 따위가 참되고 착실하다.
보기글	• 넌 아무 때나 진지한 게 병이다. 좀 편하게 살자.

❄ 진통(陣痛)

본 뜻	진(陣)_ 전쟁터에서 언덕 아래에 공격용 수레를 늘어놓다. 통(痛)_ 아프다.
자구 해석	전쟁터에서 전쟁으로 겪는 아픔, 수레가 몰려오듯 아기가 출산하는 아픔.
바뀐 뜻	아이를 낳을 때 주기적으로 오는 아픈 통증. 일본 한자어라서 어색하다. 사물을 완성하기 직전에 겪는 어려움을 뜻하기도 한다.
보기글	• 큰일을 할 때에는 늘 진통이 따르기 마련이다.

❄ 질곡(桎梏)

본 뜻	질(桎)_ 죄인의 발에 채우는 차꼬.

|자구 해석| 곡(梏)_ 죄인의 손에 채우는 수갑.
발에 채우는 차꼬와 손에 채우는 수갑. 두 가지 모두 죄수들의 행동을 억압하는 형구(刑具)다.

|바뀐 뜻| 손과 발이 꽁꽁 매여 마음대로 움직일 수 없는 것처럼 자유를 가질 수 없도록 몹시 속박하다.

|보 기 글| • 그의 인생은 질곡의 나날이었다.

❄ **질병(疾病)/병폐(病弊)→전염(傳染)**

|본 뜻| 질(疾)_ 전쟁에서 화살에 맞아 부상당한 것을 뜻한다. 그러니까 화살(矢) 때문에 생긴 병, 즉 겉으로 드러나는 상처나 아픔이니, 곧 외상(外傷)이다.
병(病)_ 신체의 일부가 기능을 상실하여 열이 나다. 즉 내과질환이다.

|자구 해석| 질병(疾病)_ 외과 질(疾)과 내과 병(病).
병폐(病弊)_ 내과 병(病)이 심해져 아주 나쁜 상태.

|바뀐 뜻| 질병(疾病)_ 몸에 생기는 온갖 병.
병폐(病弊)_ 병통과 폐단을 아울러 이르는 말.

|보 기 글| • 의학은 발달한다는데 왜 질병은 늘까?

❄ **질서(秩序)**

|본 뜻| 질(秩)_ 벼(禾)로 받은 녹봉, (녹봉이 많고 적은) 차례.
서(序)_ (집안 가족들 사이의) 차례.
관리들의 위계(位階)는 정해진 날짜에 받는 급여를 가리키는 질(秩)

에 따라 반듯한 차례(序)가 있다는 뜻으로, 관가에서 쓰던 말이다.

자구 해석 위계에 따라 받는 급여.

바뀐 뜻 지금은 혼란 없이 순조롭게 이루어지게 하는 사물의 순서나 차례라는 뜻으로 쓰인다.

보기글 • 질서는 결국 봉급의 차이만큼 잡힌다는 뜻이로군.

❋ 질투(嫉妬)

본 뜻 질(嫉)_ 화살에 맞은 것처럼 몸부림치는 여자, 남을 미워하다.
투(妬)_ 돌을 보듯 싸늘하다.

자구 해석 여자가 다른 사람, 특히 다른 여자를 미워하여 아픈 사람처럼 얼굴을 찌푸리고 짜증을 내거나 모르는 척하기가, 마치 돌을 보듯 외면하며 싸늘하게 대하다.

바뀐 뜻 지금은 남녀 구분 없이, 다른 사람이 잘되거나 좋은 처지에 있는 것 따위를 공연히 미워하고 깎아내리려 한다는 뜻으로 폭넓게 쓴다.

보기글 • 김영삼과 김대중은 평생 서로 질투했다.

❋ 질풍(疾風)/강풍(强風)/폭풍(暴風)/태풍(颱風)

본 뜻 본디 모두 강한 바람을 뜻하는 말이었으나 기상 용어로 다음과 같이 정리되었다.
질풍(疾風)_ 초속 6~10미터로 부는 바람으로, 나뭇가지가 흔들리고 흰 물결이 일 만큼 부는 바람이다.
강풍(强風)_ 초속 13.9~17.1미터로 부는 바람으로, 나무 전체가 흔들리고 바람을 거슬러 걷기가 힘든 바람이다.

폭풍(暴風)_ 초속 10미터 이상의 바람을 통틀어 일컫는 말이나, 보통 폭풍경보가 발효될 때의 폭풍은 초속 21미터 이상의 바람이 세 시간 이상 지속되는 경우를 가리킨다.

태풍(颱風)_ 북태평양 남서부에서 발생하여 한국·일본·중국 등 아시아 동부를 강타하는 폭풍우를 동반한 맹렬한 열대성 저기압이다. 태풍은 시속 30~40킬로미터 정도로 부는 바람이지만 1000킬로미터에 달하는 거대한 저기압을 형성하며 몰려오기 때문에 그 위력은 어떠한 바람보다도 무섭다. 태풍이 불었다 하면 대개는 나무가 뿌리째 뽑히거나 해일이 일어나고 가옥이 파괴되는 등 엄청난 재난을 겪는다.

바뀐 뜻 바람의 위력으로 말하면 태풍〉폭풍〉강풍〉질풍의 순이다.

보기글 • 태풍에 비하면 질풍은 산들바람에 가깝구나.

※ 짐작(斟酌)→수작(酬酌)

본 뜻 **짐(斟)_** (왕이 신하에게 또는 신하가 왕에게) 술잔을 올리거나 받다. 본디의 음은 '침'이다.
작(酌)_ 술을 따르다.

자구 해석 술잔에 술을 따르다. 고대에는 술잔을 주고받고 술을 따라주는 일이 매우 중요한 의례였다. 왕이나 높은 사람에게 침작(斟酌)하는 것은 엄격한 격식에 따라 이루어지기는 했으나, 이 과정에서 서로의 감정이 노출될 수밖에 없었다.

바뀐 뜻 왕이나 높은 사람에게 술잔을 올리거나 술을 따르는 과정에서 상대의 의중을 알아차릴 수가 있었다. 요즘에도 술잔을 받는 태도나 따르는 걸 보면 상대가 어떤 생각을 하는지 대략 눈치챌 수 있는 것과 같다. 그래서 짐작하는 것이 곧 상대의 의중을 헤아린다는 뜻으로 변한 이유이다. 다만 발음은 '침작'에서 '짐작'으로 변했다.

<u>보 기 글</u>　• 내가 술을 따라 올리는데 그분은 눈을 내리깔고 아무 말 없이 받으시는 걸 보니 아직도 마음이 풀리지 않으신 것으로 짐작되었다.

❄ **집단(集團)**

<u>본　　뜻</u>　집(集)_ 나무에 새들이 모여 있다.
　　　　　단(團)_ 둥근 실패, 덩어리.
<u>자구 해석</u>　모여서 이룬 떼, 덩어리.
<u>바 뀐 뜻</u>　여럿이 모여 이룬 모임.
<u>보 기 글</u>　• 혼자보다는 집단의 힘이 훨씬 더 세다.

❄ **집을 나타내는 면(宀)/엄(广)**

<u>본　　뜻</u>　면(宀)_ 지붕이 있는 집.
　　　　　엄(广)_ 지붕이 없이 굴을 파서 만든 집. 황하 유역에는 굴을 파서 만든 집이 많다. 혈거(穴居) 시대에는 대부분 이런 집에서 살았다. 엄(广)도 비슷한 의미이나 집이 아닌 '언덕'의 뜻으로 많이 쓰인다.
<u>바 뀐 뜻</u>　두 글자 모두 독립적으로는 쓰이지 않고 부수(部首) 형태로 쓰인다. 지붕이 있는 건물을 뜻하는 글자는 면(宀)을 부수로 쓰고, 언덕 등에 붙여 짓는 집을 뜻하는 글자는 엄(广)을 부수로 쓴다. 우리가 알고 있는 암자(庵子)의 경우 사전에는 작은 절이라고 나오는데, 그보

다는 산기슭에 붙여 지은 수행용 임시 거처를 가리킨다.

보기글
• 사찰에 딸린 암자는 산기슭에 붙여 지은 집이라는 뜻이다.

※ **징계(懲戒)**

본 뜻
징(懲)_ (잘못을 지적하여) 꾸짖고 때리다.
계(戒)_ (창을 두 손으로 들고) 지키다.

자구 해석
잘 지키도록 꾸짖고 때리다.

ㅊ

❄ **차(車)/거(車)**

본 뜻	**차(車)**_ 사람이 끌지 않고 동물이나 다른 동력을 이용하여 끄는 수레. **거(車)**_ 사람이 끄는 수레.
바뀐 뜻	오늘날에도 이 원칙은 지켜진다. 차 종류에는 기차, 자동차, 전차가 있다. 거 종류에는 인력거, 자전거가 있다.
보기글	• 茶를 차와 다 두 가지로 발음하듯, 車도 차와 거 두 가지로 구분한다.

❄ **차량(車輛)**

본 뜻	**차(車)**_ 수레, 차. **량(輛)**_ 수레나 차를 세는 단위.
자구 해석	차의 수량.
바뀐 뜻	도로나 선로 위를 달리는 모든 차를 통틀어 이르는 말이다. 열차의 한 칸을 가리킬 때에도 차량이라고 한다.
보기글	• 차량 통행금지.

※ **차례**(次例)

본 뜻 **차**(次)_ 다음 또는 버금. 앞에 무언가 있다고 할 때 그다음에 오는 것이 무엇인지를 밝히는 것이다.
례(例)_ 차(次)에 대한 설명이다. 차의 내용을 작은 제목으로 설명하는 것이다. 예를 들어 '가' 항목이 있다면 그 항목에 나오는 1) 2) 3) 등이다.

자구 해석 다음에 나오는 내용을 설명하는 제목.

바뀐 뜻 순서 있게 구분하여 벌여나가는 관계. 또는 그 구분에 따라 각각에게 돌아오는 기회.

보 기 글 • 과학책은 차례가 정확해야 이해가 쉽다.

※ **차별**(差別)/**차이**(差異)→**분별**(分別)

본 뜻 **차**(差)_ 왼손으로 꼰 새끼는 오른손으로 꼰 새끼에 비해 들쭉날쭉하다. 여기서 모자라다는 뜻이 나왔다.
별(別)_ 같은 것끼리 모으고 다른 것끼리 나누다. 另(영)은 다르다는 뜻이다.
이(異)_ 사람이 가면을 쓰니 그 사람과 다르다. 여기서 서로 다르다는 뜻이 나왔다.

자구 해석 길고 짧고, 크고 가볍고, 들쭉날쭉하거나 서로 다르다.

바뀐 뜻 **차별**(差別)_ 둘 이상의 대상을 각각 등급이나 수준에 따라 차이를 두어서 구별하다. 즉 누군 많이 주고, 누군 적게 주고, 누군 1등급으로 치고, 누군 2등급으로 치는 것이다. 한자어의 뜻이 변하지 않았다. 다만 있는 그대로의 차이를 구분하는 것이 아니라, 똑같은데

도 서로 다르게 평가하거나 대우할 때 이 어휘를 쓴다. 부정적으로 쓰인다.

차이(差異)_ 서로 같지 않고 다르다. '들쭉날쭉하다'는 무시되고 '다르다'는 뜻만 남아 있다.

보 기 글
- 박정희 정권은 전라도 사람을 유난히 차별하였다.
- 네 생각과 내 생각에는 큰 차이가 있다.

※ **차비(差備)**

본 뜻
차(差)_ 왼손으로 꼰 새끼처럼 굵기가 가지런하지 못하다.
비(備)_ 화살통과 화살. 손에 쥐거나 수레 등에 실어 갖고다니는 것을 뜻한다.
궁궐에서 잡역에 종사하는 종들을 차비노(差備奴)라고 불렀는데 물 끓이는 일, 고기 다루는 일, 반찬 만드는 일 등 여러 가지 일을 담당하였다.

자구 해석
모자란 걸 채우고 부족한 걸 메우며, 물 끓이고 고기 바르고 반찬 만드는 허드렛일을 하다.

바뀐 뜻
어떤 일을 할 수 있도록 미리 갖추어놓은 준비(準備)를 일컫는다. 즉 표준이나 법도에 따라 미리 갖추어놓다는 의미다.

보 기 글
- 명원아, 내일 수학여행 갈 차비 다 차렸니?

※ **찬란(燦爛)**

본 뜻
찬(燦)_ 잘 깎은 흰쌀처럼 빛이 번쩍거리다.
란(爛)_ 빛이 밖으로 확 퍼져나가다.

| 자구 해석 | 빛이 번쩍거리면서 멀리 퍼져나가다.

※ 참작(參酌)

| 본 뜻 | 참(參)_ 헤아리다. 헤아리는 요소는 세 개 이상이다.
작(酌)_ (격식 차리지 않는 사이에) 술을 받고 다시 주다.
| 자구 해석 | 상대의 주량을 헤아려가며 술을 따르다. 상대의 주량을 판단하여 술을 많이 주든가 적게 주든가 한다는 의미. 흔히 재판에서 '정상을 참작하여……'라는 말을 쓰는데 이때는 사건 당시의 형편이나 처지라는 뜻이 된다. '참작하다'를 '헤아리다'로 고쳐 쓸 수 있다.
| 보 기 글 | • 응시자가 사기전과자라는 점을 참작하여 면접을 보았다.

※ 창고(倉庫)/창(廠)/관부(官府)

| 본 뜻 | 창(倉)_ 곡식 등 먹을거리를 보관하는 집.
고(庫)_ 수레, 무기, 가마 따위의 병거(兵車) 등을 보관하는 집.
창(廠)_ 말이나 소를 넣어두는 마굿간.
관(官)_ 수렵이나 방어용 무기를 수장(守藏)하는 곳으로, 집 안의 활을 걸어두거나 저장한다. 이후 관원들이 업무를 보는 장소라는 뜻으로 변했다.
부(府)_ 돈, 문서 등 여러 가지 물건을 넣어두는 건물. 《설문해자》에는 문서를 두는 건물이라고 되어 있다.
| 자구 해석 | 창고(倉庫)_ 먹을거리를 두는 집(倉)과 수레나 가마를 두는 집(庫).
관부(官府)_ 관원들이 업무를 보고 문서를 두는 건물.
| 바 뀐 뜻 | 창고는 각종 화물(貨物)을 두는 곳으로, 창(廠)은 기차나 전차 등을

보관하는 집으로 바뀌었다. 관부는 뜻이 변하지 않았다.

보 기 글
- 조폐창.
- 유류 창고(倉庫).

❊ 창피(猖披)

본 뜻 창(猖)_ 짐승이 미쳐 날뛰고 어지럽히다.
피(披)_ 파헤치고 들추고 열어젖히고 쓰러지고 넘어지다.

바 뀐 뜻 체면이 깎이는 일이나 아니꼬운 일을 당함. 또는 그에 대한 부끄러움.

❊ 창호(窓戶)

본 뜻 창(窓)_ 벽에 구멍을 뚫어 바람이 드나들게 한 문.
호(戶)_ 사람이 출입하는 문.

자구 해석 사람이 드나드는 문과 바람이 드나드는 창.

바 뀐 뜻 창문과 출입문만을 가리키는 용어로 단순화되었다. 조선시대에 호(戶)는 가구(家口) 등 중요한 의미로 쓰였지만 이제는 출입문이나 현관문 정도 의미로 줄어들었다.

보 기 글
- 창호지는 창과 문에 바르는 조선 종이다.

❊ 채소(菜蔬)

본 뜻 채(菜)_ 심어 먹을 수 있는 풀, 즉 남새.

	소(蔬)_ 저절로 나는 풀 가운데 먹을 수 있는 풀, 즉 푸성귀와 나물.
자구 해석	남새와 푸성귀와 나물.
바 뀐 뜻	현대사회에서 채소란 어휘가 널리 쓰이고, 푸성귀와 나물조차 모두 계절에 관계없이 재배하면서 채와 소를 구분하는 것은 의미가 없어졌다. 이제 재배하지 않고 들이나 산에서 나는 나물은 들(野)이라는 뜻을 넣어 야채(野菜)로 구분한다. 도리어 채소와 과일을 대립적으로 구분하기도 한다. 간단하게는 1년생이면 채소, 다년생이면 과일로 치지만 이러한 구분도 명확하지 않다. 1년생 채소 중에서도 온실에서 기르면 몇 년이고 자라는 경우가 있기 때문이다.
보 기 글	• 보리와 밀 등 곡물의 싹을 내어 먹을 때는 채소가 될 수 있다.

※ 채집(採集)

본 뜻	채(採)_ 캐거나 따거나 뜯다. 집(集)_ (캐거나 따거나 뜯은 것을) 모으다.
자구 해석	캐거나 따거나 뜯어 모으다.
바 뀐 뜻	널리 찾아서 얻거나 캐거나 잡아 모으다.
보 기 글	• 방학이 되면 곤충채집을 하러 다녔다.

※ 처량(凄凉)

본 뜻	처(凄)_ 으스스하고 음산하다. 나중에 쓸쓸하다는 뜻으로 쓰였다. 량(凉)_ 서늘하다. 나중에는 슬퍼하다는 뜻으로 쓰였다.
자구 해석	으스스하고 서늘하다.

| 바 뀐 뜻 | 거칠고 황폐하여 쓸쓸하다. 또는 마음이 초라하고 구슬프다. |
| 보 기 글 | • 처량한 나그네 신세. |

※ 처리(處理)

본 뜻	처(處)_ (사람이 있거나 사는) 곳. 리(理)_ 바루다, 손질하다, 무늬나 결을 따라 옥을 갈거나 다듬다.
자구 해석	그곳의 무늬나 결을 따라 바루다, 형편을 보아 다스리거나 손질하거나 바루다.
바 뀐 뜻	사무나 사건 따위를 절차에 따라 정리하여 치르거나 마무리를 짓다. 또는 일정한 결과를 얻기 위하여 화학적·물리적 작용을 일으키다.

※ 처분(處分)

본 뜻	처(處)_ (사람이 있거나 사는) 곳. 분(分)_ (칼로) 몇 개의 부분으로 가르다.
자구 해석	그곳의 형편을 보아 몇 개로 나눠 가르다.
바 뀐 뜻	처리하여 치움. 일정한 대상을 어떻게 처리할 것인가에 대하여 지시하거나 결정함. 또는 그런 지시나 결정. 행정·사법 관청이 특별한 사건에 대하여 해당 법규를 적용하는 행위도 뜻한다.

※ 처사(處士)/거사(居士)/선생(先生)

본 뜻 　**처사(處士)_** 중국에서 생겨난 호칭으로, 도덕과 학문이 뛰어나면서도 벼슬을 하지 않는 사람에게 황제나 왕이 내리는 시호.
　거사(居士)_ 사당패에서, 각 종목의 으뜸가는 사람. 또는 출가하지 않고 불교를 공부하는 사람이나 무속인.
　선생(先生)_ 세상을 피하여 숨어 사는 사람. 은사(隱士)들 중에서 조정에서 특별히 가려 붙여주던 호칭이다. 처사와 달리 반드시 도(道)를 닦은 사람에게 내렸다. 후대로 갈수록 벼슬을 한 적이 있어도 선생이란 호칭이 붙는 경우가 생겨나 오늘날 이 세 가지 중에서 가장 좋은 의미로 쓰인다.

바뀐 뜻 　오늘날에는 처사나 거사는 출가는 하지 않지만 불교의 법명(法名)을 가진 남자 신도를 일컫는 말로 쓰인다. 선생은 교사와 교수 등 가르치는 직업을 가진 사람이나 학식과 덕망이 높은 사람을 가리키는 호칭이 되었다. 하지만 방송 리포터들이 무분별하게 사용하면서 앞으로는 낯선 사람에게는 누구나 선생이라는 호칭을 쓰게 될지도 모른다.

보기글 　• 요즈음 처사와 거사로 불리는 사람 중에는 수염을 기르고 뒷머리를 묶은 사람이 많다.
　• 어린 방송 리포터들이 노숙자나 정신이상자 등을 취재할 때 그들에게조차 선생이라고 부르면서, 선생도 이제는 아무에게나 붙이는 호칭으로 전락했다.

※ 처참(悽慘)

본 뜻 　**처(悽)_** 으스스하고 음산하다. 구슬픈 생각이 든다는 뜻으로 변했다.

	참(慘)_ 아프다, 무자비하다.
자구 해석	으스스하고 아프다.
바뀐 뜻	슬프고 참혹하다.
보기글	• 처참한 전장의 모습은 차마 표현할 수가 없다.

❄ 척(隻)

본 뜻	조선시대에 소송 사건의 피고(被告)를 이르는 말. 원고(原告)를 뜻하는 어휘는 원(元)이었다.
바뀐 뜻	대개 원고와 피고가 되면 서로 원한을 품어 반목하기 마련이다. 원은 척을 벌하라고 주문하고, 척은 자신의 무죄를 주장하기 때문이다. 이런 까닭으로 현재는 소송의 피고라는 뜻보다는, 다른 사람과 서로 원한을 품어 미워하거나 대립하게 된다는 의미로 바뀌었다. 주로 '척지다'라는 표현으로 쓰인다.
보기글	• 말로는 척지지 말고 살자지만 실제로는 죄 없는 사람까지 무고하는 사람이 많다.

❄ 척결(剔抉)

본 뜻	척(剔)_ (뼈를) 깎아내다. 결(抉)_ (살을) 도려내다.
자구 해석	상하거나 썩어가는 살을 도려내고 뼈를 긁어내다.
바뀐 뜻	주로 사회에 해악이 될 만한 단체나 사람 또는 일을 찾아내어 그 뿌리부터 없애는 것을 일컫는 말로 널리 쓰인다.

| 보 기 글 | • 부정부패를 척결하는 데 가장 중요한 요인은 부정에 눈을 감지 않으려는 깨어 있는 시민의식입니다. |

❄ 천진난만(天眞爛漫)

| 본 뜻 | 천진(天眞)_ 하늘이 낸 그대로.
난(爛)_ 불꽃이 타오르다.
만(漫)_ 물결이 퍼지다. |
| 자구 해석 | 하늘이 낸 그대로 불꽃이 타오르듯 물결이 퍼지듯 자연스럽다. |

❄ 철옹성(鐵甕城)

본 뜻	무쇠로 만든 독처럼 튼튼하게 둘러쌓은 산성이라는 뜻이다. 실제로 평안남도 맹산군과 함경남도 영흥군 사이에 있는 철옹산에 철옹산성이 있었는데, 깎아지른 듯한 험한 벼랑에 쌓아올린 철옹산성은 마치 무쇠로 만든 독과 같은 견고함을 자랑했다고 한다. 이후 철옹성은 함락시킬 수없는 성을 가리키는 대명사로 불렸다고 한다.
바뀐 뜻	어떤 힘으로도 함락시키거나 무너뜨릴 수 없이 방비나 단결이 견고하고 튼튼한 상태를 가리키는 말이다.
보 기 글	• 아무리 공격해도 철옹성을 함락시킬 수 없었다.

❄ 철저(徹底)

| 본 뜻 | 철(徹)_ 막힌 길 없이 통하다. |

저(底)_ 집 안에서 매우 낮은 곳, 즉 바닥. (사람과 사람 사이에서) 매우 낮다.

자구 해석   막힌 길을 뚫고 바닥까지 다 들추거나 이르다.

바 뀐 뜻   속속들이 꿰뚫어 미치어 밑바닥까지 빈틈이나 부족함이 없다.

❈ **첨단(尖端)**

본 뜻   첨(尖)_ 뾰족하다. 삼각형처럼 위가 좁고 뾰족하다.
　　　　단(端)_ (풀, 나뭇가지 등의) 끝.

자구 해석   풀이 자라는 줄기 끝이나 나무가 자라는 가지의 끝.

바 뀐 뜻   물체의 끝. 시대 사조, 학문, 유행 따위의 맨 앞장.

❈ **첨예(尖銳)**

본 뜻   첨(尖)_ 뾰족하다.
　　　　예(銳)_ 날카롭다.

자구 해석   뾰족하고 날카롭다.

바 뀐 뜻   뾰족하고 날카로워 다치기 쉽고 위험한 상황이다.

❈ **첩경(捷徑)**

본 뜻   첩(捷)_ 도로가 아닌 곳으로 질러가는 길. 지름길이다.
　　　　경(徑)_ 사람이 갈 수 있는 직선도로. 자로 잰 듯 곧게 뻗은 길이다.

자구 해석   질러가는 길과 곧게 뻗은 길. 첩은 크든 작든 오직 길이어야 하고,

경은 논밭이나 강이라도 상관없다.

바뀐 뜻 지름길이다. 무슨 일을 하는 데 가장 쉽고 빠른 방법을 비유적으로 이르는 말이다.

보기글 • 첩경을 지름길이라고 하면 뭔가 빠진 듯하다.

❄ 청렴(淸廉)/염치(廉恥)

본 뜻 청(淸)_ 맑다.
렴(廉)_ 곧다.
치(恥)_ 부끄러워하다.

바뀐 뜻 청렴(淸廉)_ 성품과 행실이 높고 맑으며 탐욕이 없다.
염치(廉恥)_ 체면을 차릴 줄 알며 부끄러움을 아는 마음.

보기글 • 염치가 있으면 저절로 청렴해진다.

❄ 청사(靑史)

본 뜻 종이가 없던 옛날에는 대나무를 여러 쪽으로 가른 조각에 글을 기록했다. 그 대나무가 푸른빛을 띠었으므로 대나무 조각에 사실(史實)을 기록한 데서 유래한 말이다.

자구 해석 대나무 조각에 적은 역사.

바뀐 뜻 역사상의 기록.

보기글 • 네 이름은 청사에 역적으로 기록될 것이다.

※ 청소(淸掃)

| 본 뜻 | 청(淸)_ 맑다, 푸르게 보이는 맑은 물.
소(掃)_ 손에 빗자루를 들고 쓸다.
| 자구 해석 | 맑은 물로 씻고 빗자루로 쓸다.
| 바뀐 뜻 | 더럽거나 어지러운 것을 쓸고 닦아서 깨끗하게 하다.

※ 초대(招待)

| 본 뜻 | 초(招)_ 손짓하여 부르다.
대(待)_ 길에 서서 찾아오는 사람을 모시기(寺) 위해 준비하고 기다리다.
| 자구 해석 | 손짓하여 부르거나 모실 준비를 하고 기다리다.
| 바뀐 뜻 | 어떤 모임에 참가해줄 것을 청하다, 사람을 불러 대접하다.

※ 초미(焦眉)

| 본 뜻 | 눈썹(眉)에 불이 붙다(焦).
| 바뀐 뜻 | 매우 절박하고 숨가쁜 상황을 가리키는 말로 널리 쓰인다.
| 보기 글 | • 아무리 급해도 박힌 가시부터 뽑아야 하듯 친인척 문제는 초미의 관심사가 되었다.

❄ 초상(肖像)

본 뜻   초(肖)_ 닮다, 비슷하다.

상(像)_ (사람 모양을 한) 형상. 원래는 중국 남쪽에 살다 사라진 코끼리를 뜻했다.

자구 해석   사람을 닮은 형상.

바뀐 뜻   원래 입체 형상을 뜻했으나 요즘은 사진, 그림처럼 평면에 나타낸 사람의 얼굴이나 모습을 가리킨다. 초상화(肖像畵)는 사람을 닮은 형상을 그린 그림이다. 초상권(肖像權)은 자기의 초상에 대한 독점권이다. 인격권의 하나로, 자기의 초상이 승낙 없이 전시되거나 게재되었을 경우에는 손해배상을 청구할 수 있다.

보기글   • 사진이 나온 이후로 초상화를 그려두는 사람이 줄었다.

❄ 초월(超越)

본 뜻   초(超)_ 부르는데도 앞으로 뛰어가다.

월(越)_ 뛰어서 펄쩍 넘어가다.

자구 해석   앞으로 뛰어 넘어가다.

바뀐 뜻   어떠한 한계나 표준을 뛰어넘음, 경험이나 인식의 범위를 벗어나 그 바깥 또는 그 위에 위치하는 일.

❄ 초청(招請)

본 뜻   초(招)_ 손짓하여 부르다.

청(請)_ 말로 부탁하다.

| 자구 해석 | 손짓하여 부르거나 와달라고 말로 부탁하다.

❄ 촬영(撮影)

| 본 뜻 | 촬(撮)_ 손가락으로 집다, 요점을 모으다.
영(影)_ 그림자, 그림자에 비친 모양, 렌즈에 비친 모양.
| 자구 해석 | 렌즈에 비친 모양의 요점을 모으다. 촬요(撮要)는 요점을 골라 간추리거나 그런 문서를 뜻한다.
| 바뀐 뜻 | 사람, 사물, 풍경 따위를 사진이나 영화로 찍다. 요점을 모은다는 촬(撮)의 뜻이 영화의 경우에는 플롯과 스토리로 살아 있다.
| 보기글 | • 촬영하려면 영상의 요점이 뭔지 잘 알아야 한다.

❄ 추가(追加)

| 본 뜻 | 추(追)_ (언덕으로 도망치는 적을) 쫓다.
가(加)_ (입으로) 더 힘내라고 말하다.
| 자구 해석 | 도망치는 적을 힘내어 쫓아가다.
| 바뀐 뜻 | 나중에 더 보태다.
| 보기글 | • 삼겹살 1인분 추가해요!

❄ 추억(追憶)

| 본 뜻 | 추(追)_ (언덕으로 도망치는 적을) 쫓다.
억(憶)_ 마음으로 그 뜻을 잊지 않고 생각하다.

자구 해석   그 뜻을 잊지 않고 자꾸 생각하고 그리워하다.

❋ **추장(酋長)**

본 뜻   **추(酋)**_ 오래 묵은 술. 오래 묵은 술은 향기롭고 좋은 술이므로 여기에서 경륜이 풍부한 사람, 즉 우두머리란 뜻이 생겨났다. 몽골에서도 이름 뒤에 '추'가 붙으면 우두머리란 뜻이었다. 칭기즈 칸의 친구 보르추, 무당 쾨쾨추 같은 경우다.
장(長)_ 길다. 그중에서도 나이(年)가 길다는 뜻으로, 곧 연장자를 뜻한다. 원래 장(長)은 머리카락이 길다는 뜻이다.

자구 해석   마을 사람 중에서 경험과 나이가 가장 많은 사람.
추장(酋長)은 여진족들이 마을 족장을 일컫던 말이다. 흔히 '추장' 하면 아프리카에 있는 것으로 여기는데, 이 말의 원조는 만주에 사는 여진족들이다.

바뀐 뜻   요즘에는 아프리카 등 부족들이 사는 마을의 촌장만을 한정해서 쓰는 경향이 있다. 여진족이나 몽골족 같은 경우도 추장이라는 말 대신 부족장이라고 표현하는 경우가 더 많다.

보기 글   • 동북면 1도는 원래 왕업을 처음으로 일으킨 땅으로서 위엄을 두려워하고 은덕을 생각한 지 오래되어, 야인의 추장(酋長)이 먼 데서 오고…….《태조실록》 권8, 태조 4년 12월 계묘)

❋ **추진(推進)**

본 뜻   **추(推)**_ (손으로) 밀다.
진(進)_ (새가 앞으로만) 나아가다.

| 자구 해석 | 밀고 나아가다. |

❋ 추첨(抽籤)

| 본 뜻 | 추(抽)_ 뽑다, 빼다.
첨(籤)_ 제비. 점사(占辭)가 적힌 산목이나 산가지다. |
| 자구 해석 | 제비를 뽑다. 즉 산통(算筒)에서 산목이나 산가지를 하나 뽑아들어 점을 치는 행위다. 고대 왕조에서는 중요한 사안을 결정할 때에 추첨을 해서 결정했다. |
| 바뀐 뜻 | 오늘날에는 단순한 제비뽑기를 가리키는 말이 되었다. |
| 보기글 | • 아파트 분양권 추첨.
• 제비는 조(鳥)인가, 추(隹)인가? |

❋ 추출(抽出)

| 본 뜻 | 추(抽)_ 뽑아내다.
출(出)_ 짜내다, 꺼내다. |
자구 해석	뽑아 짜내다.
바뀐 뜻	물건, 생각, 요소 따위를 뽑아내다. 수학, 화학, 의학, 인터넷, 학술 분야에서 자주 쓰이는 어휘다.
보기글	• 목이버섯에서 비타민 D를 추출해냈다.

※ 추측(推測)

| 본 뜻 | 추(推)_ (손으로) 밀다.
측(測)_ (큰물이 나지 않을까 걱정되어 물의) 수량을 살피고 헤아리다.
| 자구 해석 | 미루어 살피고 헤아리다.

※ 추파(秋波)

| 본 뜻 | 맑은 가을(秋)의 아름다운 물결(波). 여인의 눈빛이 이와 같다 해서, 여인이 남성을 유혹하기 위해 던지는 눈짓을 뜻한다.
| 바뀐 뜻 | 요즘은 딱히 여자가 남자에게 던지는 눈길만이 아니라, 상대방의 환심을 사려고 아첨하는 태도나 기색을 뜻하기도 한다.
| 보기글 | • 그에게는 추파를 던져주는 여자가 없다.

※ 축하(祝賀)

| 본 뜻 | 축(祝)_ (신명이나 하늘 등에게) 빌다. 즉 소원이다.
하(賀)_ 돈이나 돈이 되는 물건을 주다.
| 자구 해석 | (조상이나 귀신에게 제사를 지낼 때처럼) 잘되라고 좋은 말을 해주고, 돈이나 돈이 되는 물건을 주다.
| 바뀐 뜻 | 요즘은 잘되라는 특별한 말을 하지 않고 단지 '축하한다'고 말로만 한다. 그러나 그건 축하하는 게 아니다. 예를 들어 결혼을 축하하는 경우라면 "앞으로 행복하고 부자가 되기를 바랍니다."라는 인사와 함께 부의금을 내야 말뜻에 들어맞는다.
| 보기글 | • 축하한다는 말만 하면 그건 축하하는 게 아니다.

※ 출몰(出沒)

| 본 뜻 | 출(出)_ 나오다, 나타나다.
몰(沒)_ 사라지다, 없어지다. |
자구 해석	나타났다가 사라지고, 사라졌다가 다시 나타나다.
바뀐 뜻	어떤 현상이나 대상이 나타났다 사라졌다 하다.
보기 글	• 멧돼지가 식당에 들어왔다가 잡혀도 기사에는 '멧돼지 출몰'이라고 나온다. 우리 한자어를 모르기 때문이다.

※ 출신(出身)

본 뜻	조선시대에 벼슬길에 처음 나서는 사람. 또는 과거시험에서 문무과나 잡과 합격자를 가리킨다. 아직 벼슬에 나아가지 못한 사람이다. 특히 무과에 합격하고도 벼슬을 얻지 못한 사람은 선달(先達)이라고 달리 불렀다.
자구 해석	과거 합격자.
바뀐 뜻	사회적 이력을 말하는 어휘로 자리를 잡았지만 선달은 사라졌다.
보기 글	• 옛날이든 지금이든 출신이 성공의 반은 차지한다.

※ 출현(出現)

| 본 뜻 | 출(出)_ (집에서) 나오다, 짜내다, 꺼내다.
현(現)_ (옥이 흙에 묻혀 있다가) 나타나다. |
| 자구 해석 | 옥을 캐내듯이 갑자기 나타나다. |

| 바 뀐 뜻 | 나타나거나 또는 나타나서 보이다. 행성이나 위성에 가려졌던 천체가 다시 나타나다. |
| 보 기 글 | • 범인이 오늘 오후 5시, 종로 지하철역에 출현했다. |

※ 충격(衝擊)

본 뜻	충(衝)_ 사거리에서 큰 차들이 부딪다. 격(擊)_ (포와 칼, 창 등으로) 쳐서 부딪다.
자구 해석	큰 것과 작은 것이 서로 부딪치다.
바 뀐 뜻	물체에 급격히 가하여지는 힘. 슬픈 일이나 뜻밖의 사건 따위로 마음에 받은 심한 자극이나 영향. 사람의 마음에 심한 자극으로 흥분을 일으키는 일.

※ 충고(忠告)

본 뜻	충(忠)_ 신하로서 왕이나 제후를 잘 따르다, 잘 섬기다. 고(告)_ (소를 제물로 바치고 조상신에게) 말을 아뢰다.
자구 해석	섬기는 마음으로 말을 아뢰다. 아랫사람이 웃사람에게 올리는 말이다.
바 뀐 뜻	남의 결함이나 잘못을 진심으로 타이름. 또는 그런 말. 주로 윗사람이 아랫사람에게 하는 말이다.
보 기 글	• 충고에는 반드시 진심이 담겨야 한다.

※ 충돌(衝突)

| 본 뜻 | 충(衝)_ 사거리에서 큰 차들이 부딪다.
돌(突)_ (개가 구멍에서) 갑자기 튀어나오다. |
| 자구 해석 | 갑자기 튀어나와 크게 부딪치다. |

※ 취소(取消)

| 본 뜻 | 취(取)_ (적군의 귀를 잘라서 내가) 갖다.
소(消)_ (불을) 끄다, 사라지다. |
| 자구 해석 | (주려던 것을) 도로 가져오고 불을 꺼버리다. |
| 바뀐 뜻 | 발표한 의사를 거두어들이거나 예정된 일을 없애버림. 일단 유효하게 성립한 법률 행위의 효력을 소급하여 소멸하는 의사 표시. |

※ 취재(取材)

본 뜻	조선시대 예조에서 주관하는 과거시험과 달리 이조, 병조, 예조에서 실시한 낮은 단계의 시험.
자구 해석	육조(六曹)에서 치르는 승진 시험이다. 선발 시험뿐만 아니라 특정 관직의 후보가 될 수 있는 자격을 주거나 관직을 주는 시험으로, 승급이나 기술 연마를 장려하기 위해 시행되었다. 그러나 15세기 후반 이후로 관직이 부족하고 인사가 적체되자 사실상 녹봉 지급자를 선정하는 방식으로 바뀌었다. 취재는 16세기 이후 없어졌다.
바뀐 뜻	언론 기사나 작품의 재료를 얻다.
보기글	• 시험 보듯이 취재한다면 오보(誤報)가 덜 나겠지.

❋ 측근(側近)

본 뜻 측(側)_ 곁, 옆구리.
근(近)_ 가까이. 옆구리보다는 멀지만 대화할 수 있을 정도로 가깝다.

자구 해석 곁에 있는 사람과 가까이 있는 사람이다. 이를테면 비·빈·첩 등은 측(側)이고, 호위병·내시·승지 등은 근(近)이다.

바뀐 뜻 곁의 가까운 곳. 왕이나 권력자 또는 특정인의 곁에서 가까이 모시는 사람을 뜻하기도 한다

보기글
- 역대 대통령은 누구나 측근 정치에 휘말렸다.
- 대통령 측근 중에서 감옥에 가지 않은 사람이 거의 없다.

❋ 치료(治療)/의료(醫療)

본 뜻 치(治)_ (병이나 상처를 보살펴서) 고치다, (어지러운 사태를 수습하여) 바로잡다.
료(療)_ 병을 고치다.
의(醫)_ (의원이 약을 써서) 치료하다.
의(毉)_ (무당이 굿을 해서) 치료하다.

바뀐 뜻 치료(治療)_ 병이나 상처 따위를 잘 다스려 낫게 하다. 크고 작은 질병에 모두 쓰는 말이다.
의료(醫療)_ 의술로 병을 고치다. 의사가 하는 행위로 한정한다.

보기글
- 옛날에는 무당이 치료를 하기도 했다.

※ **치매(癡呆)**

| 본 뜻 | 치(癡)_ 의심이(疑) 너무 많아 생긴 병(疒)이다. 즉 뇌 신경세포가 죽거나 줄어들어 지능, 의지, 기억 따위가 지속적·본질적으로 상실되는 병. 癡의 속자(俗字)인 痴는 이런 증세를 더 확실히 표현하기 위해 만든 글자다.
매(呆)_ 나무를 깎아 만든 인형이다. 나무로 만든 장승처럼, 비록 사람 형상은 하고 있지만 막상 말을 하지도 듣지도 못하는 상태다. |
| --- | --- |
| 바뀐 뜻 | 알츠하이머 치매나 혈관성 치매. 일본 한자어다. 치(癡)는 사실상 경도인지장애에 속하므로 치매라고 뭉뚱그리기에는 적절하지 않다. |
| 보기글 | • 치매 환자가 되면 자기가 누구인지 모를 뿐만 아니라 가족조차 알아보지 못한다. |

※ **치아(齒牙)**

| 본 뜻 | 치(齒)_ 보통니.
아(牙)_ 어금니. |
| --- | --- |
| 바뀐 뜻 | 이를 점잖게 이르는 말. |
| 보기글 | • 치아가 튼튼해야 미각(味覺)이 발달한다. |

※ **친절(親切)**

| 본 뜻 | 친(親)_ (나무를) 가까이서 살펴보다. 또는 그런 대상. 가족.
절(切)_ (칼로) 끊다, 나무를 위해 잘 다듬다. |
| --- | --- |
| 자구 해석 | 가족처럼 여겨 매우 정성스럽게 살피다. 일본에서는, 지켜야 할 가 |

족을 위해 자신의 목을 벤다는 뜻이다.

바뀐 뜻 대하는 태도가 매우 정겹고 고분고분함. 또는 그런 태도.

※ **친척(親戚)**

본 뜻 친(親)_ 가까이 보살펴야 할 아버지쪽 가족.
척(戚)_ 어머니쪽 가족.
자구 해석 아버지쪽 가족과 어머니쪽 가족. 범위는 민법(民法)으로 정한다.

※ **침략(侵略)**

본 뜻 침(侵)_ 쳐들어오다.
략(略)_ 빼앗다.
자구 해석 쳐들어와 빼앗아가다.
바뀐 뜻 정당한 이유 없이 남의 나라에 쳐들어가 주권을 빼앗다. 단순히 쳐들어가 약탈만 하는 것은 침략(侵掠)이라고 한다.
보 기 글 • 일본은 두 번씩이나 우리나라를 침략했지만 우리나라는 아직도 일본을 응징하지 못하고 있다.

※ **침묵(沈默)**

본 뜻 침(沈)_ 물에 잠기다.
묵(默)_ (개는 말을 할 줄 몰라서 할 말이 있어도 입 다물고) 잠잠하게 있다.
자구 해석 물에 잠긴 듯 잠잠하다.

| 바뀐 뜻 | 아무 말도 없이 잠잠히 있다, 정적이 흐르다. 또는 어떤 일에 대하여 그 내용을 밝히지 아니하거나 비밀을 지키는 것을 뜻한다. |

❉ 침투(浸透)

본 뜻	침(浸)_ (물에) 잠기다, 스며들다, 배어들다. 투(透)_ 지나가다, 뛰어넘다.
자구 해석	스며들어 다 적시고 지나가다.
바뀐 뜻	액체 따위가 스며들거나 배다. 세균이나 병균 따위가 몸속에 들어오거나, 어떤 사상·현상·정책 따위가 깊이 스며들어 퍼지거나, 어떤 곳에 몰래 숨어드는 것을 나타내기도 한다.
보 기 글	• 공산주의 사상이 침투하면서 독립군 내부에 분열이 생겼다.

❉ 칭찬(稱讚)

본 뜻	칭(稱)_ 다른 사람을 기리는 말. 찬(讚)_ 다른 사람을 기리는 글.
자구 해석	기리는 말과 글.
바뀐 뜻	좋은 점이나 착하고 훌륭한 일을 높이 평가하다. 오늘날에는 칭과 찬이 따로 쓰이는 일은 없다.
보 기 글	• 말로 칭찬하는 것보다는 표창장, 감사장처럼 글로 적어주는 게 더 기분 좋다.

※ 탄핵(彈劾)

본 뜻 　**탄(彈)**_ 손가락으로 활을 튕겨내어 목표물을 맞히다.
핵(劾)_ (관리의 죄를) 캐묻다. 콩과 식물의 꼬투리가 익으면 손가락만 살짝 대도 속에 있던 콩알이 톡톡 튀어나오는데, 이처럼 죄가 콩알처럼 톡 튀어나오는 것을 가리킨다. 또는 제물로 올린 돼지의 머리와 발을 자른 것을 뜻한다.

자구 해석 　죄를 캐물어 튕겨내거나 잘라내다. 조선시대까지는 주로 관리들이 죄를 지었을 때 죄상을 들어 몰아낸다는 뜻으로 사용되었다.

바뀐 뜻 　죄상을 들어서 책망한다는 본뜻은 변함이 없지만, 법률적으로 보통의 절차에 의한 파면이 곤란하거나 검찰에 의한 소추(訴追)가 사실상 곤란한 대통령·국무위원·법관 등을 국회에서 소추하여 해임 또는 처벌하는 일을 가리킨다. 따라서 일반 공무원이 죄를 지었을 때는 파면 또는 해임이라고 하지 탄핵이라고 쓰지는 않는다.

보기글
- 노무현 대통령은 헌정사상 최초로 사전적 의미의 탄핵을 당했으나 법률적으로 구제되었다. 법률적으로 탄핵이 완성된 사람은 박근혜 대통령뿐이다.

421

※ 탐닉(耽溺)

| 본 뜻 | 탐(耽)_ (물에 빠져 손만 남기도 몸이) 가라앉다, 잠기다.
닉(溺)_ (물에 빠진 뒤 지쳐) 허우적거리다.
| 자구 해석 | 물에 빠져 가라앉으며 허우적거리다.
| 바뀐 뜻 | 물에 빠져 허우적거리듯 어떤 일에 빠지다.

※ 태동(胎動)

| 본 뜻 | 어머니의 자궁에서 태아가 하는 운동이다.
| 바뀐 뜻 | 어떤 사물이나 현상이 생기려고 그 기운이 싹트기 시작하는 것을 가리키는 사회 문화적 용어로 널리 쓰인다.
| 보 기 글 | • 자유민주주의의 태동은 시민의식의 성숙과 더불어 시작되었다.

※ 토론(討論)

| 본 뜻 | 토(討)_ 잘못한 사람을 붙잡아(寸은 又, 즉 손) 그 잘못된 점을 말(言)로 따지다.
론(論)_ 둘둘 말아둔 죽간(侖; 종이가 나오기 전 대나무 조각에 적은 책)처럼 조리 있게 말하다.
| 자구 해석 | 잘못을 지적하면서 조리 있게 말하다.
| 바뀐 뜻 | 어떤 문제에 대하여 여러 사람이 각각 의견을 말하며 논의하다.
| 보 기 글 | • 공청회를 열어 각계각층의 토론을 거쳐 의견을 수렴할 예정이다.

※ 토벌(討伐)→정벌(征伐)→전쟁(戰爭)/전투(戰鬪)/전란(戰亂)

본 뜻 토(討)_ 꾸짖다.
벌(伐)_ 치다, 공격하다.

자구 해석 꾸짖어가며 치다. 옛날 전쟁을 일으킬 때는 이처럼 싸워야 하는 명분을 반드시 내걸었다.

바 뀐 뜻 무력으로 쳐 없애는 것으로, 법과 도덕에서 우위에 있을 때 사용이 가능하다.

보 기 글 • 공비 토벌.

※ 통제(統制)

본 뜻 통(統)_ 실을 한 손에 다 움켜쥐다.
제(制)_ (가죽이나 베를 칼로) 자르다, 마름하다.

자구 해석 다 움켜쥐고 재거나 잘라 마름하다.

바 뀐 뜻 뜻이 완전히 변했다. 일정한 방침이나 목적에 따라 행위를 제한하거나 제약하다. 권력으로 언론과 경제활동 따위에 제한을 가하다.

보 기 글 • 청와대 앞길은 경찰이 늘 통제한다.

※ 퇴고(推敲)

본 뜻 퇴(推)_ 밀다.
고(敲)_ 두드리다.

자구 해석 두드리다로 쓸까, 밀다로 쓸까 고민하다.
중국 당나라의 시인 가도(賈島)가 말을 타고 가면서 시상(詩想)를 가

다듬는 중에, '달빛 아래 스님이 문을 민다(僧推月下門)'는 시구가 떠올랐다. 가도는 '문을 민다'는 뜻의 '밀 퇴(推)'를 '문을 두드린다'는 뜻의 '두드릴 고(敲)'로 바꿀까 말까 고심하던 중에 당대의 문장가 한유(韓愈)를 만났다. 가도가 한유의 의견을 묻자, 한유는 한참을 생각하다가 '두드릴 고'를 쓰는 것이 좋겠다고 말했다. 이 일이 있은 후부터 지은 글을 고치는 것을 퇴고(推敲)라고 하였다.

바뀐 뜻 글을 지을 때 시구를 여러 번 생각해서 자꾸 다듬고 고치다.

보기글 • 퇴고는 문장가들이나 하고 대개는 맞춤법이나 틀리지 않으면 다행이다.

※ 퇴짜(退字)

본 뜻 '퇴(退)'라는 글자(字)를 쓰거나, '퇴'자를 새긴 도장을 찍다. 조선시대에는 조정으로 올려보내는 물건들을 일일이 점고했다. 이때 물건의 질이 낮아 도저히 위로 올려보낼 수 없으면 그 물건에 '退'자 도장을 찍거나 써서 다시 물리게 했다. 그렇게 해서 돌려보낸 물건을 가리켜 '퇴자 놓았다'고 했다.

바뀐 뜻 오늘날에 와서는 어느 정도 수준에 이르지 못하거나 마음에 안 들어서 거부당하는 것을 일컫는 말로서, 사람이나 물건에 두루 쓰인다. 물리치는 쪽에서는 '퇴짜 놓다', 물리침을 당하는 쪽에서는 '퇴짜 맞다'라고 한다.

보기글 • 오늘 선본 아가씨가 참 마음에 들었는데 그만 퇴짜를 맞았다.

※ 투기(妬忌)/시기(猜忌)/질투(嫉妬)

본 뜻 투(妬)_ 시샘하다.

	기(忌)_ 꺼리다, 미워하다.
	시(猜)_ 시샘하다, 원망하다.
	질(嫉)_ 미워하다.
바뀐 뜻	투기(妬忌)_ 시샘이다.
	시기(猜忌)_ 남이 잘되는 것을 미워하다.
	질투(嫉妬)_ 우월한 사람을 시기하고 증오함. 또는 그런 일.
보 기 글	• 투기, 시기, 질투, 이 얼마나 순수한 인간의 감정이냐.

❊ 투기(投棄)/투기(投機)

본 뜻	투(投)_ 던지다.
	기(棄)_ (죽은 아이를 키에 담아) 내다버리다.
	기(機)_ 형세, 추세, 조짐, 전조.
바뀐 뜻	투기(投棄)_ 내던져버리다.
	투기(投機)_ 기회를 틈타 큰 이익을 보려 하다. 또는 그러한 일. 시세 변동을 예상하고 차익을 얻고자 하는 매매 거래를 의미한다. 불교에서는 끝까지 크게 깨달아 붓다의 심기(心機)에 합하는 것을 가리키기도 한다.
보 기 글	• 쓰레기 투기란 말처럼 멋없는 말도 드물 것이다.

❊ 투쟁(鬪爭)

본 뜻	투(鬪)_ 서로 주먹으로 싸우다.
	쟁(爭)_ 서로 물건을 차지하려고 다투다.
자구 해석	주먹질하며 싸우거나 물건을 서로 차지하려고 다투다.

❄ 투철(透徹)

본 뜻	투(透)_ 곧장 지나가다. 철(徹)_ 뚫고 지나가다.
자구 해석	곧장 뚫고 지나가다.
바뀐 뜻	사리에 밝고 정확하다. 속속들이 뚜렷하고 철저하다.
보기글	• 투철한 사명감으로 맡은 바 임무를 성실히 수행했다.

❄ 특종(特種)

본 뜻	특(特)_ 소 중에서도 제사 때 희생으로 쓸 세 살이나 네 살짜리 수소. 종(種)_ 식물에서 특이한 것, 즉 종자. 새로 심을 볍씨(禾)는 무거운(重) 것으로 쓴다는 데서 나온 말이다.
자구 해석	제사에 쓸 희생과 농사에 쓸 종자.
바뀐 뜻	매우 특별한 것을 통칭한다. '특히' '특별하다'란 말이 여기서 나왔다. 요즘에는 기자들이 다른 매체에 앞서 큰 뉴스를 발굴하는 것을 특종했다고 말한다.
보기글	• 특종에 혈안이 되어 오보를 내는 기자가 많다.

※ 파경(破鏡)

본 뜻 거울을 깨뜨리다.

진나라가 수나라한테 망할 즈음의 일이다. 진나라의 관리였던 서덕언(徐德言)이 헤어지게 될 아내에게 두 쪽으로 깨뜨린 거울의 한쪽을 주며 말했다.

"수나라가 쳐들어오면 우린 필시 헤어지게 될 터이니 우리 서로 이 깨진 거울을 증표로 가집시다. 내년 정월 대보름에 장안의 길거리에 내다 팔면 기필코 내가 그대를 만나러 가리다."

이듬해 정월 대보름날, 서덕언은 장안에서 어떤 노파가 깨진 거울을 팔고 있는 것을 보았다. 서덕언이 품에 품고 있는 거울 반쪽을 맞춰보니 딱 들어맞았다. 그는 깨진 거울의 뒷면에 자신의 심경을 시로 적어 그 노파 편에 보냈다. 이 무렵 그의 아내는 수나라의 노예가 되어 성밖으로 나올 수 없는 처지였다. 이 애틋한 소식을 들은 수나라의 귀족이 이 여인을 풀어주어 두 사람은 마침내 재결합했다. 이처럼 파경은 헤어질 때 다시 만날 것을 언약하는 징표였다.

바뀐 뜻 오늘날에는 본뜻과는 정반대로 부부의 금실이 좋지 않아 이별하게 되는 일, 즉 이혼을 뜻하는 말로 쓰인다.

보기 글 • 파경이 진실한 사랑 이야기에서 나온 말이라니.

※ 파괴(破壞)

본 뜻　파(破)_ (돌을) 깨뜨리다.
　　　　괴(壞)_ 땅이 꺼지다. (집이나 건물이) 허물어져 내려앉다.
자구 해석　(돌이) 깨지고 (건물이) 허물어지다.

※ 파국(破局)

본 뜻　연극에서 쓰는 용어로, 비극적인 종말을 이루는 부분이다.
바 뀐 뜻　일이 좋지 않게 끝났을 때나 일이 결판나는 국면이다.
보 기 글　• 집권하자마자 측근 비리로 파국을 맞았다.

※ 파도(波濤)/풍랑(風浪)/너울/해일(海溢)

본 뜻　파(波)_ 솟구치는 물.
　　　　도(濤)_ 넘치는 물. 바위나 다리, 벽을 뛰어넘어 땅으로 쳐들어오는 물이다.
자구 해석　솟구치거나 넘치는 물.
바 뀐 뜻　바다에 이는 큰 물결을 가리킨다. 사회적 운동이나 현상이 일어나는 것을 가리키기도 한다. 오늘날 기상학에서는 더 구체적인 기준으로 파도를 다음과 같이 구분한다.
　　　　풍랑(風浪)_ 지역적인 저기압과 태풍 중심 등에서 생기는 파도다. 파도 주기가 짧고, 파도 끝이 뾰족하며 규칙적이다.
　　　　너울_ 저기압이나 태풍으로 먼바다에서 생겨 다가오는 것으로, 높이는 그리 높지 않지만 풍랑보다 주기가 훨씬 길어 매우 멀리 영향을 미치는 파도다. 3000~7000킬로미터까지 퍼져 있는 장거리 파도다. 같은 높이의 파도와 비교할 때 수십 배의 위력이 있다.

해일(海溢)_ 해저의 지각 변동이나 해상의 기상 변화에 의하여 갑자기 바닷물이 크게 일어서 육지로 넘쳐 들어오는 파도다. 특히 지진이나 바닷속 화산이 터져 해수면이 높아져 일어나는 해일을 지진해일이라고 한다. 2004년에 인도네시아 수마트라섬에서는 지진해일이 일어 30미터가 넘는 높은 파도가 해안을 휩쓸어 30만 명이 희생되었다. 달리 쓰나미라는 표현을 많이 쓰는데, 일본어 '津波(つなみ)'에서 온 말이다.

| 보 기 글 | • 도(濤)는 물이 넘치는 걸 가리키고, 파(波)는 물결이 크게 솟구치는 걸 가리킨다. 파보다 더 크면 쓰나미, 즉 해일이다. |

❈ 파악(把握)

본 뜻	파(把)_ 손으로 잡다. 악(握)_ 손으로 쥐다.
자구 해석	손으로 잡거나 쥐다.
바 뀐 뜻	어떤 대상의 내용이나 본질을 확실하게 이해하여 알다.
보 기 글	• 글을 읽으면 먼저 주제를 파악해야 한다.

❈ 파천황(破天荒)

| 본 뜻 | 천지가 아직 열리지 않은 때의 혼돈 상태를 천황(天荒)이라고 한다. 그러므로 파천황은 혼돈 상태를 깨뜨리고(破) 새로운 세상을 만든다는 뜻이다. |

자구 해석	부서진 하늘과 메마른 땅.
바뀐 뜻	전에는 아무도 한 적이 없는 큰일을 처음 시작하다. 비슷한 말로는 미증유(未曾有), 전대미문(前代未聞) 등이 있다.
보 기 글	• 문학작품 말고는 파천황이라는 말을 보기가 어렵다.

❅ 파행(跛行)

본 뜻	파(跛)_ 절뚝거리다. 행(行)_ 가다.
자구 해석	절뚝거리며 걷다. 두 다리로 온전히 걷지 못하고 절뚝거리며 걸어가는 것을 이르는 말이다.
바뀐 뜻	어떤 일이 순조롭고 원만하게 진행되지 않고 균형이 깨어진 상태로 진행되는 것을 일컫는다.
보 기 글	• 여소야대 정국에서 국정은 파행할 수밖에 없다.

❅ 판(版)/쇄(刷)

본 뜻	판(版)_ 인쇄에서 내용을 크게 수정하거나 증보해서 다시 찍을 때 사용하는 인쇄판(또는 인쇄 필름)이다. 내용이 달라지는 게 특징이다. 쇄(刷)_ 내용에 큰 변동 없이 같은 인쇄판으로 다시 찍을 때 사용하는 인쇄 용어. 내용이 달라지지 않은 상태에서 복제하다.
바뀐 뜻	제3판 4쇄라고 할 때, 세 번째 인쇄판을 바꾸었으며, 세 번째 인쇄판으로 네 번 찍었다는 뜻이다. 2000년대 이후 기술 발달로 인쇄판이 없어지면서 판을 따지는 기준이 '새로 편집했거나 증보했을 경우'

로 달라지고 있다. 현재의 인쇄 기술로는 인쇄 때마다 내용 수정이 가능하므로, 이렇게 되면 인쇄할 때마다 판이 달라지는 수가 있다. 아마도 판은, 단순 수정을 넘어 편집을 새로 하거나 대규모 증보했을 경우에 쓰이는 말로 바뀔 전망이다.

보기글
- 2판 3쇄.

❈ 판결(判決)

본 뜻 판(判)_ (칼로 쪼개고 갈라 그 이유를) 밝히다.
결(決)_ 물꼬를 터서 물이 흐르게 하다.

자구 해석 쪼개고 갈라 이유를 밝히고, 물꼬를 터 물이 흐르게 하다.

바뀐 뜻 시비나 선악을 판단하여 결정하다. 법원이 변론을 거쳐 소송 사건에 대하여 판단하고 결정하는 재판을 하다.

보기글
- 법관은 법과 양심에 따라 판결해야 한다.

❈ 판단(判斷)

본 뜻 판(判)_ (칼로 쪼개고 갈라 그 이유를) 밝히다.
단(斷)_ (도끼로) 쪼개다.

자구 해석 칼이나 도끼 등으로 쪼개고 가르다.

바뀐 뜻 사물을 인식하여 논리나 기준 등에 따라 판정을 내리다. 어떤 대상에 대하여 무슨 일인가를 판정하다.

보기글
- 지도자는 판단 능력이 뛰어나야 한다.

※ **판도(版圖)**

본 뜻	판(版)_ 호적을 새겨넣은 나뭇조각. 도(圖)_ 지도(地圖), 곧 토지 문서.
자구 해석	호적과 토지 문서. 어디는 누구 땅이고, 어디는 누구 땅인가 구분하는 것이다.
바뀐 뜻	영토, 지역, 범위.
보기글	• 조선의 판도는 북쪽으로는 두만강, 남쪽으로는 제주도에 이른다.

※ **판매(販賣)**

본 뜻	판(販)_ 물건을 사들인 다음 되팔아(轉賣) 이익을 얻는 일. 매(賣)_ 팔다.
자구 해석	물건을 사고팔아 이익을 얻다.
바뀐 뜻	상품 따위를 사다가 이윤을 붙여 되팔다.
보기글	• 허가받지 않은 상품의 판매를 금지한다.

※ **팔등신(八等身)→등신(等神)**

본 뜻	키가 얼굴 길이의 여덟 배가 되는 몸이나 그런 사람. 팔두신(八頭身)이라고도 한다. 인체를 황금분할하면 배꼽이 중심점이 되고, 상반신을 황금분할하면 어깨선이 중심이 되며 하반신은 무릎이 중심이 된다. 어깨 위를 다시 황금분할하면 코가 그 중심이 된다. 이러한 비율이 알맞을 때 가장 무난한 아름다움을 지니게 된다는 것이다. 그리스 밀로섬에서 발견된 비너스상은 이 황금분할에 맞는 신체 조

|바 뀐 뜻| 뜻이 변하지는 않았다. 하지만 한국인은 아직 초식성이라서 창자가 길고, 그러기 때문에 육류를 많이 먹는 서양인에 비해 몸통이 길어서 팔등신 몸매를 갖기 어렵다.

|보 기 글| • 성형외과 전문의에 따르면 요즈음 젊은 세대 중에서는 팔등신이 자주 발견된다고 한다.

건을 갖춘 것으로 평가받으며, 팔등신의 전형으로 손꼽힌다.

※ **패설(稗說)**

|본 뜻| **패(稗)**_ 논에서 자라는 피.
설(說)_ 이야기.

|자구 해석| 쓸데없는 이야기. 벼농사를 짓는 농부들이 논에 난 피를 보는 대로 뽑아버리는 것처럼 쓸모없는 이야기라는 뜻이다. 흔히 잡문(雜文)이다.

|바 뀐 뜻| 세상에 떠돌아다니는 교훈적이고 세속적인 기이한 내용의 이야기를 가리키는 말이다. 민간에 떠도는 이야기를 주제로 한 소설인 패관소설(稗官小說)을 줄여 패설이라고도 한다.

|보 기 글| • 옛날에는 소설을 아주 천한 일로 여겼다는 것이 패설이라는 명칭에서 드러난다.

※ **편의(便宜)**

|본 뜻| **편(便)**_ 편지, (글이나 소식을 전해 보내는 데 이용하다 보니) 이용하기 쉽다.
의(宜)_ (도리나 형편에) 마땅하다.

433

| 자구 해석 | 이용하기 쉽고 형편에 마땅하다.

※ 편집(偏執)

| 본 뜻 | 편(偏)_ 한쪽으로 치우치다.
집(執)_ 수갑을 채우고 무릎을 꿇려 꼼짝 못하게 하다, 고집부리다.
| 자구 해석 | 생각이 치우치고 자기 생각대로 고집하다.
| 바 뀐 뜻 | 뜻이 바뀐 것은 아니다. 다만 편집증(偏執症; paranoia)이라는 질병을 말할 때 흔히 편집(編輯)으로 오해하는 경우가 많아 여기에 싣는다.
| 보 기 글 | • 그 아가씨는 미모는 돋보이는데 편집증(偏執症)이 있어 마음에 걸린다.

※ 편집(編輯)

| 본 뜻 | 편(編)_ 엮다, (얽어) 짜다.
집(輯)_ 모으다.
| 자구 해석 | 모아서 엮다.
| 바 뀐 뜻 | 일정한 방침 아래 여러 가지 재료를 모아 신문, 잡지, 책 따위를 만들거나 영화 필름, 녹음 테이프, 문서 따위를 하나의 작품으로 완성하는 일이다.
| 보 기 글 | • 그 여자는 10년간 잡지 편집을 했다.

※ 평등(平等)

| 본 뜻 | 평(平)_ (높이가 다르지 않고) 똑같다, 평평하다.

	등(等)_ (품질, 크기, 수량 등이 다르지 않고) 똑같다, 가지런하다.
자구 해석	높낮이가 고르고 크기가 같고 무게가 똑같다.
	평등(平等)은 산스크리트어 '사마냐(samanya)'를 한자로 옮긴 것이다. 붓다는 '모든 법의 평등한 진리를 깨달아 아는 이'라는 뜻으로 평등각(平等覺)이라고 하는가 하면, 염라대왕은 '사람을 차별 없이 재판하여 상과 벌을 공평하게 주는 왕'이라는 뜻으로 평등왕(平等王)이라고 부르기도 한다. 이처럼 불교의 평등이라는 말은 만법의 근본이나 세상 모든 만물의 본성은 차별 없이 고르고 한결같다는 뜻이다.
바 뀐 뜻	근대 일본인들이 영어의 이퀄리티(equality)를 일본어로 번역할 때 불교용어인 평등을 그대로 가져다 쓰면서, 이 말이 정치·사회 용어로 바뀌었다.
보 기 글	• 일단 깨달은 사람만이 평등할 수 있단 말인가?

※ 평정(平定)

본 뜻	평(平)_ (평평하게) 다스리다. 정(定)_ 고요하다.
자구 해석	고요하게 다스리다.
바 뀐 뜻	반란이나 소요를 누르고 평온하게 진정하거나 적을 쳐서 자기에게 예속시키다.
보 기 글	• 김 장관은 시위대를 평정하는 것이 우선이라고 말했다.

※ 폐기(廢棄)

| 본 뜻 | 폐(廢)_ 못 쓰다, 부서지다.
기(棄)_ 내다버리다.
| --- | --- |
자구 해석	부서져 내다버리다, 부서뜨려 내다버리다.
바뀐 뜻	못 쓰게 된 것을 버리다. 조약, 법령, 약속 따위를 무효로 하는 것도 폐기라고 한다.
보 기 글	• 이 법안은 회기를 지나 자동 폐기되었다.

※ 폐쇄(閉鎖)

| 본 뜻 | 폐(閉)_ 문을 닫다.
쇄(鎖)_ 열쇠를 걸어 잠그다.
| --- | --- |
| 자구 해석 | 문을 닫고 열쇠를 걸어 잠그다. |
| 바뀐 뜻 | 회사나 사무실, 기구 등을 문 닫거나 해산시키고 그 기능을 없애버리다. |

※ 폐지(廢止)

| 본 뜻 | 폐(廢)_ 못 쓰다, 부서지다.
지(止)_ 그치다, 멈추다.
| --- | --- |
| 자구 해석 | 부서지거나 부서뜨려 멈추거나 그치다. |

※ 포기(抛棄)

본 뜻 포(抛)_ 팔로 힘껏 던지다.
기(棄)_ (죽은 아이를 키에 담아) 내다버리다.

자구 해석 힘껏 던져버리다.

바뀐 뜻 하려던 일을 도중에 그만둬버림. 자기의 권리나 자격, 물건 따위를 내던져버림

보 기 글 • 그는 회사를 살리기 위해 안간힘을 썼지만, 결국 포기할 수밖에 없었다.

※ 포복(匍匐)

본 뜻 포(匍)_ 배를 땅에 대다.
복(匐)_ 엎드려 기어가다.

자구 해석 배를 땅에 대고 엎드려 기어가다. 군사용어로 많이 쓰인다.

보 기 글 • 철조망 아래로 포복하여 적의 기관총 진지에 다가간 다음 수류탄을 던졌다.

※ 포옹(抱擁)

본 뜻 포(抱)_ 손으로 끌어안다.
옹(擁)_ 아기를 안듯 몸 전체를 끌어안다.

자구 해석 적으로부터 누군가를 지키다.

바뀐 뜻 남을 너그럽게 품어주다. 주로 남녀 사이나 외교적인 에티켓으로 쓰인다. 보호의 의미가 사라졌다.

보 기 글 • 김대중 대통령과 김정일 위원장은 만나자마자 포옹했다.

※ 포장(包裝)

| 본 뜻 | 포(包)_ 감싸다.
장(裝)_ (침대에서 막 일어난 여자가) 얼굴 등을 꾸미다. 화장을 하고 비녀·귀걸이 등의 장신구, 옷 등을 차려 입다.
| 자구 해석 | 감싸고 꾸미다.

※ 포장(布帳)

| 본 뜻 | 포(布)_ 넓게 깔다, 치다.
장(帳)_ 유목민의 천막. 게르나 유르트 등에 둘러치는 양털 천이다.
| 자구 해석 | 천막을 넓게 치다.

※ 포착(捕捉)

| 본 뜻 | 포(捕)_ 손을 잡다.
착(捉)_ 다리를 잡다.
| 자구 해석 | 손과 다리를 잡다.
| 바뀐 뜻 | 요점이나 요령을 얻다, 어떤 기회나 낌새를 알아차리다.
| 보기글 | • 스티브 잡스는 애플컴퓨터로 성공할 수 있는 기회를 포착하였다.

※ 포함(包含)

| 본 뜻 | 포(包)_ 감싸다.

본 뜻	함(含)_ (음식을 입에) 머금다.
자구 해석	감싸고 머금다.

❋ 포획(捕獲)

본 뜻	포(捕)_ (손으로) 잡다.
	획(獲)_ 개(犭)가 풀숲(艹)에 있는 새(隹)를 잡다.
자구 해석	(짐승 등을) 잡다.

❋ 폭로(暴露)

본 뜻	폭(暴)_ 햇빛에 쪼이다. 방사능, 자외선, X선도 포함된다.
	로(露)_ 이슬에 젖다. 즉 덮거나 숨김없이 다 드러나다.
자구 해석	있는 그대로 낱낱이 드러내다.
바 뀐 뜻	알려지지 않았거나 감춰져 있던 사실을 드러내는 것을 나타낸다. 흔히 나쁜 일이나 음모 따위를 사람들에게 알리는 일에 한정해 쓴다.
보 기 글	• 폭로되지 않는 음모는 없다.

❋ 폭파(爆破)

본 뜻	폭(爆)_ 터지면서 불이 사납게 일어나다.
	파(破)_ (돌을) 깨뜨리다.
자구 해석	터지면서 불이 사납게 일어나고, (돌 따위를) 깨뜨리다.

※ 표리(表裏)

본 뜻 표(表)_ (거친 흰 무명의) 겉감.
리(裏)_ (거친 흰 무명의) 안감.

자구 해석 흰 무명의 겉감과 안감. 표리는 본디 설날에 왕과 조정 관리들이 모인 자리에서 검소한 생활을 하고, 가난한 백성들의 어려움을 되새기자는 뜻으로 올리는 무명 옷감이었다. 그렇지만 실제로는 누구도 이 표리로 옷을 해 입는 사람이 없이 단지 행사용으로 그치고 마는데서 표리가 부동하다는 말이 나왔다고 한다.

바뀐 뜻 표(表)가 겉을, 리(裏)가 안을 뜻하므로 겉과 속이라는 말로 쓰일 수 있기 때문에 말과 행동이 같지 않은 걸 나타내기도 한다.

보 기 글 • 외유내강(外柔內剛)도 표리 부동인가?

※ 표면(表面)

본 뜻 표(表)_ (거친 흰 무명의) 겉감.
면(面)_ 코를 중심으로 한 뺨이 있는 얼굴. 머리카락이 포함된다. 보이는 부분. 넓이다.

자구 해석 겉에 드러난 부분.

※ 표방(標榜)

본 뜻 표(標)_ 나무의 꼭대기를 가리키는 우듬지. 높이를 잴 수 있다.
방(榜)_ 윗사람의 분부, 특별한 말씀 등을 적어 나무에 매달아놓다.

자구 해석 윗사람의 말씀을 적은 종이나 팻말을 우듬지에 걸어놓다.

※ **품격(品格)/품질(品質)/품위(品位)**

본 뜻 품(品)_ 여러 가지 물건, 좋고 나쁨을 따지다.
격(格)_ 바로잡다, 자리, 표준.
질(質)_ 바탕. 꾸미지 않은 원래 그대로의 성질이다.

바뀐 뜻 품격(品格)_ 사람 된 바탕과 타고난 성품. 또는 사물 따위에서 느껴지는 품위.
품질(品質)_ 물건의 성질과 바탕.

보기글
- 김 선생님의 말씀에는 품격이 있다.
- 이 제품은 품질이 좋다.

※ **풍부(豊富)**

본 뜻 풍(豊)_ 제사 그릇에 음식을 넉넉하게 쌓아올리다.
부(富)_ 농경지, 보물 등이 집에 많다.

자구 해석 넉넉하고 많다.

※ **풍요(豊饒)**

본 뜻 풍(豊)_ 제사 그릇에 음식을 넉넉하게 쌓아올리다.
요(饒)_ 먹을거리가 넉넉하다. 요(堯)는 제단 높이 제물을 쌓아 올린다는 뜻이다.

자구 해석 먹을거리가 매우 넉넉하다.

바뀐 뜻 흠뻑 많아서 넉넉하다.

❈ 풍진(風塵)

| 본 뜻 | 풍(風)_ 바람.
진(塵)_ 먼지. |
| --- | --- |
| 자구 해석 | 바람과 먼지. |
| 바뀐 뜻 | 이 세상을 염세적으로 상징하는 말이다. |
| 보기글 | • 이 풍진 세상에 태어나……. |

❈ 피곤(疲困)

| 본 뜻 | 피(疲)_ 지치다, 피부가 검거나 거칠어지거나 부스럼 등이 나다.
곤(困)_ 괴롭다, (울 안에 큰 고목이 자라도록 집이 오래되어 고칠 일이) 아득하다. |
| --- | --- |
| 자구 해석 | 지쳐 괴롭다. |

❈ 피력(披瀝)

| 본 뜻 | 피(披)_ 드러내다.
력(瀝)_ (물방울처럼) 뚝뚝 떨어지다. |
| --- | --- |
| 자구 해석 | 물방울이 뚝뚝 떨어지듯이 그대로 드러내다. |
| 바뀐 뜻 | 생각하는 것을 털어놓고 말하다. |
| 보기글 | • 대통령은 통일에 관한 그의 생각을 피력했다. |

※ **피로(疲勞)**

| 본 뜻 | 피(疲)_ 지치다.
로(勞)_ 힘들여 일하다. |
자구 해석	일을 너무 많이 하여 몸이 지치거나, 생각을 너무 많이 하여 정신이 지치다.
바뀐 뜻	뜻이 변한 것은 아니다. 물리학에서는 고체 재료가 작은 힘을 반복하여 받아 틈과 균열이 생기고 마침내 파괴되는 현상을 일컫는다.
보기글	• 박카스의 슬로건 '피로 회복'은 원기 회복이라고 하든가 피로 제거라고 해야 옳다.

※ **피로연(披露宴)**

| 본 뜻 | 피로(披露)_ 문서 따위를 펼쳐 보이거나 일반에게 널리 알리다.
연(宴)_ 잔치. |
자구 해석	(결혼이나 회갑 등) 경사스런 일을 알리기 위해 베푸는 잔치.
바뀐 뜻	피로(疲勞)와 혼동할 우려가 있으므로 순수한 우리말인 '잔치'를 쓰는 게 좋다.
보기글	• 피로연이 무슨 뜻인지는 모르지만 일단 먹고 보자.

※ **피부(皮膚)**

| 본 뜻 | 피(皮)_ 털 있는 가죽.
부(膚)_ 살갗. |

자구 해석	가죽과 살갗.
바뀐 뜻	척추동물의 몸을 싸고 있는 조직. 신체 보호, 체온 조절, 배설, 피부 호흡 따위의 기능을 한다.
보 기 글	• 현대 여성은 피부 미인을 꿈꾼다.

❈ **피혁**(皮革)

본 뜻	**피**(皮)_ 털 있는 가죽. **혁**(革)_ 털 없는 가죽.
자구 해석	털 있는 가죽과 털을 뽑아낸 가죽. '털을 뽑아 무두질한 가죽'은 위(韋)라고 한다.

❊ 하야(下野)

본 뜻	성이나 도시에서 나와(下) 성밖이나 시골(野)로 내려간다는 뜻이다.
자구 해석	낙향하다, 시골로 돌아가다, 집으로 가다.
바 뀐 뜻	관직에서 물러나는 것을 일컫는다. 오늘날 대통령에 한정해서 쓰는 경향이 있다.
보 기 글	• 대통령은 재신임 투표에서 지면 대통령직에서 하야하겠다고 말했다.

❊ 학구(學究)

본 뜻	과거시험에는 경전을 외우는 명경과(明經科)와 글솜씨를 겨루는 제술과(製述科)가 있다. 이 중에서 명경과는 오경(五經), 삼경(三經), 이경(二經), 학구일경(學究一經)으로 시험 수준이 나누어진다. 마지막의 학구일경에 나오는 학구(學究)는 경전 한 권을 읽은 사람들이 보는 기초 시험이다.
자구 해석	경전 한 권을 다 읽고 치르는 시험.
바 뀐 뜻	학문을 오로지 연구하다.

| 보 기 글 | • 학구적이라는 뜻이 옛날에는 책을 한 권밖에 안 읽었다는 뜻이었군.

❋ 학살(虐殺)

| 본 뜻 | 학(虐)_ (호랑이가 큰 발로 덮치듯) 사납고 모질다.
살(殺)_ (칼로 베거나 창으로 찍어서) 죽이다.
| 자구 해석 | 사납고 모질게 죽이다.

❋ 학습(學習)

| 본 뜻 | 학(學)_ (산가지를 가지고 숫자를) 배우다.
습(習)_ 알을 까고 나온 새끼. 새가 날개(羽)를 퍼덕이며 나는 법을 익히고, 아기가 말(白)을 여러 번 반복하며 익히다.
| 자구 해석 | 배우고 익히다.

❋ 한량(閑良)

| 본 뜻 | 조선시대에 무과에 급제하지 못한 무반(武班)의 연습생들을 가리키던 말이다. 이 연습생들은 무과에 응시하기 위해 무예를 연마한다면서, 산천경개가 좋은 데로 창칼이나 활을 들고 다니며 연습했다.
| 자구 해석 | 무과 시험 연습생.
| 바 뀐 뜻 | 무반 연습생들의 훈련 모습이 일반 백성들의 눈에는 놀기에 열중하는 것처럼 보였는지 '하는 일 없이 돈 잘 쓰고 놀러다니기 좋아하는 사람'을 가리키는 말로 변했다.

보기글
- 요즈음의 한량은 직업도 없고 소득도 없지만 외제 차를 타고 해외로 골프 치러 다닌다.

❈ 한양(漢陽)과 양(陽)/산음(山陰)과 음(陰)

본뜻 한양(漢陽)은 한강의 북쪽 땅을 가리키는 말이다. 양(陽)이 들어간 땅은 강의 북쪽에 있다는 뜻이다. 옛날에 지명을 정하는 이치에 따르면, 산남수북왈양(山南水北曰陽)이라고 하여 산 남쪽이거나 강 북쪽에 있는 곳을 양(陽)이라고 했다. 햇빛이 잘 비치는 땅이라는 뜻이다.
중국 주나라 수도 낙양(洛陽)은 황하의 줄기인 낙수(洛水) 북쪽에 있는 땅이라는 뜻이고, 진나라 수도 함양(咸陽)은 위수(渭水)의 북쪽에 있는 땅이라는 뜻이다. 이와 같은 이치로 우리나라의 충북 단양은 남한강 북쪽에, 충남 청양은 금강 북쪽에, 경남 함양은 남강 북쪽에, 밀양은 낙동강의 지류인 밀양강(남천강) 북쪽에, 담양은 영산강 상류 북쪽에, 광양은 섬진강 북쪽에, 양양은 남대천 북쪽에 있다는 말이다.
그 반대의 경우는 산북수남왈음(山北水南曰陰)이라고 하여 산 북쪽에 있거나 강 남쪽에 있는 고을을 음(陰)이라고 했다. 산이 햇빛을 가려 그늘이 지는 땅이라는 뜻이다. 우리나라에서 음(陰)이 들어간 지명은 조선시대 영조 재위 전까지 경상도에 산음(山陰)과 안음(安陰)이 있었는데, 열두 살 어린 소녀가 혼전 임신한 사건이 일어난 뒤로 음기가 너무 세어서 그렇게 됐다는 이유로 그 뒤 산청과 안의로 지명을 바꾸었다고 한다.

바뀐뜻 뜻이 바뀐 것은 아니다. 지명을 정할 때 아무렇게나 지은 것이 아니라 기준이 있었다는 걸 밝히기 위해 실었다.

| 보기글 | • 지명에 '양(陽)'자가 들어가면 일단 살기 좋은 곳이겠구나. |

※ **할인(割引)**

본 뜻	할(割)_ 나누다.
	인(引)_ 활(弓)의 줄을 끌어당겨 팽팽하게(丨) 줄이다.
자구 해석	나누어 줄이다.
바뀐 뜻	일정한 값에서 얼마를 빼다.
보기글	• 애플이 새로 나온 아이폰을 할인 판매하기 시작했다.

※ **함정(陷穽)**

본 뜻	함(陷)_ 빠지다, 떨어지다.
	정(穽)_ 허방다리, 위장한 구덩이. 웅덩이에 나뭇가지 등을 덮어 보이지 않게 해놓은 것으로 동물을 잡거나 적군을 빠뜨리는 데 쓰인다.
자구 해석	짐승을 잡기 위해 파놓은 허방다리.
바뀐 뜻	빠져나올 수 없는 곤경이나 남을 해치기 위한 계략을 비유하여 이르는 말이다.
보기글	• 녀석이 벤츠에 운전기사까지 끼고 다니니까 믿었지. 그런데 그게 함정이었어.

※ **합하(閤下)→슬하(膝下)→전하(殿下)/폐하(陛下)/저하(邸下)**

| 본 뜻 | 정승들이 정사를 보는 다락방 문 아래라는 뜻이다. 정승을 부르는 |

사람들이 서 있는 장소를 가리켜 쓴 용어로, 자신을 낮추어 상대방을 높인 존칭이다.

바뀐 뜻 영의정, 좌의정, 우의정을 부르던 존칭이다. 운현궁 복원공사 중 흥선대원군이 거처했던 몸채 상량문에 대원군의 존칭이 합하로 되어 있는 것이 발견되었다. 합하라는 이 존칭은 성(姓) 아래 붙여 불렀으며 줄여서 합(閤)이라고도 불렀다.

보기글
- 합하! 청나라 군사가 쳐들어옵니다!

※ 항상(恒常)

본뜻 항(恒)_ 마음이 늘 변하지 않다.
상(常)_ 천(巾)이 처음부터 끝까지 똑같다.

자구 해석 변하지 않고 처음부터 끝까지 똑같이.

※ 항의(抗議)/항쟁(抗爭)

본뜻 항(抗)_ 막다, 저지하다, 덤비어 겨루다.
의(議)_ 토론하다, 의논하다, 따져 묻다.
쟁(爭)_ 다투다.

바뀐 뜻 항의(抗議)_ 반대의 뜻을 주장하다.
항쟁(抗爭)_ 반대하여 싸우다.

보기글
- 학부모들이 교장에게 항의했다.
- 우리 조선 사람이 왜놈들에게 애걸하고 살기를 바란다는 것은 차라리 항쟁하다가 죽는 것만 못하오.

449

※ **해석(解釋)**

본 뜻	해(解)_ (소 잡듯이 칼로) 끄르고 가르고 나누고 벗기다. 석(釋)_ 뒤엉킨 실을 풀고, 짐승의 발자국을 따라가 무슨 짐승인지 알아내다.
자구 해석	끄르고 가르고 나누고 벗겨서 무엇인지 풀거나 알아내다.
바 뀐 뜻	문장이나 사물 따위로 표현된 내용을 이해하고 설명하다. 또는 사물이나 행위 따위의 내용을 판단하고 이해하다.
보 기 글	• 이 영어 원문은 해석하기가 쉽지 않구나.

※ **해설(解說)**

본 뜻	해(解)_ (소 잡듯이 칼로) 끄르고 가르고 나누고 벗기다. 설(說)_ 말하다.
자구 해석	풀어서 말하다.
바 뀐 뜻	문제나 사건의 내용 따위를 알기 쉽게 풀어 말하다. 또는 그런 글이나 책을 가리키기도 한다.
보 기 글	• 큰 뉴스에는 전문가의 해설이 따른다.

※ **해양(海洋)**

본 뜻	해(海)_ 본디 호수와 못을 뜻하는 말이었다. 나중에 육지와 가까운 바다라는 뜻으로 바뀌었다. 예) 동해(東海), 황해(黃海), 지중해(地中海) 등.

양(洋)_ 육지에서 멀리 떨어진 바다. 예) 태평양(太平洋), 대서양(大西洋), 인도양(印度洋) 등.

자구 해석 가까운 바다와 먼바다.

바 뀐 뜻 큰 바다를 통칭하는 말이다.

보 기 글
- 해양 민족과 기마 민족의 융합.

❄ 해이(解弛)

본 뜻 해(解)_ (소 잡듯이 칼로) 끄르고 가르고 나누고 벗기다.
이(弛)_ (활 시위가) 늘어지다.

자구 해석 활이 풀어지고 늘어지다. 활을 쏘고 나면 그 탄성을 보존하기 위해 느슨하게 시위를 풀어두는데 그 모습을 표현한 글자이다. 다만 기강(紀綱)이 해이하다고 할 때는 그물 벼릿줄이 늘어진 것을 나타낸다.

바 뀐 뜻 정신이나 행동에 긴장감이 없이 풀어헤쳐지고 느슨해졌다는 뜻으로 널리 사용된다.

보 기 글
- 해이란 단어가 가장 잘 붙는 말은 '공무원'이다.

❄ 해제(解除)

본 뜻 해(解)_ (소 잡듯이 칼로) 끄르고 가르고 나누고 벗기다.
제(除)_ (계단으로 언덕에 오르니) 힘이 덜 들다, 힘든 걸 없애다.

자구 해석 풀고 없애다.

❈ 행각(行脚)

본 뜻   불가의 선종(禪宗)에서 스님이 도(道)를 닦는 한 방편으로 여러 지방과 절을 돌아다니는 것을 가리키는 말이다. 구름이나 물처럼 정한 곳 없이 떠돌아다닌다고 해서 운수행각(雲水行脚)이라고도 한다.

바뀐 뜻   오늘날에 와서는 주로 좋지 않은 목적을 가지고 여기저기 다니는 것을 의미하게 되었다. 엽색행각(獵色行脚), 사기행각, 도피행각 등처럼 쓰인다.

보기글
- 사랑의 도피행각.

❈ 행복(幸福)

본 뜻   행(幸)_ (나쁜 죄인을 잡아 수갑을 채우니) 마음이 놓이다.
복(福)_ (왕실 제사에 쓴 뒤 푸짐하고 맛있는) 고기와 음식을 나눠 받다.

자구 해석   마음이 편하고 먹을거리가 넉넉하여 기분이 좋다.

바뀐 뜻   생활에서 충분한 만족과 기쁨을 느끼어 흐뭇하다

❈ 행운(幸運)

본 뜻   행(幸)_ (나쁜 죄인을 잡아 수갑을 채우니) 마음이 놓이다.
운(運)_ 군대를 움직이다, (궤도를 갖거나 노선을 갖고) 움직이다.

자구 해석   모든 것이 내 마음에 편안하게 움직이다.

바뀐 뜻   좋은 운수, 행복한 운수.

※ **행위(行爲)**

| 본 뜻 | 행(行)_ (사람과 수레가 바쁘게 돌아다니는 사거리에서) 길을 가다.
위(爲)_ (코끼리에게 일을) 시키다. |
| 자구 해석 | 의지를 갖고 하거나 시키다. |

※ **향사(享祀)→제사(祭祀)**

| 본 뜻 | 향(享)_ 제물을 차려 신에게 올리다.
사(祀)_ 1년에 한 번 돌아오는 제사를 지내다. 사(祀)는 1년을 가리키는 상(商)나라 시절의 한자다. 1년에 한 번씩 제사를 지내는 풍습에서 왔다. 한편 하(夏)나라는 세(歲), 주나라는 연(年), 당우(唐虞; 요순시대)에는 재(載)라 했다. |
| 자구 해석 | 하늘이나 산천, 영웅호걸, 시조 등에게 지내는 제사. 향사(享祀)와 비슷한 뜻으로 제사(祭祀)가 있는데, 직계 조상(신분별로 모시는 조상이 다르다)을 대상으로 하는 것이 다르다. |
| 보 기 글 | • 향사는 큰 문중이나 서원 등에서 주로 지내고, 제사는 문중이나 집안에서 지내는 것이다. |

※ **허락(許諾)**

| 본 뜻 | 허(許)_ 그래도 된다고 말하다.
락(諾)_ 말로 대답하다. |
| 자구 해석 | 누군가의 요구에 대해 그래도 된다고 대답해주다. |

※ **허용(許容)**

| 본 뜻 | 허(許)_ 그래도 된다고 말하다.
용(容)_ 계곡(谷)처럼 큰 것을 품은 집(宀)이니, 너그럽다는 뜻이다. 얼굴을 뜻하기도 한다. |
| 자구 해석 | 너그러운 마음으로 허락하다. |

※ **혁명(革命)**

| 본 뜻 | 혁(革)_ (짐승을 잡아) 털을 뽑은 가죽.
명(命)_ (칼 찬 높은 사람이 앞에 꿇어앉은 사람에게) 말로써 부리는 일. 칼 찬 사람이 앉아 있는 사람의 목숨을 거둘 수 있으니, 곧 남에게 달린 목숨이다. |
자구 해석	가죽을 벗겨 털을 뽑듯이 높은 사람이 명령을 내리다. 이전의 왕통(王統)을 뒤집고 다른 왕통이 그 자리를 차지하여 통치하는 일을 일컫는다.
바뀐 뜻	피지배계급이 국가의 권력을 빼앗아 사회체제를 근본적으로 고치는 일을 일컫는다. 그러나 단순히 권력만 장악하는 것이 아니라 관습, 제도, 조직 따위를 근본적으로 변혁시킨다는 의미가 크다. 산업혁명, 컴퓨터 혁명처럼 발명이나 기술의 진보로 사회적인 변혁을 가져오는 일도 혁명이라고 한다.
보기 글	• 컴퓨터의 출현은 모든 분야에 일대 혁명을 가져왔다.

※ 현(峴)/치(峙)→산(山)/악(岳)/봉(峰)/영(嶺)/구(丘)

본 뜻 현(峴)_ 높은 언덕. 흔히 고개라고 한다.
치(峙)_ 재(嶺)의 평탄한 곳. 흔히 고갯마루라고 한다. 현보다 치가 더 높다.

바뀐 뜻 오늘날에도 이 뜻은 변함이 없다.

보기글 • 아현동의 '아현'이 고개라는 뜻이구나.

※ 혈액(血液)

본 뜻 혈(血)_ (제사에 쓰기 위해 그릇에 담아놓은 동물의) 피.
액(液)_ 물이나 기름처럼 흘러 움직이는 물질. 호르몬, 정액, 임파선을 흐르는 노폐물 등이 액에 해당한다. 인체나 나무 등에서 분비되는 액체는 진(津)이라고 한다.

자구 해석 피와 체액. 혈과 액은 다른 뜻이지만 일본 한자어에서는 피만 가리킨다. 현대적 해석은, 혈관을 타고 흐르는 물질은 혈(血), 림프관을 타고 흐르는 건 액(液)이라고 할 수 있다.

※ 형(兄)→효자(孝子)

본 뜻 한자가 처음 생길 때 형(兄)은 축(祝)의 의미였다. 즉 제사를 지내면서 말로써 기원하는 뜻이 담겨 있다.

자구 해석 제사에서 제주(祭主)를 맡은 큰아들. 제사를 지내는 사람은 죽은 이의 자식들이나 가족이고, 자식 가운데 가장 나이가 많은 첫째아들이 주로 제주를 맡는다. 그 제주를 형(兄)이라고 불렀다. 이 형이

하는 일이 제사 주관이므로 '형(兄)'에 귀신을 가리키는 '시(示)'를 붙이면 축(祝)이 된다. 현수막에 '축(祝)'자가 자주 쓰이는데, 본디 귀신을 불러 잔치한다는 뜻이므로 주의해서 써야 한다.

고구려에서는 초기의 형(兄)이 가지고 있는 '제사를 주관하는 높은 이'라는 뜻이 남아 벼슬 이름으로 쓰였다. 지금의 국무총리에 해당하는 태대형(太大兄), 장관급에 해당하는 대형(大兄), 차관급에 해당하는 소형(小兄) 등이 그것이다. 또한 호칭에 관한 문헌인 중국의 《칭위록稱謂錄》을 보면 "고려 땅에서는 장관을 형(兄)이라고 부른다."는 구절이 나온다.

바뀐 뜻 동기간이나 같은 항렬에서 나이가 많은 사람을 부르는 호칭이다. 요즘 들어서는 꼭 동기간이 아니더라도 나이가 비슷한 친구 사이에 상대방을 공대하여 형이라고 부르기도 한다.

보기글 • 만나자마자 형님 동생하더니 부정도 함께 저질렀다.

※ **형극(荊棘)**

본 뜻 형(荊)_ 가시나무. 형(刑)으로 매를 칠 때 쓰는 가시나무다.
극(棘)_ (가시가 있는) 대추나무.
자구 해석 가시나무와 대추나무, 즉 나무의 온갖 가시를 일컫는다.
바뀐 뜻 나무의 가시에 찔리는 것과 같이 극심한 고통이나 고난을 나타내는 말로 쓰인다.
보기글 • 햇볕 정책을 실천하는 것은 형극을 밟는 심정이다.

※ 형벌(刑罰)

본 뜻 **형(刑)**_ 중죄를 다스리는 방법으로 직접 신체에 해(害)를 가하는 것이다. 주로 사형(死刑), 극형(極刑)이 여기에 해당한다. 형(刑)에는 여러 종류가 있다.

거열(車裂)_ 수레 두 대에 사지와 목을 묶어 찢어 죽이는 형이다. 수레를 말 다섯 마리가 끌면 오마분시(五馬分屍), 소 다섯 마리가 끌면 오우분시(五牛分屍)가 된다.

괵형(馘刑)_ 도끼로 머리를 찍어 죽이는 형이다. 목을 베어 높은 곳에 매달아놓는 효수형으로 바뀐 뒤에는 주로 귀를 자르는 형으로 변했다.

궁형(宮刑)_ 생식기를 없애는 형이다. 남자에게 행해지는 이 형은 고환을 절개해 꺼내고 사정관을 없애 남자 구실을 못하도록 만들었다. 대개 음경은 소변 배설을 위해 그대로 둔다. 궁(宮)에서 내시들에게 행해지던 것으로, 상처가 아물 때 썩은 내가 난다 하여 부형(腐刑)이라고도 한다. 중국 전한의 역사가 사마천이 이 형을 받았다.

능지(凌遲)_ 무수히 칼질을 하되 바로 죽지는 않도록 며칠을 두고 고통을 주는 잔인한 형이다. 최대 6000번까지 칼로 찔렀다는 기록이 있으며, 최하 500회 이상 찔러야 한다. 능지처사(凌遲處死), 능지처참(凌遲處斬)이라고도 한다. 능지 중 살점을 회를 뜨듯 떠내어 죽이는 형이 과형(剮刑)이다. 평균 3600회 정도 살을 발라내어 죽인다고 한다.

단설(斷舌)_ 혀를 뽑아내는 형이다.

단수(斷手)_ 손목을 자르는 형이다. 시기질투가 심한 궁녀에게 주로 행해졌다.

단지(斷指)_ 손가락을 자르는 형이다.

단향형(檀香刑)_ 참기름으로 삶은 박달나무를 항문에 넣어 목구멍으로 나오게 하여 며칠을 두고 천천히 죽게 하는 형이다.

박피(剝皮)_ 사람의 피부, 즉 가죽을 벗겨내어 죽이는 형이다. 이렇게 벗겨낸 사람 가죽으로 북을 만들거나, 사람 가죽 안에 짚을 넣은 인형을 만들어 거리에 세워두기도 했다. 박피형을 받은 사람은 가죽이 벗겨진 뒤에도 이틀 정도 고통스럽게 숨이 붙어 있다가 죽었다고 한다.

알안(空眼)_ 눈알을 칼로 도려내는 형이다. 눈알을 뽑는다는 의미로 알안(擇眼)이라고도 한다. 주로 왕이나 황제의 명에 의해 집행된다. 사가(私家)의 간통한 여성들에게 알안형을 집행하기도 했다.

요참(腰斬)_ 허리를 끊어 죽이는 형이다.

월형(刖刑)_ 발꿈치를 도끼로 찍어 잘라내는 형이다. 주로 도둑들에게 행했는데, 다시는 걷지 못하고 기어다녀야 했다. 전국시대 방연이 손빈에게 내린 형으로 유명하다.

유탕(油湯)_ 산 사람을 기름을 끓는 솥에 넣어 튀겨 죽이는 형이다.

유폐(幽閉)_ 여성의 질 입구를 꿰매는 형이다. 그 밖에도 자궁을 꺼낸다든가, 여성의 성기능을 없애는 비밀스런 방법이 있었다고는 하나 알려진 바는 없다.

의형(劓刑)_ 코를 베어내는 형이다. 간음한 사람에게 주로 행했다.

찰지(拶指)_ 손가락 사이사이에 대나무 조각을 넣어 비트는 형으로, 손가락뼈가 부서지거나 잘려 나간다. 이때 쓰는 대나무 조각은 고대에 글을 적던 죽간(竹簡)이다.

참수(斬首)_ 목을 베어 죽이는 형이다. 초기에는 도끼로 목을 잘랐고, 후에 칼이 발달하면서 언월도가 쓰였다. 참수 전 목 주변에 석회가루를 뿌리고 귀에 화살을 꽂았다. 목이 한 번에 잘리지 않으면 톱으로 써는 경우도 있었다. 목을 한 번에 자르기가 어려웠으므로 가족들이 죄수를 단칼에 베어달라고 솜씨 좋은 망나니에게 뇌물을 쓰며 부탁하기도 했다.

침수(沈水)_ 산 사람을 포대에 넣어 물에 빠뜨려 죽이는 형이다.
팽자(烹炙)_ 팽형(烹刑)이라고도 한다. 가마솥에 물을 가득 붓고 사람을 산 채로 그 속에 넣어 삶아 죽이는 형이다. 형 집행 뒤에 인육을 먹는 관습이 있었는데, 이런 이유로 육장(肉漿)이라고도 불린다.
포락(炮烙)_ 뜨겁게 데운 철판 위를 걷게 한다든가, 뜨겁게 달군 철기둥을 밟고 건너게 하는 형이다. 대부분 발바닥이 달군 쇠에 눌어붙어 죽거나, 설사 건넌다 해도 칼로 쳐서 죽였다.
해(醢)_ 사람을 죽인 뒤 고기를 발라내어 젓갈로 담그는 형이다. 공자가 이 해를 즐겨 먹었다는 기록이 있다. 한나라 개국공신 팽월(彭越)이 이 형을 받았다.
효수(梟首)_ 원래 도끼로 머리를 잘라내어 장대에 꿰어 내걸던 괵형(馘刑)이 있었는데, 이 형의 명칭이 효수로 바뀌었다. 이렇게 잘린 머리를 내거는 걸 효시(梟示)라고 했다. 효(梟)는 올빼미를 가리키는데, 죽은 자의 머리가 마치 까만 올빼미 같다 하여 붙여진 명칭이다.
벌(罰)_ 형(刑)보다는 가벼운 범죄를 죄를 저질렀을 때 받는 처벌로 상해를 가하지 않는 유배, 징역, 벌금 등이 여기에 해당된다.

바뀐 뜻 국가가 범죄를 저지른 사람에게 주는 벌금, 징역 등 각종 제재다. 오늘날 우리나라에서는 형과 벌을 구분하지 않고 형이라고만 한다. 따라서 오늘날에는 징역도 형이 된다. 즉 '징역벌'이 정확한 표현이지만 대개 '징역형'이라고 말한다.

보기글 • 형벌이 사회 기강을 지켜준다.

※ **혜택(惠澤)**

본 뜻 **혜(惠)**_ (오로지 한결같은 마음으로 남에게) 애틋한 마음을 베풀다.
택(澤)_ (목마른 사람과 나무에게 연못의) 물을 적셔주다.

| 자구 해석 | 애틋하게 여겨 목마른 이에게 물을 주다.

※ 호남(湖南)→관동(關東)/관서(關西)/관북(關北)→영남(嶺南)/영동(嶺東)/영서(嶺西)

| 본 뜻 | 전라남북도를 통틀어 가리키는 명칭이다. 호남(湖南)은 호(湖) 남쪽이라는 뜻으로 금강 이남 지역이다. 금강(錦江)의 옛 이름이 호강(湖江)이었다. 고려 성종 14년(995)에 10도제를 실시할 때 지금의 전북 지역을 금강 이남의 땅이라 하여 강남도라고 명명한 적이 있다.

| 자구 해석 | 금강 이남의 땅이다. 금강의 명칭은 지역에 따라 달리 불렸다. 《동국여지승람》에는 상류에서부터 적등강(赤登江)·호강(湖江)·차탄강(車灘江)·화인진강(化仁津江)·말흘탄강(末訖灘江)·형각진강(荊角津江), 공주에 이르러서는 웅진강, 부여에서는 백마강, 하류에서는 고성진강(古城津江)으로 기록되어 있다. 《당서唐書》에는 웅진강으로 기록되어 있다.

호남은 본디 공주·부여 등 충청도 일부와 전라도 지역을 가리키는 말이었으며, 고려를 건국한 왕건이 "금강 이남 사람을 등용하지 말라."고 한 그 경계와 같다. 참고로 호서(湖西)는 충청도, 기호(畿湖)는 경기도와 황해도 남부 일부 및 충남의 금강 이북 지역을 가리키는 말이다. 이 밖에도 호남의 어원이, 제천의 의림지 또는 김제의 벽골제를 호(湖)로 보아 그 남쪽을 가리킨다는 주장과, 중국에서 동정호(東庭湖) 남쪽을 호남성이라고 부르는 데서 따왔을 것이라는 설이 있다.

| 바뀐 뜻 | 오늘날에 이르러 호남은 행정구역상 전라남도와 전라북도를 가리키는 말로 굳어졌다. 따라서 금강의 남쪽 지역인 공주, 부여 등 충남 일부 지역은 호남에 포함하지 않는다.

| 보기글 | • 한국 현대사는 영남과 호남의 대립이라고 해도 과언이 아니다. |

❋ 호도(糊塗)

본 뜻	호(糊)_ 풀을 칠하다. 도(塗)_ 진흙을 바르다.
자구 해석	풀을 칠하고 흙을 바르다. 더럽거나 부서진 자리에 풀을 칠해 덮거나 진흙을 발라 숨기는 것이다.
바뀐 뜻	명확하게 결말을 내지 않고 일시적으로 감추거나 흐지부지 덮어 버리다.
보기글	• 정치 성향을 강하게 띠는 신문들은 진실을 호도하는 기사를 공공연히 내보낸다.

❋ 호로(胡虜)

본 뜻	오랑캐, 오랑캐의 포로. 병자호란 때 청나라에 항복한 조선은 그들의 요구로 공녀(貢女)를 바쳤고, 청나라에 끌려갔다가 돌아온 이들을 사람들은 환향녀(還鄕女)라고 불렀다. 이 환향녀들이 낳은 아이들을 '호로새끼' '호로자식'이라고 불렀다고 한다. 또한 이 무렵 청나라에 아첨하여 벼슬을 얻은 사람들을 낮추어 '호로새끼' '호로자식'이라고 했다고도 한다. 전쟁포로들이 겪은 고통을 나누기는커녕 오히려 그들을 학대한 것이다.
바뀐 뜻	줏대 없이 권력자에 붙어사는 사람을 가리키는 욕으로 쓰인다.
보기글	• 육이오전쟁 이후 현대판 호로자식인 '튀기'가 있었는데, 이 말은 비극의 주인공들을 더 비참하게 만들었다.

※ 호통(號筒)

본 뜻	호(號)_ 군중(軍中)에서 진격하고 후퇴하고 진을 벌일 때 명령을 전하는 신호. 통(筒)_ 대나무 나팔. 여기에서 퉁소, 피리 같은 악기가 나왔다. 그러므로 호통(號筒)은 군중(軍中)에서 입으로 불어 명령을 전하는 대통을 가리키는 말이다. 북방 유목민들이 쓰던 뿔나팔을 모방한 것으로, 전쟁의 시작을 알리거나 명령을 전하는 수단으로 쓰였다.
자구 해석	전쟁의 시작을 알리는 대나무 나팔.
바뀐 뜻	몹시 화가 나서 크게 소리 지르거나 꾸짖다.
보기 글	• 아버지는 내 성적표를 보더니 당장 집을 나가라고 호통치셨다.

※ 호흡(呼吸)

본 뜻	호(呼)_ 날숨. 내뱉는 숨이다. 흡(吸)_ 들숨. 들이마시는 숨이다.
자구 해석	날숨과 들숨을 쉬다.
바뀐 뜻	숨을 쉬다. 또는 그 숨. 함께 일을 하는 사람들과 조화를 이룸. 또는 그 조화.
보기 글	• 호흡이 짧은 사람은 큰일을 하기 어렵다.

※ 혼돈(混沌)

본 뜻	혼(混)_ 섞이다. 같은 뜻으로 혼(渾)으로도 쓴다. 돈(沌)_ 물결이 세차다, 흐리다, 어지럽다.

자구 해석   뒤섞여 어지럽다.

바뀐 뜻   마구 뒤섞여 있어 갈피를 잡을 수 없거나 또는 그런 상태. 하늘과 땅이 아직 나누어지기 전의 상태를 말하기도 한다. 구별을 하지 못한 채 뒤섞어서 생각하는 것을 뜻하는 혼동(混同)과는 전혀 다른 뜻이다.

보 기 글
- 그가 집권한 첫 1년은 불법 정치자금으로 인한 혼돈의 연속이었다.

❉ 혼인(婚姻)/결혼(結婚)

본 뜻   **혼(婚)_** 저녁에(昏) 여자의(女) 집에서 예를 행하는 것이다. 며느리의 집 또는 며느리의 아버지를 혼(婚)이라고 한다. 신라나 고려에서는 저녁에 혼례를 시작했으며, 조선시대에 들어서도 이 풍습이 남아 있었다.
인(姻)_ 혼(婚) 이후에 여자가 의지하는 남자의 집으로 가는 것이다. 사위의 집 또는 사위의 아버지를 인(姻)이라고 한다.
결(結)_ 맺다. 즉 양가(兩家)가 혼인 관계를 맺는다는 뜻이다.

자구 해석   **혼인(婚姻)_** 남녀가 만나 부부가 되다.
결혼(結婚)_ 두 집안이 혼인으로 맺어지다.
본래 혼인(婚姻)만이 남녀가 만나 가정을 이룬다는 뜻이었다. 그래서 신부 집(婚)에서 예를 갖추고, 나중에 신랑 집(姻)에서 예를 갖추어야 혼인이 성립된다. 이렇게 하고 나면 신부 집과 신랑 집이 서로 혼인 관계를 맺었다는 뜻으로 결혼(結婚), 즉 혼인이 완성됐다는 말을 따로 썼다. 즉 혼인은 신랑과 신부의 일이지만 결혼은 신랑 집안과 신부 집안의 일이다. 예를 들면 성춘향과 이몽룡은 혼인을 하고, 성씨 집안과 이씨 집안은 결혼을 하는 것이다. 이때의 결혼은 양가

바뀐 뜻	에서 자녀들을 혼인시키기로 결정했다는 말이다. 요즘에는 혼인이나 결혼 모두 남자가 장가들고 여자가 시집가는 일, 즉 부부의 인연을 맺는 일을 가리킨다. 즉 부모들끼리 만나 "우리 두 집이 결혼할까요?"란 말은 이제 쓰이지 않는다.
보기글	• 봄은 혼인의 계절이다.

※ 화사(華奢)/사치(奢侈)

본 뜻	화(華)_ 아름답다. 사(奢)_ 사치스럽다. 치(侈)_ (자신의 것이 많다고) 거만하다, 분수에 넘치다, 무절제하다.
바뀐 뜻	화사(華奢)_ 사치스럽게 차려입은 것을 가리키는 말이지만 요즘에는 사치스럽다는 의미가 퇴색하고 있다. 사치(奢侈)_ 필요 이상의 돈이나 물건을 쓰거나 분수에 지나친 생활을 하다.
보기글	• 점잖은 사람에게 화사하다고 말했다가 망신당하기 쉽다.

※ 화재(火災)

본 뜻	화(火)_ 불, 불이 나다. 재(災)_ 강물이 넘치다, 가뭄이나 화재가 나서 큰 피해를 보다.
자구 해석	불과 홍수와 가뭄.
바뀐 뜻	불이 나는 재앙, 불로 인한 재난.

❋ 화폐(貨幣)

본 뜻	**화(貨)**_ 전국시대에 처음 만들어진 돈이다. 이때 작은 칼(小刀) 모양의 도전(刀錢) 등 청동제 화폐가 유통되었다. 금은보석 등 돈값을 지닌 물건을 총칭한다. 청동기 이전에 조개(貝)가 돈 기능을 하였기 때문에 문자 속에 들어가 있다. **폐(幣)**_ 비단. 나중에 비단이 돈 기능을 하게 되었다. 전폐(錢幣)가 여기에 포함된다.
자구 해석	교환가치가 있는 물건과 비단과 종이에 똑같이 찍어낸 돈.
바뀐 뜻	상품 교환가치의 척도가 되며 교환을 매개하는 일반화된 수단으로 주화(鑄貨), 지폐(紙幣), 은행권(銀行券) 따위가 있다
보 기 글	• 화폐의 힘이 곧 국력이라는데, 중국 돈은 바꿔주면서 우리 돈을 바꿔주는 나라는 별로 없다.

❋ 화훼(花卉)

본 뜻	**화(花)**_ 나무에서 피는 꽃. **훼(卉)**_ 풀에서 피는 꽃.
자구 해석	나무에서 피는 꽃과 풀에서 피는 꽃.
바뀐 뜻	오늘날에는 풀에서 피는 꽃과 나무에서 피는 꽃을 구분하지 않고 모두 화훼로 부른다. 또한 꽃이 (잘) 피지 않는 식물이나 풀도 관상용이면 화훼로 부른다.
보 기 글	• 우리말에서는 화훼를 구분하지 않고 꽃이라고 부른다.

❈ 확고(確固)

본 뜻	확(確)_ 딱딱하게 굳어 깨지지 않는 돌, 변하지 않는 진실 또는 물건. 고(固)_ 고인 채 오래 두면 굳다.
자구 해석	딱딱하게 굳다.
바뀐 뜻	태도나 상황 따위가 튼튼하고 굳다.

❈ 확보(確保)

본 뜻	확(確)_ 딱딱하게 굳어 깨지지 않는 돌, 변하지 않는 진실 또는 물건. 보(保)_ (아이를 등에) 업다, 지키다.
자구 해석	깨지지 않는 물건을 잘 지키다, 변하지 않는 진실이나 증거를 아이를 업고 있듯이 잘 지키다.
바뀐 뜻	확실히 보증하거나 가지고 있다, (조건을) 갖추다.
보 기 글	• 범행 현장에서 증거물을 확보하다.

❈ 확산(擴散)

본 뜻	확(擴)_ (집을) 넓게 늘리다, 널리 늘어나다. '확 늘어나다'처럼 부사로 쓰인다. 산(散)_ (이삭을 막대기로 두드리니 곡식이) 떨어져 흩어지다.
자구 해석	널리 흩어져 퍼지다.

❈ 확실(確實)

본 뜻   **확(確)_** 딱딱하게 굳어 깨지지 않는 돌. 변하지 않는 진실 또는 물건.
실(實)_ 본디 집에 있는 돈을 잘 꿰어둔 꾸러미, 곧 재물을 가리켰다. 이후 잘 익은 열매 또는 잘 여문 씨앗을 뜻하게 되었다.

자구 해석   딱딱한 돌과 잘 여문 씨앗, 매우 튼튼하고 변하지 않다.

바 뀐 뜻   뜻이 줄어들어 틀림없이 그러하다는 뜻으로만 쓰인다.

보 기 글   • 네 주장이 과연 확실한지 모르겠구나.

❈ 환경(環境)

본 뜻   **환(環)_** 고리처럼 둘러싸고 있는 주변.
경(境)_ 땅의 경계가 끝나는 자리.

자구 해석   둘러싸고 있는 땅의 경계.

바 뀐 뜻   생물에게 영향을 주는 자연 조건이나 사회 상황. 지역이 상황으로 변했다.

보 기 글   • 현대에 이르러 환경 산업이 뜬다.

❈ 환골탈태(換骨奪胎)

본 뜻   **환골(換骨)_** 선가(仙家)의 연단법(鍊丹法) 중 신선이 되는 수련법으로, 뼈를 바꿀 만큼 변화시키는 것이다. 옛사람의 시를 본떠 말을 만들어 짓다.
탈태(奪胎)_ 선가의 연단법 중 신선이 되는 수련법으로, 태를 바꿀 만큼 변화시키는 것이다. 옛사람이 지은 시를 뜻을 바꾸어 짓다.

중국 선가에서는 오래전부터 연단법으로 수련하여 환골탈태하여 선인(仙人)이 되는 방법을 널리 구했다. 황산곡(黃山谷; 정견庭堅)이라는 사람이 남의 시를 베껴 자기 시로 쓰는 행태를 비판하면서 이 말을 쓴 데서 널리 쓰이게 되었다.

남송(南宋) 때의 승려 혜홍(惠洪)이 쓴 《냉재야화冷齋夜話》에 다음과 같은 이야기가 실려 있다.

"황산곡이 말하기를, 시의 뜻은 무궁한데 사람의 재주는 한이 있다. 한이 있는 재주로 무궁한 뜻을 좇는다는 것은 불가능한 일이다. 그러나 그 뜻을 바꾸지 않고 그 말을 만드는 것을 가리켜 환골법(換骨法)이라 하고, 그 뜻을 본받아 형용(形容)하는 것을 가리켜 탈태법(奪胎法)이라 한다."

자구 해석 환골(換骨)_ 뼈를 바꾸다, 뜻을 바꾸지 않고 새로 표현하다.
탈태(奪胎)_ 태(胎)를 바꾸다, 뜻을 살려 달리 표현하다.
즉 환골탈태는 옛 사람의 시를 갖다가 글자만 조금 바꾸고, 뜻을 달리하여 새 시처럼 짓는 것을 가리킨다. 모방을 넘어서는 표절 수준이지만 나쁜 뜻으로 만들어진 말은 아니다.

바뀐 뜻 용모가 환하고 아름다워져서 전혀 딴사람이 되었다는 뜻으로 쓰인다. 또는 모순과 부조리를 없애어 혁신한다는 의미로도 쓰인다.

보 기 글 • 박근혜 대통령 탄핵을 당한 집권당 새누리당은 환골탈태하지 않고는 살아남기 어렵다.

❈ 환영(歡迎)

본 뜻 환(歡)_ 입을 크게 벌려 기뻐하다.
영(迎)_ (찾아오는 사람을) 맞이하다.

| 자구 해석 | 기쁘게 맞이하다. |

❋ 환희(歡喜)

| 본 뜻 | 환(歡)_ 입을 크게 벌려 기뻐하다.
희(喜)_ 북을 치면서 노래를 부르다. |
| 자구 해석 | 매우 즐겁고 기쁘다. |

❋ 활동(活動)

| 본 뜻 | 활(活)_ (물이 들어오거나 비가 내려 물고기나 풀과 나무가) 살 것 같다.
동(動)_ 무거운 것을 힘들여 움직이다, 어떤 성과를 거두기 위해 힘쓰다. |
| 자구 해석 | 기운을 내어 몸을 움직이다. |

❋ 황당(荒唐)

본 뜻	황(荒)_ 땅이 메말라 아무것도 자라지 못하다, 거칠다. 당(唐)_ 입으로 큰소리치다, 허풍 떨다.
자구 해석	메마른 땅처럼 쓸모없는 헛소리.
바뀐 뜻	언행이 공허하고 거짓되다, 내용 없이 큰소리치다.
보 기 글	• 그이 말은 언제나 황당하다.

※ **황제(皇帝)**

| 본 뜻 | 황(皇)_ 조상들의 덕을 칭송하는 형용사. 삼황(三皇)이다.
제(帝)_ 하늘의 신 중 최고의 신. 오제(五帝)이다. |
| 자구 해석 | 삼황오제(三皇五帝), 삼황오제처럼 훌륭한 왕.
전국시대를 통일한 진나라 왕 영정은 다른 왕들처럼 왕호(王號)를 할 수 없다 하여 처음으로 황제라는 칭호를 자기 자신에게 붙였다. 우리나라에서는 왕권 강화에 심혈을 기울였던 고려 광종 때 잠시 황제 칭호를 쓰다가 그 후 몽골의 침입과 중국을 대국으로 섬기는 의식 때문에 쓰지 않았다. 1897년 조선의 고종이 대한제국 수립을 선포하고 칭제건원을 하여 황제라는 칭호를 썼다. |
| 바뀐 뜻 | 강대하고 넓은 제국을 거느리고 있는 군주를 일컫는 칭호로 쓰인다. |
| 보기글 | • 고종과 순종은 제후만도 못한 통치력으로 황제란 단어를 훼손시켰다. |

※ **회복(回復)**

| 본 뜻 | 회(回)_ 둥글게 빙빙 돌다.
복(復)_ 원래 상태로 돌아오다. |
| 자구 해석 | 처음으로 돌아오다. |

※ **회의(懷疑)**

| 본 뜻 | 회(懷)_ (그리운 사람을) 마음에 품다.
의(疑)_ (지팡이를 짚으며 길 가던 노인이 이리 갈까 저리 갈까) 머뭇거 |

리다.

자구 해석 의심을 품다. 근거가 부족하여 판단을 보류하거나 중지하다.

❋ 회자(膾炙)

본 뜻 **회(膾)_** 날고기, 곧 육회(肉膾)다. 고기를 잘게 썰어 지방을 빼고 살점만 모아놓은 것이다. 주로 제사(祭祀)에 사용하였다.
자(炙)_ 구운 고기. 역시 제사에 사용하였다.

자구 해석 회와 구운 고기. 제사에 올렸던 고기 음식이다.
옛날에는 하늘이나 종묘에 제사를 지내고 나면 왕이나 제후가 구운 고기를 신하들에게 나누어주었다. 평소에 먹어보기 힘든 맛있고 귀한 고기다.

바 뀐 뜻 어떤 일이나 얘기가 널리 사람들의 입에 오르내림을 가리키는 말로 쓰인다.

보 기 글 • 회자한다는 말을 쓰는 사람은 대개 나이가 많은 분들이다.

❋ 회전(回轉)

본 뜻 **회(回)_** 둥글게 빙빙 돌다.
전(轉)_ (수레가) 구르다.

자구 해석 빙빙 돌면서 구르다. 어떤 것을 중심으로 빙빙 돌다.

※ 회피(回避)

본 뜻 회(回)_ 둥글게 빙빙 돌다.
피(避)_ (형벌을) 피하다.

자구 해석 빙빙 돌면서 피하다.

※ 회화(繪畫)/도화(圖畫)

본 뜻 회(繪)_ 왕실 복식 등 주로 비단에 그리는 그림과 문양을 총칭한다.
화(畫)_ 왕실 초상화인 어진(御眞), 산수(山水), 화조(花鳥)를 그린 그림.
도(圖)_ 설명이 필요할 때 그림으로 그리는 도해(圖解)나 도설(圖說). 왕실 도자기에 들어가는 그림, 수레와 도량형 기기에 새기는 그림, 조하도(朝賀圖) 등 의례 관련 그림이다.

자구 해석 회화(繪畫)_ 비단에 왕의 초상, 풍경, 꽃과 새 등을 그린 그림.
도화(圖畫)_ 설명을 곁들인 의례와 관련된 그림 및 왕의 초상, 풍경, 꽃과 새 등을 그린 그림. 조선시대에는 이 구분이 매우 명확하게 지켜졌다.

바뀐 뜻 오늘날에는 평면상에 색채와 선을 써서 여러 가지 형상과 느낀 바를 표현하는 조형예술이다. 즉 우리말의 '그림'과 통한다. 도(圖)는 설명이 필요한 지적도, 조감도 등에 아직도 남아 있다. 굳이 현대식으로 구분하자면 회(繪)는 비단뿐만 아니라 삼베, 모시로 만든 천에 그리는 탱화와 불화를 가리킨다. 화(畫)는 화선지 등 종이에 그린 그림 등을 가리킨다.

보기글 • 원시인류가 그린 그림에서 문자와 회화가 나왔다.

❄ 횡단(橫斷)

본뜻 횡(橫)_ (나무를 빗장처럼) 가로지르다.
단(斷)_ (실이나 줄처럼 이어진 것을) 끊다.

자구 해석 가로로 자르다. 도로나 강 따위를 가로지르다. 대륙이나 바다 따위를 동서로 가로 건너다.

❄ 횡설수설(橫說竪說)

본뜻 많은 지식을 가지고 여러 방향으로 설명을 하여 남을 깨우쳐주는 말.

자구 해석 가로로 이야기하다가 세로로 이야기하다.《장자》〈서무귀편〉에 나오는 말이다. 위문후의 신하 여신은 여러 번 진언했지만 칭찬을 듣지 못했다. 그러나 서무귀라는 사람은 몇 마디 나누지 않았는데 제후가 크게 웃으며 칭찬했다. 나중에 여신이 서무귀에게 물었다.
"내가 제후에게 횡(橫)으로는 유가의 경전을, 종(從)으로는 병가의 병설을 인용하여 종횡으로 말했지만 한 번도 웃질 않았소. 당신은 어떻게 말했기에 우리 주공이 단박에 웃으시는가?"
이 대화에서 횡설종설(橫說從說)이 나오고, 나중에 횡설수설(橫說竪說)로 바뀌었다고 한다. 종(從)이 세로란 의미로 쓰였기 때문에 수(竪)로 바뀐 듯하다.

바뀐 뜻 조리가 없는 말을 함부로 지껄이다.

보기글 • 횡설수설은 원래 나쁜 뜻이 아니다.

❋ 효과(效果)

본 뜻   효(效)_ 나타나다.
과(果)_ (나무 따위의) 열매.

자구 해석   열매가 열리다.

바뀐 뜻   어떤 목적을 지닌 행위에 의하여 드러나는 보람이나 좋은 결과. 또는 소리나 영상 따위로 그 장면에 알맞은 분위기를 인위적으로 만들어 실감을 자아내는 일. 작품에 나타나는 색채의 배치나 조화에서 느낄 수 있는 느낌. 유도 경기에서 내리는 판정의 하나로, 기술이 가장 미미하게 걸렸을 때 내리는 판정.

보기글   • 이번의 주택정책은 전혀 효과가 나타나지 않았다.

❋ 효시(嚆矢)

본 뜻   소리 내며 날아가는 화살.

자구 해석   우는 화살을 쏘다. 옛날 전쟁을 시작할 때 개전(開戰)의 신호로 우는 화살을 적진에 쏘아 보낸 데서 비롯한 말이다.

바뀐 뜻   어떤 사물의 맨 처음을 가리키는 말이다.

보기글   • 현대시의 효시를 찾아라.

❋ 효율(效率)

본 뜻   효(效)_ (회초리로 때려서) 배우게 하다, 가르치다.
율(率)_ (틀에 걸고 거친 노끈으로 그릇을 짜는) 비율.

| 자구 해석 | 가르쳐서 얻은 결과의 비율.
| 바 뀐 뜻 | 들인 노력과 얻은 결과의 비율. 일본 한자어다.
| 보 기 글 | • 자동차 연비 전쟁에서는 연료의 효율이 높을수록 유리하다.

❈ 효자(孝子)→형(兄)

| 본   뜻 | 제주(祭主)가 되는 맏아들. 제사 때 읽는 축문(祝文)에서 맏아들이 스스로를 지칭하는 말이다. 그러므로 이 말은 돌아가신 아버이 앞에서 정성스럽게 제사를 드리는 아들을 가리키는 말이다. '맏아들'이란 뜻과 '부모의 상을 당하다'라는 뜻이 들어 있다.
| 자구 해석 | 제사를 지내는 맏아들.
아버지가 사망했을 때 졸곡(卒哭; 죽은 지 석 달 뒤에 오는 정일丁日이나 해일亥日에 지내는 제사. 곡을 끝낸다는 뜻으로 지내는 제사로 탈상脫喪의 뜻이 있다) 이전에는 고자(孤子)라고 하며, 맏아들이 아니면 고(孤)라고 한다. 즉 효자(孝子)는 졸곡 이후에 쓰는 말이며, 맏아들이 아니면 자(子)라고 한다. 어머니가 사망하면 졸곡 때까지 맏아들은 애자(哀子), 맏아들이 아니면 애(哀)라고 한다. 졸곡 이후에는 맏아들은 효자, 맏아들이 아니면 자라고 한다.
| 바 뀐 뜻 | 오늘날은 살아 계실 때나 돌아가셨을 때나 부모를 잘 섬기는 사람을 가리키는 일반적인 말로 쓰인다.
| 보 기 글 | • 부모가 죽은 뒤 효자는 많아도 살아 있을 때 효자는 드물다.

❈ 후(后)/비(妃)/빈(嬪)

| 본   뜻 | 후(后)_ 황제의 부인. 고려시대에 사용했으나 고려 말기 이후 조선시

대 이르기까지 쓰지 못했다.

비(妃)_ 제후의 부인. 조선시대의 경우 왕비(王妃)라는 칭호를 썼다.

빈(嬪)_ 제후의 첩. 조선시대의 경우 부인이 아닌 첩으로서는 가장 높은 직급이었다.

조선시대에 왕실 여인이나 특수층 여인, 사대부 여인들의 지위에 관련된 것으로 내명부(內命婦)와 외명부(外命婦)가 있었다. 내명부 여인들은 평생 남자라고는 왕과 환관만 만날 수 있었는데, 이들의 지위는 당연히 왕과 관련되어 그 높고 낮음이 정해졌다. 외명부 여인도 남편의 지위에 따라 그 지위 고하가 정해졌다.

내명부의 경우 정궁(正宮)은 왕의 아내, 즉 정비(正妃)를 가리키는 말이다. 품계가 없는 무계(無階)로서 왕비·왕후·국모 등으로 불렸으며, 내명부를 총괄하는 최고의 위치에 있었다. 원래 호칭은 왕후였으나 원나라 영향으로 이후 제후국을 자처하여 왕비라고 낮추어 불렀다. 왕세자의 아내는 빈(嬪)으로서 역시 무계이다. 마마로 불리지 않고 저하로 불렸다.

후궁(後宮)은 왕의 후처에 해당하는 여자를 가리키는 말이다. 조선시대 후궁은 내관(內官)으로 내명부의 품계에 따라 정1품 빈(嬪)에서 종4품 숙원(淑媛)까지 그 호칭과 품계가 각각 정해져 비교적 엄격히 시행되었다. 정1품 빈은 왕의 승은을 입은 첩 중 가장 높은 직급으로 장희빈이 대표적인 인물이다. 종1품은 귀인(貴人), 정2품은 소의(昭儀), 종2품은 숙의(淑儀), 정3품은 소용(昭容), 종3품은 숙용(淑容), 정4품은 소원(昭媛), 종4품은 숙원(淑媛)이다. 이들의 직무는 오로지 왕과 동침하는 것이었으며, 임금의 총애에 따라 그 품계가 오를 수 있었다.

바뀐 뜻 바뀐 뜻은 없다. 조선시대 내명부 내관의 품계가 현대에 이르러 여성의 이름에 살아 있음을 알리고자 실었다.

※ 후보(候補)

본 뜻	후(候)_ 화살을 쏘아 과녁에 잘 맞히는 사람. 무술이 중요하던 고대에는 활 쏘는 솜씨가 인물의 기량을 판단하는 기준이었다. 보(補)_ 해진 옷을 깁다.
자구 해석	목표를 잘 맞히고 낡고 찢어진 것을 잘 깁다. 또는 그럴 수 있는 사람.
바 뀐 뜻	어떤 직위나 신분을 얻으려고 일정한 자격을 갖추어 나서거나 나선 사람. 시상식·운동 경기 따위에서, 어떤 지위에 오를 자격이나 가능성이 있거나 그런 사람. 빈자리가 생겼을 때 그 자리를 채울 수 있는 자격을 갖거나 그런 그런 사람.
보 기 글	• 올해 대통령 선거에는 세 명의 후보가 나섰다.

※ 훈련(訓鍊)

본 뜻	훈(訓)_ (물 흐르듯이 말하며) 가르치다. 바른 이치나 지식을 가르치는 것이다. 자기주장이나 설을 말하면 훈이 아니다. 련(鍊)_ 불에 달군 물렁한 쇠를 망치로 단단하게 두드리다. 사물을 정밀하게 다듬다, 익숙하게 하다는 뜻으로 쓰인다.
자구 해석	익숙해지도록 가르치다.
바 뀐 뜻	군대나 체육 분야에서 많이 쓰인다. 일정한 목표나 기준에 이를 수 있도록 만드는 교육 활동이다.
보 기 글	• 군대는 평소에 실전 훈련을 많이 해야 한다.

❆ **휘발**(揮發)

본 뜻	휘(揮)_ (군대로 들이치면) 흩어지다, 나뉘다. 발(發)_ 여기저기로 떠나다, 가버리다, 사라지다.
자구 해석	흩어져 없어지다.
바뀐 뜻	보통 온도에서 액체가 기체로 되어 날아 흩어지는 현상이다.
보 기 글	• 휘발유는 공기 중에 두면 휘발한다.

❆ **휘하**(麾下)

본 뜻	본래는 장수를 알리는 대장의 깃발(麾) 아래(下)를 가리키는 말이다. 오늘날에도 각 군대마다 각기 다른 깃발이 있듯이 옛날에도 각각의 장수마다 각기 다른 깃발을 가지고 있었다. 그 깃발 아래 모이는 것은 곧 그 장수 아래 있는 사람이라는 표시였다.
자구 해석	(깃발이 나타내는 부대에) 소속되어 있다는 뜻이다. 이 말은 깃발의 주인만 할 수 있다. 즉 중대장 깃발이면 중대 소속원이 중대장인 자기 아래에 소속되어 있다는 뜻이다.
바뀐 뜻	어떤 장수의 지휘 아래 소속되어 있는 것. 또는 그의 지휘 아래 딸린 병사나 사람을 가리키는 말이다. 본래는 군사용어였는데 오늘날에는 일반 조직체에서도 널리 쓰이고 있다.
보 기 글	• 유비 휘하 장수들의 검술이 형편없다.

❆ **휘황**(輝煌)

본 뜻	휘(輝)_ 확 퍼져나가는 햇빛, 햇살(光彩).

황(煌)_ (태양이나 별처럼) 끊이지 않고 계속 빛나다.

자구 해석   끊이지 않고 계속 빛나다.

※ 휴가(休暇)

본 뜻   휴(休)_ (나무 아래 앉아) 편히 쉬다.
가(暇)_ 겨를, 자기 마음대로 써도 되는 자유 시간, 여유나 틈.

자구 해석   쉬면서 여유 시간을 갖다.

※ 휴식(休息)

본 뜻   휴(休)_ (나무 아래 앉아) 편히 쉬다.
식(息)_ (거친 숨을 가라앉히며) 찬찬히 숨을 고르다.

자구 해석   쉬면서 숨을 고르다.

※ 흉금(胸襟)

본 뜻   흉(胸)_ 가슴.
금(襟)_ 옷깃.

자구 해석   가슴과 옷깃.

바뀐 뜻   앞가슴의 옷깃이라는 원뜻에서 마음속 깊이 품은 생각이라는 뜻으로 바뀌었다.

보기글
- 우리, 흉금을 털어놓고 말해봅시다.
- 어원대로 따지자면 "흉금을 터놓고 말합시다."가 옳은 표현 아닌가?

※ 흔적(痕跡)

| 본 뜻 | 흔(痕)_ 부스럼이나 종기가 낫고 남은 흉터.
적(跡)_ 발이 밟고 지나간 뒤에 남은 발자취. |
| 자구 해석 | 흉터와 발자취. |
| 바뀐 뜻 | 어떤 현상이나 실체가 없어졌거나 지나간 뒤에 남은 자국이나 자취. |

※ 흥분(興奮)

| 본 뜻 | 흥(興)_ 좋은 감정이 솟구치다. 흥겹다는 뜻으로 쓰인다.
분(奮)_ 나쁜 감정이 솟구치다. 분노하는 마음이다. |
자구 해석	좋은 감정이든 나쁜 감정이든 갑자기 솟구치다. 절제되지 않은 감정이다.
바뀐 뜻	어떤 자극을 받아 감정이 북받쳐 일어나다. 좋고 나쁜 것을 가리지 않고, 잘 통제되지 않는 감정을 가리킨다.
보기글	• 싸울 때는 절대로 흥분하지 말고 침착해야 한다.

※ 희망(希望)

| 본 뜻 | 희(希)_ 올을 성기게 짠 베, 드문드문하다, 벼이삭이 드물고 성기다. 이 뜻을 강조하기 위해 희(稀)가 나오고, 희(希)는 바란다는 뜻으로 더 많이 쓰인다. 즉 점괘를 가리키는 육효(六爻)의 효(爻)와 수건(巾)이 합쳐진 글자로 본다. 앞으로의 운수를 알려줄 점괘를 수건이 가리고 있는 형국이므로 점괘가 드러나기 전까지는 앞날에 대한 기대를 가지게 된다는 뜻이다. 그래서 바란다는 의미를 담게 되었다. 바 |

라는 게 추상적이다.

망(望)_ 언덕에 서서 달을 바라보며 보름달이 되기를 기다리다. 바깥에 나가고 없는 사람이 돌아오기를, 달을 바라보면서 기원한다는 의미도 있다.

자구 해석 점괘가 잘 나오기를 바라는 마음과 보름달이 뜨기를 기다리는 마음.

바 뀐 뜻 앞일이나 자신의 미래에 대한 바람이나, 그렇게 되었으면 하는 소원을 뜻하는 말이다.

보 기 글 • 희망을 버리지 않는다면 어떤 시련도 이길 수 있다.

※ **희미(稀微)**

본　뜻 노자(老子)의 《도덕경》에 나오는 구분이다.
희(稀)_ 들으려 해도 들리지 않다. (벼가) 드물고 성기다.
미(微)_ 만지려 해도 만져지지 않다. 그만큼 작다.

자구 해석 매우 드물고, 게다가 매우 작다. 일반적으로도 희(稀)는 매우 드문 것, 미(微)는 매우 작은 것이다. 너무 작은 데다 몇 개 있지도 않으므로 무시해도 된다는 뜻이다. 들으려 해도 들리지 않고, 만지려 해도 만져지지 않다.

바 뀐 뜻 분명하지 못하고 어렴풋하다는 의미로 쓰인다.

보 기 글 • 너란 존재는 내게는 언제나 희미한 불빛이었어.

❄ 희생(犧牲)

본 뜻
희(犧)_ 종묘 제향에 쓰는 가축. 희거나 검은 소. 색깔이 순수한 것이다.
생(牲)_ 제사 지낼 때 바치는 가축이다. 기를 때는 축(畜)이고, 제사에 쓸 때는 점을 치는데 이때 길(吉)하게 나와야 비로소 생(牲)이라고 한다.

자구 해석
제사 때 잡아 올리는 소. 희(犧)든 생(牲)이든 수컷만 쓰며, 지역에 따라 양이나 돼지를 쓰는 경우도 있다.

바뀐 뜻
제사에 바치는 희생물인 소나 양을 주인 대신에 바치는 것처럼 남을 위해 자신을 돌보지 않고 힘써 일하거나 죽다.

보기글
• 희생 없는 민주주의는 없다.

❄ 희한(稀罕)

본 뜻
희(稀)_ (벼이삭이) 드물고 성기다.
한(罕)_ (그물코가) 드물고 성기다.

자구 해석
벼이삭이나 그물코가 매우 드물고 성기다.

바뀐 뜻
좀처럼 보기 드문 일. 잘될 때보다 안 될 때 쓰는 표현이다. 벼농사가 너무 안되어 나락이 드물 때, 그물코를 잘못 꿰어 너무 성길 때 그 잘못되기가 어려운데 잘못됐다는 뜻으로 쓴다. 못 쓴다거나 가치가 없다는 뜻이 포함되어 있다.

보기글
• 원래 햇빛이 풍부하면 과일 당도가 올라 좋은 법인데, 올해에는 지나친 폭염으로 과일 껍질이 타버렸다. 참 희한한 일이다.

알쏭달쏭 주제별 한자어 1233가지

2장

❄ 가게와 시장에 관련된 한자

사(肆)   늘어놓다, 진열(陳列)하다, 팔 물건을 늘어놓는 것, 점포(店鋪), 노점(露店).

'사(肆)'는 옛날의 상점인 노점의 통칭이다. 따라서 '술집'을 뜻하는 주사(酒肆), '찻집'을 뜻하는 다사(茶肆), '책방'을 이르는 서사(書肆) 등의 용법이 있다.

시사(市肆)_ 시장 거리에 있는 가게, 시중(市中)의 상점, 시전(市廛).
방사(放肆)_ 하는 짓이 거리낌이 없이 제멋대로임. 방자(放恣)함.

시(市)   저자, 시장(市場), 시가(市街), 번화한 곳, 장사, 거래나 매매.

'시(市)'는 '물건을 사고파는 곳'이다. 곧 물품을 매매하고 교역이 이루어지는 장소가 바로 '시'이다. 그리하여 《전국책戰國策》에는 "이름을 다투는 자는 조정(朝廷)에서 하고, 이득을 다투는 자는 시(市), 곧 시장에서 한다."고 하였다. 상품의 교역이 아직 발달하지 않은 시대에 '시'는 집시성(集市性)과 임시성(臨時性)이 강하여, 낮에만 시장이 열렸다. 도성(都城)이 발전하면서 '시'도 고정된 시장으로 발전할 수 있었다. 따라서 도성을 건설할 때 먼저 고려한 것은 조정과 시장의 위치였다.

시정(市井)_ 우물이 있는 곳에 사람이 모여 살았다는 데서, 인가(人家)가 많이 모인 곳이나 장이 서는 곳을 이른다. 저자, 시가(市街).
문전성시(門前成市)_ 문 앞에 저자를 이룬다는 뜻으로, 찾아오는 사람이 많음을 이르는 말이다.
시전(市廛)_ 시중(市中)의 가게, 상점(商店), 시사(市肆).

영(令)   시장, 저자. 본디 '높은 사람이 낮은 사람을 시키다'라는 뜻으로, 시장을 여는 권한을 가진 조정이 영으로써 시장 개설을 허가하였기 때문에 이런 뜻이 생겼다.

	약령(藥令)_ 봄과 가을에 열리는 약재의 시장. 약령시(藥令市).
전(廛)	가게, 상점, 전방(廛房).
	'전(廛)'은 원래 집을 짓기 위한 빈 땅, 곧 택지(宅地)를 뜻하는 글자이다. 그러다가 시장 안의 구획된 공터도 '전'이라고 하였다. 결국 각종 가게가 들어서는 빈 땅이 '전'이다.
	육주비전(六注比廛)_ 지난날 서울 종로에 있던 백각전(百各廛) 가운데서 으뜸가던 여섯 전. 곧 선전(縇廛), 면포전(綿布廛), 지전(紙廛), 면주전(綿紬廛), 저포전(紵布廛), 내외어물전(內外魚物廛)이 그것이다. 육의전(六矣廛)이라고도 한다.
	난전(亂廛)_ 조선시대에 육주비전에서 파는 물건을 몰래 팔던 가게.
	전방(廛房)_ 물건을 파는 곳, 가게, 전포(廛鋪).
점(店)	가게, 전방, 물건을 파는 곳, 여관, 여인숙.
	화물을 쌓아놓는 시설을 이른다. 그 밖에 고대의 객관(客館)을 '저(邸)'라고 하였는데, 훗날 '저'가 제후의 객관으로 자주 쓰이게 됨에 따라 서울에 있는 고관대작의 주택을 '저택(邸宅)'이라 하였다. 결국 수많은 상인들이 왕래하는 객사(客舍)를 차용(借用)하여 '점'이라 하였다.
	점두(店頭)_ 점방의 앞.
	점사(店肆)_ 점포, 상점.
집(集)	저자, 시장.
	집시(集市)_ 농촌이나 소도시의 정기 시장.
포(鋪)	가게, 점포, 포(舖), 펴다, 늘어놓다. 장사의 규모가 비교적 작은 가게를 뜻한다.
	포금열수(鋪錦列繡)_ 비단을 깔고 수(繡)를 늘어놓는다는 뜻으로, '아름다운 문장'을 이르는 말이다.
행(行)	길, 도로, 가게, 도매상. 원래 가게를 뜻하는 발음은 '항'이다.
	'행(行)'은 원래 '길'이라는 뜻에서 '행렬(行列)'이라는 뜻으로 확대되었

다. 고대의 도읍 안에 밀집된 무역시장을 '시(市)'라고 하였다. 이 '시' 안에서 같은 물품을 파는 가게나 상점이 같은 구역에 집중적으로 밀집되어 있는 것을 '행'이라고도 하였다. 곧 미행(米行), 육행(肉行), 탄행(炭行)이 바로 그 예이다. 이러한 '행'은 본디 시장의 관리자가 관리를 편리하게 하기 위하여 조직한 것이었다가, 나중에는 동업자의 조직이 되어 'OO상회(商會)'로까지 발전하였다. '행'은 시장을 독점적으로 농단(壟斷)하는 조직으로서 동업 조직을 동행(同行), 비동업 조직을 외행(外行)이라 하였다. 그 대표적인 것으로 은행(銀行)이 있다.

행고(行賈)_ 도붓장수 또는 도붓장사.

행상(行商)_ 돌아다니며 물건을 파는 일. 도부(到付), 여상(旅商), 행상인(行商人)의 준말.

❋ 공간과 도시에 관련된 한자

경(京)   천자(天子)가 도읍한 경사(京師). 왕이 거주하는 도성을 일컫는다.

경(境)   곳, 장소, 지경(地境).
    경역(境域)_ 경내(境內)의 땅.
    심경(心境)_ 마음이 머무는 곳.
    역경(逆境)_ 일이 뜻대로 되지 않는 불운한 처지.
    환경(環境)_ 일상생활을 둘러싸고 직접 간접으로 영향을 주는 자연적 조건이나 사회적 형편.

광(廣)   《주례(周禮)》에 따르면 동서의 길이다. →윤(輪)

교(郊)   읍(邑)이 교차하는 곳이므로 접경 지역이다. 약간 변경 지역이다.
    근교(近郊)_ 서울로부터 50리 이내 지역이다.
    원교(遠郊)_ 서울에서 100리 이내 지역이다.

권(圈)   우리, 감방, 한정된 일정한 구역이나 범위, 경계, 울타리.
    권뢰(圈牢)_ 우리, 짐승을 가두어두는 곳.

기(畿)   왕이 거주하는 도성으로부터 사방 500리까지의 지역이다.

기(基)   터, 토대.
    기지(基址)_ 토대, 기초.

방(方)   곳, 처소, 방위, 방향.
    행방(行方)_ 간 곳, 간 방향, 종적(蹤迹).
    삭방(朔方)_ 북쪽, 북방.

석(席)   자리, 바닥에 까는 자리, 곳, 장소, 지위.
    석고대죄(席藁待罪)_ 거적을 깔고 엎드려 처벌을 기다림, 죄과(罪過)에 대한 처분(處分)을 기다림.
    석권(席卷)_ 자리를 둘둘 말듯이 손쉽게 모조리 차지하는 일.
    좌석(座席)_ 여러 사람이 모인 자리.

소(所)	일정한 곳이나 지역.
	주소(住所)_ 머물고 사는 곳, 집.
	처소(處所)_ 사람이 거처하는 곳.
역(域)	한정된 일정한 곳이나 땅, 지경, 나라, 국토.
	역내(域內)_ 일정한 장소의 안.
	역중(域中)_ 나라의 안, 온 세상.
	지역(地域)_ 일정한 땅의 구역이나 경계. 또는 그 안의 땅.
윤(輪)	《주례(周禮)》에 따르면 남북의 길이다. →광(廣)
장(場)	마당, 곳, 터, 자리.
	장소(場所)_ 곳, 자리.
	시장(市場)_ 장사가 이루어지는 곳.
전(甸)	전복(甸服). 왕성 밖 500리 이내 지역이다.
좌(座)	자리, 앉거나 눕는 자리.
	좌우명(座右銘)_ 늘 자리 옆에 두고 반성하는 격언.
	성좌(星座)_ 별자리.
지(址)	터, 자리, 곳.
	성지(城址)_ 성터.
처(處)	곳, 자리.
	처신(處身)_ 타인에 대한 몸가짐이나 행동.
	처세(處世)_ 남들과 사귀면서 살아가는 일.
	처사(處士)_ 벼슬하지 않고 초야에 묻혀 있는 선비.
후(侯)	후복(侯服). 왕성 밖 500리 바깥 지역이다.

※ 과실(果實)에 관련된 한자

과(果) 나무의 열매. 실(實)보다 크다.

귤(橘) 귤나무, 귤.
  감귤(柑橘)_ 귤과 밀감을 아울러 이르는 말.

도(桃) 복숭아나무, 복숭아.
  앵도(櫻桃)_ 앵두나무의 열매.
  호도(胡桃)_ 호두나무의 열매, 당추자(唐楸子), 추자(楸子).

매(梅) 매화나무, 매우(梅雨), 장마.
  매실(梅實)_ 매화나무의 열매.
  매우(梅雨)_ 매실이 익을 무렵에 내리는 장마. 곧 음력 4~5월경 양자강 유역에서 일본에 걸쳐 내리는 장마. 매림(梅霖).

상(桑) 뽕나무.
  상심(桑椹)_ 오디, 상실(桑實).
  상재(桑梓)_ 뽕나무와 가래나무. 옛날에는 집의 담 아래 뽕나무와 가래나무를 심어두어, 후세 자손들에게 조상을 생각하게 했다는 데서 '고향의 집' 또는 '고향'을 이르는 말이다.
  부상(扶桑)_ 동쪽 바다의 해뜨는 곳에 있다는 신령스런 나무. 또는 그것이 있다는 전설상의 나라.

시(柿) 감나무, 감.
  건시(乾柿)_ 곶감. 곶감과 준시(蹲柿)를 두루 이르는 말.
  준시(蹲柿)_ 껍질을 깎아 꼬챙이에 꿰지 않고 납작하게 말린 감. 곶감.
  홍시(紅柿)_ 붉고 말랑말랑하게 무르익은 감. 연감, 연시(軟柿).

실(實) 풀의 열매, 씨, 종자. 과(果)에 비해 작은 것을 나타내므로 세밀하다는 뜻으로 쓰인다.

앵(櫻) 앵두나무.
앵순(櫻脣)_ 앵두같이 붉은 입술. 미인의 입술을 이른다.

영(檸) 레몬.
영몽(檸檬)_ 레몬의 음역(音譯).

유(榴) 석류나무.
석류(石榴)_ 석류나무의 열매.

율(栗) 밤나무, 밤, 춥다, 떨다.
율서(栗鼠)_ 다람쥐, 목서(木鼠).
전율(戰慄)_ 심한 두려움이나 분노 따위로 몸을 떪.

이(李) 오얏나무, 오얏. 자두의 예스러운 말.
이하부정관(李下不整冠)_ 의심받을 말이나 행동은 아예 하지 말라는 뜻. 자두나무 밑에서 갓을 고쳐 쓰면 오얏, 곧 자두를 따는 것으로 의심받기 쉽기 때문에 이르는 말이다.
도리(桃李)_ 복숭아와 자두. 또는 그 꽃이나 열매. '남이 천거한 좋은 인재'를 비유하여 이르는 말이다.
행리(行李)_ 행장(行裝), 행구(行具), 여행할 때 쓰이는 물건을 싼 짐.

이(梨) 배나무, 배.
이붕고(梨硼膏)_ 배의 속을 파내고 붕사(硼砂)와 꿀을 넣어 봉한 뒤, 진흙을 발라 구워 익힌 것으로 기침약으로 쓴다.
이설(梨雪)_ 배꽃을 흰 눈에 견주어 이르는 말이다.
이조(梨棗)_ 배와 대추. 서적(書籍)의 판목(板木)으로는 배나무와 대추나무가 제일 좋으므로 출판(出版)의 뜻으로도 쓰인다.

조(棗) 대추나무, 대추, 빨강, 대추 빛깔.
조동율서(棗東栗西)_ 제사상을 차릴 때 대추는 동쪽, 밤은 서쪽에 놓는다는 말.

행(杏) 살구나무, 살구, 은행나무.
행단(杏亶)_ 학문을 가르치는 곳. 공자가 살구나무 아래, 즉 행단에서 쉬었다는 고사(故事)에서 유래한 말이다.
행림(杏林)_ 살구나무 숲, 의원(醫員)의 미칭(美稱).
옛날 오(吳)나라의 명의(名醫) 동봉(董奉)이 환자를 치료해준 대가로 중환자에게는 살구나무 다섯 그루, 보통 환자에게는 한 그루씩을 심게 하였다. 이것이 몇 해가 지나 큰 숲을 이루어, 동선행림(董仙杏林)이라 한 데서 유래한 말이다.
은행(銀杏)_ 은행나무의 열매. 색깔이 하얘서 백과(白果)라고도 한다.

※ 글에 관련된 한자

육조(六朝)시대의 양나라 사람 유협(劉勰)이 쓴 《문심조룡文心雕龍》에 나오는 구분법이다.

구(句) 자(字)를 묶으면 구(句)가 된다. 둘 이상의 단어가 묶인다.
구절(句節)_ 한 토막의 말이나 글.

문(文) 본디 무늬를 뜻했다. 나중에 글월로 변했다.
문장(文章)_ 한 나라의 문명을 이룬 예악(禮樂)과 제도. 또는 그것을 적어놓은 글.

자(字) 글자 하나다.
자구(字句)_ 문자와 어구를 아울러 이르는 말.

장(章) 절(節)이 묶이면 장(章)이 된다. 글 내용을 크게 나누는 구분의 하나. 악곡의 절(節), 시문의 절(節)을 장이라고 한다.

절(節) 한 단락이다. 주어와 술어로 이루어지나 전체 문장의 한 구성 성분이다.

편(篇) 완성된 글이다. 문장(文章).

❄ 길에 관련된 한자

가(街) 네거리. 네거리를 뜻하는 '行(행)' 속에 모서리를 뜻하는 '圭(규)'가 들어갔다.

　　을지로3가_ 을지로의 세번째 네거리.

거(去) **거로(去路)_** 나그넷길, 여행길, 행로(行路).

　　과거(過去)_ 이미 지나간 지난날의 일.

경(徑) 소나 말이 겨우 지나다닐 만한 작은 길, 길, 지름길, 좁은 길, 논두렁길. 또는 지름.

　　첩경(捷徑)_ 지름길.

　　경륜(徑輪)_ 직경(지름)과 둘레.

궤(軌) 1) 길, 바퀴자국, 수레바퀴가 지나간 자국.

　　궤도(軌道)_ 수레, 차, 기차 따위의 길이나 하늘이 공전하는 일정한 길.

　　2) 길, 도로.

　　3) 천체가 운행하는 길, 곧 하늘길.

　　4) 법, 법도, 법칙, 사람이 행해야 할 도리.

　　궤범(軌範)_ 본보기, 모범(模範) 예) 악학궤범(樂學軌範)

노(路) 수레 세 대가 다닐 수 있는 3차로 길. 현대에는 도(道)는 큰길, 로(路)는 작은 길의 뜻으로 쓰인다. 고속도로의 경우 공식 명칭은 국도, 즉 도(道)다. 지방도에서 뻗어나간 길은 로(路)가 되어, 오늘날 도로명 주소의 기본이 되었다.

　　기로(岐路)_ 갈림길.

　　노류장화(路柳牆花)_ 누구나 꺾을 수 있는 길가의 버들과 담밑의 꽃이란 뜻으로, 창녀를 빗대어 이르는 말.

　　언로(言路)_ 말의 길. 예) 언로가 막히면 나라가 망한다.

| 도(途) | 길, 도로.
도상(途上)_ 길 위, 노상(路上), 도중(途中).
도설(途說)_ 길에서 들은 것을 길에서 말함. 또는 세상의 소문.
| 도(道) | 수레 두 대가 다닐 수 있는 2차로 길. 현대에는 도(道)는 큰길, 로(路)는 작은 길의 뜻으로 쓰인다. 고속도로의 경우 공식 명칭은 국도, 즉 도(道)다. 지방도에서 뻗어나간 길은 로(路)가 되어, 오늘날 도로명 주소의 기본이 되었다.
도리(道理)_ 사람으로서 가야 할 마땅한 이치.
도덕(道德)_ 사람이 반드시 행해야 할 바른 길.
도반(道伴)_ 여행이나 삶의 동반자, 길동무.
왕도(王道)_ 임금은 마땅히 인덕(仁德)을 근본으로 천하를 다스려야 한다는 정치사상. 패도(覇道)는 인의(仁義)를 무시하고 무력이나 권모술수로써 나라를 통치해야 한다는 사상으로 왕도와는 상반되는 개념이다.
| 술(術) | 길에서 농작물을 팔고 사다. 여기서 꾀라는 뜻이 나왔다.
| 십(辻) | 네거리.
| 연(衍) | 길에 물이 흘러가니 넘친다는 뜻이다.
| 왕(往) | 가다.
왕로(往路)_ 가는 길, 귀로(歸路).
왕래(往來)_ 가고 오고 하다.
| 운(運) | 천체(天體)가 가는 길, 천체가 공전 자전하는 길.
| 위(衛) | 사람이 다니는 길에 서서 둘레를 지키다.
| 정(程) | 길, 도로, 도중. 노정이란 뜻에서 법, 법도라는 의미도 있다.
과정(過程)_ 지나는 길.
노정(路程)_ 여행의 경로나 일정, 여정(旅程).
일정(日程)_ 그날에 할 일. 또는 그 분량이나 차례.
공정(工程)_ 일이 진척되는 과정이나 정도. 동북공정(東北工程).

__항(巷)__	골목길.
__행(行)__	네거리. 마차가 다니는 넓은 길이 직각으로 만나는 곳이다. 네거리에 늘어선 가게를 가리킬 때는 '항'이라고 읽는다. 가다, 향하다, 행하다.
	__행각(行脚)___ 여기저기 돌아다님.
__향(向)__	향하다.
	__향학(向學)___ 학문에 뜻을 두고 그 길로 나아감.
__혜(蹊)__	산길.

※ **나무나 수풀에 관련된 한자**

녹(麓) 산기슭, 숲, 넓은 삼림.
　　산록(山麓)_ 산기슭.
목(木) 나무, 수목, 목재.
　　목리(木理)_ 나뭇결, 나무를 자른 면에 나타나는 무늬, 나이테, 연륜, 목성(木性).
박(薄) 풀숲, 거친 풀, 잡초, 초목이나 풀의 무더기. 나무의 무더기를 림(林), 초목이 함께 있는 무더기를 박(薄)이라 한다.
삼(森) 나무가 빽빽하다.
　　삼라만상(森羅萬象)_ 우주에 있는 온갖 물건과 모든 현상.
수(樹) 나무, 수목, 초목, 심다, 식물의 범칭.
　　본디 나무를 재배하거나 심는다는 뜻의 동사(動詞)였다. 각종 농작물이나 화초를 심는 것도 수(樹)라고 하였다. 오늘날에는 '나무'라는 명사(名詞)로 쓰인다.
울(鬱) 우거지다, 수풀이 무성하다, 답답하다, 막히다.
　　울림(鬱林)_ 삼림(森林), 울창한 숲.
　　울창(鬱蒼)_ 나무가 빽빽이 들어선 모양. 또는 해가 저물어 어둑어둑한 모양.
　　울릉도(鬱陵島)_ 경상북도 울릉군에 속하는 화산섬.
임(林) 수풀, 숲, 나무가 한곳에 많이 모여 있는 형상.
　　수림(樹林)_ 나무가 우거진 숲.
　　유림(儒林)_ 사림(士林), 유도(儒道)를 닦는 학자들. 또는 그들의 사회.
총(叢) 떨기, 풀이나 나무 등의 무더기.
　　총박(叢薄)_ 무성한 초목. 총(叢)은 나무, 박(薄)은 풀이다.
　　총망(叢莽)_ 우거진 풀숲.

총림(叢林)_ 관목(灌木) 무더기.

총죽(叢竹)_ 대나무 숲, 암.

※ 나이를 뜻하는 한자

강(强)	마흔 살. 이때에 벼슬길에 나간다. 이 벼슬은 사(士)로서 낮은 직급의 공무원이다.
기(耆)	예순 살. 지시하여 부리는 시기이다. 기로소(耆老所)에 들어갈 나이다. 기로소는 예순 살에서 일흔 살에 이른 관리들이 정사를 놓고 들어가 쉬는 기관이다.
기(期)	백 살. 이때는 봉양을 받는다. 1기라고 할 때는 사람의 수명처럼 한 사람이 태어나 살다가 죽은 인생을 가리킨다. 원래는 달(月)이 차고 지는 한 달이다. 보름이나 그믐은 고대인들의 주요 시간 단위였다.
도(悼)	일곱 살. 지혜가 아직 미치지 못하였기 때문에 죄가 있더라도 처벌할 수 없는 나이다.
로(老)	일흔 살. 집안일을 자식에게 넘겨주는 시기이다.
모(耄)	여든 살과 아흔 살. 지혜가 쇠하였기 때문에 비록 죄가 있더라도 형벌을 가하지 않는 나이다.
애(艾)	쉰 살. 국가의 정사(政事)를 맡는 시기이다. 머리가 쑥 색깔이 된다 하여 애(艾)라고 한다. 이때 벼슬은 대부(大夫)로서 공무원을 부리는 윗사람이다.
약(弱)	스무 살. 이때에 관례(冠禮)를 한다.
영(嬰)	갓난아이.
유(幼)	열 살. 배우는 시기이다. 현대에는 초등학교 의무 입학 연령인 8세 이전 어린이를 가리킨다.
장(壯)	서른 살. 이때 아내를 맞이한다.

❄ 날씨에 관련된 한자

경(景)	(햇빛이 비치면서 드러난 서울의) 풍경.
광(光)	햇빛.
기(氣)	공기, 대기.
냉(冷)	차다, 춥다, 서늘하다, 오싹하다.

냉절(冷節)_ 한식(寒食)의 딴 이름.
냉소(冷笑)_ 쌀쌀한 태도로 비웃음.
냉철(冷徹)_ 감정에 좌우되지 않고, 사물을 내다보는 데 냉정하고 날카로움.

노(露)	이슬.
뇌(雷)	천둥.
매(霾)	흙비.
무(霧)	안개.
박(雹)	우박.
벽력(霹靂)	천둥소리.
복(伏)	복날.

음력 6월의 절기로, 여름날 가장 더운 시기를 셋으로 나누어 하지(夏至) 뒤의 셋째 경일(庚日)을 초복(初伏), 넷째 경일을 중복(中伏), 입추(立秋) 뒤의 첫째 경일을 말복(末伏)이라 한다.

복서(伏暑)_ 음력 6월의 복더위.
삼복증염(三伏蒸炎)_ 삼복 무렵의 찌는 듯하게 심한 더위.

분(氛)	조짐, 기운.
산(霰)	싸라기눈.
서(暑)	덥다, 무덥다, 여름.

피서(避暑)_ 더위를 피하여 시원한 곳으로 가는 것.

	염서(炎署)_	대단한 더위.
설(雪)	눈.	
섬(閃)	번개가 갈라지는 모습.	
애(靄)	아지랑이, 연무(煙霧).	
	화기애애(和氣靄靄)_	어울리는 기운이 마치 아지랑이가 오르는 듯 따뜻하다.
열(熱)	덥다, 더위, 열.	
	열염(熱焰)_	맹렬한 불꽃.
	열천(熱天)_	더위가 심한 날씨.
염(炎)	덥다, 뜨겁다.	
	염량(炎凉)_	더위와 선선함.
예(霓)	쌍무지개가 뜰 때 둘 중의 흐린 무지개로 암무지개라고 한다.	
요(曜)	햇빛이 쨍쨍 빛나다.	
우(雨)	비.	
운(雲)	구름.	
음(陰)	응달, 그늘.	
음(霪)	장마, 10일 이상 계속되는 비.	
일(日)	해.	
임(霖)	장마, 비가 그치지 않는 모양을 가리킴.	
전(電)	번개.	
정(霆)	천둥소리.	
증(蒸)	찌는 듯이 덥다, 무덥다.	
	증서(蒸署)_	찌는 듯이 무더움.
침(祲)	햇무리.	
표(飄)	회오리바람.	
표(颱)	폭풍.	
풍(風)	바람.	

| 하(霞) | 노을. |
| 한(寒) | 차다, 춥다, 얼다, 떨다. |

한루(寒陋)_ 가난하고 미천함, 한미(寒微).

한서(寒暑)_ 추위와 더위, 겨울과 여름, 세월.

한훤(寒喧)_ 추위와 더위, 기후, 날씨의 춥고 더움에 대한 인사말.

| 홍(虹) | 무지개. |
| 휘(輝) | 광채. |

※ 도장에 관련된 한자

금보(金寶) 조선시대 도장에 관한 궁중 규정에 따르면, 선왕(先王)이나 선비(先妃)에게 올리는 추상존호(追上尊號)를 새긴 도장.

대보(大寶) 조선시대 도장에 관한 궁중 규정에 따르면, 임금의 도장. 옥으로 만들어서 옥보(玉寶)라고 부르기도 한다.

도서(圖書) 송(宋)나라 이후 도서(圖書)를 수장하는 사람의 인(印)에 '모모도서(某某圖書)'라는 인문을 썼기 때문에 민간에서 도서를 인장의 새로운 명칭으로 사용하였다. 나중에 도서는 책과 그림을 가리키는 어휘로 남고, 인(印)의 개념으로 쓰일 때는 도장(圖章)이라는 어휘로 정리되었다.

보(寶) 1) 당나라 측천무후는 새(璽)가 죽을 사(死)와 발음이 같다 하여 보(寶)로 썼다. 이후 새와 보가 함께 황제의 도장을 뜻하는 말로 쓰였다.
2) 조선시대 도장에 관한 궁중 규정에 따르면, 왕·왕비·왕대비·대왕대비 등의 도장이다.

새(璽) 주(周)나라 때까지 도장은 본디 새(璽)라고 불렸다. 다만 전국시대에 사람들이 많이 이용하게 되자 진(秦)나라 시황제는 천자의 도장만을 새라고 부르도록 했다.

시인(諡印) 조선시대 도장에 관한 궁중 규정에 따르면, 젊은 나이로 훙서한 왕세자·왕세자빈 등의 시호를 새긴 도장이다. 옥이나 은으로 만들었다.

어새(御璽) 대한제국 이후 황제의 도장. 국새(國璽), 보새(寶璽), 어인(御印), 옥새(玉璽).

어압(御押) 조선시대 도장에 관한 궁중 규정에 따르면, 임금의 수결(手決)을 새긴 도장. 어함(御啣).

인(印)	1) 진나라 시황제가 제후의 도장을 인(印)이라고 정하면서 이후 그렇게 쓰였다. 명나라는 조선 국왕이 즉위하면 '조선국왕지인(朝鮮國王之印)'을 만들어 보내왔는데, 조선 조정은 이를 쓰지 않고 스스로 보(寶)를 만들어 쓰면서 이를 옥새(玉璽)라고 호칭만 했다. 대한제국을 선포한 고종이 처음으로 새(璽)를 사용했다. 한편 한(漢)나라 무제가 도장 관련 규정을 손질하여, 인(印)은 문관이 쓰되 문자는 모두 다섯 자로 쓰라고 규정함에 따라 이 숫자를 맞추기 위해 인 앞에 지(之)를 붙여 지인(之印)으로 쓰기 시작했다. 2) 조선시대 도장에 관한 궁중 규정에 따르면, 세자와 세자빈의 도장을 인(印)이라고 한다. 은으로 만들기 때문에 은인(銀印)이라고도 한다.
장(章)	한(漢) 무제가 도장 관련 규정을 손질하여, 장(章)은 장군 등 무관이 쓰되 문자는 모두 다섯 자로 쓰라고 규정함에 따라 이 숫자를 맞추기 위해 장 앞에 지(之)를 붙여 지장(之章)으로 쓰기 시작했다.

※ 돈에 관련된 한자

관(貫) 수렵채집 시대에 돈으로 쓰인 조개(貝)를 꿰어놓은 다발.

귀(貴) 삼태기로 조개를 건져내다. 즉 돈이 많다. 나중에는 권세의 뜻이 되었다.

근(斤) 옛날에는 청동이나 철로 만든 도끼가 귀하기 때문에 돈 가치가 높아 화폐 기능을 했다. 나중에 진짜 화폐가 나오면서 도끼의 화폐 기능이 물건의 무게를 다는 단위로 넘어갔다.

도(刀) 옛날에는 청동이나 철로 만든 도끼가 귀하기 때문에 돈 가치가 높아 화폐 기능을 했다. 춘추시대만 해도 도전(刀錢)이 있었다.

매(賣) 거둬들인 돈(貝)을 내보내다. 즉 팔다.

매(買) 그물로 조개를 건지다. 즉 돈 가치가 있는 것을 거둬들이다, 사들이다.

매매(賣買)_ 물건을 사고팔다.

부(富) 농경지 등의 재산이 많다.

부귀(富貴)_ 돈과 재산이 많다. 여기서 부(富)는 돈과 재산으로 변하고, 귀(貴)는 신분이 높아 권력을 가졌다는 뜻이 되었다.

빈(貧) 재산이 흩어지고 갈라진(分) 것이다. 그러니 가난하다.

빈(賓) 돈이 되는 물건을 들고 집에 찾아온 사람이니, 곧 손님이다.

저(貯) 돈을 집 안 궤짝에 두다.

저(宁) 원래 '저(貯)'자가 생기기 전에 돈을 집에 둔다는 뜻으로 쓰였다.

저축(貯蓄)_ 돈과 곡물을 모아두다. 오늘날 곡물을 비축한다는 의미는 사라졌다.

적(賊) 무기를 들고 돈을 빼앗아가다. 강도다.

도적(盜賊)_ 그릇 위에 있는 것을 기침하는 척 가져가는 것이 도(盜), 강제로 무기를 써서 위협하여 빼앗아가는 것이 적(賊)이다. 한편

절(竊)은 집 안에 들어와 곡식이나 값어치 있는 물건을 훔치는 것이다.

전(錢)　돈, 가래, 주효(酒肴).

전(錢)은 곧 포(布)이다. 이 두 글자는 모두 괭이나 호미 등의 가래를 형상하는 농기구로서 이름만 다를 뿐 뜻이 같은 글자이다. 수요량이 높고 상품으로서 교환가치가 높아짐에 따라 교환수단인 화폐의 하나가 되었다. 진(秦)나라는 여섯 나라를 통일한 후 수레바퀴·문자·도량형뿐만 아니라 화폐도 통일하여, 여섯 나라의 도(刀)·포(布)·패(貝) 등의 화폐를 폐지하고 진나라의 화폐인 환전(圜錢)을 통용시켰다.

전도(錢刀)_ 돈, 전화(錢貨).
주전(鑄錢)_ 쇠를 녹여 돈을 만듦. 또는 그 돈.
엽전(葉錢)_ 놋쇠로 만든 옛날 돈. 둥글고 납작하며 가운데에 네모진 구멍이 있어, 꾸러미에 꿰어 사용하였다.

증(贈)　돈이나 재물을 주다(曾). 돈이든 재물이든 가치 있는 것을 줘야만 증이 된다.

천(泉)　샘, 돈.

화천(禍泉)_ 지나치면 불행의 근원이라는 뜻에서, 술을 달리 이르는 말이다.
화천(貨泉)_ '화(貨)'자와 '천(泉)'자를 각각 파자(破字)하면 진인(眞人)과 백수(白水)가 되므로, 돈을 백수진인(白水眞人)이라고도 한다.

천(賤)　돈이 없다. 천(淺)은 물이 얕은 것이니 돈이 바닥난 것이다. 그래서 사람들이 업신여기다.

축(蓄)　곡물을 창고에 비축하다.

판(販)　물건을 돌려주고 돈(貝)으로 바꾸다.

패(貝)　조개, 돈, 옛날 화폐로 유통되던 조가비. 최초의 화폐는 일찍이 물물교환할 때 사용되던 조가비, 곧 패각(貝殼)이다. 당시 사용하던 패(貝)를 치패(齒貝)라 하였다. 패의 단위는 붕(朋)으로 계산하여, 다섯 매(枚)의 패각 꾸러미를 일천(一串), 양천(兩串)을 일붕(一朋)이라 하였다. 상품의 교환이 빈번해짐에 따라, 수량이 적고 응용 가치가 크지 않은 패는 점차 도태되자, 이를 대신하여 등장한 것이 금속을 녹여 만든 주조(鑄造) 화폐이다.

패화(貝貨) _ 조가비로 통용하던 화폐.

폐(幣) 비단, 예물, 돈.

폐(幣)는 본디 백(帛)이다. 옛날에는 비단으로 선물을 대신하였다. 이 선물을 폐(幣)라고 하다가 훗날 선물이나 예물을 통칭하는 말이 되었다. 폐백(幣帛)이라는 말도 여기에서 유래한 말이다. 가죽·금속·종이로 만든 것도 폐라고 하였으며, 오늘날 '화폐'라는 명칭으로 변화하였다.

폐공(幣貢) _ 조정에 바치던 옥(玉), 말, 가죽, 비단 따위의 공물.

전폐(錢幣) _ 돈.

조폐공사(造幣公社) _ 동전, 지폐 등 통화(通貨)를 만들어내는 국가의 공공기관.

포(布) 돈, 화폐. 괭이·호미·가래 등의 농기구를 뜻하는 박(鎛)의 가차(假借)된 글자로서, 화폐의 역할도 하였다.

포천(布泉) _ 남북조시대의 북주(北周)와 진(陳)나라에서 사용한 돈.

포화(布貨) _ 신(新)나라의 왕망(王莽) 때 만든 돈.

하(賀) 돈이나 돈이 되는 물건을 보내면서 좋은 말을 해주는 것이다.

축하(祝賀) _ 제사를 지낼 때처럼 잘되라고 좋은 말을 해주고, 돈이나 돈이 되는 물건을 주는 것이다.

화(貨) 재화(財貨), 돈값을 지닌 모든 물건의 총칭. 서로 바꿀 수 있는 능력을 가진 물품. 화(貨)는 본디 화물(貨物)을 뜻하였으나 화폐를 표시하기도 한다. 오늘날 상품으로서 내다 팔 수 있는 것은 모두 화(貨)라고 한다. 교환이나 매개의 수단으로서의 금(金), 전(錢), 포(布), 폐

(幣), 패(貝), 도(刀) 등은 상업과 무역의 발달에 따라 모두 화(貨)가 된다. 《한서漢書》에 따르면 "화(貨)는 구(龜)나 패(貝)에서 비롯되어 오수전(五銖錢)까지 이르렀다."고 하였고, 《화식지貨殖志》에 따르면 "화(貨)는 금(金)보다 귀하고, 도(刀)보다 날카롭고, 샘(泉)보다 빨리 흐른다."고 하였다. 오늘날에는 각종 돈을 화폐로 통칭한다.

화폐(貨幣)_ 쇠붙이를 똑같이 찍어 만든 화(貨)와 비단이나 종이로 똑같이 찍어 만든 폐(幣)를 아울러 이르는 말.

❄ **동물에 관련된 한자**

견(鵑) 두견새.
계(鷄) 닭.
곡(鵠) 고니.
곤(鯤) 큰 물고기.
구(鳩) 비둘기.
금(禽) 날짐승, 두 다리와 날개가 있는 짐승, 짐승.
　　　'금(禽)'은 주로 조류(鳥類)를 일컫는다. 그러나 고대에 조류 이외에도 토끼, 여우, 노루, 사슴 등도 그물(网)로 잡을 수 있었기 때문에 수류(獸類)를 겸하여 이르게 되었다. 따라서 '금수(禽獸)'처럼 함께 쓰일 때는 날짐승을 뜻하지만, 따로 쓰일 때는 날짐승과 길짐승 모두를 일컫는 말이다. 이처럼 금(禽)과 조(鳥)의 구별이 뚜렷해져서, 조(鳥)는 두 날개와 다리가 있고 알을 낳는 비조(飛鳥)만을 가리키나 금(禽)은 자주 이 범위를 초월한다.
　　　금수(禽獸)_ 금(禽)은 날짐승, 수(獸)는 길짐승. 조수(鳥獸).
　　　금어(禽語)_ 새가 지저귀는 소리.
기린(麒麟) 《설문說文》에는 "인수(仁獸)이다. 노루의 몸에 소의 꼬리, 뿔이 하나이다."라고 기록되어 있다. 전설상의 신령스런 짐승으로, 일설에 따르면 기린은 살아 있는 생물을 밟지 않고, 살아 있는 나무나 풀을 꺾지 않는 어진 짐승이다. 또한 나라가 평안해질 길한 조짐으로 여겨져 '짐승의 왕'이라고도 한다. 털빛은 오색(五色)이며 수컷을 기(麒), 암컷을 린(麟)이라고 한다. 오늘날 동물원에서나 볼 수 있는 아프리카에서 온 야생동물인 기린과는 구별된다.
　　　기린아(麒麟兒)_ 재주와 슬기가 특출한 아이.
낭(狼) 이리. 개를 닮은 산짐승으로 입이 크고 성질이 사납다. 앞발은 길고

	뒷발은 매우 짧아, 항상 패(狽)에게 업혀야만 다닐 수 있다.
노(魯)	생선이 많이 나는 나라. 공자(孔子)의 모국이다.
도(屠)	가축을 먹기 위해 잡아서 삶다.
	도살(屠殺)_ 짐승을 잡아 삶거나 목숨을 끊다.
돈(豚)	새끼 돼지. →시(豕), 저(猪)
	양돈(養豚)_ 돼지를 침.
	시돈(豕豚)_ 다 큰 돼지와 새끼 돼지.
	해돈(海豚)_ 돌고래. 바다에 사는 돌고래다.
	하돈(河豚)_ 복, 복어, 돈(魨).
	강돈(江豚)_ 돌고래. 민물에 사는 돌고래다.
목(鶩)	집오리.
무(鵡)	앵무새.
복(鰒)	배가 바람 든 자루처럼 불룩한 물고기 전복.
봉황(鳳凰)	상서로움을 상징하는 상상의 새로 봉(鳳)은 수컷, 황(凰)은 암컷이다.
부(鳧)	오리.
붕(鵬)	붕새. 하루 구만 리를 날아간다는 상상의 새.
비취(翡翠)	물총새. 비(翡)는 수컷, 취(翠)는 암컷이다.
빈모(牝牡)	길짐승의 암컷과 수컷을 아울러 이르는 말. 빈(牝)이 암컷, 모(牡)가 수컷이다. →자웅(雌雄)
살(殺)	칼로 베거나 창으로 찍어서 목숨을 끊다. 죽이는 것이 도(屠)보다 구체적이다.
생(牲)	희생, 통째로 제사에 쓰는 소. 집에서 기를 때는 가축(家畜)이라 하고, 제사에 쓰거나 먹는 가축은 생(牲)이라 한다.
	생독(牲犢)_ 희생으로 쓰는 송아지.
	삼생(三牲)_ 종묘의 제사 때 차리는 산 제물, 곧 희생(犧牲)으로 쓰는 소·양·돼지 등의 세 가지 짐승.

	희생(犧牲)_ 천지신명에게 바치는 산짐승. 태뢰(太牢), 생뢰(牲牢).
	생폐(牲幣)_ 희생(犧牲)과 폐백(幣帛).
수(獸)	짐승. 고대에 사냥을 할 때는 대부분 네발 달린 동물이 그 대상이었다. 따라서 네발과 털이 있는 동물을 '수(獸)'라 하여 길짐승의 통칭이 되었다.
	금수(禽獸)_ 날짐승과 길짐승. 조수(鳥獸). 은혜나 도리를 모르고 무례하거나 추잡하게 구는 사람을 '금수 같은 놈'이라 한다.
	야수(野獸)_ 야생의 짐승. 사람에게 사육되지 않고 산이나 들에서 자연 그대로 자란 짐승.
	조수(鳥獸)_ 새와 짐승, 금수(禽獸).
	백수(百獸)_ 온갖 짐승, 뭇 짐승.
시(豕)	돼지. →저(猪), 돈(豚)
	오늘날 돼지를 이르는 저(猪)이다. 집돼지와 멧돼지를 통칭하며, 돼지의 모양을 나타낸 글자이다.
안(雁)	작은 기러기.
압(鴨)	오리.
앵(鶯)	꾀꼬리.
앵(鸚)	앵무새.
어(魚)	물고기. 물고기의 머리, 몸통, 지느러미를 본떠 만든 글자이다.
연(鳶)	솔개.
오(烏)	까마귀.
원성(猿猩)	원(猿)은 몸집이 작은 원숭이, 성(猩)은 몸집이 큰 침팬지나 오랑우탄을 가리킨다. 원성이 발음이 원숭이로 바뀌었다.
원앙(鴛鴦)	원앙새. 원은 수컷, 앙은 암컷이다.
을(乙)	모든 새를 통칭하는 말이다.
응(鷹)	매.
이(鯉)	마을 가까이서 자라는 잉어.

자웅(雌雄) 날짐승의 암컷과 수컷을 아울러 이르는 말. 자(雌)가 암컷, 웅(雄)이 수컷이다. →빈모(牝牡)

작(雀) 참새.

작(鵲) 까치.

저(猪) 멧돼지. →시(豕), 돈(豚)

　　저돌희용(猪突豨勇)_ 한나라 때 왕망(王莽)이 천하의 죄인과 노예 등을 모아서 조직한 군대의 이름. 멧돼지가 돌진하듯 세력이 예리함을 이르는 말.

　　저용(猪勇)_ 멧돼지처럼 앞뒤를 생각하지 않고 함부로 덤비는 용기.

　　저육(猪肉)_ 돼지고기. 우리나라에서는 돼지고기를 돈육(豚肉)이라 하지만, 중국에서는 저육(猪肉)이라고 한다.

조(鳥) 새, 두 날개와 두 발을 가진 동물의 총칭. 꼬리가 긴 새다. 봉황(鳳), 까치(鵲), 고니(鵠) 등이 조에 속한다.

　　후조(候鳥)_ 철새.

　　현조(玄鳥)_ 제비.

　　황조(黃鳥)_ 꾀꼬리.

짐승의 새끼 **구(狗)_** 개(犬)의 새끼, 강아지.

　　구(駒)_ 말(馬)의 새끼, 망아지.

　　독(犢)_ 소(牛)의 새끼, 송아지.

　　추(雛)_ 닭(鷄)의 새끼, 병아리.

　　돈(豚)_ 돼지(豕)의 새끼.

집(集) 새(隹)가 나뭇가지(木) 위에 많이 모여 앉아 있는 것을 나타내는 말이다.

추(隹) 꼬리가 짧은 새다. 참새(雀), 닭(鷄), 병아리(雛) 등이 추에 속한다.

축(畜) 가축(家畜), 집에서 기르는 짐승. 축(畜)은 본디 집에서 기르는 길짐승인 수(獸)의 하위 개념이다. 그러나 집에서 기르는 짐승은 소나 말처럼 네발 달린 동물 이외에 닭, 오리, 거위 등의 날짐승도 포함하는 개념이다.

축(逐) 사냥하기 위해 멧돼지를 쫓다.
    축출(逐出)_ 멧돼지를 몰아대듯이, 사냥감을 몰듯이 쫓아내다.

충(蟲) 벌레, 곤충의 총칭, 동물의 총칭.
    우충(羽蟲)_ 날개가 있는 날짐승을 통틀어 이르는 말. 우족(羽族).
    모충(毛蟲)_ 송충이나 쐐기벌레 따위처럼 몸에 털이 있는 벌레를 통틀어 이르는 말. 모류(毛類).
    갑충(甲蟲)_ 초시류(鞘翅類)에 딸린 곤충을 통틀어 이르는 말. 개똥벌레, 딱정벌레, 풍뎅이 따위처럼 온몸이 딱딱한 껍데기로 덮여 있다. 개충(介蟲).
    인충(鱗蟲)_ 뱀이나 물고기 따위처럼 몸에 비늘이 있는 동물을 통틀어 이르는 말.
    나충(裸蟲)_ 사람처럼 털이나 날개 따위가 없는 벌레를 통틀어 이르는 말.
    초충(草蟲)_ 풀에서 사는 벌레를 두루 이르는 말.

치(雉) 꿩.

특(特) 수컷, 수소나 수말, 세 살이나 네 살 난 짐승, 한 마리의 희생(犠牲).
    독특(獨特)_ 특별히 다름. 옛날 제사를 지낼 때 특우례(特牛禮)라 하여 유독(惟獨) 특우, 곧 수소를 최고의 희생으로 삼았다는 데서 나온 말이다.

패(狽) 이리. 앞발이 매우 짧고 뒷발이 길어, 낭(狼)과 함께라야 다닐 수 있다.
    낭패(狼狽)_ 난감한 처지가 됨.

하(鰕) 익으면 붉게 변하는 새우.

학(鶴) 학.

호(狐) 여우.

홍(鴻) 큰 기러기.

※ 둑이나 제방에 관련된 한자

당(塘) 못, 둑, 제방, 저수지. 예) 예당(禮塘; 예산의 저수지).
  당지(塘池)_ 둑을 쌓아서 물을 괴게 한 못. 저수지, 용수지(用水池).
방(防) 둑, 막다.
  변방(邊防/邊方)_ 나라와 나라의 경계가 되는 변두리 지역.
보(洑) 논밭에 물을 대기 위하여 자그마하게 둑을 쌓고 흘러가는 물을 잡아 가두는 곳. 예) 여주보(驪州洑; 한강 중 여주에 막은 보. 그러나 규모로 볼 때 4대강의 보는 언堰이 맞다.)
언(堰) 방죽, 둑, 보(洑), 흐르는 물을 막다.
  언제(堰堤)_ 제방.
  도강언(都江堰)_ 중국의 옛 촉(蜀) 지방에 있는 유명한 제방.
제(堤) 둑, 방죽.
  제방(堤防)_ 둑, 방죽, 제당(堤塘).
  제언(堤堰)_ 물을 가두어놓기 위해 강이나 계곡을 가로질러 막는 둑, 댐(dam).
  벽골제(碧滑堤)_ 삼한(三韓)시대의 대표적인 방죽.

※ 모양에 관련된 한자

도(度)　　모양, 모습, 풍채(風采).
　　　　　도량(度量)_ 마음이 너그러워 사물이나 사람을 포용하는 품성.
문(紋)　　무늬, 직물(織物)의 문채(文采).
　　　　　지문(指紋)_ 손가락의 무늬.
　　　　　파문(波紋)_ 수면에 이는 물결의 무늬라는 뜻에서, 어떤 일이나 주위에 변화를 일으킬 만한 영향을 이르는 말.
　　　　　문양(紋樣)_ 무늬.
문(文)　　무늬, 채색, 빛깔, 반점, 결, 나뭇결, 아름다운 외관.
　　　　　문리(文理)_ 결, 무늬.
　　　　　문수(紋繡)_ 그린 무늬와 수놓은 무늬.
　　　　　문어(文魚)_ 반점이 있는 물고기.
　　　　　문요(文曜)_ 문채가 있고 빛나는 것으로 해, 달, 별 따위를 이른다.
반(斑)　　얼룩, 얼룩무늬.
　　　　　반란(斑爛)_ 얼룩무늬가 있고 화려함. 천연두의 발진이 곪아 터져 문드러짐.
　　　　　반의지희(斑衣之戲)_ 때때옷을 입고 하는 놀이란 뜻으로, 늙어서도 부모에게 효양(孝養)함을 이르는 말. 중국의 노래자(老萊子)가 고희(古稀)의 나이에 오히려 알록달록한 옷을 입고 늙은 어버이에게 어리광을 부려 어버이의 늙음을 잊게 했다는 고사에서 온 말이다.
상(象)　　모양, 형상.
　　　　　상형문자(象形文字)_ 그림글, 물체의 모양을 본떠서 만든 글자. 한자(漢字)의 일부와 고대 이집트 문자 따위.
색(色)　　모양, 상태, 형상.
　　　　　색즉시공(色卽是空)_ 무릇 형상을 갖춘 만물은 인연으로 말미암아 생긴 것이며, 원래 실재하는 것이 아니므로 그대로 텅 비어 없음을 이르는 말.

색독(色讀)_ 문장의 뜻을 글자 그대로만 해석하고 그 참뜻을 돌보지 않는 일.

양(樣) 무늬, 모양, 형상, 본, 본보기, 모범.

각양각색(各樣各色)_ 다양하게 특색이 있음.

모양(貌樣)_ 겉으로 본 생김새나 형상.

이(理) 결, 물건의 겉에 있는 무늬, 살결, 천성, 성품.

형체색리(形體色理)_ 모양에는 몸이 있고 색에는 결이 있음.

목리(木理)_ 나뭇결.

문리(紋理)_ 무늬.

채(彩) 빛이 갈라져서 생긴 무늬.

채애(彩靄)_ 빛이 아름다운 노을.

채운(彩雲)_ 아롱진 채색으로 물든 구름.

채홍(彩虹)_ 빛깔이 고운 무지개.

태(態) 모양, 형상, 짓, 몸짓, 형편.

태도(態度)_ 몸을 가지는 모양이나 맵시. 또는 어떤 사물에 대한 감정이나 생각 따위가 겉으로 나타난 모습.

용태(容態)_ 얼굴 모양과 몸맵시, 병(病)의 상태.

자태(姿態)_ 몸가짐과 맵시.

품(品) 품위, 품격.

품격(品格)_ 사람이나 물건에서 느껴지는 품위.

품위(品位)_ 사람이나 물건이 지닌 좋은 인상.

풍(風) 관습, 습속, 품성(稟性), 선천적 소질, 기세, 세력.

풍채(風采)_ 드러나 보이는 사람의 의젓한 겉모양. 풍신(風神), 풍의(風儀), 풍자(風姿), 풍표(風標).

풍속(風俗)_ 예로부터 지켜 내려오는 생활에 관한 사회적 습관.

　　　　　　국풍(國風)_ 그 나라 특유의 풍속이나 습관, 국속(國俗).

형(形)　모양, 맵시, 생김새, 꼴.

　　　　　　형기(形氣)_ 겉모양과 기운.

　　　　　　형형색색(形形色色)_ 형태나 종류 등이 서로 다른 가지가지.

※ **무덤에 관련된 한자**

능(陵) 임금이나 왕후의 무덤. 나무를 심는다.
　　　　능원(陵園)_ 천자(天子)의 묘소.
묘(墓) 무덤, 뫼, 일반 사람들의 무덤. 나무를 심지 않는다.
　　　　성묘(省墓)_ 조상의 산소를 찾아가 제를 지내는 일.
　　　　묘계(墓界)_ 조선시대에 벼슬의 높낮음에 따라 정하던 무덤의 규모. 무덤을 중심으로 하여 사방으로 일품은 100보(步), 이품은 90보, 삼품은 80보, 사품은 70보, 오품 이하는 50보, 서민은 10보로 하였다.
　　　　묘소(墓所)_ 산소의 높임말.
묘(廟) 사당(祠堂), 조상의 신주(神主)를 모신 곳, 위인이나 성현을 제사 지내는 곳.
　　　　묘당(廟堂)_ 종묘(宗廟)와 명당(明堂)이란 뜻으로 조정(朝廷)을 가리킨다.
　　　　묘우(廟宇)_ 신위(神位)를 모신 집.
　　　　종묘(宗廟)_ 조선시대 역대 임금과 왕비의 위패를 모시던 왕실의 사당.
분(墳) 무덤, 뫼. 귀족들의 무덤이다. 나무를 심을 수 있다.
　　　　분영(墳塋)_ 무덤, 고향.
　　　　봉분(封墳)_ 흙을 둥글게 쌓아 무덤을 만듦. 또는 그 무덤. 성분(成墳).
산소(山所) 뫼, 무덤의 높임 말.
　　　　선산(先山)_ 조상들의 무덤. 여기서는 산보다 무덤이 강조된다.
산릉(山陵)/산원(山園) 임금의 무덤.
영(塋) 무덤. 사람이 죽으면 우선 땅(土)을 경영하여(營) 무덤을 만들어 장사 지낸다는 생각에서 만든 글자.

선영(先塋)_ 조상의 무덤 또는 무덤이 있는 곳, 선산(先山).

원(園) 왕세자, 왕세자빈, 왕의 부모이지만 왕위에 오른 적이 없는 이의 무덤.

원소(園所)_ 왕세자, 왕세자빈, 왕의 친척들의 무덤.

원릉(園陵)_ 임금의 묘, 능(陵).

총(塚) 크고 높게 봉분한 무덤. 대개 무덤의 주인을 알 수 없는 무덤을 일컫는다. 예) 장군총, 무용총 등의 고구려 유적에 대하여 중국은 동북공정이라는 미명하에 역사 왜곡을 진행하고 있다.

의총(義塚)_ 이름 모를 의사(義士)의 무덤. 예) 칠백의총.

※ 무리나 집단에 관련된 한자

군(群) 무리, 떼, 동아리, 동료.
군도(群盜)_ 떼를 지어 도둑질하는 무리, 도둑의 집단.

단(團) 집회, 둥근 덩어리, 조직, 가게, 점포.

당(黨) 무리, 의기상통하며 귀추(歸趨)를 같이하는 사람들.
도당(徒黨)_ 떼를 지은 무리를 얕잡아 이르는 말.

도(徒) 무리, 동아리.
도반(徒伴)_ 길동무, 동행.
도제(徒弟)_ 스승한테서 학술이나 기예 따위를 배우는 제자. 문도제자(門徒弟子)의 준말.

방(幇) 패거리. 동업조합이나 상인들의 단체로, 주로 정치적·경제적 목적으로 결성된다.
사인방(四人幇)_ 중국의 문화대혁명 당시 왕홍문, 요문원 등 네 명으로 대표되는 문혁파의 표면상의 우두머리.

배(輩) 무리, 동아리, 패, 떼를 낮추어 이르는 말. 원래 전차부대가 두 줄로 늘어선 형국이다.
배출(輩出)_ 인재가 연달아 많이 남.

벌(閥) 문벌, 집안의 지체.
벌열(閥閱)_ 당송(唐宋) 이후 작위가 있는 집의 대문에 세운 기둥. 왼쪽의 것을 벌(閥), 오른쪽의 것을 열(閱)이라 하며, 두 기둥의 거리는 10척(尺), 기둥머리에는 기와통을 얹는데, 이를 오두벌열(烏頭閥閱)이라 한다. 여기서 공훈이나 공적이 있는 집안을 이른다. 귀족.

붕(朋) 무리, 떼.
붕당(朋黨)_ 뜻이 같은 사람끼리 모인 단체.

사(社) 단체.

사직(社稷)_ 토지신과 곡신, 국가.
결사(結社)_ 여러 사람이 공동의 목적을 이루기 위하여 사회적인 결합관계를 맺음. 또는 그 단체.

속(屬) 무리, 동아리, 한패, 살붙이나 혈족, 벼슬아치, 하급관리.
예속(隷屬)_ 남의 뜻대로 지배되어 따름. 남의 지배 아래 매임.
종속(從屬)_ 딴 사물에 딸리어 붙음.

유(類) 무리, 동족, 동류(同類), 떼, 패거리, 비견(比肩).
유유상종(類類相從)_ 같은 동아리끼리 서로 왕래하여 사귐.

조(曹) 무리, 군중, 동행.

족(族) 깃발 아래 화살을 들고 함께 모일 수 있는 공동체.
민족(民族)_ 족장과 친인척 관계의 공동체가 족(族)이 되고, 그 아래의 노예들이 민(民)이다. 상대 민족에 대항할 때는 민족이 다 같은 편이 된다. 겨레, 가계(家系), 무리, 동류.
족벌(族閥)_ 큰 세력을 가진 문벌의 무리.

중(衆) 무리, 땅, 백성.
중구난방(衆口難防)_ 많은 사람의 입은 막기가 어려움. 곧 여론의 힘이 막강함을 이르는 말.

집(集) 떼, 군중.
집단(集團)_ 여럿이 모여 이룬 모임.

취(聚) 무리.
유취(類聚)_ 휘집(彙集), 같은 종류의 것을 갈래대로 모음.

파(派) 물갈래, 곧 강물이 갈려서 흘러내리는 가닥이란 뜻에서, 갈라져 나온 계통이나 무리 또는 집단.
파벌(派閥)_ 출신이나 소속 등을 같이하는 사람끼리의 신분적인 연결. 또는 한 파에서 갈라져 나온 혈연이나 지연으로 결합된 무리.

회(會) 모임.

휘(彙) 무리, 동류.
어휘(語彙)_ 어떤 범위에서 쓰인 낱말 종류의 전체.

※ 물이나 강에 관련된 한자

강(江)과 하(河)는 삼수변(氵)에 붙은 공(工)과 가(可)의 차이로 구분한다. 工은 곧고 반듯하다는 뜻이므로 강(江)은 물줄기가 곧다. 可는 굽는다, 굴절한다는 뜻이므로 하(河)는 물길이 구불구불하다. 특징으로 보자면 강(江)은 직(直), 하(河)는 곡(曲)이다.

간(澗) 산골 물, 산과 산 사이를 흐르는 내.
간곡(澗谷) 산골짜기.
강(江) 원래 장강(長江, 양자강)을 가리키는 한자다. 비교적 곧게 흐르는 물줄기를 일컫는 말이었으나 오늘날에는 외국의 강하(江河)는 모두 강(江)으로 번역한다.
   강하(江河)_ 양자강과 황하.
   강호(江湖)_ 강과 호수. 인간 세상을 비유적으로 이르는 말.
거(渠) 도랑, 개천, 해자(垓字).
계(溪) 시내, 내로 흘러들어 가는 산골짜기의 시냇물. 계가 커지면 천(川), 즉 내가 된다.
   계학(谿壑)_ 산골짜기, 큰 골짜기.
구(溝) 봇도랑, 시내, 골짜기에 흐르는 물.
   구지(溝池)_ 적이 침범하지 못하도록 성 밑에 파놓은 못. 도랑과 못.
낭(浪) 물결, 파도.
   낭해(浪海)_ 파도가 사나운 바다라는 뜻으로, 속세를 비유적으로 이르는 말.
담(潭) 못, 소(沼), 물이 깊게 괸 곳.
   담와(潭渦)_ 깊은 소용돌이.
도(濤) 큰 물결, 파도.
수(水) 물. 강, 내, 호수, 바다 등을 두루 이르는 말. 강하(江河)의 지류로

낙수(洛水), 한수(漢水) 등으로 쓰인다. 단독으로 쓰일 경우 천(川)보다 크고 강(江)이나 하(河)보다는 작다.

수거(水渠)_ 도랑, 구거(溝渠).

수말(水沫)_ 물거품, 물방울, 수포(水泡).

액(液) 진(津), 진액(津液). 물이나 기름 따위처럼 흘러 움직이는 물질의 총칭이다.

과즙액(果汁液)_ 과일의 즙과 액.

용액(溶液)_ 두 가지 이상의 물질이 균일하게 혼합된 액체.

점액(粘液)_ 끈끈한 성질을 가진 액체.

양(洋) 바다, 대해(大海), 외해(外海). 곧 큰 바다를 뜻한다.

연(淵) 못, 소(沼), 물이 깊이 차 있는 곳.

심연(深淵)_ 깊은 못, 심담(深潭). 헤어나기 어려운 깊은 구렁을 비유적으로 이르는 말.

용(湧) 샘이 솟다, 물이 솟구치다.

용천(湧泉)_ 물이 힘차게 솟는 샘.

유(游) 헤엄치다.

유몰(游沒)_ 헤엄과 자맥질, 수영(水泳)과 잠수(潛水).

적(滴) 물방울.

적첨(滴檐)_ 처마에서 떨어지는 물방울.

조(潮) 조수.

조수(潮水) 해와 달, 특히 달의 인력(引力)에 의하여 일정한 시간을 두고 주기적으로 해면(海面)의 높이가 올라갔다 내려갔다 하는 현상을 이루는 바닷물.

조류(潮流)_ 조수의 흐름. 곧 시대의 흐름.

주(州) 강 사이에 생긴 모래톱. 나중에 모래톱에 고을이 형성되자 모래톱은 삼수변(氵)을 넣어 주(洲)로 바뀌었다.

주(洲) 강이나 호수 가운데에 생긴 모래톱.

즙(汁)   과실 따위의 물체에서 배어나오거나 짜낸 액체.

지(池)   못, 물을 모아둔 넓고도 깊은 곳.
　　　　지당(池塘)_ 못의 둑, 지제(池堤), 진액.

진(津)   체액, 인체에서 분비되는 액체, 풀이나 나무 등에서 분비되는 끈끈한 물질. 김·연기·눅눅한 기운이 서려서 생기는 끈끈한 물질.
　　　　송진(松津)_ 소나무에서 나는 담황색 나뭇진. 송지(松脂), 송방(松肪).
　　　　진타(津唾)_ 침, 타액(唾液).

천(川)   내, 수류(水流)의 총칭. 산과 산 사이에 흐르는 물(작으면 계溪가 된다). 수(水)보다 작다. 즉 수의 지류이다. 우리말로 '내'라고 한다. 예) 내린천, 까치내.
　　　　산천(山川)_ 산하(山河), 강산(江山), 강호(江湖), 이 세상, 속세.
　　　　천후(川后)_ 수신(水神), 하백(河伯).
　　　　천택납오(川澤納汙)_ 하천이나 못은 더러운 물을 받아들인다는 뜻으로, '우두머리 되는 사람은 대소선악(大小善惡)의 다양한 사람을 널리 포용함'을 비유하여 이르는 말.

청(淸)   맑은 물.
　　　　청간(淸澗)_ 맑게 흐르는 산골의 시내.

탁(濁)   물이 맑지 아니하다.
　　　　탁주(濁酒)_ 막걸리.

탕(湯)   끓인 물.
　　　　탕액(湯液)_ 끓여낸 국물, 약재를 삶아낸 약물.

택(澤)   못, 진펄, 늪.
　　　　택우(澤雨)_ 만물을 적셔주는 좋은 비.

하(河)   원래 황하를 가리키는 고유 한자다. 구불구불 흐르는 강, 황하나 요하처럼 물길이 구불구불 흐르는 강.
　　　　산하(山河)_ 세상, 강산, 산들.

| 한(漢) | 원래는 섬서성 파총산에서 발원한 한수(漢水)를 가리키는 한자다.
한강(漢江)_ 우리나라 중부를 흐르는 강.
한강투석(漢江投石)_ 한강에 돌 던지기란 뜻으로, 몹시 미미하여 전혀 효과가 없음을 비유한 말.
은한(銀漢)_ 은빛으로 빛나는 강 같다고 하여 은하수(銀河水)를 지칭한다. |
| 해(海) | 일반적인 바다. |
| 호(湖) | 호수.
호반(湖畔)_ 호숫가, 호상(湖上). |
| 홍(洪) | 큰 물, 물이 불어서 강이 넘쳐흐르는 것, 홍수(洪水). |
| 훈(訓) | 물이 흐르는 듯 자연스러운 말. 여기서 가르침이란 뜻이 나왔다. 그러므로 기르침은 물이 흐르는 것 같은 소통과 교류가 중요하다. |

❄ 민족에 관련된 한자

강(羌)   티베트 민족을 가리킨다.

만(蠻)   주로 중국의 남쪽 민족을 가리킨다. 장강 유역에 살던 민족이 포함된다.

융(戎)   주로 중국의 북서쪽 민족을 가리킨다. 몽골족, 위구르족이 될 수 있다.

이(夷)   주로 동이족을 가리킨다. 오늘날 만주와 한국에 사는 민족이다.

왜(倭)   고대 일본인을 가리킨다.

적(狄)   흉노족, 선비족, 몽골족을 주로 가리킨다.

화(華)   주로 중국의 장강 위, 황하 아래에 살던 중국인을 가리킨다.

호(胡)   우리나라에서는 주로 오랑캐라고 번역하는데, 실제 어휘에 나타나는 걸 보면 중국·만주·몽골·중앙아시아·아라비아 등을 폭넓게 가리킨 말이다. 원래 중국에서 호국(胡國)이라고 지칭할 때는 중앙아시아의 소그드국이나 페르시아를 가리키는 것이었다고 한다. 하지만 중국에서 흉노(匈奴), 갈(羯; 흉노의 별종), 선비(鮮卑; 투르크족), 저(氐; 티베트계), 강(羌; 티베트계)의 이른바 5호가 잇달아 왕조를 수립하여 서로 흥망을 되풀이하면서 5호16국이란 말이 나왔다. 이때부터 호(胡)는 중국을 제외한 외국, 특히 유목민족을 가리키는 포괄적인 말로 변했다. 그러다가 나중에 청나라가 선 뒤로 여진족을 가리키는 말로 쓰였는데, 아울러 우리나라에서는 중국을 가리키는 말로 쓰이기도 했다.

호각(胡角)_ 호인이 부는 뿔피리다.

호도(胡桃)_ 호두. 호에서 온 복숭아란 뜻이다.

호떡(胡-)_ 중국식 떡이다.

❄ **배에 관련된 한자**

| 박(舶) | 큰 배, 장삿배, 상선을 이른다. |

박래품(舶來品)_ 배를 타고 들어온 물품, 즉 외국에서 수입한 물품.

| 방(舫) | 뗏목, 쌍배. |

방주(舫舟)_ 여러 배를 나란히 함. 또는 그렇게 만든 배. 방주(方舟).

| 벌(筏) | 떼, 뗏목, 나무를 엮어서 만든 배. |

벌방(筏舫)_ 뗏목.

| 선(船) | 배. |

선교(船橋)_ 배다리, 주교(舟橋).

| 정(艇) | 거룻배, 작은 배. |
| 주(舟) | 배를 총칭하는 글자이다. |

주거(舟車)_ 배와 수레.
주벌(舟筏)_ 배와 뗏목.
주함(舟艦)_ 전투용 배, 전함(戰艦).
각주구검(刻舟求劍)_ 초나라 사람이 배에서 칼을 물속에 떨어뜨리고는, 그 위치를 뱃전에 표시해놓았다가 나중에 배가 움직인 것을 생각지 않고 그 표시를 보고 칼을 찾았다는 고사에서, 어리석고 미련하여 융통성이 없는 것을 비유하는 말.
일엽편주(一葉片舟)_ 한 척의 조각배.

| 항(航) | **항선(航船)**_ 여객(旅客)을 태우고 항해하는 배. |
| 함(艦) | 싸움배, 군함. |

함정(艦艇)_ 전함(戰艦), 구축함(驅逐艦), 어뢰정(魚雷艇), 구명정(救命艇) 따위를 통틀어 이르는 말.
항공모함(航空母艦)_ 군함의 한 가지로, 비행기를 싣고 발착시키며 해상에서 이동 비행기지 역할을 한다.

※ 불에 관련된 한자

광(光)	불이 타면서 나는 빛.
광(昢)	뜨거운 햇빛.
광(炛)	햇빛이 뜨겁다.
열(熱)	(불이 타서) 따뜻하다.
염(炎)	불꽃이 타오르는 모양.
염(焰)	불꽃.
작(灼)	불사르다.

작렬(炸裂)_ 불이 타면서 찢어져 흩어지다.

재(災)	화재로 인한 재앙.
정(灯)	등잔.
조(照)	햇빛이 비치다.
조(灶)	부엌.
취(炊)	불을 때다.

취사(炊事)_ 불을 때어 음식을 장만하다.

화(火)	불.
훼(燬)	불에 타서 형체가 스러지는 모양.
회(灰)	불에 타고 남은 재.

※ 산, 언덕, 고개에 관련된 한자

강(岡) 언덕, 산등성이, 산봉우리.
　　강곡(岡曲)_ 언덕 모퉁이.

구(丘) 언덕, 동산, 무덤, 마을.
　　구강(丘岡)_ 언덕, 구부(丘阜).
　　구학(丘壑)_ 언덕과 골짜기. 속세를 떠난 곳.

구(邱) 언덕. 돌이 있는 언덕이다. 청나라 때 '언덕'의 뜻으로 쓰는 '丘'자가 공자(孔子)의 이름자라 하여 이를 피하여 '邱'자를 쓰기로 하였다.

녹(麓) 산기슭, 숲, 넓은 산림(山林), 산근(山根), 산각(山脚), 산족(山足), 산감(山監).
　　산록(山麓)_ 산기슭.

농(隴) 두둑, 언덕, 고개, 땅, 언덕의 이름. '壟'과 같은 한자이다.
　　농단(隴斷)_ 우뚝 솟은 언덕. 시장의 이익을 독차지함을 비유한 말이다.

능(陵) 언덕, '부(阜)'보다 큰 토산(土山), 임금의 무덤. 능가(凌駕)하다, 침범하다.
　　구릉(丘陵)_ 작은 언덕과 큰 언덕.
　　무릉도원(武陵桃源)_ 도연명(陶淵明)의 《도화원기桃花源記》에 나오는 별천지. 사람들이 화목하고 행복하게 살 수 있는 이상향.
　　능곡(陵谷)_ 구릉과 계곡, 또는 세상의 변천.

만(巒) 뫼, 작은 산, 길게 뻗은 좁은 산, 산봉우리, 산등성이.
　　만강(巒岡)_ 산봉우리, 언덕, 작은 산.

봉(峯) 산봉우리가 솟은 부분이다. 예) 삼도봉(三道峰, 무주), 도봉(道峰, 양주).
　　고봉준령(高峰峻嶺)_ 높이 솟은 산봉우리와 험한 산마루.

부(阜) 언덕, 대륙. 비교적 높은 지역에 있는 넓고 평탄한 토산을 이르는 말이다. 여기서 '크다, 번성하다, 태평하다'의 뜻이 되었다.
부릉(阜陵)_ 큰 언덕, 높은 언덕.
정평민부(政平民阜)_ 정치가 안정되면 백성이 태평하다.
곡부(曲阜)_ 공자가 태어난 중국 산동성에 있는 성지(聖地).

붕(崩) 산이나 언덕이 무너지다.
붕어(崩御)_ 임금의 죽음은 산이 무너짐과 같다는 뜻에서, 임금의 죽음을 이르는 말이다.

산(山) 돌이 없는 높은 언덕이다. 뫼, 산, 무덤, 산신(山神).
산록(山麓)_ 산기슭, 산족(山足), 산각(山脚).
산자수명(山紫水明)_ 산은 자줏빛이고 물은 맑음. 산수(山水)의 경치가 아름다움을 이르는 말.
산효(山肴)_ 산나물.
산악(山岳)_ 작은 산과 험한 큰 산이다.

아(阿) 언덕, 구석, 산비탈, 산모퉁이, 산기슭, '능(陵)'보다 더 큰 언덕. 대륙(大陵)은 '아(阿)'이고 소륙(小陵)은 '구(丘)'이다.

아첨(阿諂) 남의 환심을 사거나 잘 보이려고 알랑거림. 또는 그런 말이나 짓.
아사달(阿斯達)_ 단군이 치세하였다는 국도(國都). 평양성에서 천도한 두 번째 도읍.
아방궁(阿房宮)_ 진시황 35년(기원전 212)에 지금의 섬서성 장안현의 서북 위수(渭水)의 남쪽에 세운 궁전.
곡학아세(曲學阿世)_ 바른 길에서 벗어난 학문으로 시세(時勢)나 권력자에게 아첨하여 인기를 얻으려는 언행을 하는 것.

악(岳) 큰 산. 산보다 크고 높은 것. 바위산을 포함한다. 예) 답인악(踏印岳, 제주).
산악(山岳)_ 산.

악(嶽) 큰 산, 오악(五嶽)의 총칭.

오악(五嶽)_ 우리나라의 이름난 다섯 산. 곧 금강산(金剛山), 지리산(智異山), 묘향산(妙香山), 백두산(白頭山), 삼각산(三角山). 또는 중국의 다섯 영산(靈山)인 태산(泰山), 화산(華山), 형산(衡山), 항산(恒山), 숭산(嵩山).

영(嶺) 재. 산굽이 중 낮은 곳이다. 산의 어깨나 목 부분쯤에 나 있는 통로다. 연산(連山), 산맥(山脈). 예) 대관령, 철령, 조령.

영호(嶺湖)_ 산꼭대기의 호수.

우(嵎) 산모롱이.

우이(嵎夷)_ 해가 돋는 곳.

잠(岑) 봉우리, 산봉우리.

잠령(岑嶺)_ 산봉우리.

잠루(岑樓)_ 높이 솟은 뾰족한 산.

잠암(岑嵒)_ 높고 험한 모양.

제잠(鯷岑)_ 옛날 중국에서 우리나라를 이르던 말.

전(巓) 산꼭대기, 산정(山頂). 오로지.

본말전도(本末顚倒)_ 순서나 위치를 거꾸로 함.

전령(巓靈)_ 사람의 죽음. '전(巓)'은 사람의 시체가 땅에 들어감, '영(靈)'은 사람의 넋이 하늘에 올라가 신이 되는 일.

치(峙) 높은 언덕이다. 예) 대치, 수리치, 우슬치.

판(阪) 비탈, 고개, 둑, 제방(堤防), 산골짜기.

산판(山阪)_ 산비탈.

현(峴) 영(嶺) 위의 평탄한 곳, 즉 고갯마루다. 흔히 우리말로 '~고개'라고 부른다. 예) 아현동, 무너미고개, 까치고개.

협(峽) 산골짜기.

협곡(峽谷)_ 산골짜기, 계곡.

❋ **색깔에 관련된 한자**

교(皎)   희다, 밝다.
　　교월(皎月)_ 희고 밝은 달, 호월(晧月), 소월(素月).

단(丹)   붉다, 붉은빛, 단사(丹砂), 정성.
　　단청(丹靑)_ 붉은빛과 푸른빛, 단벽(丹碧). 궁궐, 사찰, 정자 따위 전통양식의 건축물에 붉고 푸른 여러 가지 빛깔로 그린 그림이나 무늬.

남(藍)   쪽, 남색(藍色), 진한 푸른빛.
　　남벽(藍碧)_ 짙은 푸른빛.

녹(綠)   초록빛.
　　초록동색(草綠同色)_ 풀빛과 녹색은 같다는 뜻으로, 이름은 달라도 성질이나 내용은 같음을 비유한 말. 또는 어울려 같이 지내는 것들은 모두 같은 성격의 무리라는 뜻이다.

백(白)   희다, 흰빛.
　　백의종군(白衣從軍)_ 벼슬없이 전장에 나감.
　　백수진인(白手眞人)_ 돈의 다른 이름. 왕망(王莽) 때 돈을 화천(貨泉)이라 하였는데, '白水'의 합자(合字)는 '泉', '眞人'의 합자는 '貨'가 됨에서 온 말.

벽(碧)   푸른빛, 짙은 푸른빛.
　　벽공(碧空)_ 푸른 하늘, 창천(蒼天).

소(素)   누에고치에서 막 빼낸 실로, 잿물로 누이긴 했으나 염색을 하지 않은 생실을 가리킨다. 희다, 흰빛. 꾸밈이 없다, 덕은 있으나 벼슬이 없다.
　　소왕(素王)_ 제왕의 자리에 오르지는 않았으나 임금의 덕망(德望)을 갖춘 사람. 유가(儒家)의 공자, 도가(道家)의 노자를 이른다.

| 오(烏) | 까마귀, 검다.
| | **오섬(烏蟾)**_ 해 속에 있다는 까마귀와 달에 있다는 두꺼비. 곧 해와 달을 이르는 말.
| | **금오(金烏)**_ 해, 태양, 오륜(烏輪).
| 자(紫) | 자줏빛, 보라색.
| | **자명(紫冥)**_ 하늘.
| | **자허(紫虛)**_ 하늘. 운하(雲霞: 구름과 안개, 구름과 노을)가 해에 비치어 자줏빛으로 물드는 것을 이르는 말.
| 적(赤) | 붉다, 붉은빛, 발가숭이, 진심, 충심.
| | **적빈(赤貧)**_ 몹시 가난하여 아무것도 없음.
| 주(朱) | 붉다, 붉은빛.
| | **주순호치(朱脣晧齒)**_ 붉은 입술과 하얀 치아라는 뜻으로, 미인을 이르는 말. 홍(紅)과 적(赤), 단(丹)과 주(朱)는 같은 뜻으로 자주 사용된다. 따라서 특별한 차이를 강조하기가 어렵다.
| 창(蒼) | 풀의 푸른 빛깔.
| | **창천(蒼天)**_ 푸른 하늘. 특히 동쪽의 봄하늘을 이른다.
| 청(靑) | 푸르다, 푸른빛. 오색(五色)의 하나로 봄, 동쪽, 젊음 등을 뜻한다.
| | **청출어람(靑出於藍)**_ 쪽에서 뽑아낸 푸른 물감이 오히려 쪽보다 더 푸르다는 뜻으로, 제자나 후진이 스승이나 선배보다 더 뛰어남을 이르는 말.
| 취(翠) | 비취색(翡翠色). 물총새 수컷을 비(翡), 암컷을 취(翠)라 한다.
| 칠(漆) | 옻. 옻이 검은빛이므로 검은 칠, 검다라는 뜻이 되었다.
| | **칠서(漆書)**_ 대쪽에 글자를 새기고 그 위에 옻칠을 한 글자.
| 현(玄) | 검다, 검은빛, 그윽하다, 고요하다, 오묘하다.
| | **현학(玄學)**_ 노자와 장자의 학문, 현묘(玄妙)한 학문.
| 홍(紅) | 붉다, 붉은빛, 붉은 모양, 연지(臙脂).
| | **홍문(紅門)**_ 능(陵)·원(園)·묘(廟), 궁전, 관아 등의 정면 입구에 둥근

기둥 두 개를 세우고, 지붕이 없이 위쪽에 붉은 살을 세로로 박은 문(門). 곧 홍살문 또는 홍전문(紅箭門).

홍진(紅塵)_ 번화한 곳에 일어나는 티끌이란 뜻으로, 세상의 번거로운 일을 이르는 말이다. 속세(俗世).

호(皓) 희다, 밝다, 하늘.

호호백발(皓皓白髮)_ 온통 하얗게 센 머리. 또는 그런 노인.

황(黃) 누르다, 누른빛, 어린아이.

황구(黃口)_ 새 새끼, 어린아이.

황조(黃鳥)_ 꾀꼬리.

흑(黑) 검다, 검은빛, 밤(夜).

칠흑(漆黑)_ 칠처럼 검고 광택이 있음. 또는 그런 빛깔.

※ 속도에 관련된 한자

급(急) 　빠르다, 급하다. 본디 사람의 성품이 급함을 이르는 말이다. 긴장, 급박, 시각을 다툰다는 의미가 있다.
급취(急就)_ 빨리 완성함.
급전직하(急轉直下)_ 형세가 갑자기 바뀌어 걷잡을 수 없이 막 내리밀림.
조급(躁急)_ 성격이 참을성이 없이 매우 급함.

만(慢) 　느리다, 게으르다. 옛 뜻은 속도와는 무관한 태만, 나태의 뜻이었다. 이러한 만(慢)의 반대말은 경(敬), 속도가 느리다는 뜻으로 보면 지(遲)와 비슷하지만, 행동이 느리고 시간이 오래 걸린다는 뜻에서는 쾌(快)와 상대되는 말이다.
만유(慢遊)_ 만유(漫遊). 여러 곳을 마음 내키는 대로 돌아다니며 놂.
만가(慢舸)_ 느리게 가는 배.

서(徐) 　천천하다, 평온하다, 편안하게 걷다. 일의 진행속도가 완만하고 안정되어 있음을 이르는 말.
청풍서래(淸風徐來)_ 청풍이 천천히 불어옴.

속(速) 　단위시간 내 행진 속도가 빠름을 나타낸다.
욕속부달(欲速不達)_ 너무 빨리 하려고 서두르면 도리어 일을 이루지 못함.

신(迅) 　빠르다, 신속하다. 최초에는 새가 빠르게 나는 것을 뜻했다. 옛사람들의 관념 중에는 나는 새의 속도가 가장 빠르다고 생각하여 속(速)보다 더 빠른 것을 신(迅)이라 하였다. 또 형세가 급박하거나 눈 깜짝할 사이에 지나치는 것을 이른다.
신상(迅商)_ 세게 부는 가을바람. 상(商)은 추풍(秋風), 곧 가을바람이다.

신질(迅疾)_ 몹시 빠름, 신속(迅速).

신추(迅趣)_ 빨리 달리다.

완(緩) 느리다, 느슨하다, 부드럽다, 누그러지다, 드리워지다. 본디 부드럽게 주위를 둘러싼다는 뜻이었다.

완대(緩帶)_ 허리띠를 느슨하게 한다는 뜻으로, '마음 편히 쉼'을 이르는 말.

완충지대(緩衝地帶)_ 국가 간의 무력 충돌을 피하기 위하여 그 중간지역에 설치하는 중립지대의 한 가지. 예) 비무장지대.

완만(緩慢)_ 모양이나 행동이 느릿느릿함. 또는 느리고 태만함. 완(緩)은 느리다, 만(慢)은 게으르다.

지(遲) 늦다, 더디다, 게을리하다. 서행(徐行), 곧 천천히 간다는 뜻으로, 앞으로 나아가지 않고 배회하는 것.

지구(遲久)_ 더디고 오램, 오래도록 기다림.

지만(遲慢)_ 더디고 느림.

지지부진(遲遲不進)_ 몹시 더디어서 잘 나아가지 않음.

능지처참(陵遲處斬)_ 대역죄를 저지른 사람의 머리, 몸, 손, 팔다리를 토막내어 죽이던 극형(極刑).

질(疾) 병, 흠, 하자(瑕疵), 앓다, 빠르다, 빨리, 곧. 처음에는 갑자기 생기는 병을 뜻하였다. 속도를 표현할 때 질(疾)과 속(速)은 같다. 다만 질(疾)은 강렬함과 긴박감을 갖고 있다. 즉 질(疾)은 이를 악물고 달리는 것이고, 속(速)은 단지 빨리 달리는 것이다.

질주(疾走)_ 빨리 달림.

질풍경초(疾風勁草)_ 몹시 빠르고 세게 부는 바람에도 꺾이지 않는 억센 풀이라는 뜻으로, '아무리 어려운 일을 당해도 뜻이 흔들리지 않는 사람'을 비유하여 이르는 말.

첩(捷) 빠르다, 민첩하다, 지름길을 택하다, 질러서 가다. 주로 사람의 행동이 신속함을, 특히 발이 빠름을 뜻한다. 또는 두뇌 회전이 빨라서

민첩하고 기민함을 이르는 한자다.

첩경(捷徑)_ 지름길.

민첩(敏捷)_ 재빠르고 날램.

쾌(快) 빠르다, 날래다, 상쾌하다, 즐기다. 원래는 속도가 빠르다는 뜻이 없었고, 주로 즐거운 감정이나 마음이 유쾌함을 뜻했다.

쾌활(快活)_ 씩씩하고 활발함.

통쾌(痛快)_ 마음이 매우 유쾌함.

※ 수레와 가마 등 탈것에 관련된 한자

가교(駕轎) 임금이 타는 가마. 말 두 마리가 앞뒤로 끈다. 두 마리 말안장 양쪽에 채끝을 걸어 멍에를 하고, 앞뒤 말 양쪽에 거덜이 채를 누르며 간다.

거(車) 금석문의 경우 두 바퀴와 중간의 차체(車體)와 이를 가로지르는 굴대(軸)에다 멍에(軛)와 끌채(轅)까지 그렸다. 소전체(小篆體; 한자의 열 가지 서체의 하나)에 들면서 지금처럼 두 바퀴는 가로획으로, 차체는 네모꼴로 변했다. '거'로 읽으면 사람의 힘으로 움직이는 수레가 되고, '차'로 읽으면 말이나 다른 동력으로 움직이는 수레가 된다. 그래서 자전거와 자동차가 구분된다.

경(輕) 가벼운 수레.

　경차(輕車)_ 엔진 용적이 1000cc 미만의 작은 자동차.

고(庫) 수레를 두는 집, 즉 곳집이다. 수레를 두는 공간이 매우 중요해지면서 다양한 어휘로 발전하였다.

굉(轟) 수레가 여럿 달릴 때의 큰 소리, 굉음.

교(較) 수레 좌우 널빤지에 댄 가로나무 앞으로 나온 부분. 큰 수레일수록 교가 크다. 그러므로 교의 크기는 수레의 크기를 뜻한다. 전차로 싸울 때나 거리에서 다른 수레를 만나면 으레 이 교를 비교한 데서 '견주다'라는 뜻이 되었다.

　비교(比較)_ 내 어깨와 남의 어깨를 겨루고, 다른 수레와 내 수레의 크기를 견주다. 즉 두 개 이상의 사물을 견주다.

교(轎) 메고 다니는 수레.

교여(轎輿) 물건만을 나를 때 쓴다.

교자(較子) 양반들이 주로 이용한 가마. 다만 결혼식 때에 한해서 중인이나 상인의 신부들이 탈 수 있다. 신랑은 벼슬아치처럼 사모관대를 하여

	말을 타고, 신부는 정경부인처럼 뚜껑 있는 꽃으로 장식한 가마를 탈 수 있다. 단 천민은 신랑은 말 대신 소를 타고, 신부는 가마 대신 널빤지 위에 올라앉았다.
군(軍)	전차에 탄 병사를 가리킨다. 그러다가 전차병 4000명으로 이뤄진 전차부대를 가리켰다. 한국군이 현재 3군인 것도 제왕의 나라가 3군을 둔다는 전통 관념에서 비롯된 것이다.
권마성(勸馬聲)	임금이 말이나 가교를 타고 거둥할 때나 봉명관(奉命官)과 고을 수령 및 그들의 부인이 쌍교(雙轎)를 타고 행차할 때, 위세를 부리느라고 앞에서 하졸들이 목청을 가늘고 길게 빼어 부르는 소리다. 임금이 거둥할 때에는 사복(司僕)·하인들이, 그 밖의 경우에는 역졸들이 불렀다.
궤(軌)	수레의 폭(幅). 여기서 수레바퀴가 지나간 자국을 뜻하게 되었다. **궤적(軌跡)**_ 수레바퀴가 지나간 자국.
난가(鑾駕)	임금이 거둥할 때 타고 다니던 가마. 홍연(紅輦)의 별칭.
남여(籃輿)	정3품의 승지와 각 관청의 참의 이상이 탈 수 있었다. 포장이나 덮개가 없는 작은 가마다. 타고 내리기 불편하고 사방이 막혀 덥기 때문에 비가 내리거나 바람이 몹시 불거나 추운 겨울을 제외하고는 사방이 탁 트인 남여를 타고 다녔다. 남여는 끌채가 앞뒤로 길게 뻗어 있고, 발디딤판과 함께 등받이와 팔걸이가 있다.
덕응(德應)	공주와 옹주가 타던 가마로 연(輦)과 비슷하다. 공주가 탈 때는 여덟 명이 멘다.
독교(獨轎)	원래 관찰사 등 2품 이상의 지방관들이 타던 가마다. 소나 말의 등에 휘장을 두른 가마를 얹어 놓은 것으로, 쌍가마에 비해 심하게 흔들려 불편한 점이 많았다.
마차(馬車)	원래 말 두 마리가 끌고 병사 두 명이 타는 전차였다. 나중에는 말이 끄는 달구지가 되었다.
무개(無蓋)	음식물을 실어 나르는 데에 사용한 들것. 갸자[架子]라고 발음한다.

두 사람이 가마 메듯 멘다. 묘를 지을 때나 추수할 때 흙이나 곡물을 담아 나르기도 한다. 남한에서는 들것, 북한에서는 들채라고 부른다.

배(輩) 출정(出征)할 때 양쪽으로 날개처럼 줄지어 선 전차를 가리킨다. 여기서 같은 부류, 같은 등급의 뜻이 나왔다. 모리배니 폭력배 등의 나쁜 뜻으로 쓰이기 시작한 것은, 일반 가마가 나갈 때 양측 가마꾼들끼리 자주 싸우고, 가마를 부수는 일이 생기면서부터다.

보(輔) 무거운 짐을 실을 때 바퀴에 묶어 바퀴를 튼튼하게 하던 덧방나무. 여기서 '돕다'라는 말이 나왔다.

보교(步轎) 사람이 메는 가마의 하나. 네 개의 기둥을 세워 사방을 장막으로 둘렀으며, 뚜껑은 가운데가 솟고 네 귀를 내밀어서 정자 지붕 모양을 하고 있다. 밑바닥은 소가죽 올로 가로세로 엮어 만들었으며, 바닥과 기둥과 뚜껑은 열거나 닫을 수 있다.

복(輻) 넓게 퍼진 바퀴살. 굴대인 축에서 바퀴 쪽으로 퍼져나가는 식으로 펼쳐지기 때문에 '펼쳐지다'라는 상징 의미로 많이 쓰인다.

복사(輻射)_ 사방으로 넓게 쏘다. 빛이나 열이 퍼져나가는 것을 나타낸다.

사인교(四人轎) 앞뒤에 각각 두 사람씩 메는 가마로 판서 등의 관리가 호랑이가죽을 깔아 사용하였으며, 혼인 때에 주로 이용하였다.

상여(喪輿) 조선시대 상여는 왕과 왕족용, 종3품 이상의 벼슬아치용, 양반과 양민용으로 나뉘었다. 현재 남아 있는 왕실 상여로는 고종이 고위 관직을 두루 거친 육촌형 이용직의 죽음을 애도하기 위해 1909년에 하사한 것이 있다. 이 왕실 상여는 대차와 소차가 있는데, 대차는 36명, 소차는 24명 등 무려 60명이 동시에 매야 하는 큰 상여다. 일반 상여보다 다섯 배나 큰 이 상여는 대차의 길이가 10m에 둘레는 47m나 되고, 교자판을 칠성판에 고정시켰다. 장식이 화려해서, 세밀한 단청으로 채색하고 금색의 용머리를 각각 앞뒤로 두 개씩 모두 네 개, 황과 봉을 앞뒤에 각 한 개씩, 동자상을 상여 사방에 열두 개를 달았다. 왕실 상여에는 죽은 사람의 혼백을 모시고 따라가는 작은 가마인 요여(腰輿)도 있다. 이와 달리 장사치나 백정 등의 천민은 결코 상여를 쓸 수 없어, 시신은 칠성판인 목판 위에 얹어 묘지로 옮기거나 멍석에 둘둘 말아 지게로 내갔다.

__서양보교(西洋步轎)__ 개화기에 보교를 타기 불편한 서양인들을 위해 가마 바닥에 의자를 놓고 앉을 수 있도록 보교를 개조한 것이다. 뚜껑이 없는 것은 서양 남자, 뚜껑이 있는 것은 서양 여자가 썼다. 나중에 인천항 등에서 영업용으로 쓰였다. 1905년 경부선이 개통된 뒤에는 온양온천을 개발 운영하던 독일계 기업 세창양행이 천안역-온양역 사이에서 지금의 택시처럼 활용하였다.

__수(輸)__ 수레에 물건을 실어 멀리 내보내다. 전투용이 아니다.

__신여(神輿/神轝), 영여(靈輿/靈轝)__ 신주를 모시는 가마.

__쌍교(雙轎)__ 가교, 쌍가마, 쌍마교. 말 두 마리가 끄는 가마로 조선 후기에 등장하였다. 2품 이상과 승지를 지낸 적이 있는 사람에게 허용되었다. 왕과 그 가족 외에는 도성 밖에서만 타게 되어 있었다. 그러나 법령이 잘 지켜지지 않아 고을 수령들이 임지에 부임할 때, 도성 문을 나서자마자 감시가 허술한 틈을 타 스스로 쌍가마를 타거나 아니면 어머니나 처자를 태우고 다니는 일이 잦았다. 이런 풍조가 점점 번져서 조선시대 여인들은 쌍가마 타는 것을 평생의 소원으로 삼았다.

__액(軶)__ 멍에.

__양(兩)__ 말 두 마리를 묶은 멍에. '丨'이 두 마리 말의 멍에다. 여기서 2라는 숫자를 뜻하게 되었다. 1 더하기 1이 아니라 짝으로 원래부터 있는 것을 가리킨다.

__양(輛)__ 말 두 마리가 끄는 수레다. 전차든 수레든 말 두 마리가 있기 때문에 완성된 수레라는 뜻이 된다. 전차 등 수레를 세는 단위다.

차량(車輛)_ 기차를 끄는 동력을 내는 맨앞 차가 차(車)이고, 그뒤에 따르는 객실은 량(輛)이다.

여(輿) 바퀴가 없이 손으로 드는 수레. 많은 사람이 거(車)를 드는 모양이다.

대동여지도(大東輿地圖)_ 대동(大東)은 아시아 동쪽에 있는 우리나라를 가리키며, 여지(輿地)는 수레가 다니는 땅이란 뜻이다.

감여(堪輿)_ 건곤(乾坤)과 같은 말이다. 감이 하늘, 여가 땅을 뜻한다. 그래서 풍수(風水)를 감여라고도 한다.

연(軟) 수레바퀴를 짚으로 싸 승차감을 높인 출상용(出喪用) 수레다. 그래서 '부드럽다' '연하다'는 뜻이 나왔다.

연체동물(軟體動物)_ 뼈가 없어 부드럽게 기어가는 동물.

연(輦) 장정(夫) 두 명이 끄는 수레다. 나중에는 변해서 말이 끌기 시작했다. 왕과 왕비 및 왕세자가 탔다. 좌우와 앞에 발이 있고 두 개의 채가 길게 붙어 있다. 임금이 타는 가교는 두 마리의 말에 양편의 채 끝을 거는 가마다. 세자가 타면 14명이 메고, 왕이 타면 20명이 멘다.

연(連) 수레(車)가 지나가는(辶) 자리에 바퀴자국이 계속 이어져 있다.

연결(連結)_ 수레바퀴가 끊어지지 않고 이어지고, 실이 끊어지지 않고 묶여 있다.

영(軨) 사냥용 수레.

요여(腰輿) 왕실용 상여를 따라가는 작은 가마. 죽은 사람의 혼백을 모시고 간다.

용정자(龍亭子) 옥새, 옥책, 금보 등을 나르는 가마.

우차(牛車) 소가 끄는 달구지. 실제로는 소가 끌어도 마차라고 주로 불렀다.

유옥안차(有屋安車) 수레 위에 방이 있는 가마로, 효종 때 영의정 김육이 만들었다.

운(運) 군사들이 움직이는 것이다.

원(轅) 끌채. 수레 양쪽에서 말이나 소의 등까지 매는 장치.

윤(輪) 회전할 수 있도록 만든 수레바퀴. 수레(車)에 달린 둥근(侖) 바퀴다. 윤(侖)은 죽간 두루마리를 돌돌 말아 둥글게 감은 것이다.

장독교(帳獨轎) 뒷부분 전체가 벽이고, 양옆에는 창을 내었으며, 앞쪽에는 들창처럼 버티게 된 문이 있다. 뚜껑은 지붕처럼 둥그스름하게 마루가 지고 네 귀가 추녀처럼 되어 있다. 바탕의 바닥은 살을 대었는데, 전체가 붙박이로 되어 있다. 사람이 없을 때는 소 등에 올려서 고정을 하고, 한 사람이 뒤채를 잡고 조정하며 간다.

장보교(帳步轎) 하급 관원이 타는 가마.

재(載) 전차에 무기를 싣고 달려가다. 창과 칼, 화살 등을 가득 싣고 흙을 치고 달려나가는 전차다. 전투에 쓰이는 보급용 전차다. 그래서 좀처럼 만나기 어려운 좋은 기회라는 뜻이 되고, 드물다는 뜻에서 해와 연(年)을 가리키는 말로 쓰였다.

천재일우(千載一遇) _ 천 년에 한 번 만날 수 있다.

전(轉) 수레가 어딘가를 향해 굴러가다.

전거(田車) 농작물이나 약초의 운반에 쓰인 수레다.

진(陣) 언덕에 전차가 늘어서 있는 모양이다. 언덕에 진을 치는 것은, 전차가 내려 달리기 좋도록 높은 곳에 늘어세우기 때문이다.

채여(彩輿) 왕실 의식 때 귀한 물건을 실어 옮기던 가마. 앞뒤에서 멘다.

초교(草轎) 직급이 낮은 상여. 삿갓가마라고도 한다. 초상 중에 상제(喪制)가 초교를 탈 때에는 위에 커다란 삿갓을 건 삿갓가마를 타고 다녔다. 상제는 하늘을 볼 수 없는 죄인의 몸이라 걸어다닐 때는 방갓을 쓰고 다녔듯이 가마에도 삿갓을 씌운다. 즉 흰 장막을 두르고 삿갓으로 지붕을 한 보교이다. 장례 외에도, 고을 수령이 추방당할 때 이 삿갓가마에 태워 고을 밖으로 내보냈다.

초헌(軺軒) 수레의 일종으로 종2품 관리들이 타고 다녔다. 외바퀴 위에 높다랗게 좌석이 마련되어 있고 좌석 앞뒤로 길게 뻗친 끌채 양끝에 가로 막대를 꿰어 이것을 밀어서 움직인다. 초헌은 좌석이 높게 올라 있어 주위를 압도하므로 고위 관원의 위세를 상징했다. 하지만 바퀴가 하나밖에 없어 위태롭고, 또 심하게 덜그럭거려서 턱을 떨다가 혀를 무는 일이 많았다고 한다. 또 자리가 높아서 좁은 골목길에서는 추녀 끝에 이마를 부딪히기도 했다.

축(軸) 수레의 기능을 가능하게 하는 굴대. 양쪽 수레바퀴의 한가운데 뚫린 구멍에 끼우는 긴 막대로, 바퀴의 회전축이다.

평교자(平轎子) 양교라고도 하는데 종1품 이상 정승과 기로소(耆老所)의 당상관이 탔다. 전후좌우로 네 명이 끌채에 끈을 걸어 어깨에 메고 간다.

향정자(香亭子) 향로를 실어나르는 가마.

헌(軒) 대부 이상의 벼슬아치가 타는 높고 큰 수레로 난간과 처마가 있다. 그래서 난간과 처마가 있는 집을 멋스럽게 '헌'이라고 하게 되었다.

동헌(東軒)_ 동쪽(東)에 있는 집(軒)으로, 조선시대에 지방 관아에서 고을 원이 업무를 보던 건물이다.

홍연(紅輦) 임금이 타는 연을 달리 홍연이라고 한다. 난가(鑾駕)라고도 한다. 네 곳에는 닭을 닮은 난새라는 검은 새가 술을 물고 있고, 바탕 사면에는 용, 기린, 해태, 범, 코끼리들이 금빛으로 그려져 있다. 연은 원래 바퀴를 달아 사람이나 말이 끌던 수레였으며, 고려 때 중국에서 들여와 임금이 태묘에 제사 드리러 갈 때 등에 사용되었다. 앞뒤에서 16명 이상, 약 20명 이내로 들게 되어 있다. 가로 세로 109cm, 높이 246cm.

휘(揮) 전차부대를 지휘하기 위해 손(扌)을 휘두르다.

지휘(指揮)_ 손짓으로 전차부대에 싸움을 명령하다.

※ 술에 관련된 한자

굉(觥)　소의 뿔로 만든 술잔이다.
명(酩)　이름을 잊을 만큼 술에 취하다.
발(醱)　뽀글뽀글 거품이 생기면서 술로 변하는 것이다.
　　　　발효(醱酵)_ 곡식이 술로 변하는 것이다. 오늘날에는 효소에 의해 탄수화물이 알코올이나 식초 등으로 분해되는 것을 가리킨다.
배(杯)　나무로 만든 술잔.
배(盃)　술잔.
배(配)　함께 술 마시는 사람. 그래서 혼인 때 신랑 신부가 술을 나눠 마신다.
　　　　배우자(配偶者)_ 부부로서 짝이 되는 상대.
상(觴)　물소나 쇠뿔로 만든 잔.
성(醒)　술에서 깨다.
수(酬)　술을 따라주다.
순(醇)　진한 술이다. 향(享)은 제사에 제물을 올린다는 뜻이다.
양(釀)　술을 빚다.
예(醴)　제사 드릴 때 쓰는 단술.
유(酉)　술독. 삼수변(氵)이 붙으면 술을 가리키는 주(酒)가 된다. 나중에는 십이지(十二支)의 열째로 닭을 상징했다.
의(醫)　술로 소독하고 마취하고 치료하다. 의(医)는 상자에 든 화살촉, 수(殳)는 수술용 꼬챙이다.
작(爵)　쇠로 만든 발이 달린 술잔으로, 보통 한 되들이 정도의 큰 잔이다.
작(酌)　술을 잔(勺)에 따르다. 작(勺)은 술 뜨는 기구이니, 곧 술을 퍼서 잔에 따르는 것이다.
　　　　작부(酌婦)_ 술 따르는 여자.

544

잔(盞)	낮고 작은 잔.
전(奠)	큰 제사상에 술을 올려 제사 지내다.
정(酊)	(장정이) 술에 취하다.
정(鄭)	큰 제사를 지내는 마을. 춘추시대 나라 이름이다.
존(尊)	제사에 쓸 '잘 익은 술(酋)'을 손(寸)으로 들어 올리다. 잔을 올리는 사람은 높은 사람이다. 여기서 높은 사람에게 올린다는 뜻이 나왔다.

존중(尊重)_ 귀신에게 술을 바치는 사람을 높이 우러르다.

주(酒)	술.
짐(斟)	술잔에 넘치지 않게 따르다. 심(甚)은 오디술, 두(斗)는 술을 뜨는 국자다.

짐작(斟酌)_ 어림잡아 헤아리다. 중국에서는 다시 생각하다는 뜻으로 쓰인다.

초(醋)	어제 담근 묵은 술이니, 곧 식초다.
초(酢)	식초. 초(醋)가 술이 묵어 변한 식초라면 초(酢)는 처음부터 식초로 만든 것이다. 요즘으로 말하면 양조식초다.
추(酋)	묵은 술, 오래된 술. 즉 제사에 올리는 술로, 이 술은 우두머리가 다루었으므로, 여기서 추장이라는 뜻이 나왔다. 팔(八)은 술 향기가 피어오르는 모양을 형상화한 것이다.
추(醜)	술 취한 귀신이니, 곧 못생기고 더럽다는 뜻이다.
취(醉)	죽은 듯이 술에 취하다.
혹(酷)	독한 술. 알코올 함량이 매우 높은 술로, 기도할 때 쓴다.

혹독(酷毒)_ 독주 또는 상처 소독용 알코올, 치료용 독을 가리킨다. 여기서 '몹시 심하다'는 뜻이 나왔다.

효(酵)	알코올, 곧 술이 되는 것이다.

※ 시간에 관련된 한자

간(旰)　　해질녘.

간(間)　　때, 무렵, 틈, 사이. 과거로부터 현재, 미래로 끊임없이 이어져 머무름이 없이 일정한 빠르기로 옮아간다고 생각되는 것. 공간과 더불어 인식의 가장 기본적인 형식. 시계로서 연(年), 월(月), 일(日), 시(時), 분(分), 초(秒) 따위로 나누어 잰다.
간발(間髮)_ 단지 한 오라기의 머리카락을 끼울 만한 사이라는 뜻으로, 일이 매우 절박함을 이르는 말이다.
간헐(間歇)_ 일정한 시간을 두고 주기적으로 일어났다 멎었다 함.

간(干)　　오행(五行)을 음양으로 가른 십간(十干). 60갑자(甲子)의 윗부분을 이루는 요소이다. 옛날에는 나무의 줄기(幹)에 비유하여, 그 해를 나타내는 근간(根幹)으로서 천간(天干)이라 하였다. 지지(地支), 곧 나무의 가지(枝)로 비유되는 십이지(十二支)와 결합하여 60년 또는 60일이라는 시간을 단위로 순환하는 것을 나타낸다. 십간은 갑(甲) 을(乙) 병(丙) 정(丁) 무(戊) 기(己) 경(庚) 신(辛) 임(壬) 계(癸)이다.

겁(劫)　　매우 길고 오랜 시간. 불교에서 천지가 한 번 개벽한 때부터 다음번에 개벽할 때까지의 오랜 동안을 이른다. 겁파(劫簸).
억겁(億劫)_ 불교에서 무한히 긴 오랜 동안을 이르는 말. 영겁(永劫), 광겁(曠劫).

계(季)　　철.
계상(季商)_ 음력 9월.
계절(季節)_ 한 해를 날씨에 따라 나눈 그 한 철. 온대기후 지역에는 춘하추동의 네 철이 있고, 열대기후 지역에는 건계(乾季)와 우계(雨季)가 있다.

광음(光陰)　　해와 달이라는 뜻으로, 시간이나 세월을 이른다. 백구(白駒).

구극(駒隙)	흰 망아지가 달리는 것을 문틈으로 본다는 뜻으로, 세월이나 인생이 덧없이 빨리 지나감을 이르는 말이다. 백구과극(白駒過隙)의 준말.
기(氣) 1	기운, 자연현상, 절후(節侯).
	육기(六氣)_ 하늘과 땅 사이의 여섯 가지 기운. 곧 음(陰) 양(陽) 풍(風) 우(雨) 회(晦; 어둠 또는 밤) 명(明; 밝음 또는 낮).
기(氣) 2	1기는 3후(候).
기(期)	때, 기한, 정도(程度), 돌, 100년의 수(壽), 만 하루.
	기절(期節)_ 철, 때, 기회, 계절.
	기이(期頤)_ 100살의 나이. 또는 그 나이의 사람.
기(紀)	목성이 천구를 한 바퀴 도는 12년을 가리키는데, 더불어 100년을 가리키기도 한다.
기절(氣節)	기후.
단(旦)	태양(日)이 지평선, 곧 대지(一) 위에 나타나는 것이므로 아침을 뜻한다. 정확하게는 해가 뜨기 전 2.5각인 시점, 곧 해가 동쪽에서 뜨기 전 37분 30초 무렵을 가리킨다.
	원단(元旦)_ 설날 아침, 사시(四始; 그해, 그달, 그날, 그때의 네 가지가 모두 처음이라는 뜻으로 정월 초하룻날 아침을 이르는 말), 삼시(三始; 연, 월, 일의 처음이라는 뜻). 세단(歲旦), 원신(元辰), 원조(元朝), 정단(正旦), 정조(正朝).
대(代)	올려 따지는 가계를 가리키는 말로, 1대는 30년이다. 5대조, 10대조 등으로 쓰인다.
만(晚)	저물다, 해질 무렵, 저녁때.
매(昧)	새벽, 동틀 무렵.
	매단(昧旦)_ 동틀 무렵, 새벽, 매상(昧爽).
	무지몽매(無知蒙昧)_ 아는 것이 없고 사리(事理)에 어두움.
명(明)	새벽.
	여명(黎明)_ 날이 샐 무렵, 어둑새벽, 밝아오는 새벽, 먼동이 틀 무렵.

모(暮)	저물다, 해가 지다, 한 해가 거의 다 지나가다.
	세모(歲暮)_ 연말, 노년(老年).
사시(四時) 1	봄·여름·가을·겨울의 네 철, 사계(四季), 사서(四序), 사철.
사시(四時) 2	한 달 중의 네 때. 곧 삭(朔; 초하루), 현(弦; 이레), 망(望; 보름), 회(晦; 그믐).
사시(四時) 3	하루 중의 네 때. 곧 단(旦; 아침), 주(晝; 낮), 모(暮; 저녁), 야(夜; 밤).
삼시(三時)	과거, 현재, 미래.
삽시(霎時)	가랑비가 내리는 사이, 아주 짧은 동안, 삽시간.
상(商)	가을.
석(夕)	달(月)에서 1획을 뺀 글자로서 달이 반쯤 보이는, 해가 지고 달이 뜨기 시작할 때. 곧 황혼, 저녁을 뜻한다.
세(歲) 1	1세는 4시(時).
세(歲) 2	해, 1년, 시일, 세월, 광음(光陰).
	세덕(歲德)_ 흙(땅)의 1년 사시(四時)의 작용, 흙의 덕. 흙은 사시를 맡기 때문에 '세(歲)'라고 한다.
	세양(歲陽)_ 십간.
	세음(歲陰)_ 십이지.
	세한(歲寒)_ 겨울, 노년, 역경, 난세(亂世). 어려움을 당해도 꺾이지 않음.
	만세(萬歲)_ 만 년. 주로 황제의 장수를 기원하는 말로 쓰인다.
	천세(千歲)_ 천 년. 주로 왕이나 제후의 장수를 기원하는 말로 쓰인다.
세(世)	이어 내려오는 가계를 뜻한다. 1세는 30년이다. 12세손, 20세손 등으로 쓰인다.
소(宵)	밤.
	소적(宵滴)_ 밤이슬.
수유(須臾)	매우 짧은 시간. 순식(瞬息)의 10배, 준순(逡巡)의 10분의 1의 시간.

| 순(旬) | 열흘, 10년. 본래 날(日)이 십간에 따라 갑(甲)에서 계(癸)에 이르는 열흘에 한 번을 돌기 때문에 '열흘'이란 뜻을 나타낸다.
순장(旬葬)_ 죽은 지 열흘 만에 지내는 장사.
육순(六旬)_ 60일, 60세.
순년(旬年)_ 만(滿) 1년. |
|---|---|
| 순식(瞬息) | 순식간(瞬息間), 눈을 한 번 깜짝하는 동안. 탄지(彈指; 손톱이나 손가락 따위를 튕김)의 10배. |
| 시(時) | 때, 철, 하루, 나날, 세월, 연대(年代), 세대(世代). 1시는 6기(氣).
시사(時祀)_ 해마다 음력 2월, 5월, 8월, 동짓달에 가묘(家廟)에 지내는 제사. 해마다 음력 10월에 5대 이상의 조상 산소에 가서 지내는 제사. |
| 신(晨) | 새벽, 닭이 울다. |
| 야(夜) | 밤, 저녁 어두울 때부터 새벽 밝기까지의 동안.
야음(夜陰)_ 밤의 어두운 때.
야화(夜話)_ 밤에 하는 이야기, 야담(夜談). 예) 천일야화, 어유야담. |
| 연(年) | 1년. 1년은 24절기, 72후(候)다. |
| 오(午) | 십이지의 일곱째. 달로는 음력 5월, 시각으로는 정오(正午), 방위로는 정남(正南), 오행으로는 화(火), 동물로는 말에 해당한다. |
| 익(翌) | 다음날.
익일(翌日)_ 명일(明日), 내일. |
일월(日月)	세월, 광음(光陰). 임금과 신하 관계를 비유하기도 한다.
작금(昨今)	어제와 오늘.
재(載)	1년.
절(節)	원래는 대나무의 마디를 뜻한다. 1년에 하나씩 생기는 대나무 마디가 이어져 일단의 시간을 나타내게 되었다. 여기서 시간과 시간 사이의 특정한 어느 날을 지칭한다. 예) 계절(季節), 가절(佳節).
절기(節氣)	5일을 1후(候), 3후를 1절기로 하여 1년을 24절기로 나눈다. 1절기는

15일에 해당한다.

조(朝) 아침, 단(旦).

주(晝) 해가 뜨고 짐에 따라 밤과의 구분이 확연해지는 것. 곧 '낮'을 뜻한다.

주소(晝宵)_ 낮과 밤, 밤낮, 주야(晝夜).

지(支) 지지(地支), 십이지(支). 곧 자(子) 축(丑) 인(寅) 묘(卯) 진(辰) 사(巳) 오(午) 미(未) 신(申) 유(酉) 술(戌) 해(亥).

찰나(刹那) 매우 짧은 동안, 순간.

촌가(寸暇) 아주 짧은 겨를. 촌극(寸隙), 촌음(寸陰), 촌각(寸刻).

춘추(春秋) 나이, 연령, 세월.

혼(昏) 저녁때, 해질 무렵, 황혼. 정확하게는 해가 진 이후 2.5각인 시점으로, 해가 서쪽에서 지고 난 뒤 정확히 37분 30초 이후를 가리킨다.

혼명(昏明)_ 밤과 낮, 어둠과 밝음.

후(候) 1년을 72후(候)로 나눈 그 하나로, 1후는 5일이다. 철, 시절, 날씨, 때.

기후(氣候)_ 1년의 24절기와 72후를 통틀어 이르는 말.

※ 씨(알)에 관련된 한자

난(卵) 새, 물고기, 벌레 등의 알. 알을 밴 벌레의 배가 불룩하게 나온 모양을 본뜬 글자이다.
난태(卵胎)_ 새의 알과 짐승의 태아.
난소(卵巢)_ 알집. 난자를 만들어내며, 여성 호르몬을 분비하는 동물의 암컷 생식기관의 한 부분이다.
계란(鷄卵)_ 닭의 알.
누란지세(累卵之勢)_ 포개놓은 알처럼 깨지기 쉬운 몹시 위태로운 형세.

단(蛋) 새알.
단백질(蛋白質)_ 아미노산이 펩타이드 결합을 하여 생긴 여러 개의 아미노산으로 이루어진 고분자 화합물.
단황(蛋黃)_ 알의 노른자.

실(實) 초목(草木)의 열매, 알.
실(實)하다_ 씨알이 옹골차고 튼튼하다.

입(粒) 알, 쌀알. 구슬이나 환약(丸藥)과 같이 쌀알처럼 생긴 것.
입설(粒雪)_ 싸라기눈, 싸락눈.
미립(米粒)_ 쌀알.
미립자(微粒子)_ 맨눈으로 볼 수 없는 아주 미세한 알갱이.

자(子) 씨, 열매, 과실(果實). 알, 자식, 자손.
어자(魚子)_ 물고기 알.
자궁(子宮)_ 씨집.

종(種) 이듬해 씨앗으로 삼을 볍씨 중 무거운 것. 화(禾)는 원래 조와 벼의 이삭이었는데, 나중에 주식(主食)의 다양한 변화가 일어나면서 종(種)은 곡물의 씨앗이란 뜻으로 발전했다. 심지어 동물, 인간에게까지 쓰인다.

종자(種子)_ 초목나 곡식의 씨나 씨앗.

종과득과(種瓜得瓜)_ 오이씨를 심으면 오이가 된다는 뜻으로, 원인에 따라 그 결과가 정해진다는 의미이다.

망종(芒種)_ 24절기의 하나로 벼나 보리 같은 까끄라기 곡식을 파종하는 시기.

주(珠)

구슬처럼 둥근 알. 조개류의 체내에서 나는 동그란 옥(玉), 즉 진주를 가리킨다.

주옥(珠玉)_ 구슬과 옥. 아름답고 값진 것을 비유한다. 예) 황순원의 〈소나기〉는 주옥같은 한국의 대표적인 단편소설이라 할 만하다.

염주(念珠)_ 염불할 때에, 손으로 돌려 개수를 세거나 손목 또는 목에 거는 법구(法具).

핵(核)

과일의 씨, 물건의 중심이 되는 알맹이.

핵심(核心)_ 사물의 중심이 되는 요긴한 부분. 알맹이, 과실의 씨.

환(丸)

알, 작고 둥글게 생긴 물건의 낱개.

환약(丸藥)_ 약재를 가루로 만들어 반죽하여 작고 둥글게 빚은 약.

탄환(彈丸)_ 탄알.

고환(睾丸)_ 불알.

※ 씨(氏)에 관련된 한자

맥(脈) 사람의 몸(月)에 뿌리처럼 뻗어 있는 혈관으로 동맥과 정맥을 가리킨다. 모세혈관이 포함돼야 하나 이 글자가 만들어질 때는 이런 사실을 알지 못했다. 따라서 '맥이 안 잡힌다' '맥없다' 등은 혈관에 피가 뛰는 심장박동의 흔적이 약하거나 숨이 끊어져 아예 느껴지지 않는다는 뜻이다. 물론 맥박이 약할 때도 '맥없다'고 한다. 맥에 신경(神經)은 포함되지 않는다.

민(民) 같은 씨족 안에 있지만 싸우다 잡혀와 한쪽 눈을 찔러 도망가지 못하는 노예다.

씨(氏) 뿌리 형상이다. 뿌리에서 싹이 나오듯 어느 뿌리에서 비롯된 것인지를 가리킨다. 어머니에게서 움이 튼 생명이므로 모계를 가리킨다. 고대에는 여성의 경우 대부분 이름이 없었으므로 이름으로 씨를 삼았다. 그래서 조씨·김씨·박씨 등으로 불렸으며, 조선시대에도 여성에게는 이름을 잘 붙이지 않았다. 이를테면 진시황의 본명은 영조정(嬴趙政)인데, 영은 아버지의 성, 조는 어머니의 성, 이름은 정이다.

씨족(氏族)_ 원시 모계사회의 무리다. 부계사회로 바뀌는 중에도 이 어휘가 계속 쓰여 오늘날에는 구분하지 않는다.

저(氐) 뿌리보다 아래로, 매우 낮다는 뜻이다.

저(低) 사람과 사람 사이에서 낮은 것이다. 사람이 하는 행위 중에 낮은 처신을 가리킨다.

저자세(低姿勢)_ 상대에 비해 낮은 자세를 보이다.

저질(低質)_ 사람의 품질이 낮다.

저질(底質)_ 물건의 품질이 낮다, 강과 호수의 바닥.

저(底) 집 안에서 매우 낮은 곳, 바닥.

| 지(紙) | 옛날에는 명주나 목화의 실과 닥나무 뿌리 등을 찧어 만들었으므로 종이를 가리킨다.
| 파(派) | 파(波)처럼 둥글게 퍼지지 않고 풀뿌리처럼 길게 뻗어나가는 물결. 즉 물결이 갈라지다.
파벌(派閥)_ 갈라져 따로 모인 무리.
| 파(波) | 주름 잡힌 듯 퍼져나가는 물결.
파문(波紋)_ 물결이 주름이 잡힌 듯 퍼져나가며 무늬를 이루다. 못이나 호수에 돌을 던지면 먼저 파(波)가 생기고, 이어 이 파가 멀리 나아가며 문(紋)을 이룬다.
| 혼(昏) | (해가 나무 아래로 가라앉았으니) 날이 저물다. 해가 지다.
혼인(婚姻)_ 며느리의 아버지와 사위의 아버지가 만나는 것이다. 아울러 며느리 집과 사위 집의 만남을 가리킨다. 혼인을 치르면 결혼이 된다. 즉 혼인은 남녀가 하고 결혼은 집안이 한다.

※ 신분과 호칭에 관련된 한자

감(監) '임(臨)'자에서 '品' 대신 '皿'으로 바뀌었다. 즉 청동기물을 가리키는데, 주로 제기로 쓰였으므로 매우 중요한 제물 등이 담긴 그릇을 잘 살핀다는 뜻이다.

감(鑒) 가(家)의 노예인 신(臣)이 사람들이 가져온 기물을 거울로 살피는 글자다. 그래서 거울이 되었다.

계(階) 섬돌, 층계, 사닥다리, 품계(品階), 등위(等位), 관등(官等). 사닥다리나 층계는 높은 곳에 오를 때 쓰는 수단임에 빗대어서, 사회상 신분의 등급을 나타낼 때 '계급(階級)' '계층(階層)', 관직의 높고 낮음을 나타낼 때는 '관계(官階)' '관등(官等)'을 사용하게 되었다.

위계(位階)_ 벼슬의 품계.

계제(階梯)_ 일이 되어가는 순서, 일의 좋은 기회.

고(孤) 원래 '어려서 아비가 없다'는 뜻에서 고아(孤兒)를 나타내는 말이었다. 그러다가 제후가 상(喪)을 당했을 때, 외롭고 고통스러워 기댈 곳이 없는 심경을 표시하여 스스로를 '고(孤)'라고 칭하게 된 데서, 이후에는 "나라에 흉한 일이 발생했을 때는 고(孤)라 칭하는 것이 예(禮)이다."라고 하여 보편화되었다. 이 말에는 깊은 자책(自責)의 뜻이 있어, 오늘날 통치자들이 자주 쓰는 '유감(有感)'에 해당하는 말이다.

고(賈) 장사, 상업, 상인.

고호(賈胡)_ 서역의 상인, 외국 상인.

상고(商賈)_ 상인.

공(工) 《한서》〈식화지〉에 '기교(技巧)를 부려 기구(器具)를 만드는 것을 공(工)'이라고 하여, 각종 분야의 기예(技藝) 전문가를 공(工)이라 하였다. 그 예로 자수(刺繡)의 전문가를 여홍(女紅), 노래의 달인을 악사

(樂師)라 하였다.

공고(工賈)_ 장인(匠人)과 상인(商人).

공축(工祝)_ 신을 섬겨 제사나 신사(神事)를 맡아보는 사람. 무(巫).

과인(寡人) 제후가 나라 안에서 자칭(自稱)하는 말로, 상란(喪亂)을 당했을 때는 스스로를 낮추어 고(孤)라 칭하였다. 과인(寡人)이나 과민(寡民)은 서로 뜻이 같은 말로, '사람이 적다'는 뜻이다. 고대에 국력의 강함과 약함을 판단하는 관건(關鍵)은 인구가 많고 적음에 달려 있어서, 국력을 백승(百乘)·천승(千乘)·만승(萬乘)이라는 말로 구별하여 나타내었다. 여기서 승(乘)은 전쟁을 할 때 말 네 마리가 끄는 수레 한 대나 한 채를 이르는 말이다. '만승(萬乘)의 나라'는 모든 나라 가운데 가장 국력이 강한 천자(天子)의 나라를 뜻하는 말이다. 그래서 제후는 겸손한 의미로 백성이 적고 전차가 별로 없다는 뜻으로 과인이란 호칭을 썼다.

괴(魁) 우두머리, 수령, 두령.

괴걸(魁傑)_ 몸집이 크고 건장한 사람으로, 두목이나 걸출한 인물을 이른다.

괴수(魁首)_ 악당의 두목.

군(君) 임금, 주권자(主權者), 세자, 왕비, 부모, 지아비. 고대에 제왕을 군주(君主)라고 하였다. 군(君)은 통치 위주이고, 주(主)는 관리 위주이다. 군(君)은 통치의 뜻이 있어, 명령을 내리거나 신상필벌의 대권을 장악하여 만민(萬民)의 위에 군림(君臨)하는 존재이다. 이에 비하여 주(主)는 권세가 그다지 크지 않다.

포함되는 대상을 보면, 군(君)의 대상은 일반적으로 사람이나 나라이다. 곧 사람이나 국가를 지배하는 명운(命運)이다. 이에 비해 주(主)의 대상은 일반적으로 물(物)이나 사(事)이다. 곧 직분을 지키거나 장악하는 데 주력하여, 주서(主書)·주관(主管)·주혼(主婚) 등이 그것이다.

군(君)은 통치자나 주재자의 뜻이 강하고, 주(主)는 소유자나 작용의 지배자라는 측면이 강하다. 군(君)은 고대에 주로 제왕이나 제후를 지칭하였으며, 특히 《의례(儀禮)》에서는 "군(君)은 지존이다."라고까지 하였다. 그러나 이 역시 비교적 작은 범위 안에서의 지배 작용자이기도 하여 부친을 가군(家君)·엄군(嚴君), 장부(丈夫)를 부군(夫君)이라고도 하였다.

주(主)는 고대에 주로 주인을 지칭하였다. 정치적으로 경대부(卿大夫)는 군(君) 아래의 주(主)에 해당한다. 전국시대에 이르러 강력한 공경대부가 신분상승하여 제후나 국왕, 황후까지 되는 현상이 일어나자 군(君)과 주(主)가 통일이 되어, 훗날 제왕을 주상(主上)·주공(主公)·주(主)라 칭하였다. 비록 군(君)과 주(主)가 제왕을 일컬을 때는 통일이 되었지만 여전히 군(君)의 반대말은 신(臣), 주(主)의 반대말은 빈(賓)이나 복(僕)이었다. 즉 이 두 글자 사이에는 엄연하게 등급의 구별이 존재했다.

급(級) 실의 길고 짧은 차이다. 실 갈피, 실의 차례, 층계, 계단.

수급(首級)_ 전장에서 벤 적의 머리. 진(秦)나라 때 이 머리의 수로 공훈(功勳)의 등급이 오른 데서 유래한 말. 머리를 줄에 꿰었기 때문이다.

직급(職級)_ 공무원의 직계제(職階制)에서, 관직을 직무와 책임에 따라 분류한 최소의 단위.

기(己) 자기(自己), 자아(自我), 여섯째 천간(天干), 다스리다(紀).

지기지우(知己之友)_ 자기를 잘 이해해주는 참다운 친구, 지음(知音). 《사기》〈자객열전〉에는 "선비는 자기를 알아주는 사람을 위해서 죽고, 여자는 자기를 기쁘게 해주는 사람을 위해 화장(化粧)을 한다."는 말이 있다.

남(覽) 가(家)의 노예인 신(臣)이 사람들이 가져온 기물을 잘 살핀다는 뜻이다. 비교하여 보다.

등(等) 등급, 계단, 가지런하다, 무리. 등(等)과 급(級)은 모두 계(階)의 구성 요소이기 때문에 '1등'이나 '3급'처럼 수를 셀 수 있으며, 또한 등급의 표지(標識)가 되기도 한다.

등렬(等列)_ 같은 자리, 같은 지위, 상하 귀천의 구별.

맹(氓) 백성, 다른 나라나 지방에서 이주해 온 백성. 민(民)이 한 지방에 속박된 백성이나 노예라면, 맹(氓)은 망민(亡民)이다. 곧 원래 살던 토지에서 도망(逃亡)하거나 유망(流亡)해 온 나라 밖 사람이다. 신분 상으로는 민(民)이지만 외지에서 도망해 왔으므로 맹(氓)이라 하였다.

무축(巫祝) 무당과 제사장. 축(祝)은 제사를 맡은 벼슬.

민(民) 인민(人民), 백성. 민(民)은 눈을 찔려 맹인(盲人)이 된 형상으로 '맹(盲)'자와 같다. 또는 초목에 싹이 많이 나 있는 모양을 그려, 땅에 의지하여 사는 많은 사람, 곧 백성을 뜻하는 글자가 되었다. 노예제 시대에, 잡혀온 남자나 전쟁포로들은 눈 한쪽을 찔러 노예의 표지로 삼은 데서 비롯하여, 노예를 민(民)이라 칭하였다. 그들은 사역(使役)에 몰려다니고 복종과 노동의 의무만 가질 뿐 '인(人)'의 권리가 없는 존재였다. 즉 민(民)은 추상적으로만 사람이었을 뿐 사회의 신분 측면에서는 인(人)과 다르다.

인(人)과 민(民)의 차별적 구분이 종말을 고한 것은 노예제의 와해와 일치한다. 노예제가 무너짐에 따라 수많은 노예주, 곧 '국인(國人)'이 서민(庶民)으로 강등되었다. 봉건제의 진행에 따라 과거 노역만 제공하던 민(民)도 점차 토지를 소유하여 독립적 생산자가 되었다. 《논어》에 "일민(佚民; 학문과 덕행이 있으면서도 세상을 피해 숨어 지내는 사람)으로 백이(伯夷), 숙제(叔齊), 우중(虞仲), 이일(夷逸), 주장(朱張), 유하혜(柳下惠), 소련(少連)이 있다."고 하였는데, 이 7인은 모두가 몰락한 노예주로서, 여기서 이미 민(民)으로 칭하고 있다. 이후 봉건제 사회의 민(民)과 군(君), 민(民)과 이(吏)는 종종 대립하여 통치자와 피통치자, 관리자와 피관리자의 관계로 표시되었다. 이로써 인(人)과 민(民)의 차별적인 신분상의 지위가 철저히 해소되었다. 즉 인민(人民)과 민인(民人) 모두 정부에 소속된 백성으로서, 민(民)이나 인(人)처럼 인민(人民)도 인류의 통칭이 되고, 민(民)과 인(人)이 같은 뜻이 되었다.

민천(民天)_ 백성이 하늘처럼 소중히 여기는 것, 곧 양식(糧食)을 이르는 말이다.

백성(百姓) 문벌이 높지 않은 여느 사람, 인민(人民), 창맹(蒼氓). 인(人)과 민(民)이 점차 혼동됨에 따라 민(民)과 백성도 점차 동의어가 되었다. 백성은 춘추시대 이전에는 원래 백관(百官)이라 하여, 족(族)과 성(姓)이 있는 대노예주를 지칭하였다. 노예제가 있던 시절에는 노예주만이 성(姓)이 있고 노예나 농노는 성이 없었다. 민(民)에게 '씨(氏)'가 부여된 것은 경제적으로 독립적인 존재가 된 이후의 일이다. 백성과 민이 동의어가 되면서 다시는 '벼슬 있는 사람'이라고 통칭하지 않게 되었다.

불곡(不穀) 진(秦)나라 이전에 천자가 스스로를 낮추어 부르던 말이다. 여기서 곡(穀)은 곡식이란 뜻으로, 관리들에게 주는 급여 명목이었다. 그래서 곡(穀)은 곧 녹(祿)인데, 하늘이 내리는 복(福)을 녹(祿)이라 한다. 그러므로 불곡(不穀)은 곧 불록(不祿)으로, 하늘의 보살핌을 잃어버렸다는 뜻이다. 그리하여 이 말은 제왕이 재앙이나 상사(喪事), 재난, 변란, 화(禍) 등을 만났을 때 사용하였다.

사(士) 남성의 생식기를 상징한다는 설도 있고, 칼을 쳐든 사람이라는 설도 있다. 칼 든 남자일 가능성이 크다. 그래서 공경대부의 아래에 있으면서 군사를 뜻하는 사(士)의 계급의 뜻을 가지고 있다.

상(商) 장사, 장수, 상인, 상업. 과거의 훈고학자(訓詁學者)들이 상(商)과 고(賈)를 구별할 때, 가게를 차려 물건을 판매하는 것을 고(賈), 오가면서 판매하거나 물건을 실어 나르는 것을 상(商)이라 하였다. 이른바

'행상좌고(行商坐賈)'이다.

서(庶) 서(庶)는 중(衆)이다. 중(衆)은 땅볕에서 세 사람이 노동을 하고 있는 형상이다. 갑골문이나 금석문 기록에 따르면 상(商)나라와 주(周)나라 때 농업에 종사하던 농노. 이후 서(庶)는 중(衆)과는 상반되게 사람이 많다는 뜻에서 서민(庶民)이라는 뜻으로 바뀌었다. 《묵자》에 '서국(庶國)'은 백성이 많은 나라로 나온다. 인구의 대다수가 민(民)이었으므로, 대개는 서민(庶民)이라 칭했던 것이다. 결국 오늘날 서(庶)는 평민이나 보통의 백성이라는 뜻이 되었다.

서인자수야(庶人者水也)_ 임금을 배에 견준다면, 일반 백성은 그 배를 띄우는 물이라는 말이다. 물은 배를 뒤집기도 한다.

선우(單于) 한(漢)나라 때 북방의 흉노 군장(君長)의 칭호.

수(首) 인체에서 가장 높은 곳에 위치하여 최고, 영수(領袖), 지배자를 이른다.

수뇌(首腦)_ 중추적인 자리를 맡고 있는 사람, 우두머리.

수반(首班)_ 행정부의 우두머리, 반열(班列) 가운데 첫째 또는 그 사람.

수(囚) 갇혀 있는 사람이니 곧 죄수다.

신(臣) 신하, 하인, 포로, 백성. 신(臣)의 본뜻은 힘 있는 집에 딸린 노예, 즉 가노(家奴)다. 《서경書經》에 "역인(役人)이나 천인(賤人)으로서 남자를 신(臣), 여자를 첩(妾)."이라고 하여, 남자 노예를 신(臣), 여자 노예를 첩(妾)이라 한 것이다. 신첩(臣妾)은 나중에 원래 노비처럼 사내종과 계집종이란 말이었는데 왕에 대한 모든 여성의 자칭(自稱)으로 변하였다.

《시경詩經》에서는 "옛날에 죄인을 바로 형벌을 가하지 않고 감옥에서 노역을 시켰는데 이들을 신복(臣僕)."이라 하였고, 《한비자韓非子》〈오두편五蠹篇〉에 "우왕(禹王) 때도 몸소 쟁기나 가래를 들고 민(民)에 앞장서서, 다리에 흰 살이 없고 정강이에 털이 나지 않을 정도로, 비록 신로(臣虜)들의 노역일지라도 이보다 고생스럽지는 않았다."
고 하였다.

신(臣)은 원래 형(刑)을 받고 있는 범죄자나 전쟁포로로, 신분이 낮고 노동도 매우 고되었다. 하지만 새로 들어온 노예의 우두머리가 필요해져서 노예가 노예를 다스리기 시작하면서 신의 지위가 관리라는 뜻으로 변하고, 진짜 노예는 노비가 되었다.

한편 제후(諸侯)는 왕의 가신, 경(卿)은 제후의 가신, 사(士)는 공경대부의 가신이었다. 이렇게 층층이 예속되어 모두가 주종(主從) 관계다. 봉건시대의 정부는 단순히 가정(家政)의 확대에 불과하여, 정치기구 내에서 각급 가신(家臣)은 각급 통치자나 관리가 되었다. 이렇게 주종관계가 변하여 군신관계가 된 것이다. 이리하여 노예의 칭호였던 신(臣)이 황제, 왕, 제후 아래서 일하는 관(官)으로 변한 것이다. 다시 말해서 노예의 최초의 가장 보편적인 칭호인 신(臣)이 제왕을 위해 일을 하는 각급 관리의 칭호가 된 것이다.

아(我)	원래 적을 향해 창을 들고 있는 '우리'라는 집단을 가리켰다. 그러다가 '나'를 나타내게 되었다. 오늘날에도 여전히 우리라는 개념이 남아 있다. **아전인수(我田引水)**_ 제 논에 물대기라는 뜻으로, 자기에게 이로울 대로만 일을 굽혀서 말하거나 행동함을 이르는 말이다. **피아(彼我)**_ 너와 나, 저편과 이편.
약(若)	너. 오른손으로 나물을 따는 사람이란 뜻을 나타낸다. **약배(若輩)**_ 너희, 너희들.
여(余)	나, 자신. 여(余)와 여(予)는 모두 '나'를 뜻하는 일인칭 대명사로서 대개 혼용된다. **여배(余輩)**_ 우리네, 우리들. **여월(余月)**_ 음력 4월의 딴 이름이다.
여(予)	나, 주다. 손으로 물건을 밀어주는 모양을 본뜬 글자이다.

여(汝) 너. 대등한 사이나 손아랫사람에 대한 이인칭 대명사.
여조(汝曹)_ 너희들, 당신들, 약조(若曹).

여(黎) 검다, 흑색(黑色), 많다, 무렵, 불을 맡은 신(神), 축융(祝融). 서(庶)와 마찬가지로 중인(衆人)이나 보통 백성을 뜻한다. 그러나 서(庶)가 단독으로 서인(庶人)의 뜻을 가지는 데 비하여, 여(黎)는 민(民)이나 인(人) 및 평민을 나타내는 말과 결합해야 비로소 서민(庶民)의 뜻을 나타낼 수가 있다.

여(黎)는 청흑색(靑黑色)이다. 고대에는 의복의 색깔도 신분에 따라 차별했다. 평민들은 오로지 청흑색만 사용할 수 있었으므로 흑색이나 청색 수건으로 머리를 묶어서 서민임을 드러내었다. 그리하여 서민을 여민(黎民)이라 칭하게 된 것이다. 훗날 복인(僕人)을 창두(蒼頭)라 한 것도 청흑색 두건을 쓴 데서 비롯된 것이다.

영(領) 옷깃, 목(頸椎). 가장 요긴한 곳이라는 뜻에서 우두머리, 수령의 뜻으로 확대되었다.
영수(領袖)_ 옷깃과 소매. 옷을 들 때에는 먼저 옷깃이나 소매를 잡는 데에서, 여러 사람의 모범이 되고 우두머리가 되는 사람을 이르는 말.
강령(綱領)_ 일의 으뜸되는 줄거리. 또는 정당이나 사회단체 등이 그 기본 목표나 정책 등을 정한 것.

오(吾) 나, 자신, 당신, 그대. '나'를 나타내는 오(吾)와 아(我)는 서로 통용되는 글자이다.
오기감(吾豈敢)_ 내가 어찌 감히 그 일을 감당하랴. 곧 감당할 수 없음을 나타낸다.
오조(吾曹)_ 우리, 오배(吾輩).

와(臥) 노예가 일하다 지쳐 책상이나 제사용 목갑 같은 곳에 기대거나 엎드리거나 눕거나 조는 것을 가리킨다. 이 글자에서 '人'은 사람이 아니라 '팔을 기댈 수 있는 물건'인 궤(几)를 가리킨다.

왕(王) 임금·제후·신하로서의 최고 작위, 패왕. 왕(王)은 고대의 '왕(旺)'자로서, 화염(火焰)이 하늘로 올라가 빛을 골고루 비추는 형상이다. 원래는 군주를 찬미하는 말이었으나 지상의 군주에 대한 미칭(美稱)으로 변하였다. 진시황에 의한 '황제(皇帝)' 칭호의 출현은 봉건시대의 통일을 실현하는 표지임과 동시에, 왕(王)이 봉건사회의 최고 작위를 뜻하는 칭호로 격하되는 직접적인 계기가 되었다. 오늘날의 '화왕(花王)'이나 '봉왕(蜂王)'은 비유의 용법이다.

왕기(王畿)_ 천하를 구복(九服) 또는 구주(九州)로 나누어, 왕성으로부터 사방으로 각각 500리, 곧 사방 천리의 땅을 이르는 말.

왕패(王覇)_ 왕도와 패도. 인덕(仁德)에 바탕을 두어 정치를 행하는 것을 왕도정치(王道政治)라 하고, 무력이나 권모술수로 다스리는 것을 패도(覇道政治)라 한다.

위(位) 자리, 직위, 지위, 신분. 관직의 등급. 조정(朝廷)에서 신하는 임금의 앞에 죽 벌여 서는데(人+立), 그 서는 자리가 품계에 따라 정해져 있었으므로 이러한 뜻을 나타내게 되었다.

위고망중(位高望重)_ 지위가 높고 명망이 두터움.

위록(位祿)_ 벼슬과 그에 따라 지급되는 녹봉. 관위(官位)와 봉록(俸祿).

찬위(簒位)_ 임금의 자리를 빼앗음, 찬탈(簒奪).

유(儒) 목욕재계하고 기우제를 지내는 사람. 또는 제사에 필요한 물품을 나타내는 '수(需)'에 사람인변(亻)이 붙었으므로 제사장이 된다. 유는 또 유학자를 가리키는데, 즉 제사장 전문 학문이 유학이다.

이(爾) 너, 여(汝), 여(女), 이(而).

인(人) 사람, 백성, 인민. 계급과 종족을 초월하는 인류를 통칭하여, 공구(工具)를 제조할 수 있고 언어생활을 하는 동물을 이른다.

인(人)은 춘추시대 이전에는 민(民)의 대칭적 개념이었다. 민(民)이 노예나 피통치자인 반면, 인(人)은 사회적으로 통치계급이자 통치적

지위를 독점하는 종족이었다. 이 두 글자 사이에는 분명한 분계선(分界線)이 있다. 인(人)이 '사랑하다(愛)'라는 행위의 주체이자 교화의 주체라면, 민(民)은 '시키다(使), 따르다, 심부름하다'라는 행위의 객체이자 교화의 대상이었다. 소인(小人) 역시 인(人)이다. 다만 통치자 종족이나 계층에 속하긴 하지만 지식과 각오(覺悟)의 정도, 도덕적 수양이나 사회적 지위가 비교적 부족하거나 낮은 인(人)일 뿐이다. 소인과 대칭되는 개념은 군자(君子)이다. 군자는 지식과 교양이 있고, 계급적 자각과 도덕을 갖추었으며, 사회적 지위가 있는 사람이었다. 군자와 소인은 통치자 내부의 구분이었으므로 소인이 민(民)과 같이 부리는 대상은 아니었다.

임(臨) 가(家)의 노예인 신(臣)이 사람들이 가져온 물건의 질(質)을 살피는 글자다.

자(自) 스스로, 몸소, 자기.

　　　자강불식(自强不息)_ 스스로 노력하여 쉬지 아니함.

자(子) 원래 상(商)나라의 국성(國姓)이다. 또한 분봉제(分封制) 시기의 비교적 낮은 작위로, 공작·후작·백작·자작·남작의 오등(五等) 작위가 그것이다. 자(子)는 점차 상대방에 대한 일반적인 존칭이나 경칭으로 변화하였다.

장(匠) 원래 도끼로 나무를 다루는 사람이니, 오늘날의 목수다. 이후 집짓기 등 장(匠)의 범위가 넓어져, 도기를 굽고 철을 다루는 대장장이를 가리키는 공(工)보다 더 큰 개념으로 바뀌었다.

장(臧) 한쪽 눈을 빼버린 남자 노예다. 저항 능력을 없앴으므로 고분고분하여 착하다는 뜻이 되었다.

장(壯) 씩씩하고 강인한 남성이다. 장사(壯士).

제(帝) 임금, 천자, 황제. 원래 전설에 나오는 반신(半神)들의 마을 추장이었다. 노예제 사회가 성립된 이후 각 마을에서 저명한 조상을 하늘에 빗대면서, 제(帝)는 인격화된 하늘이 되어 자연계를 주재하고 조상신의 화신이 되었다. 초기에는 상제(上帝)라 칭하다가 훗날 단독으로 제(帝)라 칭하였다.

제거(帝車)_ 북두칠성의 딴 이름.

제왕(帝王)_ 천하 만민의 군주, 국가를 통치하는 원수.

주(主) 주인, 임금, 공경대부, 공주.

주종(主從)_ 주인과 종복, 임금과 신하.

주공(主公)_ 신하나 종이 그의 임금이나 상전을 이르는 말.

짐(朕) 나, 신분의 귀천 없이 일컫는 자칭(自稱), 천자의 자칭.

추(酋) 고대 각 민족의 우두머리에 대한 칭호. 하늘이나 조상에 제사를 드릴 때 술잔을 올리는 사람, 즉 우두머리다.

추장(酋長)_ 만인(蠻人)의 우두머리.

카한(可汗) 중국 서북쪽의 유목민족인 선비(鮮卑), 돌궐(突厥), 연연(蠕蠕), 위구르, 몽골에서 모든 부족장을 통합한 제왕의 호칭. 중국에서는 대칸(大汗)이라고도 표기한다. 실제 발음은 '칸'에 가깝다.

칸(汗) 중국 서북쪽의 유목민족인 선비, 돌궐, 연연, 위구르, 몽골의 최고 통치자의 호칭. 마을 연맹의 영수(領袖)나 각 마을을 통일한 군주에 대한 칭호이다. 왕(王)과 같다. 실제 발음은 '한에 더 가깝다. 목구멍을 긁는 듯이 숨을 내뱉으며 '한이라고 발음하면 원음에 가깝다.

폐(陛) 섬돌, 계단, 섬돌 곁에 시립(侍立)하다. 여기서 순서, 차례, 품급(品級)을 나타내게 되었다.

폐하(陛下)_ 황제나 황후를 높여 일컫던 말.

폐현(陛見)_ 황제나 황후를 알현함, 폐근(陛覲).

전폐(殿陛)_ 전각의 섬돌.

환(宦) 벼슬, 벼슬아치, 내시, 환관. 대귀족의 노복이나 가신의 신분. 외출하여 다른 집의 가신이 되는 것을 환유(宦游)라고 하였다. 몸을 권문세가에 의탁하던 가노가 다른 나라에 가서 벼슬을 구하게 되면서 관리가 되었다. 또한 엄인(閹人), 환관, 내시는 왕가(王家)의 가노로서 궁중 질서를 바로잡기 위해 관리로 받아들이게 되었다.
환도(宦途)_ 관리의 위계(位階)와 승강(乘降), 곧 관리의 길.
사환(仕宦)_ 벼슬살이를 함.

황(皇) 임금, 천자, 천제, 만물의 주재자. 왕(王)이나 패(覇)에 비하여 특히 그 공덕이 가장 높고 큰 임금을 이른다. 황(皇)과 왕(王)은 모두 휘황(輝煌), 광명의 뜻을 갖고 있다. 그리하여 《시경》에서는 "황(皇)은 왕(王)이다."라고 하였다. 황(皇)은 태양처럼 휘황찬란하여, 고대의 최고급 형용사였다. 따라서 어느 경우에 사용하든 모두 휘황, 광명, 위대, 융성의 뜻을 나타낸다.

황(皇)을 군주로 표시한 것은 전국시대 말기의 일이다. 그 당시 일련의 사상가들은 경쟁적으로 자기의 학설이 가장 오래된 것이라 표방하면서, 요순(堯舜) 등 전설상의 인물 이외에 소위 삼황(三皇)까지 만들어내었다. 그리하여 황(皇)이 군주를 일컫는 또 하나의 칭호가 되어 《시경》에 "황(皇)은 군(君)이다."라고 하였다.

후(后) 원래 지상(地上), 지방(地方)의 통치자의 칭호이다. 고대인은 하늘의 신을 황천(皇天), 땅의 신을 후토(后土)라 하였다. 군주가 자신을 상징하여 지상의 천자(天子) 또는 상제(上帝)라고 한 이후, 왕이나 황제의 부인의 특수한 지위를 나타내기 위하여 '황천후토'의 관념에 따라 후(后)라 칭하였다. 즉 후(后)의 개념이 '남자 주인'에서 '여자 주인'으로 바뀌는, 성별의 변화가 일어난 것이다.

※ 신체에 관련된 한자

간(肝)	간, 간장(肝臟), 정성, 충정.
간담(肝膽)_ 간장과 담낭, 간과 쓸개, 참마음, 진심. '간담이 서늘하다'는 몹시 놀라서 마음이 섬뜩해지는 것을 이르는 말이다. 간은 옳고 그름을 가리고, 담은 결단하고 판단하는 일을 맡는다고 한다.

견(肩)	어깨.
비견(比肩)_ 어깨를 나란히 한다는 뜻으로, 누가 더 낫고 더 못함이 없이 서로 비슷함. 병견(竝肩).

고(膏)	기름, 살진 살.
고한(膏汗)_ 비지땀.

고(股)	넓적다리, 정강이.
고간(股間)_ 샅, 두 다리의 사이.
고굉(股肱)_ 다리와 팔. 여기서 수족(手足)이 되어 보필하는 가장 신뢰하는 신하를 이르는 말이 되었다.

골(骨)	뼈, 기골.
기골(氣骨)_ 기혈과 골격. 여기서 '기골이 장대하다'라는 말이 나왔다. 자신의 신념을 좀처럼 굽히지 아니하는 강한 기개를 이른다.

굉(肱)	팔뚝.
굉려(肱膂)_ 팔뚝과 등뼈라는 뜻으로, 믿을 만한 것이나 가장 중요한 것을 비유하여 이르는 말이다.
곡굉이침지(曲肱而枕之)_ 《논어》에 나오는 말이다. 팔을 구부려 베개 삼아 잠을 잔다는 뜻으로, 가난한 생활이나 간소한 생활을 비유하여 이르는 말이다.

근(筋)	힘줄.
근력(筋力)_ 근육의 힘 또는 그 지속성. 체력(體力), 기력(氣力).

긍(肯)	뼈 사이의 살, 뼈에 붙은 살, 살이 붙지 않은 뼈, 옳다고 여기다. **수긍(首肯)**_ 그러하다는 뜻으로 고개를 끄덕임. 곧 남의 주장이나 언행이 옳다고 인정하다.
기(肌)	살, 근육, 피부, 몸. **기골(肌骨)**_ 살과 뼈대를 아울러 이르는 말.
늑(肋)	갈비. **늑골(肋骨)**_ 갈빗대. **계륵(鷄肋)**_ 닭의 갈비라는 뜻으로, 먹을거리는 못 되나 그냥 버리기도 아까운 닭의 갈비처럼, 큰 소용은 못 되나 버리기는 아까운 사물을 이르는 말.
담(膽)	쓸개, 담력. **낙담(落膽)**_ 몹시 놀라서 간이라도 떨어질 듯하다는 뜻으로, 일이 뜻대로 되지 않거나 실패로 돌아가 갑자기 기운이 풀림. **담력(膽力)**_ 사물을 두려워하지 않는 기력(氣力), 담기(膽氣).
방광(膀胱)	오줌통.
배(背)	등, 등쪽, 뒤. **배임(背任)**_ 자기가 맡은 임무를 저버림. **향배(向背)**_ 좇음과 등짐, 복종과 배반.
복(腹)	배, 창자, 마음. **복배(腹背)**_ 배와 등, 앞과 뒤. '근접함'을 비유하여 이르는 말. **복안(腹案)**_ 마음속에 품고 있는 생각.
부(胕)	창자, 발, 살갗, 종기(腫氣). **부종(胕腫)**_ 종기, 부스럼.
부(腑)	오장육부, 마음, 충심. **폐부(肺腑)**_ 폐장(肺臟), 마음의 깊은 속, 일의 요긴한 점, 급소. 예) 폐부를 찌르다, 폐부에 새기다.
비(脾)	지라, 소의 위(胃).

비석(脾析)_ 소나 가축의 밥통.

비(臂) 팔.

비박(臂膊)_ 양쪽 팔뚝. 팔의 어깨 가까운 쪽을 상박(上膊), 손 가까운 쪽을 하박(下膊)이라 한다.

연비(聯臂)_ 서로 팔이 연결되어 있다. 다른 사람을 통하여 이리저리 서로 알게 되다.

삼초(三焦) 한방(韓方)에서 이르는 육부(六腑)의 하나. 상초, 중초, 하초로 나뉜다.

상초(上焦) 횡격막의 위. 혈액순환과 호흡 기능을 맡은 부위로 심장과 폐장이 이에 딸림.

슬(膝) 무릎.

슬하(膝下)_ 무릎 아래라는 뜻으로, 어버이의 곁. 자식을 두어 대를 이어야 할 처지.

신(腎) 콩팥.

신기(腎氣)_ 신장의 기능, 남성 성기(性器)의 정력.

신체(身體) 신(身)은 살과 근육, 체(體)는 뼈.

심(心) 심장, 염통.

심담(心膽)_ 심지(心地)와 담력.

억(臆) 가슴, 감정적으로 하는 생각이나 마음.

억측(臆測)_ 가슴의 느낌대로 제멋대로 하는 짐작, 억료(臆料), 억탁(臆度).

완(腕) 팔, 팔뚝, 손목, 수완, 솜씨.

완력(腕力)_ 팔의 힘, 육체적으로 억누르는 힘.

수완(手腕)_ 손회목, 일을 꾸미거나 치러나가는 재간.

민완(敏腕)_ 일을 빠르고 재치 있게 잘 처리하는 솜씨.

위(胃) 밥통, 마음.

비위(脾胃)_ 비장(脾臟)과 위(胃). 음식 맛이나 어떤 사물에 대하여 좋고 언짢음을 느끼는 기분. 아니꼽거나 언짢은 일을 잘 견디어내는 힘.

응(膺) 가슴, 정벌하다.

　응징(膺懲)_ 가슴으로 알아듣도록 혼을 냄, 잘못을 뉘우치도록 징계함, 외적을 토벌함.

장(臟) 오장(五臟). 내장의 총칭.

주(肘) 팔꿈치, 팔.

　주액(肘腋)_ 겨드랑이.

　주완(肘腕)_ 팔꿈치와 팔.

중초(中焦) 염통과 배꼽의 중간에 위치하여 음식의 소화 작용을 맡는다.

췌장(膵臟) 이자(胰子). 위(胃) 뒤쪽에 있는 가늘고 긴 삼각주 모양의 장기. 탄수화물, 단백질, 지방 따위를 소화시키는 효소를 낸다.

폐(肺) 허파, 부아.

　폐기(肺氣)_ 딸꾹질.

하초(下焦) 배꼽의 아래와 방광의 위. 노폐물의 배설을 맡은 부위로 대장, 소장, 방광, 신장 따위가 딸려 있다.

항(肛) 똥구멍.

　항문(肛門)_ 고등 포유동물의 직장(直腸)의 끝에 있는 배설 구멍. 분문(糞門).

흉(胸) 가슴, 가슴속, 마음.

　흉금(胸襟)_ 가슴속에 품은 생각. 예) 흉금을 털어놓다.

※ 어린이에 관련된 한자

동(童)　열대여섯 살 이하의 아이.
　　　동심(童心)_ 어린이와 같은 순수한 마음, 치심(稚心)
　　　동우각마(童牛角馬)_ 뿔 없는 송아지와 뿔 있는 말이라는 뜻으로, 도리에 어긋남을 비유하는 말.
서(庶)　본처가 아닌 여자의 몸에서 난 자식, 첩의 자식.
　　　서얼(庶孼)_ 본처가 아닌 부인에게서 태어난 아이는 서(庶), 첩 중에서 종이 나은 아이는 얼(孼)이다.
손(孫)　실처럼 대대로 이어지는 아이, 즉 손자다.
식(息)　자식(子息), 아들딸.
　　　식남식녀(息男息女)_ 내가 낳은 아들과 딸.
　　　영식영애(令息令愛)_ 상대방을 높이어 그의 아들딸을 이르는 말이다.
　　　여식(女息)_ 딸.
아(兒)　구(臼)와 인(人)이 합쳐진 글자이다. 구(臼)는 어린아이 두개골의 대천문이 아직 아물지 않은 것을 본뜬 글자다. 여기에 사람인(人)을 더하여 어린아이의 뜻이 되었다.
　　　영아(嬰兒)_ 젖먹이 아이, 유아(乳兒)
　　　유아(幼兒)_ 초등학교 입학 전의 어린아이.
　　　아동(兒童)_ 초등학교에 다니는 어린아이(만 6~12세).
　　　풍운아(風雲兒)_ 좋은 바람과 구름의 기운을 타고 태어나 세상에 두각을 나타내는 사람을 이르는 말.
　　　총아(寵兒)_ 시운(時運)을 타고 출세한 사람.
얼(孼)　첩 중에서 특히 종이 낳은 자식이나 그 자손. 양반의 자식이라도 본처가 낳은 자식이 아니면 서(庶)나 얼(孼)로 취급되기 때문에 서와 얼을 아울러 서얼(庶孼)이라고 한다. 그래서 간혹 서얼을 줄여 서라고도 한다. 예) 허균의 《홍길동전》은 서얼 철폐와 적서(嫡庶) 평등을 주창한 고대 소설이다.

<u>영(嬰)</u> 갓난아이.
영유(嬰孺)_ 젖먹이.

<u>유(孺)</u> 젖먹이.
유모(孺慕)_ 어린애가 부모를 그리워하듯 깊이 사모함.

<u>자(子)</u> 머리가 크고 두 팔을 벌린 아이다. 사내 자식, 맏아들.
적자(赤子)_ 갓난아이. 젖먹이. 또는 왕이 다스리는 백성으로 오늘날의 국민에 해당한다.
적자지심(赤子之心)_ 갓난아이처럼 거짓이 없어, 세속의 죄악에 물들지 아니한 순결한 마음.

<u>적(嫡)</u> 본처가 낳은 아들, 맏아들
적서(嫡庶)_ 적자(嫡子)와 서자(庶子).

<u>해(孩)</u> 어린아이.
해영(孩嬰)_ 갓난아이.
해포(孩抱)_ 유아, 어르면 웃기도 하고 안기기도 할 만한 때.

※ 얼굴에 관련된 한자

검(臉)	뺨.
구(口)	입.
면(面)	얼굴.
모(貌)	얼굴.
목(目)	눈.
비(鼻)	코.
설(舌)	혀.
아(牙)	어금니.
안(顔)	얼굴.
용(容)	얼굴.
이(耳)	귀.
인(咽)	목구멍.
치(齒)	(어금니를 제외한) 이.
협(頰)	얼굴의 양옆, 뺨.
후(喉)	목구멍, 목.

후두(喉頭)_ 구강(口腔)이나 비강(鼻腔)을 이어서 식도 위 끝에 달려 있는 근육 성질의 기관.

※ 옥(玉)에 관련된 한자

옥은 고대에 무척 귀한 광물이라서 명칭이 매우 다양했다. 오늘날에는 그 섬세한 차이를 구분할 수 없는 글자가 많다. 마치 유목민족들이 말의 모양을 보고 백 가지 이상의 명칭으로 나눈 것처럼 매우 다채롭다.

각(珏) 쌍옥.
감(瑊) 옥돌. 아래에 '옥돌'이라고만 설명한 것은 그 옥의 모양이나 특징을 알기 어려운 글자들이다.
개(磎) 검은 옥돌.
거(磲) 옥돌.
결(玦) 고리로 된 옥인데 한쪽이 이지러진 것이다.
겸(璑) 옥돌.
경(瓊) 옥의 한 종류.
경(琼) 옥의 한 종류.
곤(琨) 옥돌.
곤(瑻) 옥돌.
괴(磈) 옥돌.
구(球) 동그란 옥. 여기서 둥근 물체를 가리키는 말로 변했다.
구(玖) 옥돌.
구(玽) 옥돌.
단(瑕) 옥돌.
농(弄) 구슬을 두 손으로 가지고 놀고 있는 모습.
　　　　희롱(戲弄)_ 옥을 가지고 놀듯이 사람을 놀리다.
　　　　농담(弄談)_ 옥을 가지고 놀듯이 말을 함부로 하다.
등(璒) 옥돌.

롱(瓏)	옥이 환한 모양.
무(珷)	옥돌.
미(瑂)	옥돌.
박(璞)	다듬지 않은 원석 옥돌.
박(珀)	호박. 송진이 굳은 것인데 호박의 맑은 부분을 가리킨다.
반(斑)	얼룩이 있는 옥이다.
반(班)	옥을 반으로 나누어 가졌으니 권력자와 가깝다. 여기서 양반이란 말이 나왔다. 옛날에는 옥의 모양으로 벼슬의 높고 낮음을 상징했다.

양반(兩班)_ 무반과 문반은 서로 다른 옥을 차고 있는데, 이 두 계급을 합쳐 양반이라고 한다.

방(玤)	옥돌.
벽(璧)	둥글면서 넓적하게 생긴 것이다. 가운데에 둥근 구멍이 있다.
벽(碧)	푸른 옥돌.

벽안(碧眼)_ 푸른 옥처럼 눈이 푸른 사람.

보(寶)	옥 중에서도 금전 가치가 높은 옥을 가리킨다.
봉(琫)	옥돌.
부(玞)	옥돌.
부(砆)	옥돌.
비취(翡翠)	옥에는 경옥(硬玉)과 연옥(軟玉)이 있는데, 비취는 주로 경옥을 가리킨다. 한자에 '날개 우(羽)'자가 들어간 것은, 비취의 빛깔이 파랑새의 일종인 물총새의 털빛과 비슷하기 때문이다. 비(翡)는 적색, 취(翠)는 녹색을 가리킨다.
산(珊)	산호. 부챗살처럼 퍼진 모양을 나타낸다. 실제 옥은 아니다.
서(瑞)	고대에 왕이 제후에게 주던 옥으로 된 홀. 규(圭).

상서(祥瑞)_ 홀을 받아 제후가 될 수 있을 만큼 매우 좋은 징조.

| 선(珗) | 옥돌. |

수(璓)	옥돌.
신(璶)	옥돌.
심(璕)	옥돌.
심(瑨)	옥돌.
언(琂)	옥돌.
연(瑌)	옥돌.
연(硎)	옥돌.
연(礝)	옥돌.
연(瓀)	옥돌.
영(瑛)	옥돌.
영(玲)	옥이 잘 깎인 모양.
예(珕)	옥돌.
오(瑛)	옥돌.
오(珸)	옥돌.
오(珸)	옥돌.

옥(玉) 동그란 모양의 옥. 색깔에 따라 백옥(白玉), 청옥(靑玉), 벽옥(碧玉), 황옥(黃玉), 묵옥(墨玉)으로 나뉜다. 임금이나 지체 높은 이를 가리켜 옥용(玉容), 옥안(玉顔), 옥체(玉體)라고 한다.

옥문관(玉門關)_ 옥이 운반되어 들어오는 관이란 뜻에서 이 명칭이 나왔다.

옥편(玉篇)_ 옥처럼 귀하게 편집한 사전.

옹(瓮)	옥돌.
완(琓)	옥돌.
완(玩)	장신구나 노리개로 만든 옥.

완구(玩具)_ 노리개로 쓰는 장난감.

왕(王) 옥에서 점을 뺀 듯이 가장 완벽하고 값진 옥이란 뜻으로, 왕(王)을 상징한다. 어원은 서로 다르지만 옥이 워낙 가치가 높기 때문에 '왕

(王)자와 더불어 쓰였다.

우(玗) 옥돌.

우(玏) 옥돌.

욱(稶) 옥돌.

유(㻋) 옥돌.

유(瑈) 옥돌.

이(珥) 옥으로 만든 귀고리.

이(理) 옥을 깎는 법, 이치.

    사리(事理)_ 일의 이치.

    도리(道理)_ 자연이 흘러가는 길(道)의 이치.

임(琳) 옥 중에서도 아름다운 옥.

잠(璔) 옥돌.

주(珠) 노리개로 만든 옥.

    주산(珠算)_ 옥으로 만든 수판(數板).

진(珍) 보배.

    진미(珍味)_ 보배처럼 아주 귀하게 맛있는 음식.

진(瑨) 옥돌.

진(瑨) 옥돌.

진(珒) 옥돌.

탁(琢) 옥을 다듬기 위해 쪼다.

    조탁(彫琢)_ 옥을 쪼아서 무늬를 새기다. 《예기》에 "옥은 쪼아야 그릇이 되고, 사람은 가르쳐야 도를 안다."는 내용이 있다.

하(瑕) 옥의 티.

    하자(瑕疵)_ 옥의 티처럼 흠이 있다.

함(珹) 옥돌.

현(玹) 검은빛을 띤 옥.

현(現) 옥이 보이다, 흙속에 묻힌 흙처럼 옥이 나타나다.

	출현(出現)_ 옥이 발굴되듯이 갑자기 나타나다.
	현재(現在)_ 옥이 나타난 지금.
현(珇)	패옥이 늘어진 모양.
호(瑚)	산호.
호(琥)	호박. 송진이 굳은 것인데 여기에 갇힌 곤충 등이 있는 것이다. 옥은 아니다.
환(环)	옥의 고리.
환(環)	옥 반지.
환(環)	옥으로 만든 고리.

※ 옷에 관련된 한자

가(袈)　가사, 승려의 옷.
　　　　가사(袈裟)_ 승려들이 탐(貪; 욕심)·진(瞋; 성냄)·치(癡; 어리석음)의 삼독(三毒)을 끊어버린 상징으로, 장삼 위에 왼쪽 어깨에서 오른쪽 겨드랑이 밑으로 걸쳐 입는 옷이다.

곤(袞)　곤룡포(袞龍袍), 용을 수놓은 천자의 예복.
　　　　곤의(袞衣)_ 천자나 왕이 입던, 용을 수놓은 예복.

금(襟)　옷깃. 가슴, 마음, 생각.
　　　　흉금(胸襟)_ 옷깃 속, 즉 가슴에 품은 생각. 흉차(胸次).

남(襤)　누더기, 해진 옷.
　　　　남루(襤褸)_ 누더기, 해져서 너덜너덜한 옷.

납(衲)　깁다, 장삼, 승려, 비구(比丘).
　　　　납의(衲衣)_ 장삼, 승려가 입는 검정옷. 온통 기워서 너덜너덜하게 해진 옷. 승려를 이르는 말이다.

몌(袂)　소매.
　　　　몌별(袂別)_ 소매를 나누어 가진다는 뜻으로, 이별을 이르는 말.

복(服)　옷, 의복(衣服), 입다, 일용품, 항복하다, 복종하다. 원래 '몸에 옷을 걸친다'는 뜻의 동사이다. 의상(衣裳)과 의복(衣服) 모두 옷을 통칭하는 말이다. 의(衣)는 주로 윗도리, 상(裳)은 치마다. 복(服)은 겉에 입는 옷이다. 전차나 수레를 끄는 말 네 필 중 안쪽 두 필이 복(服), 바깥 두 필은 곁마, 곧 참(驂)이라고 한다.

상(裳)　치마, 아랫도리에 입는 옷. 고대에는 남녀 모두가 상(裳)을 입어서, 여성의 전용물이 되어버린 오늘날의 치마와는 달랐다.

수(襚)　수의, 죽은 사람에게 입히는 옷, 살아 있는 사람에게 선물로 보내는 옷.

수의(襚衣)_ 염(殮)할 때 시체에 입히는 옷.

의(衣) 옷, 저고리, 윗도리에 입는 옷, 싸개나 덮개 또는 가리개, 이끼, 청태(靑苔), 깃털, 우모(羽毛), 입다, 덮다. 상(裳)을 포함하는 글자로서 의복(衣服)을 통칭한다. 그러나 이 두 자를 대비할 때는 상의(上衣)를 나타낸다. 의(衣)는 몸을 가리거나 비 또는 추위를 막는 물건으로 그 의미가 확대되었는데, 그 예로는 양말(洋襪)을 뜻하는 말(襪: 버선)을 '족의(足衣)', 머리에 쓰는 관(冠)이나 면(冕)을 '두의(頭衣)'라고 한 것을 들 수 있다. 비가 올 때 입는 옷을 '우의(雨衣)'라 한 것도 같은 경우이다.

금의환향(錦衣還鄕)_ 비단옷을 입고 고향에 돌아온다는 뜻으로, 성공하여 고향에 돌아오는 것을 비유적으로 이르는 말이다.

녹의홍상(綠衣紅裳)_ 연두저고리와 다홍치마라는 뜻으로, 젊은 여인의 고운 옷차림을 이르는 말이다.

마의태자(麻衣太子)_ 삼베옷을 입은 태자라는 뜻으로, 신라의 마지막 왕인 경순왕의 태자를 이르는 말이다. 신라가 고려에 항복하자 삼베옷을 입고 속세를 피하여 금강산에 들어가 평생을 은둔하였다고 한다. 명예와 권세를 마다하고 자연에 의지하는 것을 상징하는 말이다.

백의종군(白衣從軍)_ 벼슬이 없는 신분으로 군대를 따라 싸움터로 나아가는 것을 이른다.

우의(羽衣)_ 도사나 선녀가 입는다는 새의 깃털로 만든 옷.

지의(地衣)_ '땅의 옷'이라는 뜻의 지의류(地衣類) 식물을 통틀어 이르는 말이다. 석화(石花)라고도 한다.

천의무봉(天衣無縫)_ 천사의 옷은 솔기가 없다는 뜻으로, 시가나 문장 따위가 꾸밈이 없이 매우 자연스러움을 이르는 말. 또는 사물이 완전무결함을 이르는 말이다.

포의(布衣)_ 베로 지은 옷이라는 뜻으로, 벼슬이 없는 선비를 이르는 말이다. 백의(白衣)와 같은 말이다.

장(裝) 꾸미다, 화장하다, 옷차림, 행장(行裝). 의복 바깥에 걸치는 것이다.

장속(裝束)_ 몸차림, 여행 준비를 함.

장신구(裝身具)_ 몸치장에 쓰이는 물건들.

장정(裝幀)_ 책을 아름답게 꾸밈, 책뚜껑의 모양, 배문자(背文字), 싸개, 상자 따위의 겉모양을 꾸밈.

충(衷) 의(衣)+중(中)으로 이루어진 글자로 속옷을 뜻한다. 여기에서 속마음이나 정성스러운 마음을 뜻하게 되었다. 가운데, 중앙, 바르다, 착하다.

충심(衷心)_ 속마음, 즉 진정에서 우러나는 마음.

※ 옷감에 관련된 한자

갈(褐) 베로 만든 실, 베로 짠 옷.

강(綱) 벼리, 큰 벼릿줄. 그물을 짜는 데 쓰는 굵은 줄이다.
기강(紀綱)_ 작은 줄과 큰 줄로 짜듯이 딱 들어맞음.

강(絳) 진홍색(眞紅色).

강(襁) 포대기, 업다.

건(巾) 머리에 쓰는 천.
수건(手巾)_ 얼굴이나 몸을 닦기 위하여 만든 천 조각.

격(綌) 거친 칡베.

견(絹) 생 명주실. 성글고 얇고 무늬가 없다. 서화(書畫)에 사용되는 비단이다.

경(經) 날, 날실, 세로실.
경제(經濟)_ 천을 짤 때의 세로실처럼 나라를 잘 짜고(다스리고) 백성을 물을 건너게 해주는 것처럼 잘살게 해주는 것. 경세제민(經世濟民)의 줄임말이다.
경천위지(經天緯地)_ 천지(天地)를 경위(經緯)함. 곧 천하를 경영한다는 말이다.

금(錦) 비단. 색깔이 들어간 명주실로 문양을 넣어 짠 두꺼운 직물로, 품질을 상품으로 치는 비단.
금수강산(錦繡江山)_ 비단에 수를 놓은 것처럼 아름다운 산천이라는 뜻으로, 우리나라의 산천을 비유적으로 이르는 말.

금(衾) 이불.
원앙금침(鴛鴦衾枕)_ 원앙을 수놓은 이불과 베개.

금(衿) 옷깃, 옷고름.
흉금(胸襟)_ 앞가슴의 옷깃.

금(襟) 옷깃, 가슴.

기(紀) 벼리, 작은 벼릿줄, 실마리. 그물에 쓰이는 작은 줄이다.

나(羅) 명주실로 짠 얇은 비단. 견(絹)과 비슷한데 성글고 부드럽다. 특히 서화용으로 쓰이며, 그중에서도 초상화 등의 불화(佛畫)에 많이 쓰인다. 배접을 해서 쓰기 때문에 풀바닥 비단이라고도 한다.

낙(絡) 헌 솜, 누이지 않은 삼, 명주, 깁, 얼레에 감은 실, 얽다. 무명이나 모시, 명주 따위를 잿물에 삶아 희고 부드럽게 하는 것을 '누이다' '눕다'라고 한다.

    낙거(絡車)_ 실을 감는 데 쓰는 얼레.

    경락(經絡)_ 인체 내의 경맥과 낙맥을 아울러 이르는 말.

    맥락(脈絡)_ 혈관이 서로 연락되어 있는 계통.

능(綾) 무늬가 있는 굵은 비단.

단(緞) 비단의 준말로, 두텁고 광택이 나는 견직물. 두꺼워서 겨울용 의상 등에 많이 사용되고, 화려한 색상과 문양을 넣은 이중직 견직물이다. 사대부 이상 궁중에서 많이 사용된 것으로 금(錦)보다는 한 단계 아래로 친다. 병풍의 치마감에도 사용된다.

마(麻) 삼.

면(棉) 목화(木花).

면(綿) 목화에서 따 씨를 뺀 솜.

모(帽) 모자(帽子).

방(紡) 잣다, 실을 뽑다, 실, 자은 실, 걸다, 달아매다.

    방전(紡塼)_ 실패.

    방차(紡車)_ 물레.

    방추(紡錘)_ 물레의 가락. 베틀에 딸린 기구의 하나인 '북'을 이른다.

    방문적학(紡文績學)_ 문장을 짓고 학문을 연구하는 일을 방적(紡績)에 비유하여, 어렵고 고된 일을 이르는 말이다.

    방적(紡績)_ 동식물의 섬유를 가공하여 실을 뽑는 일. 길쌈.

백(帛)	비단, 견직물. 하얀 윤기가 나게 베틀로 짠 명주다.
	백서(帛書)_ 비단에 쓴 글자. 또는 그 비단.
	폐백(幣帛)_ 신부가 처음으로 시부모를 뵐 때 올리는 대추나 포(脯) 따위의 예물. 혼인 때 신랑이 신부에게 보내는 채단(綵緞).
보(補)	해진 옷을 깁다.
	보수(補修)_ 낡은 옷을 깁듯이 낡은 것을 고쳐 쓸 수 있게 하다.
보(褓)	포대기.
비(緋)	붉은빛으로 누인 명주. 무명이나 모시, 명주 따위를 잿물에 삶아 희고 부드럽게 하는 것을 '누이다' '눕다'라고 한다.
사(紗)	깁, 외올실, 엷고 가는 견직물. 발이 성글고 얇아서 여름용으로 쓰인다.
	면사포(面紗布)_ 결혼식 때에 신부가 머리에 써서 뒤로 늘이는, 흰 사(紗)로 만든 장식품.
사(絲)	명주실. 누에가 막 토해낸 실이다.
	사곡(絲縠)_ 주름진 비단.
	사호(絲毫)_ 극히 적은 것을 비유하여 이르는 말. 추호(秋毫).
삼(衫)	적삼, 윗도리, 내의. 땀을 받는 옷이란 뜻으로, 속옷을 가리킨다. 주로 부인의 옷이다.
서(緖)	실마리.
	단서(端緖)_ 실마리의 끝.
서(絮)	솜, 버들개지, 눈송이.
	서설(絮雪)_ 솜이나 눈송이처럼 하얗게 바람에 날리는 버들개지.
	서화(絮花)_ 목화꽃, 버들개지.
선(線)	줄, 실.
선(襌)	'옷이 무겁지 않다'는 뜻으로, 얇은 천을 가리킨다.
	선의(襌衣)_ 안감이 없는 한 층의 베와 비단으로 만든 의복.

선(繕) 깁다, 손보아 고치다.
　　수선(修繕)_ 낡거나 헌 물건을 고침.

섬(纖) 곱고 엷은 비단, 가는 실이나 줄, 날이 검고 씨가 흰 피륙.
　　섬유(纖柔)_ 가늘고 부드러움.
　　섬백(纖魄)_ 가늘고 하얀 달, 곧 초승달이다.
　　섬섬옥수(纖纖玉手)_ 가냘프고 고운 여자의 손.

소(素) 염색하지 않은 생 명주실.
　　소박(素朴)_ 가공하지 않은 생 명주처럼 빛깔이 투박하여 꾸밈이 없고, 점치는 나뭇조각처럼 있는 그대로다.

수(繡) 수, 수를 놓다.
　　수의(繡衣)_ 오색(五色)의 수를 놓은 옷. 암행어사의 미칭(美稱).

수(袖) 소매.
　　수수방관(袖手傍觀)_ 손을 소매에 넣은 채 무관심한 척 힐끗 보다.

역(繹) 풀어내다, 실마리를 뽑아내다, 실마리.
　　연역(演繹)_ 물이 흐르듯이 자연스럽게 실마리를 풀어내다. 어떤 명제로부터 추론 규칙에 따라 결론을 이끌어내다. 영어 deduction을 번역한 말이다.

연(緣) 옷의 가장자리를 따라가는 선, 즉 이어가는 줄이다. 씨앗이 싹이 트고 잎이 나고 줄기가 자라는 것을 나타낸다.
　　인연(因緣)_ 까닭이 되는 것과 그것을 싸매는 가장자리. 어떤 사물이나 현상에 관련되는 줄.

영(領) 옷깃, 목, 가장 중요한 곳.

위(緯) 씨실, 가로실.

유(維) 바, 밧줄, 벼리, 매다. 무엇인가 단단히 묶어 형태를 유지하는 중요한 끈.
　　유세차(維歲次)_ 제사 때 쓰는 제문의 첫 머리에 쓰는 말로 '이 해의 차례는'이라는 뜻이다.

유(紐)	끈. 묶는 데 쓰인다.
윤(綸)	낚싯줄, 현악기 줄, 허리끈으로 쓰는 관.
이(裏)	속, 안, 안감.
저(紵)	모시베.
주(紬)	명주실. 실을 꼬아놓은 실이다.
직(織)	짜다, 베를 짜다.
충(衷)	속옷.
치(緇)	검은 비단, 검은 옷, 승복(僧服).

치황(緇黃)_ 승려와 도사. 승려는 치의(緇衣)를 입고, 도사는 도교를 수행하는 사람으로 황관(黃冠)을 쓴 데서 비롯된 말이다.

치림행단(緇林杏壇)_ 검은 휘장을 친 것처럼 수목이 울창한 숲과, 살구꽃이 피어 있는 뜰. 공자(孔子)가 치림에서 놀고 행단에서 쉬었다는 고사(故事)에서 비롯된 말로, 학문을 가르치는 곳을 뜻한다.

| 치(絺) | 고운 칡베. |
| 포(布) | 삼실로 짠 천을 포(布; 베), 명주실로 짠 천을 백(帛; 비단)이라고 한다. 견(絹; 명주), 소(素; 생명주), 능(綾; 무늬가 있는 굵은 비단), 나(羅; 얇은 비단) 등의 명주실로 짠 직물을 백(帛)이라 통칭하고, 치(絺; 고운 칡베), 격(綌; 거친 칡베), 저(紵; 모시베), 갈(褐; 베옷) 등의 마직물을 포(布)라 통칭한다. 목면과 초면(草綿)이 유입된 이후 면(綿)도 포(布)에 포함되었다. |

고대에 백(帛)과 포(布)는 원료만의 구별일 뿐만 아니라 신분이나 계급, 계층의 측면에서도 깊은 차별이 있었다. 부귀한 사람들은 일반적으로 고급 비단인 금(錦)과 나(羅)로 만든 옷을 입어서 금의옥식(錦衣玉食), 환고자제(紈袴子弟)라는 표현처럼, 비단이 신분을 과시하는 중요한 수단이 되었다. 반면에 포의(布衣)는 서인(庶人)이나 필부(匹夫)의 옷으로서 미천한 신분의 표지였다.

포백(布帛)_ 베와 비단.

	면포(綿布)_ 무명, 무명실로 짠 피륙, 무명베, 백목(白木).
포(袍)	핫옷, 솜을 둔 겨울옷.
표(表)	겉, 겉감.
	표리부동(表裏不同)_ 겉감과 안감이 서로 다름. 즉 겉으로 드러나는 언행과 속마음이 서로 다름.
피(皮)	털 있는 가죽. 털을 뽑은 가죽은 혁(革), 털을 뽑아 가죽을 가공하면 위(韋)다.
위(韋)	털을 뽑은 가죽을 가공한 것. 털이 있는 가죽은 피(皮), 털을 뽑은 가죽은 혁(革)이다.
혁(革)	털을 뽑은 가죽. 털이 있는 가죽은 피(皮), 털을 뽑은 가죽을 가공하면 위(韋)다.

❄ 웃음과 눈물에 관련된 한자

고(呱) 울다.
 고고성(呱呱聲)_ 아이가 막 태어나면서 처음으로 우는 소리. 사물이 처음으로 시작되는 기척을 비유하여 이르는 말이다.

곡(哭) 울다, 사람의 죽음을 슬퍼하여 울다.
 귀곡(鬼哭)_ 저승에 못 들어가 떠돌아다닌다는 귀신의 울음. 또는 그 소리.

루(涙) 눈물, 눈물 흘리다.
 감루(感涙)_ 마음에 깊이 느끼어 흘리는 눈물, 감동의 눈물.
 홍루(紅涙)_ 여자나 미녀의 눈물, 피눈물.

빈(嚬) 찡그리다, 눈살을 찌푸리다, 웃는 모양.
 빈축(嚬蹙)_ 얼굴을 찡그린다는 뜻으로, 비난 또는 나쁜 평판을 이르는 말이다.

소(笑) 웃다.
 가소(可笑)_ 터무니없거나 같잖아서 우스움. 예) 가소롭다.
 고소(苦笑)_ 쓴웃음.
 냉소(冷笑)_ 쌀쌀한 태도로 비웃음.
 미소(媚笑)_ 아양 부리는 웃음.
 미소(微笑)_ 소리를 내지 않고 방긋 웃는 웃음.
 실소(失笑)_ 참지 못하고 저도 모르게 웃는 웃음.
 엽소(靨笑)_ 보조개가 나오도록 웃는 웃음.
 조소(嘲笑)_ 비웃음.
 폭소(爆笑)_ 갑자기 터져 나오는 웃음.

오(嗚) 탄식하는 소리, 흐느껴 울다, 목메어 울다.
 오열(嗚咽)_ 목이 메어 욺. 또는 그 울음.

읍(泣) 울다, 울음, 눈물.

읍체(泣涕)_ 눈물, 눈물을 흘리면서 슬피 욺.
감읍(感泣)_ 감격하여 욺.

제(啼) 울다, 새나 짐승 등이 울다, 울부짖다.
제주(啼珠)_ 눈물방울.
제기호한(啼饑號寒)_ 허기와 추위로 울부짖음.

조(嘲) 비웃다, 조롱하다, 새가 지저귀다.
조효(嘲哮)_ 짐승이 사납게 울부짖음.
자조(自嘲)_ 스스로 자신을 비웃음.

체(涕) 눈물, 울다.
체사(涕泗)_ 눈물과 콧물.

치(嗤) 웃다, 비웃다.
치소(嗤笑)_ 빈정거리며 웃음.

한(汗) 땀, 돌궐의 추장, 가한(可汗).
한우충동(汗牛充棟)_ 수레에 실어 끌면 마소가 땀을 흘리고, 쌓아 올리면 들보에 닿을 만하다는 뜻으로, 장서(藏書)가 많음을 이르는 말이다.

호(號) 부르짖다, 큰 소리로 울면서 한탄하다, 닭이나 범이 울다, 부르다, 이름.
호천(號天)_ 하늘에 부르짖어 하소연함.
호곡(號哭)_ 죽은 사람의 이름을 불러가며 소리 내어 슬피 울다. 또는 그 울음.

효(哮) 으르렁거리다, 맹수 등이 울부짖다.
효후(哮吼)_ 으르렁거림, 사납게 울부짖음.

효(嚆) 울리다, 소리가 나다.
효시(嚆矢)_ 우는 화살, 명전(鳴箭), 일의 시초. 옛날 전쟁을 시작할 때 먼저 우는 화살을 쏘는 것이 통례였음에서 온 말이다. 비슷한 말로 단서(端緖), 남상(濫觴)이 있다.

❋ 이름에 관련된 한자

옛날에는 이름을 귀중하게 여겨 함부로 부르거나 쓰지 않았다. 그래서 용도에 따라 여러 가지 이름을 갖는 풍습이 있었다.

명(名) 태어나서 부모가 지어주는 이름. 비난할 때 주로 쓴다. 조선시대에는 보통 때에는 명(名)을 부르지 않는 것이 예의였다.

시(諡) 죽은 다음에 부르는 이름.

자(字) 옛날에는 남의 이름(名)을 함부로 부르지 않았기 때문에 장가를 가거나 시집간 후에 새로 이름(字)을 지어 본명 대신에 썼다. 본인이 직접 짓기도 한다. 영예롭거나 칭찬할 때 쓴다.

존(尊) 원래 술잔을 의미했다. 옛날에는 술잔이 하늘이나 조상에게 올리는 성스러운 제물이었으므로 이 술잔을 받는 사람 역시 높은 사람이 되는 것이다. 여기서 '높은' '어른'이라는 뜻이 나왔다.

함(銜) 원래 행군 중에 입에 무는 재갈을 말하는 것으로, 감히 입을 열지 못한다는 의미를 담고 있다. 하도 높은 분의 이름이라서 입 밖으로 낼 수 없이 머금고만 있어야 할 존귀한 이름이라는 뜻이다. 이런 의미에서 조선시대까지만 해도 높은 사람의 이름인 명(名)을 부르지 못하고 자(字)나 호(號)로 불렀다. 예) 아버지의 함자는(제가 말해서는 결코 안 되는 이름의 글자는)······.

호(號) 명(名)이나 자(字) 말고 살아가면서 스스로 짓거나 다른 사람으로부터 받아서 누구나 부를 수 있도록 하는 이름.

휘(諱) 꺼리거나 피하다. 높은 사람의 이름은 함부로 가까이하지 않는다는 의미에서 이름을 의미하게 되었다. 다만 죽은 사람의 이름으로 한정했다. 제삿날을 휘일(諱日)이라고 하는 것도 그 때문이다. 또한 왕과 성인, 조상과 부모 등 높은 사람의 이름은 부르지 못하였고, 왕의 이름은 그 누구도 같은 글자를 쓸 수도 없다.

이처럼 조상의 이름을 부를 수 없기 때문에 조상 이름도 휘(諱)라고 한다. 그래서 나라에 공이 있어 시호(諡號)를 받은 조상의 경우 휘와 더불어 시(諡)를 더 많이 쓴다. 이순신 아들 입장에서 볼 때 이순신은 휘(諱)고, 충무(忠武)는 시(諡)다.

옛날에는 무격(巫覡)이 많아서 명(名)이나 휘(諱)를 놓고 저주를 하면 실제 죽거나 다칠 수도 있다고 여겼기 때문에 남의 명이나 휘는 건드리지 않았다. 다만 왕은 이름을 부르고, 왕에게 누군가에 관한 일을 보고할 때에도 이름을 정식으로 사용했다.

휘일(諱日)_ 제삿날.

편휘(偏諱)_ 이름을 수시로 넣거나 빼는 것을 가리킨다. 주로 일본의 풍습인데, 중국이나 한국에서도 이런 일이 자주 있었다. 이름에 땅이름, 관직, 명예 등 복잡한 한자가 들어간다.

피휘(避諱)_ 왕이나 황제, 성인의 이름을 피해서 쓰지 않는 관습을 가리킨다. 대구(大丘)의 '구(丘)'자가 공자의 이름인 공구(孔丘)와 글자가 같다고 하여 대구(大邱)로 고친 것이 그 예이다.

※ 입에 관련된 한자

가(呵)	웃다.
가(可)	입으로 허락하다.
계(啓)	창호를 열어 말로 꾸짖음. 가르치다는 뜻이 되었다.
고(古)	조상으로부터 입으로 10대를 내려왔다. 즉 오래되었다.
곡(哭)	개 여러 마리가 늑대처럼 울부짖다. 늑대들의 울음.
구(嘔)	이미 먹은 것을 입에서 한 자락 쏟아놓다. 즉 토하다.
구(口)	입. 말이 나오는 구멍이다.
규(叫)	부르짖다.
명(鳴)	새가 울다.
명(名)	저녁에 날이 어두울 때 서로 입으로 구분하기 위한 것, 즉 이름이다.
문(問)	대문간에 서서 묻다.
미(味)	맛을 보다.
부(否)	부정하다. 입으로 아니라고 해야 부정이 된다. 의사 표현이 된 부정이다.
분(噴)	입에서 꾸지람을 뿜어내다. 화가 많이 나서 꾸짖는 것이다. 분(賁)은 크다, 흙이 부풀어오른다는 뜻이다.
소(召)	칼을 들고 부르다. 즉 강제 소집이다.
유(唯)	대답하다.
음(吟)	읊다.
저(咀)	말로 반복하여 남을 나쁘게 씹다.
주(呪)	입으로 재앙을 입으라고 반복해서 외우는 것이다.
지(知)	말로 과녁을 맞히다. 즉 정확하게 알다.
창(唱)	입을 크고 작게 벌려 노래하다. 그런 여자는 창(娼)이 된다.
철(哲)	도끼로 쪼개듯이 분명하게 말하다. 밝다, 슬기롭다는 뜻이다.

취(吹)	입으로 바람을 불다.
탄(嘆)	어렵다고 말하다.
	탄식(歎息)_ 어렵다고 말하며 한숨을 쉬다.
토(吐)	입에 물고 있던 것을 흙을 향해 뱉다.
폐(吠)	개가 입으로 짖다.
포(哺)	먹이다. 아기에게 먹이는 것이다.
	반포(反哺)_ 까마귀가 자란 뒤 늙은 어미에게 모이를 구해다 먹이다.
	포육(哺育)_ 동물이 새끼를 먹여 기르다.
함(含)	입에 물고 있다, 머금다.
함(喊)	창을 들고 입으로 함께 소리치다. 즉 전쟁이나 사냥에서 소리를 지르는 것이다.
해(咳)	어린아이가 웃다, 기침하다.
호(呼)	입으로 누군가를 부르다.
화(和)	쌀밥을 함께 먹다. 화목하다는 뜻이 된다.
희(喜)	북을 뜻하는 주(壴)를 치면서 노래하다, 기쁘다.

※ **종교와 제사와 점복(占卜)에 관련된 한자**

각(覺)　집에서 점치는 산가지로 수를 헤아려 깨우치다.
갑골(甲骨)　갑(甲)은 거북이 등딱지, 골(骨)은 소 어깨뼈다. 고대에 점치는 재료였다.
괘(卦)　점을 쳐서 나온 괘다. 괘는 미리 해석이 된 물건으로 홀과 같은 것이다. 그래서 좋은 점괘를 잡는다고 말한다.
괘(掛)　점괘를 걸어놓고 보는 것이다.
　　괘도(掛圖)_ 벽에 걸어놓고 보는 그림이다.
교(敎)　아들에게 산가지로 숫자를 셈하는 법을 때려가며 가르치다.
귀(鬼)　귀신. 신(神)보다는 영적인 의미가 강하다.
금(禁)　숲속에 귀신을 모셔놓은 곳이니, 곧 서낭당 같은 곳이다. 이런 곳에는 가까이 가서는 안 된다.
기(祈)　신에게 빌어 복을 구하다. 도끼(斤)를 놓았으니 사냥하기 앞서 사냥이 잘되기를 비는 것이다.
　　기도(祈禱)_ 사냥이 잘되기를 바라는 것은 기(祈), 오래 살기를 바라는 것은 도(禱)다. 물론 일본에서 pray를 번역한 단어라서 본래 의미는 들어 있지 않다.
녹(祿)　하늘에서 귀신이 내리는 복이다. 이것이 급여의 뜻으로 변했다.
도(禱)　오래 살기를 비는 제사, 무당이 신령에게 빌다.
등신(等神)　짚이나 헝겊으로 사람처럼 만든 것으로, 굿이나 저주할 때 쓰는 물건.
마(魔)　마귀, 인간을 방해하는 귀신.
매(魅)　도깨비.
매(禖)　황제가 아들을 얻으려고 할 때 제사 지내는 대상.
박(朴)　점을 친 결과를 나타내는 '나무로 만든 괘'. 점괘는 나온 그대로 봐야 한다는 뜻에서 '있는 그대로'라는 뜻으로 변했다.

발(魃)	가뭄을 부르는 귀신. 몽골에서는 황풍괴라고 함.
백(魄)	귀신을 영혼으로 나눌 때 영이 아닌 혼(魂)에 해당된다.
복(卜)	거북의 등이나 소뼈가 갈라진 모습. 이걸 보고 길흉을 점쳤다.
복(福)	제사에 쓴 고기와 술.
사(社)	토지신.
사(祀)	제사. 1년을 가리키는 상(商)나라 시절의 한자다. 1년에 한 번씩 제사를 지내는 풍습에서 왔다. 한편 하(夏)나라는 세(歲), 주나라는 연(年), 당우(唐虞; 요순시대)에는 재(載)라 했다.
사(祠)	봄 제사를 지내다.

사당(祠堂)_ 제사를 지내는 집.

| 살(煞) | 해치는 기운. 고대에는 혜성을 가리켰다. |
| 상(祥) | 귀신에게 양을 바치니 좋은 일이다. |

상서(祥瑞)_ 복된 일이 일어날 징조이다. 즉 귀신에게 양을 바쳐 제사했으니 좋은 일이 일어날 것이라는 뜻이다.

선(仙)	신선. 이따금 사람 이름 옆에 이 글자를 쓰면 죽었다는 의미로 통한다. 대원군 이하응이 죽일 사람 이름 옆에 '선(仙)'자를 써서 구분했다.
선(禪)	흙을 쌓아 평평하게(單) 다져 하늘에 제사를 지내다. 왕이 하늘에 지내는 제사다.
소(魈)	산에 사는 요괴, 이매(魑魅).
시(視)	귀신이 보다, 귀신처럼 잘 들여다보다. 사람이 보는 것은 견(見)이다.
신(神)	귀신. 귀(鬼)보다 육적인 의미가 강하다.
양(禓)	길의 신(道神).
영(靈)	귀신(鬼神) 중 신(神), 혼백(魂魄) 중 백(魄)에 해당함. 혼령이라고 같이 쓰거나 영혼이라고도 씀.
외(畏)	사람의 옷을 입었는데 막상 머리는 귀신이다. 그러니 두렵다.

외(外)	저녁에는 점을 쳐서는 맞지 않는다. 그래서 맞지 않는다는 뜻이 되었다. 대신 아침에 치는 점인 탁(卓)은 아주 좋다.
요(妖)	도깨비.
예(禮)	조상의 귀신 앞에 음식이 풍성한 제사 그릇과 음악을 올리다. 즉 음식과 음악을 법도에 맞춰 올리는 것이다. **예의(禮儀)**_ 좋은 음식과 음악을 공양하면서, 사람이 마땅히 해야 할 의식을 하다. '존경의 뜻을 표하기 위한 말투나 몸가짐'의 뜻으로 변했다.
이(異)	귀신이 모여 춤을 추다. 보기 드문 일이다.
재(齋)	귀신에게 음식을 가지런하게 차려 올리다.
점(占)	거북의 등이나 소뼈가 갈라진 모습인 복(卜)을 보고 길흉을 말하다.
정(貞)	점을 쳤는데 곧게 갈라졌으니 매우 좋다는 뜻이다. **정인(貞人)**_ 점치는 사람.
제(帝)	하느님, 최고의 신.
제(祭)	귀신을 위한 상에 고기를 손으로 올려 바치다.
조(兆)	거북의 등딱지나 소와 말의 뼈를 불에 태웠을 때 갈라지는 금. 이 금을 보고 길흉을 점쳤기 때문에 '미래의 일을 알 수 있다'는 뜻으로 쓰이기 시작함.
조(祖)	귀신이 된 어른이니, 곧 조상이다. 종(宗)보다 더 먼 조상이다.
종(宗)	집안의 귀신, 즉 조상이다. 제사 대상으로 있는 가까운 조상이다. **종가(宗家)**_ 한 집안의 모든 귀신을 모신 집, 즉 장손의 집. **종묘(宗廟)**_ 집안의 조상 귀신을 모시고 아침마다 우러르는 사당.
직(稷)	곡식의 신.
천(天)	하늘, 하느님.
체(禘)	천자(天子)가 정월에 남쪽 교외로 나가 하늘에 지내는 제사. 황제는 천자, 즉 하늘의 아들이기 때문에 하늘에 제사를 지내야 한다.

추(醜)	술에 취한 귀신. 귀신이면서 술까지 취했으니 봐주기 어렵다.
축(祝)	귀신 앞에서 제주가 제사 지내다. 제주인 형(兄)이 앉아서 제사를 지내니, 축원한다는 뜻이다.

축제(祝祭)_ 일본에서 carnival을 번역한 단어인데, 본디 뜻과 다르다. 제주가 제사를 지내고(祝), 제물을 차려 바치는 것(祭)이 축제의 어원이다.

탁(卓)	아침에 치는 점. 점은 아침에 쳐야 잘 맞는다.

탁월(卓越)_ 점이 잘 맞아 뛰어나다.

학(學)	집에서 아이가 산가지를 들고 숫자를 익히다. 여기서 산가지는 점을 치는 도구가 아니라 수를 헤아리는 도구로 발전한 것이다.
혼(魂)	귀신을 혼백으로 나눌 때 영(靈)에 해당한다.
효(爻)	점칠 때 쓰는 산가지가 흩어져 있는 모양이다. 이걸 보고 괘를 잡는다.

수효(數爻)_ 수를 헤아려 점을 치다. 여기서 산가지는 주산(珠算)으로 발전하여 수량을 나타내는 말이 되었다.

화(禍)	귀신이 저주하여 입이 비뚤어지다. 즉 귀신이 내리는 재앙이다.
희(希)	점을 쳤는데 아직 수건에 가려져 모르니 은근히 기대하는 바가 있다.

❇ 죽음에 관련된 한자

■ 사망

옛날에는 신분이나 계급에 따라 사람의 죽음을 다음의 다섯 가지로 나누어 지칭하였다. 곧 임금은 붕(崩), 제후(諸侯)는 훙(薨), 대부(大夫)는 졸(卒), 선비는 불록(不祿: 녹을 다 타지 않고 죽는다는 뜻), 서민(庶民)은 사(死)라고 하였다.

사(死)	상나라 때 태어난 날의 십간(十干)을 이름으로 삼았으며, 사람이 죽으면 그날이 될 때까지 기다렸다가 장사 지내는 풍속이 있었다. 즉 갑일에 태어난 사람이 무일에 죽으면 기일, 경일, 신일, 임일, 계일을 지나 갑일이 돼야만 장사를 지냈다. 그래서 죽기는 죽었지만 장사 지내기 전 기간을 사(死)라고 하고, 자기 날이 되어 장사를 치르고 나야 망(亡)이라고 하였다. 나중에 서민, 천민, 어린이의 죽음을 가리키는 말로 낮아졌다.
망(亡)	사람이 죽어 장례까지 다 마친 뒤의 상태를 망(亡)이라고 한다. 또 사람이 잘못을 저지르고 달아나 은폐된 곳에 들어간다는 뜻에서 '잃다' '죽다' 등의 뜻을 나타낸다. **망령(亡靈)_** 죽은 이의 영혼, 망혼(亡魂).
졸(卒)	죽음, 몰(沒). **졸서(卒逝)_** 죽음, 세상을 떠남.
붕(崩)	**붕어(崩御)_** 임금이 세상을 떠남. 비슷한 말로 선어(仙馭), 안가(晏駕), 승하(昇遐), 등하(登遐)가 있다.
훙(薨)	죽다, 제후가 죽다. **훙운(薨隕)_** 죽음, 사망.
혼(昏)	이름도 짓기 전에 죽음.
상(喪)	죽다, 사람이 죽다.

	상장(喪杖)_ 상제(喪制)가 짚는 지팡이. 아버지가 돌아가셨을 때는 대나무, 어머니가 돌아가셨을 때는 오동나무를 쓴다.
상(殤)	일찍 죽다, 스무 살을 넘기지 못하고 죽다.
	상복(殤服)_ 아직 성년이 되지 않고 죽은 자녀에 관한 복제(服制). 16~19세를 장상(長殤)이라 하여 대공복(大功服)을, 12~15세를 중상(中殤)이라 하여 소공복(小功服)을, 8~12세를 하상(下殤)이라 하여 세마복(細麻服)을 입었으며, 7세 이하에는 입지 않았다.
운(殞)	죽다.
	운감(殞感)_ 제사 때 차려놓은 음식을 귀신이 맛을 보는 것. 흠향(歆饗).
	운석(隕石)_ 지구에 떨어진 별똥.
	운폐(殞斃)_ 죽어 쓰러짐, 죽음.
강(殭)	주검.
	강시(殭尸)_ 죽은 지 오래되어 비바람에 바랜 시체, 여귀(厲鬼: 제사를 받지 못하는 귀신)로 변하여 사람을 해치는 주검.
순(殉)	따라 죽다.
	순장(殉葬)_ 옛날 임금이나 귀족의 장례에 그를 추종하던 사람이나 동물 또는 애용하던 기물 따위를 죽은 이의 옆에 함께 묻는 것.
순교(殉敎)	모든 박해와 고난을 물리치고 자기가 믿는 종교를 위하여 목숨을 바침.
조(殂)	죽다.
	조락(殂落)_ 죽음, 임금의 죽음, 낙엽이 시들어 떨어짐, 조락(凋落).
폐(斃)	넘어져서 죽다.
절(折)	꺾다, 어려서 죽다.
	요절(夭折)_ 젊은 나이에 죽다.
	좌절(挫折)_ 뜻이나 기운 또는 계획이나 일 등이 꺾이거나 헛되이 끝남.

절(絕) 숨이 그치다, 죽다, 말라서 죽다.
    절명(絕命)_ 숨이 끊어지다.

몰(沒) 죽다, 끝나다.
    몰사(沒死)_ 깡그리 모두 다 죽다.
    몰치(沒齒)_ 한평생, 생애, 몰세(沒世), 종신(終身).

종(終) 죽다.
    임종(臨終)_ 죽음을 맞이하다.

거(去) 가다, 죽다.
    서거(逝去)_ 죽어서 떠나다. 남의 죽음을 높이어 정중하게 이르는 말이다. 서거는 사망(死亡)의 높임말로, 서(逝)는 사(死)이고 거(去)는 망(亡)이다.

서(逝) 가다, 죽다.
    서자(逝者)_ 떠나가는 사람 또는 죽은 사람.

별(別) 헤어지다.
    별세(別世)_ 윗사람이 세상을 떠나다.
    사별(死別)_ 한쪽은 죽고 한쪽은 살아남아 영원히 헤어지다.

낙(落) 떨어지다, 죽다.
    낙년(落年)_ 죽은 해, 몰년(沒年).

고(枯) 마르다, 죽다.
    고골(枯骨)_ 죽은 사람의 썩은 뼈. 즉 죽은 사람을 뜻한다.

멸(滅) 죽다, 멸망하다.
    입멸(入滅)_ 입적(入寂), 스님이 죽음.

■ 무덤, 비석 등에 관련된 어휘

신도비(神道碑) 종2품 이상 벼슬아치의 무덤이나 무덤으로 가는 길목에 세운 석비. 대개 남동쪽 지점에 남쪽을 향하여 세우며, 죽은 이의 생애에 관한 사항들을 새겨넣었다. 거북 모양의 빗돌받침 위에 직사각형의 비석을 세우고 다시 그 위에 비갓을 올렸다.

비음기(碑陰記) 비석의 뒷면에 새긴 글로, 비석의 앞면(碑陽)에 새기지 못한 글을 새긴다.

행장(行狀) 한문학 문체의 한 종류. 죽은 사람의 생전 이력과 업적을 적은 글로, 보통 죽은 이의 제자나 친구·동료·아들 등이 죽은 이의 세계(世系)·성명·자호·관작·관향(貫鄕)·생몰연월·자손·언행 등을 기록하여 명문(銘文)·만장(輓章)·전기 등을 만들거나 역사 편찬의 자료로 쓴다. 장(狀)은 행실을 뜻하는 말로, 죽은 이의 행동 하나하나를 곁에서 보는 듯이 자세하게 서술한다.

묘지(墓誌) 중국 전기(傳記) 문체의 하나. 114년(후한 안제)에 〈알자경군묘표謁者景君墓表〉를 세운 데서 비롯된다. 문체는 비갈(碑碣)과 비슷하지만 비갈처럼 신분이나 계급에 따른 아무런 제한을 받지 않고 누구나 세울 수 있었다. 이와 비슷한 종류의 것으로 천표(阡表)·빈표(殯表)·영표(靈表) 등이 있는데, 천(阡)은 무덤의 길을 뜻하고, 빈(殯)은 아직 장사 지내지 않은 죽은 이를 가리키며, 영(靈)은 바로 죽은 이를 가리키는 말로서 모두 뜻이 다르다. 명나라 이후로 이름을 모두 합쳐 묘표라 부르게 되었다. 또 신도표(神道表)라 부르는 것도 있는데 성격은 같다.

묘갈(墓碣) 정3품 이하의 벼슬을 지낸 관원의 묘 앞에 세우는 머리 부분이 둥그스름한 작은 비석. 죽은 사람의 이름이나 출생·사망·행적 등을 새겨 무덤의 표지(標識)로 만들며, 또한 죽은 사람의 사업을 후세에 전하는 것이 목적이다. 내용은 신도비와 비슷하나 규모는 대체로 신도비보다 작다. 묘갈에 새겨 넣는 글을 묘갈명(墓碣銘)이라고 한다.

비갈(碑碣) 묘비와 묘갈을 아울러 이르는 말. 빗돌의 윗머리에 지붕 모양으로 만들어 얹은 것을 '비'라 하고, 그런 것을 얹지 않고 다만 머리 부분을 둥그스름하게 만든 작은 비석을 '갈'이라고 한다.

세천비(世阡碑) 선산 입구 등 근처에 세워 그 문중의 선산임을 나타낸다. 문중이나 문중 출신 선조들의 치적을 기록하여 후세에 남기는 비석이다. '세천'은 세대(30년)를 천 개나 지난다는 뜻이 있으니, 여러 대를 이어 선산에 조상의 묘를 모신다는 의미가 담겨 있다고 볼 수 있다.

유허비(遺墟碑) 선현들의 자취를 후세에 알리거나 추모하기 위하여 그들의 출생지, 성장지 등에 세운 비. 개성(開城)에 있는 〈고려충신정몽주지려高麗忠臣鄭夢周之閭〉가 유허비 초기의 예라고 할 수 있다. 유허비의 성격을 띤 것으로 유지비(遺址碑)와 구기비(舊基碑) 등도 세워졌는데, 구기비라는 용어는 왕족에게만 사용되었다.

뇌문비(誄文碑) 왕이 신하의 죽음을 맞아 쓰는 제문(祭文). 용인에 정조 이산이 쓴 뇌문을 돌에 새긴 뇌문비가 있다.

■ 무덤의 석물 명칭

경계석(境界石) 분과 묘지를(이승과 저승/제1계와 2, 3계) 구분 짓기 위한 표시석.
곡장(曲牆) 비바람을 막아주는 역할을 하며 오행(오봉)을 상징한다.
금천교(禁川橋) 조상의 무덤을 넘나드는 수귀(水鬼)를 물리치기 위한 상징교.
망주석(望柱石) 영혼이 자기의 무덤을 찾아올 수 있도록 안내하는 구실을 하며 자손발복을 상징한다.
비석(碑石) 조상의 혼백을 표시한 북방색(검정) 돌기둥.
산신석(山神石) 묘역 산신에게 경배드리기 위한 돌 단상.
상석(床石) 이승 자손들의 치성(致誠) 봉사(奉祀)를 위한 돌 단상.
석마(石馬) 사후세계 문인석과 무인석의 교통수단을 상징한다.
석양(石羊), 석호(石虎) 주인의 명복을 빌고 귀신이나 잡귀를 물리치는 벽사의 구실을 한다.
석인(石人) 주인을 섬기는 신하를 묘역에 배치한 상징석. 문인석, 무인석, 동자석 따위가 있다.

예감(瘞坎) 제향 후 축문을 태워 묻는 네모난 형태의 석함.
장명등(長明燈) 무덤 사방팔방에 불을 밝혀 잡귀의 범접을 막는 구실을 한다.
호석(護石) 십이지신상이나 모란 등을 양각하여 분묘를 보호하는 수호석.
혼유석(魂遊石) 영혼이 찾아와 머물도록 배려한 돌판.
홍살문(紅箭門) 조상의 무덤 진입로를 지키는 잡귀 검문대. '홍살문'의 '살'은 '화살 전(箭)'자를 쓰고 '살'로 발음한다.

■ 무덤 관련 어휘

계장(繼葬) 조상의 무덤 아래에 자손의 무덤을 잇대어 장사 지냄.
계절(階節) 무덤 주위의 평평하게 만들어놓은 땅.
곡장(曲墻) 예장(禮葬)으로 치른 무덤 뒤에 나지막하게 둘러쌓은 토담. 곡담이라고도 한다.
금초(禁草) 금화벌초(禁火伐草)의 준말이다. 불을 조심하고 때맞추어 풀을 베어 무덤을 잘 보살핌.
늑장(勒葬) 명당이라고 여겨지거나 소문난 남의 땅이나 마을, 무덤 가까이에 억지로 장사를 지냄.
도장(倒葬) 계장과는 반대로 조상의 무덤 윗자리에 자손을 장사 지내는 것을 일컫는다. 이러한 경우 대부분 풍수의 결함을 보하기 위하여 행한다. 역장(逆葬)과 같은 뜻이다.
면례(緬禮) 무덤을 옮겨서 다시 장사 지냄. 천장(遷葬) 또는 이장(移葬)이라고도 하며, 높임말로는 면봉(緬封)이라고 한다.
묘계(墓界) 품계에 따라 정한 무덤의 구역. 무덤을 중심으로 하여 1품은 사방 100보, 2품은 90보, 3품은 80보, 4품은 70보, 5품은 50보, 생원과 진사는 40보, 서민은 10보로 제한하였다.
배계절(拜階節) 계절보다 한층 얕은 곳으로서 자손들이 절을 할 수 있도록 평평하게 만들어놓은 곳이다.

벌초(伐草) 　조상 묘지의 잔디를 깎고 잡초를 뽑음.
봉분(封墳) 　시체를 매장할 때에 무덤을 나타내기 위하여 큰 함지박을 엎어놓은 듯이 봉토를 쌓아올린 것을 일컫는 말이며, 높임말은 분상(墳上)이다.
분묘(墳墓) 　무덤의 총칭이다. 배위를 한데에 매장하는 것을 합장·합묘·합폄(合窆)이라 하며, 각각 매장하는 것을 각장 또는 각폄(各窆)이라고 한다. 이를 다시 좌우 쌍분 또는 상하 쌍분으로 구분하여 이르기도 한다. 묘를 달리 조(兆)라고도 한다.
사성(莎城) 　무덤의 뒤와 좌우를 병풍처럼 나지막이 흙으로 둘러쌓은 성루를 일컫는 말이다. 속칭 토성이다.
사초(莎草) 　비바람 등에 묘지의 봉분이 깎이고, 관리를 하지 못해 묘지의 잔디가 말라죽은 경우 묘지의 봉분을 다시 높이거나 잔디를 다시 입히는 것이다.
순전(脣前) 　무덤의 배계절 앞의 내리받이 언덕을 일컫는 말이다.
역장(逆葬) 　도장(倒葬)의 다른 말이다.
영역(塋域) 　무덤을 쓰기 위하여 마련된 그 지역을 일컫는 말로, 이를 묘역이라고도 한다.
예장(禮葬) 　예식을 갖추어 치르는 장례를 일컫는 말. 국장이나 나라에 큰 공이 있는 사람이 죽었을 때 나라에서 국비로 예를 갖추어 치르는 장례이다.
완폄(完窆) 　나중에 개장할 필요가 없어 완장된 무덤. 이를 영구적인 무덤이란 뜻에서 영폄이라고도 한다.
용미(龍尾) 　봉분을 보호하기 위하여 빗물이 봉분의 좌우로 흐르도록 무덤의 꼬리처럼 쌓아 올린 것을 일컫는 말이다.
유장(誘葬) 　사람을 꾀어 다른 사람의 묘지나 산림(山林)에 자신의 조상을 묻던 일이다.
투장(偸葬) 　다른 사람의 무덤을 침범하여 쓰는 무덤.

호석(護石) 능원이나 공신묘의 봉토를 둘러쌓은 돌을 일컫는 말. 능원은 상석과 병풍석으로 둘러쌓았다. 이를 통속적으로는 '도래석'이라 일컬으며, 예장이 아닌 봉분에는 단지 봉토를 보호하기 위하여 막돌을 둘러쌓은 경우가 있는데, 이를 사대석이라 일컫는다.

■ 계급에 따른 무덤의 종류

왕의 무덤

주위 110보.
매 면(面) 25보.
봉분 높이 2장(二丈).
봉분 사방의 담 높이 1장
석인(石人)은 넷(문관 모형 둘, 무관모형 둘).
석호(石虎) 둘.
석마(石馬) 둘.
망주석(望柱石) 둘.

1품의 무덤

주위 90보.
매 면 22보 반.
봉분 높이 1장 8자.
봉분 사방의 담 높이 9자
석인(石人)은 둘(망자가 문관일 경우에는 문관 모형을 쓰고, 무관일 경우에는 문관 모형 하나와 무관 모형 하나를 쓴다).
석호(石虎) 둘.
석양(石羊) 둘.
석마(石馬) 둘.

망주석(望柱石) 둘.

2품의 무덤

주위 80보.
매 면 20보.
봉분의 높이 1장 6자.
봉분 사방의 담 높이 8자.
석인(石人)은 둘(망자가 문관일 경우에는 문관 모형을 쓰고, 무관일 경우에는 문관 모형 하나와 무관 모형 하나를 쓴다).
석호(石虎) 둘.
석양(石羊) 둘.
석마(石馬) 둘.
망주석(望柱石) 둘.

3품의 무덤

주위 70보.
매 면 70보 반.
봉분의 높이 1장 4자.
봉분 사방 담장의 높이 7장.
석호(石虎) 둘.
석양(石羊) 둘.
석마(石馬) 둘.
망주석(望柱石) 둘.

4품의 무덤

주위 60보.

매 면 15보.

봉분의 높이 1장 2자.

봉분 사방의 담장 높이 6자.

석호(石虎) 둘.

석마(石馬) 둘.

망주석(望柱石) 둘.

5품의 무덤

주위 50보.

매 면 12보 반.

봉분의 높이 1장.

봉분 사방 담장 높이 4장.

석양(石羊) 둘.

석마(石馬) 둘.

망주석(望柱石) 둘.

6품의 무덤

주위 40보.

매 면 10보.

봉분의 높이 8자.

7품의 무덤

주위 40보.

매 면 7보 반.

봉분의 높이 6자.

서인(庶人)의 무덤

자리는 9보이며, 중심을 뚫으면 모두 18보이다.

《구씨의절》에 다음과 같은 예법이 기록되어 있다.
"《국조계고國朝稽古》에는 무덤 자리를 일정하게 제정하였는데 1품은 90보이며 매 품계마다 10보씩을 줄이고 7품 이하는 30보를 넘지 않으며 서민은 9보에 그쳤다.
봉분은 1품의 경우에는 높이가 1장 8자이고 매 품계마다 2장씩을 줄여가고, 7품 이하는 6장을 넘지 않는다. 석비(石碑)는 1품의 경우에는 이수(螭首)를 사용하고, 2품의 경우에는 기린(麒麟)을 사용하고, 3품은 천록(天祿)·벽사(辟邪)를 사용하며, 모두 귀부(龜趺)를 쓴다.
4품에서 7품까지는 모두 원수(圓首)에 방부(方趺)를 사용한다. 석인(石人)과 석수(石獸)의 길이와 넓이는 품계의 차례대로 줄여 내려가니, 석인과 석수와 망주석은 모두 순서가 있어서 영갑(令甲)에 나타나 있으니 살펴볼 만하다.
신분이 귀한 자는 천한 자와 같이 할 수 있으나 천한 자는 비록 부유하더라도 귀한 자와 같이 할 수 없다. 그러나 멀리 보는 자는 마음대로 할 수 있는 바에 남김없이 다 해버리지 않으니 약간 더하고 줄여나가더라도 괜찮다." 하였다.
《한묵대전翰墨大全》에는 다음과 같이 나온다.
"서인(庶人)의 묏자리의 네 방향은 중심으로부터의 거리가 각각 9보이니, 이는 사방이 서로 18보 떨어진 것이다. 식(式)을 살펴보니, 땅 넓이 5장을 보(步)라 하니 이것은 관척(官尺)으로 매 한 방향이 합쳐 4장 5자이고 지금 시속(時俗)의 영조척(營造尺)으로 말한다면 5장 4자이다. 비석 머리를 각지게 한다(圭首)."

■ 제주(祭主)를 가리키는 여러 가지 말

부모와 조부의 사망 이전과 이후에 명칭이 달라진다.

고자(孤子)	아버지가 사망했을 때 졸곡(卒哭; 죽은 지 석 달 뒤에 오는 정일丁日이나 해일亥日에 지내는 제사) 때까지 쓰는 '맏아들'이라는 뜻. 장자가 아니면 그냥 고(孤)다.
효자(孝子)	아버지가 사망했을 때 졸곡을 마치면 효자로 자칭한다. 장자가 아니면 자(子)라고만 쓴다.
애자(哀子)	어머니가 사망했을 때 졸곡 때까지 쓰는 '맏아들'이라는 뜻. 장자가 아니면 그냥 애(哀)다.
효자(孝子)	어머니가 사망했을 때 졸곡을 마치면 효자로 자칭한다. 장자가 아니면 자(子)라고만 쓴다.
고애자(孤哀子)	부모가 다 사망했을 때는 고애자라고 한다.
고손(高孫)	할아버지가 사망했을 때 졸곡 전 손자.
효손(孝孫)	할아버지가 사망했을 때 졸곡 후 손자.
애손(哀孫)	할머니가 사망했을 때 졸곡 전 손자.
효손(孝孫)	할머니가 사망했을 때 졸곡 후 손자.
고애손(告哀孫)	할아버지와 할머니가 다 돌아간 경우 손자.
처(妻)	남편이 죽었을 때 부인이 축(祝)을 고할 때.
부(夫)	아내가 죽었을 때 남편이 축(祝)을 고할 때.
질(姪)	삼촌이 죽었을 때 조카가 고하면 질(姪)이라고 한다.
형(兄)	아우가 죽었을 때 형이 고하면 형(兄)이라고 한다.
제(弟)	형이 죽었을 때 아우가 고하면 제(弟)라고 한다.

※ 질병에 관련된 한자

녁(疒)	병이 들어 집에 기대어 있는 형상이다. 이 부수가 들어가는 한자는 모두 질병과 관련이 있다.
두(痘)	얼굴에 콩(豆) 같은 자국이 있으니, 곧 천연두다.
병(病)	내과 질환이다. 바이러스 질병이다. 전염되는 건 역(疫)이다.
암(癌)	돌이나 바위처럼 딱딱한 것이 몸에 있으니, 곧 암이다. 사마귀와 부스럼 같은 것이 종(腫)이고 곪은 덩어리가 양(瘍)인데, 두 가지를 합쳐 종양(腫瘍)이라고 한다. 종양 중에서 다른 세포를 잡아먹으며 자라는 악성 종양을 암이라고 한다.
역(疫)	다른 생명체에게 옮기는 전염병이다.
요(療)	병을 고쳐 밝아지다. 요(寮)는 횃불이 켜진 듯 밝다는 뜻이다.
증(症)	질병의 상태를 가리킨다.
질(疾)	활에 맞은 외상이다. 총칼에 맞은 것도 포함된다.
질(嫉)	외상 입은 여자. 미워하다는 뜻이 되었다. **질투(嫉妬)**_ 미워하여 싸늘하게 여기다. 투(妬)는 돌처럼 싸늘한 여자이니, 곧 돌을 보듯 싸늘하다는 뜻이다.
치(癡)	병 중에서 의심이 많은 것이다. 즉 뇌가 죽거나 줄어들어 기억을 잃고 가족을 알아보지 못하고, 밥을 먹었는지 오늘이 며칠인지 어디인지 모르다. 즉 기억과 인지 능력이 없는 상태이니, 알츠하이머 치매를 가리킨다. 줄여서 쓰는 치(痴)는 이런 증세를 더 확실히 표현하기 위해 만든 글자다. **치매(癡呆)**_ 매(呆)는 나무를 깎아 만든 장승이 비록 입은 있어도 어리석어 말을 못하는 것과 같은 상태란 뜻이다. 즉 치매는 의심이 많고 말도 못한다는 뜻이다.
통(痛)	아프다.

고통(苦痛)_ 쓰고 아프다.

피(疲) 껍질만 남은 것 같으니, 곧 깡마르다. 피로(疲勞)는 너무 일을 많이 하여 깡마르다는 뜻인데, 여기서 힘이 빠진 상태가 더 들어간다.

❈ 집에 관련된 한자

가(家)　본뜻은 사람의 거주 공간 아래에 돼지(豕)가 사는 일반 집(宀)이다. 제주나 만주 지방에는 지금도 돼지우리 위에 집을 짓는 경우가 있다. 돼지가 뱀 따위의 침입을 막아주기도 하지만, 인분을 주기 쉬운 가옥 구조를 이룬 것이라고 한다. 한편 가정(家庭)이라고 할 때 가(家)는 집을 가리키고, 정(庭)은 마당을 가리킨다.

가가(假家)　임시로 지은 집, 가건물.

가호(家戶)　호적상의 집. 세대를 세는 단위다.

각(閣)　문설주에 바로 문을 단 작은 집이다. 중국이나 우리나라에서는 신하들이 쓰는 집이라는 뜻이다. 궁궐 내에도 각이 있는데 신하들이 일하는 곳이다. 예) 규장각(奎章閣).
절에서는 부처나 보살이 아닌 산신, 칠성 등을 모신 집이 각이다. 그런데 일본에서는 일왕이 직접 임명장을 주는 총독, 육군소장 이상, 고급 각료가 근무하는 집을 각이라 하고 그들을 각하라고 호칭했다.

갑제(甲第)　크고 넓게, 아주 잘 지은 큰 집.

객우(客寓)　손이 되어 한동안 거처하는 집.

객점(客店)　길손이 음식이나 술 따위를 사 먹고 쉬어 가거나 묵어 가는 집을 이르던 말. 여점(旅店).

객호(客戶)　다른 고장에서 옮아와서 사는 사람의 집.

거실(居室)　서양식 집에서 가족이 모여 생활하는 공간.

거제(居第)　들어 사는 집.

고(庫)　병거(兵車) 등 무기를 저장하는 건물이다. 원래는 수레를 두는 공간이다.

고가(古家)　지은 지 퍽 오래된 집. 고옥(古屋), 구옥(舊屋).

고가(故家) 여러 대(代)를 지체 높게 잘 살아온 집안. 흔히 명당으로 분류된다.

고당(高堂) 높게 지은 좋은 집. 또는 남의 '부모'를 높여 일컫는 말이다. 상대편을 높이어 그의 '집'을 이르는 말로도 쓰인다.

고대광실(高臺廣室) 규모가 굉장히 크고 잘 지은 집.

고줏집(高柱-) 높은 기둥을 세워 지은 집. 한가운데가 한층 높음.

고택(古宅) 오래된 집.

고택(故宅) 예전에 살던 집. 구택(舊宅).

곳집(庫-) 곳간으로 지은 집. 고사(庫舍), 창고(倉庫), 창름(倉廩).

관(館) 수렵이나 방어용 무기를 수장(守藏)하는 곳으로 집 안에 활을 걸어 두거나 저장한다. 이후 관원들이 업무를 보는 장소라는 뜻으로 변했다. 현대에는 사람이 상주하지 않는 학교나 관청 건물이다. 또는 손님이 머무는 집. 영빈관(迎賓館).

관사(館舍) 왕조시대에 외국 사신을 머물게 하던 집.

관주인(館主人) 조선시대에 성균관에 응시하려고 시골에서 올라온 선비가 성균관 근처에서 유숙하던 집. 반주인(泮主人).

교(校) 학교.

구택(舊宅) 전에 살던 집이나 여러 대에 걸쳐 살아온 집. 고가(故家)라고 하는 게 더 좋다.

굴(窟) 짐승이 사는 굴 또는 도적이나 악인 등의 근거지를 굴혈(窟穴)이라고 한다. 동굴(洞窟)은 안이 텅 비어, 넓고 깊은 큰 굴이다. 동혈(洞穴)이라고도 한다.

궁(宮) 돼지를 기르는 가(家)와 달리 아래에 창문이 위와 아래에 나 있는 고급 지상 가옥이다. 원래는 일반 백성이 거처하는 집이었다가 진한(秦漢) 이후로는 왕이나 왕후, 왕자와 공주가 사는 집 또는 귀신이 사는 집으로 변했다. 나중에는 세자 등이 사는 집도 저(邸)와 함께 궁으로도 불렸다.

궁궐(宮闕)_ 궐(闕)은 왕궁 정문의 전망대로 궁성(宮城), 궁전(宮殿)의 뜻이다.

궐(闕) 원래 법령을 게시하던 궁문(宮門) 양옆에 세운 대(臺)를 가리켰다가 그 뒤 왕궁 정문의 전망대로 바뀌었다. 나중에 왕이나 황제가 사는 집을 가리키는 궁(宮)에 붙어 궁궐(宮闕)로 불리게 된다.

규(閨) 부녀자의 거처이다.

기루(妓樓) 창기(娼妓)를 두고 영업하는 집. 창기와 노는 집. 청루(靑樓).

난(欄) 짐승을 가두어 기르는 우리. 말을 기르는 곳은 난구(欄廐)라고 한다.

남당(南堂) 삼국시대 초기에, 부족 집회소가 발전하여 이루어진 정청(政廳). 이때부터 국가의 체제를 갖추기 시작하였다.

낭(廊) 집 안의 복도, 행랑, 사랑(舍廊).

낭묘(廊廟) 정전(正殿), 조정(朝廷)을 이르는 말이다. 묘당(廟堂)이라고도 한다.

노옥(老屋) 지은 지 오래된 낡은 집.

농막(農幕) 농사에 편리하도록 논밭 가까이에 지은 간단한 집. 밭집. 농장(農莊).

뇌(牢) 마소나 돼지 등 가축을 기르는 우리. 감옥(監獄)이란 뜻으로 쓰이기도 한다. 《삼국지》에서 조조가 마지막으로 탈출하다 들킨 곳이 호뢰관(虎牢關)이다. '호뢰'란 호랑이 우리란 뜻이다.

누(樓) 포개어 지은 다락집이다. 예) 옥호루.

누옥(漏屋) 비가 새는 집.

다각집(多角-) 추녀 귀가 여러 개로 된 집.

단가(檀家) 절에 시주하는 사람의 집.

당(堂) 본디 왕이 정령을 펴던 건물이다. 왕이 정령을 펴던 집을 하나라에서는 세실(世室), 상나라에서는 중옥(重屋), 주나라에서는 명당(明堂)이라고 하였다. 하지만 이후 황제 제도가 실시되면서 당은 민간으로 내려가 큰 집이라는 의미로 쓰였다. 즉 거주를 목적으로 하지 않고 특별히 지은 집 또는 공청(公廳)을 뜻한다. 반드시 집 중앙의 남향 방위에 있으며, 일반적으로 대청을 뜻한다. 이 당에는 바깥주인이 기거하기 때문에 대개 당호(堂號)로써 호(號)를 대신하기도 한다. 사

	명당(四溟堂) 유정, 청허당(清虛堂) 휴정, 명륜당(明倫堂), 영당(影堂; 조상의 영정을 모시기 위해 세운 건물) 등으로 쓰인다.
당실(堂室)	당(堂)이 집 중앙의 남향의 대청인 데 비해 실(室)은 집 중앙의 북향의 거실이다. 이런 뜻에서 실이라고 하면 어머니나 아내를 가리키기도 한다. 정실(正室)은 본부인, 측실(側室)은 첩을 가리킨다.
당옥(堂屋)	임금이 정사를 보거나 의식을 행하는 정전(正殿)을 가리킨다.
당집(堂-)	신(神)을 모셔놓고 위하는 집.
대(臺)	관청이나 조정으로 집이 높다. 예) 청와대.
대문채(大門-)	대문에 붙어 있는 집채.
대하(大廈)	큰 집.
대호(大戶)	가족이 많고 살림이 넉넉한 집안.
도가(都家)	같은 장사를 하는 상인들이 모여 계(契)나 장사 등에 관한 의논을 하는 집.
도갓집(都家-)	도가(都家)로 정한 집.
동(洞)	동굴. 굴(窟)보다 안의 공간이 더 넓다. 동네 어귀 또는 동굴의 입구를 동구(洞口)라고 한다. 고려가 망할 때 선비들이 들어간 곳이 두문동(杜門洞)인데, 이처럼 혼자 사는 것이 아니라 여럿이 모여 사는 경우에 동을 쓴다.
동가(東家)	동쪽에 있는 이웃집, 머물러 있는 집의 주인.
동당(東堂)	집의 동쪽 건물. 조선시대의 식년과(式年科) 또는 증광시(增廣試)를 달리 이르던 말.
두옥(斗屋)	아주 작은 집, 아주 작은 방. 두실(斗室)이라고도 한다.
여(廬)	오두막집, 농막. 이런 의미에서 여사(廬舍)는 밭 가운데 세운 식사와 휴식용 집, 즉 농막(農幕)이나 전사(田舍)다. 또 무덤 옆에 세워놓고 상제가 거처하는 초막(草幕)을 의려(倚廬) 또는 악실(堊室)이라고도 한다. 유비가 제갈량을 찾아간 것을 삼고초려(三顧草廬)라고 하는데, '초려'가 바로 제갈량이 살던 오두막집이다.

마방집(馬房─) 말을 두고 삯짐 싣는 일을 업으로 하는 집.

면(宀) 지붕이 있는 집이다. 지붕이 없이 굴을 파서 사는 집은 엄(广)이다.

명당(明堂) 고대 중국에서 왕이 정령을 펴던 집이다. 특히 주나라에 명당이라고 했다.

모사(茅舍) 띳집, 모옥(茅屋).

모옥(茅屋) 띠나 이엉 따위로 이은 허술한 집. 띳집, 모자(茅茨), 모사(茅舍).

묘(廟) 조상의 신주를 모시거나 세상에 공적을 남기고 죽은 사람을 추모하기 위하여 지은 건물이다. 종묘(宗廟), 문묘(文廟).

묘우(廟宇) 신위(神位)를 모신 집.

문간채(門間─) 대문간 바로 옆에 있는 집채. 행랑채.

방(房) 몸채 대청의 뒤쪽에 있는 방이다. 혼례 후 신랑이 신부방에서 첫날밤을 지내는 의식을 동방화촉(洞房華燭)이라고 한다. 산속에 있는 집을 산장(山莊)을 산방(山房)이라고 한다. 흔히 아호(雅號) 따위에 붙여 '서재'의 뜻으로도 쓰인다. 미당 서정주의 서재는 봉산산방(蓬蒜算房)이다.

백골집(白骨─) '단청(丹靑)하지 않은 전각(殿閣)'을 속되게 이르거나 '아무 칠도 하지 않은 집'을 속되게 이르는 말.

백옥(白屋) 띠로 지붕을 인 가난한 사람의 초라한 집.

병막(病幕) 전염병 환자를 격리시켜 수용하기 위해 임시로 지은 집.

병영(兵營) 병사가 집단으로 들어 거주하는 집. 병사(兵舍), 영사(營舍). 병마절도사가 있던 영문(營門).

부(府) 돈, 문서 등 여러 가지 물건을 넣어두는 건물이다. 《설문해자》에는 문서를 두는 건물이라고 되어 있다.

부군당(府君堂) 왕조시대에, 각 관아에서 신령에게 제사 지내던 집.

붕(棚) 오두막집, 가건물, 시렁, 선반. 중국의 문화대혁명 시기에 비판의 대상이 되었던 사람들이 연금되었던 장소를 우붕(牛棚)이라고 하는데, 우붕이란 소 외양간이다. 따라서 중국의 우붕은 국가에서 운영하는 형무소는 아니며 농촌의 외양간 건물 따위가 임시로 감금 장소로 쓰였던 데서 나온 말이다. 가축을 기르는 우리는 붕잔(棚棧)이라고도 한다. 붕이 가장 널리 쓰이는 말로는 대륙붕(大陸棚)이 있다. 즉 대륙붕은 대륙이나 큰 섬 주변을 둘러싸고 있는 깊이 200미터 이하의 경사가 완만한 해저다. 말하자면 바다에 있는 시렁이나 선반처럼 돼 있다는 의미이다.

사(舍) 관청. 원래 사람이 임시 머무는 집으로, 살림을 하지 않는다. 객사(客舍), 관사(官舍), 교사(校舍), 사랑(舍廊)처럼 쓰인다.

사(寺) 절. 즉 스님들이 부처를 모시는 집이다. 원래 사는 '시(寺)'로서, 왕을 찾아온 손님이 머무는 궁실(宮室)이었다. 불교가 전래될 때 서역에서 온 승려들은 왕의 손님이라 궁중의 시(寺)에 머물렀는데, 이후 구분하기 위해 승려들이 머무는 곳을 '사(寺)'로 발음하게 되었다.

사당(祠堂) 신주를 모신 집. 또는 신주를 모시기 위하여 집처럼 자그마하게 만든 것. 사당집, 사우(祠宇).

사못집(四-) 지붕이 네모꼴로 된 집.

산가(山家) 산속에 있는 집.

산방(山房) 산속에 있는 집 또는 그 집의 방. 산장(山莊). 절의 건물을 흔히 산방으로 부른다. 흔히 아호(雅號) 따위의 뒤에 쓰이어 '서재'의 뜻을 나타내는 말로 쓰인다.

산재(山齋) 산에 지은 서재, 산에 운치 있게 지은 집. 산방을 더 많이 쓴다.

산호(山戶) 산에 사는 화전민의 집.

삼간통(三間通) 세 칸이 모두 통하게 되어 있는 집.

삼실(三室) 낡은 재목으로 세 번째 고쳐 지은 집.

상호(上戶) 조선시대 연호법(煙戶法)의 한 등급. 서울에서는 1품과 2품 벼슬아치의 집, 시골에서는 식구 15인 이상의 집을 이른다.

상호(桑戶) 뽕나무로 얽은 지게문을 한 집이다. 주로 '가난한 집'을 이르는 말.

서(墅) 농막이나 별장이다.

서(序)	집안에 있을 때 '나'의 위치다. 즉 서열을 가리킨다.
선관(仙館)	신선이 사는 집. 선가(仙家).
선려(先廬)	조상 때부터 살고 있는 집.
선화당(宣化堂)	조선시대에 각 도의 관찰사가 집무하던 곳.
세실(世室)	고대 중국에서 왕이 정령을 펴던 집이다. 이곳에서 상제(上帝)를 제사하고 제후들의 조회를 받으며 국가의 큰 의식을 치렀다. 하나라에서는 세실(世室)이라고 했고, 상나라에서는 중옥(重屋), 주나라에서 명당이라고 했다.
소(所)	도끼를 들고 병사들이 모여 있는 작은 집(戶)이다. 정식으로 집이라는 뜻보다는 거처할 수 있는 공간이란 작은 의미다.
소(巢)	나무(木) 위에 새의 집(臼)이 있고, 그 위에 새 세 마리(巛)가 앉아 있는 모양이다. 그래서 '새집'이라는 뜻을 나타내었다. 훗날 사람, 짐승, 가축, 벌레, 물고기들의 집으로 의미가 확대되었다. 그래서 새처럼 나무 위에 집을 짓고 사는 것을 소거(巢居) 또는 암서(巖棲)라고 했다. 소굴(巢窟)은 나무 위에 집을 짓고 사는 소거와 땅에 굴을 파고 사는 소혈(巢穴)을 아울러 이르는 말인데, 나중에는 도둑이나 악한 따위들이 모여서 활동의 근거지로 삼는 곳을 가리키는 말로 쓰였다.
송(宋)	제사상(木)을 차려 제사를 지내는 종묘다. 즉 상나라 제사를 지내는 춘추전국시대의 나라 이름이다.
수각집(水閣-)	집터가 습하여 늘 물이 나는 집.
숙(宿)	임시로 머무는 집. 기간이 우(寓)보다 짧다. 가는 길에 잠시 들러 머무는 집이다.
숙(塾)	글방이나 서당, 숙당(塾堂)을 나타낸다. 오늘날의 기숙사를 의미하기도 한다. **의숙(義塾)_** 공익을 위하여 의연금으로 세운 교육기관.
시(寺)	왕을 찾아온 손님이 머무는 궁실(宮室)이다. 영빈관.

신(宸)   아무 데나 쓰지 못하고 반드시 황제가 사는 곳을 가리킨다.
        신거(宸居)_ 천자가 거처하는 곳.

실(室)   원래 건축문화가 발달하지 않은 옛날에는 왕이 정령을 펴던 곳이라는 의미가 있었다. 하나라 때 세실(世室), 상나라에서는 중옥(重屋), 주나라에서 명당(明堂)이라고 했다. 이후에는 궁(宮), 전(殿) 등의 어휘가 쓰이면서 민간으로 내려왔다. 당(堂)이 집 중앙의 남향의 대청인 데 비해 실(室)은 집 중앙의 북향의 거실이다. 이런 뜻에서 어머니나 아내를 가리키기도 한다. 정실(正室)은 본부인, 측실(側室)은 첩이다. 또 실(室)은 부부가 거처하는 방을 가리키고, 가(家)는 집 안이란 뜻으로 부부나 가정을 말한다. 앞의 당실(堂室)과 혼용되어 쓰인다.

안(安)   여성이 집 안에 있는 모양으로, 여성이 있는 편안한 집이라는 뜻이다. 편안하다는 뜻으로 쓰인다.

엄(广)   중국 황하 유역에는 굴을 파서 만든 집이 많다. 혈거(穴居) 시대에는 대부분 이런 집에서 살았다. 지붕이 있는 집은 면(宀)이라고 한다.

여염집(閭閻-) 서민의 살림집. 여가(閭家), 여염가(閭閻家), 염집.

연수당(延壽堂) 절에서, 병든 중을 수용하는 집이나 방.

영(寧)   집 안에 먹을거리가 담긴 그릇이 넉넉하여 마음이 편안한 상태다. 안(安)은 심리적 편안함이고 영(寧)은 경제적 편안함이다.

오량(五樑) 우리나라의 전통 가옥 건축에서, 보를 다섯 줄로 얹어 두 칸 넓이가 되게 집을 짓는 방식.

오량집(五樑-) 오량으로 지은 집. 오량각(五樑閣).

옥(屋)   상나라 시절에는 왕이 정령을 펴던 집을 중옥(重屋)이라고 했다. 하나라 때의 당(堂)이 옥(屋)으로 발전한 것이다. 다만 이 옥(屋)도 주나라 시대에는 당(堂)으로 바뀌면서 민간으로 내려갔다. 따라서 옥은 사람이 살림하며 사는 집이란 뜻으로 쓰였다. 예) 청진옥.

우(宇)   지붕과 처마가 있는 집이다. 사우(寺宇). 원래 우주(宇宙)는 천지사방(天地四方)과 고금왕래(古今往來)를 의미한다. 즉 우(宇)는 공간, 주(宙)는 시간을 뜻하여 이 세상을 나타낸다.

우(寓) 임시로 머무는 집이다. 기간이 숙(宿)보다 길다.
우거(寓居)_ 남의 집에서 임시로 얼마간 살다. 자기 집을 낮춰 부르는 말로도 쓰인다.

운당(雲堂) 구름집, 승려들이 수도하는 집, 승려들이 있는 산중의 집.

원(院) 춘추시대에 주나라 왕을 찾아온 손님이 머무는 궁실(宮室)이다. 주원(周垣)으로 불린다. 회랑이 있는 건물을 의미한다. 당나라 시대에 칙명에 의하여 대자은사(大慈恩寺) 등에 번경원(翻經院)을 세웠는데, 이것이 불교와 관련된 건물에 원(院)이라는 이름을 붙인 효시가 되었다. 송나라 시대에는 나라에서 세운 큰 사찰에 원호(院號)를 붙였다. 이후 궁중에서 여성들이 주로 거처하는 집을 가리키는 내전(內殿)과 더불어 내원(內院)으로 쓰였다. 이러한 내원은 꽃밭이 아름답기 때문에 나중에는 동산이나 원림(園林)을 가리키는 말로도 쓰였다. 또한 절, 도관(道觀), 도원(道院) 등 종교시설에도 쓰인다.

익공집(翼工) 기둥 위에 익공을 얹어 지은 집. 익공은 3포 이상 집에 있는 첨차(檐遮) 위에 소로(小櫨)와 함께 얹는, 장식한 나무.

잔(棧) 여관이나 여인숙이다. 영화 〈용문객잔龍門客棧〉이 바로 여관을 가리키는 말이다.

잠저(潛邸) 왕이 등극하기 전까지 살던 집.

장(莊) 별장(別莊), 별저(別邸), 별서(別墅)를 뜻한다. 살림집 말고 따로 있는 집이다. 초대 대통령 이승만의 이화장(梨花莊), 한용운의 심우장(尋牛莊) 등이 있다.

재(齋) 공부하는 집이다. 예) 산천재.

재(灾) 집에 불이 나다. 재앙의 뜻이다.

저(邸) 주나라 때 제후가 천자를 알현하기 위해 서울에 와서 묵는 큰 집이다. 이후 태자나 세자가 사는 집으로 뜻이 바뀌었다. 왕후가 사는 곳도 왕보다는 낮추어 저택(邸宅)이라고 했다.

저택(瀦宅) 조선시대에 대역 죄인의 집을 헐고 그 자리에 못을 만들던 형벌.

전(殿) 왕이나 황제의 거처이다. 향교, 절 등에서 여러 채의 건물이 있을 때 그중에서 가장 큰 집을 일컫는다. 예) 근정전(勤政殿), 대성전(大成殿), 대웅전(大雄殿).

전각(殿閣)_ 임금이 거처하는 궁궐로, 궁전과 누각의 뜻이다. 각(閣)은 신하들이 쓰는 궁궐 내 건물을 가리킨다.

전당(殿堂)_ 크고 화려한 건물을 가리킨다. 예) 예술의 전당, 명예의 전당.

신전(神殿)_ 신을 모신 집을 가리킨다.

점막(店幕) 음식을 팔고 나그네를 재우는 것을 업으로 하는 집.

정사(精舍) 학문을 가르치려고 지은 집. 정신을 수양하는 곳. 승려가 불도(佛道)를 닦는 곳으로, 규모가 작다.

종(宗) 제사를 지내는 제단이 설치된 종묘다. 나중에 이 제사를 받드는 장손을 상징하게 되었다.

종가(宗家)_ 문중에서 맏이로만 이어져온 집. 장남에서 장남으로 이어진 종손이 사는 집.

주(宙) 대들보와 서까래가 있는 집이다. 지붕과 처마를 가리키는 우(宇)와 대들보와 서까래를 가리키는 주(宙)가 합쳐진 우주(宇宙)는 집 그 자체를 가리켰다. 나중에 우주는 천지사방(天地四方) 고금왕래(古今往來)라는 뜻이 되었다가, 오늘날에는 Universe를 가리키게 되었다.

주삼포(柱三包) 촛가지 세 겹을 기둥머리 위에 짜는 일. 또는 그렇게 지은 포살미 집.

중옥(重屋) 고대 중국에서 왕이 정령을 펴던 집이다. 이곳에서 상제(上帝)를 제사하고 제후들의 조회를 받으며 국가의 큰 의식을 치렀다. 하나라에서는 세실(世室)이라고 했고, 상나라에서는 중옥(重屋), 주나라에서 명당이라고 했다.

지밀(至密) 임금이 거처하는 방은 밭지밀, 왕비가 거처하는 방은 안지밀이다.

창(倉)	군량을 저장해두는 창고.
창(廠)	말이나 소를 넣어두는 마굿간이다. 현재는 공장을 가리킨다.
창(艙)	선창, 선실.
첨차(檐遮)	삼포 이상의 집에 있는 꾸밈새. 초제공·이제공 따위의 가운데에 어긋나게 맞추어 짬.
청(廳)	관청, 마을, 관아의 뜻이다.
초제공(初提)	주삼포(柱三包) 집에는 기둥 위에 초방(初枋)과 교차하여 짜고, 삼포 이상의 집에는 기둥머리 위에 장화반(長花盤)과 교차하여 짜는 물건.
칠량(七樑)	크고 너른 집을 지을 때, 지붕 상연의 경사를 더 급하게 하기 위해 오량보다 도리를 두 개 더 늘인 지붕틀의 꾸밈새. 치량, 칠량각(七樑閣).
택(宅)	사람이 살림하며 사는 집이다. 유택(幽宅)은 죽은 이의 집으로 무덤을 말한다. **택호(宅號)**_ 벼슬 이름이나 장가든 곳의 지방 이름을 붙여 그 사람의 집을 부르는 이름이다.
팔작집(八作-)	네 귀에 모두 추녀를 달아 지은 집.
평사량(平四樑)	보 네 개를 써서 용마루가 그리 높지 않게 지은 집.
평오량(平五樑)	도리 다섯 개를 얹어서 지은 집.
평집(平-)	도리를 셋이나 넷을 얹어서 지은 집. 평가(平家).
폿집(包-)	전각이나 궁궐과 같이 포살미하여 지은 집. 공포(栱包)를 여러 겹으로 받친 집. 갖은폿집.
하인청(下人廳)	양반의 집에서 하인들이 거처하던 방.
합(閤)	일반 왕자와 군(君) 칭호를 받은 사람들이 사는 집이다. 정승들이 근무하는 집을 이르기도 한다. 그래서 정승을 가리켜 합하라고 한다.
행랑채(行廊-)	행랑으로 된 집채, 문간채.

허청(虛廳) 헛간으로 된 집채, 헛청.

헌(軒) 추녀, 처마, 집, 가옥, 행랑, 난간. 소박한 의미에서 당호(堂號)에 많이 붙는다. 원래 수레를 뜻하는 말이다.

혈(穴) 동물들이 사는 구멍으로 토실(土室), 소굴, 동굴이다. 원래 황토지대가 많은 중국의 함양 황토지대에는 혈(穴)을 파고 사는 사람들이 많았다. 이런 생활방식을 혈거(穴居)한다고 표현한다.

호(戶) 언덕(厂)에 기대어 땅을 파고 지은 토굴로 입구가 하나다. 또는 방이나 집, 사물의 출입구다. 옛날에는 호(戶)로 한 가구를 나타냈다. 유목민들이 쓰는 게르(양가죽 펠트로 둘러싼 움집)의 경우 문이 한 개밖에 없었으므로 문의 개수로 호수를 나타낸 것이다. 백호장(百戶長)은 백 군데 집의 대표를 말하고, 천호장은 천 군데, 만호장은 만 군데 집의 대표를 말한다. 주로 유목민들이 쓰는 말이다. 갈호(葛戶)는 칡덩굴로 엮은 문짝을 단 집으로, 주로 사냥꾼들이 머물기 위하여 산속에 임시로 지은 집이다.

호두각(虎頭閣) 의금부에서 죄인을 심문하던 곳.

호두각집(虎頭閣-) 의금부의 호랑이 머리 모양을 본떠 대문 지붕이 가로로 되지 않고 용마루 머리빼기 밑에 문을 낸 집.

※ **책에 관련된 한자**

간(簡) 　대나무 조각을 뜻하는 간(簡)은 네 개가 돼야 책(册)이 된다. 그보다 작은 두 개나 세 개는 책이 못 되는 것으로, 사람과 사람 사이에 주고받는 편지가 된다. 여기서 편지라는 뜻이 생겨났다. 대쪽, 글, 책, 편지(便紙). 다만 죽간이 한 개이면 더 낮은 단계인 쪽지 또는 찌지라는 뜻의 전(箋)이 된다.
　　간독(簡牘)＿ 옛날에 글을 쓰던 대쪽과 나무쪽, 책 또는 편지, 간찰(簡札).
　　간소(簡素)＿ 옛날에 글을 쓰던 대쪽과 염색하지 않은 비단. 죽백(竹帛).
　　간참(簡槧)＿ 글을 적어 두는 나뭇조각. 간첩(簡牒).
　　서간(書簡)＿ 편지, 서한(書翰).
　　죽간(竹簡)＿ 옛날에 종이가 없을 때 글을 쓰던 대쪽. 이것을 실로 꿰어 엮은 것이 오늘날의 책이다.

기(記) 　글, 문서, 경서(經書)의 주해(註解).
　　기사본말체(紀事本末體)＿ 한 사건마다 그 전말(顚末)을 적는 역사 서술의 한 방식.
　　기전(記傳)＿ 역사나 전기(傳記).

독(牘) 　나뭇조각을 깎은 판인데, 긴 문장이 들어간다. 그래서 문서, 편지라는 뜻으로 쓰인다.
　　독전(牘箋)＿ 시문(詩文)을 쓰는 종이. 또는 편지지.

록(錄) 　청동기 같은 쇠붙이에 글을 적은 것으로, 중요한 기록 문서를 가리킨다.
　　실록(實錄)＿ 한 임금의 재위 동안의 사적(事績)을 편년체(編年體)로 기록한 것.

방(方) 나무로 만든 목판(木版). 판(版)이라고도 한다.

백(帛) 비단, 견직물(絹織物).

백서(帛書)_ 비단에 쓴 글자. 또는 그 비단.

죽백(竹帛)_ 죽(竹)은 죽간(竹簡), 백(帛)은 견포(絹布). 종이가 없던 시대에 죽백에 글씨를 쓴 데서 온 말. 바뀌어 역사를 이르기도 한다. 죽소(竹素).

보(譜) 족보(族譜), 악보(樂譜), 계보(系譜).

보학(譜學)_ 계보에 관한 학문.

서(書) 문서를 포함한 넓은 개념의 책이다. 글, 글자.

서향동취(書香銅臭)_ 책 향기와 돈 냄새. 곧 학도(學徒)와 상고(商賈)를 이르는 말이다.

서림(書林)_ 책 파는 가게, 책방(册房).

서책(書策)_ 책, 서적(書籍). 책(策)은 죽간(竹簡).

서전(書典)_ 책. 경전(經典).

총서(叢書)_ 같은 제목이나 형식, 체제로 통일하여 편집, 간행한 여러 권의 책.

적(籍) 원래 농사일을 가리키는 耤을 죽간에 적은 것을 가리킨다. 책, 문서, 장부(帳簿), 서적(書籍), 전적(典籍), 호적(戶籍).

전(典) 오제(五帝)의 글이다. 곧 법을 나타내고, 법을 담은 책이다. 법(法), 가르침, 도(道).

전고(典故)_ 전례(典例; 전거가 되는 선례)와 고실(故實; 옛 법으로 후세에 본이 되는 것).

전적(典籍)_ 소중한 고서(古書), 고전(古典), 사전(辭典), 법전(法典).

자전(字典)_ 한자(漢字)를 모아 일정한 순서로 배열하여 그 한자한자의 음(音), 훈(訓), 운(韻), 자원(字源) 따위를 해설한 책. 옥편(玉篇), 자서(字書), 자휘(字彙).

전(箋) 간(簡)이 4개 이상이면 책(册)이 되고, 그보다 적으면 편지가 되는데,

한 개일 경우에는 간단한 소식을 전하는 메모 정도가 된다. 그래서 간(簡)이 1개인 것을 전(箋)이라고 부르며, 쪽지 또는 찌지라고 새긴다. 여기서 주해(註解), 주석(註釋), 찌지, 쪽지, 부전(附箋)이라는 뜻이 나왔다.

전문(箋文)_ 길흉(吉凶)의 일이 있을 때 임금께 아뢰던 사륙체의 글.

죽간(竹簡) 대나무 조각으로, 옛날에는 여기에 글을 적었다. 죽간이 4개이면 책(冊)이 된다.

집(集) 시문(詩文)을 편록(編錄)한 서책(書冊).

문집(文集)_ 어느 개인의 시문을 한데 모아서 엮은 책.

책(冊) 죽간(竹簡)을 이어붙인 것을 책이라고 했다. 문서(文書). 글씨를 적을 수 있도록 다듬은 나뭇조각, 즉 판(板)이다.

책명(冊命)_ 책립(冊立), 책봉(冊封)의 명령.

책(策) 책, 문서. 임금이 정치적 문제를 간책(簡策)에 써서 의견을 묻는 것을 책문(策問)이라 하고, 이에 답하는 것을 대책(對策)이라 한다.

책사(策士)_ 책략(策略)을 잘 쓰는 사람.

판(版) 나무로 만든 목판(木版)으로 방(方)이라고도 한다.

편(編) 책.

편수(編修)_ 여러 가지 자료를 모아 책을 지어내는 일. 편찬(編纂).

편집(編輯)_ 자료를 모아 분류하고 순서를 세워 책을 만드는 것. 찬집(纂集).

편(篇) 책, 완결된 시문(詩文), 사장(詞章).

편한(篇翰)_ 서책(書冊), 문장(文章), 시문(詩文).

단편소설(短篇小說)_ 길이가 짧은 형태의 소설.

❈ 처음, 시작에 관련된 한자

근(根) 뿌리.
    근기(根基)_ 근본적인 토대, 밑동.
    근간(根幹)_ 뿌리와 줄기, 근경(根莖). 곧 사물의 바탕이나 중심.

기(起) 비롯하다, 시작하다.
    기고(起稿)_ 원고를 쓰기 시작함.
    기원(起源)_ 사물이 처음으로 생김. 또는 그런 근원.
    발기(發起)_ 앞장서서 새로운 일을 꾸며 일으킴. 또는 새로운 일이 일으켜짐.

기(基) 터, 토대, 비롯하다.
    기구(基構)_ 국가 경영의 기초라는 뜻으로, '국세(國勢)'를 이르는 말.
    국기(國基).

남상(濫觴) 큰 강물도 그 시초는 한 잔(盞) 넘칠 정도의 물에서 시작한다는 뜻.

두(頭) 머리, 맨 앞, 시초, 우두머리, 첫째.
    선두(先頭)_ 맨 앞.
    두서(頭緖)_ 일의 단서, 조리(調理), 앞뒤의 순서.
    몰두(沒頭)_ 한 가지 일에만 온 정신을 기울임, 열중(熱中).

맹(孟) 첫, 처음, 맏, 맏이, 여러 형제 중에서 제일 손위.
    맹중숙계(孟仲叔季)_ 맏이와 둘째, 셋째, 막내를 아울러 이르는 말. 네 명 이상이면 넷째부터는 모두 숙(叔)이고, 막내만 따로 계(季)가 된다.
    맹월(孟月)_ 사계절이 시작되는 달. 곧 정월, 사월, 칠월, 시월.
    맹하(孟夏)_ 초여름, 초하(初夏).

맹아(萌芽) 싹이 튼다는 뜻으로, 사물의 징후나 시초를 이르는 말. 맹(萌)은 나뭇가지에 나는 싹, 아(芽)는 씨앗에서 나는 싹이다.

| 백(伯) | 맏아들, 우두머리.
백중(伯仲)_ 맏이와 둘째를 아울러 이르는 말.
백중지세(伯仲之勢)_ 서로 우열을 가리기 어려움.
| 본(本) | 기원, 근원, 바탕, 소지(素地).
본관(本貫)_ 시조(始祖)의 고향. 본(本)은 첫 뿌리인 시조를, 관(貫)은 엽전꾸러미처럼 꿰어져 내려오는 것을 뜻하므로 본관은 파(派)를 가리킨다. 중시조의 의미는 사라지고 오직 시조만 가리킨다. 관향도 중시조가 살던 땅을 가리키지만 오늘날에는 오직 시조의 고향만 가리킨다.
본면목(本面目)_ 인공을 가하지 않은 있는 그대로. 곧 자기 본래의 심성. 유가(儒家)의 양지(良知)에 해당한다.
| 서(緒) | 실마리, 비롯함, 시초, 계통, 줄기.
서업(緒業)_ 시작한 사업.
서주(緒冑)_ 혈통.
| 선(先) | 먼저, 처음.
| 수(首) | 시초, 머리, 먼저, 앞, 선두, 우두머리, 임금, 첫째, 으뜸.
수구초심(首丘初心)_ 여우가 죽을 때면 머리를 본디 살던 언덕 쪽으로 둔다는 뜻으로, 근본을 잊지 않음을 이르는 말.
수석(首席)_ 제1위, 수좌(首座), 맨 윗자리. 반대말은 말석(末席).
| 시(始) | 여자가 기뻐하는 일이다. 태(台)는 기쁘다, 양육하다는 뜻이다. 엄마에게서 아기가 태어나는 것을 가리킨다. 처음, 비로소, 근본, 근원.
시원(始原)_ 사물, 현상 따위가 시작되는 처음.
창시(創始)_ 어떤 사상이나 학설 따위를 처음으로 시작하거나 내세움.
개시(開始)_ 행동이나 일 따위를 시작함.
| 완(完) | 의관을 갖춰 입은 사람이 종묘(宀) 등에 들어선 모양이다. 여기서 제사를 지낼 준비가 완전하게 이뤄졌다는 뜻이 나왔다.

| 원(元) | 의관을 갖춰 입은 사람을 가리킨다. 으뜸, 처음, 시초, 우두머리, 첫째, 근간, 근원, 목, 머리, 기운, 크다, 아름답다.
원단(元旦)_ 설날 아침.
원수(元首)_ 한 나라를 대표하는 최고 통수권자.
원조(元祖)_ 시조, 비조(鼻祖).
| 원(源) | 근원, 원천.
연원(淵源)_ 사물의 근원. 연(淵)은 못이나 호수를 가리킨다. 낙동강의 연(淵)은 황지연못 또는 너덜샘이다. 원(源)은 거기서 흘러나온 물이라는 뜻이다. 옛날에는 못이나 호수에서 물이 시작된다고 믿어 반드시 못이나 호수나 늪인 소(沼)라도 찾아 적었다.
원류(源流)_ 강의 연원과 흘러가는 지역을 가리킨다. 낙동강의 원류는 황지연못 또는 너덜샘에서 시작하여 안동, 대구, 부산이다. 즉 유(流)는 안동, 대구, 밀양, 부산 등이다.
| 원(原) | 근원, 원(源), 물줄기가 나오기 시작하는 곳, 일의 발단이나 시초.
원시(原始)_ 원시(元始). 시작하는 처음.
| 전(前) | (시간, 공간상의) 앞.
전등(前登)_ 선봉.
| 조(肇) | 비롯하다, 시작하다.
조국(肇國)_ 처음으로 나라를 세움, 건국.
| 창(創) | 비롯하다, 시작하다.
초창(草創)_ 사물의 시초, 초창(初創).
창작(創作)_ 방안이나 물건 따위를 처음으로 만들어 냄. 또는 그렇게 만들어 낸 방안이나 물건.
| 초(礎) | 주춧돌.
기초(基礎)_ 기(基)는 터, 초(礎)는 건축물의 무게를 떠받치고 안정시키기 위하여 설치하는 밑받침. 즉 사물이 이루어지는 바탕을 이른

다. 근본(根本).

초(初) 옷을 지을 때는 먼저 옷감(衣)을 칼(刀)로 마름질해야 한다는 뜻이니, 곧 '처음'을 나타내는 글자이다.

초보(初步)_ 처음으로 내딛는 걸음. 또는 학문이나 기술 따위를 익힐 때의 그 처음 단계나 수준.

태초(太初)_ 하늘과 땅이 생겨난 맨 처음.

초(草) 시초, 시작하다, 원고(原稿), 초안(草案).

기초(起草)_ 글의 초안을 씀, 기안(起案), 출초(出草).

초안(草案)_ 초 잡은 글발, 기초한 안건.

※ 천문에 관련된 한자

분야(分野) 별이 있는 구역. 이십팔수, 십이지 등 수에 따라 구분한다.
살(煞) 사람을 해치거나 물건을 깨뜨리는 모질고 독한 귀신의 기운을 가리키는데, 원래 혜성을 뜻했다.
서운(書雲) 하늘의 천체와 천상(天象)과 구름 등을 관찰하여 글로 남기는 일.
    서운관(書雲觀)_ 천상과 구름을 관찰하여 글로 남기는 기관.
성(星) 별 한 개를 뜻한다. 항성, 행성, 위성을 구분하지 않는다. 그러나 천문학에서 별이라고 할 때는 항성을 가리키므로 쓰는 데 주의해야 한다.
수술(數術) 천문학 연구 방법을 가리키는 말.
숙(宿) 별의 집단이 모여 있는 특정한 구역을 가리킨다. 하늘을 28구역으로 나누어 그 하나하나를 수(宿)라고 한다. 예) 이십팔수.
술수(術數) 천문학 연구 방법을 가리키는 말.
식(蝕) 달이나 태양이 가려지는 현상. 달 그림자, 지구 그림자로 생긴다.
    식분(蝕分)_ 일식이나 월식 때 태양이나 달이 가려진 정도.
역(曆) 천문의 수를 시간과 공간적으로 정리하여 엮은 것으로 태양, 달, 주요 별들의 운행 관련 수를 기록한다.
열차(列次) 별이 차례대로 늘어서 있는 모양.
운석(隕石) 지구에 떨어진 별똥.
월(月) 달.
유성(流星) 별똥, 대기권으로 들어와 타면서 빛을 내는 작은 천체의 조각.
진(辰) 별 이름. 별자리를 가리킬 때는 발음이 '신'이다. 신은 별이 여러 개 모여 있는 집단이다.
패(孛) 살별, 혜성(彗星; 패혜).
항성(恒星) 스스로 빛을 내는 별.

__행성(行星)__   별에 딸린 천체. 스스로 빛을 내지 못한다.
__혜(彗)__   혜성을 가리킨다.
__혼천의(渾天儀)__ 천체의 운행과 위치를 확인하는 기계.

※ 칼에 관련된 한자

계(契)   두 손으로 칼을 잡아 서로 부호를 새기다. 여기서 약속이 나왔다.
권(券)   대나무나 나뭇조각에 칼로 글자를 새겨넣다. 한자가 생기던 시대에는 문서란 의미가 되었다.
도(刀)   등이 굽은 칼이다. 말을 타고 지나가면서 베기 좋은 무기다.
          도검(刀劍)_ 등이 굽은 칼과 찌르는 데 쓰는 곧은 칼.
별(別)   칼로 살과 뼈를 가르다.
열(列)   점이 잘 쳐지도록 거북 등딱지나 소 어깨뼈 등에 칼집을 나란히 내놓다. 늘어놓다.
열(烈)   점치기 위해 칼집을 낸 거북 등딱지나 소 어깨뼈를 불로 태우다. 세차게 갈라지다.
인(刃)   칼날에 베이다. 아프다.
인(忍)   칼날에 베이는 아픔을 참고 견디다.
초(初)   실을 칼로 베다. 즉 옷을 만드는 시작이다.
칙(則)   청동기 솥을 만들 때의 합금 비율이다. 엄격하게 지켜야 할 법칙이다.

※ 하늘과 땅에 관련된 한자

건(乾) 하늘, 우주의 넓은 공간, 임금, 남자, 지아비.
건곤일척(乾坤一擲)_ 하늘인지 땅인지 던져 맞추어본다는 뜻으로, 운명과 흥망을 걸고 전력을 다해 마지막 승부나 성패를 겨룸을 이르는 말.

곤(坤) 땅, 대지, 흙(土)에 번개 치듯 흙의 가치와 힘을 상징한다.
곤덕(坤德)_ 땅의 덕, 대지가 만물을 생육하는 힘. 부덕(婦德)이나 후비(后妃)의 덕을 이른다.
곤모(坤母)_ 어머니, 땅, 불(火)의 딴 이름.
곤여(坤輿)_ 곤의(坤儀), 대지. '여(輿)'는 수레의 짐을 싣는 곳으로, 만물을 싣고 있는 땅에 비유한다.

공(空) 하늘, 공간.
벽공(碧空)_ 푸른 하늘, 창공, 천공(天空).
태공(太空)_ 아득히 높고 먼 하늘.

국(國) 창을 들고 지키는 땅, 곧 나라. 오늘날의 나라 개념보다는 원시 부족사회의 우두머리가 있는 지역이라는 뜻이다.

궁(穹) 하늘.
궁창(穹蒼)_ 맑고 푸른 하늘.
현궁(玄穹)_ 검은 하늘.

민(旻) 가을 하늘.
구민(九旻)_ 구천(九天). 하늘을 아홉 방위로 나누어 이르던 말. 중앙을 균천(鈞天), 동쪽을 창천(蒼天), 동북쪽을 변천(變天), 북쪽을 현천(玄天), 서북쪽을 유천(幽天), 서쪽을 효천(曉天), 서남쪽을 주천(朱天), 남쪽을 염천(炎天), 동남쪽을 양천(陽天)이라 한다.

소(霄) 하늘.

	소양(霄壤)_ 하늘과 땅, 천지(天地). 격차가 심함을 비유한 말이다.
	소한(霄漢)_ 하늘, 창천(蒼天), 창공(蒼空).
	운소(雲霄)_ 구름이 낀 하늘. 높은 지위를 비유한 말이다.
양(壤)	흙, 땅, 국토.
	양지(壤地)_ 토지, 국토.
역(域)	지경(地境), 한정된 일정한 곳이나 땅, 나라, 국토.
	역중(域中)_ 나라의 안 또는 온 세상.
	강역(疆域)_ 한 나라의 통치권이 미치는 지역, 영역(領域). 예) 유득공의 《아방강역고我邦疆域考》는 '우리나라의 국토 영역에 관한 고찰'을 한 서적이다.
지(地)	흙(土)과 여성의 생식기(也)를 붙여 땅의 생산성을 강조했다. 지구에서 바다 이외의 부분, 땅, 뭍, 토양, 곳, 장소, 토지의 신, 바탕.
	지기(地祇)_ 국토의 신, 지신(地神).
	지지(地誌)_ 산천(山川), 기후, 풍속, 산물 등을 기록한 책. 지리서(地理書).
	지장(地漿)_ 황토 땅을 파고 거기에서 나는 물을 저어 흐리게 한 다음 다시 가라앉힌 맑은 윗물로, 한방(韓方)에서 해독제로 쓰인다. 토장(土漿).
천(天)	하늘, 지고무상(至高無上), 밝음, 큼, 천체(天體), 태양, 자연, 임금, 왕, 아버지, 지아비, 세상, 세계.
	천개(天蓋)_ 하늘, 관(棺)을 덮는 뚜껑.
	천경지위(天經地緯)_ 천지의 바른 도(道). 또는 천지의 도에 의하여 행함.
	천망(天網)_ 하늘이 친 그물이란 뜻으로, 천벌(天罰)을 뜻한다.
	천하(天河)_ 은하수, 운한(雲漢), 천한(天漢).
토(土)	흙, 땅, 대지를 주재하는 신.
	토모(土毛)_ 땅의 터럭이란 뜻으로, 채소와 곡식을 이르는 말이다.

토속(土俗)_ 그 지방 특유의 습관이나 풍속.

호(昊) 하늘, 봄이나 여름의 하늘, 동쪽 또는 서쪽의 하늘.

호천망극(昊天罔極)_ 하늘이 넓고 크며 끝이 없는 것처럼, 부모의 은혜는 가없다는 말.

호(顥) 하늘, 하늘가에 떠도는 호기(浩氣).

호기(顥氣)_ 천변(天邊)에 어리는 희뿌연한 밝은 기운, 하늘의 광대한 기상.

호천(顥天)_ 서쪽 하늘, 호궁(顥穹), 대공(大空).

한자가 만들어진 재미있는 원리

___부록 1___

- **모양**을 나타내는 한자
- **동작**을 나타내는 한자
- **상황**을 나타내는 한자
- **부호**를 나타내는 한자

❋ 모양을 나타내는 한자

日 해 일
떠오른 해.

月 달 월
초승달.

星 별 성
처음에는 일(日) 세 개로 하늘에 무수히 흩어져 있는 별을 나타냈다. 그러다가 생(生)을 발음부호로 붙여 성(星)을 만들면서 해를 나타내는 일(日)과 구분했다.

雨 비 우
빗방울이 떨어져 내리는 모양을 본떴다.

電 번개 전
번개 칠 때 하늘에 나타나는 불빛을 본뜬 글자다. '우(雨)'는 나중에 더해진 것이다.

虹 무지개 홍
머리가 두 개 달리고 커다란 입에 뿔이 있는 모양을 본뜬 글자다. 옛날 사람들은 무지개를 뿔이 달린 두 개의 머리로 땅속을 뒤져 큰 입으로 물을 빨아 마시는 천신이라고 생각했다.

雲 구름 운
하늘에 떠 있는 뭉개구름을 본떴다. '우(雨)'는 나중에 붙인 것이다.

| 雪 눈 설

눈 내리는 모습을 마치 깃털이 떨어지는 것과 같다고 생각하여 만든 글자이다.

| 气 기 기

기류(氣流)가 물결쳐 흐르는 듯한 모습을 형상화한 글자다.

| 光 빛 광

사람이 횃불을 높이 든 모양을 본뜬 글자다. 오랫동안 불꽃 형태를 나타낸 처음 그림처럼 쓰이다가 나중에 사람 인(人)이 붙은 형태로 바뀌었다.

| 火 불 화

불꽃이 타오르는 형상을 그렸다.

| 山 산 산

높고 낮은 산봉우리가 연이어 있는 모양을 본뜬 글자다.

| 岳 높은 산 악

사람이 바라볼 때 산 위에 또 산이 있는 것처럼 보이는, 매우 높은 산을 본떴다.

| 阜 언덕 부

작은 구릉이 연달아 있는 모습을 본뜬 글자인데, 나중에 글자를 세로로 세워 이 모양으로 변했다. 처음에는 왼쪽으로 세웠다가 나중에 오른쪽으로 세웠다. 구(丘)보다 더 큰 언덕을 말한다.

丘 언덕 구   ᗷᗷ 並 並 並

들쑥날쑥한 큰 언덕을 형상화한 글자다. 산(山)은 봉우리가 세 개이나 구(丘)는 봉우리가 두 개로, 비교적 작고 낮은 것을 나타냈다. 다만 이 글자는 공자(孔子) 이후로는 공자의 이름인 공구(孔丘)를 피하기 위해 구(邱)로 바뀌었다.

京 서울 경   亨 亨 亨 亨 余

높은 언덕 위에 있는 정자(亭子)나 높은 전망대를 본떴다.

石 돌 석   ᗅ ᗅ ᗅ ᗅ ᗅ

'구(口)'로써 돌덩어리를 형상하여, 바위보다 작은 것을 나타낸 글자다.

玉 구슬 옥   ￥ ￥ 王 玉 王

본디 '구슬'을 뜻하는 글자는 '왕(王)'자였다. 세로로 옥 조각을 꿰어놓은 모양을 본뜬 글자인데, 훗날 점을 찍어 통치자를 뜻하는 '왕(王)'자와 구별하였다. 아마도 왕의 관에 옥구슬을 꿴 장식을 하면서 저절로 통치자라는 뜻의 왕(王)을 나타냈던 듯하다.

丹 단사 단   月 月 月 月 月

수은으로 이루어진 황화 광물인 단사(丹砂)를 뜻한다. 광물을 캐는 우물(井)에 점을 찍어 단정(丹井)이 있는 곳을 나타낸 글자다. 단사를 캘 때 우물처럼 땅을 파내려가기 때문이다.

金 금 금   生 金 金 金 金

금속은 글자로 나타내기가 어려웠던 듯하다. 그래서 흙에서 파낸다는 뜻으로 '흙토(土)'를 먼저 내세우고, 거기에 흙에서 파올린 광석을 제련한 쇳덩어리를 점으로 나타냈다. 그리고 위에는 제련하는 대장간의 지붕을 나타낸 듯하다.

穴 동굴 혈

황토 고원에 거주하는 사람들이 대부분 토굴(土窟)을 집으로 삼았다는 데서, 동굴을 나타낸다. 낙양에서 함양에 이르는 수천 리 황토지대는 강수량이 적어 동굴로 이용하기에 좋았다. 이 황토 동굴에 사람이 살기도 하고 불상을 안치하기도 했다. 낙양의 용문석굴이 좋은 예다.

朋 벗 붕

조개껍데기 꾸러미 두 개를 본뜬 글자다. 옛날에 '붕(朋)'은 돈을 세던 단위였다. 그러니까 1붕이면 조개껍데기 두 꾸러미가 된다. 훗날 어깨동무, 벗, 친구라는 뜻이 되었다. 이처럼 돈을 주고받는 관계에 있는 사람들이 자주 만나다 보니 저절로 친구라는 뜻으로 변한 듯하다.

土 흙 토

흙덩이를 형상하여, 점은 흙먼지를, 아래의 'ㅡ' 표지는 토지를 나타낸다.

田 밭 전

우물 모양의 밭인 정전(井田)을 형상한 글자다. 중간의 '십(十)'은 여러 갈래의 땅덩이를 나타낸다.

畺 지경 강

'한일(一)'자로 밭과 밭의 경계를 나타냈다. 훗날 나라의 경계를 뜻하면서 '강계(疆界)'로도 썼다.

行 갈 행

십자로(十字路)를 형상한 글자인데 '걸어다니다'라는 뜻으로 그 의미가 확대되었다.

水 물 수

흐르는 물을 본떴다. 훗날 글자가 세로로 똑바로 서게 되었다.

川 내 천

강이 흐르는 형상으로, 양변은 언덕이고 가운데는 흐르는 물이다. 대개 물줄기 세 개가 흐르는 것을 본뜬 글자로 아는데, 그렇지 않다.

泉 샘 천

샘(泉)과 물(水)을 그림으로 구별하기가 어려워, 샘의 발원지를 본떠서 그려내었다.

原 근원 원

본디는 '원(源)'자로서, 샘물이 벼랑 아래로 흘러내리는 형상이다.

淵 못 연

물속이 깊고 넓어 물이 흐르지 못하는 것을 형상한 글자다. 훗날 '물수(水)'자가 추가되어 '연(淵)'자가 되었다.

派 물갈래 파

본디 '파(波)'자로서, 물의 흐름이 바뀌어 새로 갈라져 나온 강의 지류를 나타낸 글자다. 방향을 거꾸로 하면 '영(永)'자가 되어 강물의 흐름이 유장(悠長)함을 표시한다.

谷 골짜기 곡

이어진 벼랑과 강폭이 넓어졌다 좁아졌다 하고, 출구(出口)가 있는 지형을 형상하였다.

岸 언덕 안

강 언덕의 형상이다. 여기에 훗날 '산(山)'의 모양과 '간(干)'의 음(音)을 추가하여 만들어진 글자이다.

沙 모래 사

가늘게 부서진 사물(事物)에, '수(水)'자를 덧붙여 모래와 자갈을 표시하였다. 모래가 주로 강변에 있기 때문이다. 사(砂)는 돌부스러기라는 뜻으로 쓰였는데, 나중에 사(沙)와 혼용되어 구분이 없어졌다.

氷 얼음 빙

물이 얼어서 된 얼음 덩어리나 깨진 얼음의 형상에, '수(水)'자를 더하여 글자의 뜻을 더욱 뚜렷하게 하였다.

州 마을 주

본디 '주(洲)'자로서, 물가의 모래톱을 나타냈다. 이 모래톱이 오랜 시간 동안 방치되면 풀이나 나무가 자라 넓은 평지로 바뀌면서 마을이 생길 수 있는 자연환경이 형성된다. 안동 하회마을이 그 예이다.

木 나무 목
나무의 가지, 줄기, 뿌리를 모두 나타낸 모양이다. 너무 복잡해서 그런지 잎사귀는 생략하였다.

本 근본, 뿌리 본
나무뿌리는 그려내기 어려우므로 나무를 그려서 뿌리 부분을 표시하여 사물의 근본을 나타내었다.

末 끝 말
나뭇가지 끝도 역시 그려내기 어려우므로 나무를 그려서 나뭇가지의 맨 끝을 표시하여 사물이나 일의 끝부분을 나타내었다.

朱 붉을 주
본디는 '주(株)'자이다. 나무말뚝은 그려서는 구별하기 어려우므로 그림을 그려 그 부위를 표시하였다. 여기서 나무를 세는 단위인 '그루'의 뜻이 되었다. 그런데 주(朱)가 붉은색을 뜻하게 된 이유는 나무 속이 대개 붉기 때문이다.

桑 뽕나무 상
가지가 셋으로 나뉘는 뽕나무를 형상하였다.

栗 밤나무 율
밤나무를 형상한 글자로, 윗부분은 밤송이와 밤톨을 나타낸다.

| 漆 옻나무 칠

옻나무의 형상이다. 그림에서 나무줄기 주변의 점은 옻나무 껍질에서 흘러내린 액체인 '옻'을 나타낸다. 이로써 옻나무의 특징을 드러냄과 동시에 도료(塗料)인 '칠(漆)'도 나타냈다. 옛날 도료 물질은 옻이 거의 전부였다.

| 果 열매 과

줄기의 끝에 열린 열매를 형상하였다.

| 支 가지 지

옛날의 '지(枝)'자로서, 손으로 나뭇가지를 잡은 형상이다.

| 朿 가시 자

옛날의 '자(刺)'자로서, 나뭇가지에 가시가 달린 형상이다.

| 可 옳을 가

옛날의 '가(柯)'자로서, ㄱ형 나뭇가지를 형상한 글자이다. 이 나뭇가지로 도끼자루를 만들 수 있었으므로 쓸 만한 나무라는 뜻이었다. 이후 '가능하다' '할 수 있다'는 뜻으로 변했다.

| 竹 대나무 죽

무리 지어 생겨나는 대나무의 가지와 잎을 형상하여, 부분으로써 전체를 표시하였다.

| 林 수풀 림

수목(樹木)이 무리 지어 자라는 형상이다.

禾 벼 화

곡식의 줄기를 통칭하는 알곡을 뜻한다. 줄기, 뿌리, 잎과 성숙하여 늘어뜨린 이삭을 형상한 글자다. 이것이 나중에 도정하지 않은 이삭 상태의 벼를 나타낸 것은 그것이 주식으로 된 이후이다. 도정한 알곡은 '미(米)'라고 하는데, 이 역시 모든 알곡을 총칭하는 말이지 오늘의 쌀만 나타낸 건 아니다. 옛날에는 보리쌀, 좁쌀, 수수쌀 등 모든 오곡을 미(米)라고 했다.

來 올 래

본디 보리의 줄기, 잎, 뿌리를 형상한 글자다. '오가다'라는 뜻의 왕래(往來)의 '래(來)'자이다. 아마도 옛날의 주식이었던 보리를 빌려주고 빌려먹는 교환 의미에서 가차가 된 듯하다. 왕래의 뜻이 많아지면서 뒤에 보리만을 뜻하는 '맥(麥)'자가 다시 만들어졌다.

粟 조, 벼 속

조가 익은 씨 한 알을 형상하였다. 속(粟; 찧지 아니한 곡식)은 화(禾; 이삭)의 먹는 부분이기 때문에, 나중에 '화(禾)'를 '미(米)'로 바꾸었다. 다만 나중에 벼가 주식으로 바뀌면서 조만 나타낼 때는 서속(黍粟)이라고 표현했다.

稻 벼 도

절구에 절굿공이로 쌀을 빻고, 방아를 찧어서 쌀겨를 벗겨내고, 손으로 쌀을 퍼내는 형상이다. 훗날 절굿공이에 벼(禾)가 추가 되었다.

麻 삼 마

처마밑에서 마(麻)를 다듬어 정리하는 형상이다.

| 艸 풀 초 | 옛날의 '초(草)'자로서, 싹이 자라는 풀을 형상하였다.

| 瓜 오이 과 | 오이의 모종과 덩굴을 형상하였다.

| 華 꽃 화 | 활짝 핀 꽃송이를 형상한 글자로, 아래쪽은 줄기와 잎사귀를 나타낸다.

| 帝 임금 제 | 옛날의 '체(蒂)'자로서, 가지에 꽃받침이 딸린 꽃자루나 꽃꼭지를 본떴다. '과실이 열리는 꼭지'라는 의미에서 임금을 나타내게 되었는지, 그 이유는 명확하지 않다.

| 不 아닐 불 | 아직 피지 않은 꽃봉오리, 즉 꽃망울을 본뜬 글자다.

| 米 쌀 미 | 이삭에 붙어 있는 벼의 낟알이다.

| 犬 개 견 | 옆에서 본 개의 형상으로, 개가 똑바로 서서 천천히 걷는 모습이다.

| 豕 돼지 시 | 옆에서 본 돼지의 머리·발·배·꼬리를 본뜬 글자로, 돼지가 똑바로 서서 천천히 걷는 모습이다.

牛 소 우
소의 머리, 굽은 뿔, 두 귀를 형상하였다.

馬 말 마
말의 머리·갈기·발·배·꼬리를 본뜬 글자로, 말이 똑바로 서서 천천히 걷는 모습이다.

羊 양 양
양의 머리, 굽은 뿔, 두 눈과 귀를 형상하였다.

虎 호랑이 호
호랑이를 옆에서 본 모양으로, 호랑이가 똑바로 서서 천천히 걷는 모습이다.

象 코끼리 상
코끼리를 옆에서 본 모양으로, 코끼리가 똑바로 서서 천천히 걷는 모습이다.

能 능할 능
곰의 머리, 발, 배, 꼬리를 형상했다. 그 밑에 불 화(火)를 붙여 '곰 웅(熊)'자를 만들어 기세등등한 자태를 표현했다. 그러나 그 뒤 웅(熊)은 곰만을 나타내고, 도리어 능(能)이 힘센 곰처럼 무슨 일이든 해낼 수 있다는 뜻으로 썼다.

鹿 사슴 록
사슴의 형상이다.

兔 토끼 토
토끼의 긴 귀와 짧은 꼬리를 형상하여, 토끼가 똑바로 서서 천천히 걷는 모습을 나타내었다.

鼠 쥐 서
쥐의 툭 튀어나온 이빨과 발과 꼬리를 형상하여, 쥐가 똑바로 서서 천천히 걷는 모습을 나타내었다.

角 뿔 각
짐승의 뿔을 형상하여, 뿔의 무늬와 결을 나타내었다.

肉 고기 육
베어낸 고기 살의 형상으로, 고기 살의 무늬와 결을 나타내었다.

革 가죽 혁
뼈와 살을 발라낸 짐승의 가죽을 본뜬 글자이다. 다만 다 표현할 수 없어 짐승의 머리, 배, 꼬리만 취하여 표현했다.

毛 털 모
잘라낸 짐승의 털을 형상하였다.

爪 손톱 조
날짐승의 발톱을 형상하였다.

尾 꼬리 미
사람의 등 뒤에 꼬리를 늘어뜨린 형상이다. 옛날에 노비들이 추운 겨울에 옷대신 짐승의 가죽을 걸친 모양이다. 이때 짐승의 꼬리 가죽이 땅에 늘어뜨려진 듯한 모양을 표현한 것이다.

鳥 새 조
새의 옆모습을 본뜬 글자로, 머리·날개·발·꼬리를 나타내었다.

隹 꽁지 짧은 새 추
꽁지가 짧은 새임을 강조하기 위해 머리와 날개만 그리고 다리를 생략한, 꽁지가 짧은 새의 형상이다.

鷄 닭 계
닭의 옆모습을 본뜬 글자로, 글자의 모양을 간략히 한 다음에 발음 요소로 '해(奚)'자를 추가하였다.

燕 제비 연
제비의 입·머리·날개·꼬리를 취해, 제비가 하늘을 향해 날아가는 모습을 형상하였다.

烏 검다, 까마귀 오
까마귀는 몸 전체가 검은색이기 때문에 눈이 보이지 않는다. 그리하여 까마귀는 새이면서도 눈을 표시하지 않는 새가 되었다. 조(鳥)에서 한 획만 뺀 것이다.

於 어조사 어
날개를 펼치고 날 준비를 하는 까마귀의 형상이다. 다만 발음이 '아'와 같아서 탄식하는 의성어로 사용하다가 나중에 어조사로만 쓰게 되었다. 한편 옛날에는 '까마귀 오(烏)'자도 탄식을 나타내는 의성어로 쓰이기도 했으나 이후 까마귀는 오(烏), 어조사는 어(於)로 구분되었다.

鳶 솔개, 연 연

새(鳥)의 형상에 무기의 하나인 창을 뜻하는 '과(戈)'를 추가하여 맹금(猛禽)임을 나타냈다. 솔개는 공중에 높이 떠 맴돌면서 들쥐, 개구리, 물고기 심지어는 집에서 기르는 닭이나 토끼도 잡아먹는 사나운 새이다. 이런 뜻에 대보름에 날리는 연도 같은 글자를 쓴다. 즉 솔개처럼 하늘을 빙빙 돌기 때문이다.

羽 날개 우

새의 날개털을 본뜬 글자이다.

巢 둥지 소

나무 위에 새둥주리가 있는 형상이다.

翼 날개 익

새 날개의 형상이다.

虫 벌레 충

벌레나 뱀이 꼬불꼬불하게 기어가는 형상이다.

魚 물고기 어

물고기의 형상이다.

龍 용 룡
용의 형상이다.

貝 조개 패
조개껍데기의 형상이다.

辰 별 진
본디 '신(蜃; 무명조개, 대합)'자가 원형이다. 조개껍데기를 열고 말랑한 속살을 꺼내는 형상이다. 가차(假借)하여 '진(辰)'자가 되었다.

龜 거북 구
거북을 옆이나 밑에서 본 형상이다.

蜀 나라이름 촉
야생 누에의 형상이다. 위는 그 머리를 본뜨고, 아래는 몸을 꼬는 모양을 본뜬 글자이다. 훗날 '나라이름'을 뜻하는 '촉(蜀)'과 중복을 피하기 위해서 '충(虫)'자를 덧붙여 '나비의 애벌레'를 뜻하는 '촉(蠋)'자로 변했다. 촉(蜀) 지방이 양잠으로 유명하다 보니 나중에 고을 이름, 나라 이름까지 되었던 것이다.

人 사람 인
옆에서 본 사람의 머리, 팔, 몸, 다리의 모습이다.

首 머리 수
사람의 머리를 형상하여 위는 머리카락, 아래는 얼굴과 눈을 나타내었다.

頁 머리 혈

인체(人體)를 본떠 머리 전체를 나타내었다.

元 으뜸 원

인체를 본뜨되 머리 부분을 특히 크게 형상하여, 머리가 인체 중에서도 으뜸임을 강조한 글자이다.

兒 아이 아

갓난아이의 정수리가 굳지 않아서 숫구멍이 닫히지 않은 형상을 나타낸 글자이다. 위에 터져 있는 부분이 숫구멍이다.

孔 구멍 공

갓난아이의 숫구멍을 그림으로 나타내기가 어려워서, 어린아이를 그려 선으로 그 형상할 곳을 나타내었다. 이것이 숫구멍뿐만 아니라 모든 구멍을 나타내게 되었다.

面 얼굴 면

눈으로 오관(五官)을 대신하여 사람의 얼굴을 나타냈다.

眉 눈썹 미

눈썹의 형상이다. 그래서 눈을 더 그려넣어 눈썹을 표시하였다.

目 눈 목

눈을 가로로 본 모습이다.

自 스스로 자
옛날의 '비(鼻)'자이다. 자기 자신을 가리킬 때 습관적으로 손으로 코를 가리키는 데서, '자기'를 뜻하게 되었다.

口 입,구멍 구
인체의 구멍 중에서 가장 요긴하게 쓰이는 입을 형상하였다.

舌 혀 설
입을 벌리고 혀를 내민 형상이다.

耳 귀 이
귓바퀴를 본뜬 모양이다.

牙 어금니 아
교차된 이의 형상이다.

齒 이 치
입안의 치아를 본뜬 모양이다.

而 말 이을 이
수염의 형상이다. 얘기를 하다가 막히면 수염을 자주 만지기 때에 말을 잇는다는 뜻으로 쓰인 듯하다.

心 마음 심
심장의 형상이다. 심장 안에 심실(心室)과 심방(心房)이 있는 모양이다.

匈 오랑캐 흉

옛날의 '흉(胸)'자로서, 사람의 몸을 본떠 가슴 부분이 튀어나와 있는 형상이다. 다만 북방 유목민들이 '사람'을 가리키는 말이 곧 '홍'인데, 중국에서 발음이 비슷한 한자를 찾다 이 '흉(匈)'자로써 유목민을 나타내게 되었다.

胃 밥통 위

위장의 형상으로, 위장 안에 있는 그림은 음식물을 표시한 것이다.

要 요구할 요

옛날의 '요(腰)'자로서, 양손으로 허리를 잡은 형상이다. 싸울 때나 뭔가를 강력하게 요구할 때 허리춤에 손을 받치는 데서 '요구하다'는 뜻이 나왔다.

脊 등성마루 척

갈비뼈가 밖으로 드러난 형상이다.

身 몸 신

아이를 임신한 모양으로, 기대고 서 있는 임신부의 유난히 큰 배를 형상하였다.

手 손 수

다섯 손가락을 온전히 갖춘 손의 형태이다.

左 왼쪽 좌

왼손을 옆에서 본 모습이다.

右 오른쪽 우
오른손을 옆에서 본 모습이다.

寸 마디 촌
손을 옆에서 본 모습이다. 부호로 엄지손가락을 표시하였다. 옛날에 엄지손가락으로 잰 '한 뼘'을 일촌(一寸)이라고 하였다.

止 발 지
옛날의 '지(趾)'자로서, 사람의 다섯 발가락을 표시하였다.

足 발 족
복사뼈 아래 부위의 발을 형상한 나타낸 글자이다. '구(口)'는 복사뼈를 나타낸다.

亦 또 역
옛날의 '액(腋)'자로서, 사람 형상 좌우에 점을 찍어 양쪽 겨드랑이를 나타냈다.

包 쌀 포
옛날의 '포(胞)'자로서, 자궁 안에 태아가 있는 형상을 나타내었다. 그것이 '물건을 싸다'는 뜻으로 쓰였다.

尸 주검 시
옛날의 '시(屍)'자로서, 사람의 몸이 축 늘어져 죽어 있는 모습을 나타내었다.

骨 뼈 골
어깨뼈를 형상한 글자이다.

皮 가죽 피
윗부분은 짐승의 가죽을 나타내고, 아랫부분은 사람이 손으로 짐승의 가죽을 벗기는 동작을 나타낸 것이다.

血 피 혈
윗부분은 피를, 아랫부분은 피를 담아내는 그릇(皿)을 형상하였다. 옛날에 맹세하는 의식에서 희생의 피를 그릇에 받아 돌아가며 서로 나누어 마셨는데, 이런 뜻에서 나온 글자다.

夫 지아비 부
옛날에는 남녀 모두 비녀를 썼는데, 남자의 머리에 비녀를 꽂은 모습을 나타낸 글자다. 옛날에 성인(成人)은 머리를 틀어 묶어서 어른의 표지로 삼은 데서 어른 남자를 '부(夫)'라 칭하였다.

女 계집 녀
여자가 손을 오므리고 몸을 굽혀서 공손히 예절을 지키는 모양이다. 여자가 몸가짐을 조심하는 특징을 형상하였다.

母 어미 모
'계집녀(女)'자에 유방을 상징하는 기호를 표시하여, 아이가 있는 어미를 나타내었다.

妻 아내 처

옛날에 여자는 시집갈 나이가 되어서야 비로소 머리에 쪽을 찌고 비녀를 꽂을 수 있었다. 그래서 머리에 비녀를 꽂은 여자를 '처(妻)'라 하여 그 특징을 나타내었다.

婦 며느리 부

여자가 빗자루로 청소하는 형상이다.

妾 계집종 첩

윗부분은 죄인이나 천인(賤人)을 나타내는 부호이다. 옛날에는 여자 노비를 뜻하였다.

尹 벼슬아치 윤

손으로 권위를 나타내는 지팡이를 잡고 있는 형상으로, 권위 있는 사람, 통치자, 지휘자, 관리자를 표시하였다.

君 임금 군

'윤(尹)'자에 '구(口)'자를 덧붙여, 권력을 장악하고 말로 명령을 내리는 사람을 표시하였다. 즉 윤(尹)보다 높은 인물이다.

長 길 장

특히 머리카락이 긴 것으로 장로(長老)를 나타내었다. 고대에는 연장자가 가장이나 족장이었다는 데서 생긴 글자이다.

老 늙은이 로

노인이 지팡이를 짚고 걸어가는 형상이다.

考 곰곰이 생각할 고

직계 혈연관계인 노인을 뜻하는 '로(老)'를 '고(考)'라 하였다. 노인들이 생각을 깊게 한다는 뜻에서 만든 글자이다.

巫 무당 무

무당이 두 손에 물건을 잡고 춤추는 형상이다. 옛날에 무당이 춤을 춰 신을 내렸으므로 '무(巫)'와 '무(舞)'는 연원이 같다.

史 역사 사

손으로 책을 잡고 필기구를 쓰는 형상이다.

吏 벼슬아치 리

'사(史)'자가 변하여 갈려 나온 글자이다. 옛날에는 두 글자가 구별이 없었으나, 기록자로서의 '사(史)'와 정사(政事)의 처리자로서의 '리(吏)'가 나뉜 반영(反映)이다.

賓 손님 빈

사람이 집에 있는 형상에 '발 지(止)'자를 추가하여, 밖에서 사람이 들어오는 것을 나타냈다. '만(万)' 역시 사람(人)의 변형된 글자이다. '패(貝)'는 훗날 추가된 것으로, 손님은 반드시 선물을 지참하는 것이 예의였기 때문이다.

民 백성 민

눈을 칼로 그은 형상이다. 옛날에 '민(民)'의 신분은 노예였다. 당시에 노예는 항상 한쪽 눈을 칼로 그어 생채기를 내어 신분을 표시하였다. 따라서 '눈이 망가지다'라는 뜻의 두 글자 '민(民)'과 '맹(盲)'은 그 연원이 같다.

奴 종 노
여자 노예를 형상한 글자이다. 여기에 '수(手)'자를 붙여 전쟁 중의 포로를 표시하였다.

衆 무리 중
백성들이 햇빛 아래에서 노동하는 형상이다. '중(衆)'의 고대 신분은 밭에서 노동하는 농노였다.

僕 종 복
꼬리를 이은 사람들이 키를 까부르고 쓰레기를 버리는 형상이다. 복(僕)은 집 안의 노예이므로 가내 노동의 특징을 부각시켰다.

且 또 차
옛날의 '조(祖)'자로서, 받들어 모시는 조상의 신위를 형상하였다. '차(且)'와 구별하기 위하여 '시(礻)'자를 추가하여 '조(祖)'가 되었다.

示 보일 시
옛날에 모시던 신(神)의 표지로서, 우뚝 서 있는 돌과 말뚝이 그 신의 상징이 되었다.

鬼 귀신 귀
윗부분의 '田'은 고대에 귀신으로 분장할 때 쓰던 가면, 곧 '기(魌)'이다. 귀신은 형상이 없으므로, 옛날 역귀(疫鬼)를 쫓아버릴 때 귀신의 분장을 한 사람의 형상을 귀(鬼)라 하여 이를 쫓는 의식을 했다.

舍 집 사　　舍 舍 舍 舍
땅을 판 구덩이 위에 지붕을 덮은 볼품없는 집의 형상이다. 중간 부분은 집의 덮개를 지탱하는 기둥을 나타낸 것이다.

宮 집 궁　　宮 宮 宮 宮 宮
방이 두 개인 집의 형상으로, 옛날로서는 큰 집을 나타낸다.

亭 정자 정　　亭 亭
고대(高臺)나 시렁 위에 지은 건축물의 형상이다. 옛날에 정자는 군사(軍事)나 파수(把守)의 설비로서 전망용으로 쓰였다.

宗 사당 종　　宗 宗 宗 宗
조상의 신위를 받드는 건축물, 곧 종묘를 형상하였다.

倉 곳집 창　　倉 倉 倉 倉
식량 창고의 형상이다. '호(戶)'는 여닫을 수 있는 문을 나타낸다.

庫 곳집 고　　庫 庫 庫 庫
무기 창고의 형상이다. 무기는 평상시에는 주인이 보관하고, 전시(戰時)에 꺼내놓았다. 전차는 당시의 중요한 장비였으므로, 차(車)를 빗대어 집의 용도를 나타내었다.

邑 고을 읍　　邑 邑 邑 邑 邑
도읍을 형상한 'ㅁ'에 사람을 빗대어, 사람이 거주하는 곳을 나타내었다.

| 或 혹 혹 | 𠁢 啄 國 國 國 |

'口'는 도읍을 나타내고 여기에 '과(戈)'를 더하여 무장을 갖춘 도읍을 표시하였다. 곧 군대가 주둔하는 도읍이다. '국(國)'은 대부분 제후들이 사는 도읍이므로 방어 설비가 있었다.

| 邦 나라 방 | 丰 峕 𡴀 𨛜 𨞺 |

고대의 민족이나 마을, 제후 등의 영지에는 모두 나무를 심어 경계를 삼았다. '방(邦)'은 밭에 나무를 심은 형상이고, '읍(邑)'은 이후에 더해진 것이다. '방(邦)'은 봉토 안의 모든 토지를 포괄하였다.

| 郭 성(城)의 둘레 곽 | 亯 亯 亯 𩫏 |

성(城)의 담이 양쪽에 있거나 사면(四面)에 성루(城樓)가 있는 형상이다. 옛날에 외성을 곽(郭)이라 하였다.

| 里 마을 리 | 里 里 里 里 |

밭에 흙[土, 社]이 있는 형상으로, 밭이 있으면 거기 사는 사람도 있다는 데서 마을을 나타내었다.

| 社 토지의 신 사 | 𠂤 𠂤 社 社 |

'토(土)'는 곧 토지의 신인 '사(社)'로, '시(示)'로써 신령하다는 뜻을 강조하였다.

| 門 | 門 門 門 門 門 |

정면에서 본 두 개의 여닫이문을 형상하였다.

戶 외짝 호 하나뿐인 외짝의 여닫이문을 형상하였다.

向 향할 향 북쪽으로 난 작은 창의 형상이다. 창을 자주 쳐다보게 되므로 '향하다'라는 뜻이 되었고, 여기서 방향을 나타내는 말로도 변했다.

衣 옷 의 의복의 옷깃, 소매, 옷자락을 형상하였다.

巾 수건 건 수건을 가슴에 단 형상이다.

絲 명주실 사 누에고치에서 실을 뽑아 땋은 실의 형상이다.

冒 무릅쓸 모 옛날의 '모(帽)'자이다. 무사들이 쓰던 투구의 형상으로, 머리는 가리고 두 눈만 드러내었다. 투구를 쓰면 위험을 무릅쓰고 싸우게 되는 데서 '무릅쓰다'는 뜻으로 쓰였다.

黃 누를 황 옛날의 '황(璜)'자로서, 벼슬아치가 금관조복의 좌우에 늘여 차던 옥(玉), 곧 패옥(佩玉)의 형상이다. 아마도 주로 황옥(黃玉)을 썼기 때에 노랑색을 나타내는 말로 쓰인 듯하다.

皿 그릇 명
옆면에서 본 쟁반의 모습이다.

鼎 솥 정
고대의 취사도구로서, 두 개의 귀와 깊은 몸체에 다리가 세 개나 네 개이다. 다리 모양은 둥글거나 네모나다.

豆 콩, 제기(祭器) 이름 두
굽이 높은 그릇을 옆면에서 본 형상으로, 고대에 제사나 예식 때 음식물을 담는 나무 그릇이었다. 아마도 이 그릇에 보리와 함께 주식으로 쓰이던 콩을 담았기 때문인 듯하다.

曲 굽을 고
음식물을 담는 그릇의 형상이다. 옛날에 광주리를 나타내는 '거(筥)'자에서 변했다.

尊 높을 존
술을 담던 아가리가 큰 구리로 만든 단지로, 신분이 높은 사람이 사용하였다. 두 손으로 단지를 들어올려 바치는 형상이다. 왼쪽의 기호는 신분이 높은 사람에게 헌상(獻上)하는 모습이다. 이로써 원래는 술을 담던 술단지가 나중에는 지위가 존귀한 사람을 상징하는 글자가 되었다. 공작, 후작, 백작, 자작, 남작의 오등작(五等爵)은 원래 그들이 사용할 수 있는 술잔의 등급이었다.

卑 낮을 비
고대의 '비(椑)'자로, 나무로 만든 술통 또는 술잔이다. 높은 사람들은 청동이나 뼈로 만든 잔을 사용했으나 가난하고 미천한 사람들은 주로 이 비(梔)를 사용했다. 이런 뜻에서 나무로 만든 술잔보다 '천하다'는 뜻으로 쓰였다.

斗 말두

술을 뜨는 기구이다. 위는 머리이고, 아래는 손으로 잡고 술을 뜨는 자루이다.

升 되승

'두(斗)'가 용량을 재는 기구가 된 것은 훗날 만들어진 갈래 글자이다. '승(升)'자 윗부분의 'ㅡ'기호는 두(斗)의 10분의 1의 용량임을 표시한다.

爵 술잔작

고대에 술을 데우거나 마시던 참새 모양의 잔이다. 잔에는 입과 버팀기둥, 손잡이, 세 개의 발이 있다. 주로 청동으로 만들었으며, 이 술잔으로 계급과 신분을 나타냈다.

兵 군사병

양손에 도끼를 잡은 형상이니, 곧 군사(軍士)를 뜻하는 글자이다. 병(兵)은 무기를 총칭하기도 한다. 원시시대에는 공구와 무기의 구별이 없었다.

刀 칼도

자루가 있는 칼의 형상이다.

刃 칼날 인
칼날의 형상이다. 칼에 점을 찍어 칼날의 위치를 나타내었다.

弓 활 궁
활의 형상이다.

弦 활시위 현
활의 줄에 동그라미를 그려 활시위를 나타내었다.

矢 화살 시
화살의 형상이다. 화살의 구성요소인 촉, 대, 꼬리, 깃털을 나타내었다.

函 함 함
화살을 담는 전통(箭筒) 안에 화살이 있는 형상이다.

父 아비 부
고대의 '부(斧)'자이다. 손에 돌도끼를 잡고 있는 형상으로, 훗날 가차(假借)하여 부(父)를 나타내었다.

盾 방패 순
방패를 형상한 글자이다. 가운데 있는 손잡이는 칼이나 화살 등의 무기를 방어하는 역할을 한다.

工 장인 공
곡척(曲尺)의 형상으로, 오늘날의 공구(工具)의 총칭이 되었다. 옛날의 장인은 주로 자를 들고 일한 목공(木工)이었기 때에 이렇게 변했다.

斤 도끼 근
날이 서고 자루가 달린 도끼로, 나무를 자르는 형상이다.

我 나 아
톱이나 톱니 모양의 무기 형상이다. 훗날 가차(假借)하여 첫 번째 사람, 곧 '나'를 나타내었다.

幸 다행 행
수갑(手匣)의 형상이다. 죄인의 손목에 채워 자유를 속박하는 형구(刑具)이다.

彗 빗자루 혜
손으로 비를 잡고 쓰는 형상이다. 혜성이 날아가는 형상이 마치 빗자루로 쓰는 것 같다 하여 혜성을 나타내기도 한다.

巠 지하수 경
흐르는 물이 땅(一) 밑에 있는 모양이다.

東 동녘 동
나무에 해가 뜬 형상으로, 해가 뜨는 방위인 동쪽을 가리킨다.

用 쓸 용
통(桶) 종류의 기물(器物)의 형상이다. 워낙 자주 쓰는 물건이다.

보니 '쓰다'는 뜻으로 변했다.

同 한가지 통 𠔼 𠔼 𠔼 同
고대의 '통(筒)'자로서, 덮개를 번갈아 바꾼 죽통(竹筒)의 형상이다. 죽통은 대부분 크기나 모양이 똑같기 때문에 '같다'는 뜻이 되었다.

合 합할 합 合 合 合 合
고대의 '합(盒)'자로서, 음식물을 담는 그릇과 그 뚜껑의 형상이다.

因 인할 인 囚 囚 因 因
'인(茵; 자리)' '인(絪; 요나 깔개)'의 고자(古字)로서, 편직(編織)된 방석의 형상이다. '口' 안의 '대(大)'자는 짜여진 무늬나 결의 변형을 나타낸 것이다.

井 우물 정 井 井 井 井 井
우물의 입구를 가리킨다.

力 힘 력 𠃌 𠃌 𠃌 𠃌 力
쟁기의 형상이다. 쟁기를 끌기 위해서는 힘이 필요하기 때문에 이 글자로써 '힘'을 나타내었다.

利 날카로울 리 𥝢 𥝢 𥝢 𥝢
고대의 '려(犁)'자로, 쟁기로 밭을 가는 형상이다. 쟁기가 칼날처럼 예리하기 때문에 '날카롭다'는 뜻이 나왔고, 밭을 갈면 수확이 있기 때문에 '이롭다'는 뜻도 나왔다.

午 일곱째
지지(地支) 오
고대의 '저(杵)'자로서, 절굿공이로 쌀을 빻는 형상이다.

車 수레 차
수레의 차체와 두 바퀴를 나타냈다.

舟 배 주
통나무로 만든 배의 형상이다.

册 책 책
죽간(竹簡)으로 엮어 실로 이은 책의 형상이다.

琴 거문고 금
거문고를 내려다본 형상으로, 거문고의 몸체와 줄을 나타내어 그 특징으로 삼은 모습이다.

南 남녘 남
악기(樂器)의 형상이다. 또는 동고(銅鼓; 구리로 테를 둘러 만든 작은 북)의 모양이다.

樂 풍류 락
일종의 고대 현악기의 형상이다.

※ 동작을 나타내는 한자

步 걸음 보

두 발을 앞뒤로 이동하는 것을 표시하여, 오늘날의 보행(步行)의 뜻이 되었다.

走 달릴 주

한 사람이 두 팔을 흔들면서 달리는 모습으로, 아래 그림은 발을 내밀어 달려가는 것을 묘사하였다. 현대 중국어에서는 걷는다는 뜻으로 쓰인다.

奔 달릴 분

한 사람이 두 팔을 흔들면서 빨리 달리는 모습으로, 아래의 세 발은 주(走)보다 달리는 속도가 더욱 빠르다는 것을 나타낸다.

出 날 출

위는 발, 아래는 움집을 나타내어 사람이 지하 움집에서 걸어 나오는 모습을 형상하였다. 황토지대에서 생활하던 상고시대 사람들은 대부분 반지하의 움집에서 살았다.

之 갈 지

사람이 한 곳에서 다른 한 곳으로 이동하는 것을 나타내었다.

征 칠 정

본디 '멀리 가다'라는 뜻이었다. 사람이 먼 곳의 도읍[口]을 향하여 행진하는 모양이다. 즉 사람이 행진한다는 부호이다. 멀리 가는 일은 주로 전쟁 때문에 가는 것이었으므로, 나중에 정벌한다는 의미로 쓰였다.

旅 군사 려
본디 '군대가 원정(遠征)하다'라는 뜻이었다. 군대가 한 깃발 아래 모여 있는 형상이다.

涉 물을 건널 섭
두 발 사이에 물(水)을 추가하여 물속을 걸어가는 것을 표시하였다. 곧 '걸어서 물을 건너다'라는 뜻을 나타내었다.

旋 돌 선
본디 '군대가 회군하다'라는 뜻이었다. 자기 영역의 성읍, 곧 자기의 진영으로 행진하는 형상으로서, '개선(凱旋)'의 뜻도 있다.

陟 오를 척
산언덕, 곧 구릉지대에서 더 높은 곳을 향하여 등반하는 형상이다.

降 내릴 강
'척(陟)'과는 반대로, 사람이 두 발로 힘차게 산에서 내려오는 형상이다.

乘 오를 승
사람이 나무 위로 올라가는 형상이다. 사람이 사물 위를 타거나 오르는 것을 모두 '승(乘)'이라 한다. 나무는 그중 하나의 대상에 불과하다.

前 앞 전
그림에서 윗부분은 발, 아랫부분은 배나 짚신의 형상으로, '걸어가다'라는 뜻을 나타내는 부호이다. 사람이 앞을 향하여 가는 방향, 곧 전방(前方)이나 전진(前進)을 표시한다.

共 함께 공
'공(供)'자의 고자(古字)로서, 두 손으로 그릇을 잡고 위로 받드는 형상이다. 여기서 공경의 뜻을 나타내었다.

拜 절 배
사람을 공경하여 예를 지키는 것을 통칭한다. 다소곳이 두 손을 마주 잡고, 가볍게 머리를 숙여 인사하는 형상이다.

浴 목욕할 욕
사람이 욕조에서 목욕하는 형상이다.

非 아닐 비
옛날의 '배(排)'자이다. 물건을 두 손으로 나누어 밀어내는 형상이다.

探 찾을 탐
팔뚝을 펴서 구멍 안의 좌우를 더듬어 무언가를 찾는 형상이다.

見 볼 견
인체를 그려 그 눈을 강조한 것은 '본다'는 뜻을 나타내기 위해서이다.

望 바랄 망

한 사람이 높은 곳에 서서 바라보는 형상이다. 훗날 보름달을 가차(假借)하고 '신(臣)'자를 대신하여 '망(亡)'자로 음을 나타내어 '망(望)'이 되었다.

相 볼 상

눈으로 나무를 보는 형상으로, 자세히 살펴본다는 뜻이 되었다.

省 살필 성

눈[目] 위에 싹[屮]이 있는 형상으로, 눈이 침침함을 나타내어 정신을 가다듬고 모아야 비로소 제대로 똑바로 볼 수 있다는 뜻이다.

監 볼 감

사람이 물이 담긴 대야로 몸을 굽혀 머리를 숙이고, 대야에 비친 자신의 얼굴을 보는 형상이다. 거울이 발명되기 전에는 대야에 물을 담아 자신을 비춰보았다. 여기에서 적당한 기물(器物)이 없으면 스스로를 비춰볼 수 없다는 뜻을 나타내게 되었다. 나아가 청동으로 만든 거울을 감(鑑)이라고 하고, 나중에 통감(通鑑)이라고 하여, 역사라는 뜻으로도 쓰였다.

臨 임할 림

몸을 굽혀 아래를 본다는 데서, 높은 곳에서 아래를 굽어보는 형상이다.

曰 말할 왈
입을 벌려 말하는 형상으로, 입 위에 짧은 선을 그어, 입에서 나오는 말을 나타내었다.

祝 빌 축
몸을 구부린 사람이 얼굴을 하늘을 향하고 비는 형상이다. 고대에는 '축(祝)'자와 '주(呪)'자의 구분이 없어서, 사랑하는 사람에게 복(福)을 비는 것이 축(祝)이고, 미워하는 사람에게 화(禍)를 비는 것이 주(呪)이다.

言 말씀 언
말하는 것 또는 그 말을 이른다. 입을 벌려 혀를 내민 형상으로, 혀는 언어의 기관이자 언어나 언어행위의 상징이 된다.

吹 불 취
사람이 입을 벌리고 날숨을 쉬는 형상으로, 입을 내미는 것은 그 행위를 하는 기관을 나타낸다.

食 먹을 식
윗부분은 입, 아래는 밥 등을 가득 담은 식기를 나타낸다. 곧 사람이 밥을 먹는 형상이다.

飮 마실 음
사람이 술독을 두 손으로 껴안고 몹시 기뻐하는 형상이다.

聞 들을 문

사람이 입과 귀를 내민 모습이다. 특히 귀를 쫑긋 세워 입에서 나오는 소리를 듣는 것을 표시하였다.

聖 성스러울 성

옛날의 '청(聽)'자이다. '口'는 말하는 사람을 상징하고, 그 옆은 사람이 귀를 쫑긋 세우고 들려오는 소리를 유심히 듣는 형상이다. 성(聖)에서 파생하여 성현(聖賢)이 되었고, 또한 귀와 눈이 밝다는 '총(聰)'자와 '명(明)'자가 파생되어 지력(智力)이 뛰어남을 표시하게 되었다.

臭 냄새 취

개가 코를 내민 형상이다. 개의 취각(臭覺)은 가장 영민하므로, 개의 코를 부각시켜 만든 글자이다.

立 설 립

정면을 보면서 땅 위에 똑바로 서 있는 사람의 형상이다.

臥 누울 와

옆으로 누워 있는 사람의 형상으로, '신(臣)'자로 사람의 머리를 대신하였다.

休 쉴 휴

사람이 나무 아래에서 휴식하고 있는 형상이다.

居 살 거 㞐居㞐居
고대의 '거(踞)'자로서, 사람이 쪼그리고 앉아 있는 모습이다. 혈거 생활을 할 때 공간이 너무 좁아 쪼그리고 사는 모습을 형상한 것이다.

處 머무를 처
'하던 것을 그만두다'라는 휴지(休止)의 뜻이다. 사람이 책상에 기대고 앉아 있는 형상으로, 출(出)이나 행(行)과는 상반됨을 나타낸다.

宿 묵을 숙
사람이 실내에서 자리에 누워 잠을 자고 있는 형상이다.

孕 아이 밸 잉
배 속에 아이가 있는 형상이다.

乳 젖 유
젖먹이에게 젖을 먹이는 형상이다.

死 죽을 사
사람이 고인(故人)에게 절하고 제(祭)를 올리는 형상이다.

次 버금 차
사람이 너무 지쳐 하품을 하며 게으름을 피우며, 첫째로 나아가기를 단념하고 둘째로 처져 있다는 뜻이다.

夭 어릴 요

사람의 머리가 한쪽으로 구부러져 있는 형상이다. 그래서 제대로 쑥쑥 자라지 못하고 '일찍 죽는다'는 뜻을 나타내고 있다.

舞 춤출 무

사람이 두 손으로 소의 꼬나 다른 물건을 들고 춤을 추고 있는 형상이다. 제례의식에서 비롯된 듯하다.

疑 의심할 의

사람이 교차로에서 입을 벌리고 두리번거리면서, 어디로 가야 할지 몰라 헤매는 형상이다.

比 견줄 비

두 사람이 바짝 달라붙어 있는 형상이다.

北 북녘 북

고대의 '배(背)'자로서, 두 사람이 서로 등지고 있는 형상이다. 사람은 흔히 남면(南面)하는데 그렇게 되면 등 쪽이 북쪽이다.

受 받을 수

두 사람이 물건을 주고받는 형상이다.

保 지킬 보

사람이 아이를 업거나 안은 형상으로, 아이를 보살핀다는 뜻이다.

| 友 벗 우 | 두 손을 맞잡거나 내밀고 있는 형상으로, 뜻을 같이하는 동지(同志)의 벗에 대하여 쓴다. 이와는 달리 '붕(朋)'은 동문(同門)의 벗을 이른다.

| 逆 거스를 역 | 맞이하는 사람과 손님이 어긋나서 만나지 못하는 형상을 나타낸다.

| 競 겨룰 경 | 두 사람이 경쟁하는 형상으로, 입과 혀가 강조되어 있다.

| 爭 다툴 쟁 | 두 손, 곧 두 사람이 한 물건을 가지고 다투는 형상이다.

| 敎 가르칠 교 | 한 손에 회초리를 잡고 아이에게 예의범절을 가르치는 형상이다.

| 學 배울 학 | '교(敎)'자에서 파생된 글자로, 교훈이나 각오의 뜻이 있다.

| 改 고칠 개 | 아이를 채찍질하여 바르게 고치는 형상이다.

| 令 명령할 령 | 위는 명령하는 자이고, 아래의 몸을 굽히고 있는 사람은 명령

을 받는 자이다. 두 사람이 구성되어 명령의 뜻을 나타낸다.

命 목숨 명
'령(令)'자와 근원이 같은 파생자이다. 고대에는 함께 쓰였다.

執 잡을 집
죄수나 포로를 잡아 두 손에 쇠고랑을 채우는 형상이다.

囚 가둘 수
사람이 감옥에 죄수로 갇혀 있는 형상이다.

服 복종할 복
손으로 목을 눌러 굴복시키는 형상이다. 훗날 '월(月)'자를 붙여 복용(服用)의 뜻을 표시하였다.

及 미칠 급
앞에서 한 사람이 달려가고, 뒤에서 또 한 사람이 손을 벌려 도망가는 사람을 잡는 형상이다. 곧 도망자나 추적자가 없으면 추급(追及)이나 추포(追捕)라는 뜻이 성립되지 않는다.

戒 경계할 계
양손에 창을 잡고 있는 형상으로, 경계의 뜻을 나타낸다.

伐 칠 벌
자르고 치는 행위로서, 창으로 사람을 공격하는 형상이다.

寇 도둑 구
거실에 침입하여 주인에게 약탈행위를 하는 형상이다.

斬 벨 참
거열(車裂; 죄인의 사지를 다섯 대의 수레에 나누어 묶고 찢어 죽이던 형벌), 요참(腰斬; 중죄인의 허리를 잘라 죽이던 형벌)은 고대에 죄인을 죽이는 극형(極刑)이다. 이 글자는 형을 집행하는 도구와 비슷하여, 형(刑)을 실시하는 것을 나타낸다.

享 누릴 향
당집에서 양(羊)을 봉헌하는 형상이다.

祀 제사 사
신 앞에서 빌고 제사를 하는 형상이다.

告 알릴 고
소뿔을 나무에 붙여서, 사람이 보도록 경고하는 형상이다.

乎 어조사 호
고대의 '호(呼)'자로서, 날숨을 내는 형상이다.

祭 제사 제
손으로 고기를 잡고, 신 앞에 제사를 올리는 형상이다.

隻 새한마리 척
손에 새 한 마리를 잡은 모습으로, 포획(捕獲)의 뜻을 나타낸다.

爲 할 위

손으로 큰 코끼리를 끄는 모습이다. 고대에 코끼리를 부리는 형상으로, 훗날 행위를 통칭하는 글자가 되었다.

漁 고기잡을 어

손으로 그물을 잡고 고기를 잡는 형상이다.

沈 가라앉을 침

물에 빠진 소나 사람의 형상이다.

埋 묻을 매

고대의 '매(薶)'자로서, 땅을 파고 희생(犧牲)으로 선정된 소를 구덩이에 묻는 형상이다. 이는 고대에 소, 양, 개 등을 매장하여 희생으로 삼아 제사를 지낸 풍습에서 연유한다.

農 농사 농

쟁기로 밭을 가는 형상이다.

樹 나무 수

손으로 나무를 심는 형상이다.

析 쪼갤 석

도끼로 나무를 쪼개는 형상이다.

封 봉할 봉

봉토(封土)에 나무를 심는 형상으로, 고대에는 봉토에 나무를 심어 변경(邊境)의 표지로 삼았다. 따라서 봉(封)은 분봉(分封), 변계(邊界)의 뜻을 갖는다.

叔 콩, 아재비 숙
콩을 따는 형상으로, '숙(菽; 콩)'이 그 대상이다. 콩을 거두는 사람이라는 뜻에서 아재비를 나타낸 듯하다.

量 헤아릴 량
쌀을 포대에 담는 형상이다.

料 되질할 료
말로 방아를 찧은 곡식의 양을 재는 형상이다.

奉 받들 봉
고대의 '봉(捧)'자로서, 두 손으로 물건을 받드는 형상이다.

具 온전할 구
두 손으로 솥을 받드는 형상으로, 고대에 음식을 준비하는 모습이다.

興 일어날 흥
두 사람이 네 손으로 물건을 들어 올리는 형상으로, '일어나다'라는 동사가 되었다.

弄 희롱할 롱
두 손으로 옥(玉)을 가지고 노는 형상이다.

蒸 찔 증

두 손으로 가득 찬 곡식 단지를 부여잡고 제사 지내는 형상이다. '증(蒸)'자는 고대에 겨울에 지내는 제사를 가리켰다. 그러다 보면 음식을 삶거나 찌는데, 여기서 '찌다'라는 뜻이 나왔다.

寒 추울 한

두 손으로 아직 굽지 않은 날벽돌로 집 안의 틈새를 막는 형상이다.

解 풀 해

두 손으로 소뿔을 뽑아내는 형상이다.

糞 똥 분

두 손으로 키질한 겨를 던져버리는 형상이다. 고대의 '분(糞)'자는 똥이 아니라 쓰레기를 버린다는 뜻이었다.

取 취할 취

손으로 귀를 자르는 형상으로, 전쟁 중에 귀를 잘라 죽인 적의 수효(數爻)를 나타낸다. 임진왜란 때 왜군은 조선 포로의 귀를 잘라 전공을 자랑했다.

得 얻을 득

거리에서 손으로 조개껍데기를 줍는 형상이다.

徹 통할 철

식사를 끝내고 그릇을 치우는 형상이다.

鼓 북고
몽둥이로 북을 치는 형상이다.

畵 그림 화
규(規)나 장(丈) 같은 측량기로 땅을 재고, 경계를 긋는 형상이다.

引 끌어당길 인
활을 힘껏 끌어당기는 형상이다.

率 거느릴 솔
밧줄을 끌어당기는 형상이다.

困 괴로울 곤
고대의 '곤(綑)'자로서, 나무를 묶는 형상이다.

束 동여맬 속
줄로 나무를 묶거나 자루의 아가리를 동여맨 형상이다. 장작이나 채소 따위를 작게 한 덩이씩 만든 묶음을 '속(束)'이라고도 한다.

負 질 부
등에 자루를 멘 형상이다. 훗날 '낭(囊)'이 와전되어 '패(貝)'자를 사용하게 되었다.

何 어찌 하
고대의 '하(荷)'자로서, 어깨 위에 물건을 진 형상이다. 훗날 '구(口)'자를 추가하여 '어찌' '무엇'을 뜻하는 의문대명사 '하(何)'가 되었다.

異 다를 이
고대의 '대(戴)'자로서, 머리에 물건을 이고 그 것을 두 손으로 잡은 형상이다.

占 점 점
조짐이나 점괘로 나타나는 무늬로 길흉을 점치는 형상이다.

衛 지킬 위
다리[脚]가 성(城)의 사방에 있는 형상으로, '순라'나 '보위(保衛)'의 뜻을 나타낸다.

買 살 매
조개를 그물[網]에 담아놓은 형상이다. '패(貝)'는 고대의 화폐로서, 이것을 가지고 교역하는 것을 표시하였다.

賣 팔 매
고대에 '매(買)'자와 '매(賣)'자는 한 글자였다. 훗날 '출(出)'자를 추가하여 '팔아버리다'의 뜻이 되었다.

關 빗장 관
빗장이나 줄로 문을 닫는 형상이다. 또는 문을 닫는 문빗장을 나타낸다.

閉 닫을 폐
문을 닫는 형상이다. '十'은 문을 열지 못하도록 하는 도구인 빗장을 나타낸다.

| 啓 열 계 | 손으로 문을 여는 형상이다.

| 開 열 개 | 두 손으로 빗장을 제거하고 문을 여는 형상이다.

| 分 나눌 분 | 칼로 물건을 자르는 형상이다.

| 班 나눌 반 | 칼로 옥(玉)을 가르는 형상이다.

| 半 반 반 | 고대의 '판(判)'자로서, 소[牛]를 반으로 가르는 형상으로, 나누어진 또 하나의 반(半) 역시 '반(半)'이라 이른다.

| 則 법칙 칙 | 칼로 솥[鼎]과 같은 종류의 기물(器物)의 모형을 조각하는 형상이다. 이로써 '본을 보이다'라는 뜻의 '법' '법칙'을 나타내게 되었다.

| 貯 쌓을 저 | 고대의 '저(貯)'자로서, 그릇 속에 조개껍데기를 쌓아놓은 형상이다. 조개껍데기는 고대의 화폐이다. 여기서 '저축(貯蓄)'이라는 의미를 가지게 되었다.

| 冠 갓 관 | 손으로 머리에 관(冠)을 쓰는 형상이다.

鳴 울 명
새가 우는 모습으로, 우는 기관(器官)을 강조하였다.

吠 개가
짖을 폐
개가 짖는 형상으로, 입[口]을 추가하여 그 사용하는 기관을 강조하였다.

垂 드리울 수
식물의 잎이 아래로 늘어진 형상으로, 훗날 '토(土)'자가 추가되어 수(垂)가 되었다.

生 날 생
새싹이 땅 위로 솟아나 자라나는 모습을 형상한 글자이다.

飛 날 비
'비(飛)'는 날개의 기능이다. 그리하여 새를 그려 그 날개를 강조함으로써 '날다'라는 뜻을 나타내었다.

西 서녘 서
고대의 '서(栖)'자이다. 새집의 형상으로서, 새가 깃들어 사는 곳이다. 새가 집으로 돌아가는 시각은 저녁 무렵이고, 이때 해는 서쪽에 있다 보니 자연스럽게 서쪽 방향을 가리키게 되었다.

集 모일 집
새들이 나무 위에 모여 있는 형상이다. 나무[木] 없이는 새들의 무리가 사면팔방에서 날아올 수 없다는 의미이다.

隊 무리 대
고대의 '추(隊)'자로서, 돼지 떼가 높은 곳에서 떨어지는 형상이다.

熏 연기 낄 훈
고대의 '훈(燻)'자로서, 불 땐 연기가 위로 올라가 천장이 까맣게 그을린다는 뜻을 형상한 글자이다.

焚 불사를 분
불이 숲을 태우는 형상을 나타낸 글자이다

暴 햇볕 쪼일 폭
고대의 '폭(曝)'자로서, 벼에 햇볕을 쪼여 말리는 형상이다. 훗날 쌀을 말리는 형상으로 변하였다.

縣 매달 현
고대의 '현(懸)'자로서, 나무에 머리를 매단 형상이다. 나중에 이 글자가 고을을 뜻하게 된 것은, 효수형을 집행하는 곳이 관아가 있는 곳이기 때문이다.

會 모일 회
시루 위에 뚜껑을 덮은 형상으로, 회합의 뜻이 여기에서 유래하였다. 떡시루를 앞에 두고 사람들이 둘러앉은 형상이다.

益 더할 익
고대의 '일(溢)'자로서, 물이 그릇에서 넘쳐 흘러내리는 형상이다.

至 이를 지
화살이 과녁에 맞은 형상이다. 곧 활을 쏘아 화살을 목표에 명중시키는 형상이다.

交 사귈 교
물건이 교차하는 형상으로, 일설에는 사람의 두 다리가 교차하는 형상이라고 한다.

折 꺾을 절
도끼의 뜻인 근(斤)이 없다면 나무를 자른다는 의사를 전달하는데 불충분했을 것이다.

敗 깨뜨릴 패
몽둥이로 물건을 치니, 그것이 부서져버린 형상을 나타낸 글자이다.

斷 끊을 단
칼로 실을 자르는 형상이다. '계(繼)'자와 구별하기 위하여 다시 '근(斤)'자를 추가하여 자르는 뜻을 명백히 하였다.

繼 이을 계
끊어진 실을 연이어 잇는 형상으로, 훗날 글자의 뜻을 확실히 하기 위하여 '계(系)'자를 추가하여 뜻을 구별하고, 그 음(音)을 따랐다.

盡 다될 진
불을 때서 빈 그릇을 씻는 형상이다

※ **상황을 나타내는 한자**

昔 옛날 석
고대 홍수가 범람하던 시대를 옛날의 표지로 삼은 것을 이른다. 또는 '초(醋)'자의 본디 글자라고도 한다.

朝 아침 조
태양이 풀숲에서 솟아오르는 형상이다. 바로 이 때가 '아침'임을 가리킨다.

旦 아침 단
태양이 땅 위로 솟아오르는 일출의 시간을 나타낸다. 설날을 원단(元旦)이라고 한다.

夕 저녁 석
고대의 '월(月)'자와 같은 글자로서, 달이 떠오르는 시간을 표시하였다.

莫 저물 모
고대의 '모(暮)'자로서, 해가 풀숲에 떨어지는 때를 표시하였다.

閏 윤달 윤
고대에 왕은 윤달에 외출하지 않는 것이 예의였다고 한다. 그리하여 왕이 문 안에 있다고 하여, 윤월(閏月)이라고 표시하였다. 또 윤이란 정식 달이 될 수 없어 안으로 들어가지 못하고 문간에서 서성거린다는 뜻이라고도 한다.

初 처음 초

옷을 마름질하는 형상으로, 처음의 한 부분을 나타낸다.

春 봄 춘

식물이 번성하는 모양으로써 봄을 상징하였다. 그림에서 '둔(屯)'은 대지[一]를 뚫고 싹이 움터 나오려고 어렵게 애쓰는 모양으로, 훗날 추가되어 성부(聲符)를 구별한다. 상고시대에는 계절을 단지 봄과 가을로만 구별하여, 봄에 여름이 포함되고 가을에 겨울이 포함되었다.

秋 가을 추

벼이삭이 고개를 숙인 형상이다. 즉 곡식들이 여무는 때를 가을로 여겼다.

冬 겨울 동

고대의 '종(終)'자로서, 일설에 따르면 나뭇잎이 아래로 처져서 늘어지는 시기를 연말(年末)이라 하였다. 곧 나뭇잎이 얼기 시작하는 때를 겨울로 여겼다는 말이다. 훗날 그림처럼 '일(日)'자 또는 '빙(冫)'자를 추가하여 겨울을 표시하게 되었다.

先 먼저 선

발아래에 또 한 사람이 있는 형상으로, 이 발이 앞에 가는 사람을 나타낸다.

後 뒤 후

끌어당겨 뒤로 물러나게 하는 형상이다.

中 가운데 중

깃발 형상에 표시부호인 '구(口)'자를 추가하여 가운데에 있음을 나타내었다. 군대에서 깃발이 있는 곳이 가장 중요한 곳이고 중심이 된다.

夾 가운데 앙

사람의 머리가 베개나 문의 가운데에 있음을 형상하여, 중앙(中央)을 표시하였다.

赤 붉을 적

윗부분의 '대(大)'자는 타오르는 불꽃을 나타낸다. 이것으로써 큰 불을 나타내는 붉은 색깔을 표시하였다.

玄 검을 현

얽혀 있는 실의 형상이다. 가늘고 작은 특징으로써 눈으로는 똑똑히 보이지 않는 것을 나타내었다.

香 향기 향

기장과 쌀로 빚은 술의 달고 향기로운 맛을 뜻하는 글자다. 즉 술 향기다.

寒 찰 한

사람이 추위를 피하기 위해 풀 섶에 들어가 있는 모습을 형상했다.

炎 불탈 염

두 개의 불꽃으로 활활 타오르는 형상으로, 찌는 듯이 무더운 특징을 나타내었다.

冥 어두울 명

해가 가려져 빛이 없음을 나타낸다.

明 밝을 명

달이 창 위를 비추어 빛이 밝은 것을 나타냈다.

皇 임금 황

햇빛이 사방으로 비추는 형상으로, 훗날 '왕(王)'자가 추가되어 음(音)을 나타내었다. 여기에서 밝게 빛나는 태양의 특징인 휘황(輝煌)을 표시하였다. 또한 태양의 상징으로 최고 통치자인 '임금'을 나타낸다.

王 임금 왕

고대의 '왕(旺)'자로서, 불이 왕성한 형상이다. 그림에서 '一'과 '二'는 불꽃이 위로 높이 올라가는 모양이다. 그리하여 '왕(王)'자로써 통치자를 형용하게 되어, 훗날 임금이란 뜻으로 쓰였다.

多 많을 다

두 개의 달이나 두 덩어리의 고기 형상으로 많음을 나타낸다.

少 적을 소

모래알의 형상이다. 여기서 모래알의 속성을 소(小)와 소(少)로 나타내었다.

大 큰대
어른의 형상으로, 일설에 따르면 큰 손짓을 표시한다.

小 작을소
모래나 자갈의 형상으로, 그 작은 속성을 나타낸다.

員 수효원
고대의 '원(圓)'자이다. 정(鼎)의 모양을 빗대었는데, 이 정(鼎)의 주둥아리는 대개 원형이었으므로, 여기서 둥글다는 뜻을 나타냈다.

重 무거울중
사람이 등에 주둥이가 큰 자루를 메고 있는 형상으로, 사람과 자루가 하나가 되어 '부(負)'자와는 구별된다. 글자를 만든 사람은 이로써 사람의 중량(重量) 감각을 표현하였다.

高 높을고
대(臺) 위에 높고 큰 전각을 세운 형상으로, 여기서 그 특징을 취하여 크고 높은 것을 나타내었다.

直 곧을직
눈 위에 일직선을 그어 앞쪽을 보는 것을 형상한 글자로, 시선이 똑바로 전방을 향하므로 '곧다'라는 뜻이 되었다.

永 길영
강이 길고 지류가 많은 형상으로, 그 특징인 '길다'는 뜻을 나타내었다.

亂 어지러울 란

두 손으로 헝클어진 실을 가지런히 하는 형상으로, 헝클어진 실의 속성을 나타내었다.

武 굳셀 무

창을 잡고 가는 형상으로, 그 위풍당당한 모습을 나타내었다.

善 착할 선

고대의 '선(膳)'자로서, 음식이 맛있다는 데서 품성이 아름다움을 비유한다.

喜 기쁠 희

음악 소리에 반응하는 기쁨의 감정으로, 그 심경을 나타내었다.

吉 길할 길

그릇 안이 가득 찬 형상이다. 신령한 조상에게 바치는 물건이 풍성하여 조상의 보살핌을 받는 것을 길(吉)이라 하였다.

凶 흉할 흉

제사 때 쓰는 그릇 안이 텅 빈 형상으로, 천지신명의 조상에게 불경하여 쫓겨나는 것을 흉(凶)이라 한다.

安 편안할 안

여자가 방 안에서 평안(平安)한 형상으로, 여기에서 안전(安全)과 편안(便安)이 연상된다.

反 되돌릴 반

공구(工具)를 반대로 잡는다는 데서, 되돌린다는 뜻을 나타낸다.

順 순할 순

머리카락이 가지런한 것을 형상하였다.

臣 신하 신

세로로 선 눈의 형상으로, 고대에 노예를 뜻하는 글자였다. 세로로 선 눈은 몸을 엎드리고 머리를 조아리는 것으로, 굴복자의 형상이다. 훗날 고급 노예를 총관(總管)하는 칭호가 되었다. 관리들이 임금에 대하여 자신을 낮춰 쓰는 말이다.

孫 자손 손

'자(子)'자에 실[絲]을 붙인 형상으로, 자손이 계속 이어져 끊이지 않는다는 뜻을 나타내었다.

兆 조짐 조

거북을 구워서 점을 칠 때, 등딱지에 나타난 갈라진 무늬를 형상한 글자이다. 사람들은 이로써 그 점괘가 암시하는 징조로 삼았다.

化 될 화

한 사람은 거꾸로, 또 한 사람은 똑바로 서 있는 형상이다. 이는 아이가 태어날 때는 거꾸로 태어나지만, 살아갈 때는 똑바로 서서 굳세게 생활해야 한다는 것을 상징하고 있다. 이로써 사람이 태어나서 죽을 때까지의 과정을 표시한다.

亡 죽을 망

엎어진 사람의 형상이다. 고대에는 물건을 엎어 사망을 상징하였다.

卽 가까이할 즉

사람이 그릇 앞에서 식사하는 형상으로, 간접적으로 접근한다는 뜻을 표시한다.

貧 가난할 빈

조개껍데기를 가르는 것을 나타낸 글자이다. 화폐로 쓰는 조개껍데기를 나누어 여러 사람이 가진다는 데서, '가난하다'라는 뜻을 상징하고 있다.

慶 경사 경

고대에는 사슴 가죽으로 하는 제사 예식을 지(贄)라고 하였다. 고대의 '경(慶)'자는 사슴 가죽의 형상이다. 여기에 '심(心)'자를 덧붙여 축원(祝願)의 뜻을 나타내었다.

兩 두 양

중첩(重疊), 곧 둘을 표시한다.

雔 원수 수

새 두 마리가 마주하는 것을 수(雔)라 하였다. 여기서 원수(怨雔) 사이라는 뜻을 나타내고 있다.

森 빽빽할 삼

나무 세 그루가 중첩하여 나무가 무성함을 나타낸다.

※ 부호를 나타내는 한자

一 한 일

가로와 세로로 '一'을 그어 수량 하나를 나타낸다. 이는 한 개의 손가락, 산(算)가지, 기물(器物) 등을 나타낼 수 있다. 또는 아무것도 나타내지 않는 단지 추상적인 기호이기도 하다.

二 둘 이

위와 같다. '둘'의 기호이다.

三 석 삼

위와 같다. '셋'의 기호이다.

四 넉 사

가로로 네 개의 '一'로써 '넷'을 나타냈다.

七 일곱 칠

'일곱'의 기호이다.

十 열 십

'열'의 기호이다. 아마도 결승문자(結繩文字)의 흔적인 듯하다.

八 여덟 팔

'여덟'의 기호 또는 서로 가르는 부호이다.

廿 스물 입

'스물'의 기호이다.

우리나라에서만 쓰는 한자 200가지

부록 2

||||||||||||||||||||||||||||||||

　표기 수단이 한자(漢字)밖에 없던 조선시대에 우리말을 표기하기는 매우 어려웠다. 특히 훈민정음이 창제되기 전 우리말 발음을 한자로 표기하는 일이 굉장히 힘들었다. 이두에도 한계가 있었다. 이런 점에서 우리나라 고유의 한자(韓字)에 대한 욕구가 증가하면서 한두 자씩 나오기 시작하여, 이런 한자(韓字)는 우리나라에서만 한정적으로 쓰였다.

　하지만 오늘날에는 한자(漢字)가 쓰이지 않으므로 한자(漢字)의 보조 문자에 불과한 한자(韓字)가 따로 쓰일 일이 거의 없다. 다만 한자(漢字)로 문화생활을 하던 시대에 어떻게 우리말 발음을 표기하려 애썼는지 알기 위한 자료로서 그 가치가 인정되어 여기 싣는다.

　문자(文字)는 황하 유역에서 발생하여 상(商)나라 시절에 갑골문자로 완성되었다. 한참 뒤인 한(漢)나라 때 이 문자를 '한자(漢字)'라고 부르기 시작했지만, 정확한 표기는 문자(文字)가 맞다. 다만 여기서는 중국에서 쓰는 문자는 한자(漢字), 한반도에서 쓰는 문자는 한자(韓字)로 정의한다.

　중국은 인구가 워낙 많고 나라 면적이 크다 보니, 문자의 대부분은 중국인들이 생산하여 통일국가인 한나라 이후 한자(漢字)가 되고, 우리나라는 면적이 좁고 인구도 적어 한자(韓字) 또한 얼마 되지 않는다.

한자(漢字)와 한자(韓字)의 발음을 구분하기 위해 이 책에서 한자(韓字)는 국자(國字)로 표기한다.

현재까지 밝혀진 국자는 약 200자 가까이 되며, 이것보다 더 많을 수 있다. 서원이나 문중에서 개별적으로 만들어 쓴 것까지 다 수집하지 못했기 때문이다. 이렇게 그 나라 형편에 맞는 문자를 만드는 게 반드시 신라나 고려, 조선에만 있었던 것은 아니다.

한자는 회의(會意)나 형성(形聲)의 방법으로 얼마든지 글자를 만들어낼 수 있기 때문에, 일본이나 베트남에서도 그 나라에만 있고 다른 나라에는 없는 새 문자를 만들어냈다. 중국도 땅이 넓고 이합집산의 역사가 있었던 만큼 특정 지방에서만 쓰이는 방언자라는 것이 있다.

국자는 형성이나 회의의 방법으로 만들어진 글자도 있지만, 한자의 뜻과 관계없이 고유어의 음절을 적기 위해 만든 소리 번역이 많은 것이 특징이며, 이러한 소리 번역은 한자이면서 이두의 일부이기도 하다.

유학자와 사대부들은 중국에서 쓰지 않는 국자를 속자(俗字)라 하여 쓰기를 꺼렸지만, 상대적으로 이런 이념적·사상적 제약이 덜한, 이두 문서를 다루던 하층 계급에서는 자연스럽게 국자를 만들어 쓸 수 있었다.

국자를 비롯하여 비중국 한자권에서 만들어진 한자는 우연히 중국에서 이미 만들어진 글자와 같은 꼴인 경우도 있는데, 이 경우는 겉모습만 닮았을 뿐 뜻은 전혀 다르다. 국자는 그 발음이 고유어 음절을 적거나, 고유어에 바탕하여 만들어진 것이 많기 때문에 한자 꼴을 하고 있다 하더라도 한자어가 아니라, 어원상 고유어로 다루어야 하는 글자들이 많다. 또 한나라 이후에도 중국에서 한자가 계속 만들어졌기 때문에 한국까지 전래되지 못한 새로운 한자도 있었다.

❖ 글자 만드는 법칙에 따른 분류

❶ 상형(象形)

亇/亇 망치 마 – 망치의 모습을 본떠 만든 글자이다. 발음은 '망치'의 음 일부를 딴 '마'이며, 본뜻인 망치 이외에 '마' 음절이 들어가는 고유어 인명, 지명의 표기에도 널리 쓰였다.

❷ 회의(會意)

畓 논 답 – '밭전(田)'자에 '물수(水)'자를 덧붙여서 '논'을 나타냈다.

逜 말 달릴 횡 – 성씨에 쓰인 글자로서, 말[馬]이 달리는(辶=辵) 뜻을 나타냈다. '횡'이라는 발음은 그 말이 달리면서 내는 소리에서 따왔다.

❸ 형성(形聲)

欌 장롱 장 – 음을 '藏'으로 나타내고, 장롱의 재질인 나무[木]를 더하여 만들었다.

栍 장승 생 – 음을 '生'으로 나타내고, 장승의 재질인 나무[木]를 더하여 만들었다.

稠 조 조 – 곡물을 뜻하는 고유어인 '조'의 음을 '操, 燥, 繰'등에 공통되는 (모두 조로 읽음) 음으로 나타내고 벼화변(禾)을 붙여 그 뜻을 나타낸 형성자(形聲字)이다.

媤 시집 시 – 음을 '思'로 나타내고, 계집녀(女)변을 붙여 여자가 결혼해서 가는 남편의 집인 시집을 나타냈다. 시집, 시아버지, 시어머니 등의 '시'에 해당하는 글자이다.

婻 오라비 남 – 여자가 남자 동기를 부르는 말이다. 한자로는 거의 쓰이지 않는다.

❹ 합체자(合體字)

합체자는 홀로 쓰이는 두 글자를 모아 한 글자로 만든 것이다. 말하자면 쓰기 편하게 줄여 만든 글자이다.

㓈 일꾼 부 – '功夫' 두 글자를 위아래로 모아 한 글자로 만든 자체이다. 공부(功夫)란 품삯일꾼을 말하며, 읽을 때는 '공부'라고 2음절로 읽었을 것으로 보인다.

呇 대구 화 – 물고기 이름인 대구의 한자 표기 '大口'를 한 글자로 만든 합체자이다. 위 아래가 뒤집힌 글자인 '吳(큰소리칠 화)'자에서 발음이 유추되었을 가능성이 있다.

桳 한나마 한 – 신라 17관등 가운데 열번째인 대나마(大奈麻, 大奈末, 韓奈麻)의 합체자이다. 몽골 등에서 크다는 뜻으로 쓰인다. 한국한자어사전에는 음미상으로 나와 있으나, 합체자 표기의 특성상 그대로 '한나마'로 읽었을 가능성이 크다. '말'로도 읽히지만 잘못 같다.

❺ 인명 국자(人名國字)

한자 가운데는 사람 이름을 적는 데만 쓰이는 인명용 한자가 있는데, 글자 자체에 뜻을 담아 개인이 직접 인명 한자를 짓기도 했다. 현대에는 공적인 인명 정보가 컴퓨터로 처리되기 때문에 법으로 인명용 한자의 수를 제한하고 있지만, 손글씨가 기본이던 예전에는 개인이 인명용 한자를 짓는 예도 있었다.

巪 이름 꺽 – '클 거(巨)'에 한글 자모 기역(ㄱ)을 붙인 한자다. 임꺽정 이름을 표기하기 위해 만든 글자다.

乭 이름 돌 – '돌 석(石)'에 발음 요소인 '을(乙)'을 붙인 한자다.

沽 이름 우 – 서울대 명예교수이자 역사학자인 한우근(韓沽劤) 교수의 이름에 사용된 한자이다. '우(右)'에 물수변(氵)을 붙인 것은, 한 교수가 평양에서 태어났기 때문에 대동강을 나타내는 뜻으로 할아버지께서 지어주신 한자라고 한다.

乯 이름 올 – 2001년 1월 4일 대법원에서 인명용 한자로 추가한 한자이다.

현재 이 한자는 한국어문회 한자검정시험 특급 읽기 문제로 출제 범위에 있다. 다만 유니코드에 들어가지 않고, 한글 프로세서 자전에도 나오지 않는다.

㵧 **물 이름 은** – 대법원 인명용 한자에 있으나 2015년 현재까지 유니코드에 수록되지 않은 유일한 한자이다.

❻ **지명 국자**(地名國字)

한국 내에서만 쓰이는 지명용 한자이다.

喦 **땅 이름 것** – 땅이름에 쓰이는 한자다.

乫 **땅 이름 갈** – 경상남도 거제시 남부면 갈곶리의 이름에 쓰이는 지명용 한자다.

串 **곶 곶** – 입을 뜻하는 고구려였다. 바다 쪽으로 튀어나온 땅을 가리킨다. 중국에서는 꿰다, 일본에서는 꼬치로 쓰인다. 오늘날 한국에서도 곶과 함께 꼬치로 쓰이는 경우가 많다.

乶 **땅 이름 볼/폴** – 인천광역시 강화군 서도면 볼음도리의 이름에 쓰이는 지명용 한자다.

乷 **땅 이름 살** – 충청북도 충주시 살미면의 이름에 쓰이는 지명용 한자다.

倻 **땅이름 야** – 경상남도 함안군 가야읍, 경상남도 합천군 가야면 등의 이름에 쓰이는 지명용 한자다.

❼ **한국 정자**(韓國正字)

몇몇 한자는 한국에서는 정자로 쓰이지만, 다른 나라에서는 속자로 다뤄져서 일반적으로 쓰이지 않는 것이 있다. 중국에서 사용할 때는 중국 정자로 써야 한다.

裵 **성 이름 배** – 중국과 일본에서는 보통 '裴'자를 정자로 쓴다.

曺 **성 이름 조** – 중국에서는 가운데 세로 획이 하나 더 있는 '曹'자가 정자이다.

❽ 한국 약자(韓國略字)

정자체 이외의 약자 가운데 한국 문헌에서만 보이는 특수 문자가 있다. 한자의 표준화과정에서 비표준문자로 제외되어 자전에 수록되지 않거나 인터넷에서는 표시할 수 없는 경우가 많다. 또 문헌 발굴 결과에 따라서는 중국, 일본에도 같은 꼴의 글자가 있을 가능성을 배제할 수 없다.

庂 넓을 광 – '넓을 광(廣)'자의 약자체로서 성부가 쓰기 쉬운 '光'으로 바뀌어 있다.

駅 역참 역 – '역참 역(驛)'자의 약자체이다.

❾ 동형이자(同形異字)

국자가 중국이나 다른 나라에서 쓰이는 한자와 글자꼴은 같되, 뜻이 다른 경우다.

堗 구들/굴뚝/온돌 돌 – 구들(온돌)의 뜻으로 쓰인 형성자로서 일찍부터 쓰인 용례가 있다. 같은 꼴의 한자가 중국에서는 하카어에서만 쓰이는 방언자로서 발음은 'tut'이라고 한다.

鐥 복자/대야 선 – 물을 담는 큰 그릇인 대야다. 우리나라에서 만들어진 한자이며, 지명에도 용례가 있다. 중국에서는 원소 이름인 사마륨(Sm)에 해당하는 한자로, 근대에 만들어져 동형이자가 되었다. 현재 사마륨의 뜻으로는 '钐'만 쓰고 이 글자는 쓰이지 않는다. 이 두 가지 뜻은 서로 관계없이 만들어진 것이나, 자전에는 설명 없이 鐥이라는 글자에 이러한 뜻을 함께 실어 한 글자의 다른 뜻으로 다룬다.

簽 대밥통 식 – 중국에 있는 같은 꼴의 한자는 'yí'로 읽고, '飴(밥이 쉬다)'와 같은 뜻이어서 전혀 다르다.

筽 고리/버들고리 오 – 중국에서는 음은 'O', 뜻은 미상으로 다루어져 있다. 전라북도 군산시 오식도동(筽簽島洞)이라는 지명의 한자 표기에 쓰이고 있다.

岾 고개 재, 절이름 점 – 《삼국유사》《동국여지승람》《대동여지도》 등에

쓰인 글자다. 고개의 뜻으로 쓰인 고유 한자로 발음은 '점'이다. 고유어 '재'가 그대로 한자음화하여 '재로 읽히기도 하였다. 일본의 한자 가운데 같은 꼴의 글자가 있으나 뜻은 'やま(산)'이므로, 뜻 차이가 있는 동형이자이다.

攸 돌아갈 귀 -《균여전均如傳》에 나오는 한국 속자로서 '歸'자와 같은 뜻으로 쓰였다. '歸'자의 이체자인 '皈'와 모양이 비슷하여 속자로 쓰인 듯하다. 한자권 공통으로는 핍박하다는 뜻의 '迫'자와 같은 자로 알려져 있다. 사전에 따라서 동형이자 관계를 설명하지 않고, '攸'한 글자에 '핍박할 박'과 '돌아갈 귀'의 두 가지 발음으로 쓰는 예가 많다.

❿ 국자 목록

유니코드에 없는 한자의 경우 글자를 쪼개어[破字] 두 자로 적는다. 두 자를 합쳐야만 본래 국자가 된다. +는 좌우 결합, /는 상하 결합이다. 한국에서만 쓰는 고유한 뜻이나 음도 표시하였다. 이 국자는 한글 워드프로세서 자전에도 올라가 있으나 실제로 쓰이는 일은 매우 드물다. 또 앞으로 쓰일 곳도 별로 없다. 자료 삼아 올린다.

ㄱ

罄(가), 갹(각), 꽇(갈), 꺌(갈), 叿(갈), 갋(갓), 꺙(강), 仚(갯), 꺄(갯), 舺(거), 특(격), 듌(결), 꺾(결), 迲(겁), 㤜(겁), 夻(것), 仾(격), 磩(계), 侉(고), 䕭(고), 古/乙(골), 叿(골), 꾤(골), 㾚(골), 嚋(곱), 古/巴(곱), 茈(곶), 廤(곶), 兣(곶), 兣(곶), 串(곶), 猠(광), 㐣(굴), 㐗(굴), 仒(굿), 樻(귀), 㐎(글), 忈(기), 惎(길), 꺞(길), 夻(끗)

ㄴ

娚(남), 枘(내), 孥(놀), 耂(놀), 耂(놈), 늦(늦)

ㄷ

鐽(달), 畓(답), 垈(대), 襨(대), 獤(돈), 乭(돌), 塧(돌), 乺(돌), 旕(돗), 辻(두), 쇽(둑)

픋(둔), 乷(둘), 乧(둘), 乤(둘), 艍(둣), 夻(둥), 階(똥), 屍(똥), 乭(뜰), 木+叱(듯)

ㄹ

厶(라), 囕(람), 樑(량), 朶(래), 浶(로), 饙(료)

ㅁ

亇(마), 수(마), 鱴(마), 朶(말), 㐃(말), 馬/乙(말), 鮖(망), 䱒(망), 旀(며), 椧(명), 㐰(몰), 乶(몰), 㐃(맛)

ㅂ

橵(반), 环(배), 簰(배), 苩(백), 㗟(뱀), 洴(벌), 朴(복), 烞(본), 䓒(볼), 㕚(부), 㐚(붓), 䋏(비), 榌(비), 䲝(비), 乶(뿐), 栥(뿐), 角/乙(뿔)

ㅅ

㲃(사), 橵(산), 㪇(산), 乷(살), 蕯(살), 栍(생), 閪(서), 㵛(선), 鐥(선), 縇(선), 㐗(설), 鐣(설), 哲(설), 螦(소), 乺(솔), 松/乙(솔), 㕢(쇳), 軍(소), 迲(수), 䅈(숙), 洆(승), 媤(시), 篒(식), 伩(신), 乷(쌀), 䭜(씻)

ㅇ

厓(애), 吔(야), 胖(양), 旕(어), 㐏(얼), 欕(엄), 㖯(엇), 旀(엿), 䰯(엿), 筽(오), 乯(올), 乤(올), 㐇(올), 㐞(옷), 祐(우), 絥(우), 㐐(울), 㐓(울), 㐗(율), 乼(율), 䓬(잇)

ㅈ

啫(자), 樐(자), 䒁(작), 乽(잘), 䗖(잣), 欌(장), 硳(적), 犭(전), 乯(절), 岾(점), 釘(정), 曺(조), 稤(조), 乽(졸), 乥(졸), 艐(종), 乼(줄), 迲(줏), 䗱(짓)

ㅊ
 㫷(찰), 榵(추)

ㅌ
 伱(탁), 太(태), 柂(택), 樘(탱), 岜(톨), 吐/乙(톨)

ㅍ
 㲎(팟), 闗(팽), 䙀(편), 坪/乙(펄), 鹵(罘)

ㅎ
 丷(한), 鐧(한), 㐌(할), 呼/乙(홀), 㐌(홀), 合(화), 㺃(후), 榢(후), 遏(횡)

□
 憪(음을 알 수 없음)

❈ 음역자의 구성 원리

❶ 음역자(音譯字)

해당 한글의 발음 또는 뜻을 가진 한자에 한글이나 한자로 받침을 쓰는 방식으로 표기를 한다. 대표적인 예가 돌(乭; 石+乙), 볼(㙷; 甫+乙), 살(㐊; 沙+乙) 등과 같은 글자들이다. 물론 예외도 있다. 이두에서 쓰는 표기로, 이를테면 뿐(兺; 分+叱, 㕸은 다른 글자임)과 같은 글자이다. 음역자의 상당수는 이두에 사용된다.

발음이 초성으로 올 때는 ㄸ, ㅃ, ㅆ 모두 叱로 대치해서 쓴다.

발음이 종성으로 올 때는 ㄱ은 ㄱ, ㄴ은 ㄴ, ㄹ은 乙이나 己(원래는 ㄹ로 대치해야 하지만, 己가 ㄹ을 닮았으므로 바꿔 씀), ㅁ은 口(원래는 ㅁ으로 대치해야 하지만, 口가 ㅁ을 닮았으므로 대치해서 씀), ㅂ은 邑이나 巴, ㅇ은 ㅇ으로, ㄷ으로 발음되는 ㅅ과 ㅈ은 叱로 대치해서 쓴다.

뜻 자체를 음으로 나타낼 때는 그 음에 해당하는 문자를 붙여서 쓴다. 예를 들어, 乭(돌)은 돌을 의미하는 石에 ㄹ받침을 나타내는 乙을 합쳐서 만든 것이며, 㐘(쌀) 역시 쌀을 의미하는 米에 ㄹ받침을 나타내는 乙을 합쳐서 만든 것이다.

❷ 한의(韓義)

한자는 이미 있는 글자이지만, 그 뜻풀이는 한국에서만 쓰이는 것을 뜻한다.

頉 기를 이/탈날 탈 – 옛날에는 頤(턱 이)와 같은 뜻이었다. 현재 '기를 이'라는 새김 외에, '탈날 탈'이라는 새김이 있다. 탈의 경우, 중국과 일본에는 전혀 없는 한국 고유의 사례다. 새김과 발음이 같아 고유어 '탈'이 그대로 새김이자 발음으로 쓰인 것이다.

串 곶 곶 – 串의 한국 한자어 발음은 '관'인데, 곶(육지의 툭 튀어나온 부분)의 뜻으로 쓰는 것은 한국에만 있는 용법이다. 마찬가지로 고유어 '곶'이 그대로 새김이자 발음으로 쓰였다.

鴌 꿩 궉 – 한자 鴌은 봉황(鳳凰) 중 봉의 이체자다. 발음 '궉'은 '꿩' 발음이 조금 변음된 것으로 보인다. 우리나라 성씨 중 궉씨가 이 글자를 쓴다. 본이 세 곳이나 있다.

太 콩 두 – 작물인 콩을 한자로 쓸 때 '太'자를 썼다. 콩깍지는 이두로 '太殼之'로 적기도 하였다. 콩 외에 '솜'을 '太'로 적기도 하였으나 사례가 드물다.

契 맺을/글 계 – 한국 특유의 공동체 조직인 '계'를 나타낸다. 이 글자는 본디 자체에 '맺다' '약속하다'란 뜻이 있으므로, 계의 발음은 고유어가 아닌 한자음에서 나왔고, 여기에 특수한 의미가 덧붙여진 것으로 보인다.

斜 비낄 사 – 새김인 '비끼다'와 발음이 비슷한 '베끼다'의 뜻으로 새김을 빌려 본뜻과 관계없이 '베끼다(寫)'의 뜻으로 썼다.

印 끝 끝 – 원래 '도장 인'으로 쓰이는데, 일부 옥편에서 특수한 경우에 한국에서만 '끝'이란 뜻으로 쓰이는 경우가 있다.

加 벼슬아치/족장 가 – 고대 부여의 행정구역인 사출도를 다스리는 벼슬아치의 호칭에 썼다.

찾아보기

(ㄱ)

가가호호/방방곡곡 _20
가공(加工) _21
가공(架空) _21
가동 _22
가사(歌詞)/가곡/가사(歌辭)/가요 _22
가정 _23
가차 _24
가책 _24
가치/액 _25
각광 _25
각색 _26
각오 _26
각인 _26
각축 _27
간격 _27
간결 _28
간단 _28
간도 _29
간사 _29
간섭 _30
간성/순 _30
간신 _31

간절 _31
간접 _31
간척 _32
간편 _32
간호 _32
갈등 _33
감각 _33
감독 _34
감로수 _34
감사 _35
감상 _35
감정 _36
감주 _36
감축 _36
강렬 _37
강장 _37
개가/재가 _37
개시 _38
개안 _38
개척 _39
개혁 _39
거리 _39
거마비 _40

거역 _40
거절 _41
건강(健康)/건강(健剛) _41
건달 _42
건설 _43
건조 _43
건축 _43
검색 _44
검토 _44
게시 _44
격납 _44
격리 _45
격조 _45
견/구 _45
결렬 _46
겸손 _46
경계 _47
경고 _47
경기 _47
경력 _48
경륜 _48
경상도 _49
경영 _49
경위 _50
경쟁 _51
경제 _51
경찰 _51
경축 _52
경향 _52
계곡 _53
계급 _53
계단 _54

계몽 _54
계산 _54
계속 _55
계약 _55
계율 _56
계절/절기/기후 _56
계층 _57
고독 _58
고무 _58
고민 _59
고장 _59
고취 _59
고통 _60
곡절 _60
곤란 _60
곤장 _61
공격 _61
공급 _62
공부 _62
공주/옹주 _63
공포 _64
공화국 _64
공황(恐慌)/공황(恐惶) _65
과거 _65
과실 _66
과잉 _66
과정 _67
과학 _67
관건 _68
관계 _68
관광 _69
관대 _69

711

관동/관서/관북 _70
관람 _70
관련 _70
관리 _71
관망 _72
관습 _72
관용 _73
관저(官邸) _73
관저(館邸) _73
관찰 _74
광경 _74
광복 _74
광채 _75
굉장 _75
교대 _76
교량 _76
교육 _77
교정(校訂)/교정(校正) _77
교편 _78
교포/동포 _78
교활 _78
구금 _79
구랍 _80
구매 _80
구별/구분 _81
구성 _81
구속 _82
구역 _82
구조 _83
구축 _83
구토 _84
국가/천하 _84

국고 _85
국면 _86
국수 _86
국어 _87
군/대군 _87
군주 _88
굴곡 _89
굴절 _89
굴지 _90
궁궐/궁전 _90
궁형 _91
권위 _92
궤변 _92
귀감 _93
귀순 _94
귀신/혼백 _94
규모/규정 _95
균열 _95
균형 _96
극복 _96
근간 _97
근거 _97
근로/근무 _98
근면 _98
근본/근원 _98
근육 _99
금/김 _99
금고 _100
금슬 _101
금일봉 _101
금자탑 _101
금지 _102

궁휼 _102
기각 _102
기강 _103
기계(器械)/기계(機械) _103
기관 _104
기구(器具)/기구(機具)/기구(機構) _104
기구(崎嶇) _105
기근 _105
기념(記念)/기념(紀念) _106
기능(技能)/기능(機能) _106
기대 _107
기도 _107
기록 _108
기린/기린아 _108
기미 _109
기별 _109
기본 _110
기분 _110
기여 _111
기우 _111
기원(祈願) _112
기원(起源) _112
기준/표준 _112
기초 _113
기치 _113
기획/계획 _114
긴급 _114
긴박 _114
긴장 _115

(ㄴ)
나락 _116

나전칠기 _116
낙관 _117
낙동강 _117
낙서 _118
낙점 _118
난/구 _119
난감 _119
난관 _119
난리 _120
난마 _120
남도 _120
남발 _121
남방 _121
납득 _122
낭비 _122
낭자 _122
낭패 _123
내시 _123
냉동 _124
노략질 _124
노비 _125
노선 _125
녹봉/요./질 _126
논의 _128
농성 _128
누적 _129
능/분/묘/원/총 _129

(ㄷ)
다방 _130
단련 _130
단말마 _131

단순 _131
단아 _132
단절(斷切)/단절(斷折)/단절(斷絶) _132
단행 _133
담당/담임 _133
답변 _133
답습 _134
답장 _134
대감 _135
대구(大邱)/대구(大丘) _135
대답 _136
대사/선사/수좌 _136
대원군 _139
대응 _139
대접 _140
대책 _140
대통령 _141
도검 _142
도구 _143
도락 _143
도량(度量) _143
도량(道場)/도장 _144
도량형 _144
도로(徒勞) _145
도로(道路) _146
도망 _146
도발 _147
도살/도륙 _147
도서(圖書)/서적 _148
도서(島嶼) _148
도시 _149
도야 _149

도약 _150
도입 _150
도자 _150
도저히 _151
도적 _152
도전 _152
도착 _153
도탄 _153
도태 _153
독특 _154
동경 _154
동기간 _154
동냥 _155
동량(棟梁)/동량(棟樑) _155
동요 _155
두뇌 _156
두절 _156
등급 _157
등록 _157
등신 _157
등용문 _158

(ㅁ)

마약 _159
마찰 _159
말세 _159
망라 _160
망명 _160
매매 _161
매춘 _161
면류관/익선관 _162
면목 _163

면역 _163
면적 _163
면접 _164
면제 _164
명당 _164
명랑 _165
명령 _165
명분 _166
명상 _167
명색 _167
명예 _167
명함 _168
모범/모형/형용/모양 _169
모순 _169
모집 _170
목록 _170
목적 _171
목차 _171
목표 _172
몰입 _172
묘사/모사 _172
무격 _173
무색 _173
무성 _174
무역 _174
무용/무도 _175
문구 _175
문외한 _175
문자 _176
문제 _176
물건 _177
물색 _177

물질 _178
물체 _178
미/도/화 _178
미망인 _179
미소 _180
미인계 _180
민주 _180
민중 _181
민첩 _181
밀월 _181

(ㅂ)

박사 _182
반찬 _182
반추 _183
발달 _183
발전 _183
발효 _184
방문 _184
방송 _185
방위(方位)/방향 _185
방위(防衛) _186
방자 _186
방지 _186
방책 _187
방해 _187
배달 _187
배반 _188
배설 _188
배우 _188
배척 _189
배치 _189

백병전 _190	보통 _202
백성 _190	보편 _203
백전백승 _190	보필 _203
백정 _191	보험 _203
백중/숙계 _191	보호 _204
번역 _192	복 _204
번잡(煩雜) _192	복마전 _205
번잡(繁雜) _193	복사 _206
번호 _193	복종 _206
범위 _194	봉 _206
법률/법규/법칙/헌법 _194	봉건 _207
변경 _195	봉사(奉事) _207
변동 _195	봉사(奉仕) _208
변명 _196	봉선 _208
변통 _196	봉수 _209
변호 _196	봉인 _209
병사/군사 _197	봉투 _209
보고 _197	봉황 _210
보관 _197	부귀 _210
보루 _198	부근 _211
보모 _198	부담 _211
보부상 _199	부모/고비 _211
보상 _199	부서 _212
보수(保守) _199	부양(扶養) _212
보수(補修) _200	부양(浮揚) _212
보안 _200	부유 _213
보완 _200	부의 _213
보장 _201	부인(夫人)/부인(婦人)/처 _214
보전 _201	부절/절월 _216
보조/원조 _201	부촉 _217
보존 _202	부탁 _217
보충 _202	분노 _217

분별 _218
분수 _219
분야 _219
분위 _220
분장 _220
분주 _220
분할 _221
붕괴 _221
붕우 _221
비갈 _222
비교 _222
비난 _222
비만 _223
비명 _223
비밀 _223
비방 _224
비빈/후/희 _224
비상 _224
비유 _225
비취 _226
비판 _226
빈객 _226
빈모 _227
빈번 _227
빈축 _227
빙자 _228

(ㅅ)

사(士)/사(師)/사(事) _229
사/시/절 _229
사/망/졸/붕/불록 _230
사고 _232

사대부/대부 _232
사돈 _233
사면 _223
사모 _234
사전(事典)/사전(辭典)/자전 _234
사직 _235
사찰/사원 _235
산/악/봉/영/구 _236
산전수전 _237
산책 _237
살육 _237
삼림/산림 _238
삽입 _238
상대 _239
상상 _239
상징 _239
상쾌 _240
상태 _240
상황 _240
색채 _240
생신 _241
서거 _241
서민 _242
서얼 _242
서열/순서 _243
석방 _243
선거 _244
선달 _244
선량 _245
선박/함/척 _245
선발 _246
선봉 _246

선영/선산 _246
선전 _247
선택 _247
선호 _248
설득 _248
섬세 _248
섬유 _248
섭렵 _249
성격 _249
성곽 _249
성숙 _250
성신/진수 _250
성실 _251
성씨 _251
세계/세상 _253
세기와 햇수를 가리키는 말 _253
세대 _254
세련 _255
세월 _255
세척 _256
세탁 _256
소개 _256
소극적 _256
소박 _257
소설/소설가 _257
소식 _258
소탕 _259
소홀 _259
솔직 _260
송구 _260
쇠락 _260
수와 머리를 가리키는 여러 가지 말 _260

수렵 _261
수면 _261
수목 _262
수사 _262
수색 _263
수습 _263
수염/빈 _264
수요 _264
수육/편육 _264
수입(收入)/수입(輸入) _265
수작 _265
수청 _266
수출 _266
숙맥 _267
숙박 _267
숙제 _267
순/층 _268
순수 _269
순식간 _269
순진 _269
순차/절차 _270
슬하 _270
습관 _271
승강(乘降)/승강(昇降) _271
시각/시간 _271
시기(時機) _272
시기(猜忌) _272
시위(侍衛) _273
시위(示威) _273
시절 _274
식구/생구 _274
신경 _274

신문/고문/심문 _275
신사 _275
신산/신고 _276
신속 _276
신음 _276
신중 _277
신첩 _277
신체 _278
심각 _278
심복 _278
심상 _279
십간 _280
십이지 _280
십장 _281
쌍벽 _281

(ㅇ)

아녀자 _283
아담 _283
아동 _284
아미 _284
아삼륙 _285
아성 _285
아첨 _285
알력 _286
압권 _286
압수 _286
애도 _287
애로 _287
야단 _288
야비(野鄙)/야비(野卑)/비루 _288
야합 _289

약속 _289
약탈 _289
양반 _290
양식(樣式) _290
양식(養殖) _291
어사화 _291
어용 _291
어휘/단어 _292
언론 _293
언어 _293
여류 _294
여사 _294
역력 _295
역사 _295
연결/연대/연락/연속 _295
연구 _296
연극 _297
연령 _297
연륜 _297
연민(憐憫)/연민(憐愍) _298
연세 _298
연습(演習) _299
연습(練習) _299
연애 _300
연역 _300
연원/원류 _301
연주 _302
열악 _302
영가 _302
영감 _303
영남/영동/영서 _303
영부인 _304

영수 _304
영웅 _305
영원 _305
영향 _306
영혼 _306
예민 _307
예술 _307
예의 _308
오류 _308
오만 _308
오묘 _309
오염 _309
오장육부 _309
오해 _310
옥편 _310
온전 _310
옹고집 _311
옹호 _311
와중 _311
와해 _312
완료 _312
완만 _312
완벽 _313
외 _314
외입/오입 _314
요란 _314
용감 _315
용서/포용 _315
우울 _316
우주 _316
우체 _316
우편 _317

운명 _317
운송/운전/운반/운수 _318
운율/음률/음향 _318
운치 _319
울창 _320
원/인/명/구/두 _320
원만 _321
원망 _321
원예 _321
위급 _322
위안 _322
위험 _322
위협 _322
유괴 _323
유린 _323
유치(幼稚) _323
유치(誘致) _324
유폐 _324
유혹 _325
율려 _325
은행 _325
음산 _326
음악 _326
음탕 _327
응징 _327
의문 _328
의미 _328
의복 _328
의상 _329
의약 _329
이/향 _329
이사 _330

이산 _330
이판사판 _331
인/족 _331
인문 _332
인색 _332
인쇄 _333
인연 _333
인장 _333
임면→제수 _334
임신 _334

(ㅈ)
자극 _335
자료 _335
자린고비 _335
자문 _336
자세히 _336
자식 _337
자웅 _337
자정 _337
자태 _338
작가 _338
작위 _339
잔인 _339
잠복 _340
잠식 _340
장/공 _340
장(臟)/장(腸) _341
장롱 _341
장본인 _342
장비 _342
장안 _343

장애 _343
재상 _343
재야 _344
재판 _345
저격 _345
저렴 _345
저주 _346
저항 _346
적발 _346
적자/흑자 _347
적출 _347
전가 _348
전각(殿閣)/궁 _348
전각(篆刻) _348
전도 _349
전시/전람/전망 _349
전염 _350
전율 _351
전쟁/전투/전란 _351
전통 _352
전포 _352
전하/폐하/저하 _352
전환 _353
절단(切斷)/절단(截斷)/절단(絕斷) _353
절대 _354
절리 _354
절삭 _355
절제/절약 _355
점복/복서 _355
점심 _356
점포 _356
접속 _356

721

접촉 _357
정곡 _357
정류 _358
정벌 _358
정숙 _358
정신/기 _359
정지 _360
정치 _360
제 _361
제거 _361
제목 _361
제사 _362
제수 _363
제자/도제 _363
제작 _364
제한 _365
조/종 _365
조각 _366
조리 _366
조문/뇌문/찬 _367
조사 _367
조세 _367
조율 _368
조작 _368
조장 _368
조정 _369
조직 _369
조회/조근/조빙 _370
존대 _370
존재 _371
존중 _371
존함 _371

종류 _372
종말 _373
종묘 _373
종친 _374
종합 _374
좌절 _375
좌천 _375
좌향 _375
죄과 _376
죄송 _376
주(酒)/주(酎) _377
주구 _377
주위 _377
준동/소동 _378
준비 _378
준수 _379
줄탁 _379
중구난방 _379
중국 _380
중심 _380
중앙 _381
중요 _381
즐비 _382
증거 _382
증보 _382
증상 _383
지갑 _383
지급 _383
지도 _384
지방 _384
지배 _384
지적 _385

지척 _385
지혜(智慧)/지혜(知慧) _385
직급 _386
직분 _386
진/포 _387
진단 _387
진동 _387
진보 _388
진산 _388
진압 _388
진액 _389
진열 _389
진정 _389
진지 _390
진통 _390
질곡 _390
질병/병폐 _391
질서 _391
질투 _392
질풍/강풍/폭풍/태풍 _392
짐작 _393
집단 _394
집을 나타내는 면/엄 _394
징계 _395

(ㅊ)
차/거 _396
차량 _396
차례 _397
차별/차이 _397
차비 _398
찬란 _398

참작 _399
창고/창/관부 _399
창피 _400
창호 _400
채소 _400
채집 _401
처량 _401
처리 _402
처분 _402
처사/거사/선생 _403
처참 _403
척 _404
척결 _404
천진난만 _405
철옹성 _405
철저 _405
첨단 _406
첨예 _406
첩경 _406
청렴/염치 _407
청사 _407
청소 _408
초대 _408
초미 _408
초상 _409
초월 _409
초청 _409
촬영 _410
추가 _410
추억 _410
추장 _411
추진 _411

추첨 _412
추출 _412
추측 _413
추파 _413
축하 _413
출몰 _414
출신 _414
출현 _414
충격 _415
충고 _415
충돌 _416
취소 _416
취재 _416
측근 _417
치료/의료 _417
치매 _418
치아 _418
친절 _418
친척 _419
침략 _419
침묵 _419
침투 _420
칭찬 _420

(ㅌ)

탄핵 _421
탐닉 _422
태동 _422
토론 _422
토벌 _423
통제 _423
퇴고 _423

퇴짜 _424
투기(妬忌)/시기/질투 _424
투기(投棄)/투기(投機) _425
투쟁 _425
투철 _426
특종 _426

(ㅍ)

파경 _427
파괴 _428
파국 _428
파도/풍랑/너울/해일 _428
파악 _429
파천황 _429
파행 _430
판/쇄 _430
판결 _431
판단 _431
판도 _432
판매 _432
팔등신 _432
패설 _433
편의 _433
편집(偏執) _434
편집(編輯) _434
평등 _434
평정 _435
폐기 _436
폐쇄 _436
폐지 _436
포기 _437
포복 _437

포옹 _437
포장(包裝) _438
포장(布帳) _438
포착 _438
포함 _438
포획 _439
폭로 _439
폭파 _439
표리 _440
표면 _440
표방 _440
품격/품질/품위 _441
풍부 _441
풍요 _441
풍진 _442
피곤 _442
피력 _442
피로 _443
피로연 _443
피부 _443
피혁 _444

(ㅎ)
하야 _445
학구 _445
학살 _446
학습 _446
한량 _446
한양과 양/산음과 음 _447
할인 _448
함정 _448
합하 _448

항상 _449
항의/항쟁 _449
해석 _450
해설 _450
해양 _450
해이 _451
해제 _451
행각 _452
행복 _452
행운 _452
행위 _453
향사 _453
허락 _453
허용 _454
혁명 _454
현/치 _455
혈액 _455
형 _455
형극 _456
형벌 _457
혜택 _459
호남 _460
호도 _461
호로 _461
호통 _462
호흡 _462
혼돈 _462
혼인/결혼 _463
화사/사치 _464
화재 _464
화폐 _465
화훼 _465

725

확고 _466
확보 _466
확산 _466
확실 _467
환경 _467
환골탈태 _467
환영 _468
환희 _469
활동 _469
황당 _469
황제 _470
회복 _470
회의 _470
회자 _471
회전 _471
회피 _472
회화/도화 _472
횡단 _473
횡설수설 _473
효과 _474
효시 _474
효율 _474
효자 _475
후/비/빈 _475
후보 _477
훈련 _477
휘발 _478
휘하 _478
휘황 _478
휴가 _479
휴식 _479
흉금 _479

흔적 _480
흥분 _480
희망 _480
희미 _481
희생 _482
희한 _482

참고문헌

《백년옥편(百年玉篇)》, 두산동아, 1977

《새 한한사전(漢韓辭典)》, 동아출판사, 1989

《중한사전(中韓辭典)》, 고려대 중국문화연구소, 1993

《古辭辨》, 王鳳陽, 吉林文史出版社, 1993

《漢語大詞典》, 漢語大詞典出版社, 1994

《形音義綜合大字典》, 正中書局, 1979

《正字通》, ㈎張自烈, ㈚廖文英編, 中國工人出版社, 1996

《簡明古漢語字典》, 四川人民出版社, 1994

《說文解字》, ㈑許愼, 中華書局, 1994

알아두면 잘난 척하기 딱 좋은
우리 한자어사전

2005년 3월 19일 1판 발행
2008년 10월 1일 2판 발행
2020년 1월 20일 3판 발행

4판 1쇄 인쇄 · 2025년 4월 3일
4판 1쇄 발행 · 2025년 4월 10일

엮은이 · 이재운 · 박소연 외
펴낸이 · 이춘원
펴낸곳 · 노마드
기 획 · 강영길
편 집 · 이경미
디자인 · 블루
마케팅 · 강영길

주 소 · 경기도 고양시 일산동구 무궁화로 120번길 40-14 (정발산동)
전 화 · (031) 911-8017
팩 스 · (031) 911-8018
이메일 · bookvillagekr@hanmail.net
등록일 · 2005년 4월 20일
등록번호 · 제014-000023호

※ 잘못된 책은 구입하신 서점에서 교환해 드립니다.
※ 책값은 뒤표지에 있습니다.

ISBN 979-11-86288-91-7 (03810)

이 책은 노마드가 저작권자와의 계약에 따라 발행한 것이므로 저작권법에 따라 무단 전제와 복제를 금합니다.

알아두면
잘난 척하기 딱 좋은 시리즈!
HUMBLEBRAG HUMANITIES
A Perfect Book For Humblebrag Series

본래 뜻을 찾아가는 우리말 나들이
알아두면 잘난 척하기 딱 좋은 **우리말 잡학사전**

'시치미를 뗀다'고 하는데 도대체 시치미는 무슨 뜻? 우리가 흔히 쓰는 천둥벌거숭이, 조바심, 젬병, 쪽도 못 쓰다 등의 말은 어떻게 나온 말일까? 강강술래가 이순신 장군이 고안한 놀이에서 나온 말이고, 행주치마는 권율장군의 행주대첩에서 나온 말이라는데 그것이 사실일까?
이 책은 이처럼 우리말이면서도 우리가 몰랐던 우리말의 참뜻을 명쾌하게 밝힌 정보 사전이다. 일상생활에서 자주 쓰는 데 그 뜻을 잘 모르는 말, 어렴풋이 알고 있어 엉뚱한 데 갖다 붙이는 말, 알고 보면 굉장히 험한 뜻인데 아무렇지도 않게 여기는 말, 그 속뜻을 알고 나면 '아하!'하고 무릎을 치게 되는 말 등 1,045개의 표제어를 가나다순으로 정리하여 본뜻과 바뀐 뜻을 밝히고 보기글을 실어 누구나 쉽게 읽고 활용할 수 있도록 하였다.

이재운 외 엮음 | 인문·교양 | 552쪽 | 33,000원

역사와 문화 상식의 지평을 넓혀주는 우리말 교양서
알아두면 잘난 척하기 딱 좋은 **우리말 어원사전**

이 책은 우리가 무심코 써왔던 말의 '기원'을 따져 그 의미를 헤아려본 '우리말 족보'와 같은 책이다. 한글과 한자어 그리고 토착화된 외래어를 우리말로 받아들여, 그 생성과 소멸의 과정을 추적해 밝힘으로써 올바른 언어관과 역사관을 갖추는 데 도움을 줄 뿐 아니라, 각각의 말이 타고난 생로병사의 길을 짚어봄으로써 당대 사회의 문화, 정치, 생활풍속 등을 폭넓게 이해할 수 있는 문화 교양서 구실을 톡톡히 하는 책이다.
우리가 흔히 쓰는 말들이 어떠한 배경에서 탄생하여 어떤 변천과정을 거쳤는지 살펴보는 작업은 그 자체로도 의미 있는 일이지만, 과거 선조들이 살았던 시대의 관습과 사회상, 선조들이 겪었던 아픔을 보여준다는 점에서도 의미가 크다.

이재운 외 엮음 | 인문·교양 | 552쪽 | 33,000원

베스트셀러 작가가 알려주는 창작노트
알아두면 잘난 척하기 딱 좋은 **에피소드 잡학사전**

이 책은 215여 권의 시집을 출간하고 에세이를 출간하여 수백만 독자들을 매료시킨 베스트셀러작가인 용혜원 시인의 창작 노하우가 담긴 에피소드 잡학사전이다. 창작자에게 영감과 비전을 샘솟게 하는 정보와 자료의 무한한 저장고로서 역할을 하며, 다양한 주제와 스토리로 구성된 창작 노하우를 담고 있다.
<창작자들을 위한 에피소드 백과사전>은 재미난 주제의 스토리와 그와 관련된 영화 대사나 명언 그리고 시 한 편으로 고급스러운 대화와 이야기를 풀어나가도록 구성되었다. 이 책은 강사들이나 새로운 세계를 창조해 내는 창작자들에게 아이디어와 창의력을 샘솟게 하는 자료들이 창고의 보물처럼 쌓여 있다.

용혜원 지음 | 인문·교양 | 512쪽 | 32,000원

영단어 하나로 역사, 문화, 상식의 바다를 항해한다
알아두면 잘난 척하기 딱 좋은 **영어잡학사전**

이 책은 영단어의 뿌리를 밝히고, 그 단어가 문화사적으로 어떻게 변모하고 파생 되었는지 친절하게 설명해주는 인문교양서이다. 단어의 뿌리는 물론이고 그 줄기와 가지, 어원 속에 숨겨진 에피소드까지 재미있고 다양한 정보를 제공함으로써 영어를 느끼고 생각할 수 있게 한다.

영단어의 유래와 함께 그 시대의 역사와 문화, 가치를 아울러 조명하고 있는 이 책은 일종의 잡학사전이기도 하다. 영단어를 키워드로 하여 신화의 탄생, 세상을 떠들썩하게 했던 사건과 인물들, 그 역사적 배경과 의미 등 시대와 교감할 수 있는 온갖 지식들이 파노라마처럼 펼쳐진다.

김대웅 지음 | 인문·교양 | 452쪽 | 27,000원

신화와 성서 속으로 떠나는 영어 오디세이
알아두면 잘난 척하기 딱 좋은
신화와 성서에서 유래한 영어표현사전

그리스·로마 신화나 성서는 국민 베스트셀러라 할 정도로 모르는 사람이 없지만 일상생활에서 흔히 쓰이고 있는 말들이 신화나 성서에서 유래한 사실을 아는 사람은 많지 않다. <신화와 성서에서 유래한 영어표현사전>은 신화와 성서에서 유래한 영단어의 어원이 어떻게 변화되어 지금 우리 실생활에 어떻게 쓰이는지 알려준다.

읽다 보면 그리스·로마 신화와 성서의 알파와 오메가를 꿰뚫게 됨은 물론, 이들 신들의 세상에서 쓰인 언어가 인간의 세상에서 펄떡펄떡 살아 숨쉬고 있다는 사실에 신비감마저 든다.

김대웅 지음 | 인문·교양 | 320쪽 | 19,800원

흥미롭고 재미있는 이야기는 다 모았다
알아두면 잘난 척하기 딱 좋은 **설화와 기담사전1, 2**

판타지의 세계는 언제나 매력적이다. 시간과 공간의 경계도, 상상력의 경계도 없다. 판타지는 동서양을 가릴 것이 아득한 옛날부터 언제나 우리 곁에 있어왔다.

영원한 생명력을 자랑하는 신화와 전설의 주인공들, 한끗 차이로 신에서 괴물로 곤두박질한 불운의 존재들, '세상에 이런 일이?' 싶은 미스터리한 이야기, 그리고 우리들에게 너무도 친숙한(?) 염라대왕과 옥황상제까지, 시공간을 종횡무진하는 환상적인 이야기가 펼쳐진다.
이 책은 실체를 알 수 없고 현실감이 없는 상상의 존재들은 어떻게 태어났고 우리의 삶 속에 살아 있는 것일까? 인간의 욕망이 만들어 낸 판타지의 주인공들이 시공간을 종횡무진하는 환상적인 이야기를 펼쳐놓은 설화와 기담, 괴담들을 모아놓았다.

이상화 지음 | 인문·교양 | 1권 360쪽, 2권 376쪽 | 각권 22,800

신과 종교, 죽음과 신화의 기원에 대한 아주 오래된 화두
알아두면 잘난 척하기 딱 좋은 **신의 종말**

신은 존재할까, 허구일까? 신은 정말 존재하는 것일까?' 이는 인류 역사에서 가장 오래된 질문이다. 물론 지금까지도 신의 존재를 증명할 방법은 없다. 니체는 '신은 죽었다'고 했다. 곧 신은 있었지만, 의미를 상실하고 사라졌다고 생각한 것일까?

이 책에서는 그 물음을 찾아 신과 종교의 오리진(Origin)을 긁어내려 한다. 종교는 어떻게 탄생해 어떤 진화 과정을 거쳤는지, 그리고 종교와 과학의 만남은 어떻게 이루어졌는지 믿음이라는 생물학적 유전자를 캐내며 인간의 종말과 신의 종말을 예견한다. 그래서 마지막 남은 환상인 유토피아를 찾아내어 존재하지 않는 것으로부터 위안을 받는 인간을 보여준다.

이용범 지음 | 인문·교양 | 596쪽 | 28,000원

인간은 왜 딜레마에 빠질까?
알아두면 잘난 척하기 딱 좋은 **인간 딜레마**

인간의 행동과 선택에 대한 궁금증을 풀어주는 진화심리학적 인문서. 이 책은 소설가이자 연구자인 이용범이 풀어내는 인간 딜레마, 시장 딜레마, 신 딜레마로 이어지는 인류문화해설서 중 첫 번째이다. 딜레마를 품은 존재인 인간이 어떤 기준에서 진화하고 생존하며 판단하는지를 여러 학설의 실험과 관찰 및 연구를 통해 보여준다.

전체 3부 구성으로 1부에서는 일반적인 선택의 문제를, 2부에서는 도덕의 기제가 작동하는 원리와 사회적 존재로서의 문제를, 3부에서는 남성과 여성의 입장에서 유전적 본성과 충돌하면서도 유지되고 있는 인류의 짝짓기 문화와 비합리성 문제를 살펴본다.

이용범 지음 | 인문·교양 | 462쪽 | 25,000원

엄연히 존재했다가 사라진 것들을 찾아가는 시간여행
알아두면 잘난 척하기 딱 좋은 **사라진 것들**

이 세상에 사라지지 않는 것은 아무것도 없다. 이 세상의 모든 생명체는 태어나서 융성하다가 언젠가는 반드시 사라진다. 그것이 자연의 섭리다. 모든 것은 시대 변화와 발전에 따라 사라지고 새로운 것이 등장하기를 되풀이한다.

이 책《사라진 것들》은 제목 그대로 우리 삶과 공존하다가 사라진 것들을 다루었다. 삶 자체가 사라짐의 연속이므로 모든 것을 기록으로 남길 수는 없어서, 나름의 기준을 가지고 '사라진 것들'을 간추렸다. 먼저 우리가 경험했던 국내에서 사라진 것들은 대부분 잘 알려진 것들이어서 제외하고, 세계적으로 관심이 컸던 것 중에서 선별해 보았다.

이상화 지음 | 인문·교양 | 400쪽 | 19,800원

엉뚱한 실수와 기발한 상상이 창조해낸 인류의 유산
알아두면 잘난 척하기 딱 좋은 **최초의 것들**

우리는 무심코 입고 먹고 쉬면서, 지금 우리가 누리는 그 모든 것이 어떠한 발전 과정을 거쳐 지금의 안락하고 편안한 방식으로 정착되었는지 잘 알지 못한다. 하지만 세상은 우리가 미처 생각지도 못한 사이에 끊임없이 기발한 상상과 엉뚱한 실수로 탄생한 그 무엇이 인류의 삶을 바꾸어왔다.

이 책은 '최초'를 중심으로 그 역사적 맥락을 설명하는 데 주안점을 두었다. 아울러 오늘날 인류가 누리고 있는 온갖 것들은 과연 언제 어디서 어떻게 시작되었는지, 그것들은 어떤 경로로 전파되었는지, 세상의 온갖 것들 중 인간의 삶을 바꾸어놓은 의식주에 얽힌 문화를 조명하면서 그에 부합하는 250여 개의 도판을 제공해 읽는 재미와 보는 재미를 더했다.

김대웅 지음 | 인문·교양 | 552쪽 | 31,000원

그리스·로마 시대 명언들을 이 한 권에 다 모았다
알아두면 잘난 척하기 딱 좋은 **라틴어 격언집**

그리스·로마 시대 명언들을 이 한 권에 다 모았다
그리스·로마 시대의 격언은 당대 집단지성의 핵심이자 시대를 초월한 지혜이다. 그 격언들은 때로는 비수와 같은 날카로움으로, 때로는 미소를 자아내는 풍자로 현재 우리의 삶과 사유에 여전히 유효하다.

이 책은 '암흑의 시대(?)'로 일컬어지는 중세에 베스트셀러였던 에라스뮈스의 《아다지아(Adagia)》를 근간으로 한다. 그리스·로마 시대의 철학자, 시인, 극작가, 정치가, 종교인 등의 주옥같은 명언들에 해박한 해설을 덧붙였으며 복잡한 현대사회를 헤쳐나가는 데 지표로 삼을 만한 글들로 가득하다.

데시데리위스 에라스뮈스 원작 | 김대웅·임경민 옮김 | 인문·교양 | 352쪽 | 19,800원

악은 의외로 평범함 속에 숨어 있다!
알아두면 잘난 척하기 딱 좋은 **악인의 세계사**

이 책은 유사 이래로 저질러진 수많은 악행들 가운데 그것이 세계사에 미친 영향을 조명하는 한편, 각 시대마다 사회를 불안과 공포에 몰아넣은 악인들의 극악무도한 악행을 들여다본 책이다. 국익 때문에, 돈 때문에 저지른 참혹하고 가공할 만한 악행들이 사회와 국가를 뒤흔들면서 어떻게 역사의 흐름을 바꾸어 놓았는지, 오늘날 인류의 삶에 어떤 영향을 미쳤는지 따라가본다.
아울러 인간이 어디까지 잔인해질 수 있는지, 그 악행의 심리 밑바닥에 도사리고 있는 것은 무엇인지 다시 한 번 생각해보게 한다. 우리 옆 가까이에서 모습을 감춘 채 득실대는 악인들의 존재는 우리를 언제 어떻게 무슨 방법으로든 그들의 세계로 끌어들일지도 모른다. 그들과 맞서는 것을 두려워하지 않을 때 그들의 악행을 멈추게 할 수 있다.

이상화 지음 | 인문·교양 | 378쪽 | 22,800원

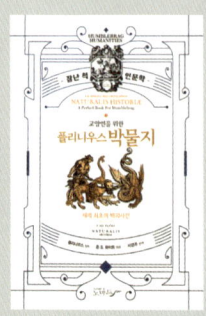

세계 최초의 백과사전
교양인을 위한 **플리니우스 박물지**

플리니우스의 『박물지』는 77년에 처음 10권이 출판되었고, 나머지는 사후에 조카인 소(少)플리니우스가 출판한 것으로 추정된다. 플리니우스는 『박물지』에서 천문학, 수학, 지리학, 민족학, 인류학, 생리학, 동물학, 식물학, 농업, 원예학, 약학, 광물학, 조각작품, 예술 및 보석 등과 관련된 약 2만 개의 항목을 많은 문헌을 참조해 상세하게 기술할 뿐만 아니라 풍부한 풍속적 설명과 이용 방식 등을 곁들여 설명하고 있다. 따라서 이 저작은 구체적인 사물에 관한 단순한 지식을 뛰어넘어 고대 서양 문화를 이해하는 데 중요한 참고문헌으로 쓰이고 있다. 플리니우스의 『박물지』는 과학사와 기술사에서의 가치뿐만 아니라 고대 로마 예술에 대한 자료로서 미술사적으로 귀중한 자료로 고대 그리스·로마 시대의 예술에 대한 지식을 담은 서적으로 이 『박물지』가 유일하다.

플리니우스 원작 | 존 S. 화이트 엮음 | 서경주 번역 | 인문·교양 | 608쪽 | 39,000원

세계 각 지역의 기이한 풍속들을 간추린 이색적 풍속도
알아두면 잘난 척하기 딱 좋은 **기이하고 괴이한 세계 풍속사**

이 책은 세계 각 지역의 그러한 독특하고 괴상하고 기이한 풍속들을 간추려 이색적인 풍속, 특이한 성 풍속, 정체성이 담긴 다양한 축제, 자신들의 삶이 담긴 관혼상제, 전통의상으로 나누었다. 민족들 사이에 소통이 거의 없었던 고대(古代)에서 중세에 이르는 시기에 충격적이고 엽기적인 풍속이나 풍습이 훨씬 더 많다. 그러나 그것들이 대부분 사라졌기 때문에 되도록 오늘날에도 전통성이 이어지는 풍속들을 소개하려고 노력했다. 어느 민족의 풍속이든 그것은 인류문화의 원형이다. 하지만 시대와 환경 그리고 종교의 변화에 따라 영원히 사라지기도 하고, 다른 민족의 그것들과 결합하고 융합하면서 새로운 풍속이 탄생한다. 그것은 생존에 적응하려는 진화이기도 하다. 이 책에서는 그러한 인류의 삶을 살펴봄으로써 우리의 인문, 교양을 함양시키는 데 큰 도움이 될 것이다.

이상화 지음 | 인문·교양 | 408쪽 | 25,000원

전 세계의 샤머니즘 자취와 흔적을 찾는 여정
알아두면 잘난 척하기 딱 좋은 **샤머니즘의 세계**

샤머니즘은 관념이 아니라 실질적인 삶의 방식이자 일종의 종교 행위라고 할 수 있다. 많은 사람들이 샤머니즘을 섣불리 미신으로 치부하면서 그에 대한 탐구를 소홀히 한 탓으로 그에 대한 다양하고 풍부한 정보를 접하는 게 쉽지 않다. 이 책『샤머니즘의 세계』에서는 샤머니즘의 본질과 근원을 비롯해 우리가 제대로 알지 못하는 샤머니즘에 대한 올바른 지식을 전하고자 한다.
샤머니즘은 흔적은 전 세계에 걸쳐 남아 있고 현재도 실질적인 샤먼이 여러 형태로 존재하고 있다. 『샤머니즘의 세계』에서는 샤먼과 샤머니즘의 이해를 위한 각종 정보를 제공하고 샤먼의 종류, 샤머니즘의 제례의식 등을 살펴본다. 인류의 오랜 종교적 문화를 담고 있는 샤먼과 샤머니즘의 세계를 엿볼 수 있는 좋은 기회가 될 것이다.

이상화 지음 | 인문·교양 | 328쪽 | 18,800원